COLLECTION DE TEXTES
POUR SERVIR A L'ÉTUDE ET A L'ENSEIGNEMENT DE L'HISTOIRE

PHILIPPE DE BEAUMANOIR

COUTUMES
DE
BEAUVAISIS

*Texte critique publié avec
une introduction, un glossaire et une table analytique*

PAR

Am. SALMON
Ancien élève de l'École des Hautes Études

TOME SECOND

PARIS
ALPHONSE PICARD ET FILS, ÉDITEURS
Libraires des Archives nationales et de la Société de l'École des Chartes
82, Rue Bonaparte, 82

1900

PHILIPPE DE BEAUMANOIR

COUTUMES DE BEAUVAISIS

INTRODUCTION

§ Ier. — *Philippe de Remi, sire de Beaumanoir ; sa famille ; sa vie.*

La première mention qu'on trouve dans les documents authentiques[1] relativement à la famille de *Remin* ou *Remi*[2] à laquelle appartenait l'auteur de « l'œuvre juridique la plus originale, la plus remarquable de tout le moyen âge[3] », est celle d'un chevalier nommé Pierre de Remi, *Petrus de Remin, miles* (Bordier, pièces justific., I), qui se distingua à la bataille de Bouvines[4]. Ce Pierre de Remi tenait

---

1. La plus grande partie de ce que l'on sait sur Beaumanoir et sur sa famille a été dit par H.-L. Bordier dans une étude biographique qui est un modèle du genre : *Philippe de Remi, sire de Beaumanoir, jurisconsulte et poète national du Beauvaisis*, 1246-1296, Paris, Techener, 1re part., 1869 ; 2e part., 1873 (Cf. G. Paris, *Revue critique*, 31 oct. 1874). C'est aussi M. Bordier qui a démontré dans l'*Athenæum français*, 1853, p. 932, l'identité de Beaumanoir avec l'auteur de la *Manekine* et de *Jehan et Blonde* qu'on appelait *Philippe de Reins* ou *de Rins* (*Histoire littéraire de la France*, XX, 778-782 et 864-868 ; Leroux de Lincy, éd. de *Jehan et Blonde*) ou *Philippe de Reimes, de Raimes* ou *de Rames* (abbé de La Rue, *Essais histor. sur les bardes*, etc., II, 366-374 ; Fr. Michel, éd. de la *Manekine*) en en faisant un poète anglo-normand. Nous résumerons souvent les renseignements recueillis par M. Bordier en y ajoutant ceux qui résultent de la publication de chartes qu'il n'a pas connues, de la découverte par M. A. Jeanroy des premières poésies de Beaumanoir (voyez p. iv et xiii) et de plusieurs recherches personnelles. On consultera aussi avec fruit la pénétrante introduction littéraire placée par M. H. Suchier en tête de son édition des *Œuvres poétiques* de Beaumanoir, publiée pour la Société des Anciens Textes français, 2 vol. in-8°, 1884-1885.
2. Remy, 1,005 habitants, dans l'Oise, arrondiss. de Compiègne, cant. d'Estrées-Saint-Denis. Les comtes de Saint-Pol en possédèrent jusqu'en 1245 la seigneurie que Gaucher de Châtillon vendit alors à Louis IX. Voyez sur ce village et son histoire Eug. de Lépinois, *Recherches historiques et critiques sur l'ancien comté et les comtes de Clermont en Beauvaisis*, 1877, p. 108, en rectifiant d'après notre texte, p. v, note 2, ce que dit cet auteur à propos d'Amaury de Montfort.
3. Paul Viollet, *Histoire du droit civil français*, 1893, p. 185.
4. Guillaume le Breton, dans sa *Chronique*, éd. de la Société de l'Histoire de France, t. I, p. 278, et dans sa *Philippide*, liv. X, v. 465-468, et liv. XI, v. 111-413, t. II, p. 301 et 322, de la même édition ; *Grandes Chroniques de France*, éd. Paulin Paris, t. IV, p. 177.

en fief de l'abbaye de Saint-Denis un domaine appelé la *Terre Bernart*, situé à une petite lieue au nord du village de Remy sur la rive gauche de l'Aronde. Une pièce de juin 1239 (Bordier, II), contenant un aveu et dénombrement rendus à l'abbé de Saint-Denis pour cette même terre par *Philippe de Remin*, chevalier, montre que Pierre était décédé à cette époque et que son fils lui avait succédé dans ses biens. Nous y voyons aussi que sur la Terre Bernart s'élevait un château qui, dans une charte passée dix ans plus tard, en mai 1249 (Bordier, V), est appelé *de Bello Manerio*. C'est dans cette charte de 1249 qu'apparaît pour la première fois ce nom destiné à devenir si célèbre. Autour du château étaient un hameau, une ferme et un moulin qui existent encore.

En 1237, Louis IX fit don à son frère Robert du comté d'Artois et de la terre du Gâtinais. La même année ou bien peu après[1], Philippe fut investi par le nouveau comte de la charge de bailli du Gâtinais, charge qu'il conserva au moins jusqu'en 1250 inclus, puisque dans la charte de mai 1249 précitée il est encore qualifié bailli du Gâtinais. La mort de Robert d'Artois à la bataille de la Mansourah (févr. 1250) fit rentrer le Gâtinais dans le domaine royal. Philippe, privé naturellement de sa charge, dut rester quelque temps sans emploi, car au mois de mars 1255, dans un échange de terre avec les religieux d'Ourscamps (Bordier, VI), il se désigne simplement comme *chevaliers, sire de Beaumanoir*. Peut-être cependant était-il déjà entré au service de la veuve de Robert, la comtesse Mahaut, remariée au comte de Saint-Pol, Gui de Châtillon? Nous le retrouvons en effet à la cour d'Arras le 10 janvier 1257, rendant une sentence arbitrale. D'après le vidimus qui est du même jour que la charte, il est *chevalier de la cour de la comtesse d'Artois*[2]. M. Tardif a justement fait remarquer que le choix de Philippe de Remi comme unique arbitre dans une cause importante témoigne de la considération dont il jouissait. En 1259, il figure dans un

---

1. C'est du moins ce qui résulte d'une enquête au parlement : *Probatum est pro burgensibus de Lorriaco quod, antequam terra veniret ad comitem Atrebatensem predictum et antequam dominus Philippus de Remiaco esset ibi ballivus, burgenses de Lorriaco ducebant pannos suos fullandos ubi volebant* (Saint Martin d'hiver [11 novembre] 1259, *Olim*, I, 91, 1). Cf. même recueil, I, 158, VIII, une autre enquête relative aussi à l'administration de Philippe de Remi et datée de 1262.

2. Cf. le comte d'Héricourt, *Titres de la commanderie de Haut-Avesnes antérieurs à 1312*, dans *Mémoires de l'Académie d'Arras*, 2ᵉ sér., t. X (1878), p. 48 (p. 44 du tirage à part), et E.-J. Tardif dans *Bibliothèque de l'École des Chartes*, t. XL, p. 469-470. Cette pièce met à néant la conclusion tirée par Bordier, p. 361, note 1, d'un rapprochement qu'il fait entre le premier arrêt des *Olim* susvisé et celui de 1262 (note 2), à savoir que Philippe était encore bailli en 1259; il a mal interprété le premier arrêt.

plaid tenu à Arras pour la part de la succession de la comtesse Mahaut de Boulogne échue à sa cousine, Mahaut d'Artois[1]. En 1260 et 1262 (Bordier, IX et X), il traite encore avec l'abbaye de Saint-Denis, mais en 1265 il n'existait plus, car son fils aîné Girard apparaît en février de la même année (Bordier, XI), comme *dominus de Bello Manerio, miles,... heres predicti Philippi [de Remi] militis et universalis ejus successor existans.*

Philippe de Remi s'était marié deux fois. Sa première femme, dont on ne connaît que le prénom, Marie, par la charte de 1249, lui avait donné plusieurs enfants dont trois vivaient encore en 1262 : Girard, Philippe, notre auteur, et Péronelle, mariée à Jehan Leschaus (Bordier, X). Girard était alors chevalier : il était donc l'aîné, sinon de Péronelle qui peut être nommée la dernière parce qu'elle était fille, du moins de Philippe que son père désigne simplement comme *filius meus*. On ignore la date de la mort de Marie.

La seconde femme de l'ancien bailli du Gâtinais, Alice de Bailleul[2], est mentionnée une première fois dans une pièce du 28 novembre 1262 (Bordier, IX), une seconde fois dans un jugement du Parlement[3] dont il nous faut citer le passage le plus important :

Preceptum est baillivo Silvanectensi quod nisi relicta domini Philippi de Remiaco velit procedere in questione rotagii et aliarum consuetudinum que major et homines Pomponii petunt in domo ipsius juxta Pomponium, non obstante quod heres ipsius Philippi, de cujus hereditate movet ipsa domus, non habet etatem, dictus baillivus ipsos majorem et homines jure suo in dicta domo gaudere permittat.....

D'après M. Bordier, p. 24, cet *heres ipsius Philippi* est le futur juriste ; d'après M. Suchier, p. vii, ce serait Girard. A mon sens c'est bien Philippe qui est visé. Girard, chevalier en 1262, était majeur en 1267 puisque nous le voyons en 1265, dans une circonstance qui lui est personnelle, agir seul comme *heres predicti Philippi*, sans bail, ni tuteur[4] ; dans cette même pièce intervient sa femme, Béatrice[5]. En outre la maison *juxta Pomponium*[6], c'est le

---

1. Léopold Delisle, *Recherches sur les comtes de Dammartin au xiii⁰ siècle*, dans *Mémoires de la Société des antiquaires de France*, 4⁰ sér., t. I (1869), p. 254.
2. Bailleul-le-Soc, Oise, arrondiss. et cant. de Clermont.
3. *Olim*, I, 686, xxii, octave de la Toussaint (8 nov.) 1267.
4. Ajoutez que le 15 mai 1266, Girard, toujours en son propre nom, acquiert les droits de divers sur une terre qu'il avait échangée avec l'abbaye d'Ourscamp (Bordier, XII). Le 30 sept. de la même année il passe un acte confirmant cet échange (Bordier, XIII).
5. Sur l'identification faite par Bordier de cette Béatrice avec Béatrice de Renenghes (et non Revenghes) voyez ci-après, p. vi.
6. Aujourd'hui Pontpoint, Oise, arrondiss. de Senlis, cant. de Pont-Sainte-Maxence.

Moncel, c'est-à-dire cette habitation que nombre d'actes montrent comme étant le séjour préféré de Beaumanoir lorsqu'il était bailli de Senlis, celle où il viendra mourir, par conséquent sa propriété. Girard avait hérité de Beaumanoir. Mais puisqu'il s'agit de Philippe encore mineur en 1267, cette constatation se retourne contre la valeur de la date 1246 que M. Bordier fixe comme étant celle de sa naissance. La majorité de 15 ans étant en tout état de cause écartée, qu'il fût né « dans l'un des derniers mois de l'année 1246 ou des premiers de 1247 » (Bordier, p. 25), en novembre 1267 Philippe eût été majeur ou si près de l'être que sa belle-mère n'aurait pas, pour refuser d'accepter le litige, invoqué une exception d'âge qui devrait disparaître au cours de la procédure.

Philippe naquit donc après 1247 et j'incline à croire avec M. Suchier que ce fut vers 1250. Il pourrait ainsi avoir vu le jour à Lorris. Ce qu'il dit dans son prologue (*pour ce que nous sommes de celui païs...*, § 1 ; *ce que nous avons veu user et jugier de nostre enfance en nostre païs...*, § 4) ne contredit pas à cette hypothèse. Il a quitté Lorris très jeune ; rien d'étonnant à ce qu'il se considère comme réellement d'un pays où il avait passé son enfance, où vivait sa famille, où étaient ses biens patrimoniaux.

De son enfance nous ne savons rien. M. Bordier (p. 28) estime qu'il a visité l'Angleterre et l'Écosse de 1261 à 1265 et M. Suchier a fortifié cette conjecture par des raisons tirées du thème de la *Manekine* et du conseil que, dans *Jehan et Blonde,* il donne aux jeunes gens de s'expatrier (p. x). C'est devenu aujourd'hui une certitude au moins quant au voyage, sinon quant à l'époque.

Dans la neuvième des chansons publiées par M. Jeanroy[1], Philippe s'adresse ainsi à une jeune fille qui « n'a pas .xv. anz en son aage » :

> v. 32 Chançon. va t'ent. car tu es achevee, ...
> Di a la bele que ele est recouvree
> v. 36 El tenz d'esté et el tenz yvernage,
> Que s'ele vieut, je l'en menrai a nage
> En mon païs sans fere demoree,
> . . . .[2]
> v. 40 Si la prendrai, s'el veut, par mariage.

Pour offrir à celle qu'il aimait de l'emmener « par mer » dans son pays, il fallait que Philippe fût lui-même outre mer, et aussi il est nécessaire que ce soit après 1265. La situation serait tout à fait in-

---

1. Cf. p. xiii.
2. Il manque un vers dans le manuscrit.

vraisemblable si, son amie ayant 15 ans à peine, lui-même n'en avait pas 18 ou 19, peut-être 20. La sincérité du poète n'est d'ailleurs pas douteuse, autrement, dit avec beaucoup de raison M. Jeanroy, il faudrait voir dans ces vers une ironie encore plus inexplicable que cruelle [1]. Philippe avait donc alors environ 20 ans : ceci reporte son séjour à l'étranger, un peu avant 1270, en en faisant remonter le commencement à 1266 ou 1267 au plus tôt.

Quelles ont été les conditions de ce séjour ? Comment Philippe est-il parti ? Avec qui ? Il ne peut plus, ainsi que l'avait admis M. Bordier, être question de Simon de Montfort, tué à Evesham en 1265 [2]. Aussi bien toute hypothèse serait vaine. Je ferai seulement remarquer que Philippe connaissait très bien les côtes orientales de l'Écosse; il sait la situation exacte de Berwick, Perth, Dundee. Evoluie où se retire la mère du roi d'Écosse (*Manekine*, 2400 et 2417) est York. *Jehan et Blonde* montre qu'il connaissait Londres et le chemin pour y aller de Douvres, de même que les routes directes pour se rendre de Berwick sur le continent. Mais il se peut qu'il n'ait fait que traverser Londres en allant en Écosse — sur cette route se trouve York — et sa connaissance de Londres me paraît moins caractéristique que celle de l'Écosse [3]. Si l'on pouvait espérer que le nom d'un jeune homme inconnu ait subsisté dans quelque pièce, ce serait, je crois, du côté de ce dernier pays que devraient être dirigées les recherches.

La chanson III est envoyée à Girart de Saint-Omer. Fut-ce un des compagnons du poète en Angleterre ?

1. La chanson VII est adressée à une jeune fille nommée Aeliz, la chanson VIII à une autre appelée Jehanete : l'une ou l'autre est-elle la même personne que celle de la chanson IX ? La chanson à Jeannette s'accorderait très bien avec IX. Mais même si ce sont trois « beles » différentes, le caractère volage de l'amoureux n'est pas exclusif d'une sincérité momentanée.

2. Il n'était pas d'ailleurs très vraisemblable que Philippe eût accompagné le comte de Leicester. Celui-ci n'avait pas de biens à Remi et son fils Amaury n'en était pas seigneur comme le disent dom Grenier (cité par Bordier, p. 20), Bordier (p. 307) et Lépinois (p. 109-110). Simon avait seulement une part assise « en la ville et les rentes de Remi » (Archives Nationales JJ 41, f° 83 r°) de la rente de 500 livres parisis que lui avait accordée Louis IX après le traité de Paris (1259), peut-être en dédommagement de la confiscation des biens de sa famille opérée depuis près de 50 ans (Voyez Ch. Bémont, *Simon de Montfort, comte de Leicester*, 1884, p. 76). Ainsi la famille de Philippe n'avait avec Montfort aucun lien visible qui pût justifier l'hypothèse de M. Bordier, question d'année mise à part. Quelle probabilité aussi qu'un père laisse partir un enfant de 12 à 15 ans dans un pays déchiré par les guerres civiles, et avec le chef d'un des partis ? La preuve tirée par Bordier (p. 31) de la pièce justificative X n'est pas non plus suffisante. Absent ou présent, Philippe ne pouvait apporter sa ratification qu'à sa majorité.

3. Beaumanoir a pris comme plastron dans *Jehan et Blonde* un comte de Gloucester. Ce titre était alors porté par Gilbert de Clare (1243-1295) qui était du parti de Montfort et fut sous Henri III et Edouard Ier un très grand personnage. Si Beaumanoir avait été de la suite de Montfort, aurait-il pensé à ridiculiser, sinon un de ses alliés, du moins un ancêtre de celui-ci ?

A son retour en France, et sans doute peu après, Philippe de Remi composa ses deux grands romans, la *Manekine* et *Jehan de Dammartin et Blonde d'Oxford* et sans doute aussi ses petites pièces. Dans les deux romans il se désigne par son surnom de *Remi* tandis que dans le *Salu d'amours*, il s'intitule *de Beaumanoir*. Ce poème est donc vraisemblablement le dernier de ceux qu'il composa avant d'occuper des fonctions qui devaient lui prendre tous ses instants.

Quelles charges subalternes avait-il remplies avant d'être bailli de Clermont? nous l'ignorons. M. Bordier (p. 31) infère d'une phrase de l'abbé Carlier[1] qu'il avait été prévôt de la seigneurie de Nanteuil-le-Haudouin. Mais les seigneurs de Nanteuil n'avaient ni prévôts, ni baillis, et c'est en qualité de bailli de Senlis que Beaumanoir eut peut-être à remplir un office de judicature dans leurs terres[2].

Quoi qu'il en soit, il entra en charge le 11 mai 1279 (Bordier, p. 34, et XXI, 1), et c'est à la même époque environ que se place la date de sa prise de possession de Beaumanoir, puisque dans son compte de l'Ascension 1280 il commence à se qualifier *Philippus de Bellomanerio*.

M. Bordier (p. 63) pense que Girard aurait cédé sa terre à son frère, parce qu'il considère comme étant le même personnage un *Gerard de Remy* mentionné dans une charte (XV) de janvier 1294 pour la part qu'il a dans les revenus d'une terre sise à Plivot[3]. Mais cette hypothèse me paraît très hasardée. On ne s'explique pas en effet — quoique la chose soit possible — comment un homme dont la famille est si bien localisée dans le Clermontois et l'Artois, a pu avoir un intérêt aussi direct dans la châtellenie d'Epernay appartenant alors aux comtes de Blois. M. Bordier n'a vu et il semble que nous n'ayons plus de la pièce XV qu'une copie faite au xve siècle, dans le cartulaire de Blois[4], d'une expédition copiée elle-même sur l'original. Un scribe de cette époque a fort bien pu lire et écrire *de Remy* pour *de Remis* ou *de Reuci*[5]. Des érudits contemporains ont bien lu *Reins* pour *Remi*. Un Gérard de *Reims* ou de *Recy*[6] serait tout à fait à sa place. Il est plus vraisemblable que

---

1. « Beaumanoir, ancien bailly de Senlis, qui avait aussi pris part au gouvernement de la terre de Nanteuil-le-Haudouin... » (*Histoire du duché de Valois*, éd. 1764, II, 141.)
2. Cf. Carlier, *loco citato*, p. 136, 156, 161, et Suchier, p. viii-ix.
3. Marne, arrondiss. d'Epernay, cant. d'Avize.
4. Archives Nationales KK 896 (*olim* LL 176), f° 238 v°. M. Pélicier, archiviste de la Marne, a bien voulu m'écrire qu'il ne se trouvait à Châlons ni original ni copie.
5. Je trouve cette forme dans un état des fiefs d'Épernay à la fin du xiiie siècle, Archives nationales, J 202, n° 47. Il y a d'autres fautes de toponymie dans la copie du cartulaire de Blois.
6. Marne, arrondiss. et cant. de Châlons.

Girard était mort vers ou avant 1279 sans héritier direct[1] et que Beaumanoir revint ainsi naturellement à Philippe[2].

Celui-ci ne resta à Clermont que jusqu'à l'époque à laquelle expirait son troisième exercice réglementaire, c'est-à-dire jusqu'au 7 mai 1282, car il ne porte plus son titre dans un acte souscrit en sa faveur par Amaury de Montfort le 22 juin 1282 (Bordier, XIV), acte dont les motifs, attribués à une part prise par Beaumanoir à la délivrance d'Amaury, restent obscurs.

Comme bailli il eut à se rendre au parlement de Paris lorsque dans la session était inscrite une cause intéressant quelqu'un de ses administrés[3]. A plusieurs reprises il rappelle ces déplacements dans ses *Coutumes* qu'il commença alors à rédiger.

Son administration n'avait pas été exempte d'excès de pouvoir. La bibliothèque de Senlis conserve (Bordier, XXIV)[4] la copie d'un procès-verbal rédigé le 27 septembre 1283 par le curé de Delincourt[5], « mes sires Rogiers », assisté de plusieurs autres prêtres de la région, à l'effet de constater que « Phelippes de Biaumanoir, baillius de Clermont », et ses sergents qui avaient pénétré « a armes et par violence » dans le couvent du Trembloi « maison de religion qui est l'abbé et le couvent de Chaalit[6], de l'ordre de Citeau » et s'y étaient

---

1. C'est en effet à tort que M. Bordier (p. 64) a identifié la Béatrice nommée en 1265 avec Béatrice de Renenghes (auj. Reninghe, en Belgique), fille de Jean d'Ypres, seigneur de Renenghes, et de Mathilde, châtelaine de Saint-Omer, laquelle avait épousé un seigneur de Beaumanoir et *unam peperit filiam quæ nupta fuit domino de Strees* (Genealogiæ ex Chronicis Hainoniensibus recollectis per magistrum Balduinum de Avesnis, dans *Recueil des Historiens de France et des Gaules*, t. XIII, p. 564, note). Le seigneur de Beaumanoir (peut-être Beaumetz-lès-Aire) dont parle la chronique de Baudouin est Arnoul de Quiestède (Pas-de-Calais, arrondiss. de Saint-Omer, cant. d'Aire). Ceci résulte expressément des pièces citées par M. Giry dans son article sur les *Châtelains de Saint-Omer* (*Bibliothèque de l'Ecole des Chartes*, t. XXXV, 1874, p. 332-333, et t. XXXVI, 1875, p. 99 et 105-106). Si Girard avait eu une fille, la cession de Beaumanoir serait encore plus extraordinaire. Tout cela rend aussi bien ténu le lien par lequel M. Bordier a cherché à réunir la famille de Remi et celle d'Estrées-Saint-Denis à laquelle rien ne prouve qu'appartenait le beau-fils d'Arnoul de Quiestède. Il y avait d'autres familles d'Estrée et Estrées dans la région qui forme aujourd'hui le Pas-de-Calais, le Nord et la Somme.

2. Cf. § 494.

3. Cf. E. Boutaric, *la France sous Philippe le Bel*, VIII, II et III, p. 186-196 ; Fél. Aubert, *le Parlement de Paris de Philippe le Bel à Charles VII*, t. I, organisation, p. 150-151 ; le même, *Histoire du Parlement de Paris de l'origine à François Ier*, II, 176 ; et surtout Borrelli de Serres, *Recherches sur divers services publics du XIIIe au XVIIe siècle*, 1895, notice II. Voyez ci-après § 1775.

4. Bordier date à tort cette pièce de mai 1283. Elle porte : « ce fu fait en l'an de l'Incarnacion Nostre Seigneur mil deus cent quatre vins et trois le lundi devant la Saint Michiel, entre none et midi, le jour de [la] fieste saint Cosme et saint Damien. » La mention de ces deux saints indique qu'il s'agit de la saint Michel d'automne (29 septembre) et non de celle du printemps (8 mai). Le 27 septembre 1283 était un lundi, comme il est facile de le vérifier dans le *Manuel de Diplomatique* d'A. Giry.

5. Oise, arrondiss. de Beauvais, cant. de Chaumont-en-Vexin.

6. Chaalis, commune de Fontaine-les-Corps-Nuds, arrondiss. de Senlis, cant. de

emparés de Robert le Quantois, serviteur de ce couvent, avaient exécuté l'arrêt du Parlement qui les avaient condamnés à *resaisir le lieu* et à y ramener ledit Robert[1].

Ce ne fut sans doute pas à cette affaire que Beaumanoir dut de ne pas être prorogé dans sa charge au delà des trois années réglementaires, mais elle put contribuer à le faire rester dans le pays après le délai de 40 jours et l'empêcher d'être nommé ailleurs avant la décision du Parlement et la réparation. Pendant ces loisirs peut-être forcés, il continua et termina les *Coutumes*.

Au milieu du mois de novembre 1284, Jean de Salenay, sénéchal de Poitou, ayant cessé d'exercer ses fonctions, Beaumanoir fut nommé pour le remplacer. M. Bordier énumère plusieurs pièces relatives à son administration (XXV), les unes analysées dans le recueil de dom Fonteneau conservé à la Bibliothèque de Poitiers, la dernière dans l'*Essai de restitution d'un volume des Olim* par M. Léop. Delisle[2], une enfin aux Archives Nationales qu'il dit être en déficit. Nous n'aurions donc plus aucune pièce originale pour cette époque de la vie de Beaumanoir si mes recherches n'avaient pas été plus heureuses que celles de M. Bordier. Cette charte, datée du mercredi avant l'Annonciation 1285 qu'il croyait perdue, est encore aux Archives, cote J 180, n° 31. En voici le passage intéressant pour nous :

Universis presentes litteras inspecturis Johannes Hemes, presbyter, gerens sigillum domini regis Francorum in senescallia Pictavensi apud Pictavos constitutum salutem in Domino. Noveritis nos vidisse et diligenter inspexisse quasdam litteras... Preterea Guido de Monteleonis, valetus, filius quondam Guidonis de Monteleonis militis defuncti, in nostra presencia personaliter constitutus, confessus fuit coram nobis se vendidisse et concessisse ad perpetuitatem pro se et suis, domino nostro regi Francorum, precio ducentarum librarum turonensium nigrarum integre solutarum per manum Philippi

---

Nanteuil-le-Haudouin. Petit prieuré de bénédictins fondé en 1136. Louis VII en fit une abbaye qui fut reconstruite au xiii° siècle.

1. A contre-cœur, car « il dirent ensi : Veez ci le sergant que nous primes laiens et dessaisismes a lui de par le conte et le vos ramenons et resaisissons de par le conte. Et nos respondimes que ce estoit par le commandement le roi et les maistres de la court. Lors le prirent ils par les mains et le mirent dedans la porte et le menerent en la chapelle et resaisirent la court et toutte la maison de laiens qu'il avoient dessaisi et violé sans reson qui est desous le roi et en sa garde... » — Beugnot, p. xx, applique à Beaumanoir un cas à peu près analogue à la suite duquel le bailli de Senlis fut obligé de rendre un homme que le prieur de Bazainville voulait juger (*Olim*, I, 937, xxxi). Mais le jugement est de la Pentecôte 1273, le bailli de Senlis n'y est pas nominativement désigné et rien n'y prouve qu'il s'agisse de Beaumanoir. Beugnot a été induit en erreur par Louvet qui a confondu 1293 avec 1273 (*Anciennes remarques de la noblesse Beauvaisine*, 1640, t. I, p. 91). Le bailli de Senlis en 1273 était Gilles de Courcelles (Voy. Brussel, *Nouvel examen de l'usage général des fiefs en France*, 1727, t. I, p. 486).

2. E. Boutaric, *Actes du Parlement de Paris*, t. I, p. 405, Collection des Archives Nationales.

de Bello Manerio, militis, senescalli tunc temporis Pictavensis, ementis vice et nomine domini regis Francorum viginti unam libras et decem solidos turonensium, sitos... [1].

A cette époque le sénéchal de Poitou était en même temps le représentant du roi en Limousin et il prenait même quelquefois le titre de sénéchal de Limousin et de Poitou. C'est ainsi que nous trouvons Beaumanoir qualifié dans une déposition faite à Saint-Léonard [2] en 1288, et qui vise un fait qui a dû se passer en 1285, puisqu'il s'agit de l'expédition d'Aragon sous Philippe III :

... Homines et communitas ville Nobiliaci [3] dederunt domino regi ducentas libras turonensium eo quod non irent in exercitu Arragonensi... Vidit eas solvi domino Philippo de Bello Manerio, militi, tunc senescallo Lemovicensi et Pictavensi [4].

Le 24 février 1287 [5] Beaumanoir donne des lettres de non préjudice aux religieux de Saint-Cybard d'Angoulême et peu après il est fait sénéchal de la Saintonge d'où, à l'Ascension de la même année, il envoie des comptes complémentaires ou rectificatifs de sa gestion en Poitou (Bordier, XXVI).

A la Pentecôte (16 mai) 1288, il apporte au Parlement de Paris une enquête par lui faite sur l'ordre du roi pour établir le bien ou le mal fondé des réclamations de Geoffroy d'Archiac, évêque de Saintes, et des églises de son diocèse, qui se plaignaient d'un système d'applègements et contre-applègements (pleiges et contre-pleiges) en usage, prétendaient-ils, depuis 14 ans à peine.

Depuis l'arrêt sur cette affaire [6], qui est de la Toussaint 1288 et

---

1. Cet acte est à la fois une ratification et un complément consentis par Gui II de Montléon en faveur de Philippe le Bel, de la vente faite par son père Gui I au roi Philippe III de la baronnie de Montmorillon et de la forêt de Chauvigny. Sur cette vente qui est rappelée dans la première partie de la pièce, voyez André Duchesne, *Histoire généalogique de la maison des Chasteigners*, 1634, p. 232-235, et *Preuves* du liv. III, ch. III, p. 110-113.

2. Haute-Vienne, chef-lieu de canton, arrondissement de Limoges.

3. Ancien nom de Saint-Léonard.

4. Louis Guibert, *la Commune de Saint-Léonard de Noblat*, 1891, p. 178. C'est d'après cette pièce que M. A. Leroux, dans le catalogue qu'il a compilé en tête de l'*Inventaire sommaire des Archives départementales de la Haute-Vienne*, série B, t. I, p. VIII, enregistre Beaumanoir comme sénéchal du Limousin en 1288.

5. La date « 24 février 1288 » donnée par Bordier à cette pièce (XXVII) est inexacte. Comme il était extraordinaire que Beaumanoir fût encore à cette époque dans le Poitou quand, à l'Ascension 1287, il s'intitulait sénéchal de Saintonge, j'ai demandé à M. de La Martinière, archiviste de la Vienne, de vouloir bien vérifier, ce qu'il a fait avec autant d'obligeance que de précision. Il faut rétablir ainsi la date qui est écrite en toutes lettres : « Datum apud Jarniacum, die lune in festo beati Mathie apostoli, anno Domini millesimo cc^{mo} octuagesimo sexto ». Donc 24 février 1287.

6. *Olim*, II, 277, V, et 287, XVI. M. Bordier cite d'après La Thaumassière (?) la première de ces pièces qu'il indique comme perdue.

dans lequel l'enquête de Beaumanoir est rappelée, nous ne trouvons plus de traces de son administration en Saintonge, qui régulièrement ne devait prendre fin qu'en 1290. Deux lignes dans La Thaumassière (Préface des *Coutumes*) mentionnent *le conte Phelippe de Biaumanoir, chevalier, baillif de Vermandois, fait dou voyage de Rome l'an* 1289. Jusqu'à présent il a été impossible de retrouver ce compte qui fut peut-être[1] communiqué à La Thaumassière par les conseillers à la Cour des Comptes Vyon d'Hérouval et du Fourny. Mais la réalité du voyage n'est pas contestable. On pourrait admettre que La Thaumassière a mal interprété la pièce si la citation qu'il en fait n'était évidemment le titre même inscrit au verso du compte comme à l'habitude. *Conte, Phelippe, Biaumanoir, baillif, dou* sont des formes graphiques du xiiie siècle qu'il n'aurait pas eu l'idée d'employer s'il avait forgé le titre d'après le contexte de la pièce; il n'aurait pas davantage employé une telle disposition de titre qu'on ne retrouve que dans les formules anciennes.

S'il est certain que Beaumanoir employa, sinon les derniers mois de 1288, du moins les trois ou quatre premiers de 1289 à une mission près du Saint-Siège, nous restons sans renseignements sur les motifs qui l'y firent envoyer.

D'après une hypothèse de Laboulaye[2], admise par Beugnot[3] et par F. Lajard[4], cette mission se rapporterait au couronnement par le pape Nicolas IV de Charles II le Boiteux comme roi de Sicile, qui eut lieu le 26 mai 1289. Il ne me semble pas que cet événement prévu depuis la délivrance de Charles d'Anjou en 1286 ait pu motiver l'envoi d'un plénipotentiaire, sinon pour représenter le roi de France à la cérémonie. Et conjecture pour conjecture, je croirais plutôt que Beaumanoir fut chargé de négocier avec Nicolas IV la prolongation de la dîme sur les revenus des Églises de France concédée par son prédécesseur Martin IV à Philippe le Hardi en 1285 pour pourvoir aux frais de l'expédition d'Aragon. Les bulles du pape accordant cette prolongation et en déterminant les conditions de perception sont du 31 mai 1289[5].

1. Je dis *peut-être* parce qu'il ne me semble pas prouvé comme à Laboulaye (voyez la note 2 ci-dessous) et à Lajard (*Histoire littéraire de la France*, t. XX, p. 359) que ce compte lui ait été communiqué comme le précédent et le suivant par ces deux conseillers. La Thaumassière ne le dit pas et la disposition du texte imprimé ne l'indique pas. Le champ des recherches n'en est que plus difficile à déterminer.
2. *Revue de législation et de jurisprudence*, t. XI (1840), p. 433-468, à la page 442, article érudit et utile à consulter.
3. *Notice sur Philippe de Beaumanoir*, en tête de son édition, t. I, p. xxviii.
4. *Loco citato*, p. 359. En tout cas on ne peut dire avec Lajard que c'était « un événement important que Philippe le Bel avait intérêt d'empêcher. »
5. Elles ont été publiées par E. Boutaric, *Documents inédits relatifs à l'Histoire de France sous Philippe le Bel*, dans *Notices et extraits des manuscrits de la Bibliothèque Nationale et autres bibliothèques*, t. XX, 2e partie, p. 88-103.

Quoi qu'il en soit de cette mission et de ses causes, Beaumanoir ne retourna pas en Saintonge [1] à son retour de Rome et il fut nommé bailli de Vermandois.

Dès le mois d'août 1289, il authentique en cette qualité divers contrats passés en la prévôté de Laon (Bordier, XXVIII).

Beugnot [2] (p. xxviij) avance qu'en 1290 Beaumanoir « n'exerçait plus les fonctions de bailli et qu'il reprit à cette époque son siège dans le Parlement », parce qu'il fut un des commissaires chargés de recevoir les pleiges qui s'engageaient à réintégrer dans les prisons du roi Jean Chapes, écuyer, condamné par un jugement antérieur [3]. Cette époque de sa vie est une des plus abondantes en documents. Bordier en cite plusieurs et récemment M. Collinet a retrouvé dans les Archives des Ardennes et publié [4] deux chartes nous montrant, l'une Beaumanoir présidant une assise à Laon le 1er janvier 1291, l'autre le même homologuant un acte de transaction un mois ou deux plus tard. Si donc à la session de la Pentecôte 1290 il fut choisi comme commissaire, c'est uniquement parce qu'il se trouvait assister à cette session comme il était tenu de le faire en vertu de sa charge [5].

Du Vermandois [6], Beaumanoir passa en Touraine. La plus ancienne pièce connue relative à son administration dans ce pays a été publiée par M. P. Viollet [7] : elle est de la saint Vincent 1291 (1er janv. 1292), et, comme le dit M. Viollet, elle permet de rejeter définitivement une donnée suspecte fournie par La Thaumassière [8] et adoptée par Bordier (p. 38) et Suchier (p. xii).

---

1. Et surtout il n'y retourna pas en 1292 comme le dit Maichin de Maisonneuve, *Histoire de Saintonge*, éd. 1671, 1re part., p. 97. M. Bordier (p. 38) accepte cette date et M. Suchier (p. xi, note 2) essaie de la justifier contre M. P. Viollet, qui, dans les *Notices et documents publiés pour la Société de l'Histoire de France à l'occasion de son 50e anniversaire*, p. 178, note 1, la considérait comme suspecte. Je suis tout à fait de l'avis de M. Viollet. Il est si facile de lire dans une charte du xiiie siècle : .м°. .сс°. .iiii^{xx}. .xii° au lieu de .м°. .сс°. .iiii^{xx}. .vii°., x lue pour v et inversement. Les exemples ne manquent pas d'erreurs de ce genre.

2. Suivi par F. Lajard, *loco citato*, p. 407, et par M. Suchier, p. xii.

3. *Olim*, II, 308, xxvi, parlement de la Pentecôte (21 mai) 1290.

4. *Nouvelle Revue historique de droit français et étranger*, t. XVIII (1894), p. 697.

5. Un arrêt relatif à l'église de Braine et où le bailli de Vermandois est cité, a été rendu le même jour, *Olim*, II, 308, xxiii.

6. Dans l'*Essai de restitution d'un volume des Olim* (Boutaric, *Act. du Parlem.*, I, 455), Beaumanoir est mentionné dans une des enquêtes expédiées au parlement de la Toussaint 1295 comme bailli de Vermandois. C'est évidemment une erreur du scribe du greffe de la Cour qui a copié par fragments le *Liber inquestarum* de Nicolas de Chartres. Le bailli de Vermandois était alors Gautier Bardin, qui mourut en 1305 (Colliette, *Mémoires pour l'Histoire du Vermandois*, II, 497 et 817; charte dans *Cartulaire d'Ourscamps*, publié par Peigné-Delacour, p. 523).

7. *Notices et documents publiés par la Société de l'Histoire de France*, etc., p. 177-180.

8. Celle-ci : *Philippus de Bellomanerio, miles, Baillivus Silvanectensis, pro expensis*

Une charte du 29 août 1292 [1] montre en outre que Beaumanoir n'avait pas quitté la Touraine dans l'intervalle, car à cette date, qualifié de bailli de cette province, il rend une sentence arbitrale qui règle un procès pendant en appel devant le roi entre le couvent de la Chaume près Machecoul [2] et Girard Chabot, seigneur de Retz et de Machecoul, au sujet des droits de justice, garde et obéissance de celui-ci sur l'abbaye et ses sujets. Bordier cite une autre pièce (XXXI) d'août 1292, sans quantième, où Beaumanoir agit encore comme bailli de Touraine.

Il ne resta d'ailleurs plus longtemps dans cette province, car le mardi avant la Toussaint 1292 il rendait comme bailli de Senlis un jugement en faveur de l'évêque de Beauvais contre l'abbaye de Saint-Denis.

Ce bailliage devait être le dernier où Beaumanoir put exercer son activité [3]. Le 7 janvier 1296 [4], il mourait, peut-être au Moncel qu'il aimait à habiter et d'où sont datées plusieurs pièces émanées de lui comme bailli de Senlis [5].

Il fut enterré dans l'église des Dominicains (plus tard des Jacobins) à Compiègne, où reposait déjà sa première femme et où la seconde fut aussi inhumée en 1304 [6].

La première femme de Beaumanoir est tout à fait inconnue. La

---

factis per ipsum, apud Sanctum Quintinum pro exercitu Hannoniæ, redditis Baillivo Viromandiæ per compotum ejusdem ad Candelosam 1291 (2 févr. 1292). Il y a sans aucun doute confusion de la part de la Thaumassière qui cite aussitôt après un compte daté de la Chandeleur 1292 (2 févr. 1293). Il faut comprendre 1293 et 1294. C'était aussi l'avis de M. Bordier à qui M. Viollet communiqua la charte (cf. *loco citato*, p. 178, note 1). Brussel, *loco citato*, t. I, p. 486, dit que le bailli de Senlis comptait au bailli de Vermandois. P. 482, il doit faire erreur de date en disant qu'en 1292 le bailli de Senlis administra aussi la baillie de Gisors.

1. Marchegay, *Douze chartes originales et inédites en langue vulgaire du Centre et de l'Ouest de la France (1238-1299)* dans *Bibliothèque de l'École des Chartes*, t. XLIV (1883), p. 294-297.
2. Chef-lieu de canton de la Loire-Inférieure, arrondissement de Nantes.
3. La dernière pièce connue, écrite par son ordre, est datée du 30 juillet 1295 (Bordier, XVI).
4. *L'an de grace .M. .CC. .IIII^{xx}. et quinze l'endemain de la Tiephaine* (épitaphe conservée par Dom Gillesson, Bibl. Nat. fr. 24066, f° 168 r°, et 19842, f° 379 r°). C'est donc à tort que Fél. Aubert, *le Parlement de Paris de Philippe le Bel à Charles VII, sa compétence, ses attributions*, p. 303, place Beaumanoir (d'après M. Suchier qui d'ailleurs ne dit rien de pareil) parmi les conseillers ayant siégé au Parlement en 1296.
5. M. Borrelli de Serres, *loco citato*, p. 218, note 9, dit que les panégyristes de Beaumanoir se sont bien gardés de faire remarquer qu'en dépit de sa science de juriste et de l'habileté de son administration, il est mort débiteur du Trésor pour des sommes considérables. Cette conclusion tirée, je crois, des comptes de Robert de Villefranche, successeur de Beaumanoir (Bibl. Nat. lat. 9069, p. 889), est entachée de quelque exagération. Ces comptes me paraissent simplement prouver ou qu'une mort subite ou qu'une maladie longue et pénible avait mis le bailli de Senlis dans l'impossibilité d'apurer ses registres.
6. Cette tombe existait encore au XVIIe siècle. Dom Gillesson en a donné une description. Cf. Bordier, p. 44-45.

seconde, Mabille de Boves, peut-être fille d'Enguerrand de Boves et dans ce cas la dernière héritière directe de la famille des sires de Boves, branche cadette de la maison des comtes d'Artois, mourut en 1304[1].

Beaumanoir eut plusieurs enfants, car il est question d'un *primogenitus domini Philippi de Bello Manerio* dans un arrêt de la Toussaint 1296[2]. M. Bordier a rendu probable l'opinion que ce *primogenitus* est *Raoul de Remin*, chanoine de Soissons, qui servit de secrétaire à son père pour la pièce de 1295 indiquée ci-dessus (p. XII, note 2). Deux autres fils de Beaumanoir seraient : *Jean* et *Gilles de Remin*, deux frères, tous deux chanoines de la cathédrale de Noyon, souvent cités dans les comptes royaux de 1300 à 1316 (Bordier, p. 65). On ignore du reste absolument ce qu'ils sont devenus, et c'est sans preuves que Moréri et d'autres généalogistes ont fait des Beaumanoir du Clermontois la souche de la famille de Beaumanoir-Lavardin.

§ 2. — *Les œuvres de Beaumanoir.*

Jusqu'à ces dernières années, on ne connaissait des poésies de Beaumanoir que celles qu'avait publiées M. Suchier. M. Jeanroy, dont les méthodiques investigations sont coutumières d'heureuses découvertes, a retrouvé et publié récemment[3] onze chansons, dont dix au moins sont certainement de Beaumanoir ; dans deux d'entre elles son nom figure en toutes lettres ; pour huit autres, l'examen critique qu'en fait M. Jeanroy ne laisse aucun doute. Nous avons déjà eu l'occasion d'en citer quelques-unes. Ce ne sont pas d'ailleurs des compositions bien remarquables ; la versification est négligée. On y trouve cependant de la grâce, une certaine chaleur et de la sincérité dans les sentiments, de l'aisance dans l'expression. Je crois avec M. Jeanroy qu'il faut considérer ces chansons comme des œuvres de début ; la déclaration que Beaumanoir fait au commencement de la *Manekine* :

> ... Mout petit sai de clergie
> Ne onques mais rime ne fis. (v. 32-33.)

n'est sans doute qu'un artifice de poète pour paraître modeste et donner plus de prix à son œuvre.

La *Manekine*, récit dont l'origine apparaît dans l'Angleterre septentrionale et qui comprend 8590 vers, est une œuvre prolixe, où les transitions sont lourdes et les caractères vagues, mais les descrip-

---

1. Dom Gillesson, *loco citato*.
2. *Olim*, II, 401, IX.
3. Dans la *Romania*, t. XXVI (1897), p. 517 seq.

tions sont d'un homme qui a une imagination riche et une bonne connaissance de la vie courtoise.

Jehan de Dammartin et Blonde d'Oxford (6282 vers) est le meilleur des ouvrages poétiques de Beaumanoir. Il est plein d'une charmante fraîcheur, et il a « ce mélange de grâce et de vigueur qui est le propre de la jeunesse » (Suchier). La *Manekine* a été écrite vers 1270; *Jehan et Blonde* doit être placé un peu après 1274 (Suchier, p. ix, xx et cii).

Outre ces deux pièces capitales, Beaumanoir a composé un *Salu d'amours* (1048 vers), un *Conte d'amours* en strophes de 12 vers, un récit moral, le *Conte de fole largece*[1], deux *fatrasies*, un *lai d'amours*, une paraphrase de l'*Ave Maria*, un *Salut* à refrains[2].

Si Beaumanoir a été un poète aimable, souvent gracieux, parfois fin psychologue, de beaucoup au-dessus de la plupart des versificateurs de son temps, il faut bien reconnaître que ce n'est pas à ses vers qu'il doit le plus sûr et le plus éclatant de sa réputation, mais à son livre des *Coutumes du comté de Clermont en Beauvaisis*[3].

La date de 1283 que donne l'explicit ne nous fixe que d'une manière approximative sur celle de la composition de cette grande œuvre, qui, si elle a été écrite ou dictée dans le court laps de temps qui sépare les deux premières charges de Beaumanoir, a été certainement revue et remaniée à plusieurs reprises.

Il n'est pas bien difficile d'en trouver des preuves dans le texte même. Toutes les fois que Beaumanoir a à se référer à une autre partie de son livre, il indique le passage antérieur par *si comme il est dit* ou *il a été dit*, le passage postérieur par *si comme il sera dit* ou *nous en parlerons*, ou toute autre formule analogue. Il en résulte que le § 550 paraît avoir été rédigé après le *chapitre des sousaagiés* (chap. xvi), car, faisant allusion à certains droits des mineurs, Beaumanoir dit : *si comme il est dit*, or c'est le chapitre suivant[4]. A la fin du § 751, il rappelle qu'*usages ne vaut riens contre seigneur si comme vous orrés ou chapitre qui enseigne quel usage valent et liquel non*. Or le chapitre des usages est le xxive et le § 751 est au chap. xxvi. La première phrase du § 1100 est tout à fait caractéristique : *nous souvient il d'une fraude qui avint or tans que nous fismes cest livre*[5].

---

1. Sur ces petites pièces, cf. Ed. Schwan dans les *Romanische Studien*, publiées par Ed. Bœhmer, IV, 351-410.
2. Publié également dans le *Recueil général des Fabliaux* de MM. de Montaiglon et G. Raynaud, t. VI, p. 53-67. Cf. J. Bédier, *les Fabliaux*, p. 345-347.
3. C'est le titre exact qu'il convient de leur donner (§§ 1, 682). Nous avons cru cependant qu'il était mieux, pour ne pas troubler des habitudes respectables, de conserver celui sous lequel elles sont universellement connues, aucune confusion n'étant d'ailleurs possible.
4. Voyez aussi §§ 602, 788, 1337-1339, 1536, 1537, 1762, etc.
5. Il eût été intéressant et utile de retrouver la date à laquelle cette affaire est

Évidemment ce paragraphe a été ajouté un certain temps après l'achèvement de l'ouvrage. Le § 1153 est aussi le résultat d'une réflexion tardive. Beaumanoir ne s'est plus rappelé exactement et n'a pas voulu rechercher où il avait *dit alieurs que li jugemens de meins de .II. hommes ne doit pas estre tenus pour jugemens ne pour .I. seul tesmoing nus ne gaaigne sa querele*. Il a bien parlé du second cas au § 1149, mais c'est au § 1184 et dans le chapitre xl (ce qu'il annonce du reste au § 1149) qu'il traite complètement de cette question, et quant au premier cas il s'en occupe seulement au chap. lxvii, et c'est dans les §§ 1883 et 1884 qu'il pose le principe.

Pour une de ces additions, il est peut-être possible de fixer une date. De son séjour en Angleterre et en Écosse — on l'a déjà remarqué [1] — Beaumanoir n'a rapporté aucun souvenir qui se réflète dans ses *Coutumes* : sa jeunesse assurément et son inexpérience en sont causes. Au début de son livre (§ 6) il indique soigneusement quelles autorités il citera à l'appui de son enseignement, et réellement il n'en cite aucune autre, sauf en un cas et dans une digression, comme le dit M. Bordier, tirée de fort loin. Après avoir parlé des révoltes des communes (§ 885), il introduit tout à coup et d'une manière assez artificielle un *exemple* étranger à la France, — où il aurait pu en trouver de plus caractéristiques — et il l'expose d'une manière et dans des termes dont les inexactitudes donnent l'impression d'un résumé fait non d'après un texte, mais sur un récit entendu et répété. Ne semble-t-il pas légitime de voir dans cet exposé de la ligue lombarde un écho de ses conversations à Rome ? S'il en est ainsi, le § 886 a été écrit postérieurement au mois d'avril 1289 [2].

Ces remarques, appuyées par celles que nous suggérera plus loin l'étude du texte tel qu'il résultera de la comparaison méthodique des manuscrits, montrent bien que nous nous trouvons en présence d'un livre qui, écrit d'un seul jet avec une sûreté et une rapidité plus d'une fois remarquées, a été complété à des intervalles plus ou moins éloignés, mais n'a jamais été l'objet de la revision dernière, attentive et soignée, qu'aurait faite un homme du caractère méticuleux de Beaumanoir au moment de le donner à ceux pour qui il

---

venue en appel devant le roi. Malheureusement les *Olim* ne contiennent rien qui s'y rapporte et toutes mes recherches dans d'autres voies ont échoué également.

1. Bordier, p. 32.
2. M. Laboulaye qui admet aussi (p. 442-443) que cette digression est une addition, dit : « Nous savons et lui-même nous apprend quelles impressions il rapporta de ce voyage dans un pays où la liberté des villes se déployait alors avec tant d'énergie. Ce passage de son livre est un des plus curieux témoignages qui nous restent de l'effet que produisit sur les seigneurs féodaux de France ce grand mouvement de liberté qui rappela les cités italiennes à la vie politique et de la conclusion pratique qu'ils en tirèrent. »

était écrit. En un mot l'œuvre de Beaumanoir, telle que nous la pouvons connaître, est un brouillon commencé vers 1280[1], achevé en 1283[2], ayant subi à des époques impossibles à déterminer, — sauf une en 1289-1290, — des additions et des corrections faites au hasard des souvenirs et des circonstances.

Si cette constatation n'a pas d'importance pour la langue de l'auteur, elle en a une très grande au point de vue de la composition et de l'unité de son œuvre, car elle en explique les incorrections, les répétitions et les contradictions[3].

Elle explique aussi que les savants distingués qui ont discuté du plan de l'auteur n'aient pu s'entendre sur une chose à première vue aussi simple, les additions qu'il a faites en ayant dérangé l'ordonnance et obscurci la clarté.

Elle ne nuit d'ailleurs pas à la valeur de la doctrine ni ne diminue l'estime que méritent à Beaumanoir sa science profonde du droit, son amour ardent de l'équité, sa sollicitude éclairée pour les droits et les intérêts de tous, son humanité, provenant d'une piété solide et éclairée, sa tolérance, son dédain des superstitions, son horreur des querelles et des procès, sa haine vigoureuse du mal[4].

Ces qualités, ces vertus, évidemment entretenues, développées par de nobles traditions et par l'éducation familiale, sont dans la nature même de l'homme qui en a fait un si bel usage.

Mais cette connaissance si complète de coutumes parfois obscures, d'usages souvent contradictoires, d'une procédure compliquée et tracassière, cette connaissance qui, à son époque, ne peut être que le résultat d'une très longue pratique, comment un homme de 29 à 30 ans a-t-il pu l'acquérir et se l'assimiler aussi profondément ?

---

1. Le § 1 a été écrit évidemment pendant que Beaumanoir était bailli : *pour ce que nous nous sommes entremis de garder et de fere garder les drois et les coustumes de ladite conteé.*

2. Il y a lieu de remarquer tout au moins que les jugements du Parlement que nous avons pu retrouver (§§ 454 et 1779) appartiennent à l'époque de sa judicature à Clermont ; il les avait donc vu rendre à une des assises où il assistait en raison de sa charge, puisque le second n'intéresse pas le Clermontois. Le duel entre Renaut de Beaurains et Gillot de la Houssaye a eu lieu en 1282 ou 1283 (*ou tans que nous fesions cest livre,* § 1770). Il en est très probablement de même pour les cas jugés dans les châtellenies ou les prévôtés voisines. Le *plet du conte de Guines,* § 1977, pourrait avoir quelque rapport avec un jugement qu'on trouve dans les *Olim,* II, 146, xxii, à la date de la Toussaint 1279, mais il est trop brièvement rapporté pour l'identifier avec certitude.

3. §§ 955-959, 970 et 983, sur lesquels cf. Glasson, *Histoire du droit et des institutions de la France,* VII, 298-299 : §§ 739 et 1049, etc.

4. Voyez surtout §§ 3, 336, 533, 549, 1535, 1539, 1547, 1599, 1604, 1605, 1982. Beaumanoir est le premier écrivain profane du moyen âge qui ait employé le mot d'*humanité* (§ 1547 et 1599) avec la signification de « sentiment actif de bienveillance pour tous les hommes », cette vertu qui est le fondement même du christianisme. Voyez Godefroy, *Dictionnaire de l'ancienne langue française,* t. IX, p. 774, *sub verbo.*

M. E.-J. Tardif[1] a supposé que le père de Beaumanoir avait été son premier et peut-être son unique maître. Probablement en effet le premier Philippe de Remi était un homme de haute valeur et il dut prodiguer ses enseignements à son fils, mais nous le voyons exercer pendant 10 ans dans le Gâtinais, puis enjambant le Beauvaisis, résider à Arras. Il ne semble pas qu'aucune des positions où nous le trouvons ait pu lui permettre d'étudier et de connaître parfaitement les coutumes du comté de Clermont. D'un autre côté nous ignorons totalement ce que Beaumanoir fit depuis l'époque présumée de son retour en France, vers 1270, jusqu'à celle où brusquement nous le voyons occuper une charge des plus importantes. Il n'a pu arriver au bailliage de Clermont sans avoir passé par des emplois inférieurs[2]. C'est là sans doute qu'il s'est perfectionné dans la science et dans la pratique des coutumes du Clermontois auxquelles il avait déjà été initié par la situation de sa famille établie dans le pays depuis au moins trois générations.

Ces conjectures fort probables permettent de comprendre en partie comment le praticien s'est formé, mais elles n'expliquent pas comment, par quelles lectures, le juriste s'est préparé à écrire. Nous n'avons pas à entrer ici dans la discussion d'une question qui est du domaine de l'histoire du droit. Controversée depuis 1840 et non encore résolue, elle a été résumée en ces termes de la façon la plus spirituelle par un des savants qui y ont pris part[3] : « Beaumanoir a eu sous les yeux l'*Ordo judiciarius* de Tancrède, écrit Daniels[4]. Les divisions de ces deux ouvrages se ressemblent fort et cette ressemblance trahit une imitation de la part de Beaumanoir. — Je crois que ce sont les grandes divisions du *Digeste* qui, en partie du moins, l'ont guidé, assure à son tour notre regretté H. Bordier[5]. — Non pas, reprend M. Gross. Il avait lu un certain *Ordo judiciarius* que je viens de découvrir et de publier. Le plan des deux auteurs présente certaines analogies. Je retrouve de part et d'autre les mêmes procédés littéraires. Enfin je crois être en mesure de signaler quelques emprunts[6]. — Un quatrième critique suggère une observation indépendante des précédentes. Beaumanoir, suivant lui, a dû lire les *Établissements de saint Louis*. Il aperçoit dans l'ouvrage quelques traces de cette lecture[7]. — Un cinquième et dernier critique se hâte

---

1. *Bibliothèque de l'Ecole des Chartes*, t. XL (1879), p. 470.
2. Nous avons vu qu'il faut en tout cas écarter celui de prévôt de Nanteuil-le-Haudouin.
3. P. Viollet, *Histoire du droit civil français*, p. 186-187.
4. Daniels, *System und Geschichte des französischen Civilprocessrechtes*, 1849, t. I, p. 37.
5. *Loco citato*, p. 375-384.
6. Gross, *Incerti auctoris Ordo judiciarius*, Innsbrück, 1870, p. 75.
7. *Établissements de saint Louis*, I, p. 332-335.

de rejeter cette conjecture[1]. » Si à ces cinq études nous joignons les articles déjà signalés de MM. Laboulaye et Lajard[2], nous aurons donné au lecteur l'indication à peu près complète des travaux qu'il est utile de connaître pour apprécier la portée et la nature du *Livre des Coutumes du comté de Clermont*.

Un point sur lequel tout le monde du moins est d'accord, c'est pour reconnaître à ce livre qui n'est pas une rédaction officielle des Coutumes, mais à proprement parler un traité de la doctrine et de la pratique de ces coutumes, un caractère d'originalité et de personnalité, résultat de la lucidité et de l'indépendance d'esprit de l'auteur, que l'on trouve bien rarement dans les œuvres juridiques du moyen âge.

§ 3. — *Les manuscrits des* Coutumes.

Des nombreuses copies faites de l'œuvre de Beaumanoir, onze seulement, — treize si l'on compte celles qui ont été exécutées au xviie siècle d'après des manuscrits conservés — nous sont parvenues. Aucune n'est l'original. Ces copies sont :

A. Bibliothèque Nationale 11652 (anc. supplém. franç. 3083). Hauteur, 298 millimètres ; largeur, 210 millimètres. Ms. en parchemin ; 246 feuillets à 2 colonnes par page. Cahiers de 8 folios avec réclame, sauf deux ou trois exceptions. Une place a été réservée en tête de chaque chapitre pour des miniatures qui n'ont pas été exécutées. Écriture gothique régulière. Ce ms. est de l'extrême fin du xiiie siècle, peut-être des premières années du xive siècle. Bien que l'un des plus anciens, il est postérieur à la mort de Beaumanoir puisqu'au fol. 214ᵈ (§ 1722) il donne à Louis IX le titre de « saint »[3]. Après l'explicit commun à tous les mss. le copiste a ajouté : *Hic liber est scriptus. — Qui scripsit sit benedictus. — Explicit liber iste. Col. d. Fl. cl. s. li. i.* Comme ce ms. a certainement été exécuté dans une région limitrophe du Beauvaisis et de l'Ile-de-France, je crois qu'on peut interpréter les abréviations ainsi : *Collibertus (ou Colinus) de Floriaco*[4], *clericus, scripsit librum istum.* Acheté par la Bibl. royale en 1847 à la vente du marquis de

---

[1]. Rod. Dareste, dans *Journal des Savants*, 1889, p. 647-648.

[2]. Ajoutez encore Paillard de Saint-Aiglan, dans sa *Notice sur J. Boutillier*, Bibliothèque de l'Ecole des Chartes, 2ᵉ sér., t. IV (1846-1848), p. 123-126.

[3]. Au § 1701, il dit simplement « le bon roi ». Peut-être pourrait-on admettre qu'il a été commencé avant la canonisation de saint Louis et terminé après. Voyez ci-après, p. 2, note 2 du § 1.

[4]. Fleury, canton de Chaumont-en-Vexin, arrondissement de Beauvais.

Coislin[1], dans la famille duquel il était entré lors de la vente de la bibliothèque du président Chrétien-François de Lamoignon, marquis de Boisville, au commencement de ce siècle, le ms. A avait été acquis par celui-ci, alors qu'il était avocat général[2], de M. de Louettière, avocat au Parlement. La Thaumassière suppose qu'il a été auparavant entre les mains de Loys Charondas Le Caron, « et, dit-il, si je me trompe dans ma conjecture, au moins il est certain qu'il a appartenu à Benjamin Charondas Le Caron, procureur du roy à Clermont en Beauvoisis[3]. » Je ne sais sur quoi La Thaumassière appuyait cette conjecture que rien ne justifie dans le ms. même ni à l'égard du fils, ni à l'égard du père; tout au contraire l'examen des quelques citations de Beaumanoir qu'on trouve dans les œuvres de Loys Le Caron conduit à admettre qu'il possédait un ms. apparenté à G[4]. Quoi qu'il en soit, A a été utilisé par La Thaumassière pour son édition. Exécuté avec beaucoup de soin, collationné et corrigé comme l'indiquent les annotations en marge qui correspondent à des mots grattés et refaits, écrit presque régulièrement dans le dialecte de l'Ile-de-France, c'est un des mss. les plus rapprochés de l'original. Il a peu de lacunes, n'omet aucun paragraphe entier et n'a que deux interpolations (§§ 865[5] et 987) dont la dernière en commun avec B. Il contient la *conclusion*.

B. Bibl. royale de Berlin, Hamilton 193. Hauteur, 26 centimètres; largeur, 18 centimètres. Parchemin; 246 folios à 2 colonnes par page; les trois premiers et les deux derniers non numérotés sont restés en blanc; 74 miniatures. Plusieurs scribes ont collaboré à sa confection, mais il y a tant de ressemblance entre leurs écritures qu'il est difficile de déterminer par leur seule comparaison où finit le travail de l'un et commence celui de l'autre. L'écriture est, sauf en

---

1. Cf. *Bibliothèque de l'École des Chartes*, 2ᵉ série, t. IV, p. 192, et Léop. Delisle, *Cabinet des manuscrits de la Bibliothèque nationale*, II, 299.
2. C'est du moins ce qui résulte des termes dans lesquels La Thaumassière en parle, *Coutumes de Beauvoisis*, avertissement.
3. *Coutumes de Beauvoisis*, avertissement.
4. Voyez ci-après, p. xxix.
5. Si on considérait ce passage comme authentique, son omission dans C et dans β pourrait à la rigueur s'expliquer parce qu'il est très court et se termine par les mêmes mots que le § 865. Mais une lacune analogue dans α serait beaucoup plus difficile à comprendre. Considérée en elle-même, la phrase paraît bien comme intercalaire, car elle n'est guère dans la manière de Beaumanoir. Et s'il est constant que les roturiers pouvaient aux xiiᵉ et xiiiᵉ siècles acquérir des fiefs (voyez Paul Viollet, *Histoire du droit civil français*, 2ᵉ édit., p. 644-645, et Glasson, *Histoire du droit et des institutions de la France*, VII, 25), il ne faut pas oublier que Beaumanoir répugne à cette faculté contre laquelle il invoque l'autorité d'une ordonnance (§ 1496 et 1530). Il est donc peu probable qu'il ait prévu la punition d'un cas qu'il considérait comme ne devant pas se produire. Le § 867 qui envisage un homme de pooste *manant* en franc fief est la suite logique du § 866, mais il n'y a pas la même corrélation entre le passage en question et le § 865, puisque le premier ne fait que gloser le second.

un passage écrit après coup, une bonne gothique de la fin du XIIIᵉ siècle ou du commencement du XIVᵉ, mais aucune indication de date ne permet de préciser l'époque de l'exécution [1]. Des réclames indiquent des fins de cahiers aux fol. 12 v°, 96 v°, 132 v°, 163 v°, 205 v°; mais comme ces réclames ont été aux deux tiers rognées par le couteau du relieur, il est très probable que les autres l'ont été complètement; ainsi au fol. 178 doit commencer un nouveau cahier, la différence des écritures étant très accentuée; de même au fol. 194, car la fin du ch. LX manque et le scribe du fol. 193 a écrit aussi serrées que possible les dix dernières lignes sans cependant pouvoir terminer son chapitre. La grosseur des cahiers varie entre 8 et 12 folios. Les fol. 138 r° à 154 v° forment un cahier intercalé à une époque indéterminée, écrit par quatre ou cinq copistes et ayant des blancs provenant de la non concordance des feuillets originaux avec la copie. La fin de la colonne *c* et la colonne *d* du fol. 152 sont d'un autre scribe que le commencement du fol.; le fol. 154 a été écrit par trois copistes et aucune colonne n'est complète; le même fait se renouvelle aux fol. 176, 177, 178, 179. Chaque scribe a sa graphie particulière pour certains mots, mais la fréquence des formes telles *filg, perilg, conseilg* dans les différentes parties du ms. en atteste l'unité de direction et la communauté d'origine, en même temps qu'elle indique qu'il a dû être exécuté à Senlis ou dans la région [2], localisation qui n'est pas démentie par les caractères linguistiques généraux qu'on y peut observer et qui sont à peu de chose près ceux du nord de l'Ile-de-France. Ce ms. a été acquis par la Bibl. royale de Berlin à une des ventes de la collection Hamilton; j'ignore comment il était entré dans cette collection. D'après une note autographe [3] collée au commencement du volume il appartenait, en décembre 1784, à M. Bucquet de Bracheux (1731-1801), alors procureur du roi au bailliage de Beauvais, qui avait entrepris avec le chanoine Danse et le lieutenant civil Borel, depuis président du tribunal, une

---

[1]. L'absence de l'épithète de *saint* à Louis IX n'est pas probante pour un *terminus a quo*.

[2] Cf. Paul Meyer, dans la *Romania*, XXI, 627, et XXVI, 145.

[3]. Voici cette note très intéressante par la mention qu'elle fait du ms. J : « *Coutumes de Beauvoisis*, par Philippe de Beaumanoir, né à Remi près Pont-Sainte-Maxence, diocèse de Beauvais, grand bailli de Clermont en Beauvoisis du tems de S. Louis. — Les savans qui ont vu ce ms. le jugent nécessaire pour procurer une édition plus exacte que celle de 1690, in-folio, de cet ouvrage si précieux pour l'histoire de notre droit public. — On regarde ce ms. sinon comme original, au moins comme approchant extrêmement du tems de l'auteur. Il existe d'ancienneté et on a lieu de croire qu'il a toujours existé dans sa Province. — Si l'on travailloit à une nouvelle édition, je pourrois communiquer un autre ms. moins ancien, mais qui a son mérite, joint surtout aux notes du savant professeur, M. Danse, docteur de la maison et Société de Sorbonne, chanoine de l'église de Beauvais. — Bucquet de Bracheux. — X^bre 1784. »

Histoire du Beauvoisis[1]. Une autre note de Bucquet, au v° du troisième folio, apprend qu'il tenait l'ouvrage « de M. le mareschal de Pricourt, lieutenant particulier au presidial de Beauvais, son parent et oncle de Mme Bucquet, mort le ... 177... » Ce ms. a été signalé pour la première fois et sommairement décrit par M. Blondel dans la *Nouvelle Revue historique de droit français et étranger*, t. VII, p. 211-222. Outre les *Coutumes* (fol. 1-234^b), il contient : une poésie pieuse en 6 strophes de 5 vers octosyllabiques rimant en *-er*, plus un en *-ir*, et une strophe finale de 15 vers rimant en *-ir*[2] (fol. 234^c-234^d), écriture du xive-xve siècle ; les *Coutumes de France* dialoguées[3] (fol. 235^a-239^d), écriture du xive-xve siècle ; une *Coutume de Veulquessin le François* (f° 240^a-241^c), publiée par M. Blondel dans l'article précité, écriture du xve siècle. Ce ms. qui est complet, sauf l'omission du § 114 et celle qui a été signalée déjà au chap. LX (§§ 1706 en partie, 1707 et 1708), est avec A l'un des meilleurs. Il n'a que l'interpolation du § 987 et contient la *conclusion*.

C. Bibl. Nat. 4516 (anc. 9440^6, Colbert 1658). Hauteur, 32 centimètres ; largeur, 24 centimètres ; 256 folios en parchemin à 2 colonnes par page. Réclame à la fin des cahiers qui sont en outre numérotés jusqu'au cahier 20, sauf le premier, le trentième, le trente et unième et le trente-deuxième qui n'ont ni réclame, ni numéro ; 8 folios au cahier, le dix-septième par exception a 10 folios et le dernier seulement 6. « Escrit par le main Bauduin l'enlumineur de Noyon[4] », ce ms. est franchement picard. En bas des fol. 250 v° à 255 v° et sur le fol. 256, on a copié au xve siècle les *Gieus de nature le roy Salemon que il envoia a la roine Sebile* (ms. *Seblie*). C'est un recueil de recettes médicales et autres. Après l'explicit de Baudouin on lit : « C'est a A[ndré] Petit p[restre] », écrit au xve siècle ; aucune autre indication ne permet de retrouver par quelles mains il a

---

1. Cette rédaction qui s'arrête au xie siècle se trouve aujourd'hui dans la Bibliothèque de M. le comte Caron de Troussures à Troussures (renseignement obligeamment communiqué par M. l'abbé Renet, chanoine honoraire de Beauvais). Bucquet de Bracheux avait, sur un exemplaire de l'édition des *Coutumes* par La Thaumassière, aujourd'hui en ma possession, commencé une collation du texte imprimé avec B et J. Voyez mon article dans la *Nouvelle Revue historique de droit français et étranger*, t. XXIII, p. 655, et sur Bucquet, voyez *Mémoires de la Société académique de l'Oise*, t. I (1863), p. 43-50.
2. Elle débute ainsi : « Qui veult en paradis aler — Pour avoir joye sans finer — Et le sentier ne scet trouver — Icy pourra considerer — La voye qui lui doye mener — M[ais] qui le veuille retenir. » Fin : « Se tous les poins veulx acomplir — Ne pourras a grant bien fallir. — *Et sit finis.* »
3. Voyez Bordier, dans *Bibliothèque de l'Ecole des Chartes*, 2e série, t. V (1849), p. 45. Le texte du ms. de Berlin est plus exact que celui de B. N. lat. 4643, mais il n'a pas les deux derniers paragraphes.
4. Après *Noyon* on lit, à l'encre bleue et d'une écriture très rapprochée de celle du ms. : *Gyllet son*, puis un mot gratté commençant par une *s* ou une *f*.

passé avant d'être acheté pour Colbert. C'est un ms. fortement remanié et interpolé (§ 979, etc.) ; il a de nombreuses lacunes et omet en partie les §§ 113, 344, 349, en entier les §§ 345 à 348, 565 à 567, 1930. Il paraît cependant avoir seul conservé la leçon de l'original au § 1923 et peut-être au § 1909 [1]. Il a la *conclusion*. Utilisé par La Thaumassière, il a été connu de Beugnot qui le désigne par la lettre B (1°) et en a tiré des variantes souvent peu heureuses.

D. Bibl. Nat. 8357 (anc. 9850). Ms. du xvi° siècle ; 242 fol. in-4°. Textuellement copié sur C dont il reproduit jusqu'à la graphie, et par conséquent sans utilité. Il n'a d'ailleurs que les 49 premiers chapitres. Beugnot lui donne le n° 2° ; mais rien ne me prouve, quoiqu'il en dise (t. I, p. cxxviii), que ce soit le ms. dont La Thaumassière a eu connaissance en premier lieu.

E. Bibl. du Vatican, fonds de la reine Christine 1055. Ms. de 140 fol. vélin, de 285 millimètres de hauteur sur 202 de largeur, à 2 colonnes par page ; les cahiers sont de force variable et non numérotés. Écrit en 1301 par plusieurs copistes qui ont travaillé sous la direction de l'un d'entre eux que l'explicit nomme seul : « Durant le Normant, clerc, de la cauchie de Pinkegni [2]. » Plusieurs ex libris indiquent qu'il a appartenu à des Beauvaisins dont les noms sont devenus illisibles, avant de passer entre les mains du conseiller au parlement Paul Petau (1568-1614) dont la bibliothèque fut en grande partie acquise par la reine de Suède Christine. A la mort de celle-ci il entra à la Vaticane avec ses autres collections. Signalé une première fois par Montfaucon [3], mentionné par Paul Lacroix [4], il a été décrit d'une façon plus exacte par M. Ern. Langlois [5]. Picard par son origine, ce ms. l'est aussi par la langue. Il est assez fidèle et m'aurait rendu d'utiles services s'il ne présentait de nombreuses et importantes lacunes [6] : § 114 ; du § 806, *est a la fois...*, jusqu'à l'explicit du chapitre xxix [7] ; §§ 846, 847, 921 : du § 1368, *l'eust*

---

1. Je n'ai pas admis à ce paragraphe la leçon de C, bien que la phrase soit un peu obscure, parce que *entent* peut très bien signifier *entent dire* et que ce n'est pas sur ce point, le seul douteux, que porte l'addition de C.

2. Picquigny, chef-lieu de canton de l'arrondissement d'Amiens (Somme). C'est le ms. ancien dont le lieu d'origine est le plus éloigné de la région où Beaumanoir passa la plus grande partie de sa vie.

3. *Bibliotheca Bibliothecarum manuscriptorum nova*, éd. 1739, t. I, p. 93 A.

4. *Rapport sur les manuscrits relatifs à l'histoire de France et à la littérature française conservés dans les bibliothèques d'Italie*, p. 47.

5. *Notices et extraits des manuscrits de la Bibliothèque Nationale et autres bibliothèques*, t. XXXIII, 2° partie, p. 95-96.

6. Une lacune qui comprenait les fol. 37 à 63 (§ 424, *bien est resons qu'il*, jusqu'au § 702, *estimaçions doit estre fete a l'a*, la fin de la colonne c et la colonne d sont restées inutilisées) a été comblée au xiv° siècle d'après un ms. apparenté à la famille β.

7. Voyez ci-après t. I, p. 414, var. n.

acheté, cil..., jusqu'au § 1635,... *justicié comme ataint de rat*; §§ 1637 à 1639 ; § 1640 jusqu'à *veut fere fere* ; §§ 1644, 1885. Ces lacunes exceptées, E présente un texte bon dans son ensemble. Il contient la *conclusion*.

F. Bibl. du Vatican, fonds Ottoboni 1155. Ms. in-4° du commencement du xiv° siècle ; 145 fol. en parchemin non numérotés, à 2 colonnes par page. Sur le feuillet de garde plusieurs cotes anciennes, mais aucun nom de propriétaire. Il a appartenu à Auguste Galland, ou du moins il a été entre ses mains [1]. Au début une miniature représentant un clerc agenouillé devant la Vierge et l'enfant Jésus qui sont assis sur le même siège ; la page est encadrée d'ornements avec en bas des sujets de chasse. Cahiers de 4, 6 ou 8 folios avec réclame : le relieur a mal plié la feuille formant le premier et le dernier folios du cahier fol. 45 r°-51 v°, de sorte que le chap. xx commence au fol. 51 r° et que le chap. xxi qui commence au fol. 51 v° se continue au fol. 45 r°. Pas d'explicit de copiste. L'écriture et la graphie sont picardes et l'œuvre de plusieurs scribes. Ce ms. a été signalé par Montfaucon [2] qui indique la cote S. X. 67 encore existante, et sommairement décrit par M. Ern. Langlois [3]. Il omet les §§ 114, 633, 1098, 1113 (*Guillaumes fust...*) à 1127 (*... celui qui ele estoit*) [4], 1412 (*doivent estre moies...*) à 1451 (*naturelment si comme...*), et, comme E, les §§ 1637, 1638, 1639, 1640 jusqu'à *veut fere fere*..., le § 1644. Quelques annotations et le récit de deux jugements rendus à Clermont en 1303 (f° 20 v°, § 263-265) et 1321 (f° 35 v°, § 495) sont écrits en marge. Texte assez exact, de la même valeur que E ; contient la *conclusion* [5].

G. Bibl. Nat. 24059 (Missions étrangères 153). Petit in-4° de 263 fol. papier ; 27 centimètres de hauteur sur 195 millimètres de largeur. Explicit : *Completus fuit anno Domini .M°. .IIII°. .XLIII°., die .XIII°. mensis decembris*. Au-dessous la signature du copiste : *Mo-*

---

1. En effet Galland cite dans son *Traité du franc-alleu*, éd. 1637, p. 89, le § 704, où *deus et paies* (var. *af*), *autre* (var. *ai*), rapprochent ce ms. de B et de E ; à la page 96, il donne le § 1688, où la var. *o* et la var. *v* propres à F et reproduites identiquement dans son texte montrent que son ms. et F ne font qu'un.

2. *Loco citato*, t. II, p. 187 B.

3. Même recueil, p. 283.

4. Cette lacune est due à la perte par le relieur ou à l'arrachement du double folio du milieu du cahier.

5. Je dois beaucoup de ces renseignements sur E et F à MM. de Manteyer et Puybaudet, archivistes-paléographes, qui pendant leur séjour à l'École française de Rome ont bien voulu me faire diverses collations jusqu'à ce que j'aie pu avoir la photographie complète des deux mss., photographie que MM. Picard et fils ont fait exécuter à leurs frais avec un désintéressement dont je leur sais un grand gré. Je joins dans les remerciments que je leur adresse ici à tous, M. Poupardin, confrère de MM. de Manteyer et Puybaudet, qui m'a donné plusieurs indications complémentaires.

masi (?) *pr[esbytero]*, puis un ex libris : *Cet livre apartient à J. Le Hundoyer, demeurant au molins de Creil.* Ce J. Le Hundoyer qui naquit en 1426 à Saint Just en Beauvoisis[1] et fut conseiller en court laie, a rempli le v° du fol. 262 et le r° du fol. 263 de notes sur lui et sa famille. Ms. exécuté avec assez de soin, mais non exempt d'interpolations, de modifications, d'omissions ni même de grosses lacunes (§§ 1169, 1934, 1935, 1936). La graphie est picarde, la langue parfois rajeunie ; la *conclusion* manque ainsi que dans tous les manuscrits suivants. Beugnot donne à ce ms. le n° 6° et le désigne par la lettre C ; il s'en est d'ailleurs à peine servi.

H. Bibl. Nat. 18761 (anc. Saint-Germain, Harlay 425). Hauteur, 31 centimètres ; largeur 22 centimètres. Ms. vélin de 198 fol. à 2 colonnes par page. Cahiers de 8 fol. avec réclame. Sur le premier folio une miniature représentant un comte (Robert de Clermont?) recouvert d'un manteau bleu, assis sous un portique tapissé de losanges d'or et d'azur avec une fleur de lis : devant lui un clerc assis sur une chaise basse écrit sur ses genoux, paraissant copier un jugement dont on peut lire le commencement : *A tous chax q^i ches p^s* ; derrière ce clerc, d'autres debout, au nombre de 9 dont 4 sur le premier rang, vêtus de robes bleues, brunes ou rouges ; autour de la page un encadrement orné de figures d'animaux, en bas quatre animaux à figure humaine, costumés et dans des postures diverses ; l'un deux porte une banderolle sur laquelle on lit : *Je sui li mesagiers des bestes.* Écriture picarde du milieu du XIVe siècle au plus tôt[2]. Aux pages 35 bis, 37, 45, 59, 82, 85, 87, 89, 91, 95, 155, 159, 160, 171, 216, 217, annotations qui paraissent être de la main d'Ant. Loisel. Aux pages 99, 120, 123, 218 et à plusieurs rubriques que j'indique au courant du texte, notes écrites par Fauchet. Par la note de Pithou sur le ms. M, nous savons que H appartint à Ant. Loisel qui le communiqua non seulement à Pithou et à Fauchet mais aussi à Bignon[3]. La description donnée par Peiresc dans I montre que H vint ensuite à Gui Loisel, deuxième fils d'Antoine. Avant d'entrer dans la bibliothèque de Saint-Germain-des-Prés, il avait passé par celle du président Achille de Harlay. C'est dans ce ms. emprunté à Saint-Germain-des-Prés, que Du Cange a pris les nombreux extraits de Beaumanoir cités dans son Glossaire de la basse latinité[4]. Exécutée avec peu de soin, probablement dans la région

---

1. Saint-Just-en-Chaussée. Voyez la note du § 1243.
2. Voyez p. XXXIII.
3. « *De civilibus quoque negotiis illud ipsum Philippus de Beaumanoir testatur, cujus verba sunt hæc cap. 11, ex codice optimi doctissimique viri Ant. Oiselli*: Se li ajornemens est fais a relevee ou as vespres, l'eurre de la presentacion... » (*Marculfi monachi formularum libri duo,* éd. 1613, p. 532.)
4. Cf. v^{ts} *Amendamentum, Assecuramentum, Bajulus, Campio, Rescussa, Vadium.* Les

Nord de Beauvais, ayant de nombreuses omissions, beaucoup de leçons fautives, cette copie a été choisie par Beugnot comme base à son édition où il lui donne la lettre A (4°).

I. Bibl. de Carpentras 1838 (anc. Peiresc LXIII, tome 2). Copie incomplète d'un ancien ms. qui appartenait à Gui Loisel, conseiller clerc au Parlement, chanoine de Paris, puis de Beauvais, mort le 20 décembre 1631. Il contient : le titre du ms. copié, une partie de la table, une description faite par Peiresc de son original, des extraits du prologue, des chap. 35 et 53 et l'explicit, le tout de la main de Peiresc, puis d'une autre main le prologue, la table, les chap. 1, 46, 58 à 67. Montfaucon le mentionne[1]. Bien que la description minutieuse donnée par Peiresc de la miniature qui ornait le premier folio de son original donne immédiatement l'impression que cet original est H, il y avait lieu d'hésiter à l'identifier avec ce ms. parce que Peiresc ne parle pas des autres ornements de la page. Mais diverses particularités appuient cette identification. Certaines abréviations incomprises sont écrites dans I exactement comme elles apparaissent à l'œil dans H : *dans* pour *d'aucuns* (§ 1467), *le* pour *terre* (§ 1727, var. c), *nestoit* pour *li estoit* (§ 1892). Dans ce dernier paragraphe les noms propres sont abrégés ou entiers de la même manière que dans H. Au titre du chap. LXI, terminé par Fauchet, Peiresc[2] a lu : « *et comment le pūt il fit* appele.... » C'est exactement ce qu'on lit à première vue dans H. Les rubriques des chap. LXVI, LXVII, etc., incomplètes dans H le sont également dans I. L'identification est donc assurée.

J. Bibl. du Tribunal de Beauvais, armoire C, 4. Volume in-4°; 27 centimètres de hauteur sur 19 de largeur ; 353 folios en papier ; il manque 3 folios qui devaient contenir le prologue et la table jusqu'à *estre mis hors et du peril de les enfraindre...* (ch. LX). Les folios 346 et 345 ont été intervertis ainsi que 347 et 348. Écrit au XVe siècle, pas de signature de copiste, aucune indication d'origine. Langue correcte, très rajeunie. C'est le ms. du chanoine Danse dont parle Bucquet de Bracheux dans sa note du ms. B[3]. Sur le verso de la couverture, on lit, écrit par le chanoine Danse : *Ce manuscrit est de*

---

légères différences graphiques s'expliquent soit par des fautes d'impression, soit par des erreurs de lecture et d'interprétation des abréviations, soit par un rajeunissement involontaire et instinctif des formes. Au mot *Campio*, après la citation du § 1891 Du Cange dit encore : « *Id etiam habet idem Bellomanerius cap.* 13 : Li sires qui ses campions est recreans pert respons en court. » Je n'en fais pas état parce que je n'ai pu retrouver ce passage ni dans le texte, ni dans H, ni dans J K, pas plus dans le chap. 13 que dans les autres. Du Cange a dû ici faire erreur de source.

1. *Loco citato*, t. II, p. 1187 B.
2. Ce passage est de sa main.
3. Voyez ci-dessus, p. XX, note 3, et mon article, *Notice sur les mss. de la Bibl. du Tribunal de Beauvais*, dans la *Revue des Bibliothèques*, 8e année (1898), p. 361.

1315. *V. la page* XXVI *v°, art.* 5 *a la fin*[1]. *Danse, chan^e de Beauvais*. Du même, sur la première feuille de garde : *Composé en* 1283. *V. la dernière ligne de ce volume*. Bucquet de Bracheux avait rédigé pour ce ms. une notice qui a été collée par un coin au plat de la couverture, et qui, sauf l'omission de « en Beauvoisis du tems de S. Louis » et l'addition de « ce manuscrit est de 1315 » après « du tems de l'auteur », est identique à celle du ms. qui lui appartenait ; elle s'arrête à « dans sa province ». Au verso de cette notice un extrait de l'*Essai sur l'histoire générale de la Picardie* par Devérité, t. I, p. 428, relatif aux *Coutumes* de Beaumanoir et à l'utilité qu'en a tirée Montesquieu. Ce ms. n'avait pas été signalé et risquait de rester encore longtemps enfoui dans les armoires du Tribunal de Beauvais si M. Bourde de la Rogerie, archiviste du Finistère, n'avait pas eu à faire pour sa thèse de l'École des Chartes des recherches au cours desquelles il entendit parler de l'existence probable d'un ms. de Beaumanoir à Beauvais ; la personne qui lui donnait ce renseignement n'en parlait elle-même que par ouï-dire. Apprenant que je faisais des recherches pour arriver à découvrir quelque copie encore inconnue des *Coutumes*, M. Bourde de la Rogerie s'empressa de me communiquer ce qu'il savait. Un voyage fait immédiatement me confirma l'exactitude du renseignement dont je témoigne à son auteur toute ma reconnaissance. Comme on le verra dans la classification des manuscrits, celui-ci est venu fort heureusement permettre de déterminer avec plus d'exactitude que par ses caractères paléographiques l'âge du ms. H.

K. Bibl. Nat. 24060 (Notre-Dame 121, *olim* F 18). Volume in-4° (295 millimètres sur 210), de 312 folios en papier dont 3 en blanc à la fin et 4 au commencement non numérotés. La table qui est reportée après le texte se termine par : *Hic liber Philippi de Beaumanoir fuit scriptus per me, Johannem Boullard, presbyterum, anno Domini M°. IIII°. nonagesimo tercio, in vigilia sancti Andree peractus, pertinens viro venerabili Johanni de Mercadé quondam maiori civitatis alme Belvacensis.* En 1656, le ms. appartenait à Augustin Vacquerie lequel mentionne qu'il a été conservé de temps immémorial dans sa famille. C'est donc par la suite qu'il vint à la Bibliothèque de l'Église de Paris. Les trois folios écrits précédant les *Coutumes* contiennent un dénombrement fourni à Mgr de La Roche-Guyon pour le fief de Fresnes-l'Esguillon [2] par le bailli du lieu, alors Marcadé[3], qui l'a écrit de sa propre main et signé, puis diverses notes

---

1. Il a été trompé par la date du modèle de procuration, § 140.
2. Arrondissement de Beauvais, canton de Chaumont-en-Vexin.
3. C'est ainsi que lui-même orthographie son nom.

de procédure également de la main de Marcadé, l'ordonnance de Blois contre les blasphémateurs (24 mars 1510), enfin un itinéraire pour aller de Beauvais à Romesquam[1]. Les *Coutumes* viennent ensuite, sans prologue, et se suivent sans interruption. Marcadé y a fait plusieurs annotations et rectifications provenant d'une collation attentive. Les folios 303 r° à 505 r° contiennent, écrits par Marcadé, des notes de procédure, des préceptes juridiques, etc. Beugnot donne à ce ms. le n° 5°.

L. Bibl. d'Orléans 401 (anc. M 343). Hauteur, 302 millimètres; largeur, 183 millimètres. Ms. de 415 fol. en papier. Copié par une douzaine de personnes. M. Cuissard le date du xviii° siècle[2], mais les fers délicats du dos de la reliure sont bien plus probablement du xvii° siècle. Il n'a ni le prologue ni la table et s'arrête avant la fin du chap. LXVIII, au § 1936 inclus. Il a été copié sur K, mais comme il ne contient pas les gloses de K sur le § 500, on ne peut le confondre avec le ms. Chuppé[3].

M. Bibl. de Troyes 615 (anc. bibl. du collège de l'Oratoire, fonds Pithou I E. 23). Petit in-folio carré de 245 fol., formant un recueil factice dont la première partie, du ix° siècle, est une exposition sur les Psaumes[4]. Les *Coutumes* commencent au fol. 138 r°, lequel a 2 colonnes par page ainsi que les suivants. Gothique mixte du xiv° siècle. Le texte est très remanié et incomplet; il manque le § 1210 et la fin depuis le § 1343 (var. *x*), milieu du chap. XLIII. Ce ms. n'a d'ailleurs jamais été continué, car le bas de la colonne *c* et la colonne *d* du fol. 245 sont vides. Au-dessous de la dernière ligne des *Coutumes*, Pithou a écrit: « Che livre contient LXX tiltres ou chapitres en l'exemplaire de M. Loisel en fin duquel sont escrits ces mots: *Chi fine Phl. de Biamanoir son livre qu'il fist des Coustumes de Biavasis en l'an de l'Incarnacion Nre Seigneur mil .II°. .IIII^{xx}. et .III. Cix Dieix li otroit bonne fin qui regne et regnera sans fin.* Il estoit bailly de Clermont comme il appert aux chap. 34 et 55. » Ce ms. signalé par M. Ravaisson en 1841[5], est mentionné par Beugnot, t. I, p. cxxvij, note 1.

Tel est l'état actuel et, autant qu'il m'a été possible de l'indiquer,

---

1. Aujourd'hui Romescamps, arrondissement de Beauvais, canton de Formeries.
2. *Catalogue général des manuscrits des Bibliothèques publiques de France*, série in-8°, départements, t. XII, p 204.
3. Voyez ci-après. p. xxviii.
4. Voyez *Catalogue général des manuscrits des Bibliothèques publiques des départements*, série in-4°, t. II, p. 260.
5. *L'Institut, journal général des Sociétés et Travaux scientifiques de la France et de l'Etranger*, II° section (sciences histor., archéol. et philos.), 6° année (1841), n° 69, p. 150.

ancien des mss. aujourd'hui connus des *Coutumes de Clermont*. Il s'en faut que cet état représente le nombre exact des copies qui en ont été faites. Indépendamment des intermédiaires perdus dont la répartition en familles oblige à admettre l'existence, nous pouvons retrouver les traces d'un nombre respectable de mss., et cette constatation est utile à faire, car elle montre, étant donné que ces mss. sont tous anciens, l'autorité dont jouissait l'œuvre de Beaumanoir pendant toute la période qui a précédé le renouvellement de la Coutume au xve siècle, et la diffusion vraiment remarquable de ses enseignements avant même les études plus méthodiques des grands jurisconsultes des xvie et xviie siècles. Beaucoup d'entre ceux-ci ne se sont pas contentés de citer Beaumanoir ; ils en ont donné des extraits plus ou moins étendus que j'ai comparés avec les passages correspondants des mss. conservés, en tenant compte bien entendu des erreurs de lecture et des différences de graphie toutes naturelles sous la plume de gens qui s'attachaient plus à l'esprit qu'à la lettre et qui par conséquent étaient portés à moderniser les formes. Après avoir fait le même travail pour Du Cange et pour Dom Carpentier ; je suis arrivé à constater la perte des mss. suivants :

n. Ms. de dom Carpentier, lui appartenant. A l'art. *Campio*, Carpentier rectifie le § 1713 cité par Du Cange. Son texte porte *article ou d'autre, de tierchaine ou de quartaine* comme C. V^o *Baticius*, il a, avec quelques différences appréciables de graphie, *bateillieisses* et *batelieresches* des §§ 171 et 647 de C ; également v^o *Atornare*, § 979, v^o *Attenantia*, § 1692, etc. Son ms. avait la même origine que C, mais il ne peut lui être assimilé puisque celui-ci était à la Bibliothèque royale en 1766, que D n'a que 42 chapitres et que Carpentier dit dans son index : *ex codice ejusdem ætatis in museo meo*. En outre, v^o *Attinentes*, Carpentier s'efforce de définir un mot *attains* pris dans Beaumanoir : c'est une faute de son ms. pour *antains* (§ 423). Cette faute qui n'est pas dans C, très lisible et sans abréviation à cet endroit (f° 52^b), prouve encore la non-identité des deux mss.

o. Chopin, *De civilibus Parisiorum moribus ac institutis libri III*, éd. 1603, et *De legibus Andium municipalibus*, éd. 1600, cite dans le premier ouvrage, l. I, titre I, n° 19, titre II, n° 24, etc., dans le second, l. I, ch. III, n°s 4 et 13, etc., les § 674, 763, 853, 851, etc., qui classent son ms. avec HJK, indépendamment de chacun d'un.

p. Ms. de l'avocat Chuppé[1], qui a été copié sur K puisqu'il a la glose du § 500[2] et qui n'est pas L puisque celui-ci n'a pas cette glose.

---

1. La Thaumassière, *Introduction*.
2. Id., p. 84.

q. Loys Charondas, *Commentaires sur la Coutume de Paris*, éd. 1613, f° 26 r°, cite les §§ 476, 477, 478, conformément à G sauf la fin où il donne *revenir a partie du descendement* au lieu de *revenir a la partie au descendement*. Les citations des §§ 674, 677, 678 au f° 74 r° classent ce ms. avec G. *En autruy lors le justice* au f° 58 r° (§ 852), si ce n'est pas une faute d'impression, montre que q n'est pas G, car celui-ci est trop lisible à ce passage pour qu'on se trompe. La citation du fol. 201 r° : *cil qui sont en un meisme degré*, etc., est presque conforme à A, § 502. Si donc Charondas a connu A comme le suppose La Thaumassière, il aurait connu aussi G. Il est peu probable qu'il se soit servi alternativement de deux mss., et bien plus vraisemblable que son ms. était différent des deux.

r. Pithou, *Commentaire sur la coutume de Troyes*, cite un autre ms. que le sien puisque M n'a pas les § 1451 et 1702. Les citations qu'il fait aux art. 108 (§ 579), 117 (§ 1435), 1 (§ 1451), 124 (§ 1702) montre que son ms. appartient au même groupe que G, H, J K, et qu'il diffère cependant de chacun d'eux. C'est donc un ms. perdu.

s. Ricard, *Traité des Donations*, éd. 1685, p. 121, donne un extrait du § 405 qui classe son ms. avec GHJK mais indépendamment de chacun d'eux. Ce ms. n'est pas L, car La Thaumassière dit dans sa préface que Ricard « l'avait copié entièrement de sa propre main » et L a été écrit par plusieurs personnes.

t. François de Launay, dans son édition des *Institutes coutumières* de Loisel, 1688, cite à la règle 24, le § 1451 où son texte paraît se rapprocher de HJK.

u. Dans les *Coutumes de Vermandois*, éd. 1630, art. 262, Buridan mentionne la thèse exposée par Beaumanoir au § 513, mais il ne donne que le titre du chapitre XII : *des bans et des wardes*.

v. D'après La Croix du Maine, *Bibliothèque françoise*, 1587, p. 371, Nicolas Bergeron aurait possédé un ms. de Beaumanoir.

x et **y.** Deux mss. mentionnés par Montfaucon, *loco citato*, t. I, p. 29 C, n° 705, et p. 31 A, n° 785, comme se trouvant au Vatican dans le fonds Christine et qui n'ont pas encore été retrouvés.

Ainsi 13 mss. conservés, 10 ou 11 perdus, mais dont on a quelques traces, plus 11 intermédiaires perdus et dont on ne connaît l'existence que par le classement en familles, au total 34 ou 35 mss., sans compter ceux dont on pourra encore retrouver quelque extrait dans les ouvrages qui ont échappé à mes recherches, et sans compter ceux qu'ont connus Jean du Tillet, Charles du Moulin et autres qui ne donnent pas de citations.

§ 4. — *Rédactions abrégées.*

Mais ce n'est pas seulement le grand nombre des copies faites de l'œuvre de Beaumanoir qui mérite de retenir l'attention, c'est aussi, fait resté inconnu jusqu'à présent, les abrégements de ces coutumes faits à des époques très voisines par deux auteurs différents. J'ai étudié ces deux rédactions abrégées dans un article spécial et j'ai l'intention de reprendre la question au point de vue des rapports de ces rédactions avec la Coutume de Clermont du xve siècle[1]. Je ne m'occuperai donc ici que de leurs rapports avec les mss. de Beaumanoir, seule partie de la question qui soit importante pour l'établissement d'une édition critique.

I. *Rédaction de Richard Cavelier, ms. Hoche.* M. Hoche, avocat à la Cour d'appel de Paris, est possesseur d'un ms. qu'il a bien voulu me confier depuis le commencement de ce travail. C'est un volume in-4° de 148 fol. en papier, plus en tête 4 fol. non numérotés où se trouve la table des chapitres avec l'explication y relative. Les Coutumes occupent les 118 premiers fol. ; suivent un style du Châtelet (fol. 119 r°-139 v°), une formule « pour faire une protection et sauvegarde » (f° 139 v°-141 r°), l'ordonnance rendue le 28 février 1435 sur le fait des aides[2] (f° 141 v°-148 r°), puis sur le dernier fol. un quatrain et un tercet en latin et un quatrain en français. Ce ms., qui en 1587 appartenait à Charles Delacre, notaire apostolique et procureur en cour d'église, demeurant à Beauvais, passa par la suite dans les mains de Bucquet de Bracheux. La seconde partie du ms. ne doit pas avoir été écrite par l'auteur de la première, Richard Cavelier, bailli de l'église Saint-Lucien de Beauvais, qui la composa et l'écrivit entièrement de sa propre main, ce qu'il témoigne par l'apposition de son « seing manuel ». Il la termina le 23 juillet 1493[3], l'ayant entreprise « par fourme et par maniere de passe temps et pour abreviacions de prolixion de langage et aussi pour l'introduction et instruction des joines gens advenir » (f° 1 r°). Rich. Cavelier a pris avec son original de grandes libertés : par ci par là il reproduit presque textuellement son texte, mais le plus souvent il abrège sans méthode. Les extraits que j'en donne dans l'article ci-dessus indiqué

---

1. *Deux rédactions abrégées des Coutumes de Beauvaisis de Philippe de Beaumanoir*, dans la *Nouvelle Revue historique de droit français et étranger*, t. XXIII (1899), p. 653-664.
2. Voyez *Ordonnances des Rois*, XII, 211.
3. Le lendemain du jour où Jean Boullard achevait au même Beauvais le ms. K, rapprochement curieux et fertile en enseignement sur l'importance de Beaumanoir.

permettront de juger de sa manière. Sur quel ms. a-t-il travaillé? La solution de cette question eût présenté un grand intérêt si elle avait établi que ce ms. ne pouvait être rangé dans aucun des grands groupes α et β entre lesquels se répartissent nos mss. Malheureusement il est certain qu'il doit être rangé avec C. Ainsi au § 930, Beaumanoir dit que pour le méfait de la femme le seigneur n'emporte pas la part des immeubles; C a supprimé la négative, ce qui donne une leçon absurde reproduite par Cavelier qui dit : « Se une femme commet cas a raison duquel elle forfait, elle ne puet forfaire que la moitié des muebles que elle et son mari ont ensemble et si forfait tous les heritages qui sont de par elle » (f° 64 v°). Au chap. xxvi, C et Cavelier (f° 57 r°) donnent également le titre du chap. xxxvi; toutefois Cavelier s'est ensuite aperçu de l'erreur, car il a ajouté au-dessous : « et de mesure », aussi n'a-t-il pas répété comme C la même faute au chap. xxvii. La phrase de Cavelier « que marchandise peust courre et aler de lieu a autre par tout sauvement par les pays » (f° 54 r°) a été inspirée par la var. c de C au au § 718. Les var. s (§ 411), l (§ 673), p (§ 677), o (§ 683), h (§ 706), etc., correspondent à des fautes analogues dans Cavelier, f° 48 v°, 49 v°, 50 v°, 53 v°. C n'est pourtant pas son original, car il présente au § 679 une lacune (var. t) que Cavelier n'a pas. Si donc cette rédaction, dérivée d'un texte analogue à C, ne peut être utilisée pour le texte, elle nous servira pour établir la filiation de celui-ci.

II. *Rédaction abrégée anonyme.* Elle est contenue dans le ms. Bibl. Nat. 5358 (anc. 9850[1]) dont on n'avait pas encore reconnu le véritable état et que Beugnot ne paraît pas avoir même examiné puisqu'en lui donnant le n° 3, il ne fait aucune observation sur son contenu. C'est un volume in-4° de 143 fol.; écrit au xvi° siècle. Aucune indication sur le nom de l'auteur ou du copiste. A la fin de la table, f° 5 r°, on lit : « fin de ceste presente table, Guillaume Vault (?) Héron », mais ces mots sont d'une autre main que le texte; il en est de même de la mention : « Comme nostre amé Jehan Lienart, bailli d'Aucerre », au verso du fol. 143. Peut-être peut-on induire de quelques bourdons et de diverses autres fautes dont on trouvera des exemples dans les extraits que j'en ai donnés, que ce ms. est une réplique d'un autre qui serait un brouillon. Il a dû être exécuté dans l'Ile-de-France. Le prologue est supprimé. Le travail n'est pas plus méthodique que celui de Cavelier; il y a pas mal de contre-sens. Cette rédaction se range avec β' et plus près de G. C'est ce que montrent les leçons qu'il a en commun avec G aux §§ 14, var. h; 508, var. f; 728, var. a. Mais il n'intervertit pas comme G les §§ 319 et 320, en sorte qu'il se trouve à l'égard de G dans la même situation que la rédaction de Cavelier à l'égard de C. Inutile pour le texte, il servira à fixer la place de G.

§ 5. — *Classement des manuscrits.*

En somme, les manuscrits qu'il y a lieu d'utiliser sont : *A*, *B*, *C*, *E*, *F*, *G*, *H*, *J*, *K*, *M*. Aucun n'est l'original ni n'en procède directement : nous avons donc à rechercher comment ils se groupent entre eux, les leçons communes dans des familles différentes devant nous fournir le texte de l'auteur altéré par les copistes successifs. Nous allons examiner ces groupements en recherchant quelles sont les fautes et les lacunes propres à tels et tels de ces manuscrits, et nous commencerons par les rapports les plus simples.

Un coup d'œil superficiel donne l'impression que *J* et *K* sont très rapprochés l'un de l'autre : la langue est très rajeunie et d'une manière analogue, les expressions devenues archaïques sont changées (*serviteur* au sens de *serjant*[1], *arbitre* pour *meteur* (§ 1782), *demourant* pour *manant*, etc.), la graphie est semblable. L'examen des détails fortifie cette impression. Au § 569 *J* et *K* lisent *se veult ayder querelle ayt esté faite*, au lieu de *se veut aidier qu'ele ait esté fete* ; § 641, ils transforment *sans riens retenir* en *sans revenir* ; au § 642, *aportent en la compaignie aucune chose* en *aportent aucune chose en compaignie* ; § 839, *avoir aler sauf aler* montre que leur original avait le premier *aler* et qu'ils ne sont pas copiés l'un sur l'autre, car le premier *aler* fautif étant souligné dans *J*, souligné et biffé dans *K*, le scribe de *J* ne l'aurait pas écrit, averti qu'il était, et réciproquement ; § 1098, ils remplacent *teus hons baillis de Clermont* par *tel bailli de tel lieu*. *Detrier* étant devenu hors d'usage, ils modifient au § 1172 la phrase *Ne pourquant l'en ne doit pas detrier*, etc., et la transforment ainsi : *Ne pourquant on ne doit pas laisser a oïr les tesmoins et leurs dis mettre en escrit* ; au § 1312, ils lisent *peine* au lieu de *plevine* ; au § 1527, var. *g*, *qui se veut aider* au lieu de *qui veut dire* ; ils changent au § 1811 *et il mesfont li un vers les autres il doivent* en *et s'il le fait l'un a l'autre et doivent* ; enfin au § 1768, l'omission de *sont hors du tesmoignage. Mes*, dans leur original leur fait remplacer *ne demeure pas* devenu incompréhensible par *forclost* en sorte que la phrase dans ces deux mss devient : *cil qui par bonne cause en est deboutés ne forclost pour ce que cil...* Si l'on ajoute que tous deux donnent la date 1315 à la fin du modèle de procuration du § 140, on conclura que *J* et *K* ont eu un original commun. Cet ori-

---

1. Voyez t. I, p. 413, note 1.

ginal peut-il être l'un des deux ? Tout d'abord *J* n'a pas été copié sur *K* car au § 613 il porte *caute tolle* qui n'est pas dans *K* ; il a au § 852 la bonne leçon tandis que *K* a modifié la fin de ce paragraphe, modification amenée par une faute qui leur est commune (*celui qui ne*) au commencement de la phrase. Parallèlement, aux §§ 845, 846, 847, *K* a des fautes qui lui sont propres ; au § 1695, il donne avec *GH* la variante *celui qui fu asseurés* tandis que *J* omet tout le passage *il le doit... qu'il asseura* ; au § 1887, il a *tous autreteus... essoinemens et* omis par *J*. Donc ces deux mss. n'ont pas été copiés sur l'autre et proviennent d'un même manuscrit.

Ce manuscrit est-il perdu ? Est-ce *H* ? *J* et *K* ont en commun avec lui la date 1315 du § 140 et tant de fautes semblables qu'il est impossible de les énumérer toutes. Citons seulement les §§ 506 (var. *f*), 508 (var. *f*), 528 (var. *x*)[1], 643 (var. *u*), 759 (var. *f*, omission de la moitié du §), 805 (var. *p* et *r*), 1052 (var. *o*), 1294 (var. *d*), 1453 (var. *a*, p. 236), 1474 (var. *c*), etc. Comme *H* est plus ancien que *JK*, que sa graphie et sa langue sont aussi plus archaïques, il ne serait pas étonnant qu'il fut le prototype de *JK*. Il n'en est cependant rien, car au § 644 (var. *a*) et dans la rubrique du chap. XLII il a des fautes qui ne se retrouvent pas dans *JK*. Les rubriques des chap. LXIII, LXIV, LXV, LXVI, LXVII, LXVIII, LXIX et LXX, incomplètes ou même absentes dans *H*, sont régulières dans *JK*. Enfin les fautes de ceux-ci que nous avons énumérées plus haut ne sont pas de celles que deux copistes peuvent commettre indépendamment l'un de l'autre (bourdons, confusion de lettres à peu près semblables). D'autre part *H* ne peut pas avoir été copié sur l'original de *JK* puisqu'au § 171 il a la bonne leçon *bateïces* tandis que *JK* ont *basseles*. Nous concluons donc que *J* et *K* ont été copiés directement et indépendamment l'un de l'autre sur un ms. perdu que nous appellerons β''', et que ce β''' provient d'un autre ms. également perdu, β'', sur lequel, directement ou non, — cela n'a pas grande importance, — *H* a été copié à son tour. Cette constatation nous amène à une autre qui est celle-ci : *H* que Beugnot[2] considérait comme étant du XIIIe siècle malgré la date de 1315 au § 140 et ensuite comme étant de cette même année 1315, n'a été exécuté ni au XIIIe siècle, ni en 1315, mais plus tard et très probablement seulement dans la seconde moitié du XIVe siècle : l'écriture ne contredit pas cette constatation.

G appartient à la même famille que β''. Pour en avoir la preuve il suffit de constater les fautes des §§ 561 (var. *l*), 614 (var. *a*), 787 (var. *j*), 1095 (var. *m*), 1198 (var. *a*), 1268 (var. *a*), etc.

---

1. Il faut à cette variante supprimer M.
2. T. I, p. CXXVIII-CXXIX, et p. 77, note 4.

G et β″ omettent *avroit pouoir de rescourre* au § 1391 et pour corriger ajoutent *se offre* après *le jour passé* ; ils omettent *en son devant eritage* au § 1402, ce qui rend la phrase incompréhensible ; au § 1414, ils changent *Et pour ce jugierent li homme* en *Et par cel jugement li homme dirent*. Au § 1457, ils omettent le second *en mout d'autres païs*, omission qui donne à la phrase un sens tout différent et qui ne peut provenir que de ce que leur original commun, ne comprenant pas, a cru voir une faute dans cette répétition. L'omission de *en la terre* (var. *c*), de *fu donnés* (var. *e*), l'addition de *en soy* (var. *h*) au § 1467 sont également caractéristiques. La faute la plus grave peut-être, avec *dire* omis au § 1472 (var. *e*), est celle qui leur fait ajouter *soit ples* (var. *j*) entre *garde* et *d'aucune* au § 1469 et qui a amené dans β″ le changement de *qui l'a en garde* en *qui a le garde*. Au § 1527, var. *d*, G et β″ portent *communautez* au lieu de *commandes*, au § 1536, var. *i* (page 277) *soit* au lieu de *suefre* ; la var. *a* au § 1597 constitue également une grosse faute, ainsi que *gans* pour *nans*[1] au § 1610 var. *e*. Citons enfin les var. *d*, *f* et *g* du § 1845 qui modifient entièrement la phrase. G et β″ sont donc bien de la même famille, mais ils ne sont pas copiés l'un sur l'autre. En effet β″ ne peut avoir G pour prototype puisqu'il a au § 1296, var. *e*, le passage *et creoit qu'il ... bonne foi* qui manque à G, et réciproquement G n'est pas copié sur β″ puisqu'au même paragraphe, var. *f*, il a *selonc le mesfet* absent de β″. Les var. *t* et *u* § 1025 ; *l*, *m* et *n* § 1034 ; *t* § 555, etc., confirment leur indépendance réciproque à ce point de vue.

Il résulte de toute cette discussion que G d'une part, β″ de l'autre remontent à un ms. commun perdu β′ ; la date relativement récente de G et la remarque que nous avons faite sur l'origine de la rédaction abrégée anonyme doivent nous faire admettre au moins un intermédiaire entre β′ et G qui conserve cependant un caractère archaïque assez prononcé.

Comme je l'ai dit, M est un ms. où les remaniements sont nombreux ; il est cependant précieux car en bien des endroits il conserve la bonne leçon contre β′. Il appartient à la même famille que nous appellerons dès à présent β. Au § 226, var. *h*, il rectifie comme β″ la leçon de β reproduite dans G, *titre de O* n'avait pas en effet été compris de β ; il a, § 237 (var. *m*), 242 (var. *f*) les mêmes bourdons que β′ : *du tant que*, var. *g*, § 262, provient de la même faute de β que *dusqu'a tant que* de β′ ; également le bourdon de la var. *g*

---

[1]. C'est cette forme du pluriel de *un* employée plutôt avec des objets qui vont par paire comme les *gans*, qui a trompé β et F.

au § 270 ; les var. *c* et *e* du § 273 [1] ; *leur* pour *lieus* au § 289, var. *e* ; le bourdon noté à la var. *a* du § 297 ; l'addition *de leur homes ou* au § 302, var. *g* ; l'omission de *ou a autre* § 383, var. *l*. *L'uitime part*, § 434, var. *q*, a aussi pour origine une faute de β que β' a gardée, *le huitiesme*, et qui se reproduit à la var. *v*. La var. *r*, *l'enfes* pour *li fiés*, § 533 ; le renvoi à la ligne au milieu du § 558, ce qui coupe la phrase en deux ; *le puis tant regarder a* du § 561, var. *l*, modification heureuse de la faute de β reproduite dans β', *si poi regarder* ; *mon mennoir* à côté de *mon manoir* dans β', § 707, var. *m* ; l'addition de *hors des viles*, après *voieries*, ce qui cause dans β' une répétition évitée par *M* qui a supprimé le premier, § 723, var. *y* et *ab* ; *vent* pour *veut ravoir* au § 864, var. *r* ; *ami* pour *nului*, au § 919, var. *t* ; *convenances* pour *condicions*, § 1024, var. *q* ; l'adjonction dénuée de sens de *sans aus* après *convenance*, § 1306, var. *o* ; *sires* au lieu de *sers* § 1321, var. *j*, ne laissent aucun doute sur la communauté d'origine de β' et de *M*. Il n'est cependant pas dérivé de β' puisqu'il n'a pas les lacunes que l'on observe dans celui-ci aux §§ 557, var. *i*, 1020, var. *d* et *g*, 1296, var. *e* et *f*, etc. Malheureusement ses nombreuses modifications au texte permettent de croire qu'il y a au moins un intermédiaire entre β et lui, et diminuent bien l'utilité qu'on en pourrait tirer.

Les cinq mss. que nous venons d'examiner auxquels se joignent *I* et *L* forment donc une famille dans laquelle nous reconnaîtrons trois familles et dans l'une d'elles un sous-groupe : cette famille peut se représenter par le schéma ci-dessous :

```
                    β
         ┌──────────┼──────────┐
         β'                    μ
    ┌────┼────┐                │
                β''
           ┌────┼────┐
                    β'''
                ┌────┼────┐
    γ       H       J       K       M
    │       │               │
    G       I               L
   /
Rédact. anonyme abrégée.
```

---

1. A la variante *e* du § 273, il faut ajouter : *M requeroit qu'il fust contrains par justiche a ches .x. lb. paier*, ligne tombée au tirage.

Il reste à se rendre compte des rapports entre eux de $ABCEF$ que nous avons tout d'abord mis de côté parce que seuls ils contiennent la *conclusion*.

Les cahiers intercalés dans E au xive siècle (f° 37 à 63, § 424-702)[1] ont été certainement copiés sur un ms. apparenté à $ϐ'$. C'est ce que montrent les var. *q*, § 594; *f* et *g*, § 595; *e*, § 614; *v*, 615; *c* et *g*, § 628; *r*, § 632; *c*, § 637; *l*, § 674; *y*, 677. Mais si l'on néglige ces 27 folios, on constate facilement que E et F ont une même origine. L'omission des §§ 1637, 1638, 1639 et 1640 jusqu'au même endroit, puis celle du § 1644 sont très caractéristiques à cet égard, car de semblables lacunes ne peuvent se produire par hasard dans deux mss. différents. Il en est de même du bourdon du § 9, var. *n*, et de l'interversion des §§ 1240-1242 qui a amené l'addition d'une phrase au commencement du § 1243. *Injure* contre *enfrainte* dans AB et *enfrainture* dans C et $β$, § 303, var. *d*; *maintenir* pour *ramentevoir*, § 335, var. *m*; l'addition de *si comme j'ai dit par dessus* à la fin du § 703; *escusés de mon damage pour autrui*, § 735, var. *s*, qui est amené par la mauvaise leçon de la var. *m* de ce paragraphe; la modification de la fin du § 789, var. *n*, de la phrase *mes sires ne me puet......*, § 795, var. *c*, et de celle qui commence le § 916, la longue variante *l* du § 1030, confirment amplement ce classement. D'autre part E n'est pas copié sur F puisqu'il a les §§ 633, 1098, 1412 à 1451 qui manquent à F, et réciproquement celui-ci n'est pas copié sur le premier puisqu'il a les §§ 806-822, 846, 847, 921, 1885 absents de E. Nous appellerons $α'''$ leur prototype commun.

Celui-ci ne peut pas être B. Les var. *f* et *g* du § 191, *a* et *b* du § 236, *p* et *q* du § 367, *n* du § 752, *z* et *aa* du § 985, *g* du § 903, *j* du § 1243, *j* du § 1314, *b* du § 1777, classent bien B avec $α'''$, mais B n'a pas été copié sur $α'''$ puisqu'il a tous les paragraphes que E et F omettent simultanément (1637-1640, 1644) et inversement $α'''$ n'est pas copié sur B puisqu'il a les §§ 1706-1708 qui manquent à ce dernier. B et $α'''$ dérivent donc d'un même ms. perdu $α''$.

L'adjonction si singulière *et nepourquant il en parlera encore*, etc., à l'explicit du chapitre xxxiii, montre que A et $α''$ sont dans un étroit rapport[2]; c'est ce que confirment le *reelee* (corrigé dans $ϐ'''$) des §§ 228, 230, 231, 233, le *de soi meismes* du § 1342, var. *p*, le *ne le veut* du § 1784, var. *f*, etc. Mais $α''$ n'est pas copié sur A puisqu'il n'a pas les lacunes de celui-ci aux §§ 1537, var. *c*; 1440, var. *p*; 1600, var. *a*; 1609, var. *f*; 1665, var. *l*, etc. A ne peut pas provenir d'$α''$

---

1. Voyez page xxii, note 6.
2. E a modifié de façon très naturelle cet explicit insolite et F n'a pas d'explicit; ceci ne prouve donc rien contre l'origine commune de A et $α'''$.

car il ne présente pas certaines de ses lacunes, par exemple : var. *v*, § 1002 : var. *u*, § 1053 ; var. *i*, § 1207 ; le § 114 entier, etc. ; ni des leçons de ce ms. telles que *et aussi feroit uns autres procureres*, § 1004, var. *a* et *b* ; *sont .ii. manieres*, § 1029, var. *f*. Toutes deux remontent donc à un même original α'.

C se rattache-t-il à α' ou forme-t-il une autre famille ? L'omission de *es mains des procureeurs*, § 146, var. *i* ; *li clers* au lieu de *il*, § 352, var. *n* ; *comme j'ai dit dessus a ceus*, § 893, var. *m* ; l'omission de *qui se pruevent*, § 1169, var. *n* ; *de soi meesme* pour *de sa mesnie*, § 1187, var. *i* ; *chastiaus* pour *chauciees*, § 1512, var. *h*[1], montre qu'il a la même origine que α'. La faute *humilité*[2], § 1539, var. *m*, pour *humanité*, est de telle nature qu'on ne peut l'attribuer qu'à un original commun à C et à α', d'autant plus que G a *humaine nature*, que H donne simplement *humaine*, et que par conséquent si β''' a *humanité*, c'est en vertu d'un raisonnement qu'il s'était fait, à peu près semblable à celui par lequel j'ai rétabli *humanité* dans ce passage[3]. Le bourdon de α, § 1027, var. *k*, que C et α''' ont tenté de réparer chacun à sa manière, atteste encore *a contrario* l'identité d'origine de C et de α'. Nous appellerons α ce ms. type de la famille que nous venons de constituer.

A cette famille, comme nous l'avons vu à propos de la rédaction de Richard Cavelier[4], C ne se rattache que par une série d'intermédiaires que nous représenterons par x. Il n'est pas douteux d'ailleurs que x soit indépendant d'α', car nous constatons dans celui-ci des omissions que nous ne retrouvons pas dans celui-là : § 463, var. *p* ; § 718, var. *b* : 980, var. *h* : § 1144, var. *g*. Et d'autre part C a des bourdons qui n'existent pas dans α', §§ 113, 344-349, 565-567, 1930. J'ai déjà dit que D avait été copié directement sur C.

Ainsi nos treize manuscrits se répartissent en deux familles absolument indépendantes l'une de l'autre : α et β. Il est peu probable *a priori* que ces deux mss. aujourd'hui perdus procèdent indirectement de l'original O. Si, comme j'essaierai de l'établir, les *Coutumes de Clermont* n'ont été données au public qu'après la mort de Beaumanoir, il s'est écoulé trop peu de temps entre la date de la confec-

---

1. Ce passage manque dans E.
2. E fait également défaut pour ce passage.
3. Le copiste de β''' voyant *humaine* dans β'' s'est dit que ce mot tout seul ne signifiait rien, il l'a très naturellement corrigé en *humanité*. J'ai de mon côté rétabli *humanité*, non parce qu'il était dans β''', mais parce que le mot mal lu par α devait forcément se terminer par *té* en raison de l'accord de α' et de C, et que d'autre part, comme *humilité* n'a pas de sens ici, le commencement du mot devait être à peu près ce que β avait lu, c'est-à-dire *human*. *Humanité* est d'ailleurs dans tous les mss., sauf H, au § 1599, pour exprimer une idée analogue.
4. Page xxxi.

tion de A, B, E, F, β' et même β'' d'une part et 1296 de l'autre pour qu'il y ait eu beaucoup d'intermédiaires entre α et β d'une part et O d'autre part. Également les fautes que nous trouverons dans O peuvent toutes s'expliquer par l'état particulier du ms. dicté ou écrit par Beaumanoir. Nous pouvons donc admettre que α et β ont été copiés directement sur O. Le schéma suivant représentera alors les rapports des mss. entre eux et avec O, la longueur relative des lignes verticales et horizontales indiquant d'une manière approximative le

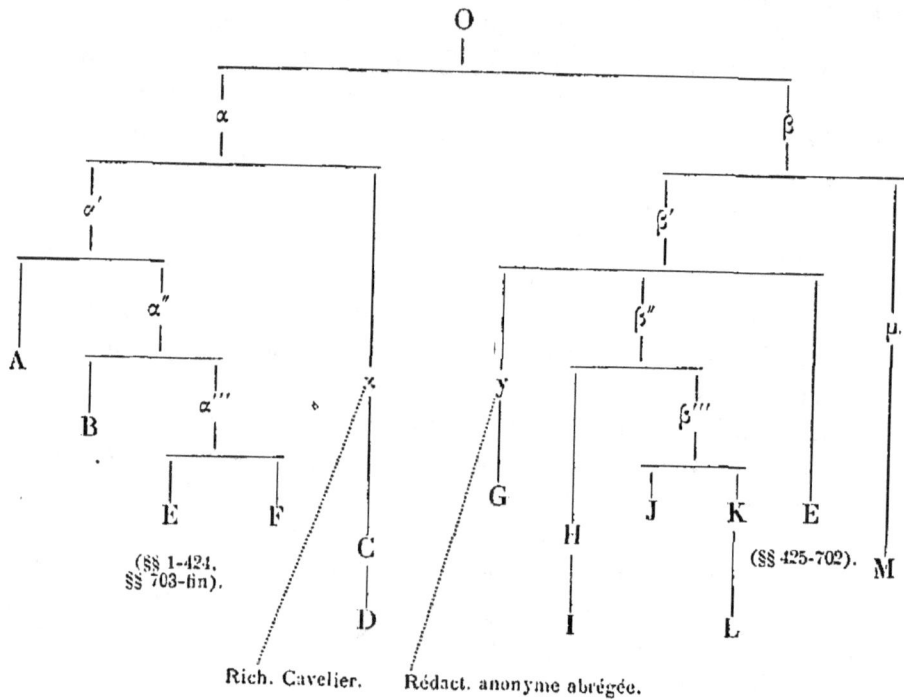

plus ou moins d'éloignement à son original direct et à O de chaque ms. suivant ses caractères propres : âge, graphie, langue, interpolations, lacunes.

Indépendamment de ses autres qualités, α est seul à nous donner la conclusion et ce dans tous ses mss. C'est donc lui que nous choisirons comme base de cette édition.

L'accord de α et de β nous donne sans conteste l'original. Il en est de même lorsque α est d'accord avec β' contre M ou avec M contre β', et quand β est d'accord avec α' contre C ou avec C contre α'. Mais nous pouvons avoir divergence complète entre α et β, ou $\alpha' + M$ contre $\beta' + C$, ou encore $\alpha' + \beta'$ contre C et M.

Dans le premier cas le choix est subordonné à l'intelligence de la pensée de l'auteur, en considérant cependant que α offre presque toujours plus de crédit. Dans le second cas nous donnerons aussi la préférence à $\alpha' + M$, et dans le troisième à $\alpha' + \beta'$.

Il est encore des combinaisons plus délicates : par exemple au § 1739, var. *d*, l'accord de A, B, C et G, tous quatre évidemment fautifs, contre β'' qui a la bonne leçon et E remanié. On voit facilement que cet accord singulier est factice et repose sur une erreur de lecture, *lun* et *hui* pouvant facilement se confondre surtout si le texte est mal écrit, — erreur corrigée de la façon la plus naturelle par β'' et d'une manière un peu plus recherchée par E. Nous trouvons aussi (§ 1057, var. *i*) $A + G$ contre $\alpha'' + C + \beta'' + M$; ici A et G ont un *et* fautif. Il est très légitime d'admettre que cet *et* est aussi le résultat d'une lecture douteuse dans O, rectifiée indépendamment et naturellement par les autres mss. C et β'' présentent au § 711, var. *e*, le même bourdon ; nous n'en devons pas conclure cependant qu'ils appartiennent à la même famille ni adopter leur leçon, car on sait que des bourdons reposant sur la répétition de deux mots semblables, ici *embler*, sont faciles à commettre et peuvent se rencontrer dans des copies tout à fait indépendantes.

Toutes ces combinaisons demandent à être examinées de très près et dans plusieurs cas elles exigent une solution particulière reposant sur une étude historique et comparative du droit coutumier du XIIIe siècle.

§ 6. — *Le texte original des* Coutumes.

Grâce à cet examen méthodique, à cette comparaison minutieuse de chaque mot, nous reconstituons sûrement un texte qui présente toute garantie d'exactitude et de conformité à l'original perdu. Mais ce texte ainsi reconstitué est obscur en bien des endroits ; la phrase est embrouillée, entortillée, pleine de répétitions, amphibologiques ; le nombre des anacoluthes et des syllepses douteuses dépasse de beaucoup la moyenne observée dans les écrivains du moyen âge. A côté de ces imperfections on note des expressions vives et soudaines, souvent remplies d'une émotion communicative, et la pensée, sauf dans deux ou trois cas au plus, reste toujours claire et pénétrable. D'où vient donc cette dissemblance entre l'idée et le mot ? Elle ne nous étonnerait peut-être pas autant si nous avions affaire à un autre auteur. Pour « delitable » que Brunet Latin[1] trouve la « par-

---

1. *Li livres dou Tresor*, p. 3, éd. Chabaille. En 1275, le vénitien Martin da Canal dit aussi que *lengue franceise... est la plus delitable a lire et a oïr* (*Cronique des Veniciens*, dans l'*Archivio storico italiano*, t. VIII (1845). p. 268).

leüre » française de son temps, la phrase présente chez les prosateurs de la fin du XIIIe siècle « une période trainante, longue, embarrassée de particules, de conjonctions, de pronoms relatifs, de participes présents [1] ». Elle n'a pas encore été assouplie par les penseurs qui ont dédaigné la langue vulgaire incapable à leurs yeux de porter le poids des hautes dissertations spéculatives, et ce ne sont pas les traductions de textes de droit romain, ni le livre de Philippe de Novare ou celui de Pierre de Fontaine qui auraient pu atténuer les tâtonnements et les obscurités de style d'une science pour ainsi dire naissante. A cet état général, il est cependant des exceptions et Beaumanoir en est une : plus d'un passage de ses poèmes montre qu'il était maître de sa langue et de son style. Si nous le trouvons inférieur dans sa prose, c'est qu'en réalité son livre, retouché et augmenté, n'a jamais été fini : dicté, il n'a pas été relu par son auteur.

Les nombreuses incorrections que nous avons relevées dans l'original en sont la preuve. Combien de fois le verbe est-il à la troisième personne du singulier pour la troisième du pluriel, quand la consonance est la même ! Ce sont là des fautes habituelles à un secrétaire écrivant sous la dictée (§ 1, 534, 547, 550, etc.). La dernière phrase du § 1492 présente une incorrection due à la même cause : après *tierciés*, Beaumanoir a commencé une phrase par *et il i a pluseurs enfans* ou *et s'il i a...*, puis il s'est repris et a voulu exprimer la même idée d'une autre manière ; le scribe a omis de corriger le début de la proposition qui correctement devrait être quelque chose comme : « et s'il y a chaque fois plusieurs enfants, par des partages aussi fréquents les fiefs les plus grands sont morcelés ». La phrase est compréhensible, mais elle est incorrecte, et dans tous les mss.; par conséquent elle l'était aussi dans *O*. L'incorrection dans la première phrase du § 1272 est due à une inattention du scribe : il faudrait *par consequent, donc, c'est pourquoi* ou une autre conjonction de même classe entre *quant l'en parle haut* qui dépend de *sont il toutes voies...* et *il ne doivent*. Au § 1659 *ceus par qui consentement* rentre dans le même ordre de fautes. Au § 1727 (var. *c*), *O* avait *toute la conteé le conte* ; par une étourderie du copiste, *A* l'a reproduite : α" et *C* ont corrigé ; mais β n'ayant pas compris a cru que *O* avait omis *en la terre* qu'il voyait plus loin et qui ici n'a pas de sens. *Parent*, § 1711 (var. *f*) à la fois dans *C* et dans β (corrigé maladroitement par β''') prouve que la graphie de *O* était douteuse. Aux §§ 1527 et 1596, il y avait certainement une lacune dans *O*; probablement aussi au § 1825 entre *ou comme* et *de chose engagiee*. Au § 1269 *cil* pour *s'il*, au § 1491 *se li* ou *li* pour *celi* sont encore des fautes d'ouïe. Au

---

2. Ars. Darmesteter, *Grammaire historique*, 1re partie, p. 48, 1re édition.

§§ 755 et 760 nous avons *eles* pour *il*, deux fois dans le dernier. O avait omis le participe passé après *seroit* au § 866 (var. o); A et β' ont laissé la faute que rend évidente la diversité des corrections dans α", C et M. *Comment cil qui sont en gages* pour *comment que cil soient en gages*, au § 1905, est encore une faute d'inattention.

La conclusion à tirer de ces remarques qu'il serait facile de multiplier, c'est — nous l'avons déjà dit — que le texte auquel nous a amené l'examen critique des mss. est le brouillon même dicté si rapidement par Beaumanoir à son secrétaire, amendé par lui à plusieurs reprises, réservé pour une correction définitive que la mort, venant le frapper dans toute la force de l'âge, l'empêcha d'exécuter.

§ 7. — *La langue.*

Une autre conséquence de ces observations, c'est qu'on ne peut pas, *a priori*, déterminer le dialecte dans lequel a écrit Beaumanoir, par la seule comparaison des formes graphiques des mss. Comment en effet distinguer ce qui est propre à Beaumanoir de ce qui est le fait de son secrétaire ? Les chartes que nous avons de lui peuvent-elles nous guider ? Mais elles appartiennent à des régions diverses et ont pu être écrites par des secrétaires originaires de ces diverses régions. Si, à défaut de la graphie, nous essayons de trouver quelque indice dans les conditions de vie et de famille de l'auteur, que voyons-nous ? Un homme, né probablement à Lorris, ayant voyagé à l'étranger pendant plusieurs années, ayant peut-être séjourné ensuite à Arras, pourvu de charges dans chacune desquelles il reste peu de temps et qui le conduisent de Clermont-en-Beauvaisis à Poitiers, à La Rochelle, à Saintes et à Limoges, de là en Picardie sans dépasser Saint-Quentin, puis en Touraine, le ramenant enfin sur la marche de l'Ile-de-France, le tout en 16 ou 17 ans. Un fonctionnaire ambulant comme lui peut-il avoir conservé dans sa langue des caractères dialectaux bien tranchés ? La solide instruction qu'il avait reçue, ses fréquents séjours à Paris ne devaient-ils pas contribuer encore à les lui enlever, si même il en a jamais eu ?

Cependant la Picardie réclame Beaumanoir comme un de ses plus illustres enfants. M. Auguste Morel, dans une étude assez ingénieuse et parfois bien informée[1], le rattache autant qu'il le peut à Beauvais même et trouve malencontreux le choix fait par Beugnot d'un ma-

---

1. *Etude historique sur les coutumes de Beauvoisis par Beaumanoir*, dans le *Bulletin de l'Athénée de Beauvaisis*, 1851, p. 129-224 (tirage à part, p. 1-95). Voyez sa note additionnelle.

nuscrit écrit dans le dialecte de l'Ile-de-France, manuscrit qui d'ailleurs est plus picard que francien [1]. M. Bordier considère aussi Beaumanoir comme proprement Beauvaisin. Il l'appelle le « poète national du Beauvaisis » et c'est au *Bulletin de la Société des Antiquaires de Picardie* [2] qu'il donne « une note contenant l'esquisse du sujet, lequel par les lieux où les faits se sont passés appartient plus spécialement à l'histoire du Beauvaisis [3]. » Sans doute le domaine du comte de Clermont comprenait à l'époque qui nous occupe des villages comme Fricamps, Courcelles, Saulchoy-sous-Poix [4], situés au nord de Beauvais et beaucoup plus rapprochés d'Amiens que de Beauvais. Mais la famille de Beaumanoir a son origine, ses biens, sa résidence habituelle fort loin à l'Est de Beauvais, tout près de Compiègne, sur le Valois ; mais lui-même séjourne le plus volontiers au Moncel [5], sur la rive gauche de l'Oise, aussi dans le Valois, tout près de Pont-Sainte-Maxence, patrie de Garnier dont la langue n'est pas beauvaisine, encore moins picarde. Toutes les circonstances de sa vie écartent Beaumanoir de la Picardie et même de la région de Beauvais. Pourquoi donc cette localisation étroite ? Écartons la raison trop facile de l'amour du clocher : si elle existait probablement pour M. Morel, elle était sans valeur pour M. Bordier et d'autres. La vraie raison, je crois, c'est qu'on s'est laissé influencer par un titre inexact, grâce auquel on a donné une extension exagérée à la portée du livre [6] ; peut-être aussi par l'alliance brillante, mais non absolument prouvée, qu'aurait contractée Beaumanoir par son second mariage [7].

Et la vérité, c'est qu'à raison de toutes ces circonstances que j'ai rappelées, la prose du bailli de Clermont renferme un mélange de formes picardes et franciennes, mélange qu'on trouve dans d'autres écrivains placés dans les mêmes conditions [8], le fond de la langue étant francien. C'est la conclusion à laquelle était arrivé M. Suchier en considérant uniquement les poésies [9]. C'est celle que

---

1. J'entends par ce mot le dialecte propre de l'Ile-de-France.
2. Année 1855, p. 306.
3. Bordier, p. 8 ; voyez aussi p. 375.
4. Tous trois aujourd'hui dans la Somme, arrondiss. d'Amiens, cant. de Poix.
5. Bordier, *passim*.
6. Voyez Aug. Morel, p. 132-133, 163, 164, 167, etc. (p. 6-7, 39, 40, 43, etc., du tirage à part). Pour lui Beauvaisis et comté de Clermont c'est tout un ; voyez ch. IV.
7. Bordier, p. 8.
8. Cf. par exemple Gaston Paris, compte rendu de l'édition du *lai de l'Ombre* par J. Bédier, dans la *Romania*, XIX, 613.
9. Aussi A.-C. Albert, *Die Sprache Philippes de Beaumanoir in seinen poetischen Werken*, dans *Münchener Beiträge zur romanischen und englischen Philologie*, de Breymann et Kœppel, V, Erlangen, 1893.

j'ai adoptée aussi dans une étude comparative des poésies et des Coutumes, étude qui ne peut trouver place ici et qui sera publiée à part [1].

Je n'ai donc pas hésité à ramener au francien le texte des *Coutumes*, sauf à laisser subsister quelques formes spéciales, telles que *fius* (filz), parce qu'il m'a paru démontré que dans les mots familiers et usuels comme celui-là Beaumanoir ne s'était jamais dégagé des habitudes de son entourage immédiat.

Beaumanoir a un vocabulaire abondant, même dans une matière qui prête peu à la variété du style. Il emploie volontiers des mots rares : *celle* (celui-ci d'ailleurs technique), *deteur* (créancier), *delé*, *escoulourjant*. Il en a même qu'on ne trouve pas ailleurs, par exemple le pronom personnel neutre et masculin *loi*, que M. Suchier (p. CXLIV) a rapproché de *lei* employé dans la *Vie de saint Thomas de Cantorbéry* de Garnier de Pont-Sainte-Maxence [2].

Il observe encore assez régulièrement la déclinaison. On trouve cependant déjà *barons* pour *bers* [3], *seigneurs* pour *sires*, *sereurs* pour *suers*, etc., tous mots appartenant à la déclinaison imparisyllabique. Pour les adjectifs il se sert des formes féminines refaites sur le modèle de la première déclinaison.

Dans la conjugaison, il emploie indifféremment les formes traditionnelles et les formes analogiques, parfois même l'une à côté de l'autre (*port* et *porte*, § 1653). Quelquefois, il ajoute l'*e* atone à la première personne du présent de l'indicatif de la conjugaison faible (*loue*, § 1018). Il conserve pour les pronoms des formes enclitiques qui sortent déjà de l'usage (*l'en* pour *li en* est fréquent), ou qui en sont sorties depuis longtemps (*mes* pour *me les*, §§ 1023, 1193, dans ce dernier par pléonasme) ; il emploie *li* pour *le* à l'accusatif singulier masculin et neutre (*li fere loial*, § 601 ; *li souffrir*, § 729), et *les* pour *leur* (§ 632, *dont cil les apartient*). *Celi* au masculin pour *celui* (si ma restitution est bonne, § 1491) est particulier et rappelle peut-être l'article féminin *li* pour *la* en picard.

Il se sert de la particule augmentative *par* avec une tmèse peu habituelle (§§ 1623, 1972). Enfin il fait de *ne ne* (= *ni ne*) une locution conjonctive qui prend le sens des copulatives simples *et*, *ou* (65, 1035, 1041, etc.) et qui ne se retrouve pas ailleurs, à ma connaissance.

---

1. Voyez aussi J. Bédier, *les Fabliaux*, p. 395, et A. Jeanroy, dans *Romania*, XXVI, 523, note 4.

2. Au sens de « seigneur ». Au sens de « mari » c'est toujours et déjà avant Beaumanoir, *barons*.

3. Sans entrer ici dans la discussion de l'origine de cette forme, ce qui n'est pas le lieu, je remarque que A a *lei* pour *loi* au § 512.

§ 8. — *Les éditions des* Coutumes. *Conclusion.*

Malgré la grande autorité de leur auteur, les coutumes du comté de Clermont ne furent pas imprimées au xve ni au xvie siècle. On se contenta de les consulter dans les manuscrits. Cependant Loys Charondas, en 1613, exprime bien l'espoir « qu'on en verra en brief le livre imprimé avec quelques annotations »[1] et Loisel peu après annonce[2] qu'il l'a donné au libraire Douceur pour l'imprimer. Il est présumable qu'il s'agit d'une seule et même édition qui d'ailleurs ne vit jamais le jour, non plus que celle qu'avait préparée l'avocat Ricard (1622-1678), l'auteur du *Traité des Donations*, et qu'il avait remises « entre les mains des sieurs Guignard et Seneuze, libraires de Paris[3]. »

C'est à La Thaumassière que revient l'honneur d'avoir donné la première édition de ce grand ouvrage qui parut en 1690[4]. Cette édition n'a pas été surveillée avec assez de soin ; elle n'est cependant pas aussi mauvaise qu'on s'est plu à le dire. La Thaumassière avait l'excellent ms. *A*, le ms. *C* et une copie de *K*. Il s'est servi presque exclusivement de *C*[5] — ce qui explique le caractère picard de la publication, — mais il l'a souvent corrigé avec *A* avec beaucoup d'intelligence, et il a même fait au texte défectueux des rectifications ingénieuses[6]. Ses annotations sont précieuses et rendent encore d'utiles services.

Une seconde édition a été donnée en 1842 par le comte Beugnot[7]

---

1. *Nouveau commentaire sur la Coustume de la ville, prevosté et vicomté de Paris*, éd. 1613, f° 19 v°.
2. *Mémoires des pays, villes, comté et comtes... de Beauvais et Beauvaisis*, éd. 1617, p. 204.
3. La Thaumassière, *Introduction*.
4. *Assises et bons usages du royaume de Jérusalem, tirés d'un manuscrit de la Bibliothèque Vaticane, par messire Jean d'Ibelin... ensemble les Coutumes de Beauvoisis par messire Philippes de Beaumanoir, bailly de Clermont en Beauvoisis, et autres anciennes coutumes...*, par Gaspard Thaumas de la Thaumassière, Ecuyer, seigneur de Puy-Ferrand, bailly du marquisat de Chasteauneuf-sur-Cher, avocat en Parlement, imprimé à Bourges, se vend à Paris, chez J. Morel, 1690, un vol. in-fol.
5. Cette assertion contredit l'opinion courante, mais elle repose sur une comparaison attentive de La Thaumassière avec ces deux mss., comparaison que le manque de place m'empêche de donner ici.
6. Ainsi au § 1029, il a beaucoup mieux compris le passage que l'un de ses successeurs, et il a comblé la lacune en insérant « pluriex » entre « de » et « manieres ». Ma note au t. II, p. 15, doit être rectifiée en ce sens. Le ms. Chuppé ne pouvait avoir que « plusieurs » d'après son original *K*, et il n'est pas improbable que « pluriex » qui n'est dans aucun ms. soit de l'invention de La Thaumassière. Il pouvait connaître cette forme archaïque fréquente dans *C*.
7. *Les Coutumes du Beauvoisis par Philippe de Beaumanoir, jurisconsulte français du xiiie siècle*, nouvelle édition publiée d'après les manuscrits de la Bibliothèque Royale

qui eut surtout le tort de se servir d'un manuscrit secondaire et très défectueux.

Cette troisième édition avait été entamée sur les conseils de M. Rodolphe Dareste, membre de l'Institut, conseiller honoraire à la Cour de Cassation, par M. César Boser, élève de l'École des Hautes Études, qui s'était déjà fait connaître par quelques travaux estimables. Enlevé par la phtisie à l'âge de 25 ans, le malheureux jeune homme laissa en portefeuille la copie d'à peu près la moitié du ms. B. N. 11652, avec un plan de l'ouvrage. Il serait aujourd'hui sans intérêt d'expliquer par le détail les raisons qui m'ont engagé à abandonner ce plan et à en proposer au Comité de publication, qui l'a adopté, un autre plus conforme aux méthodes de la critique scientifique, mais je me fais un devoir de dire le soin et la conscience avec lesquels M. Boser s'était préparé et de rendre un hommage ému à la mémoire d'un confrère que j'avais appris à estimer pendant la trop courte durée de nos relations.

Ce m'est aussi un devoir, et bien agréable à remplir, que d'adresser le témoignage de ma sincère reconnaissance à ceux qui ont bien voulu s'intéresser à mon travail et me prodiguer leurs conseils : mon cher et vénéré maître, M. Gaston Paris, le savant juriste, M. R. Dareste, et mes commissaires responsables si attentifs et si empressés, M. Ant. Thomas, professeur à la Faculté des Lettres, et M. Maur. Prou, professeur à l'École des Chartes.

J'aurais été heureux de joindre ici un savant dont la bienveillance, qui m'avait été acquise dès le début avec une spontanéité touchante, ne me fit jamais défaut lorsque j'eus à y faire appel. C'est avec joie qu'Arthur Giry aurait vu entrer définitivement cette édition dans la Collection de textes qu'il avait contribué à fonder et qu'il dirigeait avec une science et une activité inépuisables et inlassables. Hélas ! c'est à une tombe trop tôt ouverte que vont nos souvenirs et nos regrets.

Paris, mars 1900.

---

par le comte Beugnot, collection de la Société de l'Histoire de France, Paris, Renouard, 1842, 2 vol. in-8°.

ERRATA ET ADDENDA

Tome I

P. 3, l. 1, *lis.* enseigniés.
P. 6, titre, *lis.* divisions.
P. 7, l. 25, *lis.* tart.
P. 10, l. 20, *lis.* fet.
P. 18, l. 4, *lis.* gens.
P. 22, l. 7, *lis.* bons.
P. 23, l. 22, *lis.* queus.
P. 27, l. 11, *lis.* fors.
— l. 2, *lis.* loial.
P. 30, l. 1, *lis.* fet.
— l. 16, *lis.* marchissans.
P. 35, l. 3, *lis.* fors.
— § 39, *mettez en note* : Cf. Ch.-V. Langlois, *le Règne de Philippe III le Hardi*, p. 234.
— l. 12, *lis.* mu.
P. 36, l. 10, *lis.* si juge.
P. 48, l. 7, *lis.* arrierefiés.
P. 50, l. 16, *lis.* valeurs.
P. 52, l. 16, *lis.* des membres.
P. 53, l. 9, *lis.* fet.
P. 55, § 87, *mettez en note* : Cf. *Guillaume le Maréchal*, éd. P. Meyer, Glossaire, v° *Chacier*.
P. 62, l. 11, *lis.* Pluseur.
P. 66, var. *m, lis.* dans B E F.
P. 67, note 1, *lis.* § 117.
P. 75, l. 15, *lis.* embesoignies.
P. 80, l. 13, *après* apeaus, *mettez* [1].
P. 85, l. 2, *lis.* paiés.
— l. 5, *lis.* mencions.
— l. 25, *lis.* dis.
P. 90, l. 8, *lis.* grans.
P. 103, note 1, *ajoutez* : Cf. t. II, p. 485, note 1.
P. 115, l. 23, *lis.* essieutés.
P. 116, note 2, *Supprimez cette note et lis.* : Règlement relatif au Châtelet de Paris, vers 1254. Cf. P. Viollet, *Etablissements de saint Louis*, I, 337 et 482 ; ce règlement a été publié à nouveau par Ch.-V. Langlois, *Textes relatifs à l'histoire du Parlement*, XXV, p. 40.
P. 133, l. 1, *virgule après* dire.
P. 137, var. *e, ajoutez* : M requeroit qu'il fust contrains par justiche a ches .x. lb. paier.
P. 140, dern. l., *lis.* paies.
P. 141, l. 14 et 17, *lis.* envoïe.
P. 149, l. 5, *lis.* prendre.
P. 171, av.-dern. l., *lis.* pres.
P. 181, l. 11, *lis.* chatel.
P. 184, l. 2, *lis* l'amenroit.
P. 215, l. 18, *lis.* apers.
P. 219, l. 25, *lis.* tuit.
P. 232, l. antépénult., *lis.* assemblé.
P. 233, l. 6, *lis.* que.
P. 238, l. pénult., *supprimez le trait d'union*.
P. 245, var. *f, lis.* dans β' et dans M.
P. 249, l. 1, *lis.* essieutés.
P. 253, var. *v, supprimez* M ; var. *x, supprimez* M *après* H J K, *et ajoutez* : M et chiex qui tient le bail.
P. 256, l. 1, *lis.* liquel.
P. 262, l. 17-18, *lis.* et li.
P. 272, l. 24, *lis.* avuegle.
P. 279, l. 5, *lis.* loial oir.
P. 284, l. pénult., *lis.* comperage.
P. 290, not. 1, *lis.* comprendre.
P. 295, l. 10, *reportez la virgule après* veve.
— note 1, *lis.* p. 218.
P. 314, l. 18, *lis.* restor.
P. 323, l. 2, *lis.* fres ; var. *c, supprimez* G H J K *des* fres de, *et lis.* : A B C E F *des* fies.
P. 325, l. 6, *lis.* restor.
P. 361, l. 14, *lis.* friés.
— l. 23, *lis.* mon cauier, *et à la* var. *m, ajoutez* E F' lavoir.
P. 370, note 1, dern. l., *supprimez* II.
P. 380, l. 16, *lis.* pouoir.

P. 408, l. 22, *lis.* je.
P. 413, l. pénult., *lis.* menestreus.
P. 414, l. 7, *lis.* menestreus.
P. 415, l. antépénult., *point et virgule après* meurs.
P. 422, l. 23, *lis.* friés.
P. 437, l. 10, *lis.* au lieu resaisir *et rectifiez aussi la var.* d : A B C E F a li (lui) resaisir [E F le lieu].
— l. 18, *lis.* tenus au lieu resaisir. *et var.* o *ajoutez :* A B C E F a lui resaisir.
P. 443, l. 20, *lis.* nant.
P. 479, var. *t, lis.* GHJM.
P. 493, l. pénult., *lis.* arer, *et instituez une var.* rr) A C H arecr.
P. 494, l. 6, *lis.* arec.
P. 505, l. 1, *lis.* l'amende.

Tome II

P. 15, l. 8, *lis.* contens.
— note 1, *supprimez* il en a été... La Thaumassière.
P. 25, dern. l., *lis.* detés ou pleges.

P. 39, l. 25, *lis.* garans.
P. 44, dern. l., *supprimez* de.
P. 49, note 2, *lis.* confondu par les copistes de α et β.
P. 104, note 1, *lis.* de sept. 1258 *et ajoutez :* cf. ci-dessous p. 379.
P. 119, l. 21, *lis.* S'il.
P. 185, l. 20, *lis.* banereç.
P. 194, var. *n, lis.* ataint *et* 1635.
P 218, l. 25, *lis.* d'homme.
P. 225, l. 22, *lis.* comment.
P. 275, l. 2, *lis.* resors.
P. 282, note 2, *lis.* les comtes de Dammartin étaient alliés aux comtes de Saint-Pol qui possédèrent.
P. 299, l. 4, *lis.* baillier.
P. 306, l. 24, *lis.* defaute.
P. 332, l. 18, *lis.* crueus.
P. 349, titre courant, *lis.* LVIII.
P. 371, note 1, *lis.* publiée en fragment.
P. 421, note 2, *lis.* droit.
P. 454, l. pénult , *lis.* qui ne s'assentirent, *et à la var.* q : A B C E F omettent ne.

XXXIV.

Ci commence li .xxxiiii. chapitres de cest livre liqueus parole des convenances, et lesqueles font a tenir et lesqueles non; et des marchiés et des fermes; et des choses qui sont obligies sans convenance, et comment paie se prueve sans tesmoing; et quele chose est force; et des fraudes; de porter garantie et en quel cas l'en se puet aidier d'avoir garant.

998. Mout de ples et[a] de contens[b] muevent par ceus qui ne vuelent tenir leur[c] convenances, et par ceus qui ne vuelent[d] porter garant des choses qu'il[e] sont tenu[f] a garantir par leur convenances ou par la coustume du païs; et pour ce nous parlerons en cest chapitre des choses dessus[g] dites, si que cil qui mestier en avront puissent savoir lesqueus convenances font a tenir et lesqueles non, et de quoi on doit porter garant[h], et liquel marchié font a tenir et liquel non[i], et comment l'en en doit pledier, et comment les justices en doivent ouvrer quant li plet en[j] vienent[k] par devant aus.

Rubr.) *A B* Ici comm.; non et si parole des march. et de porter garandie et en quel cas l'en se puet edier d'avoir garant; *ils omettent* et des fermes... et des fraudes; *B C G H J K M omettent* de cest livre; *E omet* et des marchiés *jusqu'à la fin*; *dans F la place de la rubrique est restée en blanc*; *G omet* Ci commence; *H omet* et lesqueles font *jusqu'à la fin*; *K* et des fermiers. — a) *G H J K omettent* et. — b) *E M.* de contens et mlt de plais. — c) *H J* ten. les conv. — d) *K omet* tenir leur conv. ... qui ne vuelent. — e) *A B E* ch. qui sont. — f) *A B J K* tenues a. — g) *B* ch. qui dess. sont dit. — h) *G* lesq. non, et lesquelles choses sont a garandir et lesquelles non. — i) *G omet* et liq. marchié ... et liq. non. — j) *B E F omettent* en. — k) *G K* vient.

999. Toutes convenances sont a tenir, et pour ce dit on : « Convenance vaint loi[a] », exceptees les convenances qui sont fetes par mauveses causes. Si comme se uns hons convenance a un autre qu'il tuera un homme pour .c. lb., ou[b] afolera ou batra[c], tout soi ce que cil fera[d] ce qu'il[e] lui[f] a[g] en convent[h], du batre ou du[i] tuer, n'est pas cil tenus a paier les .c. lb. qu'il li convenança, car teus convenances ne sont pas a tenir. Donques, se li seigneur sevent teus convenances, il doivent prendre les parties et aus justicier comme atains du fet pour quoi la convenance fu.

1000. Autres convenances i a encore qui ne sont pas a tenir : si comme se je convenance a paier detes de[j] ju de[k] dés ou d'usure, ou je[l] convenance a un homme que je li ferai lait a li ou a autrui[m], ou aucune[n] chose qui li seroit plus greveuse que pourfitable, teus manieres de convenances ne sont pas a tenir.

1001. Se[o] je convenance[p] a ma fame ou a mes enfans que je leur donrai ce que je ne leur[q] puis[r] donner par coustume[s] de[t] païs, la convenance n'est pas a tenir.

1002. Se je convenance a donner terre qui n'est pas moie[u], ou mueble qui n'est pas miens, je doi fere mon pouoir d'avoir la chose que j'ai convenanciee[v], si que ma convenance soit tenue ; et se je ne puis[x] avoir la chose[y], je doi du mien baillier la valeur si que ma convenance soit tenue.

1003. Toutes convenances[z] qui sont fetes par condicions[aa], se les condicions ne sont aemplies, les convenances

---

a) *A* v. droit ; *GHJK* loi vaint. — b) *BEF* lb. ou tuera ou afolera. — c) *BEF omettent* ou batra. — d) *Sauf* EFG, *tous les mss. ont* cil qui fera, *leçon fautive de* O *corrigée indépendamment par ces trois mss.* — e) *ABG* ce qui. — f) *EF omettent* lui. — g) *C* ara en. — h) *A* a convenancié du. — i) *BEF* de bat. ou de t. — j) *AHJK* det. du j. ; *E* det. au j. — k) *AHJK* des dés ; *F* j. ou de d. — l) *AB* ou se je. — m) *G* a autre. — n) *G* omet ou aucune. — o) *A* ton. ou se. — p) *GHJK* se j'ai convent. — q) *AC omettent* leur. — r) *GHJK* l. porroie d. — s) *CHJK* par le coust. — t) *CGHJK* coust. du païs. — u) *EF* donner coze qui n'est mie mieue si comme terre ou m. — v) *BEF* avoir loi (*F* le) ; *ils omettent* la chose ... convenanciee. — x) *BEF* ne la puis. — y) *BEF omettent* la chose. — z) *EF* Tout. les conven. — aa) *EFGHJK* condicion.

sont de nule valeur : si comme se je convenance a un homme que j'espouserai sa fille en tele maniere qu'il me donra une somme d'argent ainçois que je l'espouse, s'il ne me[a] baille la somme d'argent, je ne sui pas tenus a sa fille espouser ; ou se uns hons me convenance qu'il me donra un cheval, en tele maniere que je li face un service qui sera nommés, se je ne li fes le service, il n'est pas tenus a moi donner le cheval. Et[b] par ces .II. cas dessus[c] dis[d] poués vous entendre de tous autres cas qui pueent avenir de convenances qui sont fetes par condicion[e], qu'il convient la condicion aemplir premierement et puis tenir la convenance.

1004. Convenance puet bien estre fete[f] a autrui persone qu'a la moie pour moi et en mon non, tout soit il ainsi que je ne l'eusse pas commandé ou que je n'en seusse mot : si comme se uns hons me doit .xx.[g] lb. et il dit en derriere de moi a ma fame, ou a mon fil aagié, ou a aucun de ma mesnie, qui sont a mon pain et[h] a mon pot ou[i] a mon louier : « Je doi .xx.[j] lb. a vostre seigneur et je vous pramet que je les[k] li paierai[l] au[m] Noel », je le puis suir quant Noel sera passés de ce qu'il convenança a un de ceus[n] de moi paier, ne il ne pourra pas dire : « Je ne vous ai nules convenances », car il m'a bien la convenance s'il l'a a aucun[o] des miens pour moi ; et toutes les persones que nous avons dites pueent bien recevoir convenances pour moi et creantemens en mon pourfit et non pas en mon damage, se je n'en ai aucun establi[p] procureeur[q]. Mes[r] se je l'ai establi procureur[s], il puet recevoir le creantement[t] aussi bien contre moi comme[u] pour[v] moi, s'il est contenu en la procuracion[x] ;

---

a) *G H omettent* me. — b) *G H J K omettent* Et. — c) *A B* cas ci dess. — d) *A B omettent* dis. — e) *C G H J K* condicions. — f) *F* fete par condicion a a. — g) *E F* .x. lb. — h) *A B G* p. ou a. — i) *E F* p. et a mon l. — j) *E F* .x. lb. — k) *E F G H J K omettent* les. — l) *G* lui es paierai. — m) *A* p. a Noel. — n) *J K* un des dessus diz. — o) *G H J K* a un des. — p) *A* ai establi aucun. — q) *C* ai aucuns establis pour procur. — r) *C* Car. — s) *C omet* se je l'ai est. procur. ; *G omet* Mes se ... est. procur. — t) *G omet* le creantement ; *H J K* le commandement. — u) *G* moi comment pour. — v) *C* bien pour moi comme contre moi. — x) *E F omettent* et non pas en mon dam. ... en la procuracion.

et aussi pourroit*a* uns estranges*b* procureres*c*, si que les persones dessus dites n'en*d* ont nul avantage en*e* recevoir convenance ou creantement ne que li estrange, mes pour moi et en mon pourfit il le puent fere si comme il est dit dessus*f*.

1005. Chascuns de ma mesnie et de mes serjans si doit ouvrer et estre*g* creus en l'office ou je le*h* mis, et ouvrer de son office tant seulement s'il n'a especial commandement de moi de fere autre chose. C'est a entendre que cil que j'ai mis pour garder mes bois et pour vendre, s'il vendoit mes bles de*i* mes greniers*j*, ou mes vins de mes celiers en non seu de moi*k*, je ne tenroie pas la vente s'il ne me plesoit, tout fust il ainsi que li serjans eust*l* recueilli*m* les deniers de la vente. Car se li serjant pouoient*n* ce fere, uns mauvès serjans pourroit a un coup metre son mestre a povreté. Mes voirs est que se li serjans me vouloit baillier*o* les deniers ou*p* il me disoit : « J'ai vendus vos vins ou vos bles a paier a*q* tel terme », et je, seur ce, prenoie les*r* pleges ou fesoie prendre par procureur, la vente seroit tenue, car il aparroit que je me seroie assentus au marchié que mes serjans avroit fet*s*.

1006. Pierres avoit un bois a vendre et, pour le vendre*t*, il*u* establi un serjant. Li serjans vendi le bois a pluseurs persones a paier a la Toussaint qui venoit après ; et, quant cele*v* Toussains fu passee, li deteur vindrent au serjant qui le bois leur avoit vendu et delivré, et li requistrent qu'il

---

a) *BEF* aussi feroit. — b) *BEF* uns autres proc. — c) *C* pourr. .I. home estrange. — d) *BEF* dit. n'i ont. — e) *GHJK* avant. de recev. — f) *C* dessus dit ; *HJK omettent* si comme il est dit dess. — g) *B* et doit estre. — h) *BEF* off. [*EF* la] ou il est mis. — i) *ABG* bles et mes. — j) *C* bles ou che qui seroit dedens mes garesnes ou m. vins ; *G* mes grains. — k) *C* bles ou non sceu de moi ou m. vins ; *JK* gr. sans mon sceu. — k) *GHJK omettent* en non seu de moi. — l) *AG* en eust ; *A omet* eust. — m) *HJK* e. receu les. — n) *ABCEF* pooit. — o) *GHJK* serj. n'avoit recueilli les den. — p) *CEGHJKM* den. et il. — q) *EF omettent* j'ai vendus ... paier a. — r) *GHJK omettent* les. — s) *HJK omettent* que mes ... avroit fet. — t) *BEF* le vente. — u) *EF omettent* il. — v) *CGHJK* quant le Toussains.

leur donnast respit de l'argent[a] qu'il li devoient par la[b] reson de la[c] vente[d] du[e] bois, et il leur donna un an de respit. Et quant Pierres le seut, qui sires estoit de la chose, il osta le serjant de[f] son service[g] et puis traist as deteurs et leur requist qu'il le paiassent, et il respondirent qu'il avoient respit de celui[h] qui le bois leur avoit vendu. Et Pierres dist qu'il ne vouloit pas que li respis tenist[i], car pour ce, se ses serjans avoit le bois vendu et le premier terme[j] assis, n'avoit il pas pouoir ne autorité du terme alongier. Et seur ce se mistrent en droit.

1007. Il fu jugié que li respis ne tenroit pas, et par cel jugement puet on veoir que li serjans n'a pas pouoir d'ouvrer fors en ce[k] qui li[l] est establi et[m] baillié de l'autorité de son[n] seigneur. Et male chose seroit puis[o] que li serjans a fetes detes de l'avoir son mestre a paier a certain jour qu'il fust puis sires d'alongier les termes.

1008. Or veons se cil a[p] qui li respis fu donnés du serjant, pueent suir le serjant qui le respit donna pour la convenance qu'il eut a aus. Nous disons ainsi que, s'il leur donna le respit simplement, il ne l'en pueent suir, car il donna ce qu'il ne pouoit[q] donner et qui estoit a[r] autrui. Mes s'il dit au donner le respit : « Je vous doing le respit de la dete mon seigneur que vous li devés et le[s] vous ai[t] convent[u] a fere tenir », se li sires ne veut que li respis soit tenus, il pueent suir le serjant de la convenance ; et convient que li serjans face tant au[v] seigneur que li respis tiegne ou qu'il leur preste les deniers du sien, — des queus il pourront[x]

---

a) *B E F* de leur detes que. — b) *B E F* omettent la. — c) *A B* omettent la. — d) *E F* omettent de la vente. — e) *A B* v. de bois ; *E F* de chu bos. — f) *E F* serj. et mist hors de s. s. — g) *G H J K* osta de son serv. son (*G* le) serjant. — h) *H J K* av. de cheli respit. — i) *G* que le marchié se ten. — j) *A* le prem. le terme. — k) *B* en tant qui. — l) *G H J K* ce lau il est (*H* sont). — m) *B E F* omettent establi et. — n) *G H J K* autor. du seign. — o) *C* omet puis ; *G H J K* ser. que puis. — p) *B E F* omettent a. — q) *B* ne pot d. — r) *H* omet a. — s) *G* omet le. — t) *C* omet ai. — u) *C* enconvent ; *G H J K* ai en convent. — v) *J K* a son seign. — x) *B* sien dez que il ne pourr..

paier son^a seigneur, — dusques au terme du respit^b. Et ainsi puet estre li serjans damagiés qui plus fet de la chose son seigneur et a convent^c a garantir qu'il^d ne doit.

1009. Qui donne autrui chose et la^e convenance a garantir, il ne la puet garantir^f se cil ne veut a qui la chose est^g. Mes convient qu'il face restor du sien a celui a qui il fist le don selonc la valeur de la chose par loial estimacion^h. Et cel meisme restor doit il fere a celui a qui il a l'autrui chose vendue ou engagieeⁱ. Et s'il estoit autrement, cherement pourroient estre damagié cil qui avroient receu d'aucun l'autrui chose par louage, ou par ferme, ou par son^j service, ou par eschange, ou par aucune^k autre cause soufisant.

1010. Convenance d'eschange doit estre tele que chascune partie doit garantir a tous jours ce qu'il baille, et s'il ne le puet garantir pour ce que la chose qu'il bailla en eschange n'estoit pas sieue, il doit estre en la volenté de celui a qui il doit garantir de reprendre ce qu'il bailla en eschange ou de contraindre celui qui l'autrui chose li bailla, — laquele chose il ne li^l puet garantir, — qu'il li restore son damage d'aussi soufisant chose et d'aussi aisie comme la chose estoit qu'il ne li puet garantir.

1011. Bien se gart cil qui puet avoir garant^m de la chose qui li est baillie, que, se l'en leⁿ met en plet, qu'il requiere jour a avoir son garant pour lui defendre de quelque chose que ce soit. Car, s'il va avant ou plet sans celi qui li doit la garantie^o et sans li moustrer qu'il li viegne porter garant, et il pert^p par plet ou par mise ou en autre

---

a) *B E F* le seign. — b) *E* sien dusques au terme du respit qu'il pourront paier le seigneur. — c) *G* et promet a gar. — d) *E F* gar. plus qu'il. — e) *B* omet la; *E F* et l'en conven.; *H J K* et il conven. — f) *G H J K* omettent il ne la puet garantir. — g) *G H J K* ch. est il ne le puest garantir. — h) *C* l. pris. — i) *A* vend. ou eschangiee. — j) *E F* omettent son. — k) *E F* omettent aucune. — l) *B E F* omettent li. — m) *A* av. son gar. — n) *A* omet le. — o) *G H J K* doit garantir et s. — p) *G H J K* il le pert.

---

1. Suppléez *plus* devant *qu'il*: ellipse qu'avait corrigée l'original de *E F*.

maniere, li garantisseres^a n'est pas tenus, puis la perte fete, a lui fere garantise^b de la chose qu'il a perdue sans li amonester qu'il l'en portast garant, se cil qui la garantise veut avoir ne fet tant que la chose ne soit en sa main ou meisme estat qu'ele estoit ou commencement du plet; car, de ce que je doi garantir, cil a qui je doi la garantise^c ne puet pledier en mon damage sans moi apeler; et s'il en plede et il pert, li damages en^d est^e siens.

1012. S'il avient ainsi qu'aucuns^f face^g eschange d'eritage pour eritage^h et, l'eschange tenuⁱ un an ou plus, Pierres^j qui eschanja a Jehan chiet en povreté, si qu'il vent ce qu'il eut de Jehan en^k eschange et quanqu'il a, et après aucuns plede a Jehan de ce que Pierres li bailla en eschange et le pert¹ pour ce qu'il est regardé par jugement que Pierres n'avoit droit en l'eritage^l qu'il bailla a Jehan^m enⁿ eschange, que fera l'en en^o cel cas, puis que Pierres n'a riens vaillant par quoi il puist porter garantie? Revenra Jehans a l'eritage qu'il bailla a Pierre, lequel eritage^p Pierres a puis vendu, ou il² demourra a celi qui de^q Pierre^r l'acheta?

1013. Nous disons ainsi qu'il demourra a l'acheteur puis que Jehans avoit tenu l'eschange an et jour. Mes se Pierres eust vendu l'eritage qu'il eut de Jehan par eschange dedens l'an et le jour, Jehans reust^s l'eritage^t avant que

---

a) *JK* man., celui qui estoit tenu de garandir, n'est pas. — b) *GHJK* a li tenir garantie. — c) *HJK* je doi garantir ne p. — d) *BEF* omettent en. — e) *A* iert s. — f) *F* que Jehans fache. — g) *E* omet face. — h) *AEF* omettent pour eritage. — i) *E* et por escange tenir un an; *F* esch. de crit. a Pierre et tient son escange .I., a Pierre et tient son *écrits au XIVe siècle dans l'interligne au-dessus de* et pour et tenir *biffés*. — j) *F* se Pier., se *écrit dans l'interligne et de la même main que l'adjonction de la ligne précédente.* — k) *A* Jeh. par esch.; *G* omet en. — l) *EF* n'av. riens en che que il. — m) *A* omet a Jehan. — n) *BEF* par esch. — o) *GHJK* de cel. c. — p) *ABCEF* omettent eritage. — q) *EF* a P. — r) *A* de Jehan l'ach. — s) *BEFGHJK* Jeh. eust l'er. — t) *C* Jeh. reust arierez son hirelage.

---

1. Anacoluthe: le sujet de *pert* est Jehans.
2. Autre anacoluthe: *il* représente *eritage*.

l'acheteres puis que Pierres ne li peust garantir l'eschange[a], car eschanges d'eritage n'est pas certainement afermés en cel cas, devant qu'il a esté tenus an et jour.

1014. Pierres proposa ainsi, qu'il acheta un eritage et, quant il fu[b] en la saisine du seigneur et il cuida entrer en l'eritage, il trouva que Jehans en estoit en la[c] saisine d'esploitier[d]. Pierres li requist qu'il issist de l'eritage qu'il avoit acheté a Guillaume, et Jehans dist que non feroit, car il avoit pris l'eritage a ferme[e] au[f] dit[g] Guillaume, avant qu'il l'eust[h] acheté, a annees[i], lesqueles annees n'estoient pas encore acmplies, et, pour ce qu'il ne se peurent acorder, li dit Pierres et Jehans vindrent en l'assise a[j] Clermont et se mistrent en jugement a savoir mon se Jehans joïrroit de ses annees[k] teles comme il les avoit prises a Guillaume avant qu'il vendist l'eritage[l].

1015. Il fu jugié que Pierres qui avoit acheté l'eritage et en estoit en saisine de seigneur joïrroit de l'eritage pesiblement et le prenroit ou point qu'il le trouveroit[m] sans nul empeechement de la ferme que Jehans avoit prise et bien suist Jehans Guillaume qui la ferme li avoit bailliee par mos de convenance, qu'il li garantisist son marchié. Et par cel jugement puet l'en veoir qu'il i a plus de peril en prendre autrui terre a ferme, ou a louage, ou a[n] engagement[o] que mout de gens ne pensent[p]; et quiconques i[q] vourra entrer sainement[r] et sans peril, si face tant qu'il i soit de par le seigneur de qui la terre muet, ou autrement il en pourra estre ostés se aucuns i entre par titre d'achat si comme il est dit dessus[s].

1016. Voirs est que cil qui baille sa terre a ferme a

---

a) *A omet l'eschange.* — b) *A il en fu.* — c) *BEFG omettent la.* — d) *A sais. de l'esploit.* — e) *A affermé.* — f) *JK a f. du d.* — g) *G f. a Guill.* — h) *GJK omettent l'.* — i) *JK placent* a annees *après* Guillaume. — j) *EFGJK ass. de Clerm.* — k) *C Jeh. porroit goïr de ses fermes qu'il avoit par nombre de ann.* — l) *HJK omettent* teles comme il ... vendist l'eritage. — m) *BC trovoit; EF trouva.* — n) *AG ou en eng.* — o) *B a gaaignement.* — p) *A ne cuident et.* — q) *BCGHJK omettent* i. — r) *C sagement; F sauvement.* — s) *HJK comme dit est.*

louage ou par engagement, et puis la vent sans metre[a] condicion[b] en la vente que cil joïsse de ses annees, il est tenus a tant fere vers l'acheteur que cil a qui il avoit devant la chose baillie la tiegne en la maniere qu'il li avoit convenancie. Et s'il ne le puet fere en nule maniere parce que l'acheteres ne s'i veut acorder, il est tenus a rendre tous les damages a celui a qui il avoit la chose bailliee et avec ce tout le pourfit qu'il peust avoir en son marchié par estimacion de bonne gent[c].

1017. Quant aucuns a baillié sa terre a ferme ou[d] a louage ou par engagement et puis la baille a un autre avant que l'autres en soit hors, et puis s'en va hors du païs sans lessier[e] procureur lequel l'en puist suir de garantie, et ples muet entre les deus qui la chose pristrent, l'en doit delivrer le marchié a celui qui prueve[f] la premiere convenance, et convient que cil a qui la derraine convenance fu fete et qui ne[g] set qui suir atende tant que la premiere convenance soit aemplie, et après il doit joïr de la chose selonc ce qu'il prueve la derraine convenance. Mes ce entendons nous se debas en vint avant que cil alast hors du païs[h], ou que cil qui s'en ala fust en ajournement avant qu'il s'en alast, ou que l'uns fust ja entrés en la chose, car se nus n'i estoit encore entrés[i] quant il s'en ala ne ples n'en[j] fust commenciés contre li ne n'en fust encore ajournés, ne[k] l'uns ne l'autres ne pourroit joïr de sa convenance devant qu'il revenroit ou qu'il trouveroient aucun tenant de cel eritage come oir ou procureur establi de par celi qui s'en seroit alés; mes ceus pourroient il suir en la maniere dessus dite.

1018. Aucunes choses sont obligies d'eles meismes tout sans convenances[l]. Si comme se je loue ma meson, soit en

---

a) *G H J K* omettent metre. — b) *C* condic. il puisse se il veut en la v. — c) *C* march. par le pris que bonne gent regardassent. — d) *A* omet ou. — e) *G H J K* sans baillier proc. — f) *A* celui a qui il avoit la choze bailliee premierement se il prueve la pr. conv.; *B E F* cel. qui prist la pr. conv. — g) *A* n'en set. — h) *A* omet hors du païs. — i) *A* entrez encore. — j) *J K* pl. ne fust. — k) *H J K* omettent ne. — l) *A B E F* convenance.

fief ou en eritage vilain, et cil a qui je l'ai louee a de ses biens portés en ladite meson et ne me paie pas mon louage, je puis prendre du sien sans^a justice^b par^c coustume tant que je soie paiés de mon louage. Et se cil a qui je louai ma meson^d me fet rescousse, se la mesons que je li louai^e est de fief, contraindre le puis a ce qu'il le m'ament ; et est l'amende moie^f de .LX. s.^{g} se la rescousse fu fete d'homme de poosté. Et se je louai ma meson de fief a gentil homme et il me fist rescousse quant je pris^h pour mon^i louage^j, l'amende est moie^k de .LX. lb.^{l}. Et se la mesons que je louai est tenue en vilenage^m et^n l'en m'i fet^o rescousse quant j'i^p prent^q pour le^r louage, je doi trere au seigneur qui a la justice seur le^s lieu et li requerre qu'il m'oste la force, et il le doit fere. Et si est l'amende sieue de .LX. s. pour la rescousse qui me fu fete^t. Et par ce puet l'en veoir^u que choses sont bien obligiees sans convenances.

1019. Encore en autres cas^v pueent bien estre choses obligies^x sans convenance : si comme se je baille ma terre a ferme ou a louage et cil qui a moi la prist i a mis son labeur, je ne li lerai pas lever les issues^y, s'il me^z plest, devant qu'il^{aa} m'avra fet seurté de rendre moi ce qu'il m'en doit, tout ne m'eust il pas convenant^{ab} au marchié fere qu'il m'en fist seurté, car li labeurs et l'amendemens que l'en met seur le lieu fet la seurté par coustume vers celi qui baille sa terre, mes par pleges ou par gages^{ac} soufisans doivent estre li bien^{ad} delivré a celi qui fist le marchié.

a) *B* s. par just. — b) *GHJK* omettent sans justice. — c) *B* just. sans coust. — d) *HJK* je le louai me. — e) *HJK* omettent que je li louai. — f) *A* omet moie ; *E* l'am. mise. — g) *EF* omettent de .LX. s. — h) *G* pris aucune chose du sien pour. — i) *BEF* rescousse de mon l. — j) *A* louier. — k) *A* omet moie. — l) *A* lb. et moie et. — m) *EF* omettent Et se la … en vilenage. — n) *EF* Et quant on. — o) *JK* fist resc. — p) *AB* je pr. — q) *EF* omettent quant j'i prent ; *G* pr. aucune chose pour. — r) *GHJK* pour mon lou. — s) *EF* seign. de qui je tieng le l. — t) *A* omet pour la resc. qui me fu fete. — u) *EFHJK* bien veoir. — v) *A* omet cas. — x) *GHJK* bien choses estre obl. — y) *G* iss. de ma terre s'il. — z) *CFHJK* s'il ne me. — aa) *G* pl. dusques ce qui ; *HJK* dev. ce qu'il. — ab) *C* pas enconvenenchié ; *HJK* pas en convent. — ac) *A* par gag. ou p. pleg. — ad) *BEF* souf. pueent li bien estre del. ; *G* souf. doibt estre l'eritage del.

1020. Encore se j'emprunte aucune chose quele qu'ele soit, je sui tenus au rendre, tout soit ce que je ne l'aie[a] pas convent[b] a rendre[c] a l'emprunter; si i sui je tenus par coustume et m'en puet cil suir qui la chose me presta. Et se je, ou tans que la chose me fu prestee, l'ai alouee ou perdue en tele maniere que je ne la puis ravoir, je sui tenus a rendre la valeur qu'ele valoit ou tans qu'ele me fu prestee; et se je en nule maniere puis ravoir[d] ce qui me fu presté[e], je doi rendre ce meisme. Et se la chose est empiriee puis qu'ele me fu prestee par moi, je sui tenus a restorer le damage de l'empirement et non pas en toutes choses: car se l'en me preste .i. mui de fourment, liqueus vaut .xl. s. quant l'en le me preste et il ne vaut que .xxx. s. quant je le rent, je ne sui pas tenus a rendre les .x. s. outre puis que je rent aussi bon fourment comme l'en me presta; car il soufist[f][1] que l'en soit quites[g] quant l'en rent aussi bonne chose et de cele meisme nature qu'ele fu prestee. Et l'empiremens qui doit estre rendus si est aussi comme se l'en me prestoit un cheval sain de tous membres et il afoloit avant que je le rendisse, li damages de l'afoleure[h] doit estre rendus aveques le cheval. Et par ce que nous avons dit du fourment presté et du cheval puet on entendre des autres choses prestees.

1021. Se aucuns prent ma terre a ferme ou a louage et il i met son labeur et ne me puist[i] fere[j] pleges[k] ne baillier gages, pour ce ne perdra il pas son marchié, s'il ne m'ot convent[l] a fere[m] pleges[n]; mes s'il le[o] m'eut en convent[p] et il

---

a) *B E F* je n'aie. — b) *C* pas enconvenent. — c) *B E F* rendre loi. — d) *G H J K* omettent je sui tenus ... maniere puis ravoir. — e) *H J K* omettent ce qui me fu presté. — f) *C* il est bien drois: *G* souf. et doibt souffire. — g) *G H J K* omettent que l'en soit quites. — h) *B E F* de l'affolement. — i) *H J K* pot (peut). — j) *C* donner pl. — k) *E* fere seur ne b. — l) *E F G H J K* m'ot en conv. — m) *C* m'ot en convenent de donner pl. — n) *G* conv. de le fere pleger. mais. — o) *A B E F* omettent le. — p) *A* m'ot convenant a fere plegez et il; *B E F* m'ot convent; *C* m'eut en convenent.

---

1. *Soufist* a ici le sens, assez rare d'ailleurs, de *convient*; ceci n'a pas été compris du copiste de β qui, par suite, a fait une suppression fautive.

ne le fet, metre le puis hors du marchié. Et s'il ne le m'ot convent[a], les issues doivent estre mises en sauve main en tele maniere que je premierement prengne ce qui m'est deu par[b] la reson du marchié et il prengne le remanant ; et s'il n'i a pas assés par[c] tout pour moi[d] paier, je doi prendre ce qui i est et lui oster du marchié pour la defaute du paiement dusques a tant qu'il m'ait rendue la defaute[e] et fet seurté du marchié tenir. Et s'il veut joïr du marchié et tenir, bien se gart qu'il me rende la defaute du paiement et m'offre la seurté avant que je lieve l'autre despueille en ma main pour sa defaute, car je ne seroie plus tenus a lui tenir le marchié pour sa defaute[f].

1022. En chose prestee rendre[g] n'a point de terme s'il n'i fu mis au prest fere[h]. Donques la puet cil demander si tost comme il li plest et aussi disons nous des choses qui sont mises en commande. Et quant cil qui preste ou met en commande demande que l'en li rende et l'en ne li veut rendre, et il l'en fet ajourner par devant son juge et la li demande ce qu'il[i] li presta ou bailla a garder, cil a qui l'en demande doit estre contrains a respondre ; et s'il connoist que la chose li fu prestee ou bailliee a garder, il doit estre contrains sans delai au rendre. Et s'il veut jurer seur sains qu'il ne l'a pas et que, au plus tost qu'il pourra, il fera tant qu'il le[j] ravra et rendra, commandemens li doit estre fes, s'il est hons de poosté, qu'il le[k] rende dedens .vii. jours et .vii. nuis, et, s'il est gentius hons dedens .xv. jours ; et s'il n'obeissent[l] au commandement, il doivent[m] estre justicié sans delai, tant que la chose prestee ou bailliee en garde[n] soit rendue.

---

a) *C* omet et il ne ... le m'ot convent ; *GHJK* m'ot [*G* pas] en convent. — b) *GHJK* deu de la. — c) *C* ass. pour t. — d) *GHJK* ass. pour moy tout paier. — e) *BEF* rend. les defautes. — f) *GHJK* omettent pour sa defaute. — g) *EF* En rendre ch. prest. — h) *GHJK* au prester. — i) *GHJK* ce qu'on li. — j) *G* qu'il les rav. ; *K* qu'il la rav. — k) *GHJK* qu'il les rende. — l) *BEFHJK* n'obeist. — m) *BEFHJK* il doit. — n) *HJK* prestee ou bailliee en garde.

DES CONVENANCES, DES MARCHIÉS, DES FERMES, ETC. 13

1023. Se l'en me doit seur letres et je rent les letres a celui qui les me[a] bailla, c'est bien a entendre que je me[b] tieng pour paié ou que j'en ai quitance fete. Donques ne pourroie je[c] puis la[d] la dete demander se je ne[e] suif[f] celui qui ra sa letre[g] de letre[h] tolue ou emblee[i], laquele chose est aveques les vilains cas de crime, car cil[j] qui sa[k] letre bailliee tourroit[l] ou embleroit[m] en entencion d'estre quites de sa dete ne vauroit pas mieus que lerres.

1024. Cil qui preste seur gage, s'il rent le gage a celui qui l'emprunta[n], bien se tient pour[o] paié, s'il n'est ainsi qu'il rende le gage par tel condicion que l'en li rende la dete ou que l'en li baillera plege ou gages aussi soufisans ou plus. Car il avient que l'en rent gages[p] par aucunes de ces condicions[q] par amour ou pour ce que li gages n'est pas soufisans, mes ce n'est pas coustume que l'en rende letres sans estre paié ou sans quitance fere.

1025. Convenance qui est fete contre droit, — si comme se je donne[r] en mon testament plus du quint de mon eritage, ou se je donne a ma fame premiere plus de la moitié de mon eritage ou a ma seconde fame plus du quart, ou se je donne par convenance a l'un de mes enfans tant que li autre en seroient deserité s'il estoit soufert, — toutes teus convenances ne doivent pas estre tenues. Et ce que l'en dit[s] : « Convenance loi vaint », c'est a entendre de sa propre chose qui n'est pas obligiee a autrui par coustume ; car voirs est[t] que mes eritages par coustume[u] est[v] obligiés a mes oirs se je ne le vent ou se je ne le donne a mon vivant pour certaine cause resnable ; ne je ne puis pas mon

---

a) *G H J K* qui le mes bailla. — b) *A* je m'en t. — c) *E F G H J K* ne porrai. — d) *G H J K* pour. pas puis. — e) *C* omet ne. — f) *E F H J K* sui ; *G* suis. — g) *G H J K* ra ses lettres. — h) *E* omet de letre. — i) *A* omet ou emblee. — j) *G* omet cil ; *H J K* car se cil. — k) *G* qui a celi qui se l. — l) *G* let. ha (*H J K* bailla) solloit ou. — m) *H J K* embloit. — n) *G H J K* omettent l'. — o) *G H J K* tient a p. — p) *A* omet gages. — q) *G H J K M* aucune de tes (telz) convenenches. — r) *C* je ai donné ; *G H J K* emettent se je donne. — s) *A* dit que conven. — t) *G* omet car voirs est ; *H J K* v. est par coustume que. — u) *A* car par coustume ce est voirs que mes erit. est ; *G* omet par coustume. — v) *B E F* coust. si est.

eritage chargier de douaire que selonc ce que coustume donne, et pour ce ne sont pas teus convenances a tenir.

1026. Convenance qui est fete contre bonnes meurs, — si comme se je convenance que je ferai aucun larrecin ou aucun lait fet, ou que je me lerai escommenier, ou que je porterai faus tesmoing, ou que je batrai aucune personne, ou que je lui reprocherai son mal, — toutes teles convenances ne sont pas a tenir et, se l'en le jura^a a fere, mieus vaut^b que l'en prengne sa penitence de son^c fol serement que^d fere mal pour son serement tenir. Et se l'en bailla pleges que l'en feroit aucune des^e choses dessus dites et l'en les suit de la plevine^f pour ce que cil qui les bailla ne veut aemplir sa convenance, il ne sont pas tenu a respondre de tel plevine^g, car tout ce qui est convenancié^h pour malice fere et contre bonnes meurs puet estre rapelé.

1027. La justice ouvra a droit qui prist de Pierre .xx. lb. d'amende et de Jehan .x. lb. d'amende^i pour ce que Pierres avoit fet marchié au dit Jehan de batre Guillaume en tel maniere que^j, quant il l'avroit batu, il li donroit .x. lb. Et Jehans le fist ajourner^k par^l devant la justice^m pour ce qu'il^n ne le^o vouloit^p paier, et la justice fist^q desclairier^r pour quoi les .x. lb. estoient^s convenancies^t tant qu'il^u seut la cause. Et pour ce que Jehans fist cele bateure a requeste^v d'autrui sans deserte^x et^y sans mesfet que li batus li^z eust fet^{aa}, il perdi les .x. lb. qui li estoient convenancies et si paia .x. lb. d'amende pour ce qu'il fist vilaine euvre par cou-

---

a) *GHJK* le jure. — b) *A* si vaut il miex; *C* f. il vaut mieus. — c) *BEF* penit. du fol. — d) *H* serem. qu'a f. m. — e) *ABE* auc. de ces ch. — f) *EF* s. de [*E* le] la plegerie. — g) *E* de teles convenenches; *FHJK* de tel (*F* le) convenence. — h) *EF* omettent car tout ce qui est convenancié. — i) *GHJK* omettent et de Jeh. .x. lb. d'am. — j) *A* man. et quant. — k) *AB* omettent et Jeh. le fist ajourn.; *C* Pierres se tret par dev.; *EF* Et il le fist venir (*F* convenir). — l) *EF* omettent par. — m) *A* just. fist Jehans venir P. pour. — n) *A* que Pierres ne. — o) *E* omet le. — p) *EF* vout. — q) *GHJK* just. lui fist. — r) *B* f. esclairier. — s) *GHJK* lui est. — t) *C* enconvenenchies; *G* en convenenche. — u) *GHJK* tant fist [*G* justice] qu'elle (*H* il) seut. — v) *JK* a la requeste. — x) *EF* omettent sans deserte. — y) *ABC* des. on s. mesf. — z) *E* bat. i eust. — aa) *E* omet fet.

voitise[a]. Et les .x. lb. que Pierres[b] devoit[c] donner pour le fet, la justice les leva et aveques .x. lb. pour le vilain marchié qu'il avoit fet. Et par ce puet l'en entendre que li baillif et li autre juge qui ont toute justice[d] en leur terre pueent mout fere de leur autorité selonc ce qu'il voient les mesfes qui sont fet malicieusement.

1028. Voirs est que se la bateure n'eust esté fete pour deniers, mes en chaude mellee, si comme contens muevent pour paroles, l'amende ne fust que de .v. s. selonc nostre coustume, ou de .lx. s. s'il eust en la mellee fet sanc de poing garni; mes pour ce que ceste bateure fu fete par mauvese cause fist li juges bien qui tant en leva.

1029. Convenance qui est fete par force ou par paour n'est pas a tenir, mes force et paours si[e] sont de [mout de][f1] manieres. Car en dire: « Je le fis par force », il convient dire[g] la force quele[h] et prouver s'ele est[i] nice de partie, et puis regarder se la force est tele que la convenance doie estre nule[j]. Et aussi de celui qui dist[k] qu'il fist convenance par paour il doit dire la cause de la paour qu'il a, ne pour son dit il n'en doit pas estre creus se la cause n'est prouvee et qu'ele soit teus que l'en voie que paours l'en deust[l] bien venir. Et pour ce que l'en voie lesqueles forces et lesqueles paours sont a recevoir en jugement, nous en dirons d'aucunes.

a) *G H J K* par convenence. — b) *C* que Jehans dev. — c) *G H J K P*. li dev. — d) *A* t. la just.; *C* toutes justiches. — e) *A B E F* p. ce sont. — f) *B E F* sont .ii. man.; *K* de plusieurs man., plusieurs *écrit dans l'interligne par un autre que le copiste; éd. La Thaumassière* de pluriex man.; *voyez la note ci-dessous*. — g) *B E F* conv. que on die la f. — h) *C* d. quelle le forche fu; *E F* quele et en quele maniere ele fu faite; *G H J K* forche et quelle. — i) *A* li est; *C* se le forche est. — j) *E F* estre de nule valeur. — k) *G H J K omettent* qui dit. — l) *A C* doit; *B E F* doie.

1. *Mout de*, que nous rétablissons entre crochets, manquait évidemment dans O et par suite dans α et β; l'original de *B E F* a supposé que *de* était pour *deus* et a écrit *deus*, éliminant *de*; dans *K* la correction a été faite postérieurement et simplement d'après l'intelligence du texte; il en a été de même dans le manuscrit suivi par La Thaumassière. Beugnot, conservant le fautif *de manieres* de son manuscrit, lui donne le sens de *différent*; c'est une erreur, car une telle locution n'a jamais existé en français.

1030. Force si est se je tieng aucun⁽ᵃ⁾ en ma prison si comme enfermé⁽ᵇ⁾ ou en fers⁽ᶜ⁾ dusques a tant qu'il m'ait aucune chose vendue, convenanciee⁽ᵈ⁾ ou donnee ; et s'il le me fet et m'en baille ou⁽ᵉ⁾ pleges ou gages, il a droite action de pledier a moi que je li fis force et, la prison prouvee qu'il m'eut⁽ᶠ⁾ la convenance ou tans de la prison, je doi estre contrains que si⁽ᶠ⁾ plege soient quite⁽ᵍ⁾ ou⁽ʰ⁾ li gage rendu et la convenance nule. Et s'il m'avoit⁽ⁱ⁾ paié et aempli toute la convenance pour ses pleges aquitier ou pour ses gages ravoir ou pour issir de la prison sans baillier pleges ne gages, si li sui je tenus a rendre, s'il n'est ainsi que je soie ses sires et que pour bonne dete et loial qu'il me devoit⁽ʲ⁾ je le tenisse pris⁽ᵏ⁾ parce qu'il s'estoit obligiés⁽ˡ⁾ ; car en cel cas li pourroie je fere ceste force⁽ᵐ⁾ tant que je fusse paiés, sans mort et sans mehaing. Et s'il n'avoit riens⁽ⁿ⁾ du sien de quoi il peust vivre⁽ᵒ⁾, je li seroie tenus a livrer soustenance⁽ᵖ⁾ du mien tant comme il seroit en ma⁽ᵠ⁾ prison. Et quant il avroit tout son vaillant mis en moi paier⁽ʳ⁾, si convenroit il par nostre coustume que je li⁽ˢ⁾ delivrasse son cors. Et encore ne avant ne après, s'il ne s'i est obligiés, je ne puis tenir le cors en prison pour dete, se ce n'est pour la⁽ᵗ⁾ dete le⁽ᵘ⁾ roi ou le⁽ᵘ⁾ conte⁽ᵛ⁾, s'il⁽ˣ⁾ n'est mes sers.

1031. Aucun sont si malicieus qu'il contraignent leur

---

a) *GHJK omettent* aucun. — b) *FG* prison fermee ou en. — c) *C* si comme en fers et bien roidement anfermes ; *GHJK* fers aucun dusques. — d) *AC* vend. ou conven. — e) *A omet* ou. — f) *E* pris. prouvé (*le second e gratté*) ou il me mist et la conv. ; *F* force et prouvé que il me fist la conv.; *G* qu'il y eust la conv. ; *HJK omettent* m'. — f) *BEF* li pl. — g) *F* quite et delivre. — h) *BEF* et li g. — i) *GH* s'il li av. ; *JK omettent* m'. — j) *B* me doit ; *EF omettent* qu'il me devoit. — k) *G* prisonnier. — l) *EF* je le tenoie lequele dete je devoie avoir de li et ja [*F* en] estoit termes passes et estoit pris (*ces deux derniers mots omis dans F*) pour che qu'il s'estoit (*F* s'i estoit) obligies [*F* estoit il emprisonnez]. — m) *BEF omettent* ceste force. — n) *C* nulle chose du. — o) *EF* peust paier ou vivre en le prison. — p) *BCEF* livr. sa sousten. — q) *HJK* en le pris. — r) *C* avr. tout mis son pooir de che que il aroit en moi paier et ne m'aroit encore se molt petit non paié souvent avenroit apres che que on aroit enquis de son pooir, si conven. — s) *AC omettent* li. — t) *E omet* la. — u) *E* de. — v) *G* roi en le conté s'il. — x) *BEF* [*E* ou] se ce n'est.

sougiès par force de prison a fere aucune obligacion ou aucune convenance et, quant ce vient a fere la[a] seurté de la convenance ou a la convenance recorder, li sires l'oste de sa prison avant que la seurtés soit[b] fete ne li recors, et li dist : « Ne di pas que tu me faces nules convenances par force de prison, car tu n'es de riens en ma prison, ains es en ta delivre poosté, et vueil que tu le reconnoisses avant que tu m'aies la convenance[c]. » Et cil le reconnoist et après fet la convenance. — Or veons comment il pourra cele convenance rapeler s'il est deceus ou damagiés par la convenance. Il pourra dire qu'il le fist par paour qu'il ne fust remis[d] en la prison ou il avoit esté[e] et, se la prisons li fu griès[f], il[g] doit bien[h] estre[i] oïs en ceste reson de paour, car l'en feroit mout de griès meschiès avant[j] que l'en entrast[k] en la prison que l'en a[l] essaiee[m]. Mes s'il[n] n'avoit onques esté en la prison, ne[o] il n'estoit[p] pas menaciés[q] a metre en prison[r], il ne seroit pas creus pour dire : « Je fis[s] la convenance[t] par[u] paour que je ne fusse mis en prison. »

1032. Toutes les ventes et toutes les[v] convenances[x] que l'en fet en soi damajant ou tans que l'en est en grief prison, l'en les puet rapeler dedens l'an et le jour que l'en ist de prison. Mes s'il ne le contredisoit dedens l'an et le jour qu'il seroit en sa delivre poosté, la convenance tenroit, s'il ne moustroit loial cause de paour pour quoi il ne l'osa debatre dedens l'an et le jour ; ou s'il commença[y] a paier

a) *A B E F* omettent la. — b) *H J K* s. fust fete. — c) *B* nule conven. ; *E F* nules convenenches ; *G H J K* les convenenches. — d) *C* fust arriere mis. — e) *G* esté paravant. — f) *E F* fu felonesse ne gries. — g) *H J K* omettent il. — h) *E F* omettent bien. — i) *H J K* bien doit estre. — j) *C* de grief et de meschief av. que ; *E F* on fer. anchois mout de granz mesquiez que on. — k) *C* que il entrast arriere en ; *E F H J K* l'on rentrast. — l) *E F H J K* aroit ess. — m) *B* quele na essue. — n) *B* se l'en n'av. — o) *J K* pris. ou il. — p) *G* ne feust p. — q) *A* il n'avoit onquez esté menaciez. — r) *E F* men. d'estre mis en trop grief pris. — s) *B E F* je le fis. — t) *B E F* omettent la convenance. — u) *A B C* pour p. — v) *B E F* omettent ventes et toutes les. — x) *C* Tout. les conven. et tout. les vent. — y) *E F* s'il convenencha ; *H J K* s'il ne commça.

aucune chose au chief de .ii. ans ou de .iii., il ne le debatra pas, s'il ne^a li plest, devant que l'en li demandera paiement ; car adonques il pourra dire par maniere de defense : « Je ne sui pas^b tenus a paier pour ce que je fis la convenance par force de prison. »

1033. Nule force n'est sans main metre, ne ce n'est pas paours qui doie valoir se je di que je fis aucune convenance^c pour ce que teus persone me menaça que, se je ne le fesoie, il me feroit honte, anui^d ou damage^e, et il est aperte chose que cil qui les menaces me fist n'est pas mes sires ne si^f puissans hons que je ne me peusse^g bien pourchacier de mon droit contre li ; car j'ai eu^h paour sans reson pour ce qu'il me loisoit a pourchacier asseurement et moiⁱ garder de damage et de fole convenance.

1034. Se je fes pes a mes anemis et leur donne du mien pour paour qu'il^j ne m'ocient ou mehaignent, et puis vueil ravoir ce que je leur donnai pour la pes, l'en doit regarder s'il i avoit fet par quoi haine^k fust nee ou guerre, et, se l'en voit qu'il i eust guerre ou haine, cil qui donna pour pes avoir ne doit pas ravoir^l le sien pour ceste paour^m, pour ce qu'il i avoit cause de mautalent, car grans pourfis est a chascun pourchacier qu'il vive sans haine et qu'il ne soit haïsⁿ. Et se l'en rendoit ce qui est donné pour teus causes, mout de bonnes pes en demourroient, par quoi grans maus^o pourroit^p avenir.

1035. Qui donne le sien a^q banis pour paour du bani, se li banis fet tant qu'il soit rapelés et quites du forban^r, l'en li puet demander ce que l'en li envoia pour paour de li

---

a) *HJK* omettent ne. — b) *A* omet pas. — c) *B* auc. chose de conven. — d) *BEF* fer. anui [*EF* et] honte ; *GHJK* omettent anui. — e) *C* ou grant dam. — f) *GHJK* omettent si. — g) *BEF* me puisse b. — h) *CGHJK* omettent en. — i) *C* reson pourche que je estoie trop precheus de pourchacier de li asseurement et de moi gard. — j) *C* pour le paour de che que il. — k) *C* p. q. droite haine. — l) *G* omet ne doit pas ravoir. — m) *HJK* omettent pour ceste paour. — n) *HJK* omettent et qu'il ne soit haïs. — o) *E* grant mal ; *F* p. q. mlt de mal. — p) *B* en pourr. ; *CEFGJK* [*FG* en] pourroient. — q) *EF* as ban. — r) *E* du ban, l'en.

et de ses menaces[a][1]. Nepourquant je ne lou pas a ceus[b] qui aucune chose donnerent[c] ou envoierent, qu'il[d] en[e] pledent par devant le seigneur qui l'avoit bani[f], se li demanderes est justiçables[g] au seigneur du bani, car il cherroit en grant amende vers le seigneur de ce qu'il avroit fet aide au bani ou tans de[h] son banissement. Car qui fet aide au bani son[i] seigneur ne ne reçoite, il chiet en l'amende du seigneur a volenté[j], ne vers le seigneur ne se puet il escuser qu'il le fist par paour pour ce que chascuns est tenus de prendre le bani son seigneur et, s'il ne le puet prendre, de[k] lever le cri après li et du[l] poursuir tant qu'il soit pris.

1036. Qui donne ou convenance aucune chose as[m] baillis[n], as[o] prevos[p] ou[q] as[r] serjans ou tans de leur[s] office, se li donneres ou cil qui fist la convenance est justiçables a celui a qui il donna ou convenança, requerre puet au souverain qu'il leur[t] face rendre; car teus manieres de gens ne pueent ne ne doivent prendre seur ceus qu'il ont a justicier fors ce qui est deu a leur seigneurs et qui apartient a lever pour leur seigneurs a leur office[u]. Car il apert que tel don ou teus convenances ne sont fetes fors[v] pour aquerre l'aide des juges, et nus drois ne doit estre vendus. Et s'il avient qu'aucuns leur doint qui ne soit pas de leur sougiés, mes il a a pledier par devant aus ou entent a pledier et voit[x] bien que li ples doit mouvoir prochainement, redemander puet[y] ce qu'il donna[z]. Et a briement parler teus gens qui sont en

a) *HJK omettent* et de ses menaces. — b) *HJK* que cil qui. — c) *H* ch. lor donn.; *JK* ch. lui donn. — d) *HJK omettent* qu'il — e) *JK omettent* en. — f) *C* l'av. baillie pour banir, car. — g) *C* est justicherres au s. — h) *C* b. en che tans qu'il estoit en s. b. — i) *GHJKM* b. du seign. — j) *CE* a se vol. — k) *G* pr. doibt lev. — l) *GHJK* et de [*G* le] pours. — m) *B* ch. a b. — n) *C* au baillif. — o) *B* b. a prev.; *G* b. ou as pr. — p) *C* au prevot. — q) *G* pr. et as.; *HJK omettent* ou. — r) *B* ou a serj. — s) *A* de son off.; *C* serj. en che tans que il sont en leur off. — t) *AC* qu'il li f. — u) *CJK* a leurs offices; *F* apart. a leur ofice a lever pour leur seigneur. — v) *G* fet. que pour; *HJK* fors que pour. — x) *G* et il voit. — y) *C* ent. que il y plesdera et que le plet si doit esmouvoir proch. puet redemander. — z) *HJK* il lor donna.

1. Cf. ch. LXI, et *Olim*, t. I, p. 1016.

teus offices, ne pueent ne ne doivent prendre don ne pramesse de nului, si ce n'est de leur amis de char ou de leur sougiès ª ou de leur compaignons, si comme baillis de baillif, prevos de prevost, serjans de serjant, et en tele maniere qu'il n'aient que besoignier li un devant les autres; et comment l'en se ᵇ doit ᶜ maintenir en teus offices ᵈ il est dit ou chapitre qui parole ᵉ de l'office as baillis ¹. Encore pueent il prendre de leur amis qui sont si leur affin ᶠ, car il est certaine chose qu'avant qu'il fussent en l'office premierement ᵍ prenoient li ami li uns de l'autre. Et pour ce qu'amours n'esmueve le cuer du ʰ juge a tort fere ⁱ, s'il avient qu'aucuns ait a pledier contre aucun de ceus qui sont dit, des queus les justices pueent prendre, debatre pueent la justice et convient qu'autres juges leur soit bailliés ².

1037. Se cil qui sont baillif ou prevost ou serjant achatent eritage ʲ a ceus qu'il ont ᵏ a justicier, nous leur louons qu'il l'achatent ˡ a resnable pris ᵐ selonc la vente des lieus, et qu'il ne facent pas paiement couvert ⁿ, mes facent cler paiement et apert devant le seigneur dont l'eritages muet ou devant bonnes gens ᵒ, car autrement pourroit li venderes debatre la vente pour maniere de don ou pour paour qu'il ne fust grevés; et a petites presompcions ᵖ la vente devroit ᵠ estre rendue et rapelee au vendeur pour l'argent qu'il en eut. Mes voirs est qu'es arrierages ne seroit pas li acheteres tenus ʳ se li venderes ne prouvoit force ou menace contre l'acheteur; mes en cel cas rendroit l'acheteres les levees

---

a) *HJK* leur sengneurs. — b) *HJK* on si doit. — c) *C* il se doivent. — d) *GHJKM omettent* en teus offices. — e) *HJK omettent* qui parole. — f) *C* amis de plainne amistié et de loial foi. — g) *F omet* premierement. — h) *A* cuer a juge; *G* esm. le juge, *et au-dessus*: le, *un cœur figuré et du* juge. — i) *HJK omettent* Encore pueent il prendre ... a tort fere. — j) *ABCG* heritages. — k) *A omet* ont. — l) *C* les achat.; *GHJK omettent* l'. — m) *G* achat. a juste pris et resonnables. — n) *GHJK* paiemens couvers. — o) *EF* bone gent. — p) *BF* a petite presompcion. — q) *GHJK* v. porroit e. — r) *HJK* arrier. li acheteres ne seroit pas tenus.

---

1. Ch. 1.
2. Voyez Joinville, § 697.

pour ce qu'il n'avroit pas tenu par cause de bonne foi. Et cil qui veut ravoir ce qu'il vendi a celi qui justicables il estoit[a], gart qu'il le demant dedens l'an et le jour que l'acheteres sera hors de son office ou autrement la vente tenroit, s'ainsi n'estoit qu'il fust empeechiés par aucune resnable cause par quoi il ne le[b] peust si tost demander[c], si comme s'il avoit essoine de cors, ou il estoit au[d] pelerinage d'outremer ou tans que l'acheteres issi de[e] son office[1].

1038. L'en se puet bien aidier de convenance qui a esté fete a autre persone qu'a la sieue : si comme se je fes aucune convenance pour ma fame, ou pour mes enfans, ou pour mon pere, ou pour ma mere, ou pour mon frere, ou pour[f] ma suer, ou pour[g] mon oncle, ou pour[h] m'antain[i], ou pour mes neveus que l'en tenoit a tort en prison. Car resons naturele[j] donne que l'en soit mout courouciés de l'anui que l'en fet a tort a persone si[k] prochaine de lignage. Et pour ce, se je convenance aucune chose pour aus oster de prison, redemander la puis, se cil qui en prison les[l] tenoit[m] ne moustre resnable cause par quoi il les tenoit en prison et que bien[n] en peust par reson[o] tant avoir[p] levé d'aus, s'il en eussent[q] le pouoir, comme je convenançai[r] pour aus.

1039. Tout soit il ainsi[s] qu'aucuns face convenance pour autrui pour bien, nepourquant cil pour qui il le fet ne l'est pas tenus a delivrer s'il ne li fist fere ou s'il ne l'en donna pouoir. Et pour ce est il bon que l'en se gart comment l'en se fet dete[t] ou plege, ou fet aucune convenance pour

---

a) *JK* qui il estoit justiciables. — b) *JK* omettent le. — c) *A* si t. redemander. — d) *BEF* est. en peler. — e) *JK* issi hors de. — f) *HJK* omettent pour. — g) *G* p. me sereur ou p. mon frere. — h) *HJK* omettent pour. — i) *GHJK* mon ante. — j) *E* raisons et nature le donne ; *GHJKM* raison de nature le donne. — k) *GHJK* pers. qu'aime et si proch. — l) *B* pris. la ten. — m) *GHJK* qui les tenoit en prison. — n) *G* bien par raison en p. — o) *G* omet par reson. — p) *E* peust tant avoir par raison levé. — q) *E* en eut ; *G* en eussent en le. — r) *A* je li conven. ; *C* je leur enconvenenchai ; *E* comme il convenencha ; *G* je leur convenenche. — s) *HJK* soit ce que. — t) *JK* f. debteur ou.

---

1. Cf. Joinville, § 703.

autrui, car cil qui s'oblige doit tenir sa convenance, tout ne l'en soit nus tenus a aquitier ª et ainsi puet cil qui s'oblija recevoir ᵇ damage.

1040. Se aucuns jura ou fiança ᶜ qu'il tenroit la convenance qu'il fist par force ou par paour et que jamès n'iroit contre ᵈ cele foi ᵉ, teus ᶠ seremens n'est pas a tenir, car aussi bien peut on ᵍ dire que la fiance ou li seremens fu fes par force ou par paour comme la convenance. Nepourquant en convenance juree ou fianciee ʰ a tenir l'en doit mout regarder quele la force ou la paours ⁱ fu, car sans grant force ou sans grant paour prouvee ne seroit pas la convenance nule.

1041. Li ʲ aucun ᵏ si ˡ convenancent ᵐ par foi ou par serement a rendre ou a paier aucune chose a certain jour et après ne le font pas. Or est assavoir se l'en les puet tenir pour parjures ne oster de jugemens ne de porter tesmoignage pour tel cas. Nous disons que nennil, et la resons si est pour ⁿ ce que bien ᵒ puet estre que, ou tans qu'il convenança la chose par foi ou par serement, il creoit qu'il eust bien pouoir d'aemplir ᵖ la convenance au terme qui fu nommés et après, quant ce vint au terme, il eut tel essoine qu'il ne le pout ᑫ fere, et cil ne se parjure pas qui fet son pouoir de tenir ce qu'il jura. Mes bien en conviegne ʳ entre lui et Dieu ˢ, car s'il n'en fist son pouoir, quant a Dieu il est parjures ᵗ.

1042. Il avient aucune fois qu'aucuns est pris pour soupeçon de cas de crime et, pour la paour qu'il a de longue

---

a) *JK* conven. ja soit ce que nul ne soit tenu [*K* a] l'en acquitter. — b) *B* obl. a recev.; *G* s'oblige. — c) *C* j. ou enconvenencha. — d) *AB* encontre; *C* a l'encontre. — e) *E* cheles fianches; *JK* cele force. — f) *A.B.C* foi ne tel (*B* cel) scr.; *E* fianches, *puis un mot de deux lettres illisibles, avant* seremens, *dans l'interligne*. — g) *E* ou entendre et d. — h) *C* Nep. en fianche juree ou enconvenchie; *EF* conv. fianchie ou juree. — i) *G* quelle le forche et quex li paour fu. — j) *C omet* li. — k) *C* aucuns. — l) *GHJK omettent* si. — m) *C* enconvenche. — n) *GHJK* nen. et par le raison qui est pour. — o) *G omet* bien. — p) *GHJK* p. d'emplir. — q) *C* tel ess. qui li seurvint et pour che il ne le pot pas f. — r) *E* en esconviengne. — s) *GHJKM* entre Dieu et lui. — t) *EFGHJK* il est parjures quant (*M* au serment) a Dieu.

prison ou qu'il ne soit justiciés du cas qu'on^a li met sus, tout soit ce qu'il n'i ait coupes, il donne ou convenance aucune chose pour estre delivrés^b. Or veons s'il puet redemander ce qu'il donna^c et se la convenance qu'il fist est nule. Nous disons que redemander le puet et la convenance fere^d de nule valeur en tele maniere que, s'il estoit en la prison du souverain, il se remet a droit du cas pour lequel il estoit tenus; et s'il estoit tenus en^e la prison des sougiès, li souverains li^f doit fere rendre ce qu'il li^g donna^h ouⁱ convenança^j pour issir de sa^k prison^l. Et si^m doit demourer la connoissance du mesfet par devers le souverain pourⁿ deus resons : la premiere^o, pour ce que li sougiet ne pueent ne ne doivent prendre don ne convenance de ceus qu'il tienent pour cas de crime, ainçois doivent fere droite justice si comme il est dit ou chapitre des mesfès^{p 1}. La seconde resons^q pour ce que li sougiès^r en quel^s prison il estoit ne li fist tort par haine ou pour ce qu'il redemanda^t ce qu'il avoit donné ou convenancié.

1043. Pour ce que nous parlons en cest livre en pluseurs lieus du souverain et de ce qu'il puet^u et doit fere^v, li aucun pourroient entendre pour ce que nous ne nommons conte^x ne duc^y, que ce fust du roi; mes en tous les^z lieus la ou^{aa} li rois n'est pas nommés, nous entendons de ceus qui tienent en baronie, car chascuns barons est souverains en sa baronie. Voirs est que li rois est souverains par dessus tous

---

a) *G* cas de quoy on. — b) *G* del. du cas. Or. — c) *H* il en donna. — d) *CGHJK* conven. faitte de. — e) *GHJK* omettent tenus. — f) *B* ouv. le doit; *E* omet li. — g) *EF* omettent li; *GHJK* il en. — h) *G* leva ou conv. — i) *EF* d. et conv. — j) *C* il li enconvenencha. — k) *E* omet sa; *F* iss. hors de le pr. — l) *HJK* omettent pour issir de sa pris. — m) *AB* omettent si. — n) *GHJK* souv. par deus. — o) *HJK* l'une f. — p) *HJK* omettent si comme ... des mesfès. — q) *HJK* omettent resons. — r) *C* li sousaagies. — s) *HJK* en qui pris. — t) *GHJK* il li redem. — u) *A* il i puet. — v) *C* il puet faire et doit. — x) *G* ne conte. — y) *HJK* nom. ne duc ne conte. — z) *JK* omettent les. — aa) *EHJK* lieus que li r.

---

1. Ch. xxx.

et a de son droit la general garde de tout^a son^b roiaume^c, par^d quoi il puet fere teus^e establissemens comme il li plest pour le commun pourfit, et ce qu'il establist doit estre tenu. Et si n'i a nul si grant^f dessous li qui ne puist estre tres en sa court pour^g defaute de droit ou pour^h faus jugement et pour tous les cas qui touchent le roi. Et pour ce qu'il est souverains par desseur tous, nous le nommons quant nous parlons d'aucune souveraineté qui a li apartient^i.

1044. Quant aucuns se plaint qu'on li a fet force si comme pluseurs^j, il en puet^k suir^l chascun^m a^n par soi^o, s'il li plest, ou tous ensemble ; et s'il ne poursuit que l'un, cil qu'il^p poursuit^q ne puet pas dire qu'il ne respondra fors de sa partie pour ce qu'il eut compaignons. Ainçois convenra que, s'il en est atains, qu'il rende^r tout ce qui fu pris ou tolu par^s force. Mes se cil qui se plaint de la force ra ses damages de l'un^t, il ne puet plus^u suir les autres. Et cil qui est atains des damages^v puet suir ses compaignons qui furent ou fet, qu'il li tiegnent^x compaignie des^y damages, se ainsi n'est qu'il les i menast ; car s'il les i mena et la force fu fete a sa requeste, il ne leur puet^z demander compaignie de ce qui fu rendu pour la force fete^{aa}, ainçois paiera l'amende pour chascun de ceus qu'il i mena, s'il n'est chevaliers ; mes s'il est chevaliers, il conduira les autres et se passera par une amende, exceptés les cas de crime des queus l'en doit perdre vie ; car en teus cas ne puet il garantir ne^{ab} lui ne autrui, s'il en sont ataint, qu'il ne soient

---

a) *EHJK* omettent tout. — b) *C* garde dou roiaume. — c) *E* roiaume tout p. — d) *E* pour quoi. — e) *B* omet teus. — f) *EF* omettent si grant. — g) *FHJK* par def. ; *G* de def. — h) *C* ou de f. ; *HJK* ou par f. — i) *A* a li apartient. — j) *C* si c. de pluriex persones. — k) *CE* il en pueent. — l) *GHJK* il se puet plaindre et puest poursievir ch. — m) *C* s. de ch. — n) *A* ch. en p. s. ; *BCEF* omettent a. — o) *HJK* par li. — p) *GHJK* cil qui y pours. — q) *E* il suit. — r) *GHJK* il li rende. — s) *HJK* t. a f. — t) *GHJK* omettent de l'un. — u) *C* puet puis s. ; *GHJK* puet pas s. — v) *EF* omettent des damages ; *GHJK* du dommage. — x) *AB* fet qui li tindrent comp. ; *E* fet et li tendront comp. — y) *HJK* comp. de ses dam. — z) *HJK* le porroit dem. — aa) *ABF* f. fera ; *E* omet fete. — ab) *A* omet ne.

justicié selonc le mesfet, et exceptés les fes [a] qui touchent le souverain, si comme s'il li font despit, ou il vont armé parmi sa terre seur [b] sa defense, ou il font aliance contre li ou [c] aucune grant desobeïssance [d], car en ces [e] cas ne garantiroit pas li chevaliers ceus qui seroient en sa compaignie, ainçois avroit de chascun s'amende. Et se li sires ne les puet prendre ou tans qu'il firent le mesfet, pour ce ne demeure pas, s'il sont manant en la [f] justice du seigneur [g] souverain, qu'il ne les puist suir par ajournement en sa court, tout [h] soit ce qu'il [i] soient manant en ses arrierefiés ; et s'il sont manant hors de sa baronie, suir les convenra [j] devant le seigneur dessous qui il sont couchant et levant.

1045. Se escuiers semont ceus qui sont si homme de fief ou si oste, et les mene aveques li fere aucune force ou aucun mesfet, il tous seus doit rendre le damage et paier l'amende pour chascun qui fu [k] au fet aveques li, car si homme ne [l] si oste ne li doivent pas escondire a venir a sa semonse. Nepourquant, s'il les veut mener en nul lieu la [m] ou il face prejudice au souverain ou en aucun lieu [n] pour [o] fere aucun cas de crime, il n'i sont pas tenu a obeïr ; et s'il les veut contraindre par force a ce fere [p], par la prise de leur cors ou de leur biens, si tost comme la connoissance vient au souverain de la chose [q], il les doit fere delivrer ; car s'il obeïssoient au commandement de leur seigneur en fesant cas de crime ou prejudice au souverain, il ne se pourroient pas escuser [r] pour dire : « Mes sires le me fist fere par force », ou : « Je le fis par paour qu'il ne me haïst ou grevast. »

---

a) *BCEF* les cas qui. — b) *C* armé dessus sa t. par dessus sa def. — c) *G* ou il font auc. — d) *AB* aucunes grans desoboissances. — e) *CK* en tel cas ; *J* en telz cas. — f) *GHJK* en se just. — g) *HJK* omettent du seigneur souverain. — h) *JK* ja soit. — i) *F* court tout soient il man. — j) *HJK* les porra. — k) *GHJK* qui furent. — l) *HJK* hom. et si o. — m) *FHJK* omettent la. — n) *HJK* omettent en aucun lieu. — o) *EF* lieu [*E* la] ou [*F* il] veulle faire. — p) *JK* omettent a ce fere. — q) *BCEFHJK* comme la chose vient a la connoissance du souverain ; *M* connoiss. de tex cozes vient devers le souverain. — r) *JK* ils ne seroient pas excusés pour.

1046. Quant aucuns demande a aucun[a] aucune chose et cil dit[b], contre qui la demande est fete, qu'il[c] en a bon garant, il doit nommer le garant et le lieu la[d] ou li garans maint[e], et dire la cause pour quoi il l'en doit porter garant, si qu'il apere qu'il ne die pas avoir garant par barat ne pour avoir delai. Adonques[f] la cours doit regarder et assener jour convenable que cil puist avoir son garant[g] selonc l'estat que li garans est, et selonc le lieu la[h] ou il maint[i], et selonc la grandeur de la querele. Nepourquant l'en ne li doit pas donner plus grant espace que[j] d'un an et un jour ; et l'an et le jour ne doit on pas donner se li garans ne maint[k] en estranges terres lointaines. Et se li cas est de crime, — si comme se aucuns poursuit un cheval ou aucune autre chose qui ait esté emblee a celui qui le poursuit, — l'en ne se doit pas dessaisir de celui qui est poursuis pour ce s'il dit qu'il en[l] a bon garant, car tuit li larron le[m] pourroient dire[n] pour eschaper. Mes la justice qui le tient doit envoier au seigneur dessous qui li garans maint[o], — s'il maint[p] ou roiaume, — et li doit mander qu'il tient[q] tel[r] homme pour tel chose que l'en[s] poursuit, et cil qui en[t] est poursuis en[u] avoue tel garant qui couche et lieve dessous li, par quoi il li requiert qu'il li envoit pour le garant porter ou pour dire qu'il n'est pas tenus au garant porter[v] ; et ceste requeste doivent fere li seigneur li un pour les[x] autres. Mes quant cil qui est avoués a garant vient par devant le seigneur la ou il est envoiés, se li cas est de crime, il puet dire[y] : « De

---

a) *C* a aucun autre auc.; *GHJK* omettent a aucun. — b) *EF* omettent dit. — c) *EF* f. dit qu'il. — d) *CEHJK* omettent la. — e) *JK* gar. demeure. — f) *CG* Et adonc; *HJK* Et donques. — g) *GHJKM* omettent que cil ... son garant. — h) *CEHJK* omettent la. — i) *JK* il demeure et. — j) *EFG* omettent que. — k) *JK* ne demeure. — l) *A* omet en. — m) *EF* omettent le. — n) *E* pourr. autel dire; *F* pourr. ainsi dire. — o) *JK* gar. demeure. — p) *BEF* omettent s'il maint; *JK* demeure. — q) *BEF* qu'il tiengne. — r) *GHJK* t. un tel h. — s) *G* t. ch. dont on le pours.; *HJK* t. ch. que on l'en pours. — t) *A* omet et. — u) *AE* omettent en; *BF* poursuis [*F* poursuit] et av.; *C* pours. a avoué t. gar. — v) *C* omet ou pour dire ... garant porter; *F* ten. a warandir. — x) *A* un as aut. — y) *EF* crime dire puet.

ce ne vous porterai je ja^a garant, car de moi ne par^b moi n'eustes vous onques la chose de quoi l'en vous poursuit. » Se cil qui l'avoua a garant le veut prouver par bons tesmoins, il doit bien estre receus a la prueve ; mes s'il ne le veut prouver fors par gages^c de bataille, nous ne nous acordons pas qu'il en viegne a gages^d, car ainsi pourroient tuit^e li larron avouer garant pour aus mettre en aventure d'eschaper : si en pourroient avoir maint preudomme a^f soufrir a tort. Nepourquant renomee doit^g mout labourer en tel cas, car legierement^h doit^i l'en soufrir les gages^j de .II. maus^k renomés quant li cas est si orbes que l'en n'en^l puet savoir la verité en autre maniere.

1047. Quiconques trueve son garant et connoissant et le puet amener a jour, il est delivrés de ce de quoi on le poursuit, mes que li garans soit soufisans et bien justiçables ou qu'il face bonne seurté d'estre a droit et de porter garant de la chose qui est demandee, exceptés les cas de crime es queus l'en met sus a celi qui amene garant qu'il fu au^m fere ou qu'il le^n fist fere. Car de cas de crime dont l'en puist perdre vie ne membre et dont on est acusés droitement, on ne se puet passer pour avouer garant, car pluseur puecent estre^o acusé d'un meisme fet^p.

1048. Pour porter garant doit chascuns lessier son juge et aler porter garantise^q de la chose qu'il bailla ou^r delivra, par devant le juge ou cil est empledíés qui a mestier de son garant. Et s'il n'i veut aler, il en^s doit estre contrains par son seigneur qu'il i voist. Et s'il a^t commandement d'aler i et il n'obeïst au commandement et l'empledíés^u pert

---

a) *JK* omettent ja. — b) *CGJK* ne de par. — c) *HJK* p. gage de b. — d) *E* omet nous ne nous …v. a gages ; *F* v. a gag. de bataille ; *GHJKM* v. a garant. — e) *HJK* omettent tuit. — f) *EFGHJK* pourr. maint preud. avoir a souf. — g) *EF* ren. puet et doit. — h) *E* car longuement. — i) *EFL* puet on. — j) *GHJK* omettent les gages. — k) *C* de .II. hommes mal ren. — l) *HJK* l'en ne p. — m) *A* f. a fere. — n) *B* omet le. — o) *GHJK* p. bien estre. — p) *EFJK* m. mesfait ; *G* m. cas. — q) *GHJK* port. garantie. — r) *A* bailla et del. — s) *GHJK* omettent en. — t) *EF* il en a. — u) *JK* et celui qui le appelle a garant pert.

par sa defaute, il est tenus en tous les damages que l'em-pledies a ᵃ par la ᵇ defaute de sa ᶜ garantise ᵈ.

1049. Cil avoue bon garant qui met avant resnable cause comment la chose li vint, qui li est demandee : si comme s'il l'acheta en plein marchié commun ᵉ a veue et a seue de bonne gent ᶠ, car pour ce sont li marchié establi qu'on i ᵍ puist vendre et acheter communement. Nepourquant on doit courre au devant des fraudes et des baras qui sont fet es marchiés aussi comme es autres lieus, si comme de ceus qui achatent ʰ as ⁱ gens qui ne sont pas de connoissance et ʲ denrees qui n'afierent pas a l'acheteur et a mendre pris, le tiers ou la moitié, qu'eles ne valent, car en teus marchiés ne puet on noter nule loiauté. Donques se teus choses sont poursuies d'aucun qui les puist prouver a sieues, eles li ᵏ doivent estre rendues ou ˡ delivrees, et cil quiere son garant qui malicieusement les ᵐ acheta.

1050. Li baillif ou li prevost ou li serjant qui servent a ceus qui tienent en baronie, se leur sires les acuse de mesfet qu'il aient fet ⁿ par la reson de leur service, il ne pueent pas avouer garant du seigneur dessous qui leur mansions ᵒ sont, et tout i soient leurs fames et leur enfant couchant et levant ; car se leur mansions ᵖ sont dessous leur sougiès, li baron ne vont ᵠ pas pledier de ce qui leur ʳ touche en la court de leur sougiès. Et se leur mansions ˢ sont en autre ᵗ baronie, soit sous ᵘ le roi, soit sous ᵘ autrui, il doit estre renvoiés pour conter ou pour soi espurgier en la ᵛ court du baron qu'il servi. Mes se li serjans moustroit au roi, en complaignant, qu'on ˣ li feïst ʸ tort, bien doit li rois envoier a sa requeste veoir le droit que l'en li fera et fere lui avoir

---

a) *JK* dam. qu'il a par. — b) *GH* par sa def. — c) *G* omet sa. — d) *GHJK* garantie. — e) *EF* omettent commun. — f) *ABJK* bonez gens. — g) *A* omet i. — h) *C* omet achatent. — i) *BJK* ach. a gens. — j) *C* connoiss. acatent denr. — k) *GHJK* omettent li. — l) *EFGHJK* rend. et deliv. — m) *E* mal. l'acata. — n) *GHJK* omettent qu'il aient fet. — o) *CEFG* leur maisons. — p) *CEF* leurs maisons. — q) *JK* ne veullent pas. — r) *BEF* qui lez t. — s) *CEF* l. maisons. — t) *EF* en aucune autre. — u) *E* soit sanz. — v) *A* omet la. — x) *GHJK* qu'il li. — y) *EF* li fait t.

sauf conduit, s'il se doute de son cors, en tel maniere qu'il atende° droit par les hommes du baron qui l'acuse. Et se l'en li fet faus jugement ou l'en li defaut[b] de droit, par une de ces deus voies pueent[c,1] trere[d] le[e] baron en la court du roi; et s'il puet fausser les hommes de leur jugement qu'il firent contre li[f] ou il puet ateindre le baron de defaute de droit, il est delivrés de ce de quoi[g] li barons l'acusoit[h].

1051. Mout de fraudes sont fetes en convenances de mariages[i], mes par tout la[j] ou eles sont conneues ou[k] prouvees, l'en ne les doit pas soufrir; ne les convenances fetes par derriere les parties a aucunes des persones qui se doivent marier ne doivent pas tenir, car eles sont fetes en decevant autrui, laquele chose ne doit pas estre souferte.

1052. Pierres avoit un fil, lequel il vout[l] marier a la fille de[m] Jehan et, avant que les plevines[n] ne les espousailles fussent fetes, il firent convenances entre li et son fil en tele maniere qu'il metroit son fil es homages de toute sa terre par tel condicion qu'il joïrroit de la moitié des fruits toute sa vie[o], et de l'autre moitié le fius li jura que, si tost comme[p] il avroit espousé, il li rendroit la moitié des fruis sa vie, si qu'il ne tenroit que le quart des fruis de l'eritage et li peres[q] les .iii. pars. Et quant ce vint as convenances du mariage li peres et li fius celerent cel quart que[r] li fius devoit rendre au pere, et s'acorderent li ami a la damoisele au mariage pour ce qu'il fu[s] pleinement[t] enconvenancié[u] que li fius seroit en l'homage[v] de tout et esploitans[x] de la moitié.

a) *GHJK* qu'il atendra dr. — b) *EFGHJK* li faut de. — c) *HJK* pot tr. — d) *CF* p. estre tres (*F* trais). — e) *EF* tr. li bar. — f) *HJK* omettent qu'il firent contre li. — g) *EFGHJK* ce dont li. — h) *GHJK* l'acuse. — i) *ABEF* mariage. — j) *EFGHJK* omettent la. — k) *AB* conn. et prouv. — l) *EF* il voloit mar. — m) *GHJK* omettent de. — n) *GHJK* les plevissailles. — o) *HJK* joïrr. des fruis toute sa vie de la moitié. — p) *GHJK* si t. qu'il avr. — q) *C* et Pierres les. — r) *EF* cel. che quamques li f. — s) *F* il leur fu. — t) *F* omet pleinement. — u) *ABF* fu convenancié; *E* omet qu'il fu plein. enconven. — v) *H* f. devoit estre en homage; *E* en l'hom. tout plainement de tout. — x) *C* tout et especiaument de le moitié.

---

1. Anacoluthe: *pueent* a pour sujet *li baillif ou li prevost ou li serjant.*

Et quant ce vint après les espousailles, li fius delivra au pere les .iii. pars des fruis si comme il eut ᵃ convent ᵇ. Quant li ami a la damoisele virent que li fius n'en ᶜ estoit tenans ne prenans que du quart et il le ᵈ devoit estre ᵉ de la ᶠ moitié des fruis ᵍ, il sivirent le pere de la convenance ʰ. A ce respondi li peres qu'il connoissoit bien les convenances, mes se ses fius li vouloit fere bonté, bien le pouoit fere, et convenancié li avoit a fere en ceste maniere avant les ⁱ convenances du ʲ mariage ᵏ. Et seur ce se mistrent en droit se les premieres convenances que li peres et li fius firent ˡ ensemble seroient tenues.

1053. Il fu jugié qu'il estoit en la volenté du fil de tenir la premiere convenance ou du ᵐ non tenir ⁿ, car on ne li ᵒ puet ᵖ beaus veer ᑫ qu'il ne fist sa volenté et courtoisie a son pere de ce qui sien estoit, s'il li plesoit. Nepourquant il fu regardé que la premiere convenance fu fete par fraude tout clerement, si que li fius ne tenist point de ʳ la convenance ˢ s'il li pleust, ainçois convenist qu'il eust la moitié des fruis si comme il fu convenancié au mariage. Mes tout fust il ainsi qu'il vousist tenir au pere ᵗ ce qu'il li convenança par ᵘ la ᵛ convenance qui fust de nule valeur, s'il vousist, nepourquant s'il mourust, la fame ne perdist point du droit ˣ de son douaire ʸ, ainçois en portast autant comme se le fius n'eust point fet ᶻ de tel ᵃᵃ convenance au pere, car la fraude

---

a) *EF* il li eut. — b) *C* eut enconvenent; *GHJK* [*H* l'] eut en convent. — c) *EFGHJK* f. n'estoit. — d) *E* il se dev. ; *F* il en dev. ; *GHJK* omettent le. — e) *E* dev. tenir de ; *GHJK* est. tenans de. — f) *F* dev. tenir la moit. — g) *AB* omettent des fruis. — h) *EF* des convenenches. — i) *G* av. que les conv. ; *HJK* av. que conven. — j) *F* conven. dou marchié dou mar. — k) *G* mar. feussent faittez. Et. — l) *EF* f. avoient fait. — m) *EF* ou de n. t. — n) *C* ou de lessier la a tenir. — o) *ABC* omettent li. — p) *AB* p. pas b. ; *C* car il ne pueent ; *EF* pooit mie b. — q) *C* b. veoir. — r) *CFHJK* omettent de. — s) *A* omet de la convenance. — t) *F* vous. au pere tenir. — u) *BEF* omettent ce qu'il li conven. par. — v) *BEF* sa conven. — x) *GHJK* omettent du droit. — y) *E* ne perd. mie sen droit qui li venist de sen droit du mariage sen douaire ; *F* ne perdesist mie sen droit qui li venist por cause de douaire. — z) *A* fet point. — aa) *G* fet de ce la conven. ; *HJK* omettent tel.

fete devant les espousailles de son mari ne lui nuisist pas a avoir le droit de son douaire[a] selonc ce qui fu convenancié en la convenance du mariage. Et par cel jugement puet l'en veoir que toutes fraudes la ou eles sont conneues ou prouvees doivent estre destruites.

1054. Plus malicieusement et en plus de manieres pueent estre fetes fraudes par devers l'homme qui se marie que par devers la fame, pour ce que l'hons est sires de soi et en sa[b] franche poosté : si[c] puet fere du sien a sa volenté[d] tant comme il vit. Mes ce ne puet pas la fame, car ce qui est convenancié pour la fame au mariage envers le mari, il convient qu'il soit tenu, quel que convenance la fame eust devant les espousailles ou après, et en quel que estat qu'ele fust, ou veve ou pucele, car puis qu'ele s'est[e] autrui aliee[f] par mariage, ele n'a nule poosté de soi de ses convenances acomplir sans la volenté de son mari.

1055. Quant aucuns s'est obligiés par letres ou par convenances a pluseurs creanciers et il n'a pas assés vaillant pour paier et li creancier sont plaintif[g], li mueble et li eritage au deteur doivent estre pris et vendu et paié[h] as creanciers a la livre selonc ce que la dete est grans ; mes ce entendons nous quant li terme des detes sont tuit passé[i], car s'il i a aucun creancier dont li termes ne soit[j] pas venus, il ne puet pas[k] demander sa dete devant[l] le terme[m] ne fere arester ses biens qu'il ne soient paié a ceus as queus il sont[n] deu de tans passé.

1056. Ples fu a Creeil d'un homme qui vouloit vuidier[o] le païs et devoit a pluseurs persones. Avant qu'il s'en alast, aucun de ceus a qui il devoit s'estoient[p] plaint de lui[q] a la[r]

---

a) *EF omettent* ainçois en portast ... de son douaire. — b) *G omet* sa. — c) *C* si fet et puet. — d) *GHJK* fere sa volenté du sien tant. — e) *GHJK omettent* s'. — f) *A* mariee par. — g) *B* creanc. fere plaint. — h) *G* paier. — i) *EF* terme sont passé des dettes, car. — j) *A* ne sont pas. — k) *BEF omettent* pas. — l) *GHJK* avant let. — m) *EF* dev. que li termes soit venus. — n) *C* il soient. — o) *ABCEF* qui avoit vuidié le p. — p) *E* se estoit pl. — q) *JK omettent* de lui. — r) *ABC omettent* la ; *F* pl. devant la j.

justice, et avoit receu commandement d'aus^a paier ; et après le commandement fet, il s'en ala sans acomplir le commandement. Et quant il s'en fu alés, pluseur creancier firent arester ses biens et requistrent a estre paié de ce qu'il leur devoit^b a la livre selonc ce que leur detes estoient et li deteres avoit vaillant^c. Et li creancier pour lesqueus^d commandemens fu fes avant qu'il s'en alast, disoient encontre qu'il vouloient avant toute euvre^e estre paié pour ce qu'il avoient esté plaintif premierement et que^f commandemens avoit esté fes pour aus paier, et, s'il i avoit remanant^g, bien le^h prissent. Et seur ce se mistrent en droit s'ilⁱ partiroient tuit a la livre par la reson de ce que chascuns vouloit prouver ce que li detés^j li devoit et^k de tans passé, ou se cil pour qui commandemens fu fes seroient paié entierement^l.

1057. Il fu jugié que cil qui furent plaintif avant qu'il s'en alast, pour lesqueus^m commandemens fu fes, seroient paié entierement et, s'il i avoit remanant, li autre creancier seroient oï a prouver leur detes deⁿ tans passé après ce que^o cil^p qui^q s'en seroit^r alés seroit apelés par .iii. quinzaines et, leur detes prouvees, il seroient paié a la livre selonc leur detes^s et selonc le remanant. Et par cel jugement puet l'en veoir que li premier^t plaintif^u dont commandemens est^v fes seroient^x premier^y paié.

1058. Se aucuns demande aucune chose par la reson de ce que l'en li a convenancié et la chose convenanciee n'est pas ne ne puet estre, — si comme se aucuns convenance a

---

a) *C* comm. de faire chaus p. — b) *HJK* omettent de ce qu'il leur devoit. — c) *E* av. bien vaill. ; *F* est. et selonc le vaillant dou debteur. — d) *HJK* pour qui comm. — e) *E* dis. que avant toute euvre que il devoient c. paié. — f) *GHJK* et por ce que. — g) *AB* et se remanant i avoit. — h) *E* omet le ; *GHJK* bien y priss. — i) *AG* dr. et se il ; *E* dr. a savoir mon se il. — j) *C* li detteres ; *G* li detteurs. — k) *F* omet et. — l) *HJK* omettent s'il partiroient tuit ... seroient paié entierement. — m) *HJK* pour qui comm. — n) *HJK* det. du tans. — o) *A* omet ce que. — p) *GHJK* omettent que cil. — q) *C* omet qui ; *EF* apres che tans qu'il s'en ; *HJK* qu'il. — r) *F* s'en estoit al. — s) *G* l. det. prouvees et sel. — t) *EF* omettent premier. — u) *ABCEF* plaintiex (plaintius). — v) *E* comm. a esté f. ; *F* comm. ara esté f. — x) *AB* seroit ; *E* soit ; *F* sera. — y) *CF* ser. [*C* tout] premierement p.

DES CONVENANCES, DES MARCHIÉS, DES FERMES, ETC. 33

donner[a] aucune chose[b] a[c] sa fille, qui a non Jehanne[d], a[e] mariage, a Phelippe[f] et la fille muert avant que li dons soit livrés[g]; ou s'aucuns convenance a[h] donner son palefroi blanc et on le trueve mort; ou se aucuns convenance a baillier ou a donner[i] ou a prester[j] aucune chose a aucun, laquele il cuide qui soit[k] en sa baillie et ele n'i est pas, ainçois est perdue; ou cil qui la convenança cuidoit qu'ele fust sieue et ele estoit[l] a autrui, si qu'il n'a pouoir de tenir sa convenance, — toutes teus convenances sont de nule valeur. Mes voirs est, s'ele fu convenanciee a baillier et a livrer par cause de vente et cil qui la vendi a receu aucune chose du pris de la vente, il le doit rendre puis qu'il ne puet la chose vendue delivrer. Et se l'en aperçoit[m] qu'il fist la vente malicieusement, comme cil qui bien savoit que la chose n'estoit pas sieue, il doit estre contrains de tant fere que la vente tiegne[n] par le gré de celui qui la chose est, et s'il ne puet, il restort[1] le damage soufisant a l'acheteur et soit[o] li marchiés de nule valeur.

1059. Autre chose seroit se j'avoie[p] vendu ou convenancié aucune chose et je l'offroie a tans et a eure a delivrer, et il estoit en la[q] defaute de l'acheteur ou de celui a qui je l'avroie convenancie de prendre loi, et puis l'offre fete[r] soufisaument, la chose vendue ou convenanciee[s] perissoit ou empiroit par mort ou en autre maniere par le[t] delai[u] de

---

a) *BEF omettent* a donner. — b) *ABCEF omettent* aucune chose; *HJK* conv. aucune coze a donner. — c) *ABCFHJK omettent* a. — d) *EF omettent* qui a non Jeh. — e) *B* Jeh. en mar.; *E* omet a. — f) *C* Jeh. a Phelippe a mariage; *G* Philippot. — g) *BEF* soit delivrez; *C* doit donnes ne livr. — h) *A* omet a. — i) *EF* conv. a donner [*F* ou] a bailler. — j) *E* ou a porter; *F* ou a prouver; *HJK* ou a prest. ou a donn. — k) *B* omet qui soit; *C* que elle soit; *EF* cuide estre en; *GHJK* cuide avoir en. — l) *GHJK* ele est a. — m) *ABEF* l'en perçoit. — n) *BEF* contrains a que la vente soit tenue par. — o) *GHJK* et si soit. — p) *EF* se il avoit. — q) *GHJK omettent* la. — r) *BEF* l'offre fait souf. — s) *HJK omettent* vend. ou convenanciee. — t) *BE omettent* le. — u) *F* par la deffaute de.

---

1. *restort*, 3ᵉ pers. sing. du subj. prés. de *restorer*. Suppléez *que* devant *il*; la proposition est subordonnée de *il doit estre contrains*.

l'acheteur ou de celui a qui ele devroit estre bailliee par la convenance, et sans mes coupes ᵃ. En tel ᵇ cas doit courre ᶜ li damages seur ᵈ celi qui de moi doit ᵉ la chose ᶠ recevoir, car je ne li doi baillier la chose fors tele comme ele est et il me doit paier ce qui me fu ᵍ convenancié ʰ pour la chose. Et se les denrees qu'il dut avoir par la convenance sont perdues ou empiries puis qu'eles li furent offertes a livrer sans mes coupes, il ne se doit prendre de son damage fors a sa ⁱ negligence.

1060. Se je convenance a baillier ou a livrer aucune chose qui ne soit pas moie, ainçois est a autrui, l'en doit prendre garde a la vertu des paroles ʲ de la convenance. Car se je di : « Je vous di, — ou ᵏ je vous pramet, — que Jehans vous donra .x. lb., — ou qu'il vous donra cele ˡ piece de tel eritage ᵐ qui siet en tel lieu », et après Jehans ne le veut fere ⁿ ainsi comme je le ᵒ dis ou ainsi comme je le ᵖ pramis, je ne sui pas pour tant ᵠ obligiés a fere loi fere. Mes se je di : « Je ferai tant vers Jehan qu'il vous donra .x. lb., — ou qu'il vous donra tel eritage, ou ʳ tel cheval, *ou aucune autre chose*, — pour l'amour de vous ˢ, — *ou* pour vostre service, *ou* pour tant d'argent, *ou* ᵗ en tele maniere que vous ferés tel chose par teus paroles », puis je estre obligiés a fere loi ᵘ fere. Et se Jehans ne le veut fere pour moi delivrer, il convient que je le face du mien, ou le vaillant par la reson de ce que je convenançai ᵛ que je le feroie fere. Mes se je fis la

---

a) *JK* sans coulpe de moy. — b) *B* en tez c. ; *JK* en ce c. — c) *EF* c. doivent estre li d. — d) *B omet* seur ; *EF* damage a cel. — e) *E* qui le deveroit de moi rec. ; *F* qui de moy le devroit rec. ; *G* deust la ch. ; *HJK* qui le doit rec. — f) *EFHJK omettent* la chose. — g) *E* che que il fu conv. — h) *CHJK* fu enconvenenchié ; *G* ce qu'il me convenencha. — i) *C* dam. ne mes que a se negl. ; *H* f. a me negl. — j) *GHJK* vertu de la parole de. — k) *BF omettent* je vous di ou. — l) *E* Car je di se Jehans vous pramet a donner une piece de. — m) *GHJKM* piece de terre qui. — n) *A omet* fere ; *C* apr. che Jeh. ne le veut pas faire. — o) *C* je li ai dit ; *EF omettent* le ; *GHJK* je li dis. — p) *CGHJK* je li pramis ; *F omet* le. — q) *EFHJK* pour che ; *G omet* pour tant. — r) *C* ou que il vous donra tel ch. — s) *CEF omettent* pour l'amour de vous. — t) *EFGHJK omettent* ou. — u) *C* faire lui faire. — v) *BEF* je li conven. ; *G* je le conven.

convenance du commandement Jehan ou comme ses procureres a ce establis, il convient que Jehans me delivre de ce que je convenançai pour li. Et se je le convenançai a fere fere sans son commandement et sans avoir pouoir de par li[a] de ce convenancier[b], Jehans n'est pas tenus, s'il ne li plest, de fere loi : ainsi pourroie je avoir damage par ma fole convenance, et pour ce se doit l'en bien garder comment l'en convenance pour autrui.

1061. L'en ne puet suir de convenance muel[c], ne sourt qui n'oit goute, ne forsené, ne fol naturel, ne sousaagié, ne fame ou tans qu'ele a[d] seigneur[e], car li mus[f] ne puet fere convenance pour ce qu'il ne puet parler, car convenance ne se puet fere sans parole[g] ; ne li sours pour ce qu'il ne puet oïr la convenance, mes ce entendons nous des sours qui n'oient nule goute[h], car cil qui oit par haut parler puet bien fere convenance ; ne li forsenés, ne li fous natureus pour ce qu'il ne sevent qu'il font. Mes voirs est que de tous ceus qui ne pueent fere convenance pour mehaing ou pour maladie, s'il firent convenances avant que li maus[i] leur venist, il en pueent[j] estre sui[k]. Et ou tans du mehaing doivent il avoir procureurs et aministreeurs[l] de leur besoignes qui puissent fere convenances pour aus et qui puissent respondre des convenances[m] qu'il firent avant que la maladie leur venist. Mes li sousaagié ne les fames mariees[n], en nule maniere, ne par aus ne par procureurs[o], ne pueent fere convenances qui soient contre[p] aus, pour ce qu'il sont en

---

a) *G H J K* avoir de par li pouoir de. — b) *J K omettent* de ce convenancier. — c) *A H* muet. — d) *C* en che tans que elle a ; *H J K* fame qui a son. — e) *E F G J K* mari. — f) *C* muyel ; *E F* muiaus. — g) *H J K omettent* car convenance ne ... sans parole. — h) *E F* goutte nulle. — i) *G* la maladie. — j) *C* en doivent e. — k) *J K* e. poursuys. — l) *G H J K* procureur et admenistreur. — m) *G H J K* conven. [*G* qui firent] pour aux qu'il fir. — n) *G H J K* ne le femme mariee. — o) *B E F* sous aag. en nule man. ne p. aus ne p. procur., ne les fam. mar. ne pueent ; *C* fam. mar. pour aus ne pour procur. en nulle maniere ne pueent f. ; *G H J K* par procureur. — p) *G H J K* soient tenues contre.

autrui poosté; et de ce[a] des[b] sousaagiés est il[c] parlé plus especiaument[d] en un[e] chapitre qui d'aus parole[f][1].

1062. Toutes les fois qu'aucuns convenance[g] de pluseurs choses l'une, si[h] comme se[i] Pierres dist a Jehan : « Je vous donrai .x. livres ou un cheval », il[j] se puet aquitier par lequel[k] qu'il li plest, ou par le cheval ou par les .x. lb., et ainsi[l] poués vous entendre de toutes autres convenances qui sont doubles[m]. Et s'aucuns dit : « Je vous[n] reconnois[o] que[p] je vous[q] doi[r] ce et ce[s] », et les chosees sont diverses, si comme bles et[t] aveines, ou[u] vins et[v] bois[x], cil qui[y] convenance[z] doit aemplir et l'une chose[aa] et l'autre. Et par ce puet l'en veoir[ab] qu'il a grant disference en[ac] dire[ad] : « Je vous pramet a rendre .x. muis de blé et[ae] .x. muis[af] d'aveine », ou a dire : « Je vous pramet a rendre[ag] .x. muis de blé ou[ah] .x. muis d'aveine[ah]. » Car par la premiere convenance est il tenus a rendre le blé et l'aveine et par la derraine il n'est tenus que de[ai] .x. muis du quel[aj] qu'il[ak] li plest mieus, ou du blé ou de l'aveine[al].

---

a) *EFG omettent* de ce. — b) *C* ce et des s. — c) *G* a il p. — d) *EF omettent* plus especiaument. — e) *EFGHJK* parlé ou [*E* xvi *dans l'interligne*] chap. — f) *EF* parole assez souffisaument; *GHJK* qui parole d'aus. — g) *F* auc. fait convenenche. — h) *C* l'une si est si c. — i) *GHJK omettent* se. — j) *EF* chev. et se p. — k) *F* aq. de lequel; *G* aq. du quel. — l) *A* et par ce poués. — m) *ABE* sont doublees. — n) *EFHJK omettent* vous; *G omet* dit je vous. — o) *G* recongnoist. — p) *G omet* que. — q) *F omet* vous. — r) *ABE omettent* que je vous doi. — s) *EF omettent* et ce. — t) *A omet* et; *EG* ou. — u) *C omet* ou. — v) *E* ou. — x) *F omet* ou vins et bois; *G omet* et bois. — y) *B omet* qui. — z) *C* qui la convenenche fit doit. — aa) *EF* l'une convenenche et. — ab) *F* entendre. — ac) *E* disf. a dire. — ad) *B omet* en dire. — ae) *E* pram. .x. muis de blé a rendre ou .x. m.; *G* blé ou .x. — af) *G omet* .x. muis. — ag) *G* blé et .x. — ah) *E omet* ou a dire ... .x. muis d'aveine; *E omet* en dire: Je vous ... .x. muis d'aveine *et le remplace par* entre chez .ii. convenenchez; *JK omettent* .x. muis de blé et ... pramet a rendre. — ai) *ABC* des; *E omet* de. — aj) *GHJK* m. lequel. — ak) *HJK omettent* qu'. — al) *F* derraine il est quitez pour paier le quel que miex li plaira, ou le blé ou l'avaine; *G* prem. convenenche il n'est tenus que de .x. muis de grain lequel qui lui plest miex ou de blé ou d'avainne et par le derraine convenenche il est tenus a rendre le blé et l'avainne; *HJK* ou blé ou d'aveine.

---

1. Ch. xvi.

DES CONVENANCES, DES MARCHIÉS, DES FERMES, ETC.

1063. Se aucuns fet convenance[a] sous[b] condicion ou autre[c] marchié, si comme dire : « Je vous donrai .xx. toneaus de vin pour .c. lb. rendus a tel terme[d], se mes peres s'i acorde », et marchiés[e] queurt seur cele condicion, il est ou chois du pere de[f] rapeler le marchié ou du[g] fere tenir[h], car s'il s'acorde ou marchié il est tenus, et se non[i] li marchiés est de nule valeur[j].

1064. Aussi se je di : « Je vous presterai, — *ou* louerai, *ou* engagérai[k], — mon cheval, — *ou* tel piece d'eritage, — en tel maniere que vous me faciés seurté que je le ravrai[l] a tel jour, par la letre de la[m] baillie », se la letre ne[n] m'est delivree[o] avant, je ne sui pas tenus a baillier ce que je convenançai, ne je ne changerai pas, s'il ne[p] me plest, cele seurté qui me fu pramise, pour autre prendre. Mes se nule seurtés n'eust esté nommee especiaument au fere la convenance, il soufisist a fere autre seurté soufisant et convenist que je delivrasse la chose par soufisant seurté.

1065. Tout soit ce que l'en vende aucune chose[q], ou loue[r], ou engage[s] sans metre en convent que seurtés en soit fete[t], nepourquant cil a qui la chose doit estre baillice ne l'en portera pas s'il ne fet seurté[u] de rendre le pris du marchié au terme qui fu convenanciés, ou s'il ne paie[v] tout sec, car dusques au lever les[x] denrees vient l'en tout[y] a tans a demander seurté ou[z] paiement.

1066. Nous entendons que marchiés est fes si tost

---

a) G f. marchié s. — b) C conven. par cond. ; E sans cond. ; *dans* F *sanz a été exponctué et* sous *écrit dans l'interligne postérieurement.* — c) ABE ou autrui march. ; CF ou aucun march. — d) GHJKM donray .xx. lb. rendus a tel terme pour .x. (HJK .xii.) tonneaus (HJK tonnes) de vin, se un. p. ; cf. § 1067. — e) HJK et li march. — f) BG p. du rap. — g) CFHJK ou de f. — h) F f. le ten. — i) C et s'il ne le veut tenir le march. — j) HJK *omettent* car s'il s'acorde … de nule valeur. — k) C ou escangerai. — l) EF je rarai mon cheval a t. j. ; H raie ; JK avray. — m) EFHJK *omettent* la. — n) B *omet* ne. — o) EF baillie ; GHJK livree. — p) BE *omettent* ne. — q) E *omet* aucune chose. — r) G vende ou loue auc. chose ou eng. — s) E eng. aucune coze s. m. — t) EF soit baillic. — u) EF port. mie sanz fere seurté de r. ; G port. pas de seurté il ne fait. — v) E ne le paie. — x) ABC lev. des denr. — y) JK *omettent* tout. — z) G seurté du paiement.

comme il est creantés a tenir par l'acort des parties entre gens qui pueent fere marchiés ou convenánces de ce ª dont il font marchié ᵇ, ou si tost comme li ᶜ deniers Dieu en ᵈ est donnés ᵉ, ou si tost comme erres en sont donnees ᶠ, car chascune de ces .iii. choses vaut confermement de marchié. Mes ce entendons nous des marchiés qui sont fet purement sans condicion, car la ou condicions est ᵍ mise il convient que la condicions soit aemplie ou li ʰ marchiés est de nule valeur ⁱ.

1067. Se aucuns fet convenance ou marchié a aucun par condicion qu'il meismes doie aemplir, — si comme s'il dit : « Je vous donrai .xx. toneaus de vin d'Aucerre pour .c. lb. ʲ, rendus en Greve a Paris ᵏ », — l'en doit savoir qu'il les doit la ˡ baillier ᵐ, ne l'acheteres ne les prenra pas alieurs s'il ne li plest. Et se li lieus ne fu pas nommés au marchié fere, les choses vendues doivent estre livrees en la vile ⁿ ou li marchiés fu fes, et a la mesure et a la coustume de la dite vile ᵒ. Et se li marchiés ou la convenance est d'eritage, l'en doit savoir qu'il doit estre livrés la ou il siet et a la mesure du lieu la ou il est, car ce n'est pas chose que l'en puist porter de lieu en autre.

1068. Se li aucun font convenances de mariages entre leur enfans qui sont ᵖ sous aage ᑫ et font les enfans entreplevir, quant li enfant vienent en ʳ aage, il pueent aler arrieres des plevissailles ˢ s'il leur plest, et sont les convenances de nule valeur, pour ce que cil sans qui la convenance ne se pouoit fere estoient sous aage ᵗ. Et se peine fu

---

a) *E* gens qui prennent marquié ou convenenche dont. — b) *F* omet entre gens qui ... il font marchié ; *GHJKM* omettent ou convenance de ... font marchié. — c) *HJK* si tost que den. — d) *BEF* omettent en. — e) *EFG* bailliez. — f) *C* omet ou si tost ... sont donnees. — g) *AB* car se la condicion i est. — h) *BEF* omettent li. — i) *BF* march. est nus ; *E* m. est tenus. — j) *BEF* omettent pour .c. lb. — k) *BEF* Par pour .c. lb. — l) *E* omet la. — m) *F* sav. que en Greve lez doit baillier ; *GHJK* doit baillier la. — n) *G* omet en la vile. — o) *G* coust. dudit lieu. — p) *EF* omettent qui sont. — q) *CEFG* sousaagié. — r) *E* omet en ; *GJK* vien. a age ; *H* vien. aagié. — s) *GHJK* des plevines. — t) *EF* fere n'estoient mie aagié ; *GH* soubz aagié.

mise a la convenance fere, — si comme se je di a aucun : « Je donrai ma fille a mariage a vostre fil et le vous convenance seur peine de mil lb., se je ne le fes pour ce que je me repent [a] du marchié, ou pour ce que ma fille ne le veut quant ele vient en aage », — je sui tenus a paier la peine. Mes voirs est, se li mariages est fes qu'il soient espousé par sainte Eglise, l'en ne me puet puis demander la peine pour plet qui soit entre les mariés, car j'en ai fet ce qui a moi en apartient et ai delivré ce que je pramis [b].

1069. Voirs est se dui enfant sont marié si juene qu'il est clere chose qu'il ne sevent riens, si comme de .viii. ans ou de meins, et, si tost comme li uns s'aperçoit et [c] connoist, il [d] veut rapeler le mariage pour ce qu'il fu fes en sous aage et en lui decevant, nous creons que departie en puet bien estre fete, mes que ce soit avant que compaignie charnele ait esté entre aus, car de l'aage que l'uns puist avoir compaignie a l'autre ne se doit nus acorder que li mariages soit departis pour cause de sousaage. Et pour ce se doit mout prendre garde sainte Eglise de savoir l'aage de ceus de [e] qui ele conferme le mariage [f] pour les perius et les vilenies qui en pueent avenir.

1070. L'en doit savoir que cil qui a mestier de trere son garant [g] doit demander jour avenant, tel qu'il [h] le puist avoir par force de justice s'il n'i veut venir de sa volenté [i], et l'en li doit donner le jour selonc ce que li garant qu'il nomme est loins ou près. Et s'il ne puet avoir son garant a la premiere journee pour ce que li garans eut essoine, ou pour ce qu'il se mit en pure defaute ou pour autre reson, sans les coupes [j] de celui qui avoir le devoit [k], il ne doit pas pour ce perdre sa querele ne estre contrains a entamer le plet, ain-

---

a) *C G* pour che que je ne me repens (*C* repente) [*C* dou mariage ou] du march. — b) *E F* je en avoie pramis. — c) *E F* s'aperç. ou conn. — d) *E F* conn. et veut; *H J K* conn. et il veut. — e) *A* ceus a qui; *B* omet de. — f) *E* omet de ceus ... le mariage. — g) *E* mest. de faire warant traire doit. — h) *E* aven. dusques il. — i) *E F* sa bonne volenté. — j) *B* sanz corpe; *E F J K* sans le couppe. — k) *A* le doit; *C* celui qui veut avoir son garant.

çois doit li ples delaier tant qu'il puist avoir fet contraindre son garant a ce qu'il li viegne porter garantie[a]. Mes ce entendons nous de ceus qui sans fraude et sans barat font leur pouoir d'amener ceus qui leur doivent porter garantie et non pas pour la[b] volenté du plet alongier.

1071. Se li aucun requierent lonc jour d'avoir leur garant pour ce qu'il dient que leur garans est en estranges terres, l'en leur doit demander le non et le seurnon de celui qu'il dient qui doit estre leur garans[c] et pour quel[d] reson il est tenus a porter la garantie, si comme s'il vendi ou eschanja ce que l'en leur demande. Et s'il dit[e] bonne reson par quoi li juges voit[f] que garantie[g] i apartient[h], et il vuelent jurer seur sains qu'il ne demandent le lonc jour fors pour ce qu'il ne vuelent pas entrer en[i] plet de ce dont leur garans doit prendre le plet seur soi[j], il doivent avoir le jour d'un an et un jour. Mes se leur garans revient plus tost, l'en leur puet[k] le jour abregier; et s'il ne vient[l] pas[m] dedens l'an et le jour[n], il ne doit plus[o] estre[p] atendus, exceptee la demeure qui est fete pour le pelerinage d'outremer ou pour l'ost le roi, car en cest cas seroit il atendus tant que l'en savroit sa mort ou sa revenue.

1072. Quant l'en plede a aucun de chose qui[q] requiere jour[r] d'avoir[s] son garant et li garans vient avant pour porter garantie, il doit prendre le plet en autel estat comme il le trueve contre celui qui garans il est[t], mes que cil qui l'a[u] tret a[v] garant n'ait empiriee la querele par mauvesement pledier ou par soi metre en[x] mise, car adonques seroit

---

a) *EF* port. warant. Mes. — b) *EF* amener leur warant et ne mie par vol. — c) *EF* qui leur doit estre warans. — d) *A* pour ce quele. — e) *FJK* il dient. — f) *GHJK* jug. verroit que. — g) *A* garandize; *C* que le gar. — h) *EF* que il i alliert warandie; *G* appartiengne. — i) *EF* vuel. mie entamer le pl. — j) *HJK* seur li. — k) *EF* leur (*F* li) doit le j. — l) *GHJK* ne revient. — m) *EFGHJK* omettent pas. — n) *ABCEF* omettent et le jour. — o) *C* doit pas estre. — p) *FH* doit estre plus at. — q) *H* chose qu'il req. — r) *F* omet jour. — s) *BEF* a avoir. — t) *G* trueve encontre celui ou il doibt garantir la chose, mes; *JK* qui il est garant. — u) *GHJK* qui le tr. — v) *A* tr. en gar. — x) *HJK* m. en plet de mise.

li garantisseres[a] delivrés de porter garant, se ainsi n'estoit qu'il eust convenu aler avant par la defaute du garantisseur, car adonques courroit li damages seur le garantisseur.

Ici fine li chapitres des marchiés et des convenances et de porter garant.

a) *JK* seroit celui qui seroit appellé a garant. — Explic.) *C* Chi define li chap. des convenenches lesquelles font a tenir et lesquelles non; *EHJK* n'ont pas d'explicit; *F* Chi fine; *G* Explicit.

XXXV.

Ci commence li .xxxv. chapitres de cest livre liqueus parole de soi obligier par letres, et queus letres valent et queus non; et comment l'en les doit fere tenir, et comment l'en puet dire contre letres ou contre le seel.

1073. Bonne chose est qu'après[a] ce que nous avons parlé ou chapitre devant cestui de pluseurs manieres de convenances et des[b] marchiés[c] et de porter garant, que nous, en cest chapitre ensuiant[d] après[e], parlons d'autres manieres de convenances, si comme de celes es queles[f] l'en s'oblige par letres. Car pour ce que cil qui ont convenancié a autrui[g] ne puissent nier ce qu'il ont convent[h] que la verités de la convenance ne soit seue, cil[i] qui les convenances[j] reçoivent les prenent[k] aucune fois par devant gens qui leur[l] puissent tesmoignier, et aucune fois cil qui ont les convenances s'obligent[m] a tenir les[n] par letres; et de cele maniere[o] d'obligacions fetes[p] par letres avons nous proposé[q]

Rubr.) *A* Ici comm.; *BEFHJK* omettent de cest livre; *BE* doit retenir; *CJK* dire encontre (*JK* contre) et le fourme de faire lettres; *E* et quant on peut; *EFHJK* liv. qui par.; *F* doit tenir; *FH* letres et contre scel; *dans G* la place de la rubrique est restée en blanc; *H* omet et comment ... fere tenir; *JK* omettent et queus non. — a) *GHJK* omettent qu'. — b) *A* et de march. — c) *E* mariages. — d) *GHJK* omettent ensuiant. — e) *BHJK* omettent après. — f) *EF* si comme cheles la ou on s'obl. — g) *E* cil qui sont a autrui obligié. — h) *BEF* ont conneu; *C* ont encouvenent. — i) *C* seue de chaus qui. — j) *ABCEF* qui la convenenche reçoiv. — k) *AFH* prengnent. — l) *JK* qui les puiss. — m) *E* fois que il s'obligent. — n) *E* omet les. — o) *GHJK* et de teus manieres. — p) *F* pren. auc. fois par lettrez et aucune fois par devant bonne gent et de la maniere d'obligation faite par let. — q) *CEF* nous propos. de.

DES OBLIGACIONS PAR LETRES.

de parler en cel chapitre, et en un autre chapitre ᵃ nous parlerons d'une autre maniere ᵇ de prueves. Et pour ce que toutes les ᶜ obligacions fetes par letres ne sont pas toutes d'une force ᵈ ne d'une maniere, en fesons nous propre chapitre, car nous desclerrons ᵉ lesqueles sont plus ᶠ fors et lesqueles sont ᵍ plus ʰ foibles ⁱ, et si deviserons ʲ la forme comment letres ᵏ doivent estre fetes ˡ pour mueble ᵐ et pour eritage ⁿ et comment li seigneur doivent fere les ᵒ letres tenir, et comment et en quel cas l'en puet fausser letres.

1074. Quant l'ajournés a¹ sa letre vient a ᵖ court, l'en doit lire la ᑫ letre en sa presence par devant le juge, puis li doit li juges demander s'il bailla ces letres seelees de son seel ; s'il dit oïl, l'en li doit commander qu'il ait aempli ʳ la teneur de la letre dedens .xv. jours. S'il ˢ ne le fet et cil se replaint pour qui li commandemens fu fes, li souverains doit prendre de lui .x. s. pour commandement ᵗ trespassé, et vendre et despendre tant du sien sans delai ᵘ que la dete soit paiee, c'est a entendre muebles et chateus. Et se l'en ne trueve ne ᵛ muebles ne ˣ chateus, que fera l'en? Se l'eritages est obligiés es letres, l'en le ʸ demenra selonc ᶻ l'obligacion ; et s'il n'est ᵃᵃ pas obligiés, li sires le ᵃᵇ justicera par gardes et par tenir l'eritage saisi. Et quant les gardes avront esté seur le deteur .XL. jours, s'il n'a fet gré en dedens ᵃᶜ, li sou-

---

a) *E* une autre fois ; *F omet* chapitre. — b) *A C* d'autres manieres de pr. ; *F* d'autre maniere de pr. — c) *G H J K omettent* les. — d) *G H J K M* d'une forme ne. — e) *C* nous eslirons et desclairons ; *E* et si deviserons. — f) *G* s. les plus. — g) *A omet* sont. — h) *G* s. les plus. — i) *B C E F omettent* et lesqueles sont plus foibles. — j) *E F omettent* Et si deviserons. — k) *G* deviser. la forme des lettres comment elles doiv. — l) *E F* comm. on doit faire lettres p. — m) *A C E F* muebles. — n) *A C F G* eritages. — o) *A C omettent* les. — p) *H J K* vient en court. — q) *H J K* lire se let. — r) *H* ait empli ; *J K* qu'il emple. — s) *G H J K* Et s'il. — t) *G H J K* pour le comm. — u) *A omet* sans delai ; *C* sans nul delayement. — v) *B E omettent* ne. — x) *B E* muebl. et chat. — y) *G H J K M* on les dem. — z) *F* c. a ent. muebl. et chat. se on lez trueve, senon on vendra l'eritage s'il est obligiés es letrez selonc la forme de l'obligac. — aa) *F* n'i est. — ab) *A* sir. les justic. — ac) *C* gré dedens les .XL. jours, li souverains.

---

1. *a*, conformément à, en vertu de.

verains li doit commander qu'il vende dedens .XL. jours ; et^a s'il ne veut^b, li souverains doit vendre et despendre ou baillier au deteur¹ par pris de bonnes gens^c. Et s'il avient que cil qui doit la dete n'ait point d'eritage fors de fief, et cil a qui la dete est deue n'est pas gentius hons qu'il^d puist fief tenir, et l'en ne trueve pas gentil homme qui acheter le vueille, li souverains doit delivrer au creancier toutes les issues du fief dusques a tant que la letre soit^e aemplie, sauve la droiture au^f seigneur^g de qui li eritage seront^h tenu, car li seigneur ne doivent pas perdre leur rentesⁱ ne leur homages pour les obligacions de leur hommes, ne les redevances de leur fief, se li seigneur ne s'i sont obligié en renonçant a leur droit.

1075. Quant aucuns est ajournés a sa letre et il nie par devant juge qu'il ne bailla onques cele letre et que ce n'est pas ses seaus, il convient que li demanderes le prueve, et si i a pluseurs voies de prouver. — L'une des voies si est quant il prueve par .II. loiaus tesmoins qui^j furent present la ou^k la letre fu baillie et seelee du seel present^l de^m celui qui a la niance fete. L'autre voie si est quant il n'a nul tesmoing et il puet prouver par .II. preudommes qu'il ont eues et veues letres seelees d'autel seel et baillies par la main de celui qui a la niance fete ou de son certain commandement. La tierce voie si est se cil qui a la niance fete avoit reconneu par devant bonnes gens, devant la niance, que cil avoit ses letres et qu'il estoit tenus a li enⁿ ce qui est^o contenu^p en la teneur des letres.

1076. Mout est vilaine chose de nier de son seel, et

---

a) *HJK* omettent et. — b) *CFG* ne vent, li. — c) *BEF* bone gent. — d) *GHJK* hons qui puist. — e) *G* que la dette fust paiee et aemplie. — f) *G* droit. du seign. — g) *HJK* droit. as seigneurs. — h) *GHJK* erit. sont ten. — i) *B* leur dettes ne. — j) *HJK* tesm. qu'il fur. — k) *HJK* pres. quant la l. — l) *A* baillie dou seal present seelee de ; *EF* omettent present. — m) *CEF* a celui. — n) *EF* de ce ; *GHJK* a ce. — o) *CEF* estoit. — p) *C* est escript en ; *GHJK* est congnut en.

---

1. *Deteur*, ici le créancier, plus haut le débiteur. Cf. t. I, p. 250, note 1.

pour ce en est la peine grans de celui qui en est atains, car il en[a] est renomés de tricherie et l'amende en est au souverain de .lx. lb. Et se la coustume le vousist soufrir, je m'acordasse a greigneur peine, car il met son aversaire en peril d'estre faussaires[b]. Et selonc ce que j'ai entendu des sages selonc droit[c] il en devroit porter autel[d] peine[e] comme cil en porteroit s'il ne l'en pouoit[f] ateindre ; et puis qu'il s'en passe par amende, je m'acort[g] que[h], se cil ne puet[i] prouver les letres a bonnes par aucunes[j] des[k] voies dessus dites, il demourra mal renomés et, s'il est gentius hons, il l'amendera de .lx. lb., et, s'il est hons de poosté, l'amende sera a la volenté du seigneur.

1077. Li aucun si dient que, par la coustume, hons de poosté ne puet estre en[l] amende de plus de .lx. s. ou du cors perdre[m], et[n] li gentius hons de plus[o] de .lx. lb.[p], mes c'est gas[q] si comme vous verrés apertement en pluseurs cas qui seront[r] ça avant[s].

1078. Quiconques s'est obligiés par aucunes[t] letres[u] de baillie, soit hons de poosté ou frans, il n'i convient pas ajournement ne commandement fere d'aemplir les ; ainçois si tost comme li souverains voit la teneur[v] de la letre[x], il la doit fere aemplir sans delai, ne n'en est cil contre qui ele parole oïs de riens qu'il die contre la letre, s'il n'alligue paiement[y] ou respit. Et se cil qui de la letre se veut aidier li[z] nie le[aa] paiement[ab] ou le[ac] respit[ad] pour ce que c'est plus

---

a) *AC omettent* en. — b) *BG* fausserres ; *C* met son demandeur en trop grant peril comme de estre tenus por fausserres. — c) *G omet* selonc droit. — d) *ABCF* port. tel p. — e) *E* port. paine autele. — f) *GHJK* ne le pooit prouver ne at. — g) *EF omettent* je m'acort. — h) *CFGHJKM omettent* que. — i) *E* ne pooit pr. — j) *CEF* aucune. — k) *HJK omettent* des. — l) *AB* estre a am. ; *EF* puet paier am. — m) *G* ou de perdre le corps. — n) *EF* ne li. — o) *AFG omettent* de plus. — p) *A* lb. ne de plus. mes. — q) *C* c'est moquerie ; *G omet* mes c'est gas ; *JK* mes il est autrement, si c. — r) *C* qui sont ; *EF* ser. dit ça av. — s) *HJK* ça av. devisé. — t) *A* aucunes ; *C omet* aucune. — u) *A* lettres. — v) *C* le conteneure. — x) *JK omettent* de la letre. — y) *C* paiem. cuitanche ou resp. — z) *BEF* aid. le nie. — aa) *GHJK omettent* le. — ab) *C* paiem. le cuitanche ou. — ac) *G omet* le. — ad) *BEF omettent* le paiement ou le respit.

cler^a qui^b est veu es letres^c que ce qui est alliguié contre^d, les letres^e seront nanties en la main du souverain de tant comme eles parolent, et adonques li souverains connoistra du paiement ou^f du respit. Et se^g cil ne puet prouver paiement^h ou respitⁱ, s'il est gentius hons, il l'amendera de .x. s. et sera li nantissemens delivrés au deteur; et s'il est hons de poosté l'amende ne sera que de .v. s. Et s'il prueve^j paiement, il ravra les letres et cil qui l'acusoit amendera ce^k qu'il demandoit^l ce^m dont ilⁿ estoit paiés et^o sera^p mal renomés. Mes pour ce qu'il est^q perius^r que la verités ne^s soit bestournee par faus tesmoins, l'amende n'est que de .x.^t s. du gentil homme et de .v.^u s.^v de l'homme^x de poosté^y, s'il n'est ainsi qu'il soit^z de mauvese renomee^{aa}. Mes s'il avoit esté autre fois repris^{ab} de tel cas ou il estoit de mauvese renomee^{ac}, l'amende seroit a la volenté du souverain, s'il estoit hons de poosté, et s'il estoit gentius hons, l'amende seroit de .lx. lb.

1079. La reson pour quoi il convient la letre nantir en main de justice^{ad}, se cil le requiert qui se veut aidier de la letre, soit la^{ae} letre^{af} du souverain ou la^{ag} letre de celi qui s'i oblija^{ah}, tout soit ce que cil qui la letre bailla alligue respit ou^{ai} paiement, si est tele^{aj} que chascuns doit, quant il paie^{ak}, reprendre les letres par lesqueles il estoit obligiés.

a) *C* plus che qui. — b) *F* cler che qui; *G* cler que est. — c) *E* par che que che qui est veu es lettres est plus cler que ce. — d) *BC* all. encontre. — e) *EF* les let. les lettres seront; *GHJKM* les lettres elles seront. — f) *C* paiem. de le cuitanche ou. — g) *A* omet se. — h) *C* paiem., cuitanche ou; *G* prouv. le paiem. — i) *B* omet ou respit. — j) *EF* s'il ne prueve. — k) *C* acus. li amend. ce; *G* acus. l'amendera de ce. — l) *C* il li demand. — m) *HJK* omettent ce. — n) *G* demand. et si estoit. — o) *EF* omettent il ravra les ... il estoit paiés. — p) *EF* il sera. — q) *GHJK* qu'il ne soit per. — r) *C* est parjures que. — s) *HJK* omettent ne. — t) *G* de .xx. s. — u) *G* de .x. s. — v) *BEF* omettent de .v. s. — x) *A* s. d'oume de p. — y) *F* poosté de .v. s. — z) *E* omet ainsi qu'il soit. — aa) *BE* renomee de .v. s. Mes. — ab) *HJK* repris autre fois. — ac) *C* omet Mes s'il avoit ... de mauvese renomee. — ad) *EF* convient nantir le letre en main de souverain se. — ae) *EF* soit de la. — af) *G* omet soit la letre. — ag) *EFG* ou de la. — ah) *EF* omettent de celui qui s'i oblija; *GHJKM* qui s'obliga. — ai) *C* resp., quitanche ou p. — aj) *E* paiem. est cheste por che que le coustume est tele que; *F* est tele que par le coustume. — ak) *E* chasc., quant il paie, doit; *F* chasc., quant il paie, puet.

DES OBLIGACIONS PAR LETRES.

1080. Cil ne savoit pas la coustume qui estoit obligiés par ses[a] letres a paier un nombre[b] d'argent a certain terme pour une commande qui avoit esté baillie a son pere, et après, quant li termes fu passés qui estoit contenus es letres, li creanciers demanda a avoir son argent[c] a Clermont en[d] l'assise, et cil qui l'obligacion avoit fete respondi qu'il n'estoit pas tenus a paier pour ce qu'il n'estoit pas contenu es letres que la dete estoit deue[e] pour commande[f] baillie a son pere, et estoit près de prouver que ses peres avoit rendue la commande, dont il ne savoit mot quant il bailla ses letres. A ce respondi li creanciers qu'il ne devoit pas estre oïs en alliguier[g] paiement devant la date[h] des letres es queles il estoit obligiés, et seur ce se mistrent en droit.

1081. Il fu jugié que a tart venoit a alliguier cel paiement puis qu'il avoit fete obligacion puis le tans qu'il disoit que li paiemens avoit esté fes ; et par cel jugement puet l'en veoir que nus n'est a oïr en alliguier paiement de devant[i] le tans que la chose fu convenanciee a rendre et pour ce doit l'en bien garder comment l'en s'oblige et pour quel cause.

1082. En aucune maniere puet l'en dire contre letres[j] encore avec ce[k] que nous avons dit dessus : si comme quant l'en voit que la letre est gratee et rescrite[l] en lieu la ou la grateure fu, mes que ce soit en mot qui porte force, si comme ou non de celui qui la lettre donna, ou en nombre[m] d'argent, ou en obligacion ou en la date. En tous teus lieus ou en autres qui seroient perillieus selonc ce que la letre parleroit, par toutes teles rescrissions pourroit estre la letre faussee et estre de nule valeur.

1083. Encore ne vaut la letre riens que l'en trueve deschiree toute ou partie[n] puis que la deschireure passe point

---

a) *EF* omettent ses. — b) *JK* q. une somme d'arg. — c) *B* omet son argent. — d) *CEF* Clerm. a l'ass. — e) *AC* est deuee. — f) *C* pour quemandement. — g) *G* en alliéguant. — h) *GHJKM* devant [*G* le devant] le debte des let. — i) *ACEFG* paiem. devant le t. — j) *GHJKM* contre les letres. — k) *HJK* avec tout ce que. — l) *GHJK* et escripte en. — m) *JK* en somme d'arg. — n) *GHJK* ou en partie.

de la letre, car il apert que la letre est de nule valeur qui n'est trouvee saine et entiere; et mout est acoustumé que quant les convenances des letres sont aemplies et cil qui les letres[a] donna les oublie[b] a reprendre, cil qui les a les deschire[c] un poi et non pas toutes[d] pour deus resons. La premiere resons[e] si est pour ce que, se cil qui les a aquitiees les[f] li[g] demande, qu'eles li soient rendues, car se l'en les avoit toutes despeciees ou getees puer et il les demandoit a avoir, il ne le creroit[h] pas s'il ne vouloit, si qu'il ne convenroit[i] pas que l'en li baillast letres d'aquit[j]. La seconde resons si est pour ce que, — se cil qui bailla les letres les oublie a reprendre quant il les a aquitiees et cil muert qui le paiement reçut, — cil en qui main les letres vienent, soient oir ou executeur ou autre maniere[k] de successeurs[l], ne s'en pueent aidier quant il truevent deschireure[m]. Et grans loiautés est de celui qui a letres[n] en sa[o] baillie de deschirer les[p] en la maniere dessus dite, car s'il estoit paiés et eles demouroient entieres, l'en pourroit bien la dete redemander[q] en autel point que l'en ne pourroit prouver le paiement, et ainsi convenroit il paier .II. fois[r] la dete.

1084. Li aucun cuident, quant[s] li seaus est despeciés en aucune partie et la letre[t] est aportee en jugement, qu'ele[u] soit pour ce de nule valeur. Mes quant l'en la veut fausser par briseure de[v] seel, il convient que la moitiés ou plus du seel[x] soit perdus ou despeciés; car se la moitiés ou plus est saine et entiere, l'en puet par ce[y] prouver ce qui puet estre

---

a) *A C* qui la letre don.; *G* omet letros. — b) *C G* les obligea. — c) *B* les a desciree. — d) *C G H J K* toute. — e) *B E F* omettent resons. — f) *G H J K* omettent les. — g) *E F* omettent li. — h) *G H* querroit. — i) *J K* ne l'en convenr. — j) *C E F K* let. de cuitanche; *J* let. de quitte. — k) *J K* autres manieres. — l) *B E F* man. de gent; *C* man. d'anchesseurs. — m) *B E F* tr. la deschir.; *C* le truev. deschiree. — n) *G H J K* a les letres. — o) *E F* en se main ou en se bail. — p) *C G* de les deschirer; *H J K* omettent les. — q) *G* bien demander le lettre; *H J K* dete demander. — r) *C* paier par .II. f.; *F G* .II. fois paier. — s) *G H J K* aud. que quant. — t) *G H J K M* et la partie est ap. — u) *A* qu'elle ne soit. — v) *C E F* bris. dou seel. — x) *H J K* moitiés du seel ou plus. — y) *A* omet par ce.

ou remanant; mes se plus de la moitié[a] du seel[b] est despecie ou perdue[c] ou si[d] desfacie[e] que l'on n'i connoist letres ne enseignes, la letre doit[f] estre[g] de nule valeur[1].

1085. Encore puet estre letre[h] faussee en autre maniere, si comme quant il i a entrelingneure[i], car puis qu'ele est fete et seelee, pourroit l'en fere[j] [escrire][2] entre deus lignes[k], et pour ce ne vaut riens tele letre.

1086. Li communs cours de soi obligier par letres pour aucune dete ou pour aucune convenance si est que l'en met volentiers es letres que cil qui baille la letre[l] s'oblige a rendre cous et damages que li creanciers i avroit par defaute du paiement ou de la convenance non tenue, a rendre par la simple[m] parole ou par le serement[n] de celui qui a la letre.

1087. Or veons, — quant aucuns s'est ainsi obligiés et li creanciers veut avoir[o] cous et damages par sa simple parole ou par son simple serement, si comme il est dit es letres, — que l'en en doit fere. Tout soit il ainsi que l'en se soit obligiés en tele maniere, bonne fois i doit estre gardee. Donques cil qui veut dire ou jurer ses damages doit, aveques son serement, dire comment il a eus teus damages et par queles resons et se li juges veoit qu'il puist estre si

---

a) *BEF* se la moitié ou plus. — b) *BEF* omettent du seel. — c) *B* est perdue ou despecie. — d) *GHJK* omettent si. — e) *AC* si esfacie. — f) *A* let. si doit; *C* let. ne doit. — g) *EF* let. est de. — h) *AEF* p. letre estre fauss. — i) *C* il i a entre ligneure letres, car; *G* entrel. et gloseure, car. — j) *BE* bien faire; *CFM* pourr. on [*F* bien] escrire entre. — k) *C* entre .ii. mos; *E* lignes aucune choze que li obligiés n'aroit mie acordee et p. le; *F* lignez tele choze qui seroit contre le donneur de la letre et si ne l'aroit mie acordé et p. ce. — l) *C* que celui qui les baill. s'obl.; *EFG* omettent qui baille la letre; *G* qu'on s'obl.; *HJK* bail. les letres s'obl. — m) *J* omet simple. — n) *K* le simple serement. — o) *ABC* veut ravoir.

---

1. Cf. Joinville, *Histoire de saint Louis*, § 66-67.
2. *Fere* devant être conservé d'après le classement des mss., il y a évidemment ici une faute dans *O*; nous la corrigeons en mettant entre crochets *escrire* qui, écrit en abrégé, a pu être confondu par le scribe avec *entre* qui suit, et par conséquent être omis par lui. Nous donnons ainsi à *fere* son complément indispensable. *CM* en remplaçant *fere* par *escrire* et en employant celui-ci absolument. *EF* en modifiant la fin de la phrase, avaient indépendamment les uns des autres essayé de rectifier le texte qu'ils avaient sous les yeux.

comme il est [a] dit, — et encore s'il sembloit avoir un poi trop dit [b], — si doit il estre creus par la vertu de l'obligacion. Mes se l'en veoit qu'il jurast ou deïst trop [c] outrageus [d] damages [e], que l'en perceust qu'il deïst mençonge [f] par couvoitise [g], il ne seroit pas creus sans prueves [h]; et s'il ne pouoit prouver [i] pour ce qu'il cuidoit [j] estre creus, loiaus estimacions des damages doit estre fete par le juge selonc ce qu'il voit la querele. Et ainsi puet estre bonne fois gardee pour les parties, car male chose seroit qu'aucuns, pour ce qu'on ne li avroit pas paié .x. lb. a jour [k] peust, par son dit ou par son simple serement, demander .c. lb. de damages.

1088. Cil qui demande damages pour obligacion fete par letres doit dire en quoi il a les damages eus [l], si comme il est dit dessus; et en tele maniere puet il avoir damages receus que cil qui bailla les letres n'i est pas tenus, si comme s'il emprunte a usure [m] pour la defaute du paiement sans le congié du deteur, ou s'il fesoit dons a justice ou a serjans pour sa dete avoir, ou s'il se tesoit de demander sa dete dusques a tant qu'il avroit eu grant damage [n] pour le deteur grever, ou s'il se metoit en plet des choses [o] contenues [p] en la letre sans requerre au deteur qu'il l'en portast garant : en tous teus damages ne seroit pas li deteres tenus. Mes les damages lesqueus il est tenus [q] a rendre ce sont les despens resnables au creancier qu'il ou ses commandemens [r] font [s] pour sa dete pourchacier; et se justice prent du sien pour la cause de la dete ou il met gardes seur li, tel coust sont bien a rendre. Ou s'il est emplediés de la convenance et li deteurs [t] est amonestés qu'il le viegne defendre et il ne le

a) *BEF* il a dit; *HJK* il les dit; *M* omet est. — b) *A* trop dit, si; *EF* sembl. qu'il eust un p. tr. dit, si. — c) *A* omet trop; *GHJK* d. si outrag. — d) *EF* tr. outrageusement. — e) *EF* omettent damages. — f) *H* menchognes. — g) *H* couvoitises. — h) *EF* omettent sans prueves. — i) *A* omet et s'il ... prouver. — j) *A* il en cuidoit. — k) *A* omet a jour. — l) *EFG* il a eu les damages; *HJK* omettent eus. — m) *GHJK* a usures. — n) *GHJK* eu grans damages. — o) *GH* omettent choses. — p) *JK* plet du contenu en. — q) *B* omet mes les ... est tenus. — r) *GHM* ses commans; *JK* ou son porteur de letres. — s) *G* feist; *HJK* fet. — t) *ABCE* li creanciers; *FH* li debtez; *M* creancheres.

fet, tuit li coust et li despens du^a^ fet li doivent estre rendu; et aussi ce qu'il met en conseil querre et en procureeurs pour^b^ pourchacier^c^ que sa letre soit tenue. Et quant il alligue^d^ teles causes resnables pour ravoir ses damages, on le^e^ doit croire, se ses dis ne par^f^ est^g^ trop^1^ outrageus, si comme il est dit dessus.

1089. Quant aucuns s'est^h^ obligiés par letres a paier detes ou a tenir aucunes convenances et on le suit pour sa defaute, il doit estre premierement^i^ contrains^j^ a paier le principal et après les damages. Et se ples est seur les damages après ce que li principaus est paiés, la justice doit retenir^k^ la letre par devers li, se cil qui paia le principal le requiert, car perilleuse chose seroit que les letres^l^ demourassent en la main du creancier, puis que li principaus est paiés pour le plet des damages. Nepourquant la justice doit tenir les letres sans rendre^m^ dusques a tant que li ples des damages soit determinés et mis a execucion^n^. Et ce entendons nous des letres qui parolent de muebles ou de chateus, car les letres qui parolent d'eritage ou d'aucune convenance qui doit durer a tous jours n'entendons nous pas que cil qui l'a^o^ devers li la^p^ doie metre en autrui main s'il ne li plest.

1090. Quant letres sont fetes d'eritage ou d'aucune convenance ou d'aucun marchié qui touche pluseurs persones, ele doit^q^ estre^r^ mise^s^ en sauve main en tele maniere que cil qui en a mestier la puist avoir a son besoing pour tant comme il li touche, par bonne seurté de raporter^t^ la

---

a) *B* desp. sont du fet; *EF* desp. qui de che sont fet. — b) *CJK* omettent pour. — c) *G* proc. pour sa dette pourch. — d) *HJK* il a alliguié. — e) *GHJK* on l'en doit. — f) *AEFG* omettent par. — g) *G* est par trop; *M* croire s'il n'estoient trop. — h) *CFHJK* omettent s'. — i) *GHJK* primes contr. — j) *F* contrains premierem. — k) *HJK* doit tenir la. — l) *B* les dettes demour. — m) *C* omet sans rendre. — n) *HJK* omettent et mis a execucion. — o) *GJK* qui les a. — p) *GJK* li les doie. — q) *JK* eles doivent. — r) *G* estre molt ; *HJK* molt estre. — s) *GHJK* omettent mise; *M* mont .— t) *A* de reporter.

---

1. *ne par est trop*, n'est par trop : tmèse peu fréquente sous cette forme.

letre^a arriere ou par la main de celui qui la^b garde pour les parties^c, si qu'il en soit tous jours^d garnis^e.

1091. Pour ce que pluseurs letres sont fetes, les unes pour garantie d'eritages et les autres pour muebles et pour chateus, nous deviserons ci après deus formes de letres, si que cil qui vourront letres pour eritages ou pour muebles ou pour chateus, puissent veoir la forme comment l'en les puet fere; et premierement nous dirons celes qui doivent^f durer a eritage.

1092. Trois manieres de letres sont: la premiere entre gentius hommes de leur seaus, car il pueent fere obligacions contre aus par le tesmoignage de leur seaus. La seconde maniere de letres, si est que tuit gentil homme et homme de poosté pueent fere reconnoissance de leur convenances ou^g de leur marchiés^h par devant leur seigneur dessous qui il sont couchant et levant, ou par devant le souverain. La tierce maniere si est par devant leur ordinaire de crestientéⁱ, si comme l'en doit fere pour douaire, ou pour testament, ou pour autre querele^j, meismes quant les parties s'i acordent. Nepourquant la letre qui est fete par la crestienté, quant ples en vient en court laie, ele ne vaut qu'un seul tesmoignage^k; et aussi ne fet cele de la^l court laie^m en la court deⁿ crestienté, essieutee la letre le roi, car ele doit valoir plein tesmoignage^o et^p en court laie et en court de crestienté^q, et essieutee^r la letre l'apostoile^s, car ele doit valoir^t plein tesmoignage^u en toutes cours de^v crestienté

---

a) *C* rap. les lettres; *HJK* rap. loi; *M* de loy rap. — b) *G* qui les garde. — c) *EF* pour [*F* les] porter; *HJK* omettent pour les parties. — d) *EF* tout ades g. — e) *A* t. j. sezi. — f) *ABEF* cele qui doit dur. — g) *G* conv. et de. — h) *HJK* omettent ou de leur marchiés. — i) *ABEF* ord. de la crestienté. — j) *AC* p. autres quereles. — k) *GHJKM* seul tesmoing et. — l) *A* omet la. — m) *A* laie court. — n) *AB* omettent court de. — o) *H* pl. tesmoing. — p) *EF* omettent et. — q) *GHJKM* tesm. en toutes cours [*G* tant] de crestienté et de (*G* comme en) court laie. — r) *E* et ainsi le let.; *F* et aussint le let. — s) *BG* let. de l'apost. — t) *EF* apost. vaut. — u) *EF* omettent plein tesmoignage. — v) *G* cours tant de.

et de ª court laie ᵇ, car nus en terre n'est ᶜ souverains de ᵈ l'apostoile.

1093. Pour ce, se je m'oblige vers aucun a rendre cous et damages par sa simple parole ou par son serement, pour ce ne s'ensuit il pas que, se la letre vient a autrui par son droit, — si comme s'il muert et ele vient a ses oirs ; ou s'il met la dete ᵉ en autrui main ; ou s'il mesfet, pour quoi ᶠ la letre viegne en la main de son ᵍ seigneur, — que je soie tenus a celi croire a qui la letre sera venue. Nepourquant puis que je m'oblige ʰ a rendre cous et damages, il les doit ravoir teus comme il les prouvera par loiaus prueves.

1094. L'en ne me puet suir pour cous ne pour ⁱ damages par nostre coustume pour defaute que je face de paiement, se je ne me ʲ sui obligiés au ᵏ rendre. Or dirons ci après la forme qui doit estre fete pour eritage de celi qui puet et doit ˡ avoir seel :

« Je, Pierres de tel lieu, fes savoir a tous ceus qui ces letres verront et orront que je, pour mon pourfit et ᵐ pour ⁿ ma grant necessité, ai vendu a Jehan de tel lieu et a ses oirs a tous jours ᵒ pardurablement tel eritage seant en tel lieu, joignant d'une part a tel eritage et de l'autre part a tel ᵖ, — et doit nommer ᑫ toutes les pieces ʳ et ˢ a qui eles joignent ᵗ et de qui eles sont tenues ᵘ et la redevance que chascuns eritages ᵛ doit, et puis doit ˣ dire : — pour tel pris d'argent que j'ai ʸ eu et receu en bonne monoie bien contee ᶻ et bien nom-

---

a) *G* comme en c. — b) *C* pl. tesm. en court de crestienté et en court laye et en toutes cours ; *EFHJK* omettent de crestienté et de court laie. — c) *AB* nus n'est en terre souv. — d) *EF* souv. desseur l'apostoile. — e) *HJK* la letre en. — f) *A* mesf. par la let. — g) *BEF* main du seign. — h) *AC* m'oblijai. — i) *A* omet pour. — j) *EF* omettent me ; *GHJK* ne m'i sui. — k) *EFGHJK* obl. a [*G* les] rend. — l) *HJK* doit et puet. — m) *HJK* pourf. ou pour. — n) *G* omet pour. — o) *G* jours et a jamais pard. — p) *G* lieu contenant tant et tout ainsi qu'elle se comporte en long et en lé, joignant a tel heritage d'une part et d'autre a tel, aboutant a tel d'un bout et d'autre a tel. — q) *G* nom. et desclairer t. — r) *G* piec. d'eritage. — s) *EFG* omettent et. — t) *G* elle joingt et a qui elle aboute. — u) *G* omet et de qui ... tenues. — v) *G* redev. qu'elle d. ; que cascune pieche d. — x) *G* omet doit. — y) *G* dire : ceste vendicion fete pour le pris de tant que je en ai eu. — z) *G* omet bien contec.

bréeᵃ, et l'ai convertie en mon pourfit et m'en tieng pourᵇ paiés ; et cel marchié dessus dit ai je creanté a garantir a tous jours au dit Jehan et a ses oirs contre tousᶜ en tele maniere que, se li dis Jehans ou si oir avoient peine, cous ne damages par la defaute de ma garantie, je leurᵈ seroie tenus a rendreᵉ tous cous et tous damages qu'il i avroientᶠ avec la garantie dessus dite par loiaus prueves. » Et s'il veut, il se puet bien enᵍ plus obligier, car il puet direʰ : « Des queus cous et des queus damages li dis Jehans ou si oir seroient creu par leur serement simpleⁱ sans autre loi fereʲ ; et a ce tenir fermement j'aiᵏ obligié moi et mes oirs, et tout le mien present et a venir, muebles et eritages, a estre justicié par quelconque justice il pleroit au dit Jehan ou a ses oirs ou a celi qui ces letresˡ porteroit, aussi pour les cous et pour les damages comme pour le principal, et a prendre, vendre et despendre sans nulᵐ delai dusques a tant que li coust et li damage seroient paié et que j'avroie fet loial garantieⁿ de la venteᵒ dessus diteᵖ. Et ai renoncié en ce fet a toute aide de droit, de loi, deᑫ canon, deʳ coustume deˢ païs ; a tous privilieges de crois prise ou a prendre ; a toutes indulgences otroïes ou a otroier d'apostoile ou de roiᵗ ou d'autre prince ; a tous delais que coustume de païs puet donner ; [a ce]ᵘ que je ne puisse pas dire le nombre d'argent dessus ditᵛ non avoir receuˣ ; a ce que je ne puisse pasʸ dire estre deceus en cest marchié de la moitié ou de plus ; a toutes excepcionsᶻ,

a) *A monoie et dont je me tieng bien a paié; il omet* bien contee et bien nombree. — b) *G* tieng pour bien contemps et p.; *HJK* pour bien paiés. — c) *G* t. jours contre et envers tous audit Jehan et a ses hoirs et de lui aians cause en t. maniere. — d) *G omet* leur. — e) *G* a leur rendre. — f) *GHJK omettent* tous cous ... i avroient. — g) *C omet* en. — h) *G* p. bien dire s'il veult. — i) *BCE* leur simple serem.; *F* li diz Jehans seroit creus par sen simple serement et si hoir aussint sans. — j) *EF* fere encontre. — k) *GHJK* ai je obl. — l) *G* qui ceste letre port. — m) *EF omettent* nul. — n) *BEF* avr. faite (*E* fait) loi a (*E* de) le garandie dessus dite aemplir et ai. — o) *EF omettent* de la vente. — p) *E* dess. de aemplir. — q) *B* loi ou de. — r) *AC* can. et de. — s) *GHJK* coust. du païs. — t) *G* otr. de roy ou d'apostolle. — u) a ce *est omis dans tous les mss.; cf.* § 1103, p. 62, première ligne. — v) *EF omettent* dessus dit. — x) *E* non eu. — y) *ABCE omettent* pas; *F* mie. — z) *C* except., raisons, barres.

barres, defenses qui pueent estre proposees en jugement ou hors[a] jugement par lesqueles ou par aucunes[b] des queles li marchiés dessus dis pourroit estre detriés[c] ou empeechiés[d] au devant[e] dit Jehan ou a ses oirs; et a ce que je ne puisse dire que je ne vueil respondre a ces letres fors par devant le seigneur dessous qui je seroie[f] couchans et levans; et especiaument a la loi qui dit que generaus renonciacions ne vaut riens. Et pour ce que ce soit ferme chose et estable, je, Pierres, ai baillié au dit Jehan ces letres seelees de mon propre[g] seel. Ce fu fet en tel incarnacion et en tel mois[h]. »

1095. Se letre est fete pour eschange, ele se doit commencier en tele maniere :

« Je, Pierres de tel lieu, fes savoir[i] a tous ceus qui ces presentes[j] letres verront ou[k] orront[l], que je, pour mon pourfit et pour mon aaisement, ai fet eschange pur a pur et transmutacion a Jehan[m] de tel lieu, c'est assavoir de teus eritages que j'avoie seans[n] en teus lieus, — et doit nommer les lieus et les marchissans des eritages et les redevances que li eritage doivent et de quel seigneur il sont tenu, et quant tout est especefié il doit dire : — pour teus eritages que li dis Jehans m'a bailliés seans en teus lieus[o] et tenus de teus seigneurs[p] par teles redevances[q] paians, et joignans a teus eritages. » Et quant toute la transmutacions est devisee, cil qui la letre baille se doit obligier a garantir ce qu'il li[r] baille par eschange, a tous jours[s] a li et a ses oirs[t], et re-

---

a) *HJK* hors de jugem. — b) *AG* p. aucune des q. — c) *C* est. delayes ou. — d) *GHJK* ou despeches au. — e) *HJK omettent* devant. — f) *BEF* je sui couch. — g) *F omet* propre. — h) *E* incarn. etc.; *il omet* et en tel mois; *F* seel, faites en l'an de grace, etc.; *G* t. mois et en tel jour; *JK* fu fet, etc.; *ils omettent* en tel inc. ... mois. — i) *ACJK* f. assavoir a. — j) *ABF omettent* presentes. — k) *AB* verr. et orr. — l) *E omet* verront ou orr.; *F omet* qui ces ... ou orront; *HJKM omettent* ceus qui ces ... ou orront; *en place de leurs suppressions respectives EFHJKM donnent* etc. — m) *GHJK omettent* a Jehan. — n) *GHJKM omettent* seans. — o) *BEF* en tel liu. — p) *BEF* tel seigneur. — q) *EF* par tele redevanche. — r) *BEGHJK omettent* li. — s) *B* baille a tous jourz par eschange a li. — t) *EF* baille a tous jorz a li et a ses hoirs par escange.

noncier en la maniere qui est dite dessus[a] en la letre qui parole de vendre eritage[b] et[c] puis metre[d] l'incarnacion[e].

1096. Quant letre est baillie pour dete, ele doit dire en ceste maniere :

« Je, Pierres de tel lieu, fes savoir[f] a tous ceus qui ces presentes[g] letres verront ou[h] orront[i] que je doi a Jehan de tel lieu[j] .xx. lb. de parisis pour la vente d'un cheval qu'il m'a vendu, baillié et delivré, et dont je me tieng pour[k] paiés. » Et se ce sont autres denrees, il les[l] doit nommer et[m] especefier[n] le nombre[o] des denrees[p] et le pris[q] et le nombre de l'argent[r], car la[s] letre qui dit que je doi deniers[t] et ne fet pas mencion de[u] quoi je les doi[v], est soupeçonneuse chose[x] de malice ; et quant tele letre vient en court, si doit savoir li juges la cause dont cele[y] dete vint avant qu'il la face paier. Donques doit l'en dire en la letre de quoi la dete est et puis nommer le terme quant ele devra estre païe, et puis obligier lui et le sien et ses oirs[z] a paier, et puis fere la renonciacion, laquele obligacions et renonciacions sont dites es letres ci dessus qui parolent de vente d'eritage[aa] et puis doit estre mise l'incarnacions[ab] qui face savoir le[ac] tans que[ad] la letre[ae] fu fete[af].

1097. La vente ou li eschange ou les detes ou les convenances qui sont fetes entre persones qui n'ont point de seel,

---

a) *A* man. qu'il est dessus dit ; *B* man. qu'il est dit dessus ; *G* man. dessus dite ; *HJK* man. de dessus. — b) *C* par. de vente d'iretage. — c) *H* omet et. — d) *C* met. ou derrenier l'inc. — e) *G* l'incarn. et l'an et le jour du mois que ce fu fait ; *JK* met. la date. — f) *AC* fais assavoir. — g) *AB* omettent presentes. — h) *AB* verr. et orr. — i) *EFM omettent* ceus qui ... ou orront ; *G* omet verr. ou orront ; *HJK omettent* a tous ceus ... ou orront ; *comme à la formule précédente, ces sept mss. ont etc. en remplacement des suppressions.* — j) *HJK omettent* de tel lieu. — k) *GHJK* tienz a paies. — l) *G* denr. on doit. — m) *G* omet nommer et. — n) *HJK omettent* especefier. — o) *A* nombre de l'argent et des d. — p) *HJK* denr. especifier et le pr. — q) *E* omet le nombre des ... le pris. — r) *A* omet et le nombre de l'argent ; *E* nomb. des deniers. — s) *A* omet la. — t) *B* doi denrees et. — u) *AB* menc. pour quoi. — v) *E* quoi il sont deu. — x) *A* omet chose. — y) *BCG* tele. — z) *EF* et ses hoirs et le sien. — aa) *GHJK omettent* qui parol. ... d'eritage. — ab) *JK* mise la datte. — ac) *H* l'incarn. au tans. — ad) *BEF* savoir quant la l. — ae) *C* que elle fu. — af) *JK omettent* qui face savoir ... fu fete.

ou il ont seaus mes il leur plest mieus a prendre letre[a] de baillie[b] pour ce qu'ele est plus seure et plus isnelement mise a execucion, doivent venir par devant le baillif et recorder le[c] marchié et leur convenances, et puis requerre que letres leur en soient baillies selonc la forme que l'en doit fere letres de baillie ; et puis la letre doit estre fete en la forme[d] qui ensuit : « A tous ceus qui ces presentes letres verront ou[e] orront, Phelippes de Beaumanoir, baillis de Clermont, salut. Sachent tuit que en nostre presence, pour ce establi, Pierres de tel lieu et Jehans de tel lieu reconnurent en droit qu'il, de leur bonne volenté et pour leur pourfit, avoient fet tel eschange », et puis doit estre li eschanges devisés et toutes les pieces especifiees. Et se les convenances sont pour parties, ou pour divisions, ou pour pes de pluseurs descors, ou pour ordenance de leur biens, ou pour convenance de mariage, tout ce qu'il ont recordé et dont il ont requis letres doit estre mis es letres. Et après cil qui la letre baille se doit obligier a tenir et a garantir les convenances ; et puis doit estre es letres[f] la renonciacions, laquele obligacions et renonciacions est dite dessus es letres qui parolent de vente d'eritage[g], et après[h] doit estre mise la date pour savoir le tans[i] que ce fu fet[j].

1098[k]. Autres[l] letres sont requises souvent qui ne touchent qu'a[m] une persone et adonques doit dire li baillis en ceste maniere : « A tous ceus qui ces presentes[n] letres verront ou[o] orront, teus hons, baillis de Clermont[p], salut. Sachent tuit[q] que par devant nous pour ce establi, Pierres de tel lieu reconnut qu'il devoit a Jehan de tel lieu tele somme

---

a) *A* letres; *C* pr. les let. — b) *AC* de la baill. — c) *ABEF* record. leur marchié. — d) *GHJK* la maniere. — e) *A* verr. et orr. — f) *GHJK* estre en le letre la ren. — g) *GHJK* omettent qui parolent ... vente d'eritage ; *M* omet es letres ... vente d'eritage. — h) *HJK* et puis doit. — i) *G* date du tans, du moys et du jour que. — j) *HJKM omettent* pour savoir ... fu fet. — k) *F* omet le § 1098 tout entier. — l) *E* Aucunes. — m) *JK* touch. que une pers. — n) *A* omet presentes. — o) *AB* verr. et orr. — p) *JK* orr. tel bailli de tel lieu, sal. — q) *J* sal. faisons savoir que ; *K* sal. savoir faisons que.

d'argent et pour tele chose », et puis doit estre dite toute la convenance et après l'obligacions, et puis la renonciacions si comme il est dit*a* es letres dessus dites*b* de vente*c* d'eritage*d*. Et quant*e* tout ce est escrit li baillis*f* doit dire : « Et pour ce que ce soit ferme chose et estable j'ai*g* en ces presentes letres mis*h* le seel de la baillie de Clermont. » Et après doit estre mise l'incarnacions*i* pour savoir*j* le*k* tans*l* que*m* ce fu fet*n*.

1099. Nous veons aucun cas par lequel l'en puet fausser letres, tout soit li seaus autentiques et bien conneus, et si n'en doit pas estre blasmés cil qui scela les letres : si comme quant il avient que les letres tesmoignent que les parties furent presentes*o* a Clermont ou en autre lieu certain et il est clere chose et aperte que l'une des parties ou les deus n'estoient pas ou païs. En cel cas sont les letres de nule valeur, car ele est prouvee*p* a mençonjable*q*. Et la resons pour quoi li seeleres en doit estre descoupés*r* est tele qu'il puet en tel cas estre deceus*s* si comme quant il ne connoist pas les persones en qui non les letres furent*t* et autres persones, par malice, font fere les letres et se nomment par les nons et par les seurnons de ceus qui sont escrit es letres et dient que ce sont il malicieusement. Si comme Pierres diroit a Jehan : « Alons fere fere*u* unes letres et dites que vous avés non Guillaumes du Plessis, et fesons metre que Guillaumes me doit .c. lb. de parisis*v* sès*x 1* prestés*y*, a rendre

---

a) *AB omettent* dit. — b) *E* letres qui parolent de ; *G omet* dites; *HJK omettent* dessus dites. — c) *GHJK* des ventes ; *M* dess. es ventes. — d) *HJKM* d'eritages. — e) *AB omettent* quant. — f) *A* escr. et puis doit. — g) *A* j'ai mis en. — h) *A omet* mis. — i) *GH* mise le datte. — j) *G omet* pour savoir. — k) *G* du t. — l) *G* tans, du moys et du jour que. — m) *C* sav. quant ce. — n) *H omet* pour savoir … fu fet; *JK* Clermont tel jour, etc. — o) *C* que les presentes personnes furent a Cl. — p) *JK* eles sont prouvees. — q) *C* prouv. pour menchonche ; *G* prouv. a menchongne ; *H* menchongnaule ; *JK* mençonjables. — r) *HJK* est. escuses et desc. — s) *GHJK* estre deceus en tel cas. — t) *A* let. sont fet. — u) *GHJK omettent* fere. — v) *C* lb. parisis; *HM omettent* de parisis; *JK* lb. d'argent. — x) *C* par. touz ses; *E* par. de deniers ses; *G* par. et ses; *JK omettent* ses. — y) *JK* presté.

---

1. *.c. lb. de parisis sès*, cent livres de parisis en argent comptant.

CHAP. XXXV. — DES OBLIGACIONS PAR LETRES. 59

a ª moi au Noel. » Par teus fraudes pueent estre les[b] letres[c] faussees[d] et mençonjables[e] sans les coupes des seeleurs[f]. Mes la ou tele fraude pourroit estre trouvee[g], li bareteeur[h] qui font la fraude et tuit li consentant[i] doivent estre pugni comme larron.

1100. Par ceste fraude qui est[j] dite, qui puet estre en[k] letres[l], nous souvient il[m] d'une autre fraude qui avint ou tans que nous fismes[n] cest livre. Car en Normendie a tele coustume en aucuns lieus que une veue d'eritage ne se puet[o] fere entre laies persones s'il n'i a .IIII. chevaliers au[p] fere la veue et qui le[q] puissent tesmoignier en la maniere qu'ele est fete. Si avint qu'a une veue fere il n'i vint que .III. chevaliers et il, comme favorable a celi qui fesoit la veue[r], virent qu'ele seroit de nule valeur se li quars chevaliers n'i estoit. Si s'apenserent[s] d'un barat pour fere la veue passer. Si s'en alerent a un chemin auques près d'iluec, par lequel chemin uns hons de poosté chevauchoit[t] qui aloit en sa besoigne ; li chevalier li demanderent comment il avoit non et il se nomma Richars. Adonques li dirent li troi chevalier qu'il leur failloit un chevalier pour estre a une veue fere et qu'il le feroient chevalier, si venroit avec aus a cele[u] veue ; et li dirent qu'il deïst qu'il estoit[v] chevaliers, et li donna li uns une colee et dist : « Chevaliers soiés. » Adonc alerent la ou la veue devoit estre fete et fu la veue fete. Et quant ce vint au jour de plet après la veue, ele fu jugiee a soufisant, car l'averse partie ne savoit pas la fraude du quart chevalier devant que ce vint a[x] grant piece après ce qu'il avoit ja

---

a) *C* rendre les moi. — b) *BEF omettent* les. — c) *GHJK* pueent eles estre fauss. — d) *A* fausses. — e) *C* fauss. et menchonches avoir dedens les letrez fausses sans ; *EF omettent* et mençonjables. — f) *CK* sans le coupe dou seeleur ; *J* coupes du seeleur. — g) *BEF* telez fraudes pourroient estre trouvees. — h) *JK* trouv. ceux qui. — i) *A* tuit cil qui le consentent. — j) *EF* fr. que nous avons dit. — k) *GHJK* est. es let. — l) *BEF omettent* qui puet ... en letres. — m) *CGHJK omettent* il. — n) *HJK* nous fesions cest. — o) *C* veues d'eritages ne se peuent f. — p) *C* .IIII. personnes a f. — q) *A* qui la puiss. — r) *A* qui la veue fesoit. — s) *GHJK* Si s'aperchurent ; *M* s'avizerent. — t) *GHJKM* poosté passoit a ceval qui. — u) *GHJK* a le veue. — v) *GHJK* qu'il fust chev. — x) *GHJK omettent* a.

perdue sa querele par jugement. Et quant il la seut, il se traist au roi et li conta comment il avoit esté deceus en l'errement de son^a plet par le^b barat^c des chevaliers, et li rois en fist savoir la verité. Et quant il seut que c'estoit voirs, il commanda que li ples refust^d en autel point comme il estoit avant que la veue fust fete, si que cil qui cuidoit avoir finé^e son plet refu au^f fere la^g veue de nouvel ; et li paisans qui contrefist le chevaliers fu raens^h de .II^c. lb. et li troi chevalier par qui^i li baras fu fes, a^j grans prieres^k eschaperent^l par .V^c. lb.^m d'amende ; et se cil pour qui la veue fu fete eust esté^n trouvés^o sachans ne^p consentans du barat, il eust perdue toute sa querele et si n'eust pas esté quites de l'amende. Et cel cas avons nous mis en nostre livre pour essample^q que l'en sache que toutes convenances et tuit marchié et toutes quereles^r es queles apertes fraudes ou tricheries sont trouvees doivent estre ramenees a loial estat, neis se jugemens en estoit^s fes, parce que li jugeur n'avroient pas seue la fraude ne la tricherie au jugement^t fere ; ne les amendes de^u teus fraudes qui sont fetes^v pour autrui deseriter ne sont taussees fors a la volenté du seigneur, si comme il apert par les amendes que li rois prist des bareteeurs dessus dis^x.

1101. Se convenance est fete, par letres ou en autre maniere^y, a paier ou aemplir la convenance dedens un mois ou dedens un an, l'en ne puet contraindre celui qui eut la convenance devant que tous li mois ou tous l'ans soit passés. Et aussi se aucuns doit aucune chose fere a certain jour, l'en ne le puet tourner en defaute ne requerre a justice que l'en

---

a) *B E F* deceus ou plet. — b) *H J K* omettent le. — c) *B E F* par l'errement des chev. — d) *C E F H J K* ples fust en. — e) *B* omet finé. — f) *B* plet refusé a fere. — g) *A B E F* fere sa veue. — h) *J K* fu reus de. — i) *B E F* par lesques li. — j) *A B* par. — k) *A B E F* grant priere. — l) *C* lb. chascuns d'am. — m) *H J K* eschap. il par. — n) *A* omet esté. — o) *B E F G H J K M* omettent trouvés. — p) *E F* sach. et cons. — q) *G H J K* pour ce que. — r) *H J K* tout. convenences es q. — s) *C* estat tout en fust le jugement fes. — t) *B* au jugeur fere. — u) *C* am. pour teus fr. — v) *G H J K* amendes qui sont faictes de telles fraudes pour. — x) *H J K* baret. [*H* de] dess. nommes. — y) *G* autres manieres.

li face fere devant que li jours soit passés, car il n'est pas certaine chose qu'il defaille devant que tous li tans soit passés, exceptés les jours que l'en a pour plaidier, car la se convient il presenter dedens eure[a] de miedi ou l'en seroit en la defaute. Et excepté ce que l'en convenance dedens certaine eure nommee, si comme l'en convenance : « Je vous paierai .x. lb. mardi[b] dedens prime », se prime passe, l'en li puet demander les .x. lb. par justice.

1102. Cil ne fu pas mal conseilliés qui connoissoit son deteur a mauvès paieur et, — pour ce qu'il vit que s'il atendoit a li fere ajourner dusques a tant que li termes de la dete fust passés, si convenroit il qu'il eust .xv. jours d'ajournement pour ce qu'il estoit gentius hons ou pour ce qu'il manoit en franc fief, — et pour ce, avant que li termes de la dete venist, il le fist ajourner .xiiii. jours devant le terme de la dete si que li jours cheï a l'endemain du jour que li paiemens devoit[c] estre[d] fes, et ainsi aprocha li creanciers son plet, car puis que termes estoit passés au jour du plet, l'ajournés[e] ne peust pas veer qu'il ne respondist.

1103. Les renonciacions qui sont mises es letres sont bonnes, car s'eles n'estoient l'en pourroit mout de cavillacions[f] mètre avant contre les letres. Et quant l'en renonce a ce que l'en pourroit dire encontre[g] les letres ou especiaument de chascune renonciacion en par soi, les letres[h] en[i] sont plus fors ; et de ces renonciacions[j] est il .ii. manieres, l'une generale et l'autre especiale. La generale si est cele qui dit : « Et renonce en cel fet a toutes choses que je pourroie metre avant par quoi ce qui est dit dessus pourroit estre detrié ou empeechié », et l'especiale si est : « Et renonce en ce fet a toute aide de droit, de loi, de canon et de coustume de païs ; a priviliege de crois prise ou a prendre ; a toutes indulgences otroïes et a otroier d'apostoile, de roi ou

---

a) *A* ded. l'eure. — b) *HJK* merquedi. — c) *BFHJK* deust. — d) *E* paiem. fu fes. — e) *JK* plet celui qui estoit ajournés. — f) *C* mlt de fors empeesquemens met. — g) *BEF* contre. — h) *F* omet ou especiaument de ... soi les letres. — i) *F* ellez en. — j) *B* omet en par soi ... de ces renonciacions.

d'autre prince ; a ce que je ne puisse dire estre deceus en cel fet ᵃ de la moitié ou de plus ; a ce que je ne puisse dire ᵇ non estre paiés de ce qui est contenu es letres ; a tous delais que coustume puet donner ; a la loi qui dit ᶜ que generaus renonciacions ne vaut riens ; a ce que je ne puisse dire que je m'otroiai ᵈ a ce fere par prison ou par paour ; a toutes excepcions de tort, d'usure et de decevance ᵉ. » Et quant chascune renonciacions que l'en i ᶠ veut metre ᵍ est ainsi ʰ especefiee, si est après bonne la generale renonciacions pour ce qu'ele conferme ce qui est dit especiaument. Et si pourroit valoir en aucune renonciacion qui seroit oubliee ⁱ si comme dire : « Et renonce a toutes choses que je ou autre pour moi pourrions ʲ metre avant par quoi les convenances dessus escrites ᵏ pourroient estre detriees ou empeechies. » Car quant il n'a ˡ en unes letres fors que renonciacion general, ele ne tout pas que l'en ne se puist aidier encontre de priviliege de crois, ou de force ou d'estre deceus par barat ; mes ce ne puet on pas fere quant l'en i ᵐ a renoncié ⁿ especiaument, exceptee force, car en tous cas chose fete a force ne vaut riens, si comme il est dit ou chapitre de force et de paour [1]. Aussi li rois a de son droit que, pour renonciacion que nus ait mise en ᵒ letres, soit general ou especial, il ne lesse pas pour ce, s'il va en l'ost ou ᵖ contre les anemis ᑫ de la foi ʳ, qu'il ne puist fere les detes aterminer selonc ce qu'il voit le besoing de ceus qu'il mene avec lui ou qui vont en aucune besoigne necessaire de son comman-

---

a) *E F* en cest marquié. — b) *A C* omettent (*A* dire) estre deceus en … ne puisse dire. — c) *A* omet qui dit. — d) *A* je ne m'otr. — e) *H J K* remplacent toute la formule de renonciation depuis Et renonce par : cele qui est dite dessus en le letre qui parole de vente d'eritage. — f) *B E F* omettent i. — g) *H J K* omettent que l'en … metre. — h) *H J K* omettent ainsi. — i) *E* ser. obligie ; *F* ser. obliiie. — j) *H J K* porroie. — k) *B E F* dess. dites pourr. — l) *H J K* omettent n'. — m) *A* l'en n'i. — n) *G* quant y renonche. — o) *G H J K* mise es let. — p) *G* omet ou. — q) *G H J K* contre l'anemi. — r) *G* anem. le roy.

---

1. Ch. xxxiii.

CHAP. XXXV. — DES OBLIGACIONS PAR LETRES.

dement, car ce qu'il li plest a fere doit estre tenu pour loi [1]. Mes ce ne puet fere nus fors li ou roiaume de France.

1104. N'entende[a] nus[b], se aucuns est obligiés par letres, soit par les sieues ou par autres de son seigneur, que[c] li sires, pour nule maniere d'obligacion qui soit[d] fete, lait a joïr et a esploitier de ce qui est tenu de li[e], s'il n'i a renoncié especiaument. Car pour ce, s'il a otroié la convenance de son sougiet, si comme s'il dit qu'il le veut[f] et otroie, c'est a entendre sauf son droit et l'autrui; et s'il s'oblige au garantir comme sires, encore[g] n'a il pas renoncié a ce qui li pourroit venir de son droit de la chose obligie[h], si comme au rachat[i], s'il avenoit[j], ou a forfeture[k], ou a aucun[l] autre cas par quoi les choses des hommes[m] pueent venir as seigneurs. Mes s'il s'oblige a garantir simplement, donques n'i puet il riens demander pour chose qui aviegne; car s'il n'estoit pas sires, si se pourroit il fere pleges ou detés[n] s'il vouloit[o], et aussi apert il qu'il le[p] se face en ce cas. Et pour ce se doivent bien li seigneur garder en quel maniere il otroient les obligacions de leur sougiès.

Ci fine li chapitres des letres.

---

a) *G* Le contende; *K* Se entende. — b) *F* omet N'entende nus; *G* mis. — c) *F* seign. n'entende nus que. — d) *A* omet qui soit. — e) *GHJK* est de li tenu. — f) *GHJK* je [*HJK* le] vueil et. — g) *A* omet encore. — h) *A* omet de la chose obligie. — i) *G* omet au rachat. — j) *A* omet s'il avenoit. — k) *EF* si c. au racat ou a forfet. se il avenoit. — l) *A* omet aucun. — m) *A* omet des hommes. — n) *AF* detez; *BCE* dettes; *GJK* ou detteur; *H* detes; *M* debtes. — o) *A* omet s'il vouloit. — p) *C* que obligations se f. — Explic.) *A* le .xxxv. chap. de cest livre, si parlerons du .xxxvi.; *C* Chi define li chap. de soi obligier par let.; *GHJ* Explicit; *K* n'a pas d'explicit.

---

1. Cf. Loisel, *Instit. cout.*, I, 26, 19 : « Qui (*corrigez* Que) veut le roi, si veut la loi ».

XXXVI.

Ici commence li .xxxvi. chapitres de cest livre liqueus parole des choses qui sont baillies en garde, comment l'en les doit garder et rendre a ceus qui en garde les baillierent, selonc ce que drois et coustume de terre le donne.

1105. Toutes choses commandees qui sont baillies en garde doivent estre rendues a ceus qui les baillierent en garde quant il les veulent ravoir, exceptés aucuns cas : si comme se uns[a] hons a baillié[b] a un autre en garde[c] un coutel[d] ou une espee et il, par semblant de ferir[e] aucun[f], le redemande, cil a qui il le bailla ne[g] le[h] doit pas rendre tant comme il le sache en la volenté de fere mal a aucun ; ou se aucuns baille en[i] commande aucune chose laquele est poursuie qu'ele est tolue ou emblee, la commande ne doit pas estre rendue devant que la justice sache a qui li drois de[j] la chose apartient[k].

1106. Se commande est baillie a pluseurs persones, la commande ne doit pas estre rendue s'il n'i sont tuit ou s'il n'i envoient pas loial procureeur avec celui qui veut ravoir la commande[l].

Rubr.) *BEFGHJK omettent* de cest livre ; *CG* baillies a garder ; *CGHJK omettent* en garde *devant* les baillierent ; *CGHJK omettent* selonc ce … le donne ; *EFGHJK* qui par. ; *G omet* garder et ; *HJK omettent* qui sont ; les baillent. — a) *GHJK* se aucuns hons. — b) *HJK* b. baille a. — c) *AGHJK omettent* en garde. — d) *A* cout. en garde ou. — e) *G* de referir. — f) *EF* fer. .i. home. — g) *EF* redemande de chelui a cui il le bailla, chieuz a cui li coutiaus fu bailliez ou l'espee ne le. — h) *GHJK* ne lui doit. — i) *C* baille ou comm. — j) *G omet* li drois de. — k) *C* drois en apartient. — l) *BEF omettent* avec celui … la commande.

CHAP. XXXVI. — DES CHOSES BAILLIES EN GARDE.

1107. Se armeures sont baillies en commande et cil qui les bailla muet guerre contre le seigneur de la terre, les armes ne li doivent pas estre[a] rendues pour le mal qui[b] en pourroit[c] venir.

1108. Se aucune chose m'est commandee[d] a[e] garder[f] et uns autres que cil qui la me bailla[g] la me demande pour ce qu'il dit que la chose est sieue et le veut prouver, je ne li[h] doi pas rendre ne la prueve recevoir, car il doit poursuir celui qui la chose me bailla; et se je li bailloie[i] sans le commandement de celi qui la chose me bailla[j] a garder[k], cil qui la chose me bailla[l] avroit action de demander la a[m] moi[n] et je[o] seroie tenus a rendre la[p]. Mes en cel cas a un[q] remede tel que, se cil qui me bailla la chose est hors du païs[r] sans esperance de son[s] revenir, cil qui me[t] demande la chose pour sieue me puet poursuir[u] devant justice, et la justice puet et doit oïr ses resons par lesqueles il dit que la chose est sieue[v]; et se la justice voit que les[x] resons soient bonnes et vives et bien prouvees, il[y] me doit contraindre a baillier li[z] la[aa] commande. Mes puis que je li[ab] baurrai par juge, li juges me[ac] doit garantir et doit prendre bonne seurté de celi a qui il fet[ad] baillier la commande que, se cil revient qui premierement[ae] la mist en commande, que l'en la remetra en la main de celui qui la garda, en autel point comme ele estoit quant il s'en ala hors du païs.

1109. Pierres proposa contre Jehan qu'il avoit au dit

---

a) *EF* estre baillies ne rend. — b) *G* qu'il. — c) *G* pourr. fere venir. — d) *BEF* baillie. — e) *E* en. — f) *BE* garde. — g) *GHJK* bailla a garder. — h) *ABG* ne le d. — i) *C* se il li bailla. — j) *EF* omettent et se je li ... chose me bailla; *GHJKM* qui me bailla la chose. — k) *HJK* omettent a garder. — l) *A* bailla a garder avr.; *CE* qui le me bailla; *FGHJKM* me bailla la chose. — m) *EGHJK* omettent a. — n) *F* action contre moi de demander le et. — o) *A* et ne ser. — p) *E* a rendre li; *F* a li rendre; *GHIJK* ten. au rendre. — q) *CF* a une rem., *dans F l'e est exponctué*; *E* a il rem.; *GHJKM* a on rem. — r) *GHJK* chil est hors du pais qui me bailla la chose. — s) *BEFGHJKM* omettent son; *EF* de jamais reven. — t) *CEFHJKM* omettent me. — u) *C* chose poursievir me puet pour livrer par dev. — v) *GHJK* que les choses sont soies. — x) *BCEF* que ses res. — y) *JK* elle me. — z) *GHJK* a lui baill. — aa) *G* la chose qui me fu baillie en comm. — ab) *ABE* je le; *F* omet li. — ac) *A* jug. m'en doit. — ad) *BEF* il fist; *C* il a fait. — ae) *GHJKM* qui premiers la.

Jehan baillié un cheval a garder par louier en plein marchié et certaines enseignes li charja[a] par lesquels il le rendist a lui ou a autrui s'il l'envoioit querre; et quant il revint a li querre[b] son cheval, il ne trouva[c] pas son cheval en la garde du dit Jehan, par quoi il requeroit que li dis Jehans fust contrains a li rendre le[d] cheval qu'il li avoit baillié a garder[e]. A ce respondi Jehans qu'il connoissoit bien que li chevaus li avoit esté[f] bailliés[g] a garder et par louier, et que Pierres qui li bailla li dist enseignes par lesqueles il rendist le cheval a celui qui les enseignes li aporteroit; et uns hons vint a li, lequel il ne connoissoit, et li dist : « Bailliés moi cel cheval a teles enseignes », et li nomma les propres enseignes que li dis Pierres li avoit[h] dites, par quoi il ne vouloit pas estre tenus a rendre le cheval pour ce qu'il l'avoit[i] baillié et delivré par les enseignes qui li avoient esté bailliees. Demandé fu a Jehan s'il pourroit prouver qu'il rendist le cheval par les propres enseignes qui li avoient esté baillies. Il dit : « Nennil[j] », fors par son serement, et pour tant s'en vouloit partir. Demandé fu a Pierre par son serement s'il avoit envoié querre le cheval par les enseignes qu'il avoit baillies au dit Jehan; il dist que non. Et seur ce se mistrent en droit se li dis Jehans s'en passeroit par son serement ou s'il seroit tenus a rendre le damage du cheval.

1110. Il fu jugié que li dis[k] Jehans ne s'en passeroit pas par son serement, ainçois feroit restor a Pierre[l] du pris que ses chevaus valoit[m], et a ce jugier furent meu li homme par deus resons : la premiere resons[n] si est[o] pour ce que negligence d'homme[p] ne s'escuse[q] pas contre autrui damage, et ce fu la negligence de Jehan de recevoir enseignes si haut

---

a) *HJK* li bailla par. — b) *F* li pour avoir son ; *GHJK* requerre son. — c) *BEF* il ne le trouva pas en. — d) *GHJK* r. son chev. — e) *A* b. a garde. — f) *AC* li estoit baill. — g) *BEF* bien que il li avoit baillié le cheval a gard. — h) *GHJK* avoit baillies et dit. — i) *A* il li av. ; *BEF* omettent l'. — j) *G* dit que nanil. — k) *HJK omettent* li dis. — l) *EFGHJK* rest. au dit P. — m) *GHJK* pris du cheval ; *M* fer. au dit P. rest. dudit cheval. — n) *FG omettent* resons. — o) *HJK* deus res., l'une pour. — p) *C* de nul homme. — q) *BEFHJKM* [*B* si] n'escuse ; *G* ne l'escuse.

ou si en apert qu'autres persones qu'eus deus les oïst ou seust, car parce que les enseignes furent oïes d'aucun larron puet[a] estre[b] li chevaus fu[c] perdus. La seconde[d] resons si est, qui mut les hommes, si fu[e] pour ce[f] que chose mise en commande et meismement par louier doit estre rendue a celui qui en commande[g] la mist ou a son certain commandement. Et par cel jugement puet l'en veoir qu'il a peril en commande recevoir, car il pourroit estre que cil qui le cheval bailla a garder l'envoia querre comme lerres par les enseignes qu'il avoit bailliees en entencion de redemander loi a celui qui le[h] reçut[i] en commande[j], et pour ce se fet il bon garder comment l'en reçoit la chose en commande et comment on la rent.

1111. Pierres proposa contre Jehan qu'il estoit venus en la meson du dit[k] Jehan comme chés son oste ou il avoit repairié et esté autrefois, et li requist qu'il l'heberjast et lui et son cheval si comme il avoit fet autrefois ; et Jehans li avoit respondu qu'il ne pouoit, car ses osteus estoit tous pleins d'ostes, mes il li enseigneroit bon ostel, et Pierres li dist qu'il l'i fist mener. Adonques Jehans envoia son vallet pour mener le dit Pierre chés[l] Guillaume qui estoit osteliers, et mist son cheval en l'estable, et prist en l'ostel[m] du dit[n] Guillaume de l'aveine et donna a son cheval ; et quant il s'en fu partis pour aler au marchié, ses chevaus fu pris en l'estable et li[o] fu emblés ; et quant il revint il demanda a Guillaume chés qui ses chevaus estoit, qu'il li rendist son cheval qu'il avoit perdu en son ostel ; et Guillaumes li avoit respondu qu'il ne li avoit pas baillié en commande[p] ne que de son cheval ne savoit il riens, par quoi il requeroit que li dis Jehans, pour ce qu'il li[q] avoit loué l'ostel a bon et qu'il

---

a) *HJK* pot e. — b) *GM* p. [*M* bien] e. que li chev. — c) *ABCEFHJK* omettent fu. — d) *HJK* L'autre res. — e) *BEF* omettent qui mut … si fu ; *G* raison qui mut les hommes si est que. — f) *GHJK* omettent pour ce. — g) *C* en warde; *GHJK* en commandement. — h) *JK* omettent le. — i) *BH* reçoit. — j) *C* rechut en warde ; *EF* qui en commande le reçut. — k) *A* omet du dit. — l) *JK* P. sur G. — m) *C* prist es loges du d. — n) *GHJK* ost. de Guill. — o) *A* omet li. — p) *C* en warde. — q) *HJK* pour ce qu'il disoit que li dis Jehans avoit loué.

l'i avoit envoié par son vallet, li rendist le damage de son cheval. A ce respondi Jehans qu'il connoissoit bien qu'il li avoit loué l'ostel a bon et a bon le creoit il, et qu'il l'avoit fet conduire dusques a l'ostel par son vallet, mes il ne vouloit pas pour tant[a] estre tenus a rendre le damage du[b] cheval; et seur ce se mistrent en droit.

1112. Il fu jugié que Jehans n'estoit pas tenus a rendre le damage du cheval, car l'en doit croire, quant il avoit autre fois esté ses ostes et avoit[c] esté hebergiés en son ostel[d] sauvement, qu'il li enseignast l'ostel Guillaume pour ce qu'il le creoit a bon et pour cause de bonne foi; et l'en se doit prendre plus près en jugement d'assoudre que de condamner quant cil qui se defent met en sa defense cause de bonne foi.

1113. Or veons, se Pierres eust demandé en jugement son cheval a Guillaume en quel ostel il fu mis en la maniere qu'il est dit dessus[e], se li dis Guillaumes fust[f] tenus a restorer[g] le damage du cheval. Nous disons que non, car il ne li fu pas bailliés en commande et, a ce que li oste soient tenu a rendre les choses perdues en leur osteus, qui furent a leur ostes, il convient qu'eles leur soient baillies en commande et que l'en die a l'oste ou a l'ostesse : « Gardés nous ce »; car autrement pourroient li larron qui se hebergent[h] embler ou fere embler a leur mesnie ou a autres leur chevaus ou leur choses qu'il porteroient es osteus et puis demander les a l'oste, et ainsi pourroient estre li oste deceu et ce ne seroit pas resons. Et encores a ce qui est baillié as ostes especiaument en commande puet il avoir remede pour les ostes qu'il ne seront pas tenu a rendre ce qui sera emblé, si comme quant il est aperte chose et bien prouvee que li larron emblent des choses a l'oste aussi comme des choses as ostelés[i]. Mes pour ce que li oste[j] pourroient[k] mucier[l]

---

a) *G omet* pour tant; *HJK* pour ce. — b) *GHJK* dam. de son chev. — c) *BEF* avoit autre fois gent en s. o. — d) *A* av. esté en son ost. heb. — e) *HJK* man. dessus dite. — f) *lacune dans* F *depuis ce mot jusqu'à celui qui ele estoit*, § 1127. — g) *JK* rendre. — h) *JK* se logent. — i) *C* aus osteliers. — j) *E* li larron. — k) *ABJK* porroit. — l) *G* pourr. oster et mucier.

les^a choses et dire : « J'ai ce perdu », pour aus^b oster du damage ou pour embler les choses a leur^c ostes meismes, il convient que ce soit prouvé par meson enfondree^d, ou par huis ou par huche brisiee la ou les choses estoient, ou par cri ou par hu après les maufeteurs ; et par teles manieres de voies qui aperent cleres sans barat se pueent li oste defendre vers ceus qu'il ont ostelés, quant leur choses mises en la commande de l'oste sont emblees. Nepourquant en tel cas l'offices du juge doit tenir grant lieu, car il doit savoir de quel vie et de quel renomee l'ostes est^e ; et se l'en le trueve de mauvese, il ne doit estre creus ne pour meson enfondree^f ne pour huche brisiee, car tout ce pourroit il fere fere^g malicieusement^h ; et mout est bonne chose et convenable au juge de despecier mauvès osteus soupeçoneus, si que li trespassantⁱ puissent aler en leur marcheandises et en leur besoignes sauvement. Et mout est grans perius d'hebergier pour couvoitise^j de gaaignier^k, qui loiaument ne le fet et qui n'a tres bonne renomee ; car il avient aucune fois que cil qui entrent ensemble en un ostel murtrissent li uns l'autre ou emblent li uns a l'autre, que l'ostes n'en set mot devant que li maufeteur s'en sont alé et qu'il truevent le fet. En tel cas l'en ne set qui mescroire fors les ostes : si en ont maintes fois li oste qui coupe n'i ont^l a^m soufrir, car de teus fesⁿ orbes l'en ne set qui soupeçoner fors les ostes qui hebergiés^o les avoient ; ne en tel cas riens ne vaut tant as ostes comme quant l'en les trueve de^p bonne renomee par bonne enqueste.

Ici fine li chapitres des choses baillies en garde.

a) *GH* lor ch. ; *JK* ses ch. — b) *JK* p. son ost. — c) *JK* a ses ost. — d) *AHJK* esfossee ; *B* enforssee ; *CEM* enfossee. — e) *A* omet est. — f) *A* enfosse ; *BEM* enfossee ; *C* enfosseez ; *HJK* enfosser. — g) *GHJK* omettent fere. — h) *C* mauvaizement. — i) *BE* que marcheant. — j) *E* omet couvoitise de. — k) *GHJK* gaaing. — l) *BE* avoient. — m) *ABE* ont eu a s. ; *C* ont assez a s. — n) *A* omet fes ; *C* fes qui sont si orb. ; *GHJK* cas orb. — o) *JK* qui logies les. — p) *HJK* tr. en b. r. — Explic.) *C* Chi define ; a garder ; *EK* n'ont pas d'explicit ; *GHJ* Explicit.

XXXVII.

Ici commence li .xxxvii. chapitres de cest livre liqueus parole des choses prestees et comment cil qui les empruntent en pueent user.

1114. Il a grant disference entre chose baillie en garde et chose prestee^a, car chose baillie^b en garde puet bien en tele maniere estre perdue^c que cil qui la prist en garde n'est^d pas tenus a rendre la^e : si comme se ele est perdue sans les coupes^f de celi qui en garde la retint, si comme par feu, ou par eaue, ou^g par force, ou par larrons^h, ou parce que la chose perist de soi meisme, si comme seⁱ c'est^j chose vive qui muire^k, ou vins qui devient mauvès, ou bles qui mesale, ou robe qui empire par vers ou par enviesir, ou autres choses qui pueent empirier sans les coupes^l de celui qui en garde les prist^m. Mes autrement est de la chose prestee, car en quel que maniere qu'ele soit perdue, ou par les coupesⁿ de celi qui l'emprunta ou sans ses coupesⁿ, il est tenus a^o rendre la chose qui li fu prestee ou la valeur, se la chose est en tele maniere perdue qu'ele ne puist estre rendue tele

---

Rubr.) *BEGHJK* omettent de cest livre; *EGHJK* chap. qui par.; *EHJK* li emprunteur; *G* omet Ci commence; comment el temps qui les empr. il en p. us.; *HJK* en doivent us. — a) *BE* entre chose prestee et chose baillice en garde, en outre dans *E* il y a le pluriel. — b) *C* choze qui est baill. — c) *HJK* bien estre en t. man. perd. — d) *HJK* ne l'est pas. — e) *E* ten. au rendre; *G* a les rend.; *HJK* omettent les. — f) *HJK* la coulpe. — g) *C* ou tollue par. — h) *E* par larrechin. — i) *A* omet se. — j) *E* estoit. — k) *GHJK* qui se muire. — l) *JK* la coulpe. — m) *B* g. la retint; *E* le rechoit. — n) *JK* la coulpe. — o) *ABE* ten. au rend.; *G* ten. a le rendre.

CHAP. XXXVII. — DES CHOSES PRESTEES.

comme on la[a] presta. Car se j'ai presté fourment a aucun tout[b] sain et il le me veut rendre[c] mesalé, je ne sui[d] pas tenus a reprendre loi[e], neis se c'estoit[f] li fourmens que je prestai qui fust empiriés en ses greniers, car chose prestee si est chose balliee a autrui en tel maniere que l'en la rait au terme qui i[g] est mis[h]; et dusques au terme, l'empruntères en puet fere son preu[i] et metre en son[j] pourfit[k], mes ce ne puet il pas fere de la chose[l] baillie en garde[m]. Et puis que l'en puet fere son preu de la chose prestee, il est bien resons que l'en la rende aussi soufisant comme ele estoit quant ele fu prestee[n].

1115. Se la chose prestee est prestee sans metre terme de ravoir la, li termes est venus[o] quant cil la veut ravoir qui la presta. Nepourquant il la pourroit demander en tel point[p] que l'emprunteres ne seroit pas tenus a[q] rendre li[r] tantost, si comme se aucuns me prestoit armeures pour la doute de mes anemis et il les me redemandoit ou point que je seroie armés et en tel lieu que je ne pourroie pas autres recouvrer : en tel cas je ne li[s] seroie tenus[t] a rendre[u] devant que je seroie en lieu seür ou je me peusse desarmer. Et aussi d'un cheval, s'il m'estoit prestés pour guerre et l'en le me demandoit ou point que je seroie montés dessus[v] en lieu perilleus. Et par ce que nous avons dit des armes[x] et du cheval puet l'en[y] veoir des[z] autres choses prestees qui sont demandees du[aa] presteur ou tans qui n'est pas honestes. Mes

---

a) *BE* perd. en la maniere c'on la pr. ; *C* puisse estre tele rendue que quant on la pr. ; *GHJK* on lui pr. — b) *G* prest. aucune chose a aucun comme une mine de fourment sain. — c) *BE* on le me rent. — d) *C* ne le sui. — e) *AC* omettent loi; *G* ten. a le repr. ; *HJK* ten. au repr., neis (*JK* et f.). — f) *JK* repr. et fust li f. — g) *A* omet i. — h) *B* t. qui mis i est. — i) *G* f. son pourfit. — j) *HJK* omettent preu et metre en son. — k) *G* son preu. — l) *C* fere se elle li est baill. — m) *C* garde ichelle choze ou autre meesmes. — n) *E* prestee quel cose que che soit. — o) *GHJK* ven. de ravoir le quant. — p) *GHJK* pourr. en tel point demander. — q) *GHJK* de. — r) *B* rendre la ; *E* omet li ; *G* de le rendre ; *JK* de (*J* la) rendre lui. — s) *EG* omettent li. — t) *GHJK* ser. pas ten. — u) *C* omet a rendre ; *G* a les rendre. — v) *HJK* mont. sor [*JK* lui] en. — x) *JK* des armeures. — y) *G* puet on entendre et veoir. — z) *AC* v. les aut. — aa) *A* dem. de prest. ; *G* dem. au presteur.

sans peril de cors ou sans peril d'avoir tres grant damage, je sui tenus a rendre ce qui me fu presté sans delai[a]. Nepourquant se je ne le vueil rendre et li presteres le veut ravoir par force de justice, il convient qu'il[b] me[c] face ajourner et, quant je serai venus en court, qu'il me demant ce qu'il me presta ; et se je li connois, commandemens me doit estre fes du[d] rendre[e] en la maniere que l'en fet des autres detes qui nessent[f] de[g] marchiés ou[h] de[i] convenances, exceptees aucunes choses prestees que l'en doit plus haster. Car se je reconnois devant justice que j'aie le cheval d'aucun en m'estable ou ses oustius de quoi il doit ouvrer ou autre chose qui est en ma baillie presentement, — autre chose que dete de deniers, — je doi estre tantost contrains au rendre. Mes se je n'ai pas ce qui me fu presté en ma baillie, adonques me doit on fere commandement que je le rende, si comme il est dit dessus.

1116. Qui preste il doit prester[j] sa chose et non pas[k] l'autrui ; et cil meismes qui emprunte doit savoir que la chose qu'il emprunte soit a celui a qui il emprunte[l], car si j'[m]emprunte[n] a aucun ce[o] que je sai[p] qui n'est pas sien, je ne le puis retenir. Et se[q] cil qui la chose est m'en poursuit, voirs est que je doi avoir jour de querre mon garant, pour ce que je tieng la chose d'autrui main que de la sieue. Et se je ne puis avoir mon garant, si comme s'il est mors ou manans en estrange païs, cil qui la chose prueve a sieue l'en porte. Et quant il convient a[r] Pierre rendre[s] a Jehan ce que Guillaumes lui presta, il le doit fere par justice, car s'il le rendoit audit Jehan sans justice, tout seust il que la chose fust sieue, il ne seroit pas quites vers le dit Guillaume qui li avroit prestee ; et aussi ne seroit il s'il la bailloit par jus-

---

a) *C* sans nul delaiement. — b) *BE* que li presterres. — c) *B* le face. — d) *E* f. de li rend. — e) *GHJK* omettent du rendre. — f) *BE* qui n'issent pas (*E* mie) ; *GHJK* qui issent. — g) *GHJK* des. — h) *GHJK* et. — i) *GHJK* des. — j) *G* omet il doit prester. — k) *GHJK* omettent pas. — l) *AB* il l'empr. — m) *A* c. s'il empr. — n) *B* se je ai emprunté. — o) *E* empr. aucune coze que. — p) *HJK* sai bien. — q) *A* omet se. — r) *C* omet a. — s) *GHJK* conv. que P. rende.

tice de sa propre volenté sans requerre son garant, car chascuns est obligiés envers celui qui preste par reson de prest, et avant la doit rendre a lui qu'a autrui ; et quant ele li est rendue, cil qui l'emprunta en iert[a] delivres. Et s'aucuns autres i set son droit, par justice le doit pourchacier, car se aucuns me poursuit d'aucune chose qu'aucuns autres me presta et je remet la chose en la main de celui qui la me presta, j'en[b] doi estre delivres et si ne fes a nului tort.

1117. Nous avons dit dessus que chascuns est tenus a rendre la chose prestee aussi saine et aussi entiere comme ele estoit quant l'en la presta et c'est voirs. Nepourquant d'aucunes choses prestees n'est pas tenus l'emprunteres a rendre les aussi soufisans comme il les prist : si comme s'aucuns me preste son cheval pour fere mon labeur ou pour chevauchier et je le rent plus megre et plus travaillié qu'il n'estoit quant je l'empruntai, je n'en sui tenus a fere nul restor s'il ne me plest, puis que je le rent sans mort et sans afoleure ; et en tel cas disons nous tout autel des chevaus qui sont baillié a louage. Mes se li chevaus muert ou mehaigne entre les mains d'iceli qui l'emprunta ou qui le loua, il est tenus au damage rendre. Et aussi s'aucuns me preste sa robe pour mon vestir et il la suefre tant en ma baillie que la robe empire par envieseure[c], je ne sui tenus a rendre que la robe tele comme elle est quant l'en la me demande. Car pour ce que teus choses empirent par vestir ou par enviesir, l'en doit croire que cil qui la presta, qui bien savoit qu'ele empiroit[d], amoit tant celui a qui il fist le prest, qu'il li donnoit l'usage du vestement[e] tant comme il li pleroit ; et s'il lessa[f] tant a demander la[g] qu'ele fu usee, il ne la puet demander fors tele comme ele est. Et aussi se[h] aucuns preste[i] un mui de fourment ou un mui de segle ou d'aveine ou de vin qui vaut .XL. s. le jour qu'il est prestés et, quant

a) *C G H J K* en est del. : *E* en sera del. — b) *A B E* pr. je doi. — c) *C* par en viellir ; *H J K* par viesure ; *M* p. en viezir. — d) *H J K* empirroit. — e) *B E* us. du vestir. — f) *C E* il li lessa ; *G H J K* il le lessa. — g) *C E G H J K* omettent la. — h) *B* aussi comme se ; *E* aussi quant se. — i) *H J K* auc. me preste.

li presteres le veut ravoir, il ne vaut que .xx. s. ou que .xxx.ª, il ne puet pas demander a celui a qui il presta qu'il li rende ce qu'il a perdu ou prest. Car se l'en me preste[b] grain ou vin, je ne sui tenus a rendre fors[c] autel grain ou autel vin[d] comme l'en me presta ; ne l'en ne[e] doit pas prendre garde s'il monte ou abaisse au marchié, mes en la chose prestee tant seulement. Nepourquant se aucuns me preste grain, ou vin, ou robes, ou chevaus, ou autre chose quele qu'ele soit, et je requier a celui a qui je la prestai qu'il la me rende et il ne la me[f] puet ou ne veut rendre, se la chose prestee empire puis seur moi par la defaute de ce qu'ele ne[g] me fu rendue quant je la demandai, je puis demander par reson[h], puis lueques[i] en avant, le damage de l'empirement de la chose prestee, car je ne doi pas avoir damage en ce que l'en ne me vout[j] rendre ce[k] que j'avoie presté, et autrement gaaigneroient li mauvès paieur[l] par leur barat souvent. Si comme se je prestai a aucun[m] mon blé[n] par le chier tans et par chier tans le redemandoie, et cil qui l'emprunta ne le me[o] vouloit rendre, ainçois pourchaçoit delai sans mon respit et sans ma volenté, et, en cel delai pendant et en pourchaçant ce que je li prestai[p], bles venoit a meilleur marchié[q] par[r] l'aoust[s] qui[t] venroit[u] en cel delai ou par autre cause, en tel cas l'empruntares seroit tenus a moi[v] rendre[x] mon blé de[y] la valeur qu'il estoit[z] quant je li demandai. Mes autre chose seroit se je ne demandoie mon blé devant le bon tans, car adonques ne li pourroie je demander qu'il me feïst nul restor du damage.

a) *G* que .xxx. s. ou que .xx. ; *HJK* ou .xxx. s. — b) *GHJK* presta. — c) *AB* ten. fors a rendre. — d) *HJK* omettent autel gr. ou aut. vin. — e) *AB* omettent ne; *C* ne me doit. — f) *GHJK* omettent me. — g) *B* omet ne. — h) *G* omet p. reson. — i) *JK* puis la en. — j) *BE* vieut. — k) *C* rend. le choze que. — l) *C* gaaign. chaus qui paient mauvaisement par. — m) *BE* omettent a aucun. — n) *E* pr. muebles par. — o) *JK* ne me le voul. — p) *HJK* omettent et en pourch. ... je li prestai. — q) *E* omet bles venoit a meill. marchié. — r) *E* por. — s) *BE* omettent l'. — t) *E* omet qui. — u) *E* venr. a meilleur marquié qui venroit en. — v) *E* omet a moi. — x) *BE* de moi rendre. — y) *GHJK* rend. de mon blé la val. — z) *GHJK* valoit quant.

CHAP. XXXVII. — DES CHOSES PRESTEES.

1118. Bien se gardent cil qui prestent[a] qu'il reprengnent[b] la chose prestee ou point que l'emprunteres l'offre a rendre; car s'il la refuse et la chose prestee empire puis l'offre du rendre, l'emprunteres n'est tenus a fere nul restor de l'empirement : si comme se aucuns me preste un mui de blé et vaille .XL.c s. au jour qu'il me fu prestés, mes je n'eu pas convent a rendre .XL.c s. pour le mui de blé, et après je regarde mon[d] bon point pour moi aquitier et offre le mui de blé a rendre d'aussi[e] bon grain comme il me fu prestés, tout soit ce qu'il ne vaille que .XX. s. le mui ou point que je l'offre a rendre, cil qui le me presta ne le[f] puet refuser. Et s'il le refuse ou delaie a prendre pour ce qu'il vaut meins au marchié[g] qu'il ne fesoit quant il le presta[h], et en cel delai[i] bles encherist[j] si qu'il revient[k] en aussi grant cherté ou en plus comme il estoit quant il me[l] fu prestés, je ne sui pas tenus a rendre le mui de blé, mes tant comme il valoit au jour et a l'eure que je l'offri a rendre, car male chose seroit que je receusse damage parce que l'en ne vout recevoir mon paiement. Mes pour ce que en demander ce que l'en me presta ou en offrir paiement a fere pourroit avoir fraude ou[m] barat, — si comme se je demande a aucun ce que je li avroie presté en lieu desconvenable a[n] moi paier, pour ce que je vourroie pas qu'il me paiast, si comme se je li demandoie[o] en passant: « Beaus sires, paiés moi », et n'atendoie[p] pas sa response, ou je li demandoie ou point que je verroie qu'il seroit si[q] embesogniés qu'il ne pourroit a moi entendre, ou en aucune autre maniere malicieusement, — de teus demandes se pourroit l'emprunteres[r] escuser, car quant l'en demande sa dete ou ce que l'en a presté, on la doit demander par

---

a) B qui presentent. — b) C que il ne prengnent ; GHJK que ilz prengnent. — c) E .LX. s. — d) E mon pourfit et mon b. p. — e) GHJK omettent d'. — f) HJK le me puet. — g) HJK omettent au marchié. — h) GHJK le me prest. — i) C cel delaiement bles. — j) A omet et en cel ... encherist. — k) GHJK il vient. — l) ABCE omettent me. — m) HJK fr. et bar. — n) GHJK de moi. — o) ABE demande. — p) C n'attende. — q) GHJK omettent si. — r) B li demanderres ; C li deffenderres ; E li deteres.

devant bonnes gens sans espier lieu desconvenable, ou querre*ª* loi*ᵇ* par justice. Et il n'a point de disference entre dete de loial marchié et chose prestee, car chose prestee est bien dete a celui qui l'emprunte.

1119. L'en doit user des choses prestees selonc la maniere qu'ele fu prestee et nient autrement, car se j'emprunte un cheval pour chevauchier, je ne le doi pas metre a la charue sans le congié de celui qui le me presta ; ou se l'en me preste*ᶜ* aucune chose pour mon user, je ne le doi pas prester a autrui, ainçois doi adès*ᵈ* estre si sires de ce qui m'est*ᵉ* presté*ᶠ* que je le puisse rendre quant cil qui le me presta le vourra ravoir. Et cil qui n'use pas ainsi comme il doit de la chose prestee, se damages en avient, l'empruntères le doit rendre a celui qui le presta.

1120. Se l'en me preste aucune chose en tele maniere que je face de l'emprunt aucune certaine besoigne qui est dite a l'emprunter et en tele maniere que je le doi rendre a certain jour nommé*ᵍ*, et il avient que je*ʰ* face autre chose de la chose prestee*ⁱ* que je ne convenançai, cil qui la me presta n'est pas tenus a atendre le terme qu'il me donna de la chose rendre, pour ce que je fes de la chose prestee*ⁱ* autre chose qu'il ne fu convenancié a l'emprunter : si comme se l'en me preste un cheval a*ʲ* trere a*ᵏ* ma charue dusques a la Toussains*ˡ* et, quant j'ai le cheval, je ne le met pas a la*ᵐ* charue, ainçois le fes chevauchier, en ce cas et en semblables li prestères n'est pas tenus a atendre*ⁿ* le jour de la Toussains, pour ce que j'use du prest autrement que je ne convenançai a l'emprunter. Car il avient souvent que l'en preste a son ami aucune chose pour fere fere aucune chose*º*

---

a) *BE* ou demander le. — b) *HJK* omettent loi. — c) *GHJK* s'on m'a presté. — d) *ABE* tous jours; *C* omet adès. — e) *GHJK* ce qu'on m'a pr. — f) *G* pr. affin que; *HJK* pr. si que. — g) *HJK* omettent nommé. — h) *HJK* que j'en face. — i) *HJK* omettent de la chose prestee. — j) *GHJK* chev. por tr. — k) *E* tr. a metre a ma. — l) *HJK* omettent dusques a la Toussains; *M* dusq. a chertain terme. — m) *GHJK* a me ch. — n) *BE* ten. a rendre le j. — o) *BE* omettent pour fere auc. chose.

CHAP. XXXVII. — DES CHOSES PRESTEES.

certaine que l'en ne li presteroit pas pour fere ent[a] autre chose que cele qui est dite a l'emprunter. Et pour ce avons nous dit que l'en doit user des choses prestees[b] en la maniere qu'il[c] fu dit du[d] presteur[e] a l'emprunter[f]; et tout ainsi comme nous avons dit des choses prestees, disons nous des choses baillies par louier, car nule chose bailliee par louier[g] ne doit estre mise en autre usage qu'en celui pour quoi ele fu louee ; et qui la convertist en autre usage, se damages en vient[h], li loueres[i] est[j] tenus a rendre le damage a celi qui la chose li loua.

1121. Toutes choses ne font pas a prester, car nus ne doit prester ce qui plus nuiroit[k] a l'emprunteur qu'il ne li aideroit : si comme se aucuns vouloit fere mellee et je li prestoie mes armes ou m'espee pour acomplir sa fole[l] volenté, je li nuiroie plus que je ne li aideroie, car il pourroit fere folie pour l'aide de mon prest, et je meismes n'en seroie pas delivres s'il estoit prouvé contre moi que je li eusse presté[m] a escient[n] pour mal fere[o]. Et aussi ne doi je pas prester ne donner vin a homme ivre, ne maçue a fol, et a briement parler nus ne doit fere don, ne prest, ne louage, ne aide, ne confort contre Dieu ne contre bonnes meurs ; et quiconques le fet a escient, s'il l'en mesavient, c'est a bon droit.

Ici fine li chapitres des choses prestees.

---

a) *B E G H J K omettent* ent ; *G* pas en nulle aut. ch. — b) *B E* ch. emprunteez ; *G H J K omettent* des choses prestees. — c) *G H J K* en tele man. qui. — d) *A B C E* dit au (*B E* a l'). — e) *B E* l'emprunteur. — f) *B* au prester ; *E* au presteur ; *G H J K* a l'emprunteur ; *M* man. que y fu dit au prester. — g) *G H J K omettent* baillice par louier. — h) *G H* advient ; *J K* avenoit. — i) *C* vient, cheli qui le print par loier si est. — j) *J K* seroit ten. — k) *A* qui nuiroit plus. — l) *A omet* fole. — m) *A B E* je li prestasse. — n) *G H J K omettent* a escient. — o) *G* pour maisement fere a escient ; *H J K* pour fere malice a escient. — Explic.) *A* Ici faut li ; *C* Chi define ; choses qui sont pr. ; *E* Chi fenist ; *G H J* Explicit ; *K* n'a pas d'explicit.

XXXVIII.

Ci commence li .xxxviii. chapitres de cest livre liqueus parole des choses baillies par louier, et des fermes et des engagemens.

1122. Nous avons parlé des choses baillies en garde et après des choses prestees ; or est bon que nous parlons un petit et briement des choses qui sont baillies par louier, car il a disference en pluseurs cas[a] entre les choses qui sont baillies par louier et celes qui sont baillies[b] en garde[c] ou par[d] prest, par la reson[e] de gaaing que cil doit avoir qui la chose loue[f] ; car cil qui baille a garder ou qui preste sans usure ne puet demander arrieres que la chose qu'il bailla a garder ou qu'il presta[g] tant seulement ; mes cil qui baille aucune chose a louage la puet demander quant li termes est passés et le louage qui fu[h] convenanciés avec.

1123. Louages se fet[i] en pluseurs manieres, car les unes choses sont louees dusques[j] a certain terme et les autres a journees, et les autres pour fere aucune[k] certaine besoigne[l] sans nommer ne jour ne terme de ravoir[m], et les

---

Rubr.) *A* et de engag. ; *ABEH* louier ou a (*A* as) ferme ; *BEGHJK* omettent de cest livre ; *C* ch. qui sont baill. ; *il omet* liq. parole ; *EGHJK* chap. qui par. : *G omet* Ci commence. — a) *C omet* en plus. cas. — b) *B omet* par louier ... sont baillies. — c) *C* garde en pluriex cas. — d) *GHJK* ou pour pr. — e) *C* pr. ou par res. — f) *GHJK* cil en doit av. qui le loue. — g) *GHJK* qu'il presta ou bailla a garder. — h) *HJK* qui est conv. — i) *C* Louages si se font en. — j) *A omet* dusques. — k) *EGHJK* omettent aucune. — l) *BEHJK* certaines besoignes ; *G* fere certains ouvrages et certaines besongnes. — m) *EG* rav. les, et les.

autres par condicion : si doit on savoir que l'en doit user des choses louees selonc ce que l'en convenança au louer. Nepourquant[a] en aucun cas puet l'en user de ce que l'en loue[b] autrement qu'il ne fu dit au louer[c] : si comme se je loue une meson en entencion de manoir i[d] dusques a certain tans[e] et aucuns empeechemens me vient par quoi je n'i puis ou ne vueil manoir, pour ce ne demeure pas que je ne puisse la meson louee metre[f] en autrui main en mon preu[g] fesant dusques au terme. Nepourquant il ne me[h] loit pas a[i] metre si[j] grant seigneur que la chose louee puist empirier[k] par son seurfet[l], se je ne fes seurté au louer[m] de rendre le damage. Et aussi se j'ai un cheval loué pour trere a la charue dusques a la Toussains, il me loit bien a prester loi ou a louer a mon voisin[n]. Mes de toutes choses louees, se cil les met hors de sa main qui les prent a louier, il demeure obligiés envers celui qui li loua, de la chose rendre et du damage, s'il i est, et du louier qui fu convenanciés.

1124. Quant aucune chose est[o] louee dusques a certain terme, si tost comme li termes est venus, la chose louee[p] doit estre rendue et li louages ; et se cil qui la loua la tient puis le terme contre la volenté de celi qui la chose est, cil qui la chose loua se puet plaindre de nouvele dessaisine, tout l'ait cil qui la loua tenue[q] .I. an ou .II. ou plus par la reson du louage ; mes que li loueres qui se veut plaindre se plaigne dedens l'an que li termes du louage passa, et qu'il li ait avant requis qu'il li rende sa chose qu'il li loua par devant justice ou par devant bonne gent ; et adonques s'il ne li veut rendre se puet[r] il plaindre en la maniere dessus dite, car cil ne se pourra aidier du tans qu'il tint a louage ; et

---

a) *E* Nepourq. il ne li loit mie a metre. Nepourq. en. — b) *BE* loua : *HJK* omettent de ce ... louc. — c) *G* omet Nepourquant en aucun ... dit au louer. — d) *C* omet i ; *E* man. dedens. — e) *A* terme. — f) *E* mes. louer et met. — g) *JK* mon profit fes. — h) *BE* ne li loit. — i) *C* Nep. on ne doit pas met. — j) *A* met. i si gr. — k) *BE* que la maison soit empiriee par. — l) *BCEFGHJKM* forfet. — m) *A* au loueeur. — n) *JK* loi a mon voisin ou a lui louer. — o) *GHJK* est convenenchie ou l. — p) *GHJK* omettent louee. — q) *JK* dess. ja soit ce que cil qui la loua l'ait ten. — r) *BE* doit.

s'il plest au demandeur, il le puet bien suir par autre voie que par nouvele dessaisine en requerant que sa chose li soit rendue qu'il tient.

1125. Se aucuns a louee une meson ou une autre chose dusques a certain terme et il avient que li termes passe en tele maniere que cil qui la chose est se test, et cil qui la tint par louier use de la chose aussi comme il fesoit ou tans qu'il la tenoit a louage, et après cil qui la chose est la demande et le[a] louier de tant de tans comme il l'a tenue puis que li termes passa, nous creons qu'il ne feïst pas desavenant demande, car, parce que chascune partie se tut, il apert que li louages duroit par le consentement d'eus deus, meismement quant cil qui la chose loua usa comme de chose[b] louee puis le terme aussi comme devant. Et aucune fois avient il que cil qui loue les mesons a autrui ou autres choses dusques a certain terme, quant[c] li termes est venus[d], est[e] hors du païs ou embesoigniés, ou cil meismes qui la meson loua, si qu'il ne pueent[f] pas commencier nouveau louage, nepourquant bonne fois doit estre gardee; et la bonne fois est que se cil demeure en la meson louee puis le terme, qu'il pait selonc ce qu'il i sera; et s'il en veut estres quites, il s'en voist de[g] l'ostel quant li[h] termes sera venus. Et s'il avient une piece après le terme, — après ce que chascuns se sera consentis, li uns a user de la chose louee, li autres a soufrir, — que cil qui la chose est la vueille ravoir, il convient que cil qui maint en la meson ait terme de vuidier le lieu selonc son estat, de .viii. jours ou de .xv., a l'avenant regart de la justice, car male chose seroit que cil qui mainent en autrui mesons fussent si hasté[i] d'issir qu'il ne peussent leur chose vuidier avant leur issue.

1126. Li louage qui sont fet par journees ne durent fors

---

a) *HJK* est li dem. le louier. — b) *EHJK* comme de le chose. — c) *GHJK* terme que quant. — d) *BE* venus et cil qui la meson loua est. — e) *G* ven. s'il est; *HJK* ven. cil est. — f) *GHJK* ne puest. — g) *CJK* voist hors de. — h) *BEHJK* omettent li. — i) *GHJK* fuss. contrains d'issir.

tant que ᵃ les deus parties se consentent ᵇ au louage, car cil qui la chose loue la puet redemander si tost comme il li plest ᶜ et le louage des journees que la chose a ᵈ esté tenue. Et aussi cil qui la chose loua la puet rendre quant il li plest par les journees paians ᵉ. Nepourquant puis que ᶠ la journee est entamee ne tant ne quant, se ᵍ cil qui la chose loua la veut rendre, il doit paier toute la journee entiere, aussi bien s'il ʰ la rent a prime comme ⁱ s'il la rendoit a ʲ vespres, car puis que la journee est commencie, ele est toute a celui qui loua la chose. Car se j'ai loué un cheval a journee ᵏ, je ne le puis pas redemander a eure de ˡ prime ne de ᵐ tierce ⁿ, ne devant que toute ᵒ la journee est acomplie ; ainçois se je le vueil ravoir, je doi celui requerre ᵖ qu'il le me renvoit ᵠ quant la journee est acomplie ou si matin que je ʳ puisse fere mon esploit de la journee qu'il me sera envoiés, si comme a soleil levant ou ainçois. Et aussi comme nous avons dit du cheval entendons nous des autres choses qui sont louees par journees.

1127. Se cil qui loue aucune chose par journees tient la chose louee contre la volenté de celi qui la chose est et après ce qu'il li a demandee sa chose a tout le louier convenablement, si comme il convient qu'il rait sa chose par justice, cil ˢ qui la chose tint ᵗ a ᵘ louier n'est pas tenus tant seulement a rendre le louage des journees auteles comme celes ᵛ qui furent convenancies ou tans qu'il tint la chose par le gré de celi qui ele estoit, ainçois est tenus a rendre tout le damage que cil eut qui la chose loua ou tans qu'ele

---

a) *A B* tant comme. — b) *G H J K* part. sa assentent ; *M* s'acordent. — c) *M* si tost comme il ly plait le peust bien redemander. — d) *M* louage de la choze des journees qu'elle aroit. — e) *C* plest ne mes qu'il paie chelui qui li loua ; *H J K* omettent car cil qui la chose … journees paians. — f) *G H J K M* Nep. se la j. — g) *E* quant et cil. — h) *H J K* bien comme s'il. — i) *H J K* pr. que s'il. — j) *C* aus v. ; *G H J K* au v. — k) *A B C* journees ; *E* prime. — l) *B G* omettent eure de. — m) *B G* ne a t. ; *E* omet eure de pr. ne de. — n) *E* t. ne ajornee ne dev. — o) *G H J K* omettent toute. — p) *A* requerre celui ; *B* d. mander cel. ; *C* req. a chelui ; *E* d. faire cheli savoir que. — q) *A C* m'envoit. — r) *H J K* j'en p. — s) *E* just. si que cil. — t) *E* qui tint le coze ; *G H J K* tint sa coze. — u) *G H J K* par l. — v) *B* cel. estoient qui ; *E* com. chele estoit comme cheles qui.

fu tenue contre sa volenté, car l'en set que les sesons ne sont pas onnies en louages : si comme une voiture doit estre plus cher louee[a] en aoust, ou en vendenges, ou en mars qu'en autre seson. Si n'est pas resons[b], se aucuns tient une voiture d'autrui a semaines ou a journees et cil qui la loua la veut ravoir pour fere son pourfit pour le mars ou pour l'aoust qui aproche, se cil qui devant la tenoit a louier la tient le mars ou l'aoust contre la volenté de celi qui la chose est, il n'est pas resons qu'il s'aquite par auteus journees comme il fesoit devant, car donques gaaigneroit il par[c] fere tort, et l'en doit savoir que cil fet tort qui tient autrui chose contre la volenté de celi qui ele est sans avoir bonne cause de tenir loi, si comme par louier dusques a terme, ou par engagement, ou par ferme, ou par mout d'autres resons semblables par lesqueles l'en puet bien avoir usage seur autrui chose, tout soit la proprietés a autrui.

1128. Or sont aucunes choses louees en autre maniere, si comme pour fere aucune certaine besoigne, si comme se je lou un cheval pour chevauchier de Clermont a Paris. Si doit l'en savoir, quant teus louages est fes, que l'en en doit user en tel maniere comme il fu convenancié, car cil qui loue le cheval a[d] chevauchier dusques[e] a Paris ne le doit pas chevauchier outre Paris, ne ne le[f] doit pas[g] mener autre chemin qui soit plus greveus ne plus loingtains que cil qui fu dis de Clermont a Paris. Nepourquant il avient aucune fois que l'en ne puet pas tenir teus convenances pour cause de necessité, si comme se cil qui entendoit a aler a Paris, après ce qu'il est meus oit nouveles par lesqueles il li conviegne hastivement passer Paris ou tourner[h] autre chemin[i], par quoi il demeure plus qu'il ne cuidoit et a plus lonc chemin qu'il ne cuidoit ; en tel cas doit il estre escusés

---

a) *BEFG omettent* louee. — b) *JK omettent* si n'est pas resons. — c) *GHJK pour* f. — d) *BEF* por chev. — e) *G* chev. de Clermont dusq. — f) *F omet* le. — g) *BE omettent* chevauchier outre Paris ne ne le doit pas ; *HJKM omettent* ne le doit pas. — h) *B* ou aler ; *EF omettent* tourner. — i) *F* chem. tenir.

CHAP. XXXVIII. — DES CHOSES BAILLIES PAR LOUIER, ETC. 83

pour le cas d'aventure, toutes voies par le damage rendant
a celi qui li chevaus est selonc le tans de la demeure et selonc la grandeur de la voie. Et par ce que nous avons dit du
cheval loué pour fere une certaine voie puet l'en entendre
des autres choses louees pour fere autres choses certaines.

1129. Autres manieres de louages sont qui sont fet[a] par
condicion, si comme se je disoie a aucun : « Je vous lou ma
meson .x. lb. dusques a la Saint Jehan », en tel maniere
que j'aie sa meson pour .c. s. dusques au dit terme, s'il ne
la[b] me veut delivrer et baillier[c] pour[d] les .c. s., je ne sui
pas tenus a li baillier ma meson pour les .x. lb. Et aussi
comme nous disons de la meson[e] disons nous de tous autres
louages et de toutes convenances et de tous marchiés qui
sont fet par condicion, qu'il[f] convient la[g] condicion aemplir,
ou ce qui a esté convenancié est de nule valeur.

1130. Quant aucuns loue ou marcheande ou convenance
aucune chose par condicion, il est ou chois de celi qui la
condicion[h] doit aemplir de la condicion aemplir[i] ou de lessier la, en tel maniere que, s'il la veut aemplir, li marchiés
ou li convenans ou li louages doit estre tenus ; et s'il ne li
plest aemplir la condicion, l'en ne l'i puet contraindre, s'il
ne s'oblija ou convenança qu'il l'aempliroit. Si comme se je
lou a aucun un[j] cheval ou preste[k] en tel maniere qu'il me
doit prester .x. lb. dusques a certain terme, et les me convenança a paier, en teus cas et en semblables est l'en tenus a
aemplir les condicions. Car se cil ne vouloit pas prendre mon
cheval si comme il fu dit, si m'est il tenus a prester les .x.
lb. puis qu'il ne demeure pas en moi qu'il n'ait[l] le cheval.

1131. Comment que je tiegne ma meson, ou en fief ou
en vilenage, se aucuns maint dedens par louier et il ne me
paie mon louier as termes qui sont devisé, je puis prendre

a) *EF* faites. — b) *BEFGHJK* omettent la. — c) *G* omet et baillier.
— d) *GHJK* b. se maison pour. — e) *GHJK* dis. des maisons dis. — f)
C cond. car il. — g) *A* omet convient le. — h) *A* la convenance. — i) *A*
omet de la cond. aempl. — j) *A* mon chev. — k) *B* auc. ou preste mon
chev. ; *EF* omettent ou preste. — l) *ABEF* n'a le.

du sien dedens ma meson pour le louage, comment qu'il se soit obligiés pour autrui ou vers autrui, exceptee la saisine du seigneur de qui je tieng ma meson. Car se la mesons est saisie, ou li bien de celi qui me doit mon louier, par mon[a] par dessus, je doi pourchacier que la saisine[b] soit hors avant que j'i mete la main, ou requerre qu'il me face paier ce qui m'est deu par reson de louage ; et se cil qui en ma meson maint veut vuidier le lieu ains terme ou après terme, ou[c] en apert[d] ou en recelee, je puis arester ou fere arester lequel qui mieus me plest de[e] ses biens, tant comme il sont en ma meson. Mes s'il sont mis hors avant que je face l'arrest seur autrui justice que seur la moie, je ne le puis arester de m'autorité qu'il ne me convenist le lieu resaisir et amende fere ; ainçois me convenroit pourchacier de[f] mon louier par le seigneur de celui qui le me doit ou moi[g] prendre a mes pleges se je les ai.

1132. Cil qui louent les eritages a tenir toute leur vie ou a eritage, a aus et a leur oirs, sont tenu a maintenir les eritages loués, s'il pueent, en aussi bon estat comme il les pristrent, ou au meins en tel point qu'il vaillent le louage. Et s'il le veulent empirier[h], en despeçant[i] mesons, ou par couper arbres fruit portans, ou par[j] essarter bois ou vignes, li sires qui le[k] bailla a louage n'est pas tenus a ce[l] soufrir, car il en pourroit estre damagiés[m], que l'en li pourroit lessier le lieu pour le cens ou pour le louage quant il[n] seroit empiriés ; mes bien en face[o] cil qui le tient[p] son pourfit en tel maniere comme il li[q] plest sans fere teus empiremens. Et aucune fois avient il[r] que cil qui prenent aucun eritage[s] a cens ou a louage a tous jours baillent en lieu de seurté

---

a) *C* p. mon seigneur p. ; *E* omet par mon. — b) *B* sais. ne soit. — c) *G* omet apr. terme ou ; *HJK* omettent ou apr. terme ou. — d) *M* omet ou après ... en apert. — e) *ABEFM* omettent de. — f) *JK* omettent de. — g) *HJK* omettent moi — h) *HJK* depecier. — i) *BEF* Et s'il veul. despecier mes. — j) *G* ou en ess. ; *HJK* ou pour ess. — k) *GHJK* qui les b. — l) *G* a les. ; *HJK* au s. — m) *C* pour. naistre tel damage que. — n) *GHJK* q. le lieu ser. — o) *JK* facent. — p) *JK* les tiennent leur p. — q) *JK* leur pl. — r) *ABC* omettent il. — s) *BEF* pr. tez eritages.

contreacens^a d'eritage pour que s'il avient que cil qui prenent l'eritage^b a cens ou a louage le^c veulent lessier pour ce qu'il leur semble^d trop chiers ou pour ce que li lieus est^e empiriés, que cil qui le^f baille se puist prendre a son contreacens^g et au lieu qu'il bailla tel comme il est quant il fu lessiés. Et en cel cas disons nous que, puis que cil qui l'eritage bailla a cens ou a^h louage a seurté d'autreⁱ eritage que l'en apele contreacens, il ne puet beau veer que cil qui son eritage tint a cens^j ou a louage^k n'en face^l son pourfit en toutes manieres, excepté gast et essil ; car mon propre eritage meisme ne me loit il pas a gaster ne a essillier^m par mauvese cause, pour ce que seroit li damages des seigneurs de qui je tieng les choses et contre le commun pourfit. Et aussi comme cilⁿ doit estre justiciés qui art autrui meson a escient, doit il estre s'il art la sieue meson meisme en entencion d'ardoir la^o son voisin qui est près ; car li aucun sont si haineus^p et si felon qu'il vourroient bien fere damage a eus meismes pour fere damage a autrui ; et pour ce ne doivent il pas estre escusé pour ce^q s'il se font damage, ainçois doivent estre jugié selonc l'entencion qu'il avoient d'autrui grever, et cele entencions puet^r estre seue par leur reconnoissance ou par menaces prouvees.

1133. Pour ce que nous avons parlé de baillier contreacens^s pour eritages pris a cens ou a louier, l'en ne les puet pas baillier par la coustume qui ore queurt, se ce^t n'est par l'acort des seigneurs de qui li eritage muevent qu'on veut baillier en contreacens, pour ce que l'eritages qui est bailliés par maniere de seurté ne puet puis estre vendus ne

---

a) *B E F* contre cens. — b) *G* omet l' ; *H J K* pr. heritages. — c) *J K* le v. — d) *J K* l. semblent tr. — e) *J K* les lieus sont. — f) *J K* les b. — g) *C* pr. a chelui contre achens qui li a esté bailliez par pleges. — h) *E F* ou a contre chens ou a l. — i) *C* seurté et d'aut. — j) *M* omet il ne puet beau ... tint a cens. — k) *H J K* omettent a seurté d'autre ... ou a louage. — l) *G H J K* n'en fet. — m) *G H J K* omettent ne a essillier. — n) *G* aus. que homme doit. — o) *C G H J K* la maison [*C J K* a] son. — p) *C* envieus *ou* ennieus. — q) *G H J K* pour aus s'il. — r) *H J K* doit. — s) *B* contrences ; *E F* contrechens ; *H* baill. a contr., a écrit dans l'interligne. — t) *A B E F* omettent ce.

donnés ne lessiés en testament, ne estre mis hors de la main de celi qui en seurté le bailla se n'est a toute la charge de la seurté : c'est a dire que, se li cens ou li louages n'est paiés, que cil qui la chose bailla a cens ou a louage se puet prendre a ce qui li est baillié en contreacens, en quel main qu'il le truist, et ainsi perdoient li seigneur souvent[a] leur ventes pour ce que l'en ne trouvoit[b] qui achetast eritages[c] pour la charge de la seurté[d] devant[e] dite, et pour ce est il restraint qu'il[f] ne puet mes[g] estre fet sans[h] l'acort des seigneurs. Et s'aucuns le fet sans le seu du seigneur[i], li sires puet jeter la main a l'eritage tant que cele charge de[j] contreacens soit ostee ; et adonques cil qui l'avoit prise pour seurté de ce qu'il avoit baillié a cens ou a louage puet suir celui qui ne li puet garantir son contreacens, a ce qu'il li garantisse ou qu'il li face autre seurté soufisant. Et se cil qui prist la chose a cens ou a louage ne puet fere vers le seigneur qu'il suefre le contreacens ne il ne[k] puet fere autre seurté soufisant, cil qui bailla sa chose a cens ou a louage la puet redemander arrieres, tout soit ce que cil a qui ele fu bailliee li die qu'il le paiera mout bien, car nus n'est tenus a baillier sa chose a autrui sans seurté s'il ne li plest ; et puis que cil ne puet[l] fere la seurté qu'il ot[m] convent, li marchiés ne doit pas tenir.

1134. La coustume de baillier terres gaaignables ou vignes ou autres eritages lesqueus il convient labourer, est tele que cil[n] qui la prent a louage ou a ferme doit fere seurté de paier le louage ou la ferme avant qu'il lieve les despueilles[o] premieres[p], tout n'en fust il parlé ou marchié du louage. Car il me loit bien a baillier ma terre vuide en laquele il convient metre labeur et coust, sans demander

---

a) *GHJK* p. souvent li seigneur. — b) *JK* trouveroit. — c) *G* ach. les erit.; *HJK* ach. tex crit. — d) *E* omet la seurté ; *FGHJK* omettent de la seurté. — e) *GHJK* ch. dessus dite. — f) *EF* que che ne. — g) *BEF* omettent mes. — h) *F* fait se n'est par l'ac. — i) *HJK* s. des seigneurs. — j) *HJK* t. que le quarque du c. — k) *HJK* il n'en p. — l) *H* poent. — m) *H* ont. — n) *HJK* omettent cil. — o) *B* la despueille. — p) *E* premiers ; *HJK* premierement.

CHAP. XXXVIII. — DES CHOSES BAILLIES PAR LOUIER, ETC.

seurté dusques a tant que les despueilles sont aparans, car c'est bonne seurtés quant cil qui la chose prent i met tous jours du sien en amendant le lieu dusques a tant que ce vient au despouillier. Mes avant qu'il dessaisisse le lieu, il me doit fere seür[a] se je le requier; et s'il ne le veut fere et il a bien le pouoir du fere, je puis tenir les despueilles en ma main tant que je soie paiés de mon louage et des arrierages, s'il en i a aucuns, et que je soie seürs du tans a venir, s'il l'a encore a tenir par le marchié. Mes autrement seroit s'il n'avoit pouoir[b] de fere la seurté : si comme s'il estoit d'estrange païs par quoi il ne puet pas avoir pleges, ou s'il est povres par quoi on ne le veut pas plegier : en tel cas ne perdra il pas[c] son marchié, ainçois doivent les choses estre[d] mises[e] en sauve main si que cil qui le bailla a louage soit tous[f] premiers[g] paiés[h] de son louage et après cil qui prist le marchié ait tout le remanant pour son labeur. Et se cil qui le marchié bailla se repent pour ce qu'il li semble qu'il[i] le bailla pour[j] trop petit pris[k] et veut oster le marchié[l] et feint que c'est pour ce que cil qui le prist ne l'en puet fere seurté, ce ne li vaut riens tant comme cil qui le prist mete en la chose labeur soufisant et qu'il vueille bien que les issues soient[m] en main sauve dusques a tant que cil soit paiés de son louier plenierement ; car autrement perdroient souvent li povre et li estrange les bons marchiés qu'il prenroient[n] a louage es queus il gaaignent leur vivre par leur labeur.

1135. Cil qui prent aucune chose a louier ou en garde par louier[o] et après la pert par negligence ou par mauvese garde, n'est pas escusés de rendre le damage aussi comme cil[p] qui la prent en garde sans louier ; ainçois est tenus a

---

a) *FGHJK* f. [*F* bone] seurté se. — b) *C* pouoir de paier ou de tenir ou de f. — c) *BC* pas por ce son. — d) *A* doiv. estre les ch. — e) *C* doiv. estre misez les ch. en. — f) *E* soit tenus prem. ; *F* soit tenus tous prem. ; *dans F tenus est exponctué*. — g) *ABEF* premierement. — h) *E* pr. a paies. — i) *AFGHJKM* omettent li semble qu'il. — j) *HJK* b. a tr. — k) *EF* trop peu et. — l) *HJK* et le veut oster et. — m) *BEF* soient mises en. — n) *GHJK* prennent. — o) *C* omet ou en g. p. louier. — p) *BE* omettent comme cil.

rendre ce qui li fu baillié a louage a tout le louier ; car le louiers qu'il prent pour la chose garder l'oblige a rendre la chose qui li fu baillie en garde. Nepourquant force de seigneur en est exceptee, car, en quel que[a] maniere que j'aie autrui chose, se force de seigneur la m'oste ou areste sans mes coupes[b], cil qui la chose me bailla la doit delivrer envers le seigneur qui l'a prise ou arestee, ne moi n'en[c] puet il suir se l'arrés ou[d] la prise ne fu fete pour cause de moi. Nepourquant il pourroit avenir qu'aucuns malicieusement la pourroit fere prendre ou saisir par son seigneur et, quant cil qui la chose seroit la demanderoit au seigneur, s'il vouloit autre chose que bien, il diroit : « A vous ne sui je tenus de riens a respondre, car j'ai pris seur mon justiçable. » Mes teus response n'a pas lieu, car tout ait li sires justice en sa terre et pouoir de prendre par reson de justice, s'aucuns vient avant qui die que la chose prise est sieue et la veut prouver a sieue[e], li sires li[f] doit rendre s'il la[g] prueve[h] a sieue[i], s'il[j] ne moustre qu'il la tiegne[k] par cause resnable de celi qui la[l] demande a avoir, car nus ne doit perdre le sien pour autrui mesfet s'il ne s'i est obligiés par plegerie ou par compaignie ou par autre maniere.

1136. Louage ne engagement ne doivent pas estre soufert si comme nous avons dit alieurs, es queus seigneur puent estre damagié, et aussi ne sont pas cil a soufrir qui sont fet contre Dieu ne contre bonne renomee. Ainçois en doivent estre cil durement pugni qui teus louages ou engagemens font : si comme se aucuns loue ou engage les choses saintes qui sont sacrees ou establies pour Dieu servir, car se les choses saintes sont baillies a louier, c'est simonie. Mes se aucuns a calices ou vestemens ou autres choses es-

---

a) *HJK* omettent que. — b) *JK* ma coupe. — c) *A* ne p. — d) *GHJKM* omettent l'arrés ou. — e) *GHJKM* omettent et la ... a sieue. — f) *GHJK* sir. le doit. — g) *GHJK* omettent la. — h) *GHJK* pr. le coze. — i) *BEF* omettent s'il la prueve a sieue. — j) *G* et s'il. — k) *EF* s'il ne le tient par. — l) *GHJK* de ce qu'il dem. ; *M* resn. che que il demande.

CHAP. XXXVIII. — DES CHOSES BAILLIES PAR LOUIER, ETC. 89

tablies[a] pour Dieu servir, bien les puet prester ou donner en
tel lieu que Dieus en soit servis, et non pas en autre lieu. Et
se li sires trueve aucunes teus[b] choses en sa terre[c] en main
laie par engagement ou par aucune[d] lede maniere, il les doit
prendre et remetre en lieu saint ou lieu dont eles vindrent.
Et s'il ne puet savoir dont[e] eles vindrent[f], en lieu honeste
de sainte Eglise les mete, et cil qui presta aucune chose
sus doit perdre ce qu'il presta[g]. Et encore creons nous que
l'en ne li fet nul tort se on en lieve amende, car nus hons
lais ne doit prester seur teus choses. Et se li clerc ou les
eglises font teus choses li un[h] envers[i] les autres autrement
qu'il ne doivent, nous ne voulons pas de ce parler pour ce
qu'as justices laies n'apartient pas a parler de la[j] venjance,
mes a Nostre Seigneur et a leur ordinaires.

1137. Une mauvese coustume souloit courre anciennement si comme nous avons entendu des seigneurs de lois,
car il avenoit qu'uns hons louoit une fame dusques a certain terme[k] pour certain louier qu'il li donnoit pour fere
pechié[l] a li ou a autrui, et fesoit jurer ou[m] fiancer[n] a la fame
qu'ele li tenroit tel convenant. Et li aucun louoient champions en tel maniere qu'il se devoient combatre pour[o] toutes
quereles qu'il avroient a fere, ou[p] bonnes ou[q] mauveses.
Et li Juif ou li bougre aucune fois donnoient[r] louier as
crestiens[s] en tel maniere[t] qu'il n'entrassent en sainte eglise
devant un terme qui estoit convenanciés entre aus, et leur
fesoient jurer; et au tans de lors il estoient contraint par les
justices laies de tenir leur convenances et tout ce qu'il
avoient juré a tenir. Mes Dieu merci, teus mauveses cous-

a) *G H J K* omettent establies. — b) *E* auc. des ch.; *F* aucune dez dites
ch. — c) *G H* tr. auques en sa terre teus cozes; *J K* tr. en sa terre telz choses.
— d) *G H J K* p. autre l. — e) *G H J K* sav. le lieu dont. — f) *C* omet Et s'il
ne ... eles vindrent. — g) *A* il i presta; *C* il li presta. — h) *A* omet li un.
— i) *A B E F* vers. — j) *E F* de leur venj. — k) *C E F* c. tans. — l) *A* f.
son pech.; *C* pour avoir a faire a. — m) *H J K* jur. et f. — n) *G* omet ou
fiancer. — o) *G H J K* c. et en t. q. — p-q) *B E* ou a. — r) *F* bougre
louoient aussi lez bones genz et donn. — s) *E F* omettent as crestiens. — t)
A donn. as crest. en t. man. louier qu'il.

tumes ne queurent mes, ainçois se tel louage estoient fet maintenant, l'en puniroit griement de cors et d'avoir ceus qui les louiers en baurroient. Et se aucuns l'avoit pris par erreur, il n'est pas tenus a tenir cel serement, comment qu'il ait receu le louier. Et mieus vaut, s'il a pris louier[a] pour fere teus choses desconvenables, qu'il en euvre par le conseil de sainte Eglise, qu'il le rende a celui de qui il le prist. Et nepourquant, se c'est fame qui prist louier pour pechier, nous nous acordons, s'ele est povre, que li louiers li demeurt pour soi vivre et ne soit pas contrainte de sa convenance tenir[b]; car cel damage et encore plus grant doit bien recevoir[c] cil qui tel louage fist. Et a briement parler, marchiés, ne convenance, ne près[d], ne engagemens[e], ne louages, ne fois, ne seremens qui soit fes contre Dieu ne contre bonnes meurs n'est a tenir; ne cil n'est pas parjures qui lesse le mal a fere qu'il jura a fere, car la repentance du fet qu'il lesse a fere pour l'amour de Nostre Seigneur le ramene en l'estat qu'il estoit devant ce qu'il fist le serement, mes qu'il euvre par sainte Eglise du fol serement; ne nus ne doit fere vilain[f] fet pour sauver son fol serement.

1138. Toutes les fois que li seigneur tienent autrui chose en leur main pour aucun, — si comme les biens des sousaagiés, ou les biens d'aucuns qui s'en sont alé pour ce qu'il doivent trop, ou pour la sieue dete meisme, ou pour aucunes autres causes par lesqueles il convient ce que li sires tient vendre ou louer, — les ventes ou li louage doivent estre fet a ceus qui plus i veulent donner et par renchierissemens; et, quant eles sont vendues ou louees, qu'on mete tel tans ou renchierissement qu'autre gent puissent savoir le marchié pour rescourre[g] loi, s'il i sevent leur pourfit. Et li tans du renchierissement doit estre selonc la nature des choses, car se c'est bois qui soit a vendre, li termes[h] du renchierisse-

a) *A* omet louier. — b) *GHJK* de tenir le convenance. — c) *BEF* avoir. — d) *BEF* parler ne pres ne convenance, ne. — e) *B* eng. ne marché ne l.; *EF* omettent ne engagemens. — f) *GHJK* f. nul vil. — g) *BEF* p. renchierir. — h) *GHJKM* li tans du.

CHAP. XXXVIII. — DES CHOSES BAILLIES PAR LOUIER, ETC. 91

ment doit estre plus lons que se c'estoit blés ou vins ou aveine; et pour ce n'i a il point de^a certain tans^b fors ce qui est regardé par loial juge selonc les choses. Ne li sires ne doit pas retenir pour soi^c les choses qu'il doit vendre ou louer pour autrui, car s'il les prenoit plus chieres qu'autres, si avroit l'en presompcion contre li qu'il ne les eust^d a greigneur^e marchié, et plus tost pourroit estre poursuis de celi qui les choses avroient esté, s'eles estoient mesvendues ou poi louees pour li que pour autrui. Car ce qui est baillié par justice et^f a celi qui plus en donne, la justice n'en puet estre reprise; mes quant ele retient pour soi^g, s'ele fesoit savoir^h qu'il i eust renchierissement, ne l'oseroit on renchierir si comme d'un autre, et pour ce ne doit nus retenir pour soi ce dont il est venderes ou gardes sans l'acort de ceus qui les choses sont.

1139. L'en doit savoir que nus louages n'estⁱ que ce ne soit marchié fesant entre les parties et convenance, car li uns convenance a baillier la chose pour le louage et li autres le louage pour la chose, et toutes les choses louees doivent estre maintenues selonc la coustume qu'eles ont esté maintenues autre fois s'eles ont esté^j louees. Et s'eles ne furent onques mes bailliees a louage, eles doivent estre maintenues selonc la coustume des autres choses semblables qui ont esté louees autre fois près d'ileques. Car aussi comme toutes choses ne sont pas d'une nature, ainçois sont diverses, a il diverses coustumes en pluseurs^k lieus: si comme se aucuns loue un moulin dusques a un terme ou^l a pluseurs annees, la coustume est tele que cil qui le tient a louage doit livrer^m, sansⁿ apeticier le louier^o, chevilles, fu-

---

a) *GHJK* point de terme ne [*G* de] cert. tans. — b) *CM* point de terme chertain fors. — c) *GHJK* pas por li retenir. — d) *HJK* l'eust. — e) *EF* a plus grant march. — f) *E* just. est a; *dans F et est exponctué*; *GHJKM omettent* et. — g) *GHJK* p. li. — h) *C* fes. assavoir; *GHJKM omettent* savoir. — i) *C* sav. qu'il n'est nus louages. — j) *GHJKM omettent* maintenues ... ont esté. — k) *BEF* en aucuns l. — l) *HJK omettent* ou. — m) *HJK omettent* doit livrer. — n) *GHJKM* sans despechier et apet. — o) *HJK* l. doit livre chevilles.

seaus, auves et teles menues ª choses ᵇ; mes se mueles i faillent ou gros merriens, ou la mesons font sans les coupes de celi qui la tient a louier, li sires du moulin la doit refere, tout n'en fust il pas parlé au marchié fere, pour ce que la coustume des moulins est tele.

1140. Se aucuns loue un vivier pour peschier dusques a certain terme, ce n'est pas pour ce a entendre qu'il puist le vivier rompre ne metre a sec, s'il ne fu especiaument convenancié au marchié fere, mes en autre maniere ᶜ puet ᵈ peschier a toutes manieres d'engiens qui sont acoustumé a prendre poissons.

1141. Se aucuns loue un pressoir, cil a qui li pressoirs est doit livrer toutes les choses qui doivent estre en pressoir pressoirant. Et se cil qui le tient a louier, par son seurfet ᵉ brise ou despiece ᶠ ou pert aucune des choses qui sont ᵍ des apartenances du pressoir, il est tenus a restorer le damage, soit du gros fust ʰ, soit des autres ⁱ choses. Et pour ce que grans debas pourroit estre du gros fust, pour ce que cil qui le tenroit a louier pourroit dire que par son seurfet ʲ ne seroit il pas despeciés, mes par viescure ᵏ ou par vermouleure ˡ, il convient dilijaument regarder a tel cas ᵐ, car se l'en voit le fust de pressoir ⁿ viés ou vermoulu et cil qui le tenoit a louier ne mist a estraindre le pressoir quant il rompi fors que tant d'hommes ᵒ comme l'en avoit acoustumé autre fois, l'en ne li doit ᵖ pas demander le damage, ainçois li doit on rabatre de son louier selonc le tans qu'il demeure ᵠ oiseus.

a) *C* fus. aucunnes et tel men.; *E* chev. souffizans ou teles et teles manieres men.; *F* chev. souffizanz, ventelez et tele maniere de men. — b) *GHJK* et tellez choses menues; *M* et telles chozes communes. — c) *EF* en [*F* toutes] autres manieres. — d) *BEF* puet on pesch.; *C* man. il y puet; *GHJKM* puet fere pesch. — e) *C* omet par son seurfet; *EF* serement; *GHJK* forfet. — f) *C* desp. par son seurfet. — g) *GHJKM* auc. chose qui est (*M* sont) des ap. — h) *GHJK* s. de gros mairien; *M* soit pour mairien. — i) *GHJK* s. d'aut. — j) *EFGHJK* forfet. — k) *B* par envie seur ce; *C* par pourceture de villesche; *E* par envieisir; *F* par envieseure. — l) *GHJKM* par moulineure. — m) *GM* conv. a tel cas diligamment regarder; *HJK* conv. en tel cas regarder diligamment. — n) *BEF* voit que li fust soit viés. — o) *G* de gent. — p) *GHJKM* puest. — q) *GHJKM* demora.

Et aussi fet l'en au mounier[a] quant il convient que li moulins demeurt oiseus par les choses que li sires du moulin i doit metre. Mes se cil qui tient le pressoir a louier met a l'estraindre du pressoir .IIII. hommes ou .v. ou .vi., au quel l'en n'avoit acoustumé a metre que .II. ou que .III., ou li[b] mouniers par mauvese garde lait courre son moulin a vuit, par quoi li fus du pressoir[c] ront ou les mueles du moulin[d] despiecent ou li merriens brise[e], en teus cas sont tenu cil qui tienent les pressoirs ou les moulins a louier a rendre les damages a ceus[f] qui[g] li pressoir ou li moulin[h] sont, ne ja pour chose[i] que li pressoir ou li moulin[j] soient oiseus par teus seurfès[k], riens du louier qu'il pramistrent ne sera rabatu[l]. Et pour ce est il mestiers a ceus qui tienent autrui chose a louier qu'il usent des choses louees ainsi comme il doivent, ou autrement il pueent avoir damage si comme il est dit dessus.

1142. Li louage des mesons ont teus coustumes que cil qui i maint par louier n'est de riens tenus[m], s'il ne li plest, a metre nus[n] cous en[o] la meson atenir[p], ainçois la doit atenir cil a qui ele est et qui en reçoit le louier, en tel maniere que cil en puist fere son pourfit qui l'a louee. Et s'il avient que la mesons vueille soudainement cheoir, ou ele est[q] en peril se l'en ne la secueurt[r] prochainement, ou ele se[s] descueuvre si qu'il pleut ens[t], et cil qui la mesons est n'est pas si près que l'en li puist fere savoir le meschief de sa meson, cil qui i maint doit moustrer le besoing a[u] justice, ou a bonnes gens s'il ne puet la justice avoir, et doit

---

a) *C* au blauvier. — b) *HJK* ou que li. — c) *ABCEF* li ferz du moulin ; *M* fust du moulin. — d) *ABCEFM* omettent du moulin. — e) *G* m. du moul. debrisent et depiechent ou autre mairien, en t. c. ; *HJK* brisent. — f) *G* aux seigneurs. — g) *BHJK* c. a qui. — h) *EFHJK* li moul. ou li press. — i) *GHJK* pour ce que. — j) *EFHJK* li moul. ou li press. — k) *BCEFGHJKM* forfeit. — l) *B* abatu ; *GHJK* r. ne sera rab. du l. qu'il pramirent. — m) *BGHJK* tenus de riens. — n) *BE* omettent nus ; *F* met. y cous ; *GHJK* nul. — o) *GHJK* a. — p) *BEF* m. retenir; *C* n. coustemens pour faire le maison apareillier; *JK* tenir la maison. — q) *HJK* ele en est. — r) *A* la resqueut. — s) *ABEF* omettent se. — t) *CGHJKM* dedens ; *EF* parmi. — u) *HJK* le mesquief a le justice.

mestre le coust a leur seu pour le pourfit de la meson. Et s'il le fet en ceste maniere, ce qu'il i met li doit estre rabatu du louier. Et s'il avoit le louier paié ou il n'en doit^a pas tant comme li coust montent, li sires de la meson est tenus a li rendre tout ce qu'il i avroit mis, et avec ce l'en^b doit savoir bon gré, car il avient a la^c fois que ce qui ne couste que .xx. s. en atenir une meson cousteroit .x. lb. ou plus s'ele n'estoit secourue hastivement. Nepourquant cil qui en la meson maint par louier n'i est tenus a riens metre s'il ne li plest, comment qu'il aviegne du damage. Mes toutes voies doit il fere savoir au plus tost qu'il puet a celi qui la mesons est le peril de sa meson ; et s'il ne le fet pour li fere damage et oste lui et ses choses pour le peril celeement^d pour ce qu'il veut bien que la mesons fonde, pour ce qu'il puist dire^e qu'il n'est pas tenus au louier paier, teus baras ne li doit pas valoir ; ainçois se l'en voit^f tel malice, l'en le doit contraindre a paier tout le louier et a rendre tout le damage qui est avenu par son barat, car nus baras ne doit aidier a celui qui le fet a escient.

1143. Cil qui louent mesons ou vignes ou prés ou autres eritages les doivent delivrer a ceus a qui eles sont louees^g en tele maniere qu'il en puissent fere leur pourfit selonc ce pour quoi il les louerent. Et s'il demeure en ceus qui les choses^h louerent, si comme s'il se repentent du marchié, pour ce n'enⁱ sont il pas quite, ainçois doivent estre contraint par justice a ce qu'il delivrent les choses a ceus a qui il les louerent. Et se li tans du louage passe le plet pendant, ou une partie du tans, pour ce qu'il ne les voudrent delivrer a tans ne a eure, cil qui les louerent leur pueent demander tous les pourfis qu'il i^j peussent avoir eus se les choses

---

a) *B E F* ou il ne monte (*F* montoit) pas. — b) *C* il li en ; *E* ce il en ; *G* ce ly en ; *HJK* il l'en. — c) *GHJKM* av. souvente f. — d) *GHJK* ch. celeement por le peril ; *M* omet celeement. — e) *A* omet dire. — f) *A* vouloit. — g) *JK* qui ilz sont loués. — h) *E* omet louerent. Et... qui les choses. — i) *GHJKM* ne s. — j) *GHJKM* omettent i.

CHAP. XXXVIII. — DES CHOSES BAILLIES PAR LOUIER, ETC.

louees leur eussent esté baillies selonc[a] le convenant[b], puis que ce ne fu pas par leur coupes ne en leur defaute que l'en ne leur bailla.

1144. Et aussi[c] disons nous que se aucuns loue mesons, vignes, prés ou autres eritages dusques a certain tans[d], et après cil qui le doit tenir a louier se repent et ne veut pas entrer ou marchié par le louage, s'il plest a celui qui les choses loua, il puet lessier les choses vuides et demander a celui le louier qui fu convenanciés. Et s'il li plest, il puet fere tenir les choses en sauve main par justice et prendre les pourfis qui en istront par desseur les cous, et s'il n'i a pas tant de pourfit comme li louiers monte, il puet suir celi qui[e] le loua[f] du remanant. Mes s'il avient qu'il retiegne en sa main meisme[g] ce qu'il avoit loué quant il voit que cil qui fist marchié a li[h] ne le veut prendre, il ne puet pas après demander le louier ne le damage[i], car puis qu'il le retint en sa main ou tans qu'autres le devoit[j] tenir, il apert qu'il assentist[k] que marchiés fust despeciés, s'il ne le fist par l'acort de celi qui le marchié[l] devoit tenir ; si comme s'il li avoit dit : « Fetes vostre pourfit de ce que j'avoie loué a vous et, se vous i avés damage qu'il ne vos[m] vaille pas[n] tant comme[o] je l'avois loué a vous[p], je le[q] vous croirai[r] du damage », en tel cas le pourroit il retenir[s] en sa main et puis demander le damage s'il l'avoit ; et seroit creus du damage par son serement. Et par ce qui est[t] dessus puet l'en veoir que toutes manieres de louages, soit d'eritage ou de muebles, doivent estre demené selonc ce qui fu convenancié.

Ici fine li chapitres des louages et des engagemens.

a) *G* baill. se le. — b) *GHJKM* le coustume et le (*M* de) convenance. — c) *GHJKM* Et ainsi dis. — d) *A* terme. — e) *GHJK* cel. a qui il le l. — f) *C* qui le choze loua. — g) *ABEF* omettent meisme. — h) *A* omet a li. — i) *GHJK* dam. s'il y a damage, car ; *M* dam. se damage y avoit eu, car. — j) *A* devoient. — k) *C* se consentist. — l) *HJK* marceandise. — m) *A* omet vos. — n) *GHJK* omettent pas. — o) *HJK* que. — p) *HJK* omettent a vous. — q) *B* omet le ; *HJK* je les v. — r) *GHJK* restorray ; *M* je le vous renderay et vous restorray. — s) *A* tenir. — t) *BEF* ce que nous avons dit. — Expl.) *C* Chi define li chapitres des chozes baillieez par loier ; *GHJ* Explicit ; *K* n'a pas d'explicit.

XXXIX.

Ici commence li .xxxix. chapitres de cest livre liqueus parole des prueves et de fausser tesmoins; et des espurgemens et du peril qui est en menacier, et de dire contre tesmoins, et quel cas pueent cheoir en prueve.

1145. Voirs est qu'il sont pluseurs manieres de prueves par lesqueles ou par aucune desqueles il soufist que cil qui ont a prouver pueent prouver leur entencion^a. Et pour ce nous traiterons en ceste partie^b quantes manieres de prueves sont, et de la vertu que chascune maniere a en soi, et quant li poins est venus de prouver et comment l'en l'i puet et doit^c debatre tesmoins.

1146. Il nous est avis, selonc nostre coustume, que .viii. manieres de prueves sont : la premiere si est quant cil a qui l'en demande connoist ce qui li est demandé, soit qu'il le connoisse sans niance fere ou après ce qu'il avoit la chose niee. Et ceste prueve si est la meilleur et la plus clere et la meins cousteuse de toutes.

1147. La seconde maniere de prueve^d si est par letres, si comme quant aucuns s'est obligiés par letres et cil qui s'oblija nie l'obligacion : il ne le convient prouver fors par

---

Rubr.) *A B* tesm. et soi espurgier ; *A B E F H* omettent et du peril ... cheoir en prueve ; *B E F G H J K* omettent de cest livre ; *C E F* Chi comm. ; *E F H* omettent et des espurgemens ; *G* omet Ici commence ; est a menac. ; *G H J K* ch. qui par. — a) *A* ont a prouv. leur entention la pueent prouver et pour ; *E F* des queles on puet prouver leur (*F* s')entencion et pour. — b) *B E F* en cest chapitre. — c) *B E F* omettent et doit. — d) *E F* omettent de prueve ; *H J K* omettent man. de prueve.

CHAP. XXXIX. — DES PRUEVES ET DE FAUSSER TESMOINS. 97

les letres de[a] l'obligacion, se cil qui la niance fet ne dit contre les letres cause soufisant par laquele cause les letres soient de nule valeur, et de ceste maniere de prueve parlons[b] nous assés soufisaument[c] ou chapitre qui parole[d] d'obligacion[e] fete[f] par letres[1].

1148. La tierce maniere de prueve[g] si est par gages de bataille, mes ceste maniere de[h] prueve ne[i] doit pas estre receue fors es cas es queus l'en doit gages recevoir. Et de ceste maniere de prueve et des cas ou tele prueve doit estre receue parlerons nous ou chapitre des apeaus[2]. Et bien se gart qui prent ceste prueve a fere[j], car de toutes manieres de prueves c'est la plus perilleuse.

1149. La quarte maniere de prueve[k] si est par tesmoins, si comme quant[l] aucune chose est niee et li demanderes l'offre a prouver par tesmoins[m]. Et en ceste prueve[n] convient il .II. loiaus tesmoins au meins, liquel s'entresievent sans varier es demandes qui leur sont fetes après leur seremens. Et comment il doivent estre examiné dirons nous ça avant[o] ou chapitre qui venra[p] après cestui.

1150. La quinte maniere de prueve[q] si est par recort, si comme quant[r] aucuns descors est entre les parties de ce qui a esté pledié en court par devant les hommes qui doivent jugier, car teus manieres de descors doivent estre apaisié[s] par le recort des jugeurs. Et a briement parler nule maniere de[t] prueve ne doit estre receue de nul cas qui doie cheoir en recort, fors la prueve du recort, neis se les parties se vou-

---

a) *EF omettent* l'obligacion : il ne ... les letres de. — b) *C* parlerons. — c) *EF* prueve avons nous parlé ou chap. — d) *HJK omettent* qui parole. — e) *CG* de l'obligacion. — f) *HJK* fetes. — g) *BEF omettent* de prueve. — h) *HJK omettent* maniere de. — i) *BC* si ne. — j) *A omet* a fere. — k) *HJK omettent* de prueve. — l) *GHJK omettent* quant. — m) *M omet* si comme ... par tesmoins. — n) *FGHJKM* ceste maniere de pr. — o) *GHJKM omettent* ça avant. — p) *GHJKM* vient. — q) *HJK omettent* de prueve. — r) *HJK omettent* quant. — s) *BEF* apaié. — t) *BEF omettent* maniere de.

---

1. Ch. XXXV.
2. Ch. LXI.

loient metre en autre prueve. Et li cas qui doivent cheoir en recort sont si comme nous avons dit des ᵃ descors qui muevent des choses qui ont esté plediees par devant les jugeurs ; ou quant jugemens a esté fes et il est entendus diversement des parties, il doit estre recordés par ceus qui le jugierent.

1151. Nus ne puet recorder de ᵇ querele qui a esté pledie en court fors cil qui pueent jugier ; et quant il recordent l'en ne puet d'aus apeler du recort, car s'il recordent jugement qui a esté fes, l'apeaus passa ᶜ quant on ne dist riens contre le jugement. Et se l'en recorde errement de querele qui n'a pas encore esté jugie, il n'i a point d'apel devant que li jugemens est fes ᵈ.

1152. Nous avons dit que ce qui est fet devant hommes qui pueent et doivent jugier se doit prouver par recort et non autrement, et que nus en cest cas ne puet recorder fors li jugeur, et c'est verités. Mes pluseur cas sont qui se pueent et doivent prouver par recort d'autres bonnes gens que jugeurs : si comme quant descors muet pour ᵉ convenances de mariage ᶠ, car en tel cas li juges doit prendre le recort de ceus qui furent as convenances et, les convenances recordees, il les doit fere tenir ; ou quant aucun se ᵍ sont mis en mise et li arbitre ont leur dit rendu, et descors muet entre les parties parce que chascuns entent le prononcement des arbitres diversement, teus manieres de descors doivent estre apaisié ʰ par la declaracion que li arbitre font en leur recort ; ou quant auditeur sont baillié a oïr tesmoins et il i a divers entendemens ou dit des tesmoins, si comme il avient qu'il i a deus entendemens en une parole, li drois entendemens doit estre creus par la declaracion des auditeurs, car il doivent mieus savoir l'entencion des tesmoins que cil qui ne furent pas a l'oïr ⁱ.

1153. Aucun si cuident, quant uns hons qui tient sa

---

a) *A* omet des. — b) *GHJK omettent* de. — c) *HJK* passe. — d) *EF* fes si comme il est dit dessus. — e) *EF* muet entre bone gent de conven. ; *HJK* muet de conv. — f) *GHJK* mariages. — g) *ABEF omettent* se. — h) *BEF* apaié. — i) *JK* a les oïr.

CHAP. XXXIX. — DES PRUEVES ET DE FAUSSER TESMOINS.

court a poi d'hommes, si comme s'il n'en a qu'un, et aucune chose chiet en recort en sa court, qu'il puisse recorder par lui[a] ou par autres gens que par hommes de fief, mes non fet, car aussi bien convient il que la cours soit garnie pour fere recort comme pour jugement; et en recort fere convient il au meins deus hommes, aussi comme nous avons dit alieurs que li jugemens de meins de .II. hommes ne doit pas estre tenus pour jugemens[1], ne pour .I. seul tesmoing nus ne gaaigne sa querele[2].

1154. La sizisme maniere de prueve si est quant aucunes resons sont proposees en court et eles ne sont niees ne debatues de partie : celes valent comme conneues et prouvees, et c'est bien resons, car il loit a chascun, quant il oit proposer contre li chose[b] qui puist nuire, qu'il le debate[c] par niance[d] fere ou par resons proposees[e] encontre[f] pour[g] celes destruire qui furent proposees contre li. Si comme se je demande a un homme qu'il me pait .XX. lb. que je li prestai, s'il ne veut nier le prest ne connoistre, il doit estre contrains a moi paier, puis qu'il soit tenus a respondre en la court ou je l'avrai fet trere par l'ajournement[h].

1155. La setisme maniere de prueve si est quant la chose que l'en a a prouver est si clere de soi meisme qu'il n'i convient autre tesmoing[i] : si comme se je demande d'un mien[j] homme qu'il me pait .V. s. d'une[k] amende qu'il me fist pour une buffe qu'il donna a un autre en ma justice, et il connoist bien l'amende, mes il nie qu'ele n'est pas de .V. s., il n'i convient point de prueve, car la coustume est si clere qu'ele se prueve de soi meisme. Et aussi comme nous

---

a) *A C* par soi. — b) *B* li fait qui. — c) *A* qu'ils les debate ; *E F* quant li ot plet contre li fait [*E* contre li] que il le debate se il li (*E* i) puet nuire par. — d) *B* menace. — e) *B* omet proposees. — f) *B E F* contre. — g) *B E F* omettent pour. — h) *J K* fait adjourner. — i) *A B E* autres tesmoins. — j) *A B C E F* demande [*A* demain] a un homme. — k) *B E F* .V. s. qu'il me doit d'une (*E F* por m') amende.

---

1. Ch. LXVII.
2. § 1149, 1184, et ch. XL.

avons dit de ceste amende, disons nous de tous cas semblables qui sont si cler*ª* par coustume qu'il n'i convient amener nul tesmoing a prouver; car male chose seroit s'il convenoit amener prueves en cas qui sont usé communement. Mes quant aucun cas avienent qui sont en doute de coustume, la pueent cheoir prueves.

1156. L'uitisme maniere de prueve si est par presompcions. Et ceste maniere de prueves si puet estre en mout de manieres, car les unes si pueent donner le fet si cler qu'il est prouvés par les presompcions, et les autres sont si douteuses que li mesfet ne se pruevent pas par eles. Et de ces deus manieres de presompcions parlerons nous un petit pour ce qu'eles avienent souvent, et pour ce que l'en voie lesqueles sont si cleres qu'eles vaillent prueve et lesqueles sont douteuses.

1157. Pierres proposa contre Jehan par voie de denonciacion fete au juge que li dis Jehans, a la veue et a la seue de bonnes gens, li avoit ocis un sien parent et estoit li fes si notoires qu'il se prouvoit de soi meisme, si comme il disoit, par quoi il requeroit qu'il en feist comme bons juges. A ce respondi Jehans qu'il nioit mout bien ce fet et que, s'il estoit nus qui droitement l'en vousist acuser, il s'en defendroit. Demandé li fu du juge s'il vouloit atendre*ᵇ* l'enqueste ou non du fet: respondi*ᶜ* que*ᵈ* non. Nepourquant li juges en fist une aprise de son office et trouva par le serement de bonnes gens que li dis Jehans courut sus a celi qui fu tués*ᵉ* le coutel tret, et tantost s'assembla une grans tourbe*ᶠ* de gent entour aus si qu'il ne virent pas que li dis Jehans ferist celui qui fu mors du coutel*ᵍ*, mes il virent que cil Jehans se parti*ʰ* de la presse le coutel nu ensanglanté, et oïrent que cil qui mourut*ⁱ* dist : « Il m'a mort. » Et en ceste aprise ne puet

---

a) *B E F* dis. n. des autres amendes qui sont si cleres. — b) *A B C* s'il atendroit l'enq. — c) *F* juge s'il se metroit en l'enqueste, il dist que n. — d) *E* s'il se metroit en l'enqueste du fait ou non. — e) *A* mors. — f) *A C* trouble. — g) *C* ferist du cout. chel. qui fu mors; *H J K* fer. celi du coutel qui fu mors. — h) *A C* departi. — i) *B E F* qui fu mors.

on veoir fet notoire fors par presompcion, car nus ne vit le coup donner ; nepourquant li dis Jehans fu condamnés du fet ᵃ et justiciés par ceste presompcion.

1158. La seconde maniere de clere presompcion qui est si clere qu'ele vaut prueve, si est quant menace est fete et, après la menace, la chose est fete qui en la menace fut pramise ; nepourquant l'en ne puet le fet prouver, mes l'en prueve la menace seur celi qui menaça et, par la menace prouvee ᵇ, li menaceres est prouvés ᶜ du fet. Et pour fere plus cler ᵈ entendant ᵉ cel cas et pour moustrer le peril qui est en menacier ᶠ, nous recorderons un jugement que nous en veismes a Clermont.

1159. Une fame de La Vile Nueve en Hes[1] dist a un bourjois en semblant d'estre courouciee, en presence ᵍ de bonne gent : « Vous me tolés ma terre et metés en vostre grange ce que je deusse avoir, et vous n'en joïrrés ja, car je vous envoierai en vostre grange les rouges charpentiers[2]. » Ne demoura pas puis ʰ demi an que li fus fu boutés en cele grange et ne seut nus qui l'i ⁱ bouta. Mes par ʲ la presompcion qui estoit contre la fame par les menaces dessus dites ele fu prise et li demanda l'en du fet ; ele nia le fet et les menaces et, quant les menaces furent prouvees, ele fu jugie a ardoir et fu arse. Et par cel jugement puet l'en veoir ᵏ le peril qui est en menacier.

1160. La tierce presompcions qui est si clere qu'ele vaut prueve du fet si est quant aucuns est tenus en prison pour aucune soupeçon de vilain fet et il brise la prison ; car quant il a la prison brisiee, la presompcions est si grans

---

a) *GHJK* omettent du fet. — b) *A* prouver. — c) *EF* prouvés (*E* trouvés) menterres et atains du f. — d) *BEF* p. plus cler fere. — e) *CGHJK* entendement [*C* en, *G* de] cel c. — f) *BEF* qui i est nous. — g) *H* en present de. — h) *EF* dem. mie [*E* aprez] plus de demi an ; *GHJK* omettent puis. — i) *JK* qui lui bouta. — j) *GHJK* omettent par. — k) *GHJK* entendre.

---

1. Cf. t. I, p. 446, note 1.
2. C'est-à-dire : j'y mettrai le feu.

qu'il n'osa ᵃ atendre droit et pour ce, s'il est repris, il est justiciés du fet pour lequel il estoit tenus ᵇ.

1161. La quarte maniere de ᶜ presompcion clere si est quant aucuns est apelés a droit ᵈ pour soupeçon d'aucun vilain cas par ajournemens, et il se met en toutes defautes et atent tant qu'il soit banis. S'il est repris puis le banissement, il est justiciés selonc le fet pour quoi il est apelés. Et par ces ᵉ cleres presompcions que nous avons dites vous poués ᶠ entendre les autres cleres presompcions ᵍ qui pueent avenir, car toutes celes qui avienent et qui sont aussi cleres comme l'une des .IIII. dessus dites ʰ pueent bien metre homme a mort.

1162. Nus ne doit autrui justicier par presompcion se la presompcions n'est mout ⁱ aperte si comme nous avons dit dessus, tout soit ce qu'il ait mout de presompcions douteuses contre celi qui est tenus : si comme il avient souvent qu'uns hons ne parole pas a un autre par haine ʲ et cil est tués et ne set on qui l'a tué, fors que l'en soupeçone que cil qui ᵏ ne parloit pas a li l'ait fet ˡ ou fet fere : s'il est pris pour la soupeçon et il nie le fet ᵐ, et l'en ne puet trouver le fet notoire ne l'en ne puet trouver qu'il le menaçast, l'en ne le puet pas ne ne doit condamner par la presompcion de la haine. Et par ceste presompcion dont il n'est pas condamnés puet l'en entendre mout d'autres presompcions qui pueent avenir, par lesqueles l'en ne doit pas tenir pour atains du fet ceus seur qui teles presompcions sont trouvees.

1163. Toutes les .VIII. manieres de prueves que nous avons ⁿ dites ont tele vertu en eles ᵒ que cil qui a a prouver, s'il prueve ᵖ par l'une tant seulement, il gaaigne la querele

---

a) *JK* n'ose. — b) *GHJK* pris. — c) *BEF omettent* maniere de. — d) *J* ap. ceux drois ; *K* ap. aux drois. — e) *GHJK* p. teles cl. — f) *GHJK* pocs vous. — g) *HJK omettent* presompcions. — h) *BEF* l'une de ces .IIII. pueent. — i) *A omet* mout. — j) *B omet* qui. — k) *C* haine pour che que li autres li a mesfet et si ne li veut de nule choze amender et cil ; *G* haine qu'il a a lui et cil. — l) *G* que cil l'ait tué qui ne parloit point a lui ou f. f.; *HJK* l'ait tué ou f. f. — m) *GHJK* soupeç. du mesfet et. — n) *GHJK* pr. qui sont d. — o) *AC omettent* en cles. — p) *G* se il la preuve ; *H* s'il a prouvé ; *JK* s'il aprouve.

CHAP. XXXIX. — DES PRUEVES ET DE FAUSSER TESMOINS. 103

qui li estoit niee. Et quant une des prueves li soufist, il ne convient pas qu'il l'offre a prouver par[a] .ii. manieres de prueves ne par .iii., et s'il l'offroit[b] ne doit il pas estre receus du juge. Car se uns hons dit : « Sire, j'offre[c] a prouver ce[d] par tesmoins[e] et, se li tesmoing ne me[f] valoient[g], si l'offre je a prouver par gages de bataille », il ne doit pas estre receus en tel offre. Ainçois convient qu'il se tiegne en une des voies de prouver tant seulement. Et s'il faut a prouver par cele voie qu'il avra eslite, il ne puet pas recouvrer a une des autres voies de prueve[h], ainçois pert tout ce qu'il avoit arrami[i] a[j] prouver et chiet en autel amende vers le seigneur comme s'a-verse[k] partie feroit s'il avoit prouvee s'entencion ; et de teus manieres d'amendes avons nous[l] parlé ou chapitre des mesfès[1].

1164. Tuit li descort qui nessent ou pueent nestre de chose qui a esté pledie par devant hommes, ou de jugement qui a esté fes par hommes, se doivent prouver par voie de recort et non autrement. Mes s'il avenoit que la justice eut aucun plet par devant li, au quel plet il n'avroit pas tant d'hommes qu'il peussent jugier ne recorder, et li juges as-senoit[m] jour as parties par devant les hommes[n] pour metre le pledoié en jugement, et, au jour assigné devant les hommes, la justice qui avroit le plet oï recordoit ce qui fu pledié de-vant li, les parties ou l'une des parties ne se tenroit[o] pas a son recort s'il ne leur plesoit. Ainçois recorderoient le[p] pledoié et, s'il estoient en descort du pledoié[q], il pueent offrir a prouver l'errement[r] par tesmoins. Et s'il ne l'offrent a prouver, pour ce que li juges fu tout seus au pledoié, ce qui fu pledié est de nule valeur et convient qu'il pledent

a) *BEF* pr. en .ii. — b) *A* offre. — c) *FG* je l'offre. — d) *CEFGHJK* omettent ce. — e) *C* par bons tesm. — f) *A* omet me. — g) *EF* valent. — h) *BEF* rec. a l'autre voie, ainç. — i) *C* av. mis avant : *JK* av. prins a. — j) *C* pour pr. — k) *ABE* c. se av. ; *CG* c. l'av. p. ; *JK* c. son av. — l) *HJK* d'am. est il p. — m) *A* hommes la justice qui aroit le plet oï pour m. — n) *G* recorder li juges assigneroit. — o) *EHJK* (*F* s'en) tenroient. — p) *BEF* rec. au pled. — q) *HJK* s'il en est. en desc. il p. off. — r) *A* omet l'errement ; *B* offr. l'errement a prouv. ; *C* prouv. le remenant.

1. Ch. xxx.

tout{a} de nouvel, car puis que la chose ne puet cheoir en prueve ne en recort, tout ce qui fu fet ignoranment doit estre rapelé et doivent commencier nouvel plet.

1165. Cil qui ont a prouver se doivent prendre garde en quel court il pledent et a quel coustume, car{b} tuit cil qui ont justice en la conteé pueent maintenir leur court s'il leur plest selonc l'ancienne coustume et, s'il leur plest, il la pueent tenir selonc l'establissement le roi[1]. Et pour ce cil qui a a prouver doit savoir a quele{c} coustume li sires veut sa court tenir; car s'il la tient selonc l'ancienne coustume, il li convient prouver s'entencion a la premiere journee qui li sera assenee de prouver{d}; et s'il ne la prueve a cele journee, il pert sa querele ne ne puet puis a prueve recouvrer{e}. Et s'il tient sa court selonc l'establissement le roi, il a .II. jours de prouver{f}, mes qu'il commence{g} a prouver a la premiere journee qui li sera assignee, car s'il se metoit en pure defaute a la premiere journee, il n'i recouvreroit pas a l'autre, ainçois perdroit{h} sa querele par defaute de prueve.

1166. Or veons comment cil contre qui l'en veut prouver se puet defendre et debouter la prueve par laquele l'en veut prouver contre li. Se la prueve est par letres ou par chartres, il la puet debouter par dire resons{i} par quoi ele{j} ne vaut pas{k} : si comme s'il veut acuser{l} celui qui l'aporte en prueve{m}, de fausseté ; ou s'il dit qu'il a plus de .XX. ans que la letre fu fete, par quoi il ne veut respondre a la dete qui est contenue dedens ; ou s'il alligue paiement ou respit ; ou se c'est chartre ancienne par laquele cil qui veut prouver

---

a) *GHJKM* omettent tout. — b) *BEF* coust. quant t. c. — c) *A* a laquele coust. — d) *ABEF* de prueve. — e) *GHJKM* puet recouvrer a prueve (*M* prouver). — f) *BEF* de prueve. — g) *A* omet a prouver. — h) *C* ainç. il convenroit qu'il perdesist s. q. — i) *BEF* res. encontre p. q. — j) *EF* p. q. le letre ou le chartre ne v. — k) *GHJKM* v. riens. — l) *EF* v. prouver celui. — m) *B* qui la preuve en porte ; *EFGHJKM* omettent en prueve.

---

1. C'est l'ordonnance de Louis IX de 1260, dans *Ord.*, I, 87, et dans P. Viollet, *Establiss. de saint Louis*, I, 487 ; voyez aussi dans les *Establiss.*, II, 4-5, liv. I, ch. I, et cf. Glasson, *Hist. du droit et des instit. de la France*, VI, 528.

en ª veut porter aucune droiture d'eritage, et il dit encontre la chartre qu'il est en la saisine et ᵇ en l'usage de ᶜ lonc tans de ce qui est en ᵈ la chartre contenu ᵉ et qu'il n'en usa onques selonc la ᶠ chartre qu'il a aportee avant: en toutes teles resons l'en doit ᵍ estre oïs contre letres.

1167. Se aucuns veut prouver par gages de bataille, cil qui est apelés se puet defendre par les resons qui seront dites ou chapitre qui parlera ʰ des defenses a l'apelé ⁱ.

1168. Qui veut prouver par recort des cas qui se doivent ⁱ prouver par recort ʲ, liquel sont dit dessus, l'en ne puet dire encontre. Mes qui vourroit prouver par recort ce qui se doit prouver par autre voie de prueve, l'en le puet ᵏ bien debatre.

1169 ¹. Ce qui est prouvé ᵐ par fet notoire ou par la connoissance de la partie contre qui l'en a a prouver, ou par les apertes presompcions dessus dites, l'en ne puet dire encontre, car les causes qui se pruevent ⁿ d'eles meismes ne doivent pas estre debatues.

1170. Qui veut prouver par tesmoins, il les doit amener ᵒ bons et loiaus et qui ᵖ bien soient certain de ce qu'il diront en leur tesmoignage après leur serement et teus que l'en ne truist en aus que reprendre, si qu'il ne puissent estre debouté. Et pour ce que l'en puet mout ᵠ de manieres de ʳ tesmoins debouter de leur tesmoignage, nous dirons ci après liquel en pueent ˢ estre debouté et comment et en quel point l'en les puet et ᵗ doit ᵘ debouter.

---

a) *G H J K* pr. ou en v. — b) *G H J K omettent* et. — c) *H J K* us. et de. — d) *E omet* la chartre qu'il ... qui est en. — e) *B* qu'il est de ce qui est en la chartre contenu en la sezine et en l'usage de lonc tans. — f) *F* l. tans de le chose sanz che que chix ait usé de se ch. — g) *G H J K* res. doibt on. — h) *H J K omettent* qui parlera. — i) *G H J K* qui se veulent pr. — j) *H J K omettent* par recort; *M* qui puevent estre prouvés par rec. — k) *H J K* le doit b. d. — l) *Tout ce paragraphe manque dans G*. — m) *A* est a prouver par. — n) *A B C E F omettent* qui se pruevent. — o) *G omet* il les doit amener. — p) *J K* et qu'ilz s. — q) *G H J K M* puet en mout. — r) *B* man. desmoins; *G H J K M omettent* de. — s) *E F omettent* estre debouté. Et ... liquel en pueent. — t) *B E F omettent* puet et. — u) *E F* doit debatre et debouter.

---

1. Ch. LXIII.

1171. Si tost comme l'en voit tesmoins atrès contre li, a la premiere journee, se l'en les veut debouter de leur tesmoignage, l'en doit dire les resons par lesqueles il ne doivent pas estre receu, tout avant qu'il facent serement. Car s'il ont fet serement de verité pesiblement a la veue et a la seue de celi contre qui il sont atret ou de son procureeur, il ne pueent puis estre debouté de leur tesmoignage; ains sont aprouvé soufisant pour estre oï. Et doit estre la querele determinee selonc la deposicion de leur tesmoignage, tout fust il ainsi que cil contre qui il sont tret les peust avoir deboutés devant leur seremens par bonnes resons qu'il avoit contre aus.

1172. Quant aucuns voit tesmoins[a] aprestés de tesmoignier contre li, s'il les connoist, li tans est venus de dire contre aus devant le serement, si comme nous avons dit[b]; et s'il ne les connoist, il puet requerre a la justice que li non des tesmoins et li lieus dont il sont li soient baillié en escrit, et que jours li soit donnés de dire contre aus, et doit fere retenue de dire contre aus au jour qui li[c] sera assignés; et ceste requeste li doit fere[d] li juges. Nepourquant l'en ne doit pas detrier que li tesmoing ne soient oï et leur dit mis[e] en escrit et a conseil; et quant ce vient au[f] jour qui est assignés[g] de dire contre les tesmoins, se cil contre qui il sont tret dit[h] bonnes resons par lesqueles il ne deussent pas estre oï, ce qu'il ont dit est de nule valeur. Et se cil contre qui il sont tret lesse[i] cele journee passer qui li[j] fu assignee[k] pour dire contre aus, il n'i puet[l] puis recouvrer, ainçois vaut li tesmoignages selonc ce qu'il ont dit.

1173. Quant aucun sont atret en tesmoignage et il ont fet leur serement de dire verité[m] et il requierent jour d'avi-

---

a) *B E F* tesm. qui sont apr. — b) *H J K* comme dit est. — c) *A B E* qui leur s.; *F* qui i s. — d) *J K* d. acorder li. — e) *J K* doit pas laisser a oïr les temoins et leurs dis mettre en escr. — f) *A* v. a j. — g) *A* omet assignés. — h) *B E F* dient. — i) *A B C E F G* lessent. — j) *C E F G* qui leur. — k) *H J K* omettent qui li fu assignee. — l) *C E F G* puecnt. — m) *H* dire lor verité.

sement de ce qui leur est demandé, se la cours est tenue selonc l'establissement le roi, il le doivent avoir, mes par l'ancienne coustume non, car ce qui est offert a prouver par l'ancienne coustumeᵃ doit estre prouvé a la premiere journee si comme il est dit dessus.

1174. En tous cas ou l'en puetᵇ lever tesmoins et metre en gages, se clerc i sont apelé pour tesmoignier, il pueent estre debouté, car il ne pueent estre tretᶜ ne mis en gages. Et pour ce ne doivent il pas estre receu en tel cas quant il sont debatu.

1175. Damesᵈ qui sont atretes en tesmoignage ne doivent pas estre receues, s'eles sont debatues de celi contre qui eles sont tretes, pour nul estat qu'eles aient, soit qu'eles soient veuves, mariees ou puceles, fors en un cas tant seulementᵉ; c'est assavoir quant aucune chose chiet en tesmoignage de nessance d'enfans ou de leur aage prouver: si comme ilᶠ avient qu'une fame a .II. enfans masles jumeaus et li ainsnés en veut porter l'ainsneece, l'en ne pourroit savoir liqueus seroit ainsnés se n'estoit par le tesmoignage des fames, et pour ce doivent eles estre creues en tel cas.

1176. Bastart et serf doivent estre debouté de leurᵍ tesmoignage se la querele n'est contre serf ou contre bastartʰ, car il ne pueent pas debouter ceus qui sontⁱ de leur propre condicion. Mes s'il sont atret contre franche persone et il sont debatu, il ne doivent pas estre oï.

1177. Meseaus ne doitʲ pas estre oïs en tesmoignage, car coustume s'acorde qu'il soient debouté de la conversacion d'autres gens.

1178. Cil qui sont a mon pain et a mon pot, ou en ma

---

a) *B* omet non car ce ... l'ancienne coust. — b) *BEF* on doit lev. — c) *G* tret a serment ne; *HJK* estre apelé ne. — d) *EFGJK* Fames. — e) *HJK* omettent tant seulem. — f) *HJK* c. s'il av. — g) *M* Best. ne serf ne doivent pas estre rechus en tesm. — h) *BEF* tesmoign. se n'est ainsi que la querele soit encontre bastart et contre serf; *M* bast., mais contre tex gens porroit il tesmoignier, car. — i) *GHJK* omettent qui sont. — j) *EFJK* Mesel (*JK* mescaus) ne doivent.

mainburnie, ou en mon bail, ou en ma garde, ou qui perdent ou ᵃ gaaignent avec moi par reson de compaignie, ne doivent pas estre oï en tesmoignage pour moi s'il sont debatu de partie, car presompcions est contre aus qu'il ne deissent autre chose que verité pour l'amour de moi, tout soit il ainsi ᵇ que nus ne se doie parjurer, neis ᶜ pour son pere.

1179. Nus ᵈ ne doit estre oïs ne receus ᵉ en tesmoignage de ce qu'il veut tesmoignier en son pourfit ou pour sa delivrance, si comme se aucuns veut tesmoignier qu'une dete est ᶠ paiee de laquele il fu pleges, l'en le puet bien debouter de son tesmoignage, car se li paiemens estoit prouvés par li, il seroit aquitiés ᵍ de sa plevine ʰ, et ainsi tesmoigneroit il en son pourfit, laquele chose ne seroit pas resons. Et par cel cas puet l'en entendre ⁱ tous les autres es queus l'en pourroit avoir pourfit par son tesmoignage, soit de pourfit present ou de pourfit a ʲ avenir ; car se je sui tres en tesmoignage ᵏ d'aucun ˡ eritage que cil demande, au quel ᵐ je sui drois oirs, je puis bien par reson estre deboutés de mon tesmoignage.

1180. Cil qui sont en guerre ou en haine tele qu'il ne parolent pas l'uns a l'autre vers ⁿ celi contre qui il sont tret en tesmoignage bien pueent estre debouté de leur tesmoignage, car crueus chose seroit que ᵒ cil qui sont en guerre ᵖ contre moi ou en si grant haine qu'il ne parolent pas a moi fussent oï contre moi en tesmoignage.

1181. Se aucuns est atrés contre moi pour tesmoignier, liqueus m'ait menacié a fere ᑫ grief ou damage, je le puis debouter de son tesmoignage, ne il ʳ ne doit pas estre oïs

---

a) *BFHJK* perd. et gaaign. — b) *JK* moi ja soit ce que. — c) *C* parj. non pas pour ; *JK* parj. et fust pour. — d) *EF* pere. Nepourquant nus ..., *sans alinéa.* — e) *GHJKM* ne creus en. — f) *A omet* est. — g) *GHJKM* ser. quites de. — h) *CEFJKM* sa (*M* le) plegerie. — i) *B* par cest jugement puet on savoir tous. — j) *EFGHJKM omettent* a. — k) *GHJKM* en aucun tesm. — l) *GHJKM omettent* aucun. — m) *GHJK* a qui je. — n) *C* point les uns aux autres si comme envers. — o) *GHJK* ser. quant cil. — p) *GHJK omettent* en guerre. — q) *BEF* men. ou fet. — r) *ABEF omettent* il.

CHAP. XXXIX. — DES PRUEVES ET DE FAUSSER TESMOINS. 109

contre moi, car par menace est prouvee la[a] male[b] volentés qu'il a[c] contre[d] moi.

1182. Quant aucuns est acusés d'aucun cas de crime, par lequel il pourroit perdre le cors s'il en estoit atains, et l'en veut oïr tesmoins pour savoir la verité du fet[e], nus qui soit de sa mesnie ne de son lignage, ne sa fame ne doivent estre creu en sa delivrance, car perius seroit qu'il ne se parjurassent pour aus eschiver de honte et pour li garantir de mort. Et s'il tesmoignent son encombrement, il doivent aussi bien ou mieus estre creu comme autre gent, car c'est clere chose que loiautés les muet a dire verité, pour ce qu'il ne se vuelent pas parjurer[f].

1183. Nus enfes sous aage, ne fous de nature, ne hors du sens ne doivent estre tret en tesmoignage; tout fust il ainsi que cil contre qui il sont tret fust si nices qu'il ne les debatesist point, ne les devroit pas li juges recevoir. Et s'il estoient receu parce qu'il ne seroient pas debatu ne que li auditeur n'en savroient mot ou point de l'examinacion[g], se la chose venoit après a la connoissance des jugeurs, ne devroit pas leur dis estre mis en jugement. Mes se ce ne[h] venoit a leur connoissance ne il[i] n'estoient[j] debatu de partie et l'en jujoit seur leur dit[k], li jugemens tenroit, ne par le dit des tesmoins ne pourroit la partie apeler[l] du jugement. Et par ce poués vous entendre que tout ce qui puet estre dit contre[m] tesmoins doit estre proposé en jugement, voire ainçois qu'il aient juré, si comme il est dit dessus[n].

1184. Combien qu'uns[o] hons[p] ait de tesmoins et l'en en fet l'un faus et mauvès par gages, li autre ne sont pas a recevoir ne ne valent riens en la querele pour laquele il estoient tret, ainçois pert cil qui les amena ce qu'il entendoit

---

a) *GH omettent* la. — b) *GH* mauvaise. — c) *JK omettent* contre moi, car ... volentés qu'il a. — d) *AC a* vers moi. — e) *A omet* du fet. — f) *HJK omettent* pour ce ... parjurer. — g) *JK* examen. — h) *BE omettent* ne; *dans F* ne *a été écrit postérieurement dans l'interligne.* — i) *F* ne leur dis n'est. — j) *ABEF* n'estoit. — k) *G* dit et deposicion. — l) *HJK* apeler le partie. — m) *BEF* des tesm. — n) *HJK* comme dit est. — o) *BEF* que li h. — p) *E* lioirs.

a prouver. Mes il n'est pas ainsi es cas es queus apeaus de bataille n'est[a] fes, car se uns hons a[b] pluseurs tesmoins a prouver s'entencion et l'en en deboute l'un ou pluseurs par les resons qui sont dites dessus, pour ce ne demeure pas que li autre contre qui l'en ne puet riens dire ne soient oï. Et puet cil qui a a prouver gaaignier sa querele par le tesmoignage de .II. loiaus tesmoins liquel ne puissent estre debouté de leur tesmoignage[c] par nule reson et liquel s'entresievent si comme vous orrés après, la ou il sera dit quel tesmoignage valent et liquel non.

1185. Encore puet l'en debouter tesmoins par autres resons que par celes qui sont dites dessus, si comme se j'offre a prouver que cil qui est tres contre moi pour tesmoignier, a louier ou pramesse pour tesmoignier contre moi. Se je puis ce metre en voir, il est et doit estre deboutés par reson et coustume s'i acorde, car perius seroit que cil qui recevroit don ou pramesse ne deist autre chose que verité par couvoitise.

1186. Autres manieres de gent sont qui pueent estre debouté de tesmoignage : ce sont cil qui sont ataint ou condamné de cas de crime ou de faus tesmoignage qu'il porterent autrefois, ou qui sont parjuré. Toutes teus manieres de gent ne pueent porter tesmoignage se partie les veut debatre en tans et en lieu et ou[d] point que l'en puet debatre tesmoins[e], si comme il est dit dessus. Et la resons pour quoi il ne doivent pas estre creu[f] si est tele qu'on ne doit pas croire celi qui par sa mauvestié a esté repris de vilain cas, et tous jours dit on qu'hons jugiés ne puet autre jugier[g]. Nepourquant il afiert bien as justices que, quant il tienent gens atains et condamnés de vilain cas, qu'il encherchent a aus liquel sont leur compaignon et plein de mauvès vices, pour ce que li mauvès connoissent plus acoustumeement li

---

a) *B E omettent* est; *dans* F *est* est *exponctué et on a récrit postérieurement* n'est mie *dans l'interligne.* — b) *B* se uns amena. — c) *HJK omettent* de leur tesmoignage. — d) *GHJKM* et en p. — e) *GHJKM* p. qu'on les puet deb., si c. — f) *GHJKM* ouy. — g) *GHJKM* p. jugier autrui.

CHAP. XXXIX. — DES PRUEVES ET DE FAUSSER TESMOINS. 111

uns l'autre parce qu'il s'entretienent compaignie en leur mauvestié^a, que li bon ne font les mauvès. Mes, pour chose qu'il dient, se autre prueve ou autre clere^b presompcions n'est trouvee avec leur dit, nus, pour leur dit tant seulement, n'en doit recevoir mort ; mes bien les doit on prendre et tenir en prison pour la presompcion qu'on a contre aus dusques a tant que l'en sache se l'en pourra autre chose plus clere savoir, ou par leur connoissance ou par aucune voie de prueve ; car qui ne les prenroit par tele acusacion, il donroit grant seurté as mauvès, ne ne se douteroient point pour prise^c qu'on feist^d de leur compaignons ; et parce qu'on les prent par teus acusacions, se doutent il et en lessent maint mal^e a fere^f.

1187. En^g aucun cas^h doit l'en bien croire a aucun par le tesmoignage de sa mesnieⁱ tant seulement avec la presompcion de bonne renomee, si comme es cas privés qui pueent avenir es osteus, des queus l'en ne se donne garde ne dont l'en n'avoit pas esperance qu'il avenissent. Si comme se je sui en ma meson manans^j loins de gent et larron vienent^k par nuit, et je ou ma mesnie les apercevons et leur courons sus pour prendre et nous les prenons ou ocions pour ce qu'il se tournent^l a defense : en tel cas, se je sui de bonne renomee, je doi estre creus par le tesmoignage de ma mesnie. Mes se je manoie près de gent, si comme en ville^m, et je ou ma mesnie ne levions le cri par quoi li voisin l'oïssent, perius seroit que l'en ne m'en peust encouperⁿ. Nepourquant se l'en lessoit a lever le cri pour aucune cause qui aparust resnable^o, si comme se j'estoie en guerre ou haïs de mes voisins pour plet ou pour contens^p ou pour ce

a) *BEF* leur malice. — b) *A* omet clere. — c) *A* p. prison. — d) *G* qu'on leur feist. — e) *A* l. mains maus. — f) *EF* fere souvent. — g) *A* omet En. — h) *GHJK* aucune maniere — i) *ABCEF* de soi (*C* che) meesme t. seul. — j) *CJK* demourant. — k) *BEFHJK* vien. en me meson p. n. ; *C* larr. y vien. — l) *A* il tournerent. — m) *BEF* omettent si comme en ville. — n) *JK* peust occuper. — o) *A* auc. resnable cause, si c. — p) *BEF* p. aucun contens.

qu'il estoient de mauvese renomee, en tel cas pourroie je estre escusés du cri.

1188. Autre cas privé pueent encore avenir, si comme se aucuns se doute d'aucune certaine persone qu'il ne viegne en sa meson de nuit pour larrecin ou pour fere fornicacion a sa fame, ou a sa fille, ou a cele qui est en sa baillie ou en sa garde : en tel cas cil qui se doute li doit defendre par devant bonne gent ou fere defendre par la justice[a]; et se cil a qui la defense est fete i vient puis et il l'en meschiet, c'est a bon droit, ne l'en n'en doit riens demander a l'oste. Et de tel cas avons nous veu eschaper pluseurs persones qui avoient ceus ocis qui en ceste maniere[b] s'estoient embatu en leur manoirs[c].

1189. Grans perius est d'entrer en autrui manoir par nuit sans le congié et sans le seu de celi qui[d] li manoirs est; car avenir puet que cil qui i va n'i entent pas si grant malice[e] comme li sires de l'ostel et la mesnie cuident quant il le truevent : si comme quant aucuns vallès i va pour l'amour d'aucune[f] meschine qui maint en[g] l'ostel et il est trouvés ou pourpris, l'en a presompcion qu'il i[h] soit venus pour larrecin et en tel cas puet mout escuser renomee de loiauté celi qui est trouvés en tele maniere. Et s'il li mesavenoit ou lieu, si comme gent sont esfreé quant il s'esveillent[i] et pensent qu'il i ait pluseurs gens estranges[j] venus pour aus rober, pour ce que li chien s'engressent[k] d'abaier ou qu'il ont oïe[l] la frainte, et il l'ocient pour ce qu'il tourne a defense[m], ou pour ce qu'il est muciés et il est ocis en querant[n], si comme l'en quiert[o] d'espees ou d'espiés[p] ou de glaives[q], en tel cas

---

a) *B omet* par la justice; *EF* doit deffendre ou fere deffendre par devant bone gent. — b) *BEF* sos tez deffenses. — c) *EF* aloient en leur maisons. — d) *HJK* celi a qui. — e) *BEF* mal comme. — f) *GHJK* d'une m. — g) *JK* qui demeure a l'ost. — h) *A omet* i; *G* n'i s. — i) *G* il les veillent. — j) *HJK omettent* estranges. — k) *G* chien de l'ostel s'agregissent d'ab. — l) *GHJKM* qu'il en oient. — m) *GHJKM omettent* pour ce ... a defense. — n) *CEF* en courant. — o) *EF* on keurt; *GHJK* on le quiert. — p) *EFG omettent* ou d'espiés. — q) *C* on quiert et cherque parmi .I. ostel .I. home a bonnes espees ou d'un espié ou d'une glaive, en tel cas.

en doivent estre tuit cil de l'ostel escusé. Mes s'il se nommoit et disoit la cause pour quoi il i vint, ou la meschine meisme le desist avant que l'en l'ocisist, et l'en l'ocioit puis, li ocieur seroient coupable de la mort. Et pour ce doit on en teus cas privés examiner mout dilijanment les mesnies chascun en par soi et demander toutes les choses qui apartienent au fet, et eus menacier que, s'il ne dient la pure verité, qu'on les tenra pour coupables, pour savoir la verité de l'aventure, si que se li sires de l'ostel ou aucun de la mesnie vont tout une voie, il soient creu avec le presompcion de la nuit et, avec ce, qu'il ne soient pas renomé d'estre larron ne murtrier.

1190. Aussi sont creu li tesmoing qu'aucuns amene de sa mesnie a prouver le mesfet que l'uns d'eus fist a son seigneur[a], — si comme s'il li osta la sieue chose sans son congié; ou s'il li paia son louier et ses vallès li redemande; ou s'il conta a li et ses vallès li nie le conte; ou se li vallès fist aucun mesfet pour quoi il l'osta de son service et li vallès veut fere tout son[b] terme ou avoir tout[c] son louier, — en tous teus cas et en semblables puet li sire prouver par sa mesnie et par son serement, car male chose seroit qu'il convenist apeler estranges tesmoins a toutes les choses que li seigneur ont a fere a leur mesnies.

1191. Li clerc si dient, et il dient voir, que negative ne doit pas cheoir en prueve, car ele ne puet estre prouvee, mes affirmative i chiet pour ce que l'en la puet[d] et doit prouver : si est bon que nous desclairons, si que li lai le puissent entendre, queus chose est affirmative qui se puet prouver[e], et queus chose est negative qui ne se puet prouver.

1192. Nous devons savoir que toutes les demandes que l'en fet contre autrui, lesqueles sont offertes a prouver se li defenderes les[f] nie, sont affirmatives et chieent en prueve

---

a) *J K* son maistre. — b) *A* f. tout son service son terme. — c) *ABCEF* omettent tout. — d) *C* on la prueve. — e) *A C* omettent qui se puet prouver. — f) *E F H J K* def. le nie.

quant li defenderes en fet niance simplement, ou quant li defenderes propose fet contraire^a et l'offre^b a prouver, laquele chose vaut autant comme niance. Et si devons savoir que toutes les resons qui sont mises avant de partie contre autre, — soit du demandeur contre le defendeur ou du defendeur pour destruire les resons^c au demandeur, lesqueles resons sont de fet, — chieent en prueve, car autant vaut afirmative comme proposer aucune reson et afermer qu'ele est vraie. Et cil afermemens doit^d estre prouvés par tesmoins, ou par recort d'hommes, ou par presompcions, ou par fet aparent, ou par reconnoissance de partie, ou par gages de bataille, selonc ce que li cas est ; et liqueus cas se prueve par l'une maniere de prueve et liqueus par l'autre, il est dit dessus en ce chapitre meisme.

1193. La negative laquele^e ne puet cheoir en prueve, si est fere niance^f simplement ou dire : « Il n'est pas ainsi comme il propose contre moi », ou^g aucune tel^h chose semblable ; car en tantⁱ comme l'en nie simplement ou comme l'en^j dit^k : « Il^l ne fu pas ainsi », se giete l'en hors de prueve et a^m l'autre partieⁿ a^o prouver ce qu'ele proposa. Nepourquant tout soit ce que la negative ne se puist prouver, c'est a entendre quant ele est mise avant tout simplement, si comme il est dit dessus. Mes l'en i puet bien tele chose ajouter qui chiet en prueve, par laquele prueve il apert que la negative que li defenderes mist avant est vraie. Et par deus peres^p de^q voies vient bien la prueve par devers celi qui la niance fist. — L'une, quant il fist^r la negative preins d'aucune affirmative, si comme se uns hons me de-

---

a) *BEF* fet contre et ; *C* fet ou contraire. — b) *ABCEF omettent* l'. — c) *A* les maisons ; *G* demandes *exponctué et remplacé par* raisons. — d) *JK* Et telles affirmations doivent. — e) *BEF* neg. qui ne. — f) *GHJK* niance fere. — g) *B* ou dire aucune ; *EF omettent* il n'est pas ... contre moi », ou ; *le dire de B montre comment le bourdon de EF a pu se produire.* — h) *BEFGHJKM omettent* tel. — i) *A* car autant c. — j) *BEF omettent* comme l'en. — k) *B* dire. — l) *GHJK* dit qu'il. — m) *BGHJK omettent* a. — n) *B* part. si est a. — o) *HJK* part. a a prouv. — p) *BGHJK* deus parties de. — q) *M omet* peres de. — r) *A* il fet.

CHAP. XXXIX. — DES PRUEVES ET DE FAUSSER TESMOINS.

mande .xx. lb. et je li ni que je ne li^a doi pas, car je les^b li^c ai païes ou il les mes^{d 1} a quities : en tel cas et en semblables fes je la negative preins d'une affirmative, car se je prueve le paiement, donques ai je bien prouvé que je ne li devoie pas. Mes se j'eusse fet la niance tout simplement sans ajouter l'affirmative, la prueve fust par devers li a prouver que je li deusse, ne après je ne venisse pas a tans a fere ma negative preins de l'affirmative dessus dite. Et par cel cas il soufist a connoistre les autres cas semblables qui avienent^e, par quoi cil qui metent les negatives avant ajoutent aucune affirmative quant il vourront avoir prueves par devers eus. — La seconde voie comment la negative se puet prouver si est par espurge^f, si comme se aucuns propose contre moi que je bati Jehan l'endemain de la Toussains a Clermont a eure de prime, ou que je fis aucun autre fet a tel jour et a tel eure, et je nie que je ne le fis pas et, avecques la niance, j'aferme qu'au jour et a l'eure qui est nommés que je dui ce fere, j'estoie^g a Paris pour pledier ou pour tele besoigne que j'avoie^h a fereⁱ, et la me virent grans plentés de bonnes^j gens et l'offre a prouver. Se je prueve ceste espurge^k, la niance que je fis vaut prouvee^l, car il apert que je ne fis pas le fet^m que l'en meⁿ met sus. Et tele maniere d'espurge puet valoir en mout de cas a espurgier^o ceus qui sont acusé soit de cas de crime, soit d'autres, car cil qui loiaument s'espurge doit estre delivrés de ce qu'on li met sus. Donques puet l'en veoir que la negative vaut^p prouvee^q

a) *JK* ne les li. — b) *AGH* omettent les. — c) *BEFJK* omettent li. — d) *AJK* il les me (*A* m') a quit. ; *BFG* le mes a quit. ; *CEHM* les mes a quit. — e) *BEF* omettent qui avienent. — f) *C* espurgement. — g) *BEF* f. que j'est. — h) *G* j'y av. — i) *HJK* besoigne fere que g'y avoie. — j) *GHJK* omettent bonnes. — k) *C* espurgement. — l) *GHJKM* preuve. — m) *B* pas ce que ; *EF* le coze que. — n) *AB* omettent me. — o) *BEF* omettent espurgier. — p) *C* neg. est. — q) *A* v. par pr. ; *EFGHJKM* v. preuve.

1. mes, contraction de me les, est employé ici au lieu de me par pléonasme. Cf. Godefroy, *Dictionnaire de l'ancienne langue française*, v° LE 3, et K. Nyrop, *Grammaire historique de la langue française*, § 293, 2°.

par ª fere la preins ᵇ d'une affirmative ou par proposer espurge, si comme il est dit dessus.

1194. Or veons, — se l'en me met sus que je bati Jehan a Clermont le premier jour de l'an ᶜ, et je le ni et met avant espurge ᵈ que j'estoie cel jour a Bouloigne en pelerinage, ou a ᵉ plet, ou en marcheandise, et l'offre a prouver, et la partie qui m'acuse offre a prouver la bateure dessus dite, et chascuns tret prueves : moi de m'espurge et l'acuseres du mesfet, et chascuns prueve s'entencion, — lesqueus tesmoins croira l'en, car ce ne puet estre que l'une partie ne prueve faus ᶠ. Nous disons en cel cas que l'en doit garder ᵍ as plus loiaus tesmoins, et qui plus a envis mentiroient et qui plus proprement parolent selonc la nature ʰ du fet ; et ce ne puet estre, se li auditeur le sevent soutiument examiner et fere soutilles demandes, qu'il n'aperçoivent ⁱ bien la partie qui mieus prouvera. Et en tous les cas la ou chascune partie atret ʲ prueve, si comme chascune partie ᵏ aferme a prouver ce qu'il a mis avant et nie le fet contraire proposé contre li et il semble que chascuns prueve s'entencion, doivent li auditeur ouvrer en la maniere dessus dite.

1195. Une voie ˡ de prueve puet ᵐ encore courre par devers celi qui mist avant la negative, qu'on apele prouver par accident. Prouver par accident ⁿ si est se je puis desprouver ce qui est prouvé contre moi. Et pour ce qu'aucuns pourroit dire que ce ne puet estre que je puisse desprouver ce qui est prouvé contre moi ᵒ, je le moustrerai en un cas, si que par celi on pourra connoistre les autres.

1196. Se aucuns veut prouver ᵖ par certaines persones ᑫ

---

a) *A* prouv. car il apert par ; *K* pour f. — b) *J omet* par fere la preins. — c) *BEF* Jeh. le prem. j. de l'an a Clerm. — d) *BEF omettent* espurge. — e) *ABEF* peler. en plet. — f) *GHJK* pr. ce faus. — g) *EF* rewarder ; *GHJK* cas doit on regarder as ; *M* regarder. — h) *GHJKM omettent* selonc la nature. — i) *C* que il n'apere b. — j) *GHJKM* ou chascuns amenra pr. — k) *GHJKM* part. atrait (*JK* admenera) preuves et af. — l) *EF* maniere. — m) *B omet* puet. — n) *GHJKM omettent* Prouver par accident. — o) *C omet* Et pour ce ... prouvé contre moi. — p) *M* aucuns preuve. — q) *M omet* persones.

CHAP. XXXIX. — DES PRUEVES ET DE FAUSSER TESMOINS. 117

nommees[a] que je fis aucun fet ou aucune convenance ou aucun marchié a tele vile et a tel jour, et je di au juge : « Sire, cil qui m'acuse du fet, ou de tele convenance, ou de tel marchié, et[b] l'a[c] offert a prouver pour ce que je li ai nié, je voi qu'il amene pour prouver loi Pierre[d], Jehan et Guillaume[e]. Si vous di tant que, s'il tesmoignent riens contre moi, je ne vueil pas que leur dit me nuisent, car j'offre a prouver que, a ce jour que ma partie averse me met sus que je fis tel chose en[f] tel jour et en tel lieu, il estoient hors du païs, par quoi il n'en puecnt tesmoignier le[g] certain, s'il ne vuelent dire que je l'aie puis reconneu par devant eus », en tel cas, se li tesmoing tesmoignent contre moi et dient qu'il furent present et je prueve qu'il estoient a cel jour et a cele eure hors du païs, j'anientis leur tesmoignage et n'a m'averse[h] partie riens prouvé contre moi. Et ainsi est ma negative prouvee par accident.

1197. Nous avons dit en cest titre dessus que fames sont receues[i] en tesmoignage a[j] prouver[k] aage d'enfans, et aussi sont eles selonc nostre coustume oïes[l] en cas qui se determine[m] par enqueste, car il avient a la fois[n] qu'eles sevent[o] ce dont l'en enquiert et li homme ne le sevent pas[p], et, s'eles n'estoient creues en tel cas, aucunes verités en pourroient estre celees. Nepourquant li cas de crime en sont excepté, car en cas ou il a peril de mort ou de mehaing ne sont pas fames a oïr en tesmoignage, se n'est en fet notoire, liqueus fu fes devant tant de preudommes qu'il est apertement seus, si comme devant .vi. de bonne renomee ou plus; et aussi sont fames oïes en tesmoignage quant puccelages chiet en prueve, si comme il chiet en aucun cas es ples de

a) *HJK* omettent nommees. — b) *GHJK* marc. il l'a; *M* marc. il a. — c) *JKM* omettent l'. — d) *AH* Phelippe. — e) *BEF* amene P. et J. [*B* et *G*.] pour le prouv. ; *G* Guill. et Henri. — f) *C* et en; *GHJK* et a; *M* chose a tele hore et a tel jour. — g) *AB* tesm. de cert. ; *C* tesm. contre moi le; *EF* omettent le — h) *JK* omettent averse. — i) *BEF* receutes. — j) *BEF* tesm. pour prouv. — k) *HJK* rec. en tesmoignier aage. — l) *EFGHJK* omettent oïes; *M* omet selonc ... oïes. — m) *BCEF* determinent. — n) *C* aucune fois; *GHJKM* av. souvent. — o) *GHJK* sev. a le fois ce. — p) *HJK* h. n'en sevent point.

la crestienté, mes pour ce qu'il n'en est nus mestiers en la court laie nous nous en souferrons a tant.

1198. Tout soit ce que cil qui sont[a] sous aage[b] ne pueent porter tesmoignage ou tans de leur sousaage, nepourquant, quant il sont en aage, il pueent bien porter tesmoignage de ce qu'il virent ou qu'ioïrent ou tans qu'il estoient en leur sousaage, si comme de ce[c] qui fu fet quant il n'avoient que .x. ans ou que .xii.[d], car li aucun se remembrent bien de ce qu'il virent[e] en leur enfance de[f] l'aage de .x. ans ou de .xii.[g]

1199. Procureeur[h] n'avocat ne conseilleur[i] ne pueent porter tesmoignage es causes dont il sont procureeur[j] ou avocat ou conseillier[k].

1200. Une coustume ne queurt mes, laquele souloit courre si comme nous l'entendons[l] de ceus qui sevent de droit, car nus tesmoins, combien qu'il seust de la chose, ne souloit riens valoir s'il n'estoit apelés des parties a la chose fere proprement pour porter tesmoignage de la chose qui fu fete, se mestiers estoit. Mes maintenant est tout autrement, car cil qui furent a la chose fere ou qui l'oïrent recorder sont oï en tesmoignage s'il ne sont debouté par autre reson que par ce qu'il ne furent pas apelé, et les autres resons pour eus debouter sont dites ci dessus.

1201. Quant letres qui sont soupeçoneuses sont aportees en lieu de prueve, eles doivent demourer en la[m] main de la[n] justice dusques a tant qu'il sachent comment[o] eles seront prouvees a vraies[p], car, se cil qui les aporta les en reportoit et il se doutoit du crime, il ne les raporteroit pas, ne il ne seroit

---

a) *GHJK* sont en [*HJK* l'] aage sous a. — b) *F* sont aagié ne; *M* Tout soit ainsi que chix qui sont en aige puissent tesmongnier sous aagiés ne pueent. — c) *GHJKM* omettent qu'il virent ou ... si comme de ce. — d) *GHJKM* .xii. de ce qu'ilz virent ou oyr en l'aage d'adonc. — e) *GHJKM* il ont veu. — f) *GHJK* enf. en l'aage. — g) *M* l'aige dessus dite. — h) *AC* procurierrez. — i) *ACH* conseillierres; *GJK* conseilliers. — j) *C* procureres. — k) *C* conseillierres; *EF* conseilleur. — l) *BEFGHJK* omettent l'. — m) *ABEF* omettent la. — n) *ABEFG* omettent la. — o) *GHJK* omettent il sachent comment. — p) *M* tant qu'elles soient pour bones et vraies, car.

CHAP. XXXIX. — DES PRUEVES ET DE FAUSSER TESMOINS.

pas tenus au raporter s'il ne li plesoit, car mieus vaut que l'en delaist sa folie commenciee que perseverer ou*ᵃ*¹ maintenir*ᵇ*.

1202. Il souloit estre que, quant aucuns*ᶜ* bailloit letres, qu'on*ᵈ* metoit es letres*ᵉ* les nons de ceus qui estoient apelé pour estre tesmoing*ᶠ*. Mes cel usages queurt*ᵍ* mes*ʰ* en poi*ⁱ* de lieus; et s'il queurt en aucuns lieus, si est il perilleus, car il avient souvent que li tesmoing muerent et après leur mort l'en a mestier des letres, si que les letres n'ont pouoir d'estre tesmoigniees par les tesmoins. Dont convient il que les letres vaillent d'eles meismes et si font eles, car eles ne sont pas*ʲ* pour ce*ᵏ* faussees*ˡ*. Donques i*ᵐ* furent il mis*ⁿ* pour nient*ᵒ* puis qu'eles valent par le tesmoignage du seel tant seulement. Mes se li tesmoing sont vif*ᵖ* et il*𝓺* sont apelé pour tesmoignier la teneur de la letre et il tesmoignent le contraire ou il tesmoignent qu'il n'i furent pas, en tel cas pueent estre les letres*ʳ* anienties, tout fust ce qu'eles vousissent s'il n'i eust dedens contenu nul tesmoing. Et pour cel peril eschiver ne doit on pas metre les nons des tesmoins es letres puis qu'eles valent par eles meismes pleine prueve, se l'en ne les deboute de fausseté de seel non creable.

1203. Sé il avient qu'aucuns ait letres et il les perde, par quoi il ne les puet aporter en jugement pour li aidier, il convient qu'il prueve par loiaus tesmoins ou par recort de court, se ce fu de fet de court, ce qui estoit contenu es letres. Mes il doit avant jurer qu'il a les letres perdues ou qu'eles sont en tel lieu qu'il ne les puet avoir et qu'il n'a pour-

---

a) *GHJKM* pers. et maint. — b) *F* pers. y ne maint. ichelle. — c) *BEF* q. on baill. — d) *A* qu'il; *BEF* omettent qu'. — e) *BEF* omettent es letres; *C* met. dedens. — f) *BEF* apel. a tesmoignage; *JK* ap. pour tesmongner. — g) *EF* us. ne queust. — h) *B* omet mes. — i) *F* en molt de l. — j) *HJK* omettent pas. — k) *G* p. tant. — l) *B* fausses. — m) *ABEM* Donq. il fur. il. — n) *C* fur. mis les nons de chaus p. n.; *HJK* fur. eles mises p. n. — o) *G* fur. pour nient mis les noms des personnes puis que. — p) *G* Et si sont vivant; *HJKM* omettent Mes se … sont vif. — q) *HJKM* s'il. — r) *A* pueent les lettres estre.

---

1. *ou* n'est pas ici la conjonction copulative, mais la forme enclitique de *en le*.

chacié la perte des letres par nul malice, ainçois les aportast
s'il les peust avoir. Et adonques s'il prueve qu'il eust letres
et la teneur des letres en[a] la maniere dessus dite, ce li doit
valoir en tel maniere que, se les letres furent de detes
ou de muebles que l'en li deust, il doit estre paiés ; et
s'eles touchoient convenance d'eritage ou d'engagement ou
de paiement a venir, eles li doivent estre refetes auteles
comme celes furent de la partie averse qui bailla les autres
letres. Et se ce furent chartres qu'aucuns sires bailla, aussi
les redoit il baillier, se ainsi n'est que l'en n'ait usé encontre
par tel taus que l'en n'i soit pas tenus, si comme aucun des-
truient leur chartres parce qu'il n'en usent pas selonc ce
qu'ele leur fu otroiee. Et quant aucuns veut avoir letres en
la maniere dessus dite, ce doit estre a son coust de l'escri-
ture et du seel, selonc ce que l'en a acoustumé a paier de tel
seel, aussi comme il feist s'il n'en eust onques nules eues,
car l'en doit savoir que quiconques veut avoir letres, ce doit
estre a son coust, se convenance ne tourne les cous[b] par
devers celi qui les doit baillier.

1204. Pour ce que nous avons dit ou chapitre des cas
qui apartienent a sainte Eglise et a court laie[1] que nous ne
creons les letres l'official que pour un tesmoing, nepourquant nous ne l'entendons pas es cas espiritueus ne es cas
qui apartienent en tout a l'Eglise et non pas a la laie justice,
car en tel cas valent les letres de la crestienté pleine prueve :
si comme se les letres l'official tesmoignent qu'uns mariages
est bons[c] ou mauvès, ou qu'uns testamens fu a droit fes ou
non a droit fes, ou que cil qui se vouloit prouver[d] a clers ne le
puet prouver ou qu'il le prouva soufisaument, ou qu'aucuns
est bigames, tuit tel cas pueent estre tesmoignié[e] par la letre

---

a) *A B C G H J K* letres et la man. ; *E F* let. et en la man. ; *M* eut letres
de le teneur des let. en le man. — b) *G H J K omettent* les cous. — c)
G H J K bons et loiaux ou m. — d) *A* voul. tesmoignier a cel. ; *G H J K*
se prouvoit a cl. ; *M* se prouvoit clerc. — e) *B E F* est prouvé.

---

1. Ch. xi.

l'official ; et sont mout d'autres cas dont la connoissance est leur, si comme il est dit ou chapitre qui parole de la connoissance qui apartient a sainte Eglise et a la court laie[a].

1205. S'il avenoit que chascune partie eust a prouver en une querele[b] l'une contre l'autre, si comme il avient souvent que l'en propose de chascune part[c] fet[d] contraire, ou quant chascune partie se tient pour saisie de ce dont ples est et l'offre a prouver, et chascuns prueve soufisaument s'entencion et si igaument que l'en ne puet percevoir ne par nombre de tesmoins, ne par disfame de tesmoins, ne par les dis des tesmoins[e], liqueus a mieus prouvé, nous disons en ceste maniere que li defenderes doit estre assous, car drois et coustume se prenent plus près d'assoudre que de condamner ; et bien apert parce que chascuns demeure saisis de ce que l'en li demande dusques a tant que drois l'en oste.

1206. Cil ne doivent pas estre mis en tesmoignage qui sont hors de la foi crestienne, si comme cis qui est Juis. Et aussi ne doivent pas estre receu en tesmoignage cil qui sont escommenié et renforcié[f]. Mes pour ce que nous avons parlé des Juis, se ples est de Juis[g] l'uns contre l'autre et li ples chiet en prueve, li Juis[h] qui a a prouver puet prouver par autres Juis, car il n'ont pas acoustumé, ne nous ne le devons pas vouloir, qu'il apelent crestiens pour leur mauveses convenances ne pour leur mauvès marchiés. Et quant il convient que Juis soit oïs en aucun tesmoignage, l'en li doit fere jurer seur sa loi qu'il dira verité, et puis examiner en la maniere que nous avons dit des crestiens, selonc ce que la besoigne le requiert.

1207. Nous avons bien touchié en ce chapitre meisme que l'en doit fere[i] de ceus qui tesmoignent faus a escient ;

---

a) *HJK omettent* si comme ... court laie. — b) *BEF omettent* en une querele. — c) *A* partie ; *BEF* choze. — d) *A* par fet. — e) *A* par dis de tesm. ; *GHJK* par le dit des tesm. — f) *GHJKM omettent* et renforcié. — g) *HJK omettent* de Juis. — h) *HJK* pr. cil qui. — i) *BEF omettent* en ce ... doit fere.

mes ce que nous en deismes, c'est quant il sont apelé en tesmoignage ª pour ᵇ muebles ou pour ᶜ eritages ᵈ. Car cil qui seroit apelés en tesmoignage pour cas de crime et porteroit faus tesmoignage ᵉ a escient pour metre aucun a mort par haine ou par louier et de ce seroit atains et prouvés, il devroit mourir de cele meisme mort qui apartient au cas dont il porteroit ᶠ le faus tesmoignage, car il estoit traitres et homicides en soi quant il est apelés pour dire verité et il veut autrui metre ᵍ a mort par sa mençonge.

1208. Quant aucuns veut prouver par recort aucun cas qui par recort se veut prouver, — si comme de mariage ou de convenances qui au mariage furent, ou d'aucun errement pledié en court, ou d'aucun jugement, — et cil qui doivent fere le recort ne sont pas ou païs, ou il ont tel essoine qu'il ne pueent venir, l'en doit donner a celi qui a a prouver tel terme qu'il soient revenu ou qu'il soient hors de leur essoine. Mes se cil qui requiert le recort le fet par malice pour eslongier le plet de ce qu'on li demande, il ne li doit pas estre soufert ; ou s'il a ʰ ou païs aucun de ceus qui furent a la besoigne par lesqueus li recors puist estre fes, si comme .ıı. persones ou plus, l'en ne doit pas le plet ⁱ atargier outre l'espace de .ıı. assises, en lieu de .ıı. producions qui doivent estre donnees a ceus qui ont a prouver pour les autres recordeurs atendre, car aucun plet en pourroient estre atargié par malice.

1209. Nous avons dit que sers doit ʲ estre ostés de tesmoignage porter, mes ce entendons nous en toutes quereles de cas de crime et ᵏ en toutes quereles des queus il pourroit ˡ estre mis en gages en autre court qu'en la court son ᵐ seigneur ; car s'il estoit ⁿ entrés en gages, si l'en ᵒ puet ses ᵖ

---

a) *A* tesmoing. — b) *BEF* omettent il sont ap. en tesm. pour. — c) *BEF* omettent pour. — d) *EF* crit. kieent en prueve, car. — e) *A* tesmoing. — f) *ABEF* cas qui portoit ; *HJK* cas qu'il porteroit. — g) *A* metre autrui. — h) *JK* il y a. — i) *GHJK* plet alongier ne atarg. — j) *JK* doivent. — k) *C* omet en toutes ... de crime et. — l) *JK* pourroient. — m) *JK* court de leur seign. — n) *JK* estoient. — o) *JK* les en. — p) *JK* leur.

CHAP. XXXIX. — DES PRUEVES ET DE FAUSSER TESMOINS. 123

sires oster en quel que court qu'il le ª truist, et pour ce n'est ᵇ il pas a recevoir. Et si n'est ᵇ pas a recevoir ᶜ en tesmoignage ᵈ en nule ᵉ querele qui touche son ᶠ seigneur, car li sires ne puet pas amener son serf pour lui puis que l'averse ᵍ partie le vueille debatre. Mes des quereles qui sont menees pour muebles, pour chateus ou pour eritages, — lesqueles quereles ne touchent de riens leur persone ne la persone du seigneur, ne lesqueles ʰ on n'a pas entencion ⁱ de metre les ʲ en ᵏ gages, parce que les quereles ˡ sont petites ou que li seigneur tienent ᵐ leur ⁿ court par l'establissement le roi ou li gage sont defendu, — en teles quereles et en teus cas sont il bien receu pour tesmoing ᵒ, soit en court, soit par devant auditeurs ou enquesteurs ; et aussi puecnt il estre tesmoing ès quereles qui muevent ᵖ pour petis mesfès es queus il n'a nul peril de perdre vie ne membre.

1210 ᑫ. Procureeur ne avocat ne sont pas receu en tesmoignage pour leur mestre en la querele dont il sont procureeur ou avocat, mes en autres quereles ʳ le ˢ pourroient ᵗ il ᵘ estre ᵛ.

1211. Nus hons de religion ne nule fame de religion ˣ, de quel ordre que ce soit, ne doivent estre receu ʸ en tesmoignage pour leur eglise en court laie ne contre laie persone. Mes quant il pledent li uns a l'autre en court de crestienté, il ne convient ja que nous en parlons pour ce que nous n'entendons a parler fors que des coustumes de la court laie.

1212. Une coustume ne queurt mes, — laquele souloit courre ou roiaume de France, — fors es foires de Cham-

---

a) *JK* les. — b) *JK* ne sont. — c) *JK* omettent pas a recevoir. — d) *HJK* en nul tesm. — e) *G* tesm. de querelle nulle ; *HJK* omettent nule. — f) *JK* leur. — g) *HJK* l'autre. — h) *E* ne en lesq. ; *F* et ez quelez. — i) *A* pas en entenc. — j) *EF* omettent les; *G* les metre. — k) *ABEF* omettent en. — l) *HJK* por ce qu'eles sont. — m) *B* truevent. — n) *HJK* le c. — o) *GHJK* sont il (*G* li sers) bien ouys pour tesmoing [*HJK* receu] : *M* sont il bien oy et recheu pour tesmoignier. — p) *HJK* en querele qui muet. — q) *M* omet ce paragraphe. — r) *HJK* autre querele. — s) *EF* omettent le. — t) *C* pourr. moult bien ; *E* il pourr. — u) *CEHJK* omettent il. — v) *EF* est. oi. — x) *BEF* omettent de religion. — y) *BEF* oï.

paigne, car il souloit estre, se uns hons achetoit un cheval
.c. lb. a un marcheant a paier a un terme et li marcheans
demandoit a aucun se l'acheteres estoit soufisans de rendre
li l'argent au terme, cil qui pour soufisant le tesmoignoit [a]
devenoit [b] pleges et renderes [c] sans plus [d] pour ce qu'il le [e]
tesmoignoit [f] a soufisant. Mes ceste coustume ne queurt mes
fors es marcheandises qui sont prises es foires de Cham-
paigne, car en ce cas queurt ele encore, dont li aucun ont
esté grevé qui les tesmoignoient soufisans ; et nepourquant
il le feissent a envis s'il cuidassent pour tant estre plege ne
rendeur.

1213. L'en doit savoir que se li rois ou aucuns sires qui
tient en baronie tesmoigne par ses letres aucune convenance [g]
ou aucun marchié [h] qui ait esté fes [i] entre ses sougiès, et
ples muet après de ce qui fu convenancié, les letres le roi
ou les letres de leur seigneur qui tient en baronie vaut
pleine pruève sans riens dire [j] encontre entre les [k] sougiès.

1214. Se li rois a fet marchié ou convenance a aucun
de ses sougiès et il est escrit et seelé de son seel [l], ce vaut
plein tesmoignage pour li ou contre li, tout soit ce qu'il n'ait
pas letres de son sougiet. Car aussi comme li rois de son
droit puet estre juges et acuseres, et ne puet on apeler de
son jugement, laquele chose nus n'a fors li, aussi tout ce qu'il
tesmoigne par son seel doit estre creu soit pour li ou contre
li [m], car l'en doit croire que cil qui a tout le roiaume a gouverner, pour nule riens ne tesmoigneroit chose qui ne fust
verités et loiautés.

1215. Autrement est de tous les gentius hommes qui
sont dessous le roi et de tous les prelas et de tous ceus qui
par coustume [n] pueent avoir seel ; car s'il tesmoignent par

---

a) *G* tesmoignoient ; *HJK* le tenoient. — b) *GHJK* devenoient ; *M* demouroit. — c) *GHJK* debteurs ; *M* pleg. de l'argent et rendeur. — d) *EF* plus
parler ent. — e) *AM* omettent le. — f) *BGHJK* tesmoignoient. — g)
GHJKM aucunes convenances. — h) *GHJKM* omettent ou aucun marchié.
— i) *GHJKM* ont esté faites. — j) *GHJKM* dire riens. — k) *BEF* ses ;
JK leurs. — l) *HJK* omettent de son seel. — m) *EFHJK* seel soit por li
soit contre li doit estre creu. — n) *GHJKM* omettent par coustume.

CHAP. XXXIX. — DES PRUEVES ET DE FAUSSER TESMOINS.   125

leur letres aucune chose[a] qui soit[b] pour eus et contre leur
sougiès, teus tesmoignages ne leur[c] vaut[d] riens, car nus
n'est creus en tesmoignage en sa querele fors que li rois.
Donques quant li baron ou li prelat ou li autre qui pueent
avoir seel ont aucun marchié ou aucune convenance a leur
sougiès, il en doivent prendre leur letres, car chascuns est
creus de ce qu'il tesmoigne par sa letre[e] contre li[f] et non
pas pour li, fors que li rois, si comme nous avons[g] dit
dessus[h].

1216. Tout soit il ainsi que li rois et li seigneur qui
tienent en baronie soient creu de ce qu'il tesmoignent par
leur letres des[i] convenances ou des[j] marchiés qui furent
fet entre leur sougiès, nepourquant il n'est pas mestiers que
li seel de leur povres sougiès soient de si grant autorité
qu'il soient creu sans autre tesmoignage en aucun cas; car
male chose seroit se je tenoie un fief d'un povre gentil
homme et il tesmoignoit par ses letres[k] que je cel fief
avroie[l] vendu ou donné ou engagié[m] ou eschangié[n] a aucune persone, en tel cas ne seroient pas les letres de mon
seigneur creues contre moi que pour .I. seul tesmoing.
Donques convenroit il au meins un loial tesmoing vif avec
teus letres, ou mon seel aussi comme[o] le mon seigneur[p],
ou autre seel autentique, et ainsi passeroit la chose par loial
tesmoignage. Nepourquant en aucun cas passeroit la letre
mon seigneur tant seulement, si comme se je l'avoie aprouvee de fet; car, se mes sires tesmoignoit par ses letres que
j'eusse mon fief vendu ou donné ou engagié[q] ou eschangié a
Pierre et li dis Pierres estoit[r] veus tenans et prenans de la

---

a) *G* tesm. aucunes choses par leur letres; *HJK* p. l. let. aucunes choses.
— b) *GHJK* soient. — c) *A* omet leur. — d) *EFHJK* valent. — e) *E* leur
seaus; *F* son seel. — f) *GHJK* tesm. contre li par la letre. — g) *EF*
comme j'ai. — h) *G* dit par dess.; *H* dit par de dess.; *JK* omettent dessus.
— i) *AEG* de. — j) *ABG* de. — k) *GHJK* omettent par ses let. — l) *JK*
je l'avr. v. — m) *GHJKM* omettent ou engagié. — n) *ABCEF* omettent
ou eschangié. — o) *EFGHJKM* seel avoec le. — p) *B* omet aussi comme
de mon seigneur. — q) *GHJKM* omettent ou engagié. — r) *AC* s'est.;
dans *C* s est exponctué.

chose a ma veue et a ma seue[a] .i. an ou .ii. ou .iii., sans ce que j'i meisse nul debat, et après le vouloie debatre, li debas ne me vauroit riens, car la chose se prouveroit par l'aparence du fet avec le tesmoignage des letres mon seigneur, car ce que cil est trouvés levans et esploitans en la maniere que les[b] letres du seigneur le tesmoignent doit bien afermer le tesmoignage du seigneur.

1217. Se deus parties ont a prouver l'une contre l'autre, si comme il avient souvent que chascune partie dit qu'a li apartient la saisine d'aucune chose ou la proprietés d'aucun eritage et l'offre a prouver après ce qu'il a niee la reson que s'averse partie a proposee contre lui, se l'uns ne l'autres ne prueve riens, la partie qui pledoit en soi defendant gaaignera[c] la querele, car puis que cil qui fist demande contre li faut a prouver s'entencion, li defenderes doit demourer quites et delivres ; ne ce ne li grieve pas qu'il failli a prouver ce qu'il avoit arami a prouver puis que li demanderes failli aussi[d] a prouver[e] s'entencion. Et par ce puet on savoir[f] que coustume se prent plus[g] près[h] d'assoudre ceus qui se defendent en plet que de baillier ce qui est demandé a ceus qui assaillent autrui de plet. A briement parler quiconques assaut autrui de plet et aramist a prouver les resons par quoi il veut avoir sa demande et après faut de prueve, il faut a sa demande et est li defenderes delivres.

1218. Autrement est en aucuns cas es queus il avient souvent que li defenderes a a prouver et li demanderes n'a que prouver, si comme il avient que[i] Pierres demande a Jehan aucun eritage dont il est tenans, ou aucun[j] mueble, pour ce qu'il dit[k] qu'il doit estre siens par reson de descendement ou d'escheoite ou par aucune autre reson, et Jehans respont encontre qu'a li apartient li drois de ce que Pierres

---

a) *HJK omettent* et a ma seue. — b) *GHJKM man. dessus (M devant)* dite les quellez let. — c) *BCEF* gaaigne. — d) *A* f. avant a; *B omet* avant. — e) *EF omettent* ce qu'il avoit ... aussi a prouver. — f) *A* on veoir. — g) *dans EF* plus *est écrit dans l'interligne*. — h) *B omet* plus près. — i) *HJK* comme se P. — j) *AB* ou autre m.; *C* ou autrui m. — k) *EF omettent* aucun mueble p. ce qu'il dit.

demande parce qu'il l'acheta a celui qui avoit le pouoir ᵃ du vendre, ou parce qu'il li fu donnés ou lessiés en testament ou eschangiés de tele persone qui le pouoit, ou parce qu'il dist que la chose li est ᵇ venue, que Pierres li demande, par reson de descendement ou d'escheoite ᶜ et Pierres li nie les resons qu'il met avant par lesqueles il dit que ce que Pierres li demande li doit demourer, en tous teus cas n'a Pierres qui est demanderes que prouver. Mes Jehans qui est defenderes a a prouver ce qu'il mist avant par quoi la chose li doit demourer. Donques s'il faut a prouver s'entencion, Pierres qui estoit ᵈ demanderes gaaignera sa querele ; et ainsi gaaigne aucune fois li demanderes quant il charge de prueve le defendeur et li defenderes faut ᵉ a prouver.

1219. Quant deus parties ᶠ ont a prouver en une meisme querele si comme nous deismes dessus, que chascuns maintient qu'il est saisis ou qu'a li apartient li drois de la chose, et l'une des parties defaut et ne vient pas au jour qui li est donnés pour amener ses tesmoins, et l'autre partie i vient et amene bien ses tesmoins, cil qui defailli ne pert pas pour cele defaute sa querele, mes il pert en ce ᵍ qu'il n'iert plus oïs en ce qu'il avoit a prouver, ainçois seroient oï tant seulement li tesmoing de s'averse partie ; et s'il prueve s'entencion, il gaaigne sa querele. Et ce veismes nous passer par jugement a Creeil, que deus parties maintenoient qu'il estoient en saisine d'une meson et offrir chascuns a prouver sa saisine, et leur fu jours donnés d'avoir leur prueves, et au jour l'une des parties vint et l'autre defailli ; et cil qui vint presenta ses prueves ʰ et nous requist que nous les oïssons ; et nous qui tenions la court respondismes que nous ne les orrions pas, car il convenoit que cil qui estoit defaillis les veist ⁱ jurer, mes nous le rajournerions volentiers contre

---

a) *A* qui pouoir avoit. — b) *HJK* estoit. — c) *HJK* omettent que Pierres li ... ou d'escheoite ; *M* ou d'esqueance de costé. — d) *HJK* est dem. — e) *GHJKM* et il deffault a pr. — f) *GHJKM* deus personnes. — g) *BEF* omettent en ce. — h) *HJK* vint nous moustra ses preuves et presenta et nous. — i) *EG* ouist jur. ; *F* les oist et veist jurer.

lui et si ferions droit selonc ce qu'il diroient et selonc la response du defaillant^a; et le fismes en ceste maniere rajourner et furent les parties presentes devant nous; et adonques cil qui s'estoit aparus a l'autre journee a tous ses tesmoins requist a avoir gaaigniee saisine^b de la meson pour la defaute que s'averse partie avoit fete comme li jours de prouver eust esté donnés après jour de veue; et li defaillans disoit encontre qu'il ne devoit pas perdre saisine pour cele defaute, car li jours n'estoit pas fors tant seulement a oïr les prueves de chascune partie. Et seur ce se mistrent en droit assavoir mon en^c quel damage li defaillans seroit pour^d la defaute.

1220. Il fu jugié que li defaillans ne perdroit pas saisine, mes il perdroit de ce qu'il avoit a prouver au jour qu'il defailli^e, qu'il^f ne seroit plus receus a amener ses tesmoins^g, ainçois seroient oï li tesmoing de s'averse partie tant seulement. Et se li jours eust esté seur le principal de la querele après jour de veue, si comme a^h proposer ou aⁱ plet entamer ou a oïr droit, li defaillans eust perdu saisine; mes la journee qu'il defailli n'estoit fors pour examiner les tesmoins de chascune partie. Et par cel jugement puet l'en veoir le peril qui est en soi metre en pure defaute après jour de veue.

1221. Selonc la coustume de la court laie nus n'est tenus a baillier en escrit a s'averse partie le dit de ses tesmoins, mes ce fet^j il^k au plet de la crestienté^l. Car^m au plet de la crestienté chascune partie puet metre resons contreⁿ le dit des tesmoins^o qui ont esté amené contre li et pour ce convient il que l'en sache que li tesmoing ont dit. Mes en la court laie l'en ne puet riens dire contre le dit des tesmoins puis que li tesmoing sont passé sans estre debouté de leur

---

a) *HJK* defailli. — b) *BEF* avoir sa sais. de. — c) *GHJKM* omettent en. — d) *A* ser. en la; *G* avoit por; *HJK* aroit par sa; *M* aroit en se def. — e) *GHJKM* qu'il avoit def. — f) *ABEF* omettent qu'. — g) *GHJK* preuves; *M* seroit pas oys en ses preuves amener. — h) *C* de. — i) *GHJK* au pl. — j) *C* font; *EF* est. — k) *A* omet il. — l) *CGHJKM* omettent au pl. de la crest. — m) *CGHJK* omettent Car. — n) *EF* seur. — o) *A* des tesmoignages.

tesmoignage ; ainçois convient que jugemens soit fes seur^a le dit des tesmoins, a savoir se l'entencions de celi qui les amena est prouvee ou non prouvee^b.

1222. Toutes les fois qu'on doit examiner tesmoins, soit pour enqueste ou pour autre chose, en court laie, on ne les doit pas oïr haut en la presence des parties ; ainçois quant il ont juré en la presence des parties, l'en les doit oïr que les parties ne sachent ce qu'il diront et metre leur dis en escrit et fere droit selonc ce qui est tesmoignié, exceptés les cas ou gage de bataille puecnt cheoir, car la ne sont pas li tesmoing oï en derriere des parties, ainçois leur doit on demander en leur presence et avant qu'il facent serement, pour qui il vuelent tesmoignier, car lueques gist li poins d'eus lever de faus tesmoignage. Et comment l'en doit aler avant en plet de gages, il sera dit en .III. chapitres des queus^c nous parlerons, se Dieu plest, ça avant ; et sera li premiers chapitres apelés des apeaus, et li secons chapitres des defenses a ceus qui sont apelé, et li tiers chapitres des presentacions qui doivent estre fetes en plet de gages et comment l'en doit aler avant dusques en fin des quereles qui par gages sont demenees^{d 1}.

1223. Nous avons dit generaument que nus ne doit estre receus a estre tesmoins pour^e sa propre querele. Nepourquant nous veons² .III. cas especiaus que chascuns loiaus hons puet prouver par son serement sans autre prueve. — Li premiers cas si est de ceus qui vendent menues denrees des queles l'en doit vivre, car li vendeur sont creu dusques a la value de .v. s. et .I. d., puis^f que li detés^g connoisse qu'il ait eu du sien ne tant ne quant. — Li secons cas si est

---

a) *C* dessus ; *GHJK* selon. — b) *JK omettent* prouvee. — c) *GHJK* dit u chapitre du quel. — d) *HJK omettent* et sera li premiers ... sont demenees. — e) *GHJK* tesm. en sa. — f) *BEF* mais puis. — g) *C* detterres ; *G* debteurs.

---

1. Ch. LXI, LXIII et LXIV.
2. Voyez t. I, p. 296, note 1.

de ceus qui ont letres de leur deteurs es queles il est contenu qu'il doivent estre creu de cous et de damages par leur serement. — Li tiers cas si est si comme se aucuns qui ne soit pas mes sires brise mes huches ou mes chambres, car pour la force et pour le despit et pour le damage qui m'est fes^a a force et contre droit, je le puis suir de mes damages; et pour ce que acoustumeement l'en ne revele pas volentiers ce que l'en met en huches ou en escrins a estrange gent, fors chose seroit d'avoir tesmoins et pour ce doi je estre creus du damage par mon serement. Nepourquant li nombres du damage pourroit bien estre si^b outrageus, si comme se commune renomee me tesmoignoit que je n'eusse pas vaillant .c. lb. en toutes choses et je vouloie jurer mon damage a .v^c. lb. ou a mil, je ne seroie pas creus, ainçois seroit li damages avenablés^c par loial enqueste selonc ce qu'il apartenoit a mon estat et que l'en pourroit penser qu'uns hons de ma richece pourroit avoir perdu par le mesfet qui m'avroit esté fes.

Ici fine li chapitres des preuves.

a) *A* que on m'a fet; *GHJK* qui est fait a moi. — b) *GHJK* si grans et si outr. — c) *BEF* dam. avalués; *C* dam. prisiés avenablement. — Explic.) *C* répète le titre entier du chapitre; *GHJ* Explicit; *K* n'a pas d'explicit.

XL.

Ici commence li .xl. chapitres de cest livre liqueus parole des enquesteurs et des auditeurs, et d'examiner tesmoins, et des aprises et des enquestes, et de la disference qui est entre aprise et enqueste.

1224. Après ce que nous avons parlé des prueves et des voies comment l'en puet et doit prouver, et comment on doit[a] debatre tesmoins, il est mestiers que nous traitons[b] comment l'en doit examiner tesmoins, si que, par la soutilleté[c] de l'examinacion[d], leur cuers et leur opinions soit conneue et la verités esclarcie[e] de leur tesmoignage, si que quant il seront examiné et toutes les demandes leur seront[f] fetes qui apartienent a la querele, l'en puist savoir par leur dit se li tesmoignages sera pour celi qui les a atrés[g] ou se leur dis ne vaura riens. Et si parlerons en cest chapitre des auditeurs et des enquesteurs pour[h] ce que ce sont deus manieres de gens a qui l'examinacions apartient[i], c'est as-

---

Rubr.) *A* des enquestes et comment et en quele man. l'en les doit examiner ; *ABEFGH omettent* et de la disference ... aprise et enqueste ; *BEF* des enquestes et comment on doit examiner tesmoins ; *C omet* et des auditeurs *et* et des aprises et des enquestes ; *CJK* enqueste et de debatre tesmoins ; *EFGHJK omettent* de cest livre ; chap. qui parole ; *GJK* audit. et des prises et de examiner tesmoins ; *ils omettent* et des enquestes ; *G* tesmoingz et de lez debatre. — a) *BEF* on puet deb. — b) *JK* nous parlons. — c) *B* soutilece ; *C* soutiveté. — d) *F* par le soutive examinacion. — e) *A* esclarie. — f) *HJK omettent* leur seront. — g) *A* a traiz ; *C* les atret. — h) *EF* et pour. — i) *GHJKM* les examinacions apartiennent.

savoir^a des tesmoins et^b pour ce^c nous parlerons de leur estat et qu'il doivent fere. Et après nous dirons en cest chapitre meisme^d des aprises qui sont fetes par volenté de seigneur et de la disference qui est entre aprise et enqueste.

1225. Quiconques ot tesmoins, il ne doit pas estre seus a oïr, car^e s'il les ooit seus et il portoit le dit des tesmoins en jugement, ou par escrit ou sans escrit, et partie le debatoit, tout ce qui avroit esté fet par^f li seroit a recommencier et seroient oï li tesmoing de rechief. Donques poués vous entendre qu'a oïr tesmoins il doit avoir au meins^g deus persones loiaus^h et soufisansⁱ, et liquel ne puissent estre debatu par nule reson ; et qui les vourroit debatre il les doit^j debatre avant qu'il entrent es examinacions des tesmoins^k. Et comment on les doit debatre et par queus resons on les puet debatre? Par les resons qui sont dites ou chapitre^l des prueves ou lieu la ou il^m parole comment l'en puetⁿ debatre tesmoins^{o1}. Et teus manieres de gens qui sont baillié pour oïr tesmoins sont apelé auditeur pour ce qu'il doivent oïr ce que li tesmoing^p diront et fere escrire leur dit, et sceler de leur seaus, et raporter le dit des tesmoins escrit et seelé en jugement par devant les jugeurs a qui la querele apartient a jugier.

1226. Quant aucune querele chiet en prueve et^q la cours

---

a) *HJK omettent* c'est assavoir. — b) *F omet* et. — c) *E* ce que nous. — d) *HJK omettent* nous parlerons ... chapitre meisme. — e) *A* que. — f) *A* par devant li. — g) *G* tesm. il convient deus pers. — h) *JK* loiaus personnes. — i) *G* soufis. a tout le mains. — j) *G omet* debatre il les doit. — k) *M* entrent en l'examination. Et comm. — l) *BEF* par queus resons il est dit ou chap. ou il parole des pr. ; *HJK* doit debatre il est dit ou capitre des pr. ; *M* Et comment et par quix raizons on les peust debatre il est el chapitre devant cestuy qui parole des pr. — m) *G* lieu qui parole. — n) *M* lieu et par les raisons qui sont dites pour deb. — o) *G omet* tesmoins ; *HJK omettent* ou lieu la ... puet debatre tesmoins. — p) *A* tesmoignage. — q) *FJK* prueve en la c.

---

1. Ch. xxxix, § 1171 seq.

ou la querele doit estre determinee et jugiee baille° auditeurs a oïr les tesmoins[b], ele[c] doit baillier[d] as auditeurs les articles[e] seur lesqueus li tesmoing[f] doivent estre oï, si que li auditeur sachent de quoi il doivent demander. Et teles manieres d'articles bailliés as auditeurs l'en les apele rebriches ; et doivent estre teus rebriches acordees[g] par les deus parties[h] qui pledent ensemble, selonc ce qu'il ont pledié. Et s'il ne se pueent acorder a leur rebriche fere, cil par qui la querele doit estre jugiee et devant qui li ples a esté demenés, la[i] doivent acorder par leur recort selonc le pledoié qui a esté fes[j] devant aus et baillier la[k] toute acordee[l] as auditeurs[1].

1227. Ce que nous disons des auditeurs et de leur pouoir, nous entendons qu'il pueent estre baillié en tous cas, fors es[m] cas ou l'en puet[n] ou veut lever tesmoins ; car en tel cas ne puet on baillier auditeurs, ainçois[o] convient que li tesmoing vienent en pleine court pour tesmoignier en audience et lueques les[p] puet on lever en la maniere qui est dite ou chapitre des prueves[2]. Mes pour nul autre debat que l'en puist metre contre les tesmoins qui sont amené devant les auditeurs, li auditeur ne doivent lessier a oïr le dit[q] des tesmoins chascun[r] en par soi ; mes il doivent oïr toutes les resons qui sont dites contre les tesmoins par lesqueles l'en les veut debouter de leur tesmoignage, et doivent fere escrire selonc la forme qui en suit : « Pierres[s] amena

a) *A* baillie ; *G* est baillie. — b) *HJKM* omettent baillié audit. ... tesmoins. — c) *HJKM* on doit. — d) *G* omet auditeurs a oïr ... doit baillier. — e) *M* doit les articles baillier as auditeurs seur. — f) *C* lesqueus il doivent. — g) *C* omet l'en les apele ... rebriches acordees ; *G* recordees. — h) *C* personnes qui. — i) *FGHJKM* les doiv. — j) *HJK* selonc ce qu'il a esté pledié par devant. — k) *HJK omettent* la. — l) *B* baillier le tout acordé ; *E* et loi baillié tout acordé ; *F* baill. lez touz acordez ; *JK* toutes acordees. — m) *GHJK* fors que en cas ; *M* fors en cas. — n) *C* on ne puet. — o) *A omet* ainçois. — p) *A* le ; *C omet* les. — q) *C* les dis. — r) *A* oïr les tesmoins chascuns. — s) *A* Jehans.

---

1. Cf. § 211.
2. Ch. xxxix, § 1170, 1174, 1222.

Jehan[a] pour prouver s'entencion contre Guillaume, et li dis Guillaumes proposa contre le dit tesmoing qu'il ne vouloit pas que ses tesmoignages vausist; ainçois requeroit qu'il fust deboutés de son tesmoignage par teles resons et par teles. » Et doivent metre toutes les resons en escrit, si que quant li tesmoignages de Jehan sera escris et les resons qui sont[b] dites[c] contre li par quoi ses tesmoignages ne doie pas valoir[d], li auditeur puissent tout aporter en jugement en la court la ou la querele doit estre determinee. Adonques, se li homme qui doivent jugier voient par le dit de Jehan que ses dis ne vaut riens de soi meisme et qu'il ne doit de riens[e] aidier a Pierre qui le traist en tesmoignage, il n'est nus[f] mestiers as hommes de veoir les resons qui furent dites pour debouter le dit[g] Jehan de son tesmoignage[h], puis qu'il n'a riens tesmoignié pour celi qui l'a tret. Mes s'il avoit tesmoignié pour Pierre qui l'a tret en tesmoignage[i] clerement, adonques doivent li homme regarder les resons qui furent dites pour li debouter de son tesmoignage, et se l'une des resons ou pluseurs sont bonnes et vraies et bien prouvees, li tesmoignages est de nule valeur.

1228. Quant li auditeur sont venu au lieu la ou li tesmoing doivent estre oï[j], il doivent prendre le serement des tesmoins et escharir[k] en la maniere qui ensuit: « Vous jurés[l], se Dieus vous aït, et li saint et les saintes[m], et les saintes[n] paroles[o] qui sont en cest livre, et li pouoirs que Dieus a en ciel et en terre, que vous dirés verité de ce que l'en vous demandera en la querele pour laquele vous estes tres en tesmoignage, selonc ce que vous en savés et sans

---

a) *A* Pierre. — b) *BEF* qui furent. — c) *A omet* dites. — d) *HJK omettent* par quoi ... pas valoir. — e) *GHJK* riens valoir ne aid. — f) *A omet* nus. — g) *B* le dit de Jeh. — h) *C* Jeh. hors de son tesm.; *F* debouter les tesmoins ou leur dis de leur tesm.; *G* pour le debouter de son tesm.; *HJK omettent* de son tesmoignage. — i) *HJK omettent* en tesmoignage. — j) *B* lieu ou il doiv. e. oï; *EF* lieu ou il doiv. oïr. — k) *C* tesm. et bien encherquier en; *JK omettent* et escharir. — l) *A ens.*: Vont jurer. — m) *C* et tous les sains et toutes les saintes de paradis; *EG omettent* et les saintes. — n) et les saintes *est biffé dans* H. — o) *G* par. de l'euvangile qui.

mençonge ajouter, que vous n'en mentirés pour amour ne pour haine, pour louier ne pour pramesse que vous en aiés eu ne que vous en atendés a avoir, pour paour[a] ne pour cremeur de nului. » Et li tesmoing doivent respondre : « Ainsi comme vous l'avés dit le jurons nous. » Et adonques il doivent eus trere arriere fors[b] li uns, et doivent estre oï chascuns en par soi ententivement et dilijanment[c].

1229. En toutes quereles qui sont de muebles, de chateus, d'eritages et de mesfès, — essieutés les cas de crime par lesqueus l'en recevroit mort si on en estoit atains, et essieutés les cas que l'en puet et veut[d] tourner en gages, — les principaus parties doivent jurer qu'il diront verité en la querele qui est meue entre aus, car s'il s'acordent par leur serement, il ne convient trere nul tesmoing ne de l'une partie ne de l'autre ; ainçois leur doit on fere droit selonc ce qu'il ont juré. Et s'il se descordent, adonques doit cil qui a a prouver amener ses tesmoins au jour qui li est asenés de prouver. Mes en cas de gages les principaus parties ne jurent devant que la bataille est jugie et qu'il doivent aler ensemble, mes adonques doivent il fere serement[e] en la maniere qui est dite ou chapitre qui parole des presentacions qui sont fetes pour gages de bataille[f][1]. Et en cas de crime n'est nus tenus a fere serement contre soi meisme, si comme il est dit dessus[g].

1230. Quant li auditeur ont pris les seremens des tesmoins qu'il doivent oïr, il les doivent examiner : si comme se la querele est pour dete que Pierres demanda a Jehan pour deniers prestés ou pour denrees nommees vendues, — car quiconques demande dete, il doit dire la cause dont la dete vient et nommer ce pour quoi la dete est deue, — et Jehans

---

a) *G* paour de perdre ne couvoitise de gaigner ne pour paour ne p. cr. — b) *GHJK* fors que li. — c) *BEF omettent* et dilijanment. — d) *GHJK* veut et puet. — e) *BEF* doiv. il jurer en. — f) *HJK omettent* mes adonques doivent ... gages de bataille. — g) *HJK* comme dit est.

---

1. Ch. LXIV.

le nia en la maniere qu'il fu proposé contre li, et Pierres l'arrami a prouver, l'en doit demander as tesmoins se cele dete fu fete et pour quel cause, et de queles denrees, et quant ce fu, et en quel lieu et en quel jour et en quel tans, et quel gent furent as convenances, et a quele eure, et metre la response de chascune demande en escrit, si que quant tuit li tesmoing seront oï seur ces demandes, l'en puist veoir s'il i a .II. loiaus tesmoins qui s'entresievent selonc la demande que Pierres fist a Jehan. Et s'il s'entresievent, Pierres a bien prouvé; et s'il ne s'entresievent, il se pueent[a] bien descorder de tele demande que Pierres n'avra point prouvé et de tele qu'il ne perdra pas pour ce qu'il n'ait prouvé[b], car[c] se li tesmoing[d] se descordent du pris de l'argent que Pierres demanda, — si comme s'il dient l'un plus[e] et l'autre meins, — Pierres n'a riens prouvé; et se tuit li tesmoing dient plus grant nombre d'argent que Pierres ne demanda, Pierres a bien prouvé, car il puet estre qu'il estoit paiés du seurplus de sa demande. Mes en cel cas[g] on doit demander a Pierre par son serement se la dete fu onques plus grans qu'il ne la demanda; et s'il dit: « oïl », mes il en fu paiés, si tesmoing valent et doit Pierres avoir ce qu'il demanda tant seulement. Et s'il disoit que la dete ne fu onques graindre qu'il proposa, li dis de ses tesmoins seroit de nule valeur, car chascuns doit estre creus en ce qu'il tesmoigne contre li, mes pour li non. Et se li tesmoing s'entresievent de mendre pris qu'il ne demanda, mes qu'il s'entresievent bien des autres demandes, Pierres doit avoir le pris qu'il ont tesmoignié. Nepourquant Pierres cherra en l'amende du seigneur pour ce qu'il n'a[h] pas prouvee s'entencion, tout soit ce qu'il en ait prouvé partie, mes ce qu'il en a prouvé ne perdra il pas.

1231. La seconde demande qui est fete as tesmoins, par

---

a) *A* puet. — b) *GHJKM* omettent et de tele ... n'ait prouvé. — c) *M* Et se. — d) *HJK* car s'ilz se. — e) *AB* dient plus li uns; *C* dient plus et li aut.; *EF* comme se li uns dit plus et li. — f) *A* omet ne. — g) *A* omet en cel cas. — h) *GHJK* n'avra.

laquele li tesmoignages est de nule valeur s'il ne s'acordent en leur tesmoignages, si est de la chose pour quoi la dete fu fete, car se Pierres dit en sa demande que ce furent denier[a] presté, et li tesmoing dient en leur tesmoignage que ce fu pour vin vendu ou pour autres denrees, li tesmoignages est de nule valeur, car il sont en la demande droitement contraire a celi qui en tesmoignage les a tres. Ou se Pierres dit que ce furent parisis qu'il presta et li tesmoing dient que ce furent tournois ou autre monoie, leur dis seroit de nule valeur. Mes se li tesmoing disoient qu'il ne sevent quele monoie ce fu, car ele estoit contee quant il vindrent, mes il oïrent recorder la convenance, leur tesmoignages vauroit.

1232. La tierce demande a quoi li tesmoignage[b] se doivent acorder, si est que l'en leur demant quant la dete fu fete, car il pourroient bien si varier en cele demande que leur tesmoignages seroit de nule valeur : si comme se l'uns disoit : « Il a un an et fu ou mois de mai », et l'autres[c] disoit : « Il a deus ans et fu ou mois d'aoust », en tel cas leur tesmoignages seroit de nule valeur. Mes se li uns des tesmoins sivoit bien le tans et l'eure que la dete fu fete selonc la demande Pierre et li secons tesmoins disoit par son serement : « Je ne sui pas bien avisés du tans et de l'eure, par quoi je le sache dire bien certainement ; mes il m'est avis que ce fu a tel jour et en tel[d] point », tout fust ce qu'il ne deïst pas le certain tans par son avis, mes il iroit auques près, si comme en la semaine ou ou mois, pour ce ne seroit pas que li tesmoignages ne vausist, mes qu'il s'acordast de certaines autres demandes qui sont convenables a demander.

1233. Des[f] autres demandes qui apartienent a fere, comme du lieu ou la convenance fu fete et quel gent furent a la convenance, se l'uns des tesmoins[e] dit : « a Paris », et l'autres dit a une autre vile, li tesmoignages est de nule va-

---

a) B E F *Pierre demande deniers.* — b) J K *les tesmoings.* — c) *B omet* disoit ... et l'autres. — d) *A B C E F omettent* jour et en tel. — e) *G H J K M omettent* des tesmoins. — f) *A C F K* Les.

leur, s'il n'est ainsi que l'uns des tesmoins die droitement que teus marchiés fu fes a Paris et qu'il i fu presentement, et l'autres dit : « J'oï recorder a Senlis a Pierre et a Jehan qu'il avoient fet tel marchié ensemble » ; en cel cas vauroit li tesmoignages, car il avient souvent que l'en fet marchiés et convenances en une vile et, pour ce que l'en se doute que l'en n'ait pas assés de tesmoins se mestiers est, l'en[a] fet recorder le marchié qui a esté fes et comment il fu fes, en une autre vile ; et si se puet bien aidier cil qui veut prouver la convenance de ceus qui furent au marchié fere et qui furent au recort du marchié[b], tout soit ce qu'il ne tesmoignent pas d'un meisme tans ne d'un meisme lieu, car li un tesmoignent de la convenance et li autre du recort qui fu fes de la convenance ; et en tel cas puet l'en veoir que tesmoing pueent valoir, tout soit ce qu'il ne tesmoignent pas d'un tans et d'un lieu[c], par la reson de ce que l'uns tesmoigne de convenance presente et l'autre du recort qui fu fes après pour la convenance[d]. Mes se li tesmoing disoient, li uns : « Je vi la convenance fere a Paris et les denrees baillier ilueques meismes si que cil qui les receut s'en tint pour paiés », et l'autres[e] disoit : « Je vi tel convenance fere a Senlis et teus denrees baillier », li tesmoignages seroit de nule valeur, car ce ne puet estre qu'une meisme chose qui est baillie pour fere une dete soit bailliee en deus[f] lieus, et pour ce ne doit pas valoir li[g] tesmoignages en tel cas.

1234. Cil qui sont baillié auditeur ou enquesteur ou juge, qui pueent et doivent oïr tesmoins, doivent mout regarder et entendre comment li tesmoing respondent as demandes qui leur sont fetes : ou par savoir, ou par croire, ou par cuidier. Car se li tesmoins dit : « Je le sai », l'auditeurs doit[h] demander : « Comment le savés vous », et se li

---

a) *G* est pour tesmoignier le marchié ou convenenche ou f. — b) *G* prouver le marchié ou lez convenenchez par ceulx qui furent au marchié fere ou au recorder, tout. — c) *HJK* lieu, si comme dit est. — d) *HJK* omettent par la reson ... pour la convenance. — e) *BEF* l'autres tesmoins. — f) *ABCEF* en divers lieus. — g) *HJK* lor tesm. — h) *AHJK* li doit ; *BEF* doivent.

CHAP. XL. — DES ENQUESTEURS, DES TESMOINS, ETC. 139

tesmoins respont : « Je l'oï dire a celi et a tel autre », cel tesmoignages est de nule valeur, car il est contraires a soi meisme, quant il dit qu'il set[a] de[b] certain ce qu'il ne set fors par[c] oïr dire. Donques qui veut dire : « Je le sai de certain », il ne le puet dire s'il ne dit[d] : « J'i fui presens et le vi. » Et ainsi puet on tesmoignier de savoir ce qu'on tesmoigne certainement. Et quant li tesmoins dit : « Je croi que la convenance ala ainsi », li auditeur li doivent[e] demander pour quoi il le croit ; et se li tesmoins respont : « Je le croi par teles presompcions et par teles », se les presompcions sont cleres, si comme il est dit ou chapitre des prueves[1], li tesmoignages puet bien valoir avec le tesmoing qui parole de savoir, mes en par soi[f] il ne vauroit riens. Et de ceus qui ne tesmoignent fors par cuidier ou par oïr dire, il est certaine chose que leur tesmoignages ne vaut riens, combien qu'il soient. Donques puet l'en savoir que nus dis de tesmoins ne vaut s'il ne parole de certain, comme de savoir ou de croire par certaine cause, et que la cause soit si clere par quoi on le croit, que l'en voie que la creance est certaine.

1235. Quant enquesteur oent tesmoins, il les doivent examiner et oïr[g] chascun en par soi après leur serement et metre leur dis en escrit tout en la maniere qu'il est dit dessus[h] des auditeurs. Mes pour ce qu'il a pluseurs cas qui chieent en enqueste et pluseurs qui chieent en aprise, nous parlerons d'aucuns cas ou enqueste apartient et d'aucuns ou l'en doit fere aprise, si que, par la declaracion des cas que nous dirons, l'en pourra veoir des autres cas semblables qui doivent cheoir en enqueste ou en aprise.

1236. Quant aucuns est pris pour soupeçon de vilain

---

a) *A* qu'il le set ; *C* qu'il ne set ; *EF omettent* qu'il set ; *HJKM* dit je sçay. — b) *CE* le. — c) *C* et il ne le set ne mes que par. — d) *BEF* certain, il doit dire : J'i. — e) *GHJK* doit. — f) *HJK* a par li. — g) *BEF omettent* et oïr. — h) *G man.* dessusdite qui est dite des ; *HJK man.* dessus dite des ; *M man.* devant dite des.

---

1. Ch. xxxix, § 1156 seq.

cas tel qu'il en pourroit perdre la vie s'il en estoit atains, et li fes n'est pas si clers ne si notoires que justice i apartiegne, l'en doit demander a celi qui est pris s'il veut atendre l'enqueste du fet pour quoi il est pris ª ; et s'il dit : « oïl », l'en li doit ᵇ nommer tous les tesmoins a qui l'en enquiert si que, s'il i a nus des ᶜ tesmoins ᵈ soupeçoneus, il les puist debouter de leur tesmoignage par les resons qui sont dites ou chapitre des prueves ou lieu la ou il parole des resons par lesqueles tesmoignage pueent estre debouté [1].

1237. Se ᵉ cil qui est pris pour soupeçon de vilain cas ne ᶠ veut atendre l'enqueste du fet, adonques i apartient il ᵍ aprise : c'est a dire que li juges de son office doit aprendre et encherchier du fet ce qu'il en puet savoir et, s'il trueve par l'aprise le fet notoire par grant plenté de gent, il pourroit bien metre l'aprise en jugement ; et pourroient li homme veoir le fet si cler par l'aprise que li pris seroit jugiés ʰ. Mes a ce qu'il fust condamnés a mort ⁱ par aprise ʲ, il convient bien que li fes fust seus clers par plus de .III. tesmoins ou de .IIII., si que li jugemens ne soit ᵏ pas fes tant seulement pour l'aprise, mes pour le ˡ fet notoire.

1238. La disference qui est entre aprise et enqueste est tele que enqueste porte fin de querele et aprise n'en porte point, car aprise ne sert fors de tant sans plus que li juges est plus sages de la besoigne qu'il a aprise : si comme il avient que, quant li sires cuide avoir aucune droiture seur ses sougiès, il est bon qu'il face aprise pour soi enfourmer se la droiture i est ou non, si que, quant il a fete l'aprise, s'il voit qu'il n'ait reson en la chose, il se doit soufrir, car c'est pechiés de pledier a son sougiet de chose ou il n'a

---

a) *GHJKM omettent* pour quoi il est pris. — b) *BEF* doit fere en tele (*E* la) maniere que l'en li doit nommer. — c) *CG omettent* des. — d) *BEF omettent* des tesmoins. — e) *C omet* Se. — f) *C* cas se il ne v. — g) *A omet* il. — h) *EF* pourroient bien veir li homme le fait si notoire par la prise que il jugeroient la prise du juge. Mes. — i) *A omet* a mort. — j) *A* par l'aprise. — k) *GHJK* fust. — l) *BGHJKM omettent* le.

---

1. Ch. xxxix, § 1171 seq.

reson, et s'il voit qu'il a reson par l'aprise qu'il a fete, adonques pourroit il commencier plet ordené[a] de la chose.

1239. Maintes enquestes ont esté fetes qui estoient de nule valeur pour ce qu'eles n'estoient pas fetes si comme eles devoient; or veons donques comment on doit fere enquestes. Nus ne doit fere enqueste seus, qu'il n'apeaut bonnes gens aveques li pour fere l'enqueste, et teus gens qu'ele puist estre tesmoignie par eus, se mestiers est; car aussi bien puet on debatre l'enqueste qui est fete par gens soupeçoneus ou mal soufisans comme on puet debouter tesmoins par les resons qui sont dites ou chapitre des prueves[b1].

1240[c]. A enqueste fere les parties doivent estre apelees pour qui ele est fete, si qu'il voient les tesmoins jurer qui sont amené pour estre oï en l'enqueste et qu'il puissent dire contre les tesmoins s'il leur plest; et ce qu'il dient contre les tesmoins doit estre mis en escrit en l'enqueste et porté en jugement, si comme il est dit dessus la ou il parole[d] des auditeurs en cel chapitre meisme[e].

1241. Li enquesteur doivent examiner les tesmoins et fere toutes les demandes qui apartienent a fere en l'enqueste, si comme il est dit dessus en cel chapitre meisme[f].

1242. Nous veismes un homme jugier pour un murtre qui fu[g] fes et si ne fu pas trouvé en l'enqueste que nus eust veu le fet, car pour ce l'apele l'en murtre que li fes est fes si traitrement que nus ne le voit, et dirons comment ce fu.

1243[h]. Uns hons fu murtris ou chemin qui va de Clermont en La Vile Nueve en Hes[2] et, pour ce que nous veismes qu'il estoit tués d'un seul coup de mail ou de maçue, nous

---

a) *HJK omettent* plet ordené. — b) *HJK omettent* par les resons ... des prueves. — c) EF *placent les §§ 1240 à 1242 dans cet ordre:* 1242, 1240, 1241. — d) *HJK omettent* la ou il parole. — e) *HJK omettent* en cel chap. meisme. — f) *HJK* si comme dit est. — g) *ABCEF* estoit. — h) *à cause de l'interversion des §§ précédents,* EF *commencent ainsi le* § 1243: Vechi comment chiex fu condampnez a mort pour le soupechon du murdre dont F (tout) ne puet (F puest) estre l'enqueste prouvee contre li. Uns hons.

---

1. Ch. xxxix, § 1171 seq.
2. Cf. t. I, p. 446, note 1.

prismes un bouchier liqueus avoit soupé ᵃ la nuit devant avec lui ; nous lui demandames ou il avoit esté cele matinee que cil avoit esté tués, entre le point du jour et le soleil levant, car a cele eure avoit cil esté tués ; il respondi qu'il s'estoit partis de Clermont au point du jour et estoit alés tout le droit ᵇ chemin de Clermont ᶜ a ᵈ Saint Just[1] pour sa marcheandise. Demandé li fu en quel compaignie il ala ; respondi aveques Pierre, Jehan, Gautier, Guillaume qui bouchier estoient et aloient en leur marcheandise. Aussi demandé li fu s'il atendroit l'enqueste du fet en tel maniere que, s'il estoit trouvés en mençonge de ce qu'il disoit, qu'il fust atains du fet et ᵉ, s'il estoit trouvés veritables, qu'il en fust ᶠ delivres. Il respondi : « oïl. » Adonques nous mandames les .IIII. en quel compaignie il disoit qu'il estoit alés et enquesimes a chascun par soi par son serement s'il avoit voir dit, et distrent tuit que nennil ᵍ. Et après nous trouvames qu'il avoit esté encontrés en autre chemin cele matinee ʰ que le chemin qu'il disoit qu'il estoit alés ; et estoit li chemins la ou il fu encontrés, a aler de la ou li fes fu fes a Saint Just, a laquele vile de Saint Just il fu veus de mout de gens si tart venir qu'il peut bien venir puis le fet. Et cele enqueste nous meïsmes en jugement, au quel jugement il eut debat grant ; car li un le vouloient condamner et jugier a mort par la dite enqueste, et li autre disoient que, puis que li fes n'estoit prouvés par l'enqueste, qu'il ne devoit pas recevoir mort, et li autre disoient que si fesoit, car en autre maniere ne se pouoit prouver murtres par enqueste que par trouver celi qui en est soupeçoneus en apertes mençonges et en apertes presompcions. Et fu la fins tele qu'il fu jugiés et condamnés du fet par la dite enqueste, et fu

---

a) *C* liqueus avoit mangié au souper. — b) *E* grant chem. — c) *BE* omettent de Clermont. — d) *F* omet Clermont a. — e) *GHJKM* omettent s'il estoit trouvés ... du fet et. — f) *GHJKM* verit. du fet qu'il s'en alast deliv. — g) *JK* non. — h) *BEF* encontrés cele matinee en autre chemin.

---

1. Saint-Just-en-Chaussée, chef-lieu de cant. de l'arrondissement de Clermont, au Nord de cette ville ; La Neuville est à l'Ouest.

CHAP. XL. — DES ENQUESTEURS, DES TESMOINS, ETC.   143

trainés et pendus ; et avant qu'il receust mort connut il qu'il avoit fet le fet. Et par cel jugement puet l'en veoir qu'on est bien atains de vilain fet quant l'en est trouvés en mençonge de ce que l'en demande ᵃ du fet et par apertes presompcions, et meismement cil qui se met en enqueste.

1244. Aucunes demandes pueent estre fetes lesqueles pueent bien estre prouvees par son serement sans autre prueve, tout soit ce que la partie a qui l'en demande le nie en la maniere qu'il est proposé contre li ; mes c'est quant il connoist la demande en partie : si comme quant aucuns hons qui vent denrees a estal ou a taverne ᵇ demande de ses denrees a un homme .v. s.ᶜ, et cil a qui la demande est fete n'en connoist que .II. d., .VI.ᵈ ou .XII.ᵉ ; s'il en ᶠ connoist riens ᵍ, cil qui demande de ses denrees est creus par son serement ʰ dusques a la value de .v. s. .I. d. Mes se cil a qui la demande est fete n'en connoissoit riens, cil qui demande n'en seroit ⁱ pas creus sans tesmoins ; mes il ne prouvera ja si poi contre celi qui li avroit le tout nié qu'il ne fust creus du seurplus par son serement dusques a .v. s. .I. d.ʲ Et c'est bonne coustume, car male chose seroit a ceus qui vivent de menues denrees, de mener tous jours .II. tesmoins a chascune fois qu'il font creances de leur denrees ; ne contre les tesmoins qui sont amené en teus cas n'a nus gages, mes debatre les puet on par autre reson que parᵏ gages, c'est a dire par les resons par lesqueles l'en puet debouter ˡ tesmoins, si comme il est dit ou chapitre qui parole des prueves ᵐ ¹.

1245. Li enquesteur, ne li auditeur, ne li juge, ne li

---

a) *A C* l'en en dem. ; *HJK* on li dem. — b) *E F* a terme. — c) *E* demande a .I. homme user de ses denrees et ; *F* dem. a .I. homme qui a eu de ses denrees .v. s. ou plus ou mainz et. — d) *C* d. ou que .VI ; *E G M* ou .VI. — e) *C* ou que .XII. ; *F* connoit .II. d. ou .III. — f) *A* il i en. — g) *F G H J K M* omettent s'il en connoist riens. — h) *F* li demanderez par le coustume est creus dou seurplus dusques a. — i) *H J K* est. — j) *B E F* dusques a la valure (*E* value ; *F* valeur) de .v. s. .I. d. meins. — k) *A* omet gages, mes ... que par. — l) *G H J K M* debatre. — m) *HJK* comme dit est.

1. Ch. XXXIX.

arbitre ª ne sont pas loial qui se penchent ᵇ plus d'une partie que d'autre en ce qui doit estre fet par aus; car aucune fois voit on tel maniere de gens, quant il ont a oïr tesmoins, qui se deportent plus legierement et a meins d'interrogacions fere as tesmoins de l'une partie que de l'autre, si que, quant il voient un tesmoing qui fet ᶜ pour la partie qu'il aiment mieus, il font metre en escrit legierement et ne li font pas demandes diverses par lesqueles ses dis deviegne ᵈ de nule valeur. Et quant il oent un des tesmoins a l'autre ᵉ partie qu'il n'aiment pas tant et il tesmoigne chose qui puet valoir a la partie pour qui il est tres, il li font tant de diverses demandes qu'il metent son dit a nient, et c'est baras et tricherie ᶠ et desloiautés. Car qui le veut loiaument fere il ne doit estre nient plus ᵍ favorables a l'une partie qu'a l'autre, et doit fere a chascune partie les demandes qui apartienent a fere, sans amour et sans haine, sans louier et sans pramesse, sans paour et sans cremeur, et sans nule mauvese couvoitise qui a maint homme osté du droit chemin de loiauté fere, car en cuer plein de grant couvoitise ʰ ne se puet loiautés herbergier, et si vous en dirons une essample de Pierre contre Jehan ⁱ.

1246. Uns officiaus ʲ avoit devant lui une querele et estoit cele querele si ᵏ demenee que toutes les resons de l'une partie et de l'autre estoient mises avant, et n'atendoient les parties fors que sentence disfinitive leur fust rendue. Et l'officiaus dilijanment pensa liqueus devoit avoir sentence pour li, ou Pierres ou Jehans, et, quant il eut ˡ bien pensé, il regarda que par mout de resons de droit Pierres avoit la querele gaaignie, et proposa en son cuer qu'il rendroit l'endemain sentence pour lui ᵐ. Et la nuit devant qu'il deust

---

a) *BEF omettent* ne li arbitre. — b) *A* pendent; *BCEF* quant il [*C* se] pendent. — c) *EF omettent* qui fet. — d) *JK* viengnent. — e) *BEFGHJK* a la part. — f) *C* grant bar. et trop grant trich. — g) *A omet* plus. — h) *A* couv. mauveze. — i) *M omet* de Pierre contre Jehan. — j) *BEF* offic. estoit qui av. — k) *A* ci; *BE omettent* si; *F* tant. — l) *C* il y ot. — m) *BEF* p. Pierre.

CHAP. XL. — DES ENQUESTEURS, DES TESMOINS, ETC.   145

rendre cele sentence Jehans envoia au dit official une coupe
d'or ; l'officiaus la receut[a] et cele nuit[b] il pensa mout a la
courtoisie du dit Jehan, et pensa[c] que mout vourroit[d] trouver
voies de droit par lesqueles[e] Jehans peust avoir droit[f] pour
li, et estudia plus soigneusement qu'il n'avoit fet en ses
livres ; et quant il trouvoit aucun cas qui fesoit pour Jehan,
il le retenoit pour Jehan en son cuer et afermoit qu'il pouoit
bien rendre la sentence[g] pour le dit Jehan[h] ; et quant il
trouvoit aucune chose pour Pierre, la volentés qu'il avoit
vers Jehan ne li lessoit demourer en son memoire, et
s'acorda en son[i] cuer que mout bien pouoit rendre sentence
pour Jehan. Et quant ce vint a l'endemain qu'il fu a son
siege et dut rendre la sentence[j], sa conscience le remort[k]
et pensa qu'avant que cele coupe li fust venue il s'estoit
acordés par mout de resons de droit a rendre sentence pour
Pierre, et onques puis qu'il ot prise la coupe il ne trouva reson pour le dit Pierre qui en son cuer peust arester, et pour ce
il redonna jours as parties a rendre sa sentence a l'endemain.
Et si tost comme il revint a son ostel il prist cele coupe et
la renvoia a Jehan qui l'avoit presentee, et puis estudia en
ses livres et trouva que drois s'acordoit qu'il rendist sentence pour Pierre et la prononça pour li. Et par ceste essample poués vous entendre et veoir[l] que couvoitise qui est
hebergiee en cuer de juge puet fere mout de maus[m] ; car cil
qui prent de partie qui a devant li a fere, perius est qu'il
ne s'encline plus a l'une partie qu'a l'autre, et pour ce
louons nous a toutes manieres de juges qu'il se gardent de
prendre dons par lesqueus il soient corrompu.

1247. Aucune fois avient il, quant auditeur sont as-

a) *HJK* retint. — b) *BEF* nuit li officiaus pensa. — c) *C* mout a le grant
couvoitise que li dis Jehans li avoit faite et pensa a che trop durement que.
— d) *HJK* vourr. penser et trouv. — e) *C* trouv. aucunes voies de bon chemin par coi Jeh. — f) *C* Jeh. eust le droit pour ; *G* avoir sentense ; *JK* av.
la cause ; *M* av. dr. pour droit pour li. — g) *HJK omettent* pour Jehan …
la sentence. — h) *BEF* pour li et. — i) *HJK omettent* son. — j) *BEF
omettent* et dut rendre la sentence. — k) *BCEF* reprist. — l) *G* veoir et
entendre ; *HJK omettent* entendre et. — m) *HJK* de maulx moult.

semblé pour fere aucune enqueste, qu'il ont a demander seur pluseurs articles ; et pour ce, tout premierement il doivent fere proposer a l'une des parties tous les articles qu'il vourra ᵃ proposer contre l'autre partie et metre chascune article par ᵇ soi ᶜ sans entremeller, et puis fere li jurer seur sains que tuit li article qu'il propose ᵈ il croit qu'il soient vrai et loial, et, s'il li convient tesmoins amener, qu'il les amenra bons, ne qu'il ne querra art ne engien en ᵉ entencion de delaier l'enqueste. Et puis, quant il a fet cel serement, li auditeur doivent fere respondre a l'autre partie a chascune article ᶠ a par soi et prendre le serement qu'il connoistra verité de tout ce qui est proposé contre li et, s'il fet response d'aucun fet contraire et il i ᵍ convient tesmoins amener ʰ seur la contrarieté, qu'il les amenra bons et loiaus a son escient, ne ne querra art ne engien en entencion de delaier l'enqueste. Et puis, quant les ⁱ responses ʲ sont fetes seur chascune article et mises en escrit, li auditeur doivent regarder ce qui est conneu par les seremens, car ce n'a mestier de prueve, et, ce qui est nié il doivent commander a la partie contre qui la niance est fete qu'il amaint ᵏ ses tesmoins sans delai ; et bien se gart qu'il soit saisis de ses tesmoins se li auditeur furent envoié fere l'enqueste pour oïr les tesmoins qui aferoient ˡ a la querele. Car s'il furent en cele maniere envoié et la partie qui a a prouver n'a ses tesmoins ainçois qu'il se partent de l'enqueste, il chiet en pure defaute, se ainsi n'est que la partie se cuevre de cause soufisant par devant les auditeurs, par quoi il ne les puet avoir ; et se li auditeur voient sa cause bonne, il li doivent donner seconde producion.

1248. Quant aucuns ne puet avoir ᵐ ses tesmoins et il

---

a) *G* qu'il ont a prop. ; *H* qu'il a a pr. ; *JK* qu'elle a a pr. — b) *A* en par ; *C* tout par ; *HJK* a par. — c) *HJK* p. li. — d) *ABCEF* a proposé. — e) *AB* eng. ne delai (*B* belai) en (*A* ens) ; *C* eng. ne delaiement ne intenc. ; *EF* eng. ne n'a intenc. — f) *BE* omettent article. — g) *HJK* il li conv. — h) *HJK* amener tesmoins. — i) *ABEF* ses' ; *G* ces. — j) *G* resons. — k) *F* amaingnent. — l) *G* feront ; *HJK* feroient. — m) *AHJK* puet pas av. ; *BEF* puet amener ses.

requiert as^a auditeurs qu'il li facent venir, li auditeur^b i sont tenu, car^c li auditeur qui sont envoié de par la court pour fere aucune enqueste ont le pouoir de la court^d dont il sont envoié, de fere^e venir tous ceus qui sont convenable a leur enqueste fere^f.

1249. Chascuns des auditeurs puet avoir son clerc pour escrire ce qui est dit en l'enqueste, et quant chascuns a escrit, leur escrit doivent^g estre leu devant les auditeurs si qu'il sachent que li uns soit auteus comme l'autre. Et si doivent li clerc jurer qu'il escriront^h ce qui leur sera dit des bouches as auditeurs tant seulement et qu'il n'encuseront a nule des parties ce qui sera escritⁱ par eus ne par autrui. Et s'il plest as auditeurs il se pueent bien fere a un clerc serementé tant seulement^j.

1250. Toutes les fois que li auditeur se departent du lieu la ou il sont assemblé pour fere enqueste, il doivent clore ce qui est fet de l'enqueste^k et seeler de leur seaus, dusques a tant qu'ele soit parfete^l ; et puis, quant ele est^m parfete, il la doivent ordener selonc ce que li article qui furent proposéⁿ furent ordené, si comme il est dit dessus, et puis clore et seeler de leur seaus, et puis porter a la court la ou ele doit estre jugie.

1251. Une coustume queurt ou cas de debatre tesmoins en cas de gages, laquele ne queurt pas devant auditeurs qui oent tesmoins pour muebles, pour chateus ou pour eritages. Car en cas de gages et en cas de crime et en autres cas meismes, quant tesmoing sont oï en court, il les convient debatre avant qu'il aient fet le serement ou li debas ne vauroit riens. Mes par devant auditeurs, l'en puet fere protestacion de dire contre les tesmoins qui sont amené contre li et puis

a) *B omet* as; *EF* req. les aud. — b) *BEF* ven. il i s. — c) *C omet* li audit. ... car. — d) *BEF omettent* pour fere ... de la court. — e) *BEF* envoié doivent fere. — f) *BEF* a fere leur (*F* l') enqueste. — g) *JK* doit. — h) *A* qu'il ne escrir. fors ce. — i) *BEF* qui lor sera dit par. — j) *GHJK omettent* et qu'il n'encuseront ... serementé tant seulement. — k) *BEF* fet por fere enq. — l) *GHJK* s. toute parf. — m) *A omet* parfete et ... ele est. — n) *HJK omettent* qui fur. proposé.

demander as auditeurs les nons et les seurnons et les viles dont il sont, et jour d'apensement de dire contre aus. Mes se l'en ne fet protestacion ains le serement, il sont tenu pour bon, selonc ce qu'il tesmoignent en la querele; et se l'en retient a dire contre aus et jours est assignés a dire contre les tesmoins, et l'en defaut de cele journee, on n'i puet puis riens dire, ains pert l'en par cele defaute ce qu'on peust dire contre les ᵃ tesmoins.

1252. Quant l'en veut debatre tesmoins par aucune cause pour eus ᵇ debouter ᶜ de leur ᵈ tesmoignage ᵉ, la cause doit estre dite en apert devant ᶠ la partie qui a tret le tesmoing; car s'il connoist la cause, li jugeeur de l'enqueste doivent jugier se la cause est tele que li tesmoins doie estre deboutés; et s'il nie la cause, cil qui dit contre le tesmoing le doit prouver. Et du cas de debatre tesmoins et pour queus causes, poués vous veoir clerement ᵍ ou chapitre qui parole ʰ des prueves ⁱ et ʲ de debatre tesmoins ᵏ¹.

1253. Aussi bien pueent perdre cil qui sont semont de par les auditeurs a venir ˡ en certain ᵐ lieu pour fere l'enqueste qui leur est commandee ⁿ, par defaute, s'il le font ᵒ, comme il feroient s'il avoient jour seur la querele meismes dont l'enqueste est ᵖ, par devant les jugeeurs de l'enqueste; car autrement se l'en ne perdoit par defaute, ne vourroit cil venir avant qui se douteroit ᵠ de perdre, et ainsi ne pourroient les enquestes avoir fin.

1254. Se l'enqueste est portee en jugement, ou autre errement de plet liquel ne se determinent pas par enqueste,

---

a) *J* contre tous les. — b) *A* p. li deb. — c) *BEF* omettent par auc. ... eus debouter. — d) *A* de son tesm. — e) *BEF* tesm. par aucune cause, la c. — f) *A* ap. contre dev. ; *G* ap. par dev. — g) *HJK* omettent clerement. — h) *GHJK* omettent qui parole. — i) *B* des causes et. — j) *EF* omettent des prueves et. — k) *HJK* omettent et de deb. tesmoins. — l) *GHJK* omettent a venir. — m) *GHJK* en aucun certain. — n) *BEF* omettent qui leur est commandee. — o) *BEF* omettent s'il le font. — p) *A* omet dont l'enqueste est. — q) *BEF* qui aroit paour de.

---

1. Ch. xxxix.

CHAP. XL. — DES ENQUESTEURS, DES TESMOINS, ETC.   149

mes toutes voies il furent baillié des parties en escrit tout
acordé pour jugier, et li jugeeur prenent respit pour ce qu'il
ne sont pas sage de jugier, li escrit doivent estre reclos et
seelé et mis sauvement en la main de la justice ou des jugeeurs, et raporter tous jours en jugement clos et seelés dusques a tant que li jugemens est fes. Et s'il est fet autrement,
que partie voie venir en court les escris desseelés^a, il puet
debatre que jugemens ne soit pas fes sus, que^b l'en i pourroit avoir mis ou osté pour li ou contre li. Et ce veismes
nous jugier a Creeil d'une enqueste qui avoit esté aportee
close a jugier, et li homme pristrent respit et l'enqueste ne
fu pas^c reseelee, et, quant ce vint a l'autre assise, l'une des
parties la debati. Si fu jugié qu'ele estoit de nule valeur et
qu'ele estoit toute a recommencier, et ainsi fu perdu tout ce
qui estoit fet, et fu la querele en autel point comme ele estoit
quant l'enqueste fu commencie.

1255. Se je sui procureres par devant auditeurs pour
partie ou par devant juges, et l'en me fait jurer de dire verité es articles de quoi l'en me demandera et ma verités est
escrite, et l'en me^d veut une autre fois et grant piece après
fere jurer que je dirai verité de cele meisme querele dont je
la dis autre fois, je n'i sui pas tenus se l'en ne me fet foi que
li escrit sont perdu ou se je ne les voi ardoir. Car bien
pourroit estre que, par le tans qui seroit courus, je ne seroie pas si remembrans de la besoigne comme je fui autre
fois, si que, se je disoie autrement que je ne fis autre fois et
creusse dire verité, si pourroie je cheoir en vilenie se li dui
escrit^e estoient veu^f li uns de bout a^g l'autre. Mes voirs est,
se li auditeur m'avoient trop poi demandé en aucune des de-
mandes qui apartienent a demander as tesmoins, je sui tenus
a respondre a ces demandes puis qu'eles ne me furent demandees autre fois.

a) *EF* escr. descloz et dess. — b) *BEF* sus, car on. — c) *BEF* enq.
n'avoit pas esté res. — d) *GHJK* me la veut. — e) *C* vilen. par les deus
escris se il estoient. — f) *EF* est. lu li. — g) *BEF* contre l'autre; *CHJK*
deles; *G* devers.

1256. Il est mestiers, quant dui auditeur sont envoié pour oïr tesmoins et li uns est mal avisés en ses demandes fere ou il demande trop pour une partie et poi pour l'autre, qu'il soit avisés par son compaignon ; et s'il ne se pueent concorder [a], que debas mueve entre aus deus [b], il doivent prendre l'une des .ıı. voies. La premiere voie si est [c] qu'il doivent metre le debat en escrit en l'enqueste meisme : si comme se Pierres et Jehans sont auditeur et Pierres dit a Jehan : « Les demandes que vous fetes n'apartienent pas a fere a ceste enqueste, et si ne voulés soufrir que je face des demandes qui apartienent a fere », et Jehans respont encontre que les demandes qu'il fet sont convenables, mes celes que Pierres veut fere ne le sont pas. Adonques doit on escrire en l'enqueste : « Pierres vouloit que teles demandes fussent fetes as tesmoins et teles non, et Jehans s'acordoit au contraire », si que, quant l'enqueste venroit en jugement, que l'en veïst au debat des auditeurs [d] se Pierres avoit reson ou debatre ou non. Et s'il est regardé en jugement que l'en fesoit poi de demandes, la querele de l'enqueste ne doit pas estre jugie, ainçois doit estre refete en ce qui fu poi demandé. La seconde voie si est quant debas muet entre les auditeurs qu'il ne voisent plus avant en l'enqueste devant qu'il seront d'un acort et, s'il ne se pueent acorder par aus ne par conseil qu'il aient, il doivent aler querre leur acort a la court par laquele [e] il furent esleu auditeur et ilueques leur doit estre baillie la certaine fourme de fere l'enqueste.

1257. Il avient souvent, quant prueve chiet de deus [f] pars seur une meisme chose, que l'une des parties veut amener plus de tesmoins que l'autre ; mes par la coustume qui maintenant i est, se partie ou auditeur le vuelent debatre, il ne pueent amener seur une article que .x. tesmoins ; mes s'il n'est debatus, le seurplus de .x. vaut selonc ce qu'il tes-

---

a) *BEF* p. aviser que. — b) *HJK omettent* deus. — c) *HJK omettent* voie si est. — d) *HJK omettent* ou deb. des audit. — e) *HJK* court dont il. — f) *A omet* deus ; *C* souv. que pr. ch. en deus pars.

CHAP. XL. — DES ENQUESTEURS, DES TESMOINS, ETC.

moignent. Et bien se gart partie, quant tesmoing^a doivent estre oï^b de .ii. pars d'une meisme chose, qu'il amaint autant de tesmoins comme s'averse partie fera^c, s'il les puet avoir^d; car s'il prouvoit s'entencion par .iii. tesmoins et s'averse partie prouvoit s'entencion^e par .iiii. tesmoins ou par plus, la partie qui par plus de tesmoins prouveroit gaaigneroit la querele^f, tout soit il ainsi^g qu'il soit dit ou chapitre des prueves que dui tesmoing soufisent a prouver l'entencion de celi pour qui il sont tret en tesmoignage[1]; mes c'est a entendre en querele^h ou il n'a prueveⁱ que d'une part que^j li dui tesmoing soufisent, et en la^k querele meismes^l ou il afiert prueves^m de deus pars, se l'averse partie ne prueve par plus de tesmoinsⁿ.

1258. Quant tesmoing sont atret de deus parties sur une meisme article et l'une des parties prueve et l'autre^o onniement^p de tesmoins, que l'uns n'en a pas^q plus que l'autre qui facent a la querele, et ce vient en jugement, l'en doit regarder liquel tesmoing sont plus creable et de meilleur renomee, et pour celi qui les tret doit estre sentence rendue, car puis que les parties sont a egauté^r de tesmoins,

---

a) *A C* tesmoignage. — b) *A* estre oü de; *B C E F* omettent oï. — c) *G H J K* tesm. li uns comme l'autre. — d) *E F* comme fera s'averse partie se il puet. — e) *B E F* part. le prouvoit par; *C* prouv. la sieue entenc.; *G* omet entencion. — f) *G H J K* omettent la querele. — g) *J K* ja soit ce. — h) *A* en la quer.; *F* omet en querele. — i) *B E F* ou il ne sont trait. — j) *B E* part et en la querele meisme que. — k) *A* et ma quer. — l) *B E* omettent et en la querele meismes. — m) *A* af. tesmoins; *B E* af. a prouver. — n) *B E* deus pars sans plus traire; *F* que d'une part et aussi souffizent il en le querele meismez en le querele ou atrait tesmoins de .ii. pars, mez que chascune partie n'en traie que .ii. Et enquore se l'une partie en traioit .iiii. ou plus et il ne deposoient riens pour li fors que li unz ou li deu, et l'autre partie en traioit .ii. bons tant seulement qui plainement deposassent pour li, si li souffiroit il et gaaigneroit le querele s'il estoit regardé qu'il deposassent plus vraiement que li .ii. de l'averse partie qui tant en aroit amenez. — o) *B E F* parties et l'autre pruevent. — p) *C* aussi onniem; *H J K* omettent onniement. — q) *G* pr. et l'autre n'a de tesmoins nient plus. — r) *G H J K* sont ygaux de.

---

1. Ch. xxxix, § 1149.

il est bien resons que li meilleur tesmoing et li plus creable[a] en portent la querele.

1259. Nous avons dit ou chapitre des prueves[1] que bastart ne serf ne fames ne doivent pas porter tesmoignage et c'est voirs en cas de crime ou en cas ou il puet avoir[b] gages; mes en enqueste qui est fete pour muebles ou pour chateus, ou pour injure, ou pour eritage, pueent il estre atret en tesmoignage, s'il n'en sont debouté par autre resnable cause, ce essieuté que li sers ne puet tesmoignier en querele qui soit pour son seigneur.

1260. Quant tesmoing[c] sont tret soit par devant justice, par devant arbitres ou par devant auditeurs, et il ont respondu as demandes que l'en leur fet, et leur responses sont fetes et mises en escrit, l'en leur doit recorder ce qu'il ont dit pour deus resons: l'une pour ce que li clers n'ait mespris a escrire sa verité[d]; l'autre si est pour ce que, se li tesmoins a varié ou erré en aucune chose, il i puet amender en aucune chose[e] tant comme il est devant les auditeurs sans[f] soi estre departis[g]. Mes après ce que ses tesmoignages seroit escris et que ses dis li avroit esté recordés et puis revenist, il ne devroit pas estre creus[h] de changier le dit en riens de son tesmoignage. Et s'il s'en estoit partis seur ce que ses dis ne li avroit pas esté recordés et puis s'en apensast en tant comme li auditeur seroient ou siege, et ralast arrieres requerre que ses dis li fust arrieres[i] recordés, li recors li devroit estre fes. Et s'il i avoit a amender par le vice de l'escrivain, il seroit[j] amendé par l'esgart des[k] auditeurs selonc ce qu'il avroit dit. Mes se li tesmoins[l] vou-

---

a) *HJK* meill. et li plus creable tesmoing. — b) *BF* puet chaoir pr.; *E* puet avoir et caïr pr. — c) *ABEF* tesmoignage sont. — d) *E* omet a escrire sa verité; *F* mespr. a l'escrire. — e) *BJ* omettent il i ... auc. chose; *CGH* omettent en auc. chose; *E* il puet amend. en sen tesmoignage tant. — f) *GHJK* audit. et sans. — g) *A* soi departir. — h) *BEF* receus. — i) *GHJK* omettent arrieres. — j) *HJK* ser. esgardé et am. — k) *HJK* am. par les aud. — l) *BEF* Mes s'il vouloit.

---

1. Ch. xxxix, §§ 1174, 1175, 1197, 1209.

CHAP. XL. — DES ENQUESTEURS, DES TESMOINS, ETC.

loit dire le contraire^a de^b ce qu'il avroit dit^c devant, il ne seroit pas oïs, car il sembleroit qu'il en^d fust subornés^e, et il meismes se prouveroit a parjures.

Ici finé li chapitres des enquesteurs et des auditeurs et d'examiner tesmoins.

a) *B E F* dire contre. — b) *F omet de.* — c) *B omet dit.* — d) *A omet en.* — e) *A* fussent bornez ; *B* fust subronez ; *E F* fust sbrornez ; *C* fust soupechonneus. — Explic.) *C* Chi define ; tesmoins et de le difference qui est entre aprise et enqueste ; *il omet et des auditeurs* ; *G H J* Explicit ; *K n'a pas d'explicit.*

XLI.

Ici commence li .xli. chapitres de cest livre liqueus parole des arbitres et du pouoir qu'il ont, et liquel arbitre valent et liquel non, et comment arbitrages faut, et de quel cas on puet se metre en arbitrage.

1261. Puis que nous avons parlé ou chapitre devant cestui des enquesteurs et des auditeurs, et comment l'en doit tesmoins examiner, il est bon que nous parlons en cel chapitre qui ensuit après d'une maniere de juges que l'en apele arbitres. Si dirons liquel arbitre[a] valent et liquel non, et comment il doivent ouvrer en leur offices[b], et comment compromis doivent[c] estre fet, et liquel pueent prendre arbitrage[d] seur aus et liquel non[e], et en quel cas il se pueent demetre de leur arbitrage[f], et comment il doivent rendre leur dit.

1262. La coustume des[g] arbitres est tele qu'il doivent aler avant selonc le pouoir qui leur est bailliés ; et s'il s'estendent en plus et partie le debat, l'arbitrages est de nule valeur.

1263. Encore par la coustume les parties qui se metent

Rubr.) *ABEFH omettent* et comment ... en arbitrages ; *BEFH* liq. arbitrage val. ; *BEFGHJK omettent* de cest livre ; chap. qui parole ; *C omet* et liq. arb. valent ; arbitrages est fes et des quiex cas l'en se p. m. en arbitres ; *GJK omettent* arbitre *devant* valent. — a) *BCEFGHJK* arbitrage. — b) *BEF* l. arbitrage. — c) *BCEF* doit. — d) *AEHJK* arbitre ; *M* arbitres. — e) *G omet* et liq. non. — f) *A omet* demetre de l. arbitr. ; *BC* l. arbitres ; *G omet* et en quel ... leur arbitrage. — g) *GHJK* coust. d'arbitres.

CHAP. XLI. — DES ARBITRES ET DES ARBITRAGES.

en arbitrage se doivent lier ou compromis par foi, par plege ou par peine, et, s'il ne se lient par aucun de ces .iii. liens, l'arbitrages est de nule valeur.

1264. Encore a il tel coustume que, s'il i a certain jour mis dedens quant il doit estre prononciés et li jours passe sans estre alongiés de l'acort des parties, li compromis est de nule valeur.

1265. Encore s'il sont eslu .ii. arbitre, ou .iiii., ou .vi., ou plus, mes qu'il soient per [a], et la moitiés des persones se contrarient de l'opinion as autres a rendre leur dit, li dis est de nule valeur. Et pour ce, qui prent arbitres, les doit on prendre non pers [b], car l'opinions du plus doit passer.

1266. Quant arbitrages est enchargiés sans jour nommer du dit prononcier et partie se deut du delai, la [c] justice, a la requeste de la partie, doit contraindre la partie et les arbitres a aler avant selonc le compromis et a leur dit prononcier selonc ce que la besoigne le desire.

1267. Aucun si cuident, quant il ont pris un arbitrage seur aus, qu'il s'en puissent demetre de [d] leur volenté; mes non font se ce n'est de l'acort des parties [e]. Mes [f] les parties, se eles [g] s'acordent a renoncier a l'arbitrage [h], le pueent bien [i] fere et revenir [j] a leur droit juge, tout soit ce contre la volenté des arbitres; car arbitres si est une maniere de juge qui n'a point de juridicion, fors tele comme les parties li [k] donnent par la vertu du compromis.

1268. Se li uns des arbitres qui est esleus en une cause muert, ou est en tel langueur qu'on ne pense pas qu'il i puist entendre de lonc tans, ou il est embesoigniés des besoignes son seigneur souverain si qu'il [l] ne puist entendre a autres

---

a) *G s. paraulx.* — b) *G pr. arb. non pers, il folie, car l'opin.* — c) *C d. du delaiement a le just.* — d) *C puiss. hors oster et dem. a leur.* — e) *C omet mes non ... des parties.* — f) *E omet Mes.* — g) *CGHJKM Mes se les parties s'ac.; EF se eles s'ac.* — h) *E arbitr. va seur aus que il se puissent acorder et le pueent.* — i) *FM bien le pueent fere.* — j) *F et aler a; E omet et revenir.* — k) *BEFGHJK leur.* — l) *M omet est embesoigniés ... si qu'il.*

besoignes ª, ou il est ᵇ en ᶜ essoine ᵈ ou hors du païs sans esperance de sa revenue prochaine, l'arbitrages est de nule valeur.

1269. Jehans proposa contre Pierre que li dis Pierres tenoit a tort muebles et eritages, car il disoit qu'il avoient ᵉ esté son pere ; si en requeroit saisine avant qu'il respondist a chose que Pierres meïst avant, par la reson de ce que li mors saisist le vif[1]. Et se ce ne li valoit, si disoit il que li mariés ᶠ est ᵍ hors de la mainburnie son pere, et ʰ il revint manoir avec son pere et aporta son avoir et le sa ⁱ fame, et furent leur bien mellé ensemble dusques a la sizisme annee que li peres mourut, si que, s'il ʲ n'en ᵏ portoit moitié ˡ comme oirs, si demandoit il la moitié par reson de compaignie. A ce respondi Pierres qu'il en avoit autre fois proposees ces demandes et s'acorderent en un compromis par devant justice, et fu li compromis seelés du seel de la baillie, et fu li dis rendus. Et le dit qui fu rendus il ᵐ vouloit bien tenir, ne autre chose il ne vouloit respondre se par droit ne le fesoit. Et seur ce se mistrent ⁿ en droit. — Il fu jugié que, pour ce que Jehans s'estoit mis en compromis, il n'en porteroit ᵒ fors le dit des arbitres.

1270. Il ne loit pas a tous a prendre arbitrages seur aus, tout soit il ainsi qu'il soient esleu des ᵖ parties ᑫ. Car sers, ne sours, ne mus, ne souaagiés, ne hons qui soit en

---

a) *GH* souverain si ques il n'y puest (*H* pot) entendre de long temps ou il ne puest (*H* pot) entendre a autres besongnes que besongnes de (*H* aut. bes. qu'aus) son seigneur, ou il ; *JK* ent. a aut. bes. que a celles a son seigneur, ou il ; *M* besoignes que a son seigneur. — b) *G* omet est. — c) *EFHJK* omettent en. — d) *CEFHJK* essoiniés. — e) *ABE* avoit. — f) *C* moitié. — g) *CE* estoit ; *F* mar. il issi de la. — h) *ABCE* omettent et. — i) *A* omet sa ; *C* et chelui a sa f. — j) *AB* que cil ; *C* que se chelui Pierres ; *E* si quez cheli ; *F* si que se il ; *GM* ques se chix ; *HJK* que se cil. — k) *E* en en portoit ; *G* n'en (*récrit dans l'interligne*) en portoit ; *HJKM* en portoit. — l) *BCEF* port. la m. — m) *GHJK* il le voul. — n) *C* couchierent. — o) *BGJ* portera ; *K* ne emporta. — p) *ABEF* de ; *HJK* esl. arbitres des. — q) *EF* partie.

---

1. Voy. Loisel, *Instit. cout.*, I, 315, 317 : « Le mort saisit le vif son plus prochain heritier a succeder. »

subjection d'autrui par religion sans l'autorité de son par dessus, ne pueent recevoir aucun arbitrage seur aus. Et se les parties s'i mistrent^a, si pueent il la mise despecier, mes que ce soit avant que li dis soit dis, car adonques i^b venroient^c il^d trop tart. Et les resons par quoi l'en les puet oster sont bonnes, car li sers n'est pas creus en tesmoignage ne en recort contre franche persone ; donc se desbas estoit de la mise, il ne pourroit tesmoignier ne recorder, et pour ce doit il bien estre deboutés qu'il ne soit arbitres^e. Nepourquant, se franches persones l'eslurent^f a arbitre^g et ne le debatirent^h point devant que li dis de la mise fuⁱ rendus, li dis doit tenir, car les parties venroient trop tart a la mise despecier, si comme nous avons dit dessus^j.

1271. Que li muaus^k ne soit arbitres, il i a bonne reson, car l'en ne puet arbitrage rendre par signes, ainçois convient qu'arbitrages se face et se determine par paroles, et^l ce ne puet fere cil qui ne puet parler, et pour ce doit il estre deboutés d'estre arbitres^m. Et s'il parloit bien ou tans que la mise fu enchargiee et après il perdi la parole avant qu'ele fust rendueⁿ, nous nous acordons pour loiauté, se la mise ne dut estre rendue dedens certain tans, que l'en atende .I. an et .I. jour savoir mon se la parole li revenroit. Et aussi disons nous que cil qui s'en vont en loingtienes terres pour resnables causes, ou qui sont en prison, ou qui issent de leur memoire, soient atendu .I. an et .I. jour ; et, se dedens l'an et le jour il ne revienent en leur estat par quoi il^o puissent^p aler avant en la mise^q, l'arbitrages soit de nule valeur

---

a) *A* s'i otrierent ; *C* s'i avisent. — b) *A* ad. si venr. ; *B* ad. il i venr. ; *CE* ad. il venr. ; *F* ad. se li dis estoit dis i venr. — c) *G* venroit. — d) *B* omet il. — e) *HJK* omettent et pour ce ... soit arbitres. — f) *B* les mirent ; *E* les liurent ; *F* les ellurent. — g) *G* esl. en arbitrage. — h) *ABCE* debatent. — i) *ABCE* est. — j) *HJK* comme dit est. — k) *H* mus ; *JK* muet. — l) *A* omet et. — m) *HJK* omettent et pour ce ... estre arbitres. — n) *HJK* après, av. qu'ele f. rend., il pardi la parole. — o) *GHJKM* jour ; et s'il ne reviennent dedens l'an et le jour en point qu'il puiss. — p) *M* puist. — q) *ABCEF* omettent en la mise.

et reviegnent les parties au plet en l'estat que li ples ᵃ estoit quant l'arbitrages fu enchargiés.

1272. Ce que nous avons dit que sours ne doit pas estre arbitres, nous entendons de ceus qui sont si sourt qu'il ᵇ n'oent goute; car pour ce, s'il oent dur, sont il toutes voies ᶜ de bon ᵈ entendement ᵉ quant l'en parle haut, il ne doivent pas estre debouté, ains pueent ᶠ estre arbitre ᵍ. Et s'il ooit ʰ ou point que l'arbitrages fu enchargiés et après il devint ⁱ sours ʲ qu'il n'ooit ᵏ goute, on le ˡ doit atendre .I. an et .I. jour pour savoir s'il ravroit s'oïe ᵐ. Et s'il ne garist ⁿ, les parties revienent au plet si comme il est dit dessus ᵒ.

1273. Que li sousaagiés ne soit receus en arbitrage, il i a bonne ᵖ reson, car tant comme il sont sous ᑫ l'aage de .xv. ans sont il ʳ enfant; et ˢ en aus ne puet pas avoir sapience par quoi il puissent estre juge, ni qu'il seussent examiner tesmoins ᵗ ne fere ce qui a arbitrage apartient ᵘ, et pour ce le puet l'en debatre ᵛ.

1274. Or veons, — se les parties se metent seur un enfant de .xiiii. ans et, avant qu'il rende la mise, il ˣ a .xv. ans acomplis, — se l'une des parties le veut debatre pour sousaage, s'il sera oïs. Nous disons ainsi que, s'il ala avant en la cause devant les .xv. ans acomplis, si comme en examiner tesmoins, bien puet la partie debatre qu'il ne rende pas son dit, pour ce que ses jugemens seroit seur ce qui avroit esté fet en son sousaage. Mes se les parties avoient tant atendu a amener leur tesmoins qu'il fust aagiés, il ne pourroient ʸ

---

a) *BEF* estat qu'il estoit; *HJK* estat ou il estoit. — b) *HJK* omettent sont ... qu'il. — c) *AEF* omettent toutes voies; *C* dur, tout. v. aucuns en y a; *G* aucune fois. — d) *C* de mout bon. — e) *G* ent. toutes voies quant. — f) *B* deb. que il ne doient. — g) *EFHJK* omettent ains ... arbitre. — h) *ABEG* oent; *CM* oient; *FHJK* ooient. — i) *EFG* devient; *HJKM* deviennent. — j) *BEF* dev. si sours. — k) *BEF* n'ot; *GHJKM* n'oent. — l) *G* omet le; *JKM* on les d. — m) *C* s'il ravra s'oïe; *JKM* s'il ravront l'oïe. — n) *JK* ne guerissent. — o) *HJK* comme dit est; *M* plet comme devant. — p) *G* bonne cause et res. — q) *EF* car quant il n'ont passé l'aage. — r) *GHJ* il sont. — s) *BEF* enf. ne en. — t) *HJK* omettent ne qu'il ... tesmoins. — u) *GHJK* ce qui appartient a arbitrage. — v) *GHJK* omettent et pour ... l'en debatre. — x) *GHJK* omettent il. — y) *HJK* porroit.

aler contre son dit pour son sousaage, pour ce qu'il avroit la querele mainburnie en son aage[a].

1275. Bien se gardent cil qui se metent en arbitrage[b] seur sousaagiés[c], car se l'une des parties le requiert, l'en doit atendre qu'il soit en[d] aage, et adonques il est en son chois de recevoir[e] l'arbitrage seur li ou du lessier; et s'il avoit pris l'arbitrage seur li[f] ou tans qu'il fu sous aage, si le puet il delessier quant il vient en aage s'il li plest; car il ne se puet chargier ne obligier, tant comme il est sous aage, qu'il ne[g] puist rapeler quant il est aagiés[h].

1276. Quant mise est simplement enchargie[i] seur .II., seur .III., ou plus, et l'une des parties en puet l'un[j] oster par bonne reson, la mise est de nule valeur, car il n'est pas tenus a prendre un autre s'il ne li plest. Et tant d'arbitres comme il sont esleu simplement[k] sans condicion, doivent estre tuit ensemble a oïr la verité des parties, et examiner les tesmoins, et au dit rendre. Se aucuns s'en defaut, les parties ne sont pas tenues a aler avant s'il ne leur plest; et se aucuns malicieusement n'amene pas son arbitre pour ce qu'il veut la besoigne alongier, ou que li jours passe dedens lequel la mise deust estre rendue, il doit estre contrains qu'il l'ait[l] a[m] jour certain seur peine tele comme il semble au juge que bon soit.

1277. Se .III. arbitre sont a determiner une querele et li tiers ne se veut acorder, li dis des .II. doit tenir. Nepourquant li tiers doit estre as jours assignés pour la besoigne et au dit rendre. Et s'il n'i est, tout ce que li dui font est de nule valeur, mes c'est a entendre quant l'en se met simplement seur les trois[n].

1278. L'arbitres[o] a resnable cause de soi demetre de

---

a) *B* son soz aage. — b) *A* en arbitre; *BEF* omettent en arbitrage. — c) *BEF* seur arbitres souaag. — d) *B* omet en; *G* en son aage. — e) *B* de retenir. — f) *C* omet ou du lessier ... seur li. — g) *FJK* ne le p.; *H* nel puist. — h) *GHJK* est en aage. — i) *GHJK* recueillie. — j) *A* l'une. — k) *BE* arb. simplement comme il sont esleu. — l) *AEGJK* omettent l'; *BF* l'ait amené a. — m) *JK* omettent a. — n) *C* simpl. dessus les .III. arbitres. — o) *C* omet L'arbitres.

l'arbitrage quant il est disfamés et despisiés^a d'aucune des parties qui se mistrent seur. Nepourquant avenir pourroit que l'une partie le disfameroit a escient pour li oster de l'arbitrage ou pour alongier la querele, et pour ce nous acordons nous que l'arbitres ne soit pas deboutés, mes il soit contrains a aler avant en l'arbitrage et la partie qui le disfama et desprisa, se il n'i eust resnable cause, soit contrainte a amender la vilenie dite. Mes s'il i eust^b resnable cause, — si comme de guerre ou de haine qui est meue^c entre les persones ou contre leurs amis^d, ou aucune^e autre resnable cause par laquele l'en puist debouter son arbitre, si comme il est dit^f en cel chapitre en pluseurs lieus^g, — bien est a oïr qui par resnable cause le veut debouter.

1279. Se arbitrages est mis seur .ii. persones et il est ainsi ou compromis que, s'il ne se puent acorder, li dui doivent prendre le tiers, et après il se descordent ne ne se puent acorder du tiers prendre, il doivent estre contraint par cil^h qui les aⁱ a justicier qu'il le prengnent ou les parties; et s'il, en nule maniere, ne se puent acorder ou¹ prendre, l'en leur doit fere jurer seur sains qu'il ne le font pas pour la mise despecier ne alongier, fors que pour loiauté selonc leur entendement^j; et cel serement fet, la mise doit estre nule se les parties ne s'assentent^k a autre prendre.

1280. Quant li arbitre ont rendue leur sentence il sont hors de la peine de l'arbitrage, se ainsi n'est que leur dis face a esclarcir ou a recorder; car toutes les fois que mestiers est, il doivent estre contraint de recorder leur sentence, s'il ne la bailleront escrite et seelee as parties, car en ce cas en seroient il delivré. Et s'il i a aucune chose en leur dit

---

a) *A* despités; *K* desprisé. — b) *GHJKM* omettent resnable cause ... s'il eut. — c) *G* menee. — d) *HJK* omettent qui est ... leur amis; *M* meue entre les .ii. parties. — e) *BEF* omettent aucune. — f) *HJK* dit est. — g) *HJK* omettent en plus. lieus. — h) *ABCEFH* par ceus. — i) *EF* les ont a just. — j) *HJK* omettent fors que ... entendement. — k) *BEFHJK* s'acordent.

---

1. ou = en le : s'accorder à le prendre.

qui face a esclarcir, si comme il avient qu'il i a en une parole[a] .II. entendemens, bien doit estre demandee l'entencion des arbitres par leur serement. Et se li arbitre sont en descort de leur entencion, l'en doit jugier leur dit a l'entencion de la plus grant partie et des plus sages hommes jugeeurs en la court ou leur dis doit estre mis a execucion. Et aussi disons nous de toutes les paroles qui sont[b] mises en jugement ou dites en court, que l'en se doit tenir a la plus clere entencion[c] selonc la querele.

1281. Li arbitre, puis qu'il ont rendue leur sentence, n'i pueent ne metre ne oster ne changier fors en ce qu'il ont retenu a parfere de la besoigne : si comme s'il furent arbitre de .II. quereles et il ne rendirent sentence que de l'une, il n'ont pas renoncié qu'il ne puissent aler avant en l'autre querele ; ou s'il oïrent tesmoins[d] seur[e] pluseurs articles et il rendirent leur sentence d'aucun des articles, il n'ont pas pour ce renoncié qu'il ne puissent aler avant es autres articles. Mes c'est a entendre quant li article sont de diverses quereles ; car combien qu'il i ait d'articles, s'il descendent tuit[f] a une fin, il n'en doivent rendre qu'une seule sentence et tout ensemble, et non pas rendre leur sentence[g] par parties ; et s'il en fesoient pluseurs sentences, nule n'en devroit estre tenue que la premiere, pour ce qu'il est dit qu'il sont hors de leur pouoir si tost comme il ont rendue sentence de la querele, ne ne sont plus tenues les parties a obeïr a aus.

1282. Quant miseur[h] ou auditeur donnent jour as parties qui ont devant aus a fere, il leur doivent[i] fere savoir lieu certain, convenable et seür as parties a l'aaisement, selonc ce que l'en puet[j], de l'une et de l'autre partie[k], et en tel lieu qu'il puissent avoir conseil selonc ce que la que-

---

a) *G H J K M* av. qu'une parole ha .II. — b) *B E F* qui doivent estre mises. — c) *B E F* partie. — d) *G H J K M* omettent tesmoins. — e) *G H J K M* en pluseurs. — f) *A* toutes. — g) *B E F* leur sentence rendre. — h) *J K* arbitres. — i) *A* doit. — j) *B* puet a l'aisement de. — k) *F* l'aaisem. de l'une p. et de l'autre selonc che que en puet.

rele est grans. Et en tel lieu leur pourroit on assener le jour que la partie qui n'i vourroit venir[a] se pourroit escuser par resnable cause, si comme se li lieus estoit entre ses anemis, ou en tel lieu qu'il n'i osast[b] mener ses tesmoins, ou en tel lieu[c] qu'il n'i peust avoir conseil : nepourquant qui veut debatre le lieu qui li est assignés, il le doit fere savoir as auditeurs ou as miseurs[d] avant que li jours soit, s'il a tant d'espace dusqu'au jour qu'il leur puist fere savoir[e]; et s'il n'a tant d'espace, bien se puet essonier a la journee, et[f] a[g] resnable cause d'essoinement[h].

1283. Toutes les fois qu'il convient assembler arbitres ou auditeurs pour aler avant en ce qui a leur office apartient, il pueent prendre leur despens seur les parties pour qui il vont; ne en leur despens n'a point d'estimacion, car s'il sont arbitre, la ou il les eslurent les tesmoignierent il loiaus, par quoi il doivent estre creu de leur despens; et s'il sont auditeur envoié de par la court ou la querele doit estre determinee[i], l'en doit croire que la cours eslise loiaus hommes a fere tel office[j]. Nepourquant pour ce que l'en cuide teus a loiaus qui ne le sont pas, s'il demandoient si grant somme d'argent que l'en peust veoir clerement qu'il ne pourroient pas avoir tant[k] despendu selonc la vie qu'il avroient menee et en si poi de tans, bien devroit estre li outrages amesurés par le souverain, car autrement, s'il estoient desloial, pourroient il honnir les parties.

1284. Quant arbitre ou auditeur ont seelé et[l] escrit[m] ce qui apartient a leur office et il n'i a fors du baillier pour jugier, il ne le bailleront pas s'il ne leur plest, devant que leur grés soit fes des despens qu'il ont fes pour la besoigne. Et se les parties, pour eschiver les despens, se vouloient sou-

---

a) *JK* aler. — b) *C* os. aler ne men. — c) *HJK omettent* en tel lieu. — d) *JK* arbitres. — e) *GHJKM omettent* qu'il leur puist fere savoir. — f) *EF omettent* et. — g) *AG omettent* a; *M* et y a. — h) *HJK omettent* et a ... essoinement; *M omet* d'essoinement. — i) *HJK omettent* ou la ... determinee. — j) *GHJK* telz offices. — k) *HJK* tant avoir. — l) *ABF* ou; *E* en. — m) *C* escrit et seelé.

CHAP. XLI. — DES ARBITRES ET DES ARBITRAGES.   163

frir du plet, ne doivent[a] pas pour ce[b] perdre[c] li arbitre ne li auditeur[d] ; ains doivent ravoir leur despens qu'il ont fes pour la besoigne dusques au jour que les parties vuelent lessier[e] le plet, car ce ne leur pourfiteroit riens se li escrit[f] leur demouroient[g] et il paioient les despens[h].

1285. S'il avient que sentence d'arbitre[i] soit rendue en tele maniere que l'en pait .c. lb. a certain jour seur la peine qui fu mise[j] ou[k] compromis, et cil qui est condamnés des[l] .c. lb. ne les paie pas au jour, cil a qui il les dut puet demander la peine ; mes bien se gart qu'il se face avant paier de la peine que des .c. lb., car s'il prent avant les .c. lb., il a renoncié a la peine. Et aussi est il de ceus qui vuelent avoir amende pour ce que leur cens ne fu pas paiés a jour et, après le jour que li cens estoit deus, prenent le cens et puis vuelent l'amende ; mes il n'i a point d'amende puis que li cens est paiés avant. Donques qui en veut avoir amende, si la prengne avant, si comme nous avons dit[m] de la peine. Et c'est bonne coustume, car il apert que l'en se doie tere quant[n] li principaus est paiés.

1286. Pour ce que li vilain fet ne soient concelé as souverains par lesqueus la venjance[o] des mesfès doit estre prise, nus compromis ne doit estre soufers ne nule pes de cas de crime entre les sougiès sans le seu et sans l'acort du conte par .ii. resons : la premiere resons si est[p] pour ce que pluseur vilain fet en pourroient demourer a estre justicié ; la seconde resons si est[q] pour ce que li droit du seigneur en pourroient perir.

1287. Il est certaine chose que fames en subjection d'au-

---

a) *G H J K* ne le doivent ; *M* ne le devoit. — b) *C* omet pour ce. — c) *G H J K M* omettent pour ce perdre. — d) *G M* audit. souffrir ; ains. — e) *A* delessier ; *B* deslier ; *E F* delaier. — f) *J K* les escriptures. — g) *A F* demouroit. — h) *B E* omettent et il ... despens ; *F* plet, car se li escris demouroit as arbitrez par les despens il ne leur profiteroit nient. — i) *B E F* omettent d'arbitre. — j) *G* peine qui est ou compr. ; *H J K* omettent qui fu mise. — k) *M* peine du compromis. — l) *C* de ; *G H J K* es. — m) *H J K* comme dit est. — n) *G H J K* quar (car). — o) *A* la niances. — p) *B E F* omettent resons si est ; *H J K* .ii. res., l'une pour. — q) *B E F G* omettent si est ; *H J K* just., l'autre pour.

trui, si comme en mariage ou en religion, ne pueent ne ne doivent prendre arbitrage seur eles. Mes celes qui sont en leur delivre poosté le pueent bien fere et rendre la sentence de l'arbitrage[a], tout soit ce que drois die que[b] fames ne doivent pas rendre jugement; mes c'est a entendre des jugemens qui sont fet en court de plet ordené; car jugement d'arbitres sont de volenté et de consentement de parties, par lequel[c] consentement[d] les parties pueent fere de leur non juges leur juges.

1288. Tout soit il ainsi que nous aions dit que fames ne doivent pas fere[e] jugemens de ples ordenés, nepourquant se fame tient en fief et en homage et ele est hors du lien[f] de mariage, ele puet estre contrainte qu'ele voist as jugemens ou ele i envoit homme pour li[g] pour le fief deservir. Mes courtoisie[h] et[i] bonne chose[j] est d'eles[k] deporter puis que l'en ait assés des autres hommes qui puissent fere jugement. Nepourquant se ses sires veut[l], il convient qu'ele i viegne ou envoit; et se li sires l'en vouloit deporter et li per requeroient qu'ele i venist ou envoiast, si doit li sires obeïr a leur requeste[1].

1289. En aucun cas tient li fius la mise que ses[m] peres fist: si comme se sentence en fu[n] rendue au vivant le[o] pere, tout ne fust pas la sentence mise a execucion ne la peine paiée, nepourquant li fius i est tenus, ou cil qui tient le bail du fil, se li fius[p] est sous aage, pour la reson de[q] ce qu'il doit le fil aquitier des detes[r]. Mes se la sentence ne fu pas rendue au tans le pere, tout fust il ainsi[s] que li ples fust en-

---

a) *B* arbitre. — b) *GHJKM omettent* drois die que. — c) *EF* lesquiex. — d) *BEF omettent* consentement. — e) *GHJKM* rendre. — f) *BEF omettent* du lien; *H* du liu. — g) *F omet* pour li. — h) *C* grant court. — i) *GHJK omettent* courtoisie et. — j) *ABCEF omettent* et bonne chose; *M* Mais courtoisie est bonne chose et est. — k) *M* est que de elles ent dep. — l) *M* Nep. se ses sires ne l'en fait grace. — m) *BEF* li p. — n) *BEF* se mise fu r. — o) *GHJK* viv. son pere. — p) *HJK* fil s'il est. — q) *BEF omettent* la reson de. — r) *BEF* de ses detes. — s) *H* tout fust ce que; *J* tout ce que; *K* tout soit ce que.

---

1. Cf. § 821.

CHAP. XLI. — DES ARBITRES ET DES ARBITRAGES. 165

tamés et tesmoing oï^a si qu'il n'i avoit fors que de^b la sentence rendre^c et la sentence^d ne fu pas rendue a son vivant, li fius n'est pas tenus, s'il ne li plest, a aler avant en oïr la sentence ; ainçois est li ples de nule valeur puis que li peres mourut ains la sentence donnee, se li peres ne le convenança ou compromis ; car s'il fu convenancié ou compromis du pere que li fius le tenroit se de lui defailloit, ou il oblija ses oirs a la mise tenir, il convenroit que l'oirs alast avant selonc ce que li peres l'avroit obligié.

1290. Se aucuns fet mise et il oblige ses oirs et puis muert avant que sentence soit donnee, et li oir demeurent sous aage si qu'on les tient en bail, se la mise fu d'eritage, ele demeure en tel estat comme ele estoit quant li peres mourut dusques a tant que l'oirs^e est^f en aage. Mes se la mise fu pour dete ou pour muebles, cil qui tient le bail doit aler avant selonc le compromis^g, car il est oirs au mort quant a ce, pour ce que tuit li mueble sont sien et les levees de l'eritage pour les detes paier. Mes autrement seroit se li sous aage demouroit en la garde la mere et li peres avoit fete la mise ; car se la mise estoit de convenance ou de mueble, la mere iroit avant en la mise en representant la persone du sous aage, et seroit au sousaagié li pourfis ou^h li damages de la sentence. Mes se la mise estoit d'eritage du quel li peres mourut tenans et prenans et en saisine, la mise demourroit en l'estat dusques a l'aage de l'enfant, essieutés les cas de force ou de nouvele dessaisine, ou de rescousse d'eritage ; car en tel cas convenroit il aler avant en la mise en quel que maniere que li sousaagié fussentⁱ, car en tel cas ne doivent pas soufrir delai, ainçois doivent tuit venir a fin de querele.

1291. Aucuns puet bien estre tenus a paier la peine qui fu pramise ou compromis, tout soit il ainsi que sentence ne fu pas rendue, si comme se l'une des parties se defaut sans

a) *B* omet oï. — b) *HJK* omettent de. — c) *JK* sent. a rendre. — d) *HJK* et ele ne. — e) *BEHJK* li enfes ; *F* li fix. — f) *A* soit ; *EF* sera ; *H* vient ; *JK* viengne. — g) *BEF* aler avant en la mise car. — h) *AC* pourf. et li dam. — i) *BEFJK* fust.

aparoir et sans envoier procureeur et sans moustrer loial essoine, tant que par ses ᵃ defautes li termes que la sentence ᵇ devoit ᶜ estre rendue passa : en tel cas puet demander l'autre partie la peine selonc ce qu'il fu convenancié ᵈ ou compromis, et puis revenir a droit du principal de la querele par devant le juge ou la querele doit estre determinee.

1292. Tuit li loial essoine par lesqueus l'en se puet escuser en court laie ont lieu par devant les arbitres. Mes li contremant que coustume donne en court laie ne sont pas en mise, car pour aprochier ᵉ les quereles doivent estre les mises fetes, non pas pour alongier. Donques qui contremande simplement le jour qu'il a par devant arbitres sans essoine ᶠ, il chiet en pure defaute de la journee, et chiet en la peine qui fu convenancie ou compromis contre celi qui defauroit, et li essoine par lesqueus l'en se puet escuser, il sont dit ou chapitre qui parole ᵍ des essoines et des contremans ¹.

1293. Li seigneur sont durement tenu ʰ a fere tenir les mises et a fere paier ce qui est rendu a partie par la sentence des arbitres ; ne ne doivent ⁱ pas soufrir ʲ que l'en remete en plet ce de quoi l'en se mist en arbitres ᵏ, se n'est par l'assentement des parties, ou parce que la mise soit devenue nule par resnable cause, des queles causes il est touchié ci devant en ce chapitre meismes. Et ce que nous avons dit qu'il facent ˡ tenir les mises, nous l'entendons des cas de quoi l'en puet fere mise, car tuit li cas de crime en sont excepté ; et tout ce qui est fet par mise ᵐ en cas de crime sans l'acort du seigneur qui tient en baronie, puet estre rapelé par le dit seigneur, car li souverain doivent savoir comment li vilain fet qui avienent en la justice de leur sougiès sont

---

a) *A* cez. — b) *BEF* mise dev. — c) *GHJK* dust. — d) *C* fu en convenant. — e) *C* porcachier. — f) *GHJK* essongnier. — g) *GHJK* omettent qui parole. — h) *A* tenu durem.; *GHJKM* mout tenus. — i) *ABCEF* doit. — j) *C* pas estre souffert. — k) *A* arbitrages. — l) *A* face; *C* on fache; *F* que li seingneur fachent. — m) *B* omet par mise.

---

1. Ch. III.

vengié, ne ne doivent soufrir que mise ne pes en soit fete sans leur acort ; et il meisme ne s'i doivent pas acorder s'il n'i[a] voient cause de pitié[b].

1294. Quant mise est fete seur certains articles et des dis articles les parties s'assentent a prendre autres miseurs[c] que les premiers, ou il pledent par devant justice et entamerent[d] plet de ce dont il se mistrent en mise, li arbitre premier sont delivré de l'arbitrage qui estoit seur aus si tost comme il eslurent autres arbitres ou comme il pledierent ou entamerent plet de ce qui estoit seur aus par devant justice. Et se les parties s'acordoient[e] a revenir en l'arbitrage, li arbitre ne se chargeroient plus de la mise s'il ne leur plest[f], pour ce qu'il furent refusé par fet[g] quant il alerent a autres juges[h].

1295. Deus manieres sont de soi metre seur autrui : la premiere maniere[i] si est quant on se met, de ce qui est en debat, a aler avant selonc fourme de droit, si comme oïr le serement des parties et puis tesmoignier seur ce dont les parties sont contraires par leur serement[j] et puis rendre sentence selonc ce qui est trouvé ; teus arbitrages[k] est[l] selonc fourme de droit. La seconde maniere si est quant on se met[m] de[n] haut et de[n] bas ou dit et en l'ordenance de ceus qui sont esleu arbitre. Et il a grant disference entre ces .II. manieres de mises[o], car cil qui sont arbitre selonc fourme de droit ne pueent fere pes ne[p] ordenance sans l'acort des parties, ne aler avant fors selonc la fourme dessus dite; mes ce pueent bien fere cil en qui ordenance li contens sont mis, car, s'il leur plest, il pueent, pour savoir la verité, aler avant selonc fourme de droit et puis taillier pes tele comme il leur plest, ou fere concorde ou ordenance, et convient que

a) *A* omet n'i. — b) *EF* voient resnaule cause. — c) *JK* arbitres. — d) *C* entament ; *HJK* et en tienent. — e) *G* s'acorderent ; *JK* s'acordent. — f) *BEF* ne vouloient. — g) *AC* par plet; *HJK* omettent par fet ; *M* par plest. — h) *M* juges par fest. — i) *C* prem. raison ; *G* omet maniere ; *HJK* autr. ; l'une si. — j) *HJK* omettent par leur serement. — k) *A* arbitrez. — l) *A* sont. — m) *EF* met en mise. — n) *GHJK* du. — o) *GHJKM* man. [*M* dessus] devisees, car. — p) *A* fere peine ordenance.

les parties tienent tout ce qu'il ordonent du contens. Ne-pourquant en teles ordenances doit avoir mesure, et si outrageusement pourroient il ordener que la partie qui se douroit pourroit aler encontre et fere ramener l'ordenance dusques a loial jugement; et que ce soit voirs nous en [a] dirons un cas que nous en [b] veismes [c].

1296. Un bourjois mesfist a un autre en vilenant [d] en tele maniere qu'il li ocist son palefroi dessous lui, et le bati sans mort et sans mehaing pour contens qui estoit meus entre [e] les [f] amis. Et quant il ot [g] ce [h] fet, il se repenti [i] du fet [j] et fist parler de pes a celi qu'il avoit vilené; et fu pes fete en tele maniere que cil qui fist le mesfet l'amenderoit selonc le dit et l'ordenance de .iii. des amis a celi qui ot la vilenie, et furent nommé. Et cil en qui ordenance le bateres se mist ne regarderent pas la fourme du mesfet ne ne rendirent leur dit selonc droit ne selonc pitié, ainçois furent si outrageus qu'il rendirent le dit de leur ordenance en tele maniere que cil qui avoit fet la vilenie iroit a Nostre Dame de Bouloigne nus piés et mouveroit l'endemain que li dis fu rendus; et, quant il seroit revenus en sa meson il n'i pourroit estre que .viii. jours, et au nuevisme [k] il mouveroit a aler a Saint Jaque en Galice [1] et, quant il seroit revenus il mouveroit au nuevisme jour a pié a aler a Saint Gile en Provence [2]; et, quant il seroit revenus, au quinzisme jour, il mouveroit a aler outre mer et i demourroit .iii. ans, et raporteroit bonnes letres qu'il i avroit demouré .iii. ans [l]. Et aveques ce il donroit a celi qu'il vilena .iii^c. lb., et jureroit

---

a) *ABCE omettent* en. — b) *HJK omettent* en. — c) *G* meismes n'a pas long tans. — d) *C* autre et li fist molt grant vilenie en; *C* en li vilenant; *G* en le vilen. — e) *B* contre les. — f) *G* leurs am. — g) *H* il l'ot f. — h) *HJK omettent* ce. — i) *C* rep. moult durement du f.; *HJK* il s'en repenti. — j) *HJK omettent* du fet. — k) *HJK* neuv. jor il. — l) *HJK* aroit tant demoré.

---

1. Saint-Jacques de Compostelle, dont le pèlerinage au tombeau de l'apôtre saint Jacques le Majeur a été si célèbre.
2. Saint-Gilles, aujourd'hui chef-lieu de canton de l'arrondissement de Nîmes (Gard), où il y avait un non moins célèbre pèlerinage.

seur sains que, se cil qui fu vilenés avoit mestier de l'aide de son cors, il li aideroit s'il en estoit requis aussi tost[a] commë a son cousin germain. Et quant cil contre qui il[1] fu rendus[b] oï ce, il dist qu'il ne tenroit ja tel dit ne tele ordenance, pour ce que trop estoit desmesuree pour si petit mesfet. Et cil pour qui li dis fu rendus assailli de plet les pleges que cil li[c] avoit bailliés qu'il tenroit le dit et l'ordenance des .iii. dessus dis[d]. Et cil qui les pleges mist, pour delivrer ses pleges, dist qu'il n'estoit pas tenus a si outrageuse ordenance, car, s'il se mist en leur ordenance, il s'i mist pour cause de bonne foi et creoit qu'il en ordenassent en bonne foi[e] selonc le mesfet[f], et il avoient lessie misericorde et bonne foi et estoient alé avant comme plein de cruauté et comme haineus[g], lesqueles .ii. choses doivent estre hors d'arbitres[h] et d'ordeneurs[i]. Et l'autre partie disoit encontre qu'il convenist qu'il tenist leur dit pour ce qu'il s'estoit obligiés a leur dit tenir et fete seurté par pleges. Et seur ce se mistrent en droit se tele ordenance seroit tenue.

1297. Il fu jugié que l'ordenance ne tenroit pas et que ce que li ordeneur avoient dit seroit de nule valeur pour ce qu'il avoient outrageusement passee mesure. Et fu la querele ramenee a estimacion de[j] loial jugement[k], c'est a savoir que cil qui fist la vilenie l'amenda a celi a qui il la fist[l] et li rendi ses damages de son palefroi qu'il avoit ocis ; et si l'amenda au seigneur de .lx. lb., et fu fes asseuremens entre les parties. Et par cel jugement puet l'en veoir que trop outrageuses ordenances ne font pas a tenir, et aussi ne font

---

a) *EF omettent* aussi tost. — b) *C* ce. qui chelle sentence fu rendue ; *JK* fu ainsi rendu. — c) *HJK* cil en avoit. — d) *C* .iii. personnes dessus ditez. — e) *G omet* et creoit ... bonne foi. — f) *HJK omettent* selonc le mesfet. — g) *E* de cruauté et de haine ; *F* de crualtez et de hainez ; *M* pl. de loiaulté ou de cruaulté et comme haynex. — h) *A* arbitre ; *C* h. des arbit. ; *F* h. de tous arbit. ; *GHJK* d'arbitrage ; *M* lesq. .ii. voies sy doivent e. h. d'arbitrages. — i) *BM* d'ordenances ; *C* des ord. — j) *C* ramenee a avenant amende par loial jug. — k) *GHJKM* a loiale estimation de jugement. — l) *A* qui il fist la vilenie.

---

1. *il*, le dit de l'ordonnance.

li dit des arbitres quant il issent de la voie qui est contenue ou compromis, si comme s'il rendent sentence de ce qui ne fu pas seur aus ou de plus qui ne fu mis^a seur aus.

Ici fine li chapitres des arbitres.

a) *G omet* mis ; *HJK* fu pas seur. — Explic.) *C* Chi define li chap. des arbitres et dou pooir, *etc., comme à la rubrique; GHJ* Explicit ; *K n'a pas d'explicit.*

XLII.

Ci commence li .XLII. chapitres de cest livre liqueus parole des peines qui sont pramises, en quel cas eles font a paier et en quel non; et de la disference qui est entre peine de cors et peine d'argent.

1298. Resons est qu'après ce que nous avons parlé des arbitres et de ceus qui se metent en arbitrage, que nous parlons des seurtés qui sont fetes pour les arbitrages tenir, que l'en apele peine. Et si parlerons de quel cas peine puet estre pramise et pour quel cas l'en la puet demander.

1299. Nostre coustume suefre bien que peine soit païe en aucun cas et en aucun non, car peine qui est pramise ou compromis pour[a] fere la sentence tenir, la partie qui ne veut tenir[b] la sentence est bien tenue a la peine paier. Et se j'ai convenant[c] a un homme que je li ferai une besoigne de laquele il seroit damagiés se je ne li[d] fesoie et je m'oblige a fere li sa besoigne seur .x. lb. de peine[e], et puis ne li fes pas sa besoigne, je doi bien cheoir en la peine, car il puet estre damagiés parce qu'il s'en atendoit a moi, si que la peine puet estre contee pour le restorement[f] de ses[g] damages[h].

Rubr.) *ABEFH* omettent *et de la disference ... peine d'argent*; *BEFGHJK* omettent *de cest livre*; *chap. qui parole*; *C en quiex cas*; *et en quiex cas non*; *H peines qui s. commises*; *et de quel non*. — a) *C compr. puet fere*. — b) *C omet la partie ... tenir, et le remplace par et*. — c) *C j'ai en convenent*; *EF j'ai pramis*; *GHJK j'ai convent*. — d) *HJK ne le (la) fes*. — e) *BEFG sor paine de .x. lb.* — f) *BEFGHJK pour [BEF le] restor*; *C pour le raison de*; *M pour restorrement*. — g) *GHJK rest. des dam.* — h) *M son damaige*.

1300. Se peine est pramise pour garder pes d'aucune descorde et la pes est brisie, icil qui s'oblija a la peine la doit paier. Et si n'est pas pour la peine[a] quites cil qui la pes brisa, ainçois doit estre justiciés selonc le mesfet; car qui en seroit quites pour la peine, donques sembleroit il[b] que cil qui pour la peine seroit en greigneur seurté, eust fet marchié de li vilener, laquele chose n'est pas a croire.

1301. Quant peine est assise pour tenir aucune resnable cause, il est bon qu'il soit convenancié que li sires de la terre qui les parties a a justicier, ait part en la peine, tiers ou moitié a tout le meins, si que la partie qui s'oblija a la peine se prengne plus près de tenir sa convenance pour la doute de la justice au seigneur. Nepourquant se li sires n'a[c] nient[d] en la peine, si doit[e] il fere tenir toutes loiaus convenances.

1302. Je ne me puis acorder a un cas que je vi, auquel li aucun s'acordoient[f]. Et fu li cas teus, que Pierres et Jehans, d'un descort qu'il avoient, se mistrent en arbitres en tel maniere que cil qui ne tenroit le dit cherroit en .c. lb. de peine, .L. lb. a la partie qui le dit tenroit[g] et .L. lb. as arbitres. Et après le dit rendu Pierres et li arbitre mistrent sus a Jehan qu'il n'avoit pas bien tenu le dit[h], par quoi il requeroient a avoir les .c. lb., et le vouloient prouver par le recort des[i] arbitres. Et Jehans le debatoit pour ce[j] que li arbitre estoient compaignon en la querele en tant comme il demandoient part en la peine. Et de cel cas il firent pes. Mes je croi, se la chose fust passee par jugement, que li arbitre n'en eussent pas esté creu, pour ce qu'il fussent tesmoing en leur propre querele, laquele chose ne doit pas estre souferte.

1303. Il ne loit pas as baillis, as prevos, ne as serjans a avoir nule peine pour marchié, ne pour convenance, ne

---

a) *B* pour ce quit. — b) *GHJKM* il sembleroit donques. — c) *CGHJK* se li seigneur n'avoient; *M* Nepourquant n'avoient. — d) *C* omet nient; *GHJKM* riens. — e) *GJKM* doivent il. — f) *JK* s'acorderent. — g) *A* qui tenroit le dit. — h) *BEF* pas le dit tenu. — i) *BEF* par les arb. — j) *BEF* deb. por tant que.

pour arbitrage qui soit fes dessous aus entre leur sougiès, ne de chose qui apartiegne a leur service ne a leur serjanterie ; car s'il pouoient[a] avoir et recevoir peines des arbitrages ne des convenances fetes dessous aus, cil qui ont a fere leur prameteroient[b] plus volentiers qu'a leur seigneurs pour ce que par leur main doivent estre li rebelle justicié. Nepourquant, se li baillis ou li prevos ou li serjans[c] a[d] a fere de sa[e] propre querele[f] d'autre chose que de ce qui apartient a son[g] office et on se lie vers li[h] en peine, quant on en chiet, l'en li doit paier, car de pire condicion ne doit il pas estre en sa querele qu'uns estranges[i].

1304. Quant peine est pramise pour dete paier, si comme je pramet a aucun par letres ou en autre maniere que je li rendrai .x. lb., tele peine n'est pas a paier, car ce seroit une maniere d'usure. Mes se je m'oblige a rendre cous et damages que cil i[j] avroit par[k] defaute de mon paiement, ou a rendre chascun jour un nombre d'argent pour les despens du pourchacier, ou pour les despens de son[l] message qui atent[m] le[n] paiement, je sui bien tenus a paier tele peine, car la cause est bonne pour la reson des damages que l'en puet avoir a pourchacier sa dete.

1305. Aucune fois avient qu'aucuns s'oblige a rendre aucune rente a eritage a jour nommé en tele maniere que, se li jours passe sans paier, il doit rendre pour chascune journee de defaute un nombre[o] d'argent, en non de peine, pour les damages qu'on puet avoir pour la defaute de paiement. Et après cil a qui l'en doit la rente malicieusement lesse grant piece le tans passer avant qu'il demande sa rente pour demander grant nombre[o] d'argent de defaute. Quant

---

a) *A* puecnt. — b) *A* pramettoient. — c) *G* omet ou li serjans. — d) *E* ont ; *HJK* Nep. s'il ont a fere. — e) *EHJK* leur ; *F* d'une pr. — f) *F* besogne. — g) *E* a nostre off. ; *FHJK* leur. — h) *EF* envers aus. — i) *EF* condic. ne sont il mie en leur quer. que sont li autre. — j) *A* cil qui avr. ; *BEF* omettent i. — k) *C* que chelui porroit avoir a qui je aroie a faire par la def. — l) *ABEM* desp. de mon mess. ; *F* desp. dou mess. — m) *M* atendent. — n) *C* omet paiement ou a … qui atent le. — o) *JK* somme.

teus cas avient ª, l'en doit mout prendre garde se la defaute est seur celi qui doit la rente ou non, car se la defaute est trouvee seur li, c'est tout cler qu'il est cheus en la peine, et se la defaute n'est trouvee ᵇ seur li, — si ᶜ comme se cil qui les rentes doit avoir ne l'ala pas demander ne n'envoia au jour qu'ele estoit deue et ou lieu la ou on la devoit paier ᵈ, ou cil qui la rente devoit l'envoia au jour ᵉ au lieu ᶠ la ou il la devoit paier et ne trouva pas celi qui la devoit recevoir ne certain message de par lui a qui il fust tenus a paier la ᵍ, — en tel cas et en semblables il n'est pas tenus a paier la peine fors que depuis le jour ʰ qu'on li a requis qu'il fist paiement de la rente, car par nostre coustume je doi demander ce qui m'est deu a celi qui le me doit avant que je le puisse tourner ⁱ en nule defaute, s'il ne m'a convent qu'il le m'aportera en ma meson ou en autre lieu certain a jour nommé, car adonques ne le sui je pas tenus a aler querre fors ou lieu qui est pramis par la convenance.

1306. Il a grant disference entre peine d'argent et peine de cors, car les peines de cors si sont establies pour ce que l'en se gart de fere mal et, se l'en ne s'en garde, que l'en en port peine de cors selonc le mesfet ; et de teus peines est il parlé assés ʲ soufisanment ᵏ ou chapitre des mesfès¹. Et l'autre peine ˡ si est de cele qui est pramise, si comme il est dit ᵐ ci dessus en cel chapitre meisme ⁿ, ou de cele que coustume donne sans pramesse et sans convenance ᵒ, si comme amendes pour certains mesfès, de l'un plus et de l'autre meins, si comme li mesfès le requiert ; et de teles amendes est il parlé ou

---

a) *C G H J K* aviennent. — b) *A* n'est pas trouv. ; *B E F omettent* trouvee. — c) *C omet* trouvee seur li si, *la ligne étant grattée depuis* n'est. — d) *E F* avoir. — e) *A omet* au jour ; *C* au droit terme. — f) *J omet* au lieu. — g) *B E F omettent* ou cil qui ... a paier la. — h) *B omet* le jour. — i) *A C* trouver. — j) *E G H J K M omettent* assés. — k) *B C* il assés parlé soufisanment ; *E* il soufisanm. parlé ; *F* il assés soufisanm. parlé. — l) *A omet* peine. — m) *H J K* comme dit est. — n) *G M omettent* meisme ; *H J K omettent* en cel chapitre meisme. — o) *G H J K M* convenance sans aus, si comme.

---

1. Ch. xxx.

chapitre des mesfès et en autres pluseurs lieus en ce livre, si comme li cas le requierent[a].

1307. Tout soit il ainsi que l'en soit tenus par coustume a aler demander sa dete, se l'en la demande une fois puis terme passé soufisanment, il soufist ; et bien puet on puis cele demande[b] demander[c] la peine qui fu pramise[d] pour[e] defaute de paiement pour cause de damages ou de despens[f].

Ici fine li chapitres des peines.

a) *A* requiert ; *M* cas y esqueent. — b) *HJK* puis ce demander. — c) *G* puet on celle debte demander, puis la peine ; *M* puet on demander chelle debte avec la peine. — d) *BHJK* qui pramise fu ; *EF* qui est pramise. — e) *AC* la def. — f) *M* omet ou de despens. — Explic.) *C* Chi define ; peines qui sont promises ; *GHJ* Explicit ; *K* n'a pas d'explicit.

XLIII.

Ici commence li .XLIII. chapitres de cest livre liqueus parole des plegeries, et comment et en quel maniere on les doit delivrer, et des damages qui font a rendre en court laie.

1308. Grant contens avons veu, par[a] mout de fois, de ceus qui estoient damagié pour autrui[b] par plegerie ou en autre maniere, si[c] vouloient ravoir leur damages de ceus par qui il les avoient ; et pour ce que mout de cas sont des queus li damage doivent estre rendu, et mout de ceus qui[d] ne doivent pas estre rendu[e] selonc la coustume de la court laie, nous parlerons en ce chapitre liquel doivent estre rendu et liquel non, et comment chascuns doit delivrer ceus qui sont entré pour li en plegerie ou en autre peine, si que cil qui pour autrui seront[f] damagié sachent comment leur damage leur[g] devront[h] estre rendu.

1309. Pour ce qu'il avenoit mout souvent qu'uns hons qui avoit eritage metoit aucuns en plegerie et puis les[i] lessoit encourre et, pour ce que l'en[j] ne le peust[k] justicier, il s'en aloit hors ne n'aquitoit on[l] ses pleges fors que des

---

Rubr.) *C E F G H J K* omettent de cest liv. ; *C J K* on doit delivrer ses plesges ; *C G J K* dam. que on doit rendre ; *G* omet et comment ... delivrer ; c. laie et qui puet pleiger ; *H* delivrer et desdamagier ; il omet et des damages ... court laie ; *J K* c. laie et qui pour pleiger et quelles journees chascun doit avoir. — a) *A B E F* omettent par. — b) *B E F* aucun. — c) *A* man. et voul. — d) *E* mout dont il ne. — e) *G H J K M* omettent et mout ... rendu. — f) *G H J K M* sont. — g) *E G H J* omettent leur. — h) *A* devroit ; *C E H J K M* doivent ; *G* doibt. — i) *B E F G H J K M* le. — j) *E F* pour che [*E* ou *exponctué*] lieu on ne. — k) *E G H J K* pooit ; *F* puet. — l) *C* hors de le ville ne on n'aquitoit a che temps de riens ses pl.

issues de sa terre ᵃ, si qu'il convenoit mout souvent que li plege vendissent ᵇ de leur eritage pour ᶜ leur plegerie, et l'eritages ᵈ a celi qui les avoit mis en pleges li demouroit, nous, a la requeste de mout de bonnes gens qui perdoient en tel cas, feismes assembler les hommes le conte a une assise a Clermont et a une assise ᵉ a Creeil et fu acordé par jugement si comme il ensiut :

1310. Se uns hons s'en va hors du païs et lesse ses pleges encourre, li plege le feront ajourner en la court du seigneur ou il estoit couchans et levans, ou en la court du conte, s'il n'est qui la court en requiere, par .III. quinzaines; et s'il ne vient, ses eritages sera ᶠ vendus ou bailliés a ses pleges par pris de preudommes, et li sires ᵍ de qui li eritage seront tenu garantiront la dite vente par leur letres¹.

1311. Qui plege, s'il est semons de sa plegerie si que commandemens l'en soit fes avant qu'il muire, il convient que ses oirs ʰ responde ⁱ de la plegerie, car si tost comme il a commandement de fere comme bons pleges, il devient detés ʲ de la chose. Mes s'il muert avant qu'il en soit tres en court et que commandemens l'en soit fes, li oir n'en sont de riens tenu, car il ne sont pas tenu ᵏ a respondre de la plegerie leur pere se li peres n'en fist sa dete ou s'il n'en receut commandement.

1312. Qui met autrui en plegerie ˡ il le doit delivrer de peine de cous et de damages aussi netement comme il estoit quant il fu mis en la plevine ᵐ.

1313. Se l'en demande a aucun plevine et il nie en court qu'il n'en est pas pleges, et puis en est atains par

---

a) *JK* ses terres. — b) *EF* omettent que li plege vendissent; *E* souv. vendre de l'er. — c) *F* erit. penre pour. — d) *B* et se l'erit. — e) *GHJKM* omettent a Clermont et a une assise. — f) *GHJK* soit; *M* soient. — g) *CEFM* seigneur. — h) *G* conv. qu'il resp. — i) *JKM* respondent. — j) *ABE* detez; *CFH* detes; *GJKM* debteur. — k) *GHJKM* omettent car il ... pas tenu. — l) *ABCEF* plege. — m) *EFGHM* plegerie; *JK* peine.

---

1. *li sires ... garantiront par leur letres*, sorte de syllepse amenée par *seront tenu* qui précède. Il ne doit s'agir ici que d'un seul seigneur.

prueves, il convient qu'il face plegerie et si aménde la
niance; et est l'amende de .x. s. s'il est gentius hons, et [a]
de .v. s. s'il est hons de poosté [b]. Et si ne sera pas tenus cil [c]
qui en plevine [d] le mist de li delivrer [e] de la peine [f] de la
plegerie [g] s'il ne veut, car tel damage doit il recevoir parce
qu'il nia verité [h] pour paour de perdre.

1314. Pierres proposa contre Jehan qu'il estoit ses
pleges de .c. lb. as us et as coustumes du païs. Si le requeroit qu'il fist comme bons pleges s'il le connoissoit; et s'il
le nioit, il estoit pres de [i] prouver. A ce respondi Jehans
qu'il [j] connoissoit bien qu'il estoit pleges [k] en la maniere
qu'il estoit proposé contre li, mes il avoit compaignons dusques a tant qu'il estoient [l] .x. et estoient tuit bien soufisant, pour quoi il requeroit qu'il ne fust contrains a fere
plegerie que de .x. lb. pour sa part, et que Pierres sivist ses
compaignons chascun pour sa partie, et, s'il en i avoit aucun
qui ne fust soufisans, revenist l'en a li : il aempliroit la defaute [m] aveques les bien soufisans. Et Pierres disoit encontre
qu'il pouoit bien sivir pour le tout lequel qu'il [n] li pleroit [o],
et cil qu'il ensivroit queïst [p] ses compaignons. Et seur ce se
mistrent en droit [q].

1315. Il fu jugié que Pierres pouoit bien suir lequel de
ses pleges qu'il vourroit [r] pour le tout, et cil qui estoit suis
de la [s] plegerie avroit action des devant dis compaignons
contre aus qu'il li feïssent compaignie; car s'il convenoit le
creancier aler a chascun de ses pleges, quant plus prenroit

---

a) *ABCEF* ou. — b) *G* gent. hons et s'il est homme de poesté l'am. est
de .v. s. — c) *A* pas cil tenus. — d) *BCEFGHJKM* peine (paine, painne).
— e) *M* cil qui en p. le mist a luy delivr. — f) *A* de la plevine; *EF* omettent de la peine. — g) *ABC* omettent de la plegerie; *HJK* peine ne de le
pleg.; *M* omet de la peine de la plegerie. — h) *E* omet verité; *F* il jura p. p.
— i) *M* nioit il offroit a pr. — j) *BEF* omettent .c. lb. as us ... Jehans
qu'il; *ils remplacent ce long passage par* et. — k) *B* est. ses pleges. —
l) *GHJKM* omettent tant qu'il estoient. — m) *GHJKM* le convenenche.
— n) *B* omet pouoit bien ... lequel qu'il. — o) *C* qu'il le pooit bien sievir
pour le tout ou lequel de touz qui miex li pleroit; *EF* encontre que il si-
vroit lequel de sez pleges que il vorroit; *G* plaisoit. — p) *M* sievist. — q)
M omet Et seur ... en droit. — r) *AB* vouloit; *EF* pl. qui li plairoit. —
s) *GHJKM* omettent la.

de pleges plus metroit de cous à pourchacier, et pour ce prent il seurté que, se li detés[a] ne li tient convenant[b], qu'il puist ravoir le sien.

1316. Nus n'est tenus a prendre damages[c] de plet qui soit en court laie par nostre coustume, fors en aucun cas, si comme se l'en s'i est obligiés en letres ou par devant bonnes gens ; ou tout sans obligacion l'en doit delivrer son plege des cous et des damages qu'il avra eus[d] pour la reson de la dete aussi bien comme du[e] principal [de la][f] dete[g].

1317. Se cil de la conteé devienent plege envers le conte et il muirent, li oir respondent de la plegerie, ne il n'a nule disference entre la plegerie et la deterie[h] que li cuens prent pour li de ses sougiès.

1318. Nus pleges ne doit pledier ne fere mise de sa plegerie sans l'autorité de celi qui le mist en plege[i], car s'il perdoit par son folement pledier, li detés[j] ne seroit pas tenus a li delivrer de tel damage. Nepourquant se li detés[j] ne puet estre justiciés a ce qu'il se traie avant pour la delivrance de ses pleges, ou il est hors du païs et li plege alliguent que li detés[j] fist[k] paiement, par quoi il sont quite de la plegerie, en tel cas il doivent estre oï.

1319. S'il avient qu'uns hons ait baillie plegerie et il fet nouvele convenance a son deteur, — si comme s'il furent plege pour grains qu'il devoit et il s'acordent puis la[l] plevine fete[m] entre le[n] deteur et le creancier que cist grains est mis a somme d'argent, — li plege sont quite, car il n'estoient plege que de grain et li detés[o] ne doit que deniers[p] par la derraine convenance. Et aussi poués vous entendre,

---

a) *ABEFH* detez (detes); *C* deterres; *GJKM* debteur. — b) *HJK* tient convent. — c) *C* dam. a autrui. — d) *G* del. ses pleiges des c. et des dam. qui ont esté p. la res.; *HJKM* qu'il a eus. — e) *C* de le pr. — f) *Tous les mss. omettent* de la; cf. § 1329 ad finem. — g) *EF* omettent dete. — h) *C* entre le plesge et le dette; *EF* disf. en le (*F* se) pleg. n'en le (*F* se) est; *GHJKM* la dete. — i) *C* plevine; *HJKM* plegerie. — j) *ABEFH* detez (dettés, dettez); *C* detterres; *GJKM* debteur. — k) *M* omet que li det. fist. — l) *GHJKM* puis par plevine. — m) *E* omet la plevine fete. — n) *F* puis entre le plegerie faite au det. — o) *ABEF* detez (detes); *CHM* deterres; *GJK* debteurs. — p) *GHJKM* doit pas le grain par.

s'il sont plege pour ª deniers et il sont converti en blé, en vin ou en autre chose, ou autre ᵇ nouvele ᶜ convenance ᵈ est ᵉ fete ᶠ par quoi la convenance de la premiere plevine est remuee, en tous teus cas li plege sont quite.

1320. Cil qui est pleges pour moi ne puet defendre ne fere ᵍ contraindre celui vers qui il est pleges qu'il ne me doint respit ou soufrance tant comme il li plera, mes que la dete de quoi il est pleges ne soit changie ne remuee.

1321. Clers ne puet estre justiciés pour sa plegerie fors que de son ordinaire, s'il n'oblige son eritage par le seigneur de qui l'eritages est tenus, car son eritage puet il obligier a ʰ la justice laie. Mes ses cors ne si mueble ne pueent ⁱ estre justicié ʲ fors par son ordinaire ne en cel cas ne en autre.

1322. Veves fames ᵏ et croisié se pueent ˡ bien obligier en deterie ᵐ ou en plegerie, ou en quel que plet qu'il leur plera, par devant la justice laie; ou, s'il ⁿ leur plest, il ᵒ ne respondront ᵖ fors par devant leur ordinaire ᵠ.

1323. En la conteé de Clermont nus hons ne puet prendre de son plege par abandon sans soi plaindre a justice, se li pleges ne li baille du sien par sa volenté, fors en la chastelenie de Creeil et en la vile et ou terroir de Saci le Grant [1] et La Vile Nueve en Hes [2]. Mes en ces lieus ʳ puet chascuns prendre de ses pleges sans justice [3]; mes bien se

---

a) *GHJKM* pl. de den. — b) *A* ou en autre; *C* ou une autre. — c) *E* omet nouvele. — d) *GHJK* convenance nouvele. — e) *A* conv. qui est. — f) *M* ou convenanche est faite de nouvel. — g) *A* omet fere. — h) *C* puet estre justiciez par. — i) *ABCEF* puet. — j) *EF* p. il obliger fors. — k) *ABCEF* omettent fames. — l) *A* puet. — m) *F* obl. ou de terre; *GHJKM* en dette. — n) *GHJK* s'il ne leur. — o) *M* elles ne. — p) *B* respondent; *E* ne s'obligeront; *F* omet il ne respondront. — q) *EF* ordin. si comme j'ai dit. — r) *GHJKM* en chascune de ces [*M* .III.] viles.

---

1. Voy. t. I, p. 372, note 3.
2. Voy. t. I, p. 446, note 1.
3. Le droit que Beaumanoir dénie ici aux habitants de Clermont et qu'il n'admet qu'en faveur de trois localités du comté, avait été reconnu aux premiers dans une charte octroyée en 1197 par le comte Louis: *Quilibet plegium suum nantare poterit sicut debet.* Il fut reproduit dans une charte de 1325. Cf. le comte de Luçay, *le Comté de Clermont, études pour servir à son histoire*, 1878, p. 286, pièce 3, et p. 288, pièce 5.

gart cil qui en prent, car s'il prent a tort, — si comme se cil n'est pas ses pleges de ce qu'il prent, ou il prent ains terme, ou il prent puis que li plege sont aquitié par paiement ou par remuement de la dete, — il rent tous les damages et si l'amende au seigneur en qui terre il a pris, de .LX. lb., se la plainte ne vient au conte de[a] nouvele dessaisine, car en tel cas en seroit l'amende au conte[b].

1324. Cil qui resqueut la prise que l'en fet seur li a tort ne mesfet riens se ce n'est justice qui prent, car quant justice prent, soit a tort soit a droit, se rescousse li est fete, cil qui resqueut l'amende de .LX. s., ou de .LX. lb.[c] s'il est gentius hons[d], si comme il est dit[e] ou chapitre des mesfés[f][1].

1325. Se rescousse est fete a celi qui de son plege puet[g] prendre[h], es lieus dessus dis la ou on[i] puet prendre de son plege, et il prent a droit, il doit estre resaisis de sa prise et si l'amende cil qui la rescousse fist de .LX. s., ou de .LX. lb. s'il est gentius hons.

1326. Quant li pleges n'a muebles ne chateus dont il ne puet fere plegerie, s'il a eritage, on li doit commander qu'il le vende dedens .XL. jours. Et s'il ne veut, la justice doit vendre et aquitier sa plegerie ou sa deterie[j]. Mes s'il n'a riens, l'en ne prent pas son cors ne pour sa plegerie ne pour sa deterie[j], se ce n'est pour la dete le roi ou le conte.

1327. Se aucuns se fet pleges et ne l'est pas, s'il paie la dete ou pourchace qu'il ait cous et damages, nus ne l'en doit delivrer, car il est aperte chose qu'il le fet pour autrui grever.

1328. Nus ne se doit haster de fere plegerie ne de paier autrui dete devant qu'il en est requis du creancier, car il sembleroit qu'il vousist[k] grever celi pour qui il fu pleges, et

---

a) *A* seur; *C* dessus. — b) *M* tel cas venroit au conte et l'aroit se la plainte venoit par devers luy. — c) *A* omet ou de .LX. lb. — d) *G* resq., l'amende est de .LX. lb. s'il est gentius homs, ou .LX. s. s'il est homme de poesté, si comme. — e) *ABEF* comme je dis. — f) *M* omet si comme ... des mesfés. — g) *GHJK* veult. — h) *M* plege prent es. — i) *GHJK* ont il p. — j) *GHJKM* deble. — k) *GHJKM* deust grever.

---

1. Ch. xxx.

plegerie si doit estre fete par cause de bonne foi pour aidier
a celi pour qui il fu pleges.

1329. Si tost comme pleges est requis, semons ou contrains de fere plegerie, il doit suir celi qui en plegerie[a] le mist qu'il l'aquit, ne ne doit pas tant atendre que grant damage soient couru seur lui[b], car il sembleroit qu'il le feïst pour celi damagier qui en plegerie le mist; et tant pourroit il[c] bien atendre et soi metre en si[d] grant damage que, quant il vourroit estre aquitiés, cil pour qui il fu pleges avroit bonnes defenses pour estre quites des damages. Car s'il pouoit dire qu'il fust ou païs residans et persone bien en justice et soufisans de l'aquitier et il, seur ce, s'est lessiés metre en damages sans li fere savoir, je croi qu'en tel cas il ne seroit pas tenus as damages, mes du principal de la dete le devroit il delivrer[e].

1330. Fame qui est en mariage ne puet plegier ne dete fere, et se ele le fet, ses barons n'i est de riens tenus.

1331. Se sers[f] plege vers gens qui soient d'autel condicion et d'un meisme seignourage, la plegerie tient. Mes s'il plege vers franche persone ou en estrange[g] seignourage[h], ses sires puet rapeler la[i] plegerie pour ce que tout est sien; et comment perdroit li sers[j] par plegerie estrange quant il, pour s'ame, ne puet lessier que .v. s.? Ne pour quant li seigneur le suefrent en pluseurs lieus et les justicent de leur plegerie par leur volenté, tout soit ce qu'il puissent par droit la plegerie rapeler. Et ce font il pour ce que c'est leur pourfis, pour ce que leur serf vendent, achatent et marcheandent, car si tost comme l'en savroit que li sires ne les justiceroit pour leur plegerie, il ne pourroient marcheandise[k] maintenir.

1332. Pleges ne puet perdre son cors pour plegerie

---

a) *HJK* en plege. — b) *A* celi. — c) *BEF* omettent il. — d) *ABEF* omettent si. — e) *G* delivr. et acquittier; *HJKM* devroit (*M* doit) il acquitter et delivr. — f) *G* Se homme serf. — g) *GHJKM* ou d'estr. — h) *BEF* seignourie. — i) *GHJK* rap. se pleg. — j) *GHM* li sires; *JK* le seigneur, *en abrégé* (f^r) *dans tous deux*. — k) *C* pourr. le march.; *HJK* leur march.; *M* march. plus maintenir.

qu'il face, tout soit ce qu'il ait replegié cors pour cors aucun qui est tenus pour vilain cas de crime, a^a revenir a jour et a^b atendre^c droit, et cil qui est replegiés s'en fuit. Se teus cas avient, li pleges est en la merci du seigneur de quanqu'il a et a perdu tout le sien.

1333. S'il avient qu'uns hons soit replegiés en cas de crime, — laquele chose li seigneur ne le^d doivent pas fere, se ce n'est en cas ou gage de bataille soient donné, — et li replegiés s'en fuit si que li pleges^e ait perdu le sien, et li pleges puet puis tant fere que, par son pourchas ou par sa force, qu'il remete le fuitif en la main du seigneur, li pleges doit ravoir le sien et li fuitis doit estre justiciés comme atains du fet pour quoi il estoit fuitis^f; car quiconques n'ose atendre droit de ce dont il est^g suis en court ou il doie^h estre justiciés, il se rent coupables et atains du mesfet dont il estoit acusés.

1334. Se fame veve plege ou fet dete ou tans deⁱ sa veveé et ele se marie^j, l'en puet bien suir le baron^k en laie court^l et convient qu'il^m en respondeⁿ, car ele^o revient^p a la juridicion laie.

1335. Se fame plege ou tans de son baron sans s'autorité et li barons muert, et ele est suie de la plegerie, ele en doit respondre ; car si tost comme ses barons est mors, ele revient en sa pleine^q pooste^r et convient qu'ele responde de son fet, tout soit ce qu'ele n'en fust pas tenue a respondre ou tans de son baron.

1336. En aucun cas seroit la fame tenue a respondre de se deterie^s ou de sa plegerie ou tans de son baron : si

---

a) *A B* crime et a rev. ; *C* cr. de rev. ; *E F* cr. par rev. ; *G H J K* omettent a. — b) *C E F* omettent a ; *G H J K* rev. au jour pour at. dr. — c) *M* revenir a droit au jour et chix. — d) *F H J K* omettent le. — e) *G* plegeur. — f) *H J K* omettent pour quoi il est. fuitis. — g) *H J K* estoit. — h) *G H J K M* doit. — i) *G H J K M* dete en se. — j) *A* remarie. — k) *B* baron sanz s'autorité et li barons muert, et ele est suie de la plegerie en ; *G J K* le mari. — l) *G H J K M* court laie. — m) *F* qu'elle en resp. — n) *C* omet et conv. ... responde. — o) *A B* resp. qu'ele rev. — p) *C* et que che reviengne. — q) *C* delivre p. — r) *H J K* pl. volenté. — s) *G H J K M* debte.

comme se ses barons est fous ou hors du sens, si qu'il est aperte chose qu'il ne se melle de riens et que la fame fet et mainburnist toutes les choses qui a aus apartienent ; ou se la fame est marcheande d'aucune marcheandise dont ses barons ne se set meller, laquele marcheandise li barons li lesse demener pour [a] leur commun pourfit ; ou se li barons est en estranges terres, fuitis ou banis ou emprisonnés, sans esperance de revenir ; car autrement seroient mout de bonnes gens honnies qui baillent le leur a tele maniere de fames, et eles meismes en perdroient leur chevissance [b].

1337. Encore ves ci [c] un cas ou l'en est tenu a rendre damages en court laie, tout soit ce que j'aie dit devant que par general coustume l'en ne rent pas damages de plet en court laie.

1338. Pierres proposa contre Jehan qu'il li devoit .x. lb. Jehans alliga paiement, liqueus paiemens fu niés de Pierre, et Jehans l'arami [d] a prouver. Li dis Jehans [e] amena ses prueves et prouva [f] bien soufisaument qu'il avoit la dete paiee a celi meismes qui la demandoit, et fu dit par droit qu'il avoit bien prouvé son paiement. Adonques Jehans demanda les cous et les damages qu'il avoit eus, par ce que l'en avoit pris [g] ses nans pour la dete, et pour les journees de ses tesmoins. Pierres defendoit et disoit qu'il ne vouloit pas estre [h] tenus a paier ces damages par la coustume de la court laie.

1339. Jugié fu [i] qu'en cel cas Jehans devoit ravoir ses damages par la tricherie aperte de Pierre qui vouloit estre deus fois paiés d'une seule dete ; et paia li dis Pierres .lx. s. d'amende parce qu'il fist tele demande en court. Et le plus des hommes s'acorderent que l'amende [j] fust a volenté [k], car c'est grans presompcions de larrecin de vouloir avoir l'autrui par mauvese [l] cause.

---

a) *A* march. est leur. — b) *GHJK* leur marchandisez ; *M* l. creanche et marchandise. — c) *C* vees ichi. — d) *M* l'offri. — e) *GHJK* prouv. et amena. — f) *M* prouver et le prouva. — g) *GHJK* on print ses. — h) *GHJKM* qu'il n'estoit pas tenus. — i) *CEFG* Il fu jugié. — j) *G* s'ac. qu'elle. — k) *EHJK* a le vol. [*E* du seigneur]. — l) *AC* par si mauvese.

1340. Quiconques met autrui en plet en court laie a tort, cil qui gaaigne la querele a bonne action de pledier en la court de crestienté pour ses damages, ne il ne doit pas estre contrains qu'il ne puist[a] pledier, car puis que la cours laie ne fet rendre ses damages, ele puet bien et doit soufrir que cil qui eut les damages a tort[b] les pourchace par[c] la court de[d] crestienté[e].

1341. Pluseur plege furent tenu en prison pour leur plegerie, car il s'i estoient obligié a la plevine[f] fere[g]. Quant il furent aquitié de la dete, il demanderent leur damages. Cil[h] qui les avoit mis[i] en plegerie[j] dist qu'il avoient fet trop outrageus despens; si requeroit qu'estimacions fu fete[k] par jugement queus despens et queus journees il devoient[l] avoir[m].

1342. Regardé fu par jugement que li hons de poosté avroit .VIII. d. par jour, et li escuiers a cheval .II. s. par jour, et li chevaliers d'un escu .V. s. par jour; et se li chevaliers estoit baneres, selonc son estat les journees seroient creues[n] pour chascun chevalier de[o] sa mesnie[p] residant aveques li et des queus il ne se doit[q] pas consirer[r] selonc son estat, .V. s. pour chascun[s], et pour la persone du baneree[t] .X. s.

1343. Quant aucuns plede[u] en la court d'aucun seigneur au quel il n'est ne hons ne ostes, il doit livrer pleges d'estre a droit et qu'il ne traveillera pas celi a qui il veut pledier en court de crestienté[v] et li plege doivent estre tel que li sires en qui court li ples est les puist justicier[x]. Et se cil qui doit baillier la plegerie[y] veut jurer qu'il ne puet baillier

---

a) *B* n'i aille; *EF* n'i voist. — b) *M* omet a tort. — c) *M* porch. a la. — d) *GHJK* omettent court de. — e) *M* crest. et demant. — f) *C* car se il est. obl. a le painne f.; *EF* obligié par plegerie; *HJK* obl. au marchié. — g) *E* faite. — h) *C* dam. a cil. — i) *C* omet mis. — j) *A* en plevine; *HJK* en plege. — k) *C* req. que loiaus pris en fust fet par. — l) *A* doivent; *EF* devroient. — m) *M* q. desp. il devoient av. et quix journees. — n) *M* omet selonc son ... seroient creues. — o) *G* chasc. jour et de. — p) *ABEF* cheval. de soi meismes (*F* meismez); *G* mesnie .v. s. resid. — q) *GH* devoit; *JKM* devroit. — r) *AC* consievrer.; *BEFGHJK* consivrer; *M* des q. on ne consievre. — s) *EF* omettent pour chascun; *G* omet .v. s. p. chasc.; *HJK* pour chascun .v. s. — t) *M* du chevalier ban. — u) *AB* pleige. — v) *M* pled. a autre court. — x) *M* justicier et se terre qui veut baillier le obliga; *ce ms. s'arrête ici*. — y) *HJK* baill. le plege.

pleges de cele justice, mais il baura bien ᵃ pleges soufisans de cele chastelerie dont li sires tient ᵇ, li sires ne le doit pas refuser. Et s'il veut jurer qu'il n'en puet nus avoir, si ne perdra il pas que drois ne li soit fes, mes il doit jurer qu'il sera a droit de cele querele et qu'il ne puet avoir nul pleges, car autrement pourroient perdre leur droit li povre qui pleges ne pourroient avoir.

1344. Quant li sires prent pleges d'estre a droit, il doit prendre teus pleges qui soient lai et bien justiçable.

1345. Se aucuns met plege d'estre a droit et après il se fet clers, si qu'il ne puet estre justiciés pour la querele dont il bailla plege, li pleges enqueurt ᶜ de ce qui est prouvé contre celi ᵈ qui ᵉ il ᶠ fu ᵍ pleges; tout soit ainsi qu'il ne veut pas maintenir le plet pour sa clergie, l'en ira avant selonc toutes les defautes.

1346. Il a grant disference entre plegerie qui est fete d'estre a droit et cele qui n'est ʰ fors que de venir en court; car cil qui replege d'estre a droit est pleges de toute la querele et de fere tenir ou paier ce qui sera jugié contre celi qu'il repleja pour la cause pour quoi il fu pleges. Mes cil qui n'est pleges fors que de revenir en court, s'il le remet en court en tel estat comme il estoit quant il le repleja, il est quites de sa plevine.

1347. Cil qui plege aucun qu'il revenra ⁱ en court, le doit remetre en tel estat comme il estoit quant il s'en parti. Nepourquant cas d'aventure en pueent bien escuser le plege: si comme se li replegiés muert en dedens; ou s'il a essoine de son cors qui soit apers sans fraude et sans barat; ou s'il est pris et mis en prison pour guerre, car s'il estoit pris pour soupeçon de lait fet ʲ, l'en ne leroit pas a aler avant contre le plege; ou se [ses] ᵏ souverains sires le detient pour

---

a) *G* omet bien; *HJK* baillera bons pl. — b) *HJK* omettent dont ... tient. — c) *EFG* enqueurent. — d) *G* contre ly. — e) *F* pour qui; *JK* a qui. — f) *ABCE* omettent il. — g) *FG* furent. — h) *GHJK* est faite fors. — i) *GHJK* qu'il le remetra. — j) *BJK* soup. dou fet; *EF* soup. de mesfait; *G* soup. de vilain fet. — k) ses *manque dans tous les mss.*

ce qu'il a a fere de li ; pour tous teus[a] essoines se puet li pleges escuser qu'il ne le puet remetre en court. Et aussi cil qui est pleges d'estre a droit[b] se puet escuser par ces meismes essoines. Mes tantost après les essoines cil qui furent replegié se doivent fere rajourner, ou l'en puet demander as pleges qu'il facent comme bon plege.

1348. Cil qui est en laie juridicion et se fet replegier d'estre a droit ou de revenir en court, s'il se fet croisiés et revient croisiés a la journee, il delivre bien ses pleges s'il veut aler avant en la querele pour laquele il fu replegiés, car croisiés se puet bien obligier. Et s'il ne veut aler avant fors par devant son ordinaire, li plege pueent estre sui de l'autre partie pour leur plegerie.

1349. Or veons, — se uns hons demande a un autre .xx. lb. et cil a qui la demande est fete le nie, et jours est assignés du[c] prouver, et cil qui la niance fist se replege d'estre a droit et puis ne revient pas pour ce qu'il se fet clers ou pour ce qu'il est alés manoir dessous autrui ou pour ce qu'il est alés hors du païs, — en quel point li pleges demourra : s'il se pourra aidier ou plet des resons dont cil se peust aidier qui fu replegiés ou non. Nous disons selonc nostre avis qu'il ne pourra pledier ne dire contre les tesmoins s'il n'est establis procureres par celi qui le mist en pleges ; ainçois doit oïr la cours les tesmoins et, selonc ce qui est prouvé, l'en s'en puet prendre as pleges. Mes autrement iroit se li replegiés n'avoit fete point de niance, ainçois eust alligué paiement, terme ou respit, car s'il avoit alligué une de ces choses et il ne revenoit en court pour prouver[d] le[e] terme, le[f] respit ou le[g] paiement, et l'en sivoit le plege de la plevine, il devroit estre oïs a prouver l'une de ces choses en sa delivrance ; et ce que l'en dit que pleges ne doit[h] pas pledier, c'est a entendre qu'il doit[h] fere contraindre[i] a ce qu'il soit[j] aquitiés : l'en ne puet pas plus demander au plege

---

a) *A C G* toutes teles ass. — b) *A* omet a droit. — c) *G H J K* ass. de prouv. — d) *G H J K* pour alleguier. — e) *G H J K* omettent le. — f) *G* omet le. — g) *B E F G* omettent le. — h) *E F* doivent. — i) *E F* contr. le detté. — j) *E F* soient.

fors qu'il soit en autel point comme cil estoit qu'il repleja, et pour ce doit li pleges estre oïs en prouver paiement, ou terme, ou quitance, ou nouvele convenance par laquele il puet estre quites de la plevine.

1350. Ce qui est dit communement que l'en ne doit pas rendre damages en court laie, c'est a entendre les cous et les damages que l'une partie met contre l'autre en pledier. Et de ce encore sont il aucun cas es queus l'en les puet demander si comme nous avons dit dessus de ceus qui entrent en[a] plegerie. Et aussi disons nous que se uns hons plede a tort a celi qui fu ses procureres ou ses serjans, il est tenus a lui rendre ses damages, s'il enchiet du plet; et aussi de ceus qui batent ou afolent autrui, il sont tenu a rendre leur damages. Et comment l'en en doit ouvrer il est dit ou chapitre qui parole[b] des mesfès et de la venjance des mesfès[c1]. Et aussi se l'en fet damages en mes bles, ou en mes vignes, ou en mes prés, ou en mes jardins j'en puis bien fere droite demande en court laie, car tuit tel damage font a rendre a ceus qui les font.

1351. Se je baille ma maison a ferme ou a louier et li feus i prent par l'outrage de celi a qui je l'ai baillie, il est tenus a moi rendre mon damage; et aussi se je li ai prestee, car l'en doit rendre les choses prestees en l'estat qu'eles estoient quant eles furent prestées. Mes se li feus i prenoit sans les coupes de celui qui la tenroit a ferme[d] ou a louier ou a prest, si comme par cas d'aventure, si comme il avient[e] aucune fois que la foudre chiet en une meson et l'art; ou li feus prent chés aucun[f] de ses voisins, par quoi l'en ne puet icele rescourre; ou l'en i boute le feu par la haine que l'en a envers celi qui la mesons est : en tous teus cas n'est pas cil qui i maint[g] tenus a rendre le damage. Donques li cas en quoi il doit rendre le damage, si est quant la mesons est arse par lui ou par sa fame,

---

a) *A* entr. pour pleg. — b) *GHJK omettent* qui parole. — c) *A omet* et de ... des mesfès; *F* et de leur venjance. — d) *GHJK* a terme. — e) *GHJK* av. par aventure auc. — f) *GHJK* prent en la maison d'un de s. vois. — g) *GHJK* qui en la maison maint (*JK* demeure).

1. Ch. xxx.

CHAP. XLIII. — DES PLEGERIES ET DES DAMAGES.   189

ou par ceus qui sont en sa garde ou en sa mainburnie; ne il ne se puet pas escuser pour ce s'il dit qu'il meismes i eut damages, si comme de ses bles qui furent ars, ou de ses robes ou d'autres choses, car sa perte ne sa negligence ne sa mauvese garde ne l'escuse pas contre autrui damage.

1352. Encore puet on bien fere demandes en court laie pour cause de damage, si comme il avient d'aucuns qui font damages a autrui communeté, si comme contre ceus qui estoupent*a* chemins ou aucun autre aisement commun; ou si comme il avient que li aucun se combatent es cimentieres ou es eglises et font sanc, par quoi l'en lesse a chanter dusques a tant que li mesfès soit amendés a l'evesque et que li lieus soit reconciliés : en tous teus cas et en semblables, se la communetés des viles est damagiee, puet ele demander ses damages a ceus par qui li damages vint.

1353. Encore se aucuns m'essille mes bles, ou estrepe ou esrache mes vignes, ou coupe mon bois ou mes arbres, ou essille mes arbres *b* portans fruit, en tous teus cas puis je fere demande de mes damages. Mes bien se gart cil qui veut fere demande de bles essilliés ou d'arbres portans fruit ou des vignes esrachies *c* ou estrepees, car tuit tel cas *d* sont *e* de crime et bien s'en pueent cil qui en sont acusé defendre par gages de bataille, se li fes n'est trouvés si clers et si apers que justice apartiegne a fere *f* sans fere plet ordené. Car se aucuns me menace a estreper mes vignes, ou a essillier mes bles, ou a fere aucun autre damage par devant grant plenté de gent, et après li damages m'est fes, cil qui me menaça est atains du fet par les menaces, tout soit ce qu'on ne puist savoir de certain s'il a fet le fet. Et pour ce est ce grans perius de menacier, car neis as gages n'en puet il venir se les menaces sont prouvees clerement[1]. Et aussi se aucuns me fet aucun damage si apertement qu'il ne se cele pas de ceus

---

a) *A* estripent; *C* esterpent. — b) *G H J K* omettent ou ess. mes arbres. — c) *B* esracinees. — d) *C* car en tous tiex cas gist vilenie et si sont. — e) *G H J K* sont cas de cr. — f) *B E F* omettent a fere.

---

1. Voy. § 1158-1159.

qui le vuelent veoir, et je l'acuse de cel fet comme de fet notoire, il convient qu'il atende l'enqueste de ce fetª sans venir as gages, car male chose seroit qu'aucuns boutast le feu en ma meson en la presence des voisins, s'il me convenoit combatre au maufeteur pour querre la venjance et le damage du mesfet.

1354. Encore est il uns damages que l'en doit rendre par la coustume de la court laie, et si est li demanderes creus de son damage par son serement : si comme il avient qu'aucuns a tort et par forceᵇ briseᶜ la chambre ou les huchesᵈ d'autruiᵉ et en porte du sien, et non pas en maniereᶠ qu'il le face en justiçant, mes si comme l'en fet par guerre ou par courous ; en tel cas, se l'en me fet tel damage et je poursui celui qui le meᵍ fist par devant le seigneur qui justicier le doit, je doi ravoir mes damages teus comme je les vourrai prouver par mon serement ; car chascuns ne set pas que j'avoieʰ en ma huche, si seroit mal se je ne pouoie le mien ravoir qui par tel tort m'avroit esté tolus. Nepourquant en tel cas l'en doit regarder la persone et la renomee de celui qui veut jurer de ses damages, et amesurer selonc son estat, se l'enⁱ percevoit qu'il se parjurast par couvoitise[1].

1355. En quelconque lieu qu'aucuns ait eritage, s'il n'i eut onques voie et cil qui l'eritages est la veut avoir, l'en li doit fere avoir voieʲ par le damage rendant au mendre damage que l'en pourra de lui et des marchissans, car autrement convenroit il que li eritage demourassent en friésᵏ par defaute de voie, laquele chose ne doit pas estre souferte[l].

Ici fine li chapitres des plegeries.

---

a) *B* fet notoire sans. — b) *BEF* ou a f. — c) *JK* brisent. — d) *C* les wis ; *EH* le huche ; *JK* la huche ou la chambre. — e) *G* auc. ait le huche ou le coffre brisié ou le cambre d'autrui rompue et en p. — f) *GHJK omettent* en maniere. — g) *HJK* qui le meffet fist. — h) *ABCEF* j'ai. — i) *G* s'on veoit et perc. — j) *G omet* voie; *HJK omettent* avoir voie. — k) *G* riers. — l) *HJK omettent* par defaute ... estre souferte. — Explic.) *C* Ichi define, *etc.*, *comme à la rubrique*; *F* fenit; *GH* Explicit; *JK n'ont pas d'explicit.*

1. Voy. § 1223.

XLIV.

Ici commence li .XLIIII. chapitres de cest livre liqueus parole des rescousses d'eritage et des eschanges, et que nule fraude ne soit souferte.

1356. Bonne chose est que, après ce que nous avons parlé des plegeries et des damages que l'en doit rendre par la coustume de la court laie, que nous parlons en cel chapitre qui ensiut après[a] de la maniere que coustume donne de rescourre eritage, et dedens quel tans l'en doit venir a la rescousse, et liquel pueent rescourre et liquel non. Et si parlerons du peril ou cil se metent qui vuelent rescourre s'il ne font plein paiement ; et comment les fraudes, li[b] barat et les tricheries que li acheteur vuelent fere pour oster les eritiers de la[c] rescousse ne doivent pas estre soufertes. Et si parlerons[d] de ceus qui eschangent et, aveques l'eschange, metent soute d'argent. Et si parlerons de tous les cas qui de rescousse d'eritage[e] pueent nestre[f], liquel nous pourront venir a memoire.

1357. Jehans proposa contre Pierre que li dis Pierres avoit acheté un eritage Guillaume, cousin germain[g] a Jehan,

---

Rubr.) *ABF* par. des resc. ; *CEFGHJK* qui parole ; *C* resc. des crit. ; *CG* et que les (*G* le) baras (*G* barat) ne (*G* n'y) soient [*C* pas] souffert ; *EFGHJK* omettent de cest livre ; *EF* omettent et devant que ; *E* fr. n'i soit ; *F* fr. n'i doit estre souferte ; *G* resc. d'eritages ; *HJK* fr. n'i doit pas estre. — a) *E* omet après ; *G* omet qui ensiut après ; *HJK* omettent en cel ch. qui ens. apr. — b) *AG* fr. et li. — c) *EGHJK* les heritages de [*E* le] resc. — d) *HJK* si dirons de. — e) *BEF* omettent d'eritage. — f) *G* naistre et venir. — g) *C* omet germain.

— liqueus eritages descendi a Guillaume de Thomas, son pere et oncle Jehan, — et, pour ce que l'eritages li duisoit[a] de lignage et que li ans et[b] li jours n'estoit pas passés, il requeroit a avoir par la bourse comme plus prochiens. A ce respondi Pierres que Thomas, li peres Guillaume, aquesta le dit eritage et le peust donner, aumosner ou vendre sans retraite[c], qu'il[d] n'i avoit point de[e] retraite quant li peres l'avoit aquis. Et seur ce se mistrent en droit.

1358. Il fu jugié qu'en aqueste n'avoit point de retraite, se cil qui l'avoit aquesté le revendoit; mes s'il mouroit, l'aqueste demouroit as oirs eritagiés[f] et, se li oir le vendoient, li parent as oirs de par celi qui l'aquesta le pouoient[g] retrere, et pour ce l'en porta Jehans par la bourse.

1359. Toutes fraudes sont defendues : or veons donc qu'est fraude. — Pierres vint a Jehan et li requist qu'il achetast son eritage. Jehans dist que non feroit, car il se doutoit qu'il ne li fust rescous, mes il li eschangeroit a autre eritage ; et l'eritage qu'il en porteroit en eschange, quant il seroit en la saisine du seigneur, vendist loi[h] et, s'il n'en avoit .c. lb., il les parferoit. Pierres le fist en ceste maniere et, si tost comme il en fu saisis, il vendi le dit eschange[i] .c. lb. Adonques li freres Pierre traist Jehan en court et requist a avoir l'eritage qui fu Pierre son frere par les .c. lb. Pierres dit qu'il ne l'avoit pas acheté, ains avoit fet eschange, et disoit qu'en eschange n'avoit point de rescousse. A ce respondi li freres[j] Pierre que ce n'estoit pas drois eschanges, car il fu fes par fraude pour oster la rescousse de l'eritage Pierre. Et seur ce se mistrent en droit a savoir se li freres Pierre ravroit[k] l'eritage son frere par les .c. lb. que Pierres eut pour l'eschange qu'il vendi.

a) *A B* devisoit; *F* venoit, mais ven *a été écrit par un autre que le scribe par dessus* duis *ou* devis *gratté; GHJK* descendi. — b) *A E* aus ne li. — c) *C* retret. — d) *F* car il. — e) *C G H J K omettent* retraite, qu'il ... point de. — f) *C* oirs heritiers; *F* dem. heritagez as hoirs; *GHJK* hoirs heritage. — g) *A B E F* pueent; *C G* pourroient. — h) *C* seign. si le vendesist et. — i) *B* dit heritage ou esch.; *C* dit heritage .c. — j) *ABCF omettent* li freres. — k) *HJK* avroit.

CHAP. XLIV. — DES RESCOUSSES D'ERITAGE.

1360. Il fu jugié que li freres Pierre ravroit l'eritage son frere pour les deniers, car il aparoit que l'eschanges avoit esté fes malicieusement pour eslongier le lignage*a* de Pierre de la rescousse. Plus distrent li homme, car il distrent*b* que ce n'estoit pas drois eschanges se chascuns ne tenoit son eschange un an et un jour sans metre hors de sa main par vente.

1361. Qui donne pour eritage autre eritage et deniers, ou autres muebles qui deniers vaillent, il i a rescousse et le puet on ravoir pour l'argent et pour aussi soufisant eritage.

1362. Cil qui vuelent fere loial eschange ou quel il n'a*c* point de rescousse doivent donner eritage pour eritage, sans nule autre soute de mueble, et doit chascuns tenir son eschange an et jour; et doit estre l'eschanges teus qu'on i voie le pourfit a chascune partie sans barat, et adonques l'eschanges est tenus.

1363. Ce que mes parens a par loial eschange de son eritage m'est tout en autel point comme l'autres eritages estoit qui fu eschangiés ; c'est a dire, se mes parens vent l'eritage qu'il a par loial eschange*d*, je le puis ravoir par la bourse, aussi comme j'eusse le premier eritage, se eschanges n'en n'eust onques esté fes.

1364. Qui veut rescourre eritage, il doit prouver deus choses, se cil veut qui l'eritage acheta : la premiere chose*e* si est qu'il doit prouver*f* qu'il est du lignage a celui qui le vendi ; la seconde chose*g* si est que l'eritages muet du costé dont il apartient au vendeur. Car se j'avoie demain*h* un frere qui ne fust mes freres que de pere et il avoit eritage de par sa mere, s'il le vendoit, je ne*i* le pourroie ravoir*j* par la bourse, car l'eritages ne muet*k* pas du costé*l* de par

---

a) *BEF* est l'eritage. — b) *JK* omettent car il distrent. — c) *C* n'ait ; *GHJK* n'i ait. — d) *B* parens vieut heritage qu'il pour loi. esch. a, je. — e) *A* omet chose ; *HJK* ach. : l'une si. — f) *G* chose qu'il doit prouv. c'est ; *HJK* omettent qu'il doit prouver. — g) *HJK* omettent chose. — h) *HJK* omettent demain. — i) *B* omet ne. — j) *BF* retenir ; *E* retraire ; *HJK* avoir. — k) *B* remuet. — l) *G* omet du costé.

le^a pere dont je li apartieng^b, et avant l'avroit li parens mon frere de par sa mere, s'il ne li estoit fors^c en^d quart : voire^e dusques ou setisme degré de lignage puet l'en rescourre eritage de son costé puis que l'en puist prouver le lignage.

1365. Je vi un cas ou il ne convint pas prouver a celi qui resqueut que l'eritages venist du costé dont il apartenoit au vendeur, et fu li cas teus que l'acheteres vouloit que cil qui vouloit rescourre prouvast le lignage et que l'eritages fust venus du costé dont il apartenoit au vendeur. A ce respondoit cil qui vouloit^f rescourre qu'il vouloit bien prouver le lignage, mes que l'eritages venist de son costé ce ne pouoit il prouver, car li venderes avoit tenu l'eritage par si lonc tans et cil dont il vint au vendeur, qui ses peres estoit, qu'il n'estoit nus vivans qui peust savoir le premier^g estoc dont l'eritages vint. Et comme il fust clere chose qu'il fust parens au vendeur et si lonc tans avoit tenu l'eritage, il requeroit qu'il l'eust par la bourse, se l'acheteres ne prouvoit que l'eritages fust venus d'autre costé. Et seur ce se mistrent en droit.

1366. Il fu jugié que, se li rescoueres prouvoit le lignage et l'acheteres ne prouvoit que l'eritages venist d'autre costé que du costé dont li rescoueres apartenoit au vendeur, li rescoueres l'en porteroit par la bourse, et la resons qui mut les hommes a ce jugier, ce fu la longue teneure du vendeur.

1367. Qui veut rescourre eritage, il doit venir a la rescousse dedens l'an et le jour que l'acheteres est entrés en la saisine par le seigneur ; et s'il lesse l'an et le jour passer, il ne puet plus venir a la rescousse, ains demeure a l'acheteur comme ses aquès.

1368. S'il avient qu'uns hons achate l'eritage a son parent, lequel eritage il peust ravoir par la bourse se aucuns estranges l'eust acheté, cil^h qui est plus prochains parens

---

a) *C* costé qui est par devers le pere ; *HJK* costé du pere. — b) *BEF* le pere dont je ne le porroie retenir et avant. — c) *G* mere et ne lui fust que en. — d) *HJK* ou q. — e) *HJK* omettent voire. — f) *GHJK* voul. l'eritage resc. — g) *C* omet le premier. — h) *lacune dans E depuis ce mot jusqu'à* ...roient justichié comme atains de rat, *chapitre* LVII, § 1634.

du vendeur que l'acheteres le puet rescourre, et plus loingtains non. Et s'il est de cel meisme degré de lignage, i partira il? Je di que non, car il ne convient pas que l'en soit marcheans pour autrui se l'en ne puet dire : « Je sui plus prochiens. »

1369. Se cil qui achate eritage a son parent et de son costé le revent a estrange persone, il i a rescousse, car adonques ist primes^a l'eritages du lignage. Donques poués veoir que ce que j'ai aquis en mon lignage et en mon costé n'est pas de tel condicion comme se j'avoie acheté a estrange persone en cel cas ; car se je vendoie ce que j'avroie acheté a estrange persone, il n'i avroit point de rescousse puis que j'en avroie esté en saisine an et jour. Mes se je revendoie^b mon achat, lequel je n'avroie pas tenu^c an et jour, li parent au premier vendeur ne perdent pas pour ce qu'il ne puissent leur eritage rescourre par la bourse^d dedens l'an et le jour pour la premiere saisine.

1370. La resons pour quoi l'en puet rescourre l'eritage de son parent dusques au setisme degré de lignage, si est tele qu'anciennement mariages ne se fesoit devant le setisme degré. Mes pour ce que l'apostoiles vit que mout de mariages se fesoient en leur lignages pour ce que l'en n'avoit pas memoire ne remembrance^e du^f lignage et meismement pour ce^g que li lignage estoient si grant^h que nobles persones ne se trouvoient pasⁱ bien^j ou marier, il, par le conseil de sainte Eglise, fist constitucion nouvele que mariages se puet fere puis le quart degré¹. Mes li prince terrien ne rapelerent pas que l'en ne peust suir son eritage par rescousse^k si comme l'en fesoit lors^l.

1371. Uns consaus fu demandés a une partie^m desⁿ sages

---

a) *JK* premierement. — b) *A* je vendoie. — c) *C* omet an et jour ... pas tenu. — d) *BF omettent* par la bourse. — e) *GHJK* pas en mem. ne en remembr. — f) *G* rem. le lignage. — g) *BF omettent* pour ce. — h) *A* omet si grant. — i) *G* omet pas. — j) *BFHJK omettent* pas bien. — k) *BH* par la resc.; *GJK* par la bourse. — l) *FGHJK* adonques. — m) *B* une des parties. — n) *HJK* part. de sages.

---

1. Cette réforme fut accomplie par le quatrième Concile de Latran (1215).

hommes de la conteéª seur ce qu'il estoient .iii. frere tuit aagié et tenant leur parties : li uns des freres si vendi sa partieᵇ a l'un de ses freres et l'en mist en saisine de par le seigneur ; li tiers freres, dedens l'an et le jour que ses freres fu en saisine de cel achat, se traist avant et en vout avoir la moitié par la bourse. A ce respondi li acheteres qu'il ne le vouloit pas par pluseurs resons : la premiere resonsᶜ pour ce qu'il ne s'estoitᵈ pas tres a estre compains du marchié avant qu'il fust en saisine du seigneur ; la seconde resonsᵉ pour ce qu'il ne pouoitᶠ pas dire qu'il fust plus prochains, par quoi il peustᵍ rescourre ; laʰ tierceⁱ pour ce qu'il n'estoitʲ pas tenus a estre ses marcheans. Par ces resons il fu regardé queᵏ, par droit, li tiers freres ne pouoit venir a sa demande par la bourse, car siˡ prochains ne puet rescourre, mes plus prochains puet rescourre.

1372. S'il avient qu'aucuns achatᵐ¹ eritage et paie avant qu'il soit en saisine du seigneur, et après li venderes ne se veut trere avant pour metre l'acheteur en saisine, et l'acheteres le fet semondre par devant le seigneur de qui l'eritages muet, et li venderes se met en .iii. pures defautes, li sires doit oïr les prueves de l'acheteur et, quant il a prouvé l'achat, il doitⁿ estre mis en la saisine de l'eritage. Et si tost comme il a la saisine de par le seigneur, li ans et li jours commence de la rescousse, et bien le pueent rescourre li parent au vendeur, tout soit ce qu'ilᵒ n'en est pasᵖ en saisine par le vendeur.

1373. Se uns hons suit un autre par resonᵠ d'achat et li ples est tant demenés que li venderes aitʳ jour de veue de

a) *C* conté de Clermont. — b) *A* omet sa partie. — c) *HJK* plus res. l'une pour. — d) *A* il n'est pas ; *HJK* il n'estoit pas. — e) *HJK* seign. ; l'autre pour. — f) *A* peut. — g) *GHJK* il le peust. — h) *HJK* et la. — i) *BF* omettent resons pour ce ... rescourre ; la tierce. — j) *Tous les mss. ont* est. — k) *F* Parmi les raisonz dessus dites rewardé fu et dit et par. — l) *F* omet si. — m) *BEFGH* achate ; *JK* achette. — n) *F* doit prouver le paie et puis estre. — o) *JK* que l'acheteur n'en. — p) *C* il ne soit pas mis en. — q) *BF* omettent par reson. — r) *ABF* a jour.

---

1. *achat,* 3ᵉ pers. sing. du subjonctif prés. de *achater,* acheter.

la chose et, après jour de veue, il defaut d'une seule fois, l'acheteres gaaigne saisine et puet on rescourre si tost comme il est en la saisine par le seigneur.

1374. Quant aucuns pert saisine d'eritage par quelconque maniere de plet que ce soit, s'il ne fet rajourner celi qui a gaaignie^a la saisine^b seur la proprieté dedens l'an et le jour, il n'en est jamais a oïr.

1375. Pierres fist ajourner Jehan par devant le seigneur de qui il tenoit l'eritage et proposa contre li qu'il li avoit cel eritage vendu et qu'il l'avoit paié, par quoi il requeroit qu'il fust contrains a ce qu'il s'en dessaisist et qu'il l'en feist metre en la saisine du seigneur. A ce respondi Jehans que c'estoit convenance de quoi il le sivoit et de convenance devoit estre justiciés par le seigneur dessous qui il estoit couchans et levans, par quoi il ne vouloit ilueques respondre se par droit ne le fesoit. En droit se mistrent^c se Jehans respondroit en la court du seigneur de qui l'eritages mouvoit ou s'il convenroit que cil fust suis par la reson de la convenance en la court du seigneur dessous qui il estoit couchans et levans^d.

1376. Il fu jugié que Jehans respondroit en la court du seigneur de qui l'eritages muet pour ce que la convenance dependoit de l'eritage ; et par ce puet on entendre que de toutes demandes qui sont fetes d'eritage la connoissance en apartient au seigneur de qui li eritage muevent.

1377. Bastart ne pueent^e rescourre car il ne sont^f pas de lignage, si comme j'ai dit alieurs.

1378. Fame mariee ne puet rescourre sans l'autorité de son mari, et aussi n'est nus tenus a respondre a li de nule demande qu'ele face en court sans l'autorité de son mari, s'il n'est ainsi que ses maris soit hors du sens ou fous natureus, ou hors du païs sans esperance de revenir, car en cel

---

a) *GHJK* gaaigne. — b) *BF* a saisine gaaigniee. — c) *HJK* et sur ce se mistrent en droit. — d) *HJK* omettent se Jehans respondroit ... couchans et levans. — e) *HJK* puet. — f) *HJK* il n'est.

cas convenroit il respondre a la fame ou autrement eles pourroient[a] estre durement damagiees[b].

1379. Aucun sont qui achatent, qui, pour renchierir le marchié au rescoueur, achatent par tel condicion que li venderes prent bles, aveines ou vins a plus chier pris qu'eles ne valent, et puis entre l'acheteres en la saisine du seigneur[c] et paie les ventes selonc le pris[d] que les denrees sont vendues par[e] la convenance du marchié[f]. Mes teus baras ne vaut riens se cil qui veut rescourre le set debatre, car il convient que les denrees qui furent bailliees pour le marchié soient prisiees par loial pris selonc ce qu'eles valoient ou tans que li marchiés fu fes et de cel pris li rescoueres doit paier l'argent[g].

1380. Quant aucuns achate en tel maniere qu'il baille[h] denrees sans nommer somme d'argent, — si comme se uns hons donne .x. muis de blé ou .xx. toneaus de vin pour eritage, — et il avient que les denrees enchierissent ou tans que li rescoueres veut rescourre, li rescoueres[i] n'est pas tenus a rendre auteles denrees comme l'acheteres bailla[j], ains doit paier le pris tant seulement que les denrees valoient au jour qu'eles furent prisiees et convenanciees au vendeur. Et aussi se les denrees sont avilees[k] et li rescoueres veut avoir l'eritage pour baillier auteles denrees, il ne le doit pas avoir fors par le pris dessus dit; car il est bien resons que l'acheteres soit gardés de damages aussi comme li rescoueres. Et aussi comme j'ai parlé des bles, aveines et vins, j'entent de tous autres muebles qui pueent estre baillié pour argent.

1381. Bien se gart qui veut rescourre eritage qu'au jour qu'il offre a fere paiement, s'il est tenus a critiers de l'acheteur et vueille l'acheteres recoivre son argent sans de-

---

a) *BF* elle porroit. — b) *HJK* omettent ou autrement... damagiees. — c) *HJK* omettent du seigneur. — d) *G* sel. ce que. — e) *A* vend. et par. — f) *HJK* le pris de le vente du marchié des denrees. — g) *B* paier largement. — h) *BF* qu'il doit baillier denr. — i) *A* omet veut rescourre li rescoueres. — j) *ABC* l'ach. li bailla; *F* tenus a livrer a l'acateur telez denrecz comme il bailla au vendeur. — k) *A* enviellicez; *CHJK* avillies.

bat, se pleins paiemens ne li est fes en l'eure, li rescoueres qui le paiement offri ne puet jamès rescourre ne venir a[a] la rescousse, mes autres persones de son lignage et du costé dont l'eritages muet ne perdent pas pour ce qu'il ne puissent venir a la rescousse.

1382. Pierres proposa contre Jehan qu'il devoit avoir[b] l'eritage que ses peres li avoit vendu[c] par la bourse et offroit a fere plein paiement. A ce respondi Jehans qu'il ne devoit venir a la rescousse pour ce qu'il estoit ou bail[d] son pere au jour que l'eritages fu vendus et pour ce qu'il estoit oirs du pere qui la chose vendi, qui devoit garantir son fet. Pierres connut bien ces choses, mes il disoit que denier li estoient venu de don d'autrui que de son pere. En droit se mistrent seur ces paroles, se Pierres venroit a la rescousse[e].

1383. Regardé fu par jugement que Pierres pouoit bien avoir l'eritage par la bourse et fust encore ainsi qu'il paiast le pris de la rescousse de la partie qui li fust venue du pere, car male chose seroit se li enfant sousaagié perdoient leur droit pour estre ou bail ou[f] en la garde de leur pere.

1384. Je ne voi pas comment nus qui vende eritage puist jamès venir a l'eritage, fors par rescousse en un seul cas qui teus est: se je vent mon eritage a un mien parent et qui m'apartient[g] du costé dont l'eritages muet, et cil le revent puis a estrange persone hors de nostre lignage, je le puis rescourre ne ne puet estre en cel cas nus plus prochiens de moi.

1385. Se pluseur[h] d'un meisme degré de lignage se traient avant pour rescourre un eritage aussi tost li un comme li autre, chascuns doit paier sa part de la vente, autant li uns comme li autres, et partir en l'eritage autant li uns comme li autres.

1386. Quant je vueil rescourre aucun eritage de par ma

---

a) *BF* ven. a temps a la r. — b) *GHJK omettent* avoir. — c) *GHJK* vendu avoir par. — d) *AB* bau. — e) *HJK omettent* se P. venr. a la resc. — f) *GHJK omettent* ou bail ou. — g) *C* et qui n'apartient pas du. — h) *GHJK* pluseurs persones.

fame et ma fame a tel essoine qu'ele ne se puet trere avant, — comme de gesir d'enfant, de langueur ou de groisseur près de son terme, — et il seroit perius que li ans et li jours ne passast se j'atendoie son aisement, je doi requerre a[a] la justice qu'ele viegne ou envoit savoir l'autorité que ma fame me donra[b] de cel eritage requerre sans li, et, puis qu'ele m'avra donné l'autorité par devant la justice dont l'eritages muet, ou par devant cil que la justice i envoiera[c] pour ce[d] savoir et[e] pour[f] tesmoignier de seel autentique se je ne puis avoir la justice[g], l'acheteres ne puet debatre que je ne soie oïs aussi bien comme se ma fame i estoit presente[h], car autrement pourroit ma fame[i] perdre son droit de son eritage rescourre pour son essoine, laquele chose ne seroit pas resons.

1387. Aucunes viles sont en la conteé ou il vuelent tenir pour coustume que, quant aucuns achate, l'en fet savoir en pleine parroisse que teus eritages est vendus et qui le vourra rescourre qu'il le resqueue dedens .xv. jours ou il ne sera plus oïs ou cas de la rescousse. Mes teus cris ne tele maniere de[j] commandement ne vaut[k] riens, car c'est contre la general coustume du chastel[l] de Clermont; ne li sougiet du conte ne pueent ne ne doivent fere coustume contraire a cele du chastel qui est leur chiés. Ne je[m] ne me dout pas se aucuns, es[n] viles dessus dites[o] ou teus commandemens est fes, veut[p] rescoure eritage au chief de l'an, qu'il ne l'ait, s'il veut le plet poursuir dusques au jugement. Se li contraires li estoit jugiés[q] il avroit bon apel.

1388. Aucun sont qui achatent et, quant il ont acheté, il font offrir le marchié a ceus de qui il se doutent qu'il ne le resqueuent par justice; et dit la justice a chascun en[r] sa

---

a) *A omet* a. — b) *GHJK* me donna de. — c) *GHJK* envoia. — d) *CG omettent* ce. — e) *ABF* sav. ou pour. — f) *G omet* pour. — g) *F omet* de seel … la justice; *HJK omettent* pour ce savoir … la justice. — h) *HJK omettent* presente. — i) *HJK* pourr. elle. — j) *GHJK* ne tiex comm. — k) *GJK* ne valent r. — l) *G* chastelerie. — m) *GHJK omettent* je. — n) *A* pas se aucuns est des dites vil.; *BF* pas que es vil.; *C* pas se aucuns est es vil. — o) *A omet* dessus dites. — p) *C* fes et il vieut *ou* vient. — q) *C* adjugiés. — r) *ABF* a sa personne.

persone : « Jehans a acheté tel eritage a Pierre, vostre cousin, tel nombre d'argent. Si vous commandons que vous veniés a la rescousse dedens .xv. jours ou que vous le quitiés. » Mes teus commandemens ne vaut riens s'il est qui le sache ou qui le vueille debatre, car c'est contre la general coustume du chastel, et commandemens qui est fes contre droit commun ne doit pas tenir. Donques cil a qui teus commandemens est fes doit dire a la justice qui cel commandement li fet[a], qu'il rapeaut cel commandement et qu'il ne veut pas fere la quitance, ains veut avoir le tans que drois et coustume li donne; et doit requerre que drois li soit fes. Et je ne me dout pas, s'on fet bon jugement, il sera pour li ; et se l'en le fet[b] contre li, il a bon apel. Mes s'il avient qu'il obeïsse au commandement si qu'il face quitance, il ne[c] puet puis revenir a la rescousse, tout soit ce que li commandemens ne fust pas de reson.

1389. Avenir puet que cil qui achate, quant il est en saisine de son achat, s'en va hors du païs et demeure tant que li ans et li jours soit[d] passés; que fera dont cil qui veut rescourre ? Se cil qui est hors du païs a lessié procureeur liqueus ait pouoir par bonne procuracion soufisant de gaaignier ou de perdre en cas d'eritage, li rescoueres l'en doit suir ; et s'il n'a lessié point de procureur, il le doit fere ajourner par le seigneur de qui l'eritages muet au lieu la ou il souloit manoir, mes[e] que ce soit en la chastelerie ou l'eritages siet, car plus loins n'est on pas tenus a li ajourner. Et doit estre ajournés une fois seur rescousse[f] tant seulement; et s'il ne vient ou on ne le trueve ou ajourner en la chastelerie, ne il n'a point de procureeur lessié, li sires de qui l'eritages muet doit oïr les prueves du rescoueur du lignage et que l'eritages li duise[g] de ce[h] costé. Et quant il avra bien prouvé, li sires doit prendre l'argent en sa main et le

---

a) *G* fist; *HJK* omettent qui ... fet. — b) *A* et l'en li fet. — c) *ABF* n'i. — d) *C* sont; *GHJK* est. — e) *C* man. ne mes. — f) *A* aj. seur rescousse une fois; *GHJK* seur la resc. — g) *GHJK* viegne. — h) *GH* omettent ce; *FJK* dou costé.

rescoueur metre en saisine de l'eritage. Et quant l'acheteres venra[a] de[b] dehors le[c] païs[d], li sires li doit rendre son argent; et s'il demeure sans esperance de revenir, — si comme s'il s'estoit[e] aairiés[f] hors du païs, ou il est en prison[g] de[h] mescreans, ou certaine nouvele est venue de sa mort, — li sires doit baillier l'argent a son plus prochien oir par pleges que, s'il revient, qu'il puist avoir ses deniers[i] sans debat; et s'il ne vient ou il n'a nul oir qui viegne avant, li denier sont aquis au seigneur.

1390. Nule doute ne doit estre, se aucuns achate eritage ou quel eritage[j] il ait edefices ou arbres fruis portans, qu'il ne doie l'eritage lessier en son estat sans les[k] edefices et les arbres[l] empirier, tant que li ans et li jours soit passés; et s'il le fet autrement, il est tenus a rendre le damage a celi qui vient a la rescousse; et aussi s'il i a bois dessous .vii. ans, il ne le puet couper[m]. Et tout ce qu'il puet couper de bois[n] aagiés et vuidier, ou bles, ou aveines, ou vins, ou feins, ou cens, ou rentes, ou poissons, ou autres choses qui issent de l'eritage, tout est sien de son droit sans fere nul restor au rescoueur. Mes si tost comme l'argens de la rescousse li est offers et il ne le veut prendre[o] sans plet, la justice des lieus, a la requeste du rescoueur, doit tout saisir[p] si que, se li rescoueres en porte l'eritage par la bourse, qu'il puist joïr de toutes les issues de l'eritage[q] le plet pendant.

1391. Demande puet estre fete, — se aucuns veut rescourre et il fet ajourner l'acheteur si que l'ajournemens est fes le derrain jour de la rescousse, et li jours du plet est puis l'an et le jour, — se l'acheteres puet dire, quant il vient devant le seigneur que l'ans et li jours est passés,

---

a) *F G* revenra. — b) *A F* omettent de. — c) *F G* du païs. — d) *H J K* omettent de deh. le païs. — e) *F G H J K* omettent s'. — f) *C* s'est appareilliés pour la demourer hors. — g) *C* emprisonnés; *G* en le pris. — h) *G H J K* des m. — i) *G H J K* son (*H J K* l') argent. — j) *H J K* omettent eritage. — k) *A B* omettent les. — l) *F* omet les edef. et les arbr. — m) *C* coup. de .iiii. ans. — n) *G* puet de bos coper qui sont aag. — o) *G H J K* reprendre. — p) *A* just. des l. doit tout sais. a la req. du resc. — q) *B F* issues qui seront oissues le plet.

pour quoi il ne veut respondre^a. Je di qu'il m'est avis que, puis que li offres de l'argent n'a esté fes^b a l'acheteur dedens l'an et le jour, par devant justice ou sans justice, que l'ajournemens qui est fes sans offrir l'argent n'est pas de si grant vertu que l'ans et li jours ne passe ou droit de l'acheteur, si que l'acheteres n'est pas tenus a respondre. Et sui meus a ce par deus resons : la premiere resons si est^c pour ce que li rescoueres avroit pouoir de rescourre^d puis l'an et le jour passé^e, laquele chose ne doit estre selonc droit commun. La seconde resons^f si est pour ce que li tans qui est entre l'ajournement et le jour de plet est du droit a celi qui est ajournés, si comme il convient que li gentius hons ait quinzaine et l'hons de pooesté du jour a l'endemain, et li tans qui vient de son droit ne li doit pas estre en sa nuisance.

1392. Se aucuns fet ajourner seur rescousse d'eritage et li premiers jours chiet dedens l'an et le jour, et l'acheteres s'essoine ou la justice contremande cel jour a un autre, et l'ans et li jours passe en cel delai, ce n'est de riens en prejudice du rescoueur, puis que li delais n'est par lui. Mes se li delais estoit par lui^g et li ans et li jours passoit, il perdroit le pouoir du rescourre. Et en quel que maniere que delais soit, par errement de plet ou par jugement pendant, puis que li ples est commenciés dedens l'an et le jour, li debas du plet n'est de riens en prejudice du rescoueur.

1393. Bien se gart cil qui maintient plet d'avoir eritage par la bourse qu'il soit bien garnis de fere paiement, se mestiers est, a chascune journee qu'il vient en court; car s'il a jugement pour li ou li acheteres veut renoncier au plet, se li rescoueres ne fet plein paiement en la journee, sa demande est aniantie et n'en doit puis estre oïs; car puis qu'il a sa demande, c'est a dire l'eritage pour l'argent, et il ne paie, il

---

a) *HJK* veut rescorre. — b) *A* offert; *GJK* faicte. — c) *HJK* omettent resons si est. — d) *F* omet de rescourre; *GHJK* omettent avroit pouoir de rescourre. — e) *GHJK* passé se offre laquele. — f) *HJK* omettent resons. — g) *C* omet Mes se... par lui.

est en pure defaute. Et par une seule defaute puis le jour de la veue ª perdroit il sa demande, donques la doit il bien perdre quant il est en defaute de paiement.

1394. Encores qui achate et ᵇ, pour doute de ᶜ rescoueurs, cueut ᵈ blés, mars ᵉ ou vins en eritage qu'il a acheté ᶠ ains le tans de droites ᵍ meuroisons ʰ, si qu'il apert que les cueilletes aient ⁱ perdu le droit du cours ʲ de leur ᵏ nature, et li rescoueres vient ains que li tans fust ˡ du cueillir ᵐ, l'acheteres li doit restorer le damage, car il vaut ⁿ mieus qu'il compere son malice ᵒ qu'autres.

1395. Encore a il tel coustume en rescousse d'eritage que, se j'offre l'argent comme eritiers et l'acheteres me connoist a eritier et m'offre a recevoir paiement, et j'entre en paiement ᵖ, se ᵠ je ne le paie tout en la ʳ journee, l'acheteres a gaaigniés les deniers que je li ai paiés aveques l'eritage. Mes pour ce que j'ai dit que li paiemens soit fes en la journee, se li paiemens ˢ estoit si grans a fere que, par le delai du conter, li jours passast, li rescoueres ne perdroit pas par tel delai s'ainsi n'estoit que paiemens demourast par defaute d'argent ; car il pourroit bien avoir si grant somme d'argent que l'en metroit bien a conter .ii. jours ou .iii. ou plus, et pour ce ne seroit il pas resons que li rescoueres perdist par tel delai.

1396. Se li rescoueres prent tel ᵗ serement du vendeur et de l'acheteur a ᵘ savoir combien ᵛ li marchiés cousta, sans debat, il ne puet puis trere prueves contre leur serement, ains convient qu'il soient creu. Donques se li rescoueres

---

a) *A* la venue perdr. — b) *A* omet et. — c) *CG* pour [*C* le] doute des resc. — d) *B* resc. qui eust bl. ; *F* quant. — e) *F* bl., avaines ou vins. — f) *C* q. les bles ou les vins qui doivent issir de l'eritage ains le tans. — g) *C* de toutes ; *G* omet droites. — h) *HJK* droite meurison. — i) *JK* que ce qui est cueilli ait. — j) *F* omet du cours ; *JK* perdu l'eritage par droit de. — k) *JK* de sa nat. — l) *GHJK* ains le temps qu'il fust [*JK* a] poins. — m) *G* de recueillir. — n) *GHJK* il vient mieus. — o) *G* son damage. — p) *BCFGHJK* omettent et j'entre en paiement. — q) *A* paiem. et je. — r) *GHJK* en celle journee. — s) *B* omet soit fes ... li paiemens. — t) *AB* omettent tel ; *CF* pr. le serem. — u) *CF* pour sav. — v) *A* omet combien ; *CF* que li.

doute ou croit qu'il eust fraude ou barat ou marchié, il doit dire en tele maniere : « Sire, je di que li marchiés fu teus et par tel convenance et en requier a avoir serement du vendeur et de l'acheteur, et s'il disoient qu'il fust autrement par leur serement [a], si sui je pres de prouver par bonnes gens qui i furent, que li marchiés ala[b] en ceste maniere. » Et se li rescoueres va en ceste maniere avant, il doit estre oïs en[c] ses prueves et avoir avant toute œuvre le serement du vendeur et de l'acheteur.

1397. Quant aucuns achate en tel maniere qu'il paiera le pris de la vente a[d] termes, se[e] rescoueres vient avant, il doit avoir les termes que l'acheteres avoit et doit fere bonne seurté a l'acheteur qu'il le delivrera des paiemens envers le vendeur as termes qui furent convenancié au marchié fere. Et ceste seurté fera[f] il a l'acheteur, car li venderes ne changera pas ses pleges ne ses detes s'il ne veut. Mes se l'acheteres i a cous ne[g] damages, li rescoueres li est tenus a rendre; et se li rescoueres ne puet ou ne veut fere la seurté d'aquitier l'acheteur envers le vendeur et de li rendre ses cous et ses damages s'il les a par defaute de son aquit[h], il ne venra pas a la rescousse s'il ne baille l'argent, ou bon gage[i] a l'acheteur, du quel l'acheteres se puist aquitier vers le vendeur.

1398. Li aucun si cuident, — quant aucuns achate eritage et l'eritages est tenus de pluseurs seigneurs, et pris d'argent est mis seur chascune seignourie pour les ventes du seigneur paier, tout soit ce que li marchiés fust fes entre le vendeur et l'acheteur par un seul nombre d'argent et a une seule paumee, — que cil qui veut rescourre puist rescourre tant seulement ce qui est tenu d'un seigneur, mais non fet; ains convient qu'il resqueue tout le marchié de quantes sei-

---

a) *GHJK* omettent par leur serement. — b) *GHJK* marchiés fu en. — c) *AF* oïs et ses; *B* oïs o ses; *C* oïs ou ses. — d) *CF* v. as t. — e) *A* term. le resc.; *CF* se li resc.; *G* et se resc. — f) *GHJK* fait il. — g) *C* i a ne mis cous ne mis dam.; *F* a mis aucuns cous ou dam. — h) *CF* aquitement. — i) *C* l'arg. ou bons pleges; *F* baille bonz guages ou l'argent ou bonz plegez.

gnouries qu'il soit, puis qu'il fu fes a une seule paumee et que li uns li duit^a aussi bien de lignage comme li autres. Mes se l'une partie de l'eritage li duisoit^b de lignage et^c l'autre non, il n'en rescourroit fors ce qui seroit de son costé. Et fust encore ainsi que l'acheteres le vousist connoistre eritier de tout, ne pourroit il entrer en ce dont il ne seroit eritiers, s'il ne recevoit saisine de seigneur par ventes paians, Et s'il i entroit sans saisine de seigneur, li sires pourroit saisir l'eritage tant que li premiers acheteres venroit a la dessaisine et qu'il feroit^d amende de^e ce que cil^f i entra sans seigneur qui^g n'i avoit droit; et seroit l'amende de .LX. s. se l'eritages estoit tenus en vilenage^h et, se l'eritages^i estoit de fief, l'amende seroit de .LX. lb.

1399. En droite rescousse d'eritage, quant il est certaine chose que cil qui resqueut est eritiers, ne convient saisine ne dessaisine de seigneur, ne ventes paier, car li rescoueres en porte tout le droit que l'acheteres avoit par son droit; et quant il estoit en la saisine du seigneur, cele saisine vient au rescoueur, si qu'il est tout saisis de l'eritage si tost comme il a fet paiement; ne il ne li^j convient point, s'il est conneus de l'acheteur a eritiers^k, venir^l devant le seigneur pour la rescousse fere. Mes se l'acheteres met debat en la rescousse, adonques convient il que li ples viegne par devant le seigneur.

1400. Or pourroient dire li aucun : « Beaus sires, vous dites qu'il convient tout rescourre ce qui est vendu a un marchié, tout soit ce que l'eritages soit tenus de pluseurs seigneurs. Et comment puet ce estre, car li rescoueres ne fera ajourner, s'il ne li plest, l'acheteur que par devant l'un des seigneurs et li sires ne pourra connoistre fors que de l'eritage qui de li muet? Et donques quant li rescoueres

---

a) *G* vint; *HJK* vient. — b) *GHJK* venoit. — c) *B* lign. aussi bien comme et. — d) *Tous les mss. ont très nettement* seroit. — e) *ABCFHJK omettent* de. — f) *GHJK* qu'il i. — g) *F* dess. et que che que cheli i entra sanz seingneur seroit amende car il n'i av. — h) *F* omet se l'erit ... en vilenage. — i) *HJK* et s'il estoit. — j) *GHJK omettent* li. — k) *BCF* conn. a heritiers de l'acheteur. — l) *CF* faire venir.

avra rescous ce qui mouvra de cele seignourie, il semble qu'il li loise a soi[a] soufrir a tant, s'il li plest. » Mes a tout ce puet l'acheteres metre[b] bonne reson avant et resnable cause, car il puet dire par devant le seigneur la ou il est tres : « Sire, tout soit il ainsi que vous ne poués connoistre fors que de l'eritage qui de vous muet, il ne convient pas, s'il li plest, qu'il tresist a vous ni[c] a autre seigneur, car je le connois a eritier de tout le marchié que je fis a tel persone qui estoit de son lignage. Et quant je le connois a eritier sans ce que j'i meisse onques debat, et il ne convenoit pas qu'il s'en tresist avant par devant le seigneur se par mon debat n'estoit, et je fis mon marchié tout a une seule[d] paumee[e], je di que mes marchiés est si conjoins que nus rescoueres ne le me doit departir ne dessevrer, puis qu'il soit eritiers de tout le marchié. Pour quoi je vous requier que vous ne me contraigniés a departir mon marchié, liqueus m'est[f] tous conjoins ensemble[g] par[h] une[i] paumee. » Et[j] s'il atent droit seur ce, je ne me dout pas que li rescoueres ne resqueue le tout ou nient[k], se l'en li fet bon jugement.

1401. Quant aucuns resqueut eritage et il i a despueilles a lever, si comme grains ou vins, bien se gart qu'il viegne a la rescousse avant que l'acheteres ait fet les bles soier[l] ou les vignes[m] vendengier, tout soit il encore[n] ainsi que li vin ou li blé soient encore seur les lieus ou il crurent, car l'acheteres les en porteroit si tost comme il ont le pié coupé, puis qu'il soit tans de soier ou de vendengier. Car se l'acheteres les prenoit malicieusement avant qu'il fussent meur, il seroit tenus a rendre le damage au rescoueur qui rescourroit dedens le tans de meuroison, tout fust il ainsi que l'acheteres s'escusast qu'il eust soié les bles vers pour don-

---

a) *CF* semble qu'il s'en doie soufr. ; *GHJK* omettent soi. — b) *A* puet metre li acheterrez. — c) *C* omet a vous ni. — d) *GHJK* omettent seule. — e) *CF* paum. et a une seule personne. — f) *F* marc. car il est. — g) *C* conjoint tout ensemble. — h) *C* et par; *F* et a. — i) *A* par ma paum. — j) *HJK* omettent par ... Et. — k) *C* resq. tout onniement se. — l) *G* soier les bles. — m) *A* vins vend. — n) *B* omet encore.

ner a ses chevaus ou a ses autres bestes, ou les vignes vendengies ᵃ en ᵇ verjus, car ce n'est pas la coustume de la conteé que l'en soie communement bles vers pour donner as ᶜ bestes, ne que l'en vendenge vignes a fet ᵈ pour fere ᵉ verjus. Donques qui ainsi le feroit, ce seroit aperte chose qu'il ᶠ le feroit ou prejudice des rescoueurs. Et qu'il soit voirs que l'acheteres en port les bles et les vins si tost comme il ont le pié coupé, tout soient il encore seur le lieu ou il crurent, il est aprouvé par un jugement qui ensuit.

1402. Pierres proposa contre Jehan que li dis Jehans avoit acheté en son ᵍ eritage ʰ une piece de terre en laquele il avoit blé et, en cel point que li dis Jehans soioit ⁱ le blé, il li offri ses deniers et, pour ce qu'il ne les vout prendre, il fist arester par justice le blé seur le lieu, et celi qui estoit soiés et celi qui estoit a soier, par quoi il requeroit que li dis Jehans fust contrains a prendre son argent et que l'en li ʲ delivrast tout le blé, et celi qui estoit soiés seur le lieu et celi qui estoit a soier. A ce respondi Jehans que bien le connoissoit a eritier et bien vouloit prendre son argent, mes il requeroit a ᵏ avoir le blé delivre, celi qui estoit soiés ˡ avant qu'il li fist l'offre de l'argent; et si requeroit qu'il fust desdamagiés des journees as ouvriers qu'il avoit loués pour le blé soier, liquel ne parfirent pas leur journees ᵐ. Et seur ce se mistrent en droit.

1403. Il fu jugié que l'acheteres en porteroit le blé soié devant l'offre et li rescoueres le remanant, et des ouvriers l'acheteres les paieroit selonc ce qu'il avoient fet devant l'offre et li rescoueres le remanant. Et par cel jugement puet l'en veoir qu'il est ainsi comme il est dit dessus.

1404. Nous avons dit dessus que cil ⁿ qui achate ne doit pas soier les bles vers, ne les vignes vendengier ᵒ en verjus,

---

a) *C* vendengier. — b) *F* vend. por fere verj. — c) *A* donn. a best. — d) *CF omettent* a fet. — e) *C* fere fere. — f) *GHJK omettent* le feroit... chose qu'il. — g) *GHJK omettent* en son. — h) *GHJK* heritages. — i) *A* soiet; *B* soie. — j) *A omet* li. — k) *HJK* il vouloit avoir. — l) *G* blé qui estoit soiés a delivre. — m) *B omet* as ouvriers ... leur journees. — n) *A omet* cil. — o) *BGHJK omettent* vendengier.

ne les bois sous l'aage de .VII. ans ne doit il pas couper. Mes s'il i a prés*a* en son achat, il puet bien couper l'erbe des prés*b* toutes les fois qu'il li plest, ou soier les veces vers*c* pour donner a ses bestes ou pour vendre, ne ja n'en fera restor au rescoueur, car c'est bien la coustume de fere ent son pourfit, si tost comme l'en s'en puet aidier*d*.

1405. Aucun sont, quant il ont acheté eritage et il ont paour que l'en ne leur*e* resqueue, qui lessent les terres de leur achat en friés*f* tant que l'ans et li jours soit passés, pour la chose aviler et laidir a ceus qui i ont droit de rescousse. Et pour ce que c'est baras apensés et en damajant autrui, se li rescoueres s'en plaignoit, il nous est avis que l'acheteres seroit*g* tenus a restorer le damage, car mieus venist qu'il l'eust plus tant acheté comme l'annee monte qu'il lessast la chose gaste, car l'argens fet bien au vendeur et l'eritages lessiés en friés*h* ne fet bien a nului. Et tout soit il ainsi que nous n'avons pas veu*i* tel*j* cas avenir*k* dusques au*l* jugement, je m'acort, se aucuns le mene dusques au jugement, que l'en face au rescoueur rendre le droit pris que l'eritages devroit avoir valu l'annee qu'il avroit esté lessiés en friés*m* par le barat dessus dit*n*.

1406. Bien loit a celi a qui on veut rescourre eritage qu'il ait jour de veue s'il le requiert. Et s'il veut qu'il ait jour de veue et li rescoueres fet veue d'autre eritage que de celi lequel il entent a rescourre, et li ans et li jours passe que li acheteres acheta en cel plet pendant, li rescoueres pert ce qu'il entendoit a rescourre sans recouvrer; car s'il offri l'argent dedens l'an et le jour et veue li fu assignee seur ce, et il ne moustra pas seur quoi il avoit fet l'offre, l'erremens du plet estoit anientis et aussi comme s'il n'eust

---

a) *A omet* prés. — b) *HJK omettent* des prés. — c) *G* soier des vesches et dragees pour; *HJK omettent* vers. — d) *B* puet delivrer; *C* de aidier, de exponctué. — e) *A* ne le resq.; *BF* ne lez resq. — f) *A* ries; *G* friers. — g) *A* achet. devroit estre ten. — h) *A* ries; *G* friers; *JK* frieche. — i) *A omet* veu. — j) *AB omettent* tel. — k) *G omet* avenir. — l) *HJK* veu avenir tel cas en jugem. — m) *A* ries; *F* friez; *G* friers; *JK* friesche. — n) *B omet* dessus dit.

onques fet offre ª d'argent. Mes se li rescoueres s'aperçoit qu'il n'ait pas fet soufisant veue dedens l'an et le jour que la rescousse dure, il puet delessier le plet qu'il a folement demené seur la veue mal fete, et fere nouvele offre et ainsi pourra revenir a son eritage par la bourse. Mes se li ans et li jours est passés ainçois qu'il s'aperçoive de sa ᵇ fole veue par nouvele offre ᶜ, il n'i puet puis revenir ᵈ, si comme il est dit dessus.

1407. Pierres rescoust eritage de par sa fame pour ce que sa fame estoit en tiers de lignage au vendeur et, cele rescousse fete, Jehans se ᵉ traist a Pierre et li dit qu'il estoit du lignage au vendeur par quoi il vouloit avoir cel eritage par la bourse; et Pierres li respondi: « Se vous prouvés que vous soiés du lignage, je vueil bien que vous l'en portés par la bourse. » Et adonques Jehans prouva qu'il estoit en quart au vendeur; et quant Pierres s'aperçut qu'il estoit en plus loingtain degré de lignage que sa fame n'estoit, si li dist qu'a l'eritage ne pouoit il pas venir par rescousse, car sa fame estoit plus prochiene de lignage; et Jehans dit que si feroit pour ce qu'il li avoit ᶠ otroié tout simplement que, s'il pouoit prouver qu'il fust du lignage, qu'il en ᵍ porteroit l'eritage pour l'argent ʰ. A ce respondi Pierres que cil otrois ne pouoit pas deseriter sa fame ne ne devoit, meismement quant ele n'avoit pas esté a l'otroi ne ne s'i estoit pas assentie. Et Jehans disoit que si fesoit et qu'il li loisoit a lessier loi aler en autrui main par sa convenance ou par son otroi sans l'assentement de sa fame. Et seur ce se mistrent en droit.

1408. Il fu jugié que li otrois que Pierres avoit fet a Jehan ne vauroit pas a ce que Jehans en portast l'eritage.

1409. Or veons, se Jehans le veut suir par reson de cele convenance, qu'il en doit estre fet; car, puis que l'eritages

---

a) *B* offre fet. — b) *FGHJK* de le fole. — c) *HJK* omettent offre. — d) *AG* venir. — e) *GHJK* omettent se. — f) *CJK* qu'il avoit; *GH* qu'il l'avoit. — g) *A* qu'il l'en. — h) *HJK* omettent que s'il pouoit ... pour l'argent.

qui est venus en l'eritage sa fame ne li puet estre delivrés sans l'assentement de sa fame, il nous semble que l'en doit regarder par loial estimacion la valeur de l'eritage et le nombre de l'argent qu'il cousta et, de tant comme l'eritages vaut plus de la somme de l'argent, en tant doit estre tenus li dis Pierres au dit Jehan par la reson de l'otroi qu'il li fist, lequel il ne li puet delivrer ne garantir ; et nicement se mist en plet, car s'il eust dit : « Je vous otroi que vous aiés l'eritage se vous prouvés que vous soiés plus prochiens que ma fame », il eust esté delivrés de ce plet pour ce que Jehans ne prouva que le quart degré de lignage et sa fame estoit ou tiers. Et bien puet estre que Pierres l'entendi au dire, mes l'en juge selonc ce qui est dit, non pas selonc les entencions.

1410. Aucune fois avient il, quant uns hons et une fame sont ensemble par mariage et il ont enfans, qu'il achatent aucun eritage en l'eritage[a] du pere et après la mere muert, et demeurent li enfant sous aage en la garde du pere. Or veons comment li peres ravra[b] la partie par la bourse que li enfant doivent avoir en l'aqueste de par la mere. Nous disons selonc nostre coustume que, tant comme li enfant sont sous aage, li peres n'est pas tenus a offrir les deniers a ses enfans, car il tient tout par la reson de la garde. Mes si tost comme l'uns des enfans est aagiés, dedens l'an et le jour après il li doit offrir l'argent ; et s'il lesse l'an et le jour passer, il n'i puet plus recouvrer, ainçois en portent li enfant la moitié par la reson de leur mere. Et autel comme nous avons dit du pere qui achate en son eritage, disons nous de l'eritage qui est achetés en l'eritage de la mere quant li peres muert et la mere veut ravoir la moitié de l'eritage par la bourse.

1411. Se li peres et la mere achatent un[c] eritage[d] en l'eritage du pere et après li peres muert, li enfant pueent bien ravoir par la bourse la partie de la mere dedens

---

a) *A omet* en l'eritage. — b) *G H J K* avra. — c) *B F G H J K omettent* un. — d) *G* heritages.

l'an et le jour que li peres est mors. Et s'il sont sous aage quant li peres muert, li ans et li jours commence si tost comme li ainsnés des enfans vient en aage. Et se li ainsnés des enfans ne le veut ou ne puet ravoir par la bourse, pour ce ne demeure pas que li mainsné ne le puissent[a] ravoir dedens l'an et le jour qu'il vienent[b] en aage. Et tout ainsi, se li eritages fu achetés en l'eritage de la mere et la mere muert, le pueent bien li enfant du pere ravoir par la bourse. Et en toutes teus aquestes que li peres ou la mere pueent ravoir de leur enfans par la bourse, et li enfant du pere ou de la mere, ainsi[c] comme il est dit dessus[d], quant li fiés revient arriere par la bourse, il n'i a que tant d'homages comme il i avoit quant il fu achetés. Mes se la bourse ne fu offerte et chascuns en porte sa partie, chascuns fet homage de ce qu'il en porte et ainsi pueent li seigneur avoir d'un homage[e] deus ou plus[f].

1412. Quiconques veut debatre ce qu'uns autres tient, debate loi en jour assené a partie par devant le seigneur a qui la connoissance du plet apartient ; car li debas vaut poi qui est fes en derriere de la justice par devant qui la connoissance[g] en apartient, ne ce n'est pas debas qui nuise a celi qui est en la saisine de la chose. Donques se je vueil rescourre un eritage[h] et l'acheteres ne veut prendre l'argent ou il me delaie, je ne me doi pas a ce atendre que je ne li offre par devant le seigneur ; car[i] li offres que je li avroie fet en derriere du seigneur ne me vauroit riens, ainçois demourroit en l'eritage ; et en ceste maniere l'avons nous veu user. Et aussi se vous tenés la terre qui a moi apartient, ou vous levés les rentes qui doivent estre moies[j], ou vous coupés mes bois et je le vous debat et vous requier que vous en issiés, tuit tel debat ne valent riens devant qu'il sont fet

---

a) *GHJK* puist. — b) *GHJK* vient. — c) *G* la bourse par tel voie le puet ravoir du pere et de la mere comme il. — d) *G omet* dessus; *HJK* comme dit est. — e) *A* houme. — f) *CF omettent* ou plus. — g) *A* connaiss. du plet. — h) *B* vueil un eritage rescourre. — i) *ABCF omettent* car. — j) *AJK* miennes; *C* mienes; *lacune dans* F *depuis* moies *jusqu'au* § 1451 : naturelment si comme...

CHAP. XLIV. — DES RESCOUSSES D'ERITAGE.

en plet ordené par devant la justice de qui ce muet; ne ja pour teus debas je ne me leroie a aidier de teneure pesible car assés est la teneure pesible qui est esploitiee sans empeechement de seigneur.

1413. Nus ne doit estre ostés de la saisine la ou il est, tant qu'il vueille dire qu'il est en bonne saisine, devant que drois l'en ostera selonc le pledoié de l'autre partie. Ne ce n'est pas assés que li sires mete la main a la chose[a] des le commencement du plet pour la requeste du demandeur, car chascuns doit pledier saisis de ce dont il est en saisine[b] des le commencement du plet, se li ples n'est de force ou de nouvele dessaisine, de toute, de roberie ou de larrecin. Car en cest cas puet bien li sires, des le commencement du plet, prendre la chose dont debas est[c] en sa main[d]. Nepourquant encore sera ele rendue par pleges a celi qui fu trouvés saisis, s'il le requiert, et des autres cas il n'en est pas tenus a fere plegerie[e]; ainçois doit estre remis en saisine[f] toute delivre avant qu'il responde a riens que l'en die ou plet contre li. Et c'est bien resons que l'en se defende saisis de ce dont l'en est saisis quant ples commence.

1414. Nous avons parlé de mout de baras qui sont fet entre les vendeurs et les acheteurs pour ce que li eritage ne soient rescous, et cil qui ont mestier de vendre obeïssent volentiers a teus convenances comme li acheteur vuelent; car il n'en chaut pas granment a aucuns des vendeurs mes[g] qu'il aient ce qu'il entendent a avoir de leur terre vendue. Et aveques ce que nous avons dit, nous avons puis[h] oï parler[i] d'un malice qui a esté fes pour debouter les[j] parens de la rescousse de l'eritage. Car Pierres offri son eritage a vendre a Jehan et Jehans dit qu'il ne l'acheteroit pas a eritage, mes il en acheteroit[k] les despueilles de .vi. ans. Et courut mar-

---

a) *C* omet a la chose; *G* mete la chose en sa main. — b) *B* sais. comme de engagement des. — c) *GHJK* omettent dont debas est. — d) *C* chose en sa main dont deb. est. — e) *HJK* ploges. — f) *A* en sa saisine. — g) *C* vend. ne mes. — h) *ABGHJK* omettent puis. — i) *HJK* parler puis d'un. — j) *C* les parties des par. — k) *C* achet. se il voloit les despueilles.

chiés des dites despueilles et en fu mis Jehans en saisine comme d'engagement par le seigneur de qui l'eritages mouvoit. Et après, dedens le premier an[a] ou dedens les .II. premiers ans, entre le dit Pierre et ledit Jehan reparlerent[b] du marchié du tresfons de l'eritage et courut marchiés en tel maniere que Jehans qui le tenoit par engagement l'acheta a eritage, et en firent vers le seigneur[c] ce qu'il durent, c'est a savoir des ventes[d] de[e] tant comme li tresfons[f] fu vendus; et se l'engagemens n'eust esté fes par le gré du seigneur, aussi eust il eu ventes de tant comme li eritages fust meins[g] vendus par la reson de l'engagement. Et après, dedens l'an et le jour que li tresfons fu vendus, uns des[h] parens Pierre[i] se traist avant et offri la bourse; et Jehans respondi que volentiers reprenroit son argent de la vente du tresfons, sauves les annees qu'il devoit tenir par la reson de l'engagement devant fet[j]; et li rescoueres disoit[k] encontre que, puis qu'il veoit[l] a perpetuité l'eritage de son parent hors de sa main, il i vouloit venir, par quelconque marchié[m] il en fust hors. Et seur ce se mistrent en droit assavoir mon se l'acheteres joïroit des annees de l'engagement ou se li rescoueres i enterroit des maintenant. Li homme par qui cel jugemens fu rendus se conseillierent longuement[n] seur ceste chose et regarderent le peril qui pouoit avenir[o] as eritiers se Jehans joïssoit[p] des annees de son engagement, car tuit cil qui malicieusement vourroient debouter les eritiers des rescousses d'eritages les engageroient premierement a .VI. ans, ou a .X. ans[q], ou a .XII.[r], ou a plus, pour un petit nombre d'argent, et après il acheteroient le tresfons grant nombre d'argent[s]; et ainsi, se tel engagement tenoient en

---

a) *B* omet an. — b) *C* rapelerent. — c) *A* les seigneurs. — d) *G* des montes. — e) *A* omet de. — f) *GHJK* li heritages. — g) *A* fust miex vend. — h) *AB* omettent des. — i) *C* par. a P.; *HJK* par. de P. — j) *HJK* omettent devant fet. — k) *ABHJK* rescouerres (*JK* rescoueur) disant. — l) *A* vent. — m) *G* maniere. — n) *C* cons. asses long.; *HJK* cons. grant piece. — o) *GHJK* p. venir. — p) *BJ.* issoit; *G* gooit; *HJK* gorroit (joyroit). — q) *GHJK* omettent ans. — r) *C* .XII. ans. — s) *GHJK* omettent et après ... nombre d'argent.

CHAP. XLIV. — DES RESCOUSSES D'ERITAGE.   215

rescousse d'eritage, peu [a] ou nul avroient talent de rescourre pour ce qu'il n'enterroient en l'eritage [b] devant que l'engagemens seroit passés. Et pour ce jugierent li homme [c] que, se aucuns tient eritage par engagement et, dedens les annees de son engagement, il achate [d] le tresfons et aucuns le veut rescourre, li rescoueres rendra le pris de la vente du tresfons et le pris que l'engagemens cousta selonc le tans que li acheteres l'avoit encore a tenir par les convenances de [e] l'engagement, non [f] pas selonc ce que les despueilles peussent valoir, mes ce qu'il paia pour avoir les [g] tant seulement. Et ainsi entra li rescoueres en l'eritage en tel maniere qu'il rendi le pris du tresfons et les .IIII.[h] pars de ce que les .VI. annees de l'engagement avoient cousté ; et pour ce ne rendi il que les .IIII.[h] pars de l'engagement que li acheteres avoit ja levé des .VI. annees les .II. quant il acheta le tresfons, si qu'il ne l'avoit mes a tenir que .IIII. annees par la reson de l'engagement. Et par cel jugement puet l'en veoir que marchiés d'engagement d'eritage se despiece quant cil qui engaja [i] achate l'eritage qu'il engaja dedens le tans de son engagement [j].

1415. Pour ce que nous avons dit en cel jugement ci dessus que Jehans ne ra [k] des .VI. annees son engagement que les .IIII. pour ce qu'il en avoit ja .II. levees quant il acheta le tresfons, ce fu pour ce que les terres dont plet estoient portoient chascun an. Car se ce fussent bois sousaagié qu'il eust engagiés pour couper quant il venissent en aage, ou jaschieres des queles il n'eust encore riens levé, ou viviers es queus [l] il n'eust encore riens peschié, ou autres eritages es queus il ne peust encore riens avoir pris, il eust eu tout le pris que l'engagement des .VI. annees cousta et les

---

a) *C* erit. trop peu de parens ou. — b) *B* en leur erit. — c) *GHJK* Et par cel jugement li hommes dirent. — d) *G* et ded. leur annees d'engagement ilz accatent le tresf. — e) *HJK omettent* les convenances de. — f) *B* engag. et non. — g) *G* av. loy; *HJK* av. le tant. — h) *ABC* les .II. pars. — i) *JK* qui en gaige l'a ach. — j) *B* omet l'avoit mes ... son engagement, le scribe ayant laissé en blanc le haut du fol. 154e où ce passage devrait se trouver. — k) *ABC* ne rent des. — l) *HJK* viv. la ou il.

cous resnables du cultiver et du labourer aveques le pris du tresfons, pour ce que li pourfis de l'atente qu'il ne leva riens venist au rescoueur. Et ce puet chascuns veoir que resons s'i acorde.

1416. Autrement iroit qu'il n'est dit ou jugement[a] dessus se Jehans tenoit par engagement l'eritage Pierre et après ne vouloit pas acheter le tresfons ou tans des annees de son engagement, et Pierres le vendoit[b] a un autre, car en cel cas joïroit[c] Jehans de son engagement ou quel il seroit par seigneur, ne n'i pourroit acheteres ne rescoueres entrer devant qu'il avroit eues toutes ses annees ; mes toutes voies que ce ne fust fet malicieusement, si comme li aucun pourroient engagier et puis fere acheter par un autre tant que li ans et li jours fust passés, ou tant comme li tans de l'engagement durroit, et après enterroit en la teneure du tresfons[d] par la volenté de celi qui en reçut[e] la saisine ; et par tout la ou teles fraudes seront aperceues, li eritage doivent estre ou premier estat, si que nus ne perde par le barat qui fu fes a escient.

1417. Se aucuns lesse le quint de son eritage pour vendre par la main de ses executeurs et li executeur le vendent hors du lignage au mort, li parent au mort le pueent bien rescourre par la bourse aussi comme se li mors l'eust vendu a son vivant ; car pour ce, se l'eritages est vendus par reson de testament ne doivent pas li parent du mort perdre le droit qui leur est aquis par reson de lignage. Mes autrement seroit se l'eritages estoit de l'aqueste au mort, car il n'i avroit point de rescousse se li executeur le vendoient.

Ici fine li chapitres de rescousse d'eritages.

a) *HJK omettent* ou jugement. — b) *GHJK* vendist. — c) *B* iroit. — d) *GHJK* enterroit ou tresf. — e) *A* requist. — Explic.) *BGJK n'ont pas d'explicit*; *C* Ichi define le chap. des rescousses des herit. et des escanges ; *H* Explicit.

XLV.

Ici commence li .xlv. chapitres de cest livre liqueus parole des aveus et des desaveus, et des servitudes et des franchises, et du peril qui est en desavouer et comment on doit suir ceus qui se desaveuent.

1418. Cil ne garde pas bien sa foi vers son seigneur qui desaveue ce qui doit tenir de li et l'aveue a tenir d'autrui ; et en teus aveus[a] qui sont fet a tort contre les seigneurs a mout de perius de perdre vilainement. Et pour ce que l'en se garde de fere des aveus mal soufisans, nous, en ceste partie, dirons[b] des aveus et des desaveus, et des pertes qui en pueent nestre, et des servitudes et des franchises.

1419. S'il avient qu'uns gentius hons tiegne ou doie tenir un fief de Pierre et il l'aveue a tenir de Jehan, et Pierres prent le fief en sa main, et saisit Pierres[c] par le desaveu, Jehans de qui il est avoués a tenir li[d] doit requerre qu'il en oste sa main comme li fiés soit avoués a tenir de li. Et se[e] Pierres veut dire qu'il ne doie[f] pas estre tenus de li, mes de lui[g], et, pour ce qu'il est de li desavoués[h], i a il[i] jeté la main, il ne soufist pas a ce qu'il ne doie sa main oster et resaisir le tenant, s'il en a riens levé ; et puis doit fere ajourner

---

Rubr.) *A B H* omettent *et du peril ... se desavouent; C* avcuz et des avouez; *C G H J K* omettent *de cest livre; chap. qui parole; G* omet *Ici commence et des aveus et; G J K* des desavoemens; *J K* par. des advouemens. — a) *G* tex desadvoement; *H J K* t. desaveus. — b) *G H J K* nous dir. en ceste partie. — c) *J K* omettent Pierres. — d) *C* tenir, il doit. — e) *G* li et non de Pierre. — f) *A* ne soit. — g) *G* omet veut dire ... de lui. — h) *G* est desavoés de P., i a. — i) *H J K* il y a jeté.

le tenant par devant Jehan de qui il a avoué*a* a tenir. Et en la court du dit Jehan doit estre li ples tenus du desaveu. Et se Pierres ne le veut fere en ceste maniere, ainçois veut tenir ou lever par le desaveu, il doit estre contrains par le conte, a la requeste de Jehan et du tenant, d'oster sa main et de resaisir*b* le tenant, et puis sieve le tenant en la court de Jehan s'il veut, en la maniere qu'il est dit*c* dessus, car autrement ne puet il ateindre le tenant qui a fet le desaveu. Donques puet on veoir que cil qui veut suir par reson de ce que l'en a desavoué ce que l'en doit tenir de li, doit suir son droit en la court de celi de qui li fiés est avoués a tenir.

1420. Desaveus se fet en pluseurs manieres. La premiere maniere*d* si est se je fes celi semonre que je croi qu'il*e* soit mes hons ou qui le doit estre, et il se met en toutes defautes, et je prent pour les defautes seur le fief, et il vient a moi pour demander pour quoi j'ai pris et je di : « Pour teus defautes », et il respont : « Je n'i estoie pas tenus a venir, car je ne tieng riens de vous ne ne doi tenir, ainçois tieng de celi. » S'il le*f* dit en ceste maniere, c'est drois desaveus et li doit cil qui a pris pour les defautes rendre, et puis le doit suir en la court de celi de qui il dit qu'il le tient. Mes s'il dit : « Je ne tieng riens de vous », et ne veut nommer de qui il tient, il ne doit pas rendre ce qu'il tient pour les defautes et doit encore lever les issues du fief par defaute d'houme dusques a tant qu'il avra nommé le seigneur de qui il dit qu'il le*g* doit tenir, car li desaveus n'est fes devant qu'il a nommé de qui il tient. Et les levees qui sont fetes ou delai de ce qu'il ne vout*h* nommer seigneur*i*, quant il l'a nommé, doivent estre baillies au tenant par recreance, si que, s'il le puet ateindre de mauvès desaveu en la court de celi qu'il a nommé*j* a seigneur, il puist ravoir*k* ce qu'il leva en usant de son droit. Et les levees qui sont fetes

---

a) *A B* il l'aveue ; *G* il avoe. — b) *B* de desesir le. — c) *G H J K* man. qui est dite dess. — d) *G H J K* omettent maniere. — e) *C G H J K* qui soit. — f) *G H J K* omettent le. — g) *A* omet le. — h) *B* vout pas nom. — i) *B G* nom. le seign. — j) *A* qu'il nomme. — k) *H J K* avoir.

le plet pendant doivent estre ᵃ bailliees au tenant, non pas aussi par recreance mes en delivre, car griés chose seroit qu'il baillast pleges de ce dont il trueve seigneur et le veut maintenir a son droit ; ne autrement il ne pourroit pas bien son plet maintenir s'il n'avoit autre chose vaillant que ce qui seroit en ᵇ debat.

1421. La seconde maniere comment desaveus se fet, si est quant cil qui dit qu'il est sires saisist pour aucune cause et li tenans ne tret ᶜ de riens a ᵈ li, ainçois va a autrui seigneur et li requiert qu'il li garantisse ce qu'il tient de li ; et cil a qui il fet tele requeste vient a celi qui a saisi et li dit : « J'ai homme de cest fief que vous avés saisi et bien l'aveue a tenir de moi ; si vous requier que vous en ostés vostre main. Et se vous li voulés riens demander, venés en ma court: je vous en ferai bon droit. » En cel cas cil qui avoit saisi doit oster sa main et rendre au tenant, s'il a riens levé ᵉ, en ᶠ delivre ᵍ, et le doit fere ajourner par devant le seigneur qui li denonça qu'on le tenoit de li. Et ilueques convient que li tenans die qu'il tient de lui ʰ le fief que teus hons avoit saisi, car devant qu'il l'a ⁱ dit, desaveus n'est fes. Ainçois s'il set ou croit qu'il a meserré en ce qu'il n'a obeï a celi qui avoit saisi pour ses defautes ou pour ses desobeïssances, il puet recouvrer a son droit seigneur par les amendes ʲ des defautes ou des desobeïssances ᵏ paians ˡ. Mes s'il atent tant qu'il ait nommé autre seigneur, il ne puet recouvrer au premier qui le poursuit ; ainçois s'il le puet ateindre de faus desaveus, li tenans pert le fief et le gaaigne li sires qui l'a poursui en la court de celi de qui il l'avoua ᵐ a tenir faussement. Et en ce poués vous veoir le peril et le damage qui puet estre en avouer seigneur qui ne le doit pas estre et en desavouer son droit seigneur.

1422. La tierce maniere de desaveu si est quant li te-

a) *A* estre aussi baill. — b) *AB* ser. ou deb. — c) *A* ne tient. — d) *C* ne se trait pas envers li. — e) *HJK* a levé riens. — f) *AC* levé et del.; *G* tout au del. — g) *C* delivrer. — h) *AB* omettent de lui; *C* die de qui tient le f. — i) *AB* omettent l'; *C* l'ait. — j) *HJK* amend. paians. — k) *G* omet des def. ou des desob. — l) *J* omet paians. — m) *HJK* il [*H* l'] a avoué.

nans ne veut obeïr ne paier les redevances que li fiés doit, ainçois renonce a tout le droit du fief en disant au seigneur qu'il ne veut riens tenir de li et renonce a quiconques il[a] en tient, ou[b] en soi tesant si lonc tans que li sires puet gaaignier par longue teneure contre li ; mais ceste teneure convient il qu'ele soit de .x. ans pesiblement a la veue et a la seue de celi qui li peust son fief requerre. Et encore pour la teneure de .x. ans ne[c] gaaigneroit il pas, s'il n'avoit saisi et levé par le jugement de ses pers, que ses hons n'i revenist par les amendes des defautes et des desobeïssances.

1423. Chascuns doit savoir de qui il tient et requerre a son seigneur qu'il li garantisse ce qu'il tient de li quant l'en li fet force ou empeechement ; et li seigneur sont tenu a garantir a leur hommes ce qu'il tienent d'aus. Et quant il avient que chascuns[d] ne set pas de qui il doit tenir, et Pierres dit au tenant : « Vous devés ce tenir de moi », et Jehans dit : « Non fet, mes de moi », et ples muet que chascuns veut avoir l'homage, en teus cas li tenans n'est pas tenus a avouer de l'un et a desavouer de l'autre, car il pourroit perdre pour le debat des seigneurs. Donques en tel cas[e] li seigneur doivent pledier de l'homage avoir en la court du souverain, et quant li uns l'a gaaignié par jugement, li tenans doit estre contrains par le souverain a venir a l'homage de celi qui a jugement pour li. Et en teus cas est il[f] bon as tenans que il ne facent nus aveus, car il pourroient perdre si comme il est dit dessus.

1424. La quarte maniere de desaveu si est[g] quant li hons de cors se desaveue de son seigneur parce qu'il dit qu'il est frans et qu'il doit estre frans, ou parce qu'il dit qu'il est hons de cors a autre seigneur. Donques cil qui en tele maniere se desaveue, s'il dit qu'il est frans, li sires qui le veut ateindre de servitude le doit poursuir par devant le seigneur dessous qui il est couchans et levans ; et s'il con-

---

a) *G* ren. a tout ce qu'il en. — b) *GHJK* omettent ou. — c) *HJK* n'en gaaign. — d) *HJK* qu'aucuns. — e) *HJK* omettent en tel cas. — f) *A* omet il ; *B* est li bon ; *C* il est. — g) *A* man. si est de desaveu quant.

noist estre hons de cors a autre seigneur, il doit estre poursuis en la court du seigneur de qui il s'aveue.

1425. Tout soit il ainsi que coustume doint, et resons s'i acorde [a], que l'en poursuie ceus qui se desaveuent ou qui desaveuent leur fiés, en la court de ceus de qui il sont avoué, nepourquant se li seigneur de qui li aveu sont fet sont loial, il ne doivent pas recevoir l'aveu s'il ne sevent ou croient que ce soit leur drois. Ainçois doivent dire, s'il vuelent bien ne loiauté, si tost comme il voient que l'en veut fere aveu d'aus ou quel il n'ont [b] droit : « Beaus amis [c], vous voulés avouer de moi a tenir tel fief », ou : « Vous dites que vous estes mes hons de cors ; or ne vous i avoués pas, car je n'ai droit ou recevoir. » Et s'il le fet en tele maniere, il fet trois grans pourfis : li premiers pourfis a soi meismes qui ne se veut pas aheritier d'autrui droiture ; li secons pourfis a celi qui vouloit fere l'aveu, car il puet recouvrer [d] a son droit seigneur sans perdre ce qu'il vouloit desavouer puis qu'il n'avoit encore fet [e] le desaveu ; li tiers pourfis si est au seigneur qui vouloit poursuir son droit, car il l'oste de grant coust et de grant damage.

1426. Aussi comme nous avons dit qu'il sont pluseurs manieres de desaveus [f] et en avons parlé d'aucuns, aussi est il bon que nous dions comment l'en puet et doit ateindre ceus qui faussement desaveuent leur cors ou leur fief de [g] leur droit seigneur, et li ateindres [h] si est [i] en pluseurs manieres [j] si comme vous pourrés oïr [k] ci après.

1427. Quant aucuns desaveue [l] son fief de Pierre et dit qu'il tient [m] de Jehan, et Pierres le poursuit en la court de Jehan, s'il li plest, il le puet poursuir par gages de bataille, en disant que li tenans de l'eritage faussement et desloiaument a desavoué ce qu'il devoit tenir de li. Et a cele des-

---

a) *A B H* acort. — b) *G H J K* il n'y ont. — c) *A* omet Beaus amis. — d) *B* retourner. — e) *A* fet encore. — f) *B* omet manieres de desaveus. — g) *B* fief ou leur. — h) *J K* et la maniere de attaindre si. — i) *C* et de chaus attaindre de leur fait est il plus. — j) *C* man. d'attaindre si c. — k) *H J K* vous orrés ci apr. — l) *A B* omettent desaveue. — m) *B* il le tient.

loiauté convient il que li tenans responde et qu'il s'en defende, ou qu'il demeurt par devers la court comme atains de desloiauté et comme perdu le fief dont il est poursuis, et en cel cas pueent estre gage de bataille.

1428. S'il plest mieus a Pierre a poursuir celi qui a desavoué son fief de li par autrui voie que par gages, s'il veut prouver par vis tesmoins que cil qui a fet le desaveu en devint ses hons ou hons son pere ou autre persone, de laquele persone li drois li est venus, il soufist assés a avoir ⁿ s'entencion. Nepourquant cil qui fist le desaveu puet dire contre les tesmoins s'il a ᵇ resons par lesqueles il doient estre debouté ; et s'il li plest mieus, il puet aler la voie de fausser le tesmoignage par gages de bataille, et comment il le puet et doit fere il est dit ou chapitre des prueves [1].

1429. La tierce maniere comment Pierres puet ateindre son tenant qui a desavoué de li, si est par letres, s'il les a seelees du seel a celi qui fet le desaveu ᶜ. Et en ceste maniere n'a nus gages de bataille, car se li tenans connoist son seel, l'en li doit fere tenir la letre ᵈ ; et s'il le nie, l'en li doit fere prouver en la maniere qu'il est dit ou chapitre qui parole ᵉ d'obligacion fete par letres [2].

1430. Encore puet on ateindre son tenant qui a desavoué, par autres resons, qui les a : si comme se li tenans se desavoua autre fois et avoua a tenir d'autre seigneur par devant lequel il fu poursuis et fu atains de faus desaveu, car li plet des bareteurs ne seroient jamès finé s'il pouoient recouvrer a ᶠ pledier en une nouvele court de ce meismes qu'il avroient perdu par le jugement d'une autre court.

1431. Li sers qui se desavoue doit estre poursuis de son droit seigneur par s'orine ᵍ en la court de celi dessous qui il

---

a) *B* savoir. — b) *A* s'il i a. — c) *CG* celi qui a desavoué. — d) *HJK* omettent la letre. — e) *AHJK* omettent qui parole. — f) *GHJK* recouvrer et pled. — g) *ABG* omettent s'.

---

1. Ch. xxxix, § 1171 seq.
2. Ch. xxxv, § 1074-1076.

est couchans et levans s'il se fet frans, ou en la court du seigneur au quel il se connoist hons de cors. Ne contre la prueve [a] de s'orine il ne puet riens dire quant l'en la prueve par son lignage meismes. Mes se li sires qui le veut ateindre veut prouver l'orine par autres tesmoins que par son lignage, il puet dire contre les tesmoins s'il a resons par lesqueles il les puist et doie debouter, ou par voie de gages.

1432. Cil qui est poursuis de servitude se puet defendre par les resons qui ensievent, s'il en a aucune. La premiere resons [b] si est se il et sa mere ont esté en estat de franchise toute leur vie sans paier nule redevance par reson de servitude, a la veue et a la seue du seigneur qui les veut poursuir ou de ses predecesseurs. Nepourquant en tel maniere pourroient il avoir usé de l'estat de franchise que ce ne leur vauroit pas se li sires qui les poursuit par orine prouvoit que la mere de la mere [c] fust sa [d] serve, si comme s'il estoient de lonc tans alé manoir hors de la juridicion au seigneur qui les poursuit, car il aparroit qu'il s'en seroient alé pour eschiver la servitude. Mes se li sires ne pouoit prouver en ce cas par orine, il demourroient en l'estat de franchise, ne ne seroit pas li sires receus en autres prueves que par orine; car il ne loit a nului a dire contre celi qui a tous jours esté en estat de franchise : « Vous estes mes sers », et le veut prouver. S'il ne dit par orine, ou il ne dit qu'il li ont aucune fois paié redevances de servitude, il ne doit pas estre oïs, ains doit demourer cil en l'estat de franchise.

1433. La seconde resons comment cil qui est suis de servitude se puet defendre, si est s'il connoist que sa mere, ou s'aiole, ou sa besaiole, fu serve, mes ele fu franchie [e] de tele persone qui la franchise puet donner. Et ce convient il prouver par letres du seigneur ou par vis tesmoins, et ceste prueve fete soufisaument, il doit demourer en l'estat de franchise.

1434. Voirs est que servitude vient de par les meres, car

a) *JK* le plet de. — b) *AHJK* omettent resons. — c) *AB* omettent de la mere. — d) *JK* omettent sa. — e) *BC* franche.

tuit li enfant que cele porte qui est serve, sont serf, tout soit il ainsi que li peres soit frans hons. Neis se li peres estoit chevaliers et il espousoit une serve, si seroient tuit li enfant serf qu'il avroit de li. Et seroient li enfant debouté de gentillece a ce qu'il ne pourroient estre chevalier, car il ne loit[a] pas que sers soit chevaliers, tout soit il ainsi que la gentillece par laquele l'en puist estre chevaliers doie venir de par le pere; car c'est coustume ou roiaume de France que cil qui sont gentil homme de par le pere, tout soit leur mere vilaine, pueent estre chevalier, ce excepté qu'ele ne soit serve, car adonc ne le pourroient il estre, si comme il est dit dessus. Quant la mere est gentius fame et li peres ne l'est pas, li enfant ne pueent estre chevalier; nepourquant li enfant ne perdent pas l'estat de gentillece du tout, ainçois sont demené comme gentil homme du fet de leur cors et pueent bien[b] tenir fief, laquele chose li vilain ne pueent pas tenir. Et en ce cas puet on veoir qu'entiere gentillece vient de par les peres tant seulement, et la servitude vient de par les meres qui sont[c] serves. Et encore apert il pour ce que, quant il avient qu'uns hons est sers et il prent une fame franche, tuit li enfant sont franc, et par ce[d] puet l'en veoir ce qui est dit dessus.

1435. La tierce resons[e] comment cil qui est poursuis de servitude se puet defendre, si est[f] par une cause qui n'est pas courtoise; nepourquant nous l'avons oï pluseurs fois metre avant en la defense de celi que l'en poursivoit de[g] servitude: c'est quant il dit et il veut prouver qu'il est bastars et, ceste prueve fete, il est hors de la[h] servitude. Et la maniere de prouver la bastardie si est[i] quant il prueve qu'il[j] fu nes avant que sa mere espousast baron; ou, tout soit il ainsi que sa mere eust baron, quant il prueve que li barons sa mere[k], ou tans qu'il fu nes et .x. mois devant,

---

a) *C* ne duit pas. — b) *C* pueent molt estre et ten. — c) *A* la mere qui est. — d) *AB* omettent ce. — e) *GHJK* res. si est comm. — f) *JK* omettent si est. — g) *ABC* l'en poursuit par serv. — h) *GHJK* omettent la. — i) *HJK* bast. c'est q. — j) *G* omet il prueve qu'. — k) *JK* que son maris ou tans.

estoit en la terre d'outremer, ou en estranges terres loingtienes sans revenir, car par ceste prueve apert il qu'il ne puet estre fius du dit baron. Mes en cel cas, s'il vouloit prouver que li barons fust eschis les .x. mois dessus[a] dis ou plus, par mellee, ou pour detes, ou pour banissement, tele prueve[b] ne li vauroit pas[c], car il avient souvent que cil qui sont eschif pour teus choses vont et vienent a la fois la ou leur fames repairent, couvertement et en repost, et en teus venues pourroit il[d] estre engendrés, et ce doit on mieus croire que le contraire. La tierce voie comment il puet prouver bastardie si est quant il prueve qu'il fu nes .x. mois après la mort du baron sa mere et ou tans de sa veveé. Et quant il a prouvé qu'il est bastars, il demeure quites[e] de la servitude et demeure a la loi des bastars[f]. Et pour ce qu'aucunes gens pourroient penser qu'il ne deust pas gaaignier pour estre nes hors de mariage[g], la resons si est tele que li bastars ne suit ne la condicion du pere ne la condicion de la mere, ne en lignage, ne en eritage, ne en riens qu'il ait[h]; et aussi comme il ne partiroit de riens a leur biens ne a leur bonnes condicions[i], il ne doit pas partir a leur mauveses condicions ne a redevances qu'il doivent a leur seigneurs[j].

1436. La quarte resons conment cil qui est poursuis[k] de servitude se puet defendre, si est quant il est clers et il a esté en estat de clergie .x. ans a la veue et a la seue du seigneur qui le poursuit et qui ne debati pas la[l] courone[m]; car il loit[n] bien au seigneur, quant il voit que ses[o] hons decors devient clers, qu'il[p] traie a l'evesque et qu'il li requiere qu'il ne li face pas courone, et s'il li a[q] fete qu'il li oste[r], et li evesques i est tenus; mes qu'il en soit requis[s] avant que

---

a) *A* mois devant dis. — b) *HJK* ban., ce ne. — c) *GHJK* vaur. riens. — d) *GHJK* on puet. — e) *G* bast., il est delivrés de la. — f) *HJK* omettent et demeure ... bastars. — g) *HJK* pour estre bastars. — h) *ABCG* qu'il aient; *HJK* en lignage n'en autre coze, et aussi. — i) *HJK* omettent ne a ... condicions. — j) *HJK* omettent ne a redev. ... seigneurs. — k) *GHJK* est sivis. — l) *A* sa. — m) *HJK* qui ne le debati pas. — n) *C* duit molt bien — o) *GHJK* seigneur que, se ses h. — p) *GHJK* clers, il se traie. — q) *AB* il l'a f. — r) *AB* il l'oste. — s) *HJK* mes que ce soit avant.

il ait^a greigneur ordre que de clerc^b, car s'il atent tant qu'il ait greigneur^c ordre, li clers^d demeure^e en estat de franchise et ne le puet on puis suir de servitude^f. Et se l'evesques fet mon serf clerc contre ma volenté, j'ai action contre li de demander^g li^h mon damage de tant comme il monte a sa persone et a ses meubles qui vienentⁱ a la juridicion l'evesque^j, car des eritages du clerc n'est il nule doute que je^k ne les puisse prendre et aproprier^l a miens^m.

1437. Bonne chose est a ceus qui veulent pourchacier franchise de leur servitude qu'il facent confermer leur franchise par le souverain de qui leur sires tient; car se j'ai mes sers, lesquels je tieng de seigneur, et je les franchis sans l'autorité de mon seigneur, je les pert; car il convient de tant comme a moi monte que je leur tiegne la franchiseⁿ que^o je leur ai pramise^p; mais mes sires les gaaignera, car^q il devenront si serf, et ainsi i gaaigneroit il^r. Et se je^s pris aucun louier pour la franchise donner^t, je leur sui tenus a rendre puis que je ne leur puis la franchise garantir; car il est resons que, parce que je fis ce que je ne pouoie ne ne devoie fere, qu'il viegnent^u aussi riche en la main de mon seigneur comme il estoient en la moie^v. Et si sui encore tenus a amende fere a mon seigneur de ce que je li avoie son fief apeticié, et seroit l'amende de .lx. livres.

1438. Servitudes de cors si sont venues en mout de manieres : les unes pour ce qu'anciennement, quant l'en semonnoit ses sougiès pour les os ou pour les batailles qui estoient contre la couronne, l'en i metoit^x tele peine a la se-

---

a) *A* il i ait. — b) *HJK* omettent que de clerc. — c) *C* ait gaaignié ordre. — d) *HJK* ordre il dem. — e) *GHJK* demourroit. — f) *HJK* omettent et ne le ... servitude. — g) *ABC* omettent demander. — h) *ABCHJK* omettent li. — i) *C* qui doivent a ; *G* qui demenent a. — j) *HJK* omettent qui vienent ... l'evesque. — k) *G* doute qui ne ; *HJK* qu'il ne. — l) *C* et appert. — m) *GHJK* a siens [*G* sans nul debat]. — n) *C* omet par le souverain ... tiegne la franchise. — o) *B* franc. comme je. — p) *HJK* omettent que je leur ai pramise. — q) *HJK* omettent gaaign. et il. — r) *HJK* omettent en ainsi i gaaign. il. — s) *HJK* se j'en pr. — t) *HJK* omettent pour la franch. donner. — u) *G* qu'il deviengnent. — v) *HJK* omettent car il est ... en la mienne. — x) *GHJK* cour. et metoit ou tele.

monse fere que cil qui demouroient sans resnable cause demouroient serf a tous jours, aus et leur oirs ; et par ceste cause ᵃ en est il mout ᵇ. La seconde cause ᶜ par laquele il est mout de sers ᵈ, si est pour ce que, ou tans ça en arriere, par grant devocion mout se donnoient, aus et leur oirs et leur choses ᵉ, as sains et as saintes et paioient ᶠ ce qu'il avoient proposé en leur cuers. Et les redevances ᵍ qu'il paioient li receveur des biens ʰ des eglises metoient en escrit et ce qu'il pouoient trere de leur connoissance, et ainsi usoient sur aus et ont tous jours puis usé plus et plus par la malice qui est creue plus en aus ⁱ que mestiers ne fust, si que ce qui premierement fut fet par cause de bonne foi et par devocion ʲ est tourné au damage et en la vilenie des oirs. La tierce maniere comment pluseur sont devenu serf ᵏ, si fu par vente, si comme quant aucuns cheoit ˡ en poverte et il disoit a aucun seigneur : « Vous me donrés tant et je devenrai ᵐ vostres hons de cors. » Et aucunefois le devenoient il par leur propre don pour estre garanti d'autres seigneurs ou d'aucunes haines que l'en avoit a aus. Par toutes ces choses sont servitudes venues avant, car selonc le droit naturel chascuns est frans ; mes cele naturele ⁿ franchise est corrompue par les aquisicions dessus dites. Et encore i a d'autres aquisicions, car il i a ᵒ de teles terres, quant uns frans hons qui n'est pas gentius hons de lignage i va manoir et i est residans un an et un jour, il devient, soit hons soit fame, sers au seigneur dessous qui il veut estre residens ; mes ceste coustume ne queurt nule part en la conteé de Clermont ; ainçois, se uns frans hons i veut estre, soit qu'il face residence entre les sers ou alieurs, il ne pert pas pour ce

---

a) *A B C* choze. — b) *H J K omettent* et par ... il mout. — c) *A B C* choze. — d) *H J K omettent* cause par ... de sers. — e) *C omet* et leur choses. — f) *C* saintes et leurs choses toutes et prenoient tout ce. — g) *H J K* et ce qu'il paioient. — h) *G H J K omettent* des biens. — i) *A B* est plus creuz que; *C* est puis creus trop plus que. — j) *H J K omettent* et par devocion. — k) *H J K omettent* comment ... serf. — l) *B* auc. achate en. — m) *A* je demourai. — n) *A* mes se la franch.; *G* mes ce le nature de franch. — o) *H J K omettent* d'autres ... i a.

l'estat de franchise, et se uns sers i vient manoir d'autre païs et ses sires le poursuit et il se connoist a son sers, il li doit estre rendus et l'en puet mener ᵃ; et s'il se desaveue et dit qu'il n'est ses sers ᵇ, il convient que li sires l'ateigne ᶜ et qu'il le prueve par orine, si comme il est dit dessus ᵈ; et quant il l'avra prouvé, il li doit estre rendus aveques quanques il a.

1439. Quant sers tient ostises d'autre seigneur que de celi a qui il est hons de cors et eles vienent a son seigneur par la reson de la servitude, il ne les puet tenir en sa main se li sires ne veut de qui eles sont tenues; ainçois convient qu'il les vende, ou doint, ou eschange a teles personnes qui puissent et doivent ᵉ fere a qui apartient as ostises. Mes autres eritages tenus a cens ou a rentes ou a champart puet il retenir ᶠ et aproprier ᵍ a soi quant il li vienent de son serf, par les rentes et les redevances paians au seigneur de qui li eritage sont tenu ʰ, exceptees les eglises; car pour ce qu'il tienent en mainmorte, il pueent estre contraint d'oster de leur main les eritages ⁱ qui leur vienent, qui sont tenu ʲ d'autrui que d'aus ᵏ, par quelconques ˡ causes ᵐ il leur viegnent, dedens an et jour.

1440. Il loit bien, par la coutume qui or queurt, a chascun serf ou serve a pourchacier sa franchise et la franchise ⁿ a ses enfans, s'il les puet avoir de son seigneur et par l'autorité de son souverain. Mes s'il a tant fet que il et si enfant sont franc et il se remet en servitude, pour ce n'i remet il pas ses enfans, car il loit ᵒ bien ses enfans ᵖ a afranchir ᑫ et non a asservir.

1441. Serve qui pourchace franchise en sa personne tant seulement, si oir qui furent né ou tans qu'ele fu serve

a) *HJK omettent* et l'en ... mener. — b) *HJK omettent* et dis ... se sers. — c) *GHJK* le tiegne. — d) *HJK omettent* si comme ... dessus. — e) *HJK omettent* et doivent. — f) *GHJK* il tenir et. — g) *A* rappeler. — h) *HJK omettent* de qui ... tenu. — i) *GHJK* d'oster les heritages de leur main. — j) *HJK omettent* qui sont tenu. — k) *HJK omettent* d'aus. — l) *HJK* quelque. — m) *ABCHJK* cause. — n) *HJK omettent* la franchise. — o) *C* pour ce ne remaint pas il pas que ses enfans ne soient frans, car il li duit bien. — p) *A* omet car il loit bien ses enf. — q) *GHJK* bien a afranquir ses enf. et.

CHAP. XLV. — DES AVEUS, DES SERVITUDES, ETC.

n'ont pas aquise franchise; mes tuit cil qui nessent puis la franchise otroïe sont franc, et c'est bien resons, car li premier enfant issirent de fame serve et li derrain issirent de fame franche.

1442. Demande puet estre fete, se une fame grosse qui est serve pourchace franchise ou tans de sa groissece et après, avant[a] que li enfes soit nes, ele redevient serve, savoir mon se li enfes sera sers ou frans. Nous disons qu'il[b] sera frans car puis que il fu[c] frans ne tant ne quant ou ventre sa mere, la mere ne le puet puis remetre en servitude.

1443. Nous avons parlé des desaveus[d] et du peril qui en ist[e] et, pour ce que li aucun pourroient cuidier que l'en peut tous eritages tenus de seigneur desavouer et qu'il en convenist ainsi poursuir comme il est dit dessus, nous mousterrons que non fet; car li eritage qui sont tenu en vilenage, si comme a ostises, a cens, a rentes ou a champars, ne se pueent desavouer. Or regardons donc, — se aucuns tient de moi eritage a cens et il paie le cens a autrui et dit qu'il le doit tenir de li, — que je doi fere. Je doi prendre seur le lieu pour la defaute de mon cens et tant que l'amende me soit païe. Et se li sires a qui le cens fu paiés dit que l'eritages muet de li, je n'en doi pas pour ce aler pledier en sa court ne pour son dit ne pour le dit du tenant; mes plaindre se puet au souverain[f] et dire que j'ai pris a tort la ou je ne puis ne ne doi, et adonques li sires doit prendre le debat en sa main et savoir qui mieus prouvera que li eritages dont debas est doie estre tenus de li, et baillier la saisine a celi a qui[g] drois le donra. Et tout ainsi comme nous disommes des censives[h], disons nous de tous eritages qui sont[i] tenu en vilenage.

1444. Or veons donques, se teus ples muet comme il est dit ci devant, a savoir mon liqueus en devra porter la sai-

---

a) C après avient que. — b) GHJK dis. que li enfes sen. — c) GHJK qu'il est. — d) AB parlé des aveus et. — e) AC nest; B est. — f) AC au seigneur souverain. — g) GHJK baillier a celui la saisnie [G a] qui drois. — h) G de cheulxcy, dis.; H censix; JK cens. — i) HJK omettent qui sont.

sine : ou cil qui a derrainement receu le cens, ou cil qui a pris seur le lieu pour la defaute de son cens^a ? Nous disons que cil qui a receu le cens, se il l'a receu^b an et jour avant que li autres ait mise la main en l'eritage pour defaute de cens, il en doit porter la saisine, et de meins d'un an et un jour non ; ains devra cil qui a pris pour defaute de cens, estre tenus en sa prise dusques a tant que li drois^c de la proprieté soit determinés par jugement, car autrement pourroient avoir mout d'anui li seigneur de qui les censives sont tenues, s'il perdoient la saisine de leur prises a chascune fois que leur^d tenant diroient^e qu'eles devroient estre tenues d'autrui.

1445. Nient plus que aucuns puet son fief estrangier^f ne vendre par parties sans l'otroi du seigneur de qui il le tient, ne puet on franchir son serf sans l'otroi de celui de qui l'en tient le serf^g, car li drois que j'ai seur mon serf est du droit de mon fief. Donques se je li donne^h franchise, apetice je mon fief de tant comme j'avoie plus en li quant il estoit sersⁱ que je n'ai quant il est devenus frans. Et qui ainsi le franchist, il le pert quant a soi, car de son servage est il hors ; mes li sires de qui il tenoit son servage le puet poursuir comme son serf, si qu'il vient ou servage du seigneur de qui il estoit tenus ; mes en tele maniere puet il estre franchis de celui qui estoit ses sires qu'il a reson de li suir par devant son souverain et li demander qu'il li garantisse sa franchise si comme il li convenança pour son service ou pour louier^j qu'il le maintenroit franc, ou s'il en bailla letres es queles il s'oblija de li garantir franchise. Quant li seigneur sont ataint par cil^k qu'il franchissent, de teles convenances, il convient qu'il soient contraint a li garantir la franchise en fesant tant as seigneurs, a chascun de degré en degré, que franchise li soit otroïe. Et s'il ne le puet fere

---

a) *HJK omettent* ou cil qui a derrainement ... son cens. — b) *B omet* s'il l'a receu ; *GHJK omettent* le cens s'il la receu. — c) *GHJK* le droiture. — d) *G* que le ten. — e) *GHJK* diroit. — f) *GHJK* fief escangier. — g) *GHJK* on le tient. — h) *GHJK* li ai donné. — i) *GHJK* estoit mon serf. — j) *JK* pour son louier. — k) *Tous les mss. ont* ceus.

CHAP. XLV. — DES AVEUS, DES SERVITUDES, ETC.

parce que li seigneur ne se^a vuelent acorder a ce qu'il ne demeurt sers^b, li damages de ce qu'il demeure en servitude, qui a peine puet estre prisiés, li doit estre rendus^c de celi qui le franchi. Et quant tele estimacions^d est fete en persone de^e fame, ele doit estre plus grans qu'en persone^f d'homme, pour ce que li enfant de l'homme puent aquerre franchise se li peres se marie en franche fame, mes ou que la serve se marie, tuit li enfant demeurent serf, et pour ce puet on metre a peines trop grans estimacions en contrepeser le damage du servage a la fame. Si se gardent de teus franchises donner cil qui ont leur sers, si feront que sage, et s'il vuelent donner franchise doinsent^g la^h tant seulement de ce qui a eus monte, sauf le droit de leur seigneurs; adonques si ne pourront estre sui de garantir franchise fors que d'aus tant seulement.

1446. Tout ainsi comme nous avons dit ci dessus qu'aucuns ne puet franchir son serf sans l'autorité de son souverainⁱ, tout^j aussi ne puet nus donner abriegement de services^k de fief ne franchise d'eritage sans l'autorité de^l son par dessus. Et se aucuns abriege le fief qui est tenus de li ou franchist aucun eritage, li sires de qui ce muet a gaaignié^m l'homage; et est a plein service, et l'eritage qu'il trueve franchi ensement, et le fief qu'il trueve donné a vilenage tout aussi. Et se cil qui sont seigneur du tresfons vuelent suir celi qui le fief leur abreja, ou qui leur bailla le fief en vilenage, ou qui leur franchi le vilenage qui mouvoit du fief, il puent suir le seigneur qui le leur bailla, s'il leur convenança a garantir tout en autel maniere comme nous avons dit dessus de ceus qui franchissent leur sers sans l'otroi de leur seigneurs.

1447. Or veons, se li sers ou la serve as queus franchise ne

---

a) *G H J K* ne s'i vuelent. — b) *H J K omettent* a ce ... sers. — c) *G* vendue. — d) *C* chele choze; *G* tele vente. — e) *C* en le pers. d'une f.; *H J K omettent* persone de. — f) *B omet* de fame ... en persone; *H J K omettent* en persone. — g) *B C* doingnent; *G H J K* si leur donnent. — h) *G H J K omettent* la. — i) *A B* son par dessus. — j) *G H J K* souv. et aussi. — k) *G H J K* servitutes. — l) *C omet* l'autorité de. — m) *G H J K* sires gaaigne.

puet estre garantie de ceus qui les franchirent, et restors leur est fes pour cel damage, se l'avoirs qu'il en avront devenra ᵃ d'autele condicion comme cil qu'il avoient devant; car en ce gaaigneroient il petit, se ce qu'il avroient pour cause de franchise demouroit en servitude. Et pour ce nous est il avis que, se li seigneur du serf vuelent avoir le restor, prendre le pueent ᵇ en tel maniere qu'il vuelent la franchise. Et s'il ne vuelent soufrir la ᶜ franchise ᵈ, nous ᵉ creons que li serf pueent ᶠ fere du restor leur ᵍ volenté ʰ, ou en testament ou hors testament, car de ⁱ ce qui leur vient ʲ pour cause de franchise doivent il bien user franchement.

1448. Il est establi, et de nouvel, que nus sers ne nule serve ne soit si hardis qu'il face de son fil clerc, ne sa fille ne mete en religion. Et si est commandé a tous les autres sers qui savront qu'aucuns le face que, au plus tost qu'il pourront, facent le savoir a leur seigneur. Et s'il ne le font savoir, il seront puni aussi comme ceus meismes qui ᵏ le feront, c'est a savoir de grief prison de cors et de l'avoir a la volenté du seigneur; car par teles choses concelees ont aucun seigneur ˡ perdu pluseurs de leur sers, par ceus qui devenoient prestre, diacre ou sous diacre, car il demouroient franc par la franchise de l'estat ou il estoient entré ᵐ. Mes maintenant plede l'en bien de servage ⁿ contre ceus qui ont courone ᵒ, mes que ce soit avant qu'il soient diacre ne sous diacre, et sont ramené a la serve condicion et perdent la courone pour ce que serf et clerc ne pueent il pas estre, pour ce que ce sont choses contraires que de franchise et de servitude ᵖ.

1449. Nous oïmes conter de certain qu'il avint, n'a pas

---

a) *A omet* devenra; *G* en donra sera. — b) *A omet* le pueent. — c) *AB omettent* soufrir. — d) *GHJK omettent* Et s'il ... franchise. — e) *GHJK* Mais nous. — f) *ABC* puissent. — g) *CG* rest. a leur. — h) *GHJK* vol. s'il ne vueillent souffrir le franchize. — i) *GHJK omettent* de. — j) *AB* muet. — k) *A* meismes que il le fer. — l) *GHJK omettent* seigneur. — m) *HJK omettent* car il ... entré. — n) *GHJK omettent* de servage. — o) *GHJK* cour. de servage, mes. — p) *G* de servitude et de franchise; *HJK omettent* pour ce que serf ... et de servitude.

CHAP. XLV. — DES AVEUS, DES SERVITUDES, ETC.   233

granment, qu'uns gentius hons espousa une serve et cuidoit qu'ele fust franche. Enfans en eut. Li uns des enfans, quant il fu en aage, devint chevaliers pour ce qu'il estoit gentius hons de par son pere. Après ce qu'il fu chevaliers, il fu acusés de servitude et il, quant il sot la verité de sa mere, vit bien que par la il ne se pouoit fere frans. Si ala autre voie, car il dist qu'il devoit demourer frans pour ce que sa mere estoit serve a celi qui chevalier le fist : si ne le pouoit acuser de servitude puis qu'il le fist chevalier. Et li sires disoit encontre que quant il le fist chevalier [a] il ne savoit pas qu'il fust sers. Et seur ce il se mistrent en droit, s'il demourroit ou frans ou serf.

1450. Il fu jugié a l'ostel [b] le roi [1] que li chevaliers demourroit frans par la reson de ce que cil qui avoit le pouoir de li franchir le fist chevalier, car en tant comme il li donna franchise de chevalier li osta il la servitude. Mes autrement fust se uns autres l'eust fet chevalier que ses sires [c]; car ses sires le peust poursuir comme son serf qui fust entrés en estat de franchise sans son congié et le reust, et li fust ostés l'estas de chevalerie, car chevaliers et sers ne peust il estre ensemble [d] pour ce que ce sont dui estat contraire, l'un de franchise, l'autre de servitude [e]. Et ce que l'en dit que li gentil homme pueent estre chevalier qui sont gentil homme de par le pere, tout soit ce qu'il ne le soient pas de par la mere, c'est quant la mere est de franche nacion, si comme de bourjois ou de gens de poosté, franche et hors de servitude.

1451. L'en doit savoir que .iii. estat sont entre les gens du siecle. Li uns des estas si est [f] de gentillece. Li [g] secons [h] si est [i] de ceus qui sont franc naturelment, si comme cil qui sont né [j] de franches meres, et ceste franchise ont tuit

---

a) *A* omet Et li sires ... fist chevalier. — b) *B* jugié en la court le r. — c) *HJK omettent* que ses sires. — d) *HJK omettent* ensemble. — e) *HJK omettent* l'un de ... de servitude. — f) *HJK omettent* des estas si est. — g) *AB* et li. — h) *HJK* li autres. — i) *HJK omettent* si est. — j) *GHJK omettent* né.

---

1. Cf. t. 1, p. 218, note 2.

cil^a qui pueent et doivent par droit^b estre apelé gentil homme. Mes tuit li franc ne sont pas gentil homme; ainçois a grant^c disference entre les gentius hommes et les autres frans hommes de poosté, car l'en apele gentius hommes^d ceus qui sont estret de franche lignie, si comme de rois, de dus, de contes ou de chevaliers^e; et ceste gentillece si est tous jours raportee de par les peres, et non pas de par les meres; et il apert, car nus, combien qu'il soit gentius hons de par la mere, s'il n'est gentius hons de par le pere^f, ne puet estre chevaliers se li rois ne li fet especial grace. Mes autrement est de la franchise des hommes de poosté, car ce qu'il ont de franchise vient de par leur meres, — et quiconques nest de franche mere, il est frans, — et ont franche poosté de fere ce qui leur plest, exceptés les vilains cas et les mesfès^g qui sont defendu entre les crestiens pour le commun pourfit.

1452. Nous avons parlé de .ii. estas, c'est assavoir des gentius hommes et des frans hommes de poosté^h, et li tiers estas si est des sers. Et ceste maniere de gens ne sont pas tuit d'une condicion, ainçois sont pluseurs condicions de servitudes. Car li un des sers sont si sougiet a leur seigneur que leur sires puetⁱ prendre quanqu'il ont et a mort et a vie, et les cors tenir en prison toutes les fois qu'il li^j plest, soit a tort soit a droit, qu'il n'en est tenus a respondre fors a Dieu. Et li autre sont demené plus debonairement, car tant comme il vivent li seigneur ne leur pueent riens demander^k s'il ne mesfont, fors leur cens et leur rentes et les redevances qu'il ont acoustumé a paier pour leur servitude. Et quant il se muerent ou quant il se marient en franches fames, quanqu'il ont eschiet a leur seigneurs, mueble et eritage; car cil qui se formarient, il convient qu'il finent a la

---

a) *G omet* tuit cil. — b) *HJK omettent* par droit. — c) *ABCF omettent* grant. — d) *GHJK omettent* gentius hommes. — e) *G* cheval. ceulx apelle on gentilx hommes et ceste; *HJK* cheval. gentix et ceste. — f) *GHJK omettent* s'il n'est ... le pere. — g) *F* les villainz fez. — h) *HJK omettent* c'est assavoir ... de poosté. — i) *F* peuent. — j) *Tous les mss. ont* leur. — k) *JK* peucent demander quelque chose s'il.

volenté de leur seigneur. Et s'il muert[a] il n'a[b] nul oir fors que son seigneur, ne li enfant du serf n'i[c] ont riens s'il ne le rachatent au seigneur aussi comme feroient estrange. Et ceste derraine coustume que nous avons dite queurt entre les sers de Beauvoisins des mortes mains et des formariages tout communement ; et des autres condicions qui sont entre les sers des estranges terres[d] nous nous en avons beau tere, pour ce que nostre livres est des coustumes de Beauvoisins[e].

1453. Comment que pluseur estat de gens soient maintenant, voirs est qu'au commencement tuit furent franc et d'une meisme franchise, car chascuns set que nous descendismes tuit d'un pere et d'une mere. Mes quant li pueples commença a croistre et guerres et mautalent furent commencié par orgueil et par envie, qui plus regnoit lors[f] et fet encore que mestiers ne fust, la communetés[g] du pueple[h], cil qui avoient talent de[i] vivre en pes, regarderent qu'il ne pourroient vivre en pes[j] tant comme chascuns cuideroit estre aussi grans[k] sires[l] l'uns[m] comme l'autres : si eslurent roi et le firent seigneur d'aus et li donnerent le pouoir d'aus justicier de leur mesfès, de fere commandemens et establissemens seur aus ; et pour ce qu'il peust le pueple garantir contre les anemis[n] et les mauvès justiciers, il[o] regarderent entre aus ceus qui estoient plus[p] bel, plus[q] fort et plus[r] sage, et leur donnerent seignourie seur aus en tel maniere qu'il aidassent[s] a aus[t] tenir en pes et qu'il aideroient au roi, et seroient si sougiet pour aus aidier a garantir. Et de ceus sont venu cil que l'en apele gentius hommes, et des

---

a) *C* se il devie de chest siecle ; *JK* il meurent. — b) *JK* ilz n'ont. — c) *A* n'en ont. — d) *GHJK* entre les autres serfz estranges. — e) *HJK* omettent pour ce ... de Beauvoisins. — f) *CF* qui adont pl. regn. ; *G* qui or. resgnoit; *HJK* qui pl. regn. adont. — g) *F* la commune. — h) *HJK* comme du siecle, cil. — i) *A* qui vouloient ; *C* av. volenté de vivre. — j) *A* omet regarderent ... en pes. — k) *A* estre au signeur sires. — l) *F* omet sires. — m) *A* omet l'uns. — n) *C* les enuieus; *GHJK* les aucuns. — o) *JK* just. et regard. — p) *GHJK* est. li plus. — q) *GHJK* [*G* et] li plus. — r) *G* et li plus. — s) *B* qu'il leur aid. ; *GHJK* qu'il les aid. (*JK* aidast). — t) *BGHJK* omettent aus.

autres qui ainsi les eslurent sont venu cil qui sont franc sans gentillece. Et li serf si sont venu par mout de[a] manieres d'aquisicions. Car li aucun sont venu par estre pris de guerre : si donnoient[b] servitude seur aus et seur leur oirs pour raençon ou pour issir de prison ; et li autre sont venu parce qu'il se vendoient, ou par povreté, ou par couvoitise d'avoir ; et li autre sont venu quant li rois avoit a fere et il aloit pour combatre contre estrange gent[c] et il commandoit que tuit cil qui pourroient armes porter li alassent aidier, et qui demourroit[d], il et si[e] oir[f] seroient de serve condicion[g]; et li autre sont venu de ceus qui s'en fuioient des batailles ; et li aucun sont venu de ceus qui se donnerent as sains et as saintes par devocion puis que la fois crestienne commença a venir[h]; et li autre sont venu parce qu'il n'ont eu pouoir d'aus defendre des seigneurs qui a tort et par force les ont atrés a servitude. Et par quelconques manieres qu'il soient venu nous pouons[i] entendre que grant aumosne fet li sires qui les oste de servitude et les met en franchise, car c'est grans maus quant[j] nus crestiens est de serve condicion.

1454. Il avient souvent que li eritage qui eschieent[k] as seigneurs par la reson de leur sers sont[l] tenu d'autres seigneurs que de celi qui li sers estoit, et pour ce convient il que, tant comme il tenront l'eritage, qu'il en paient au seigneur de qui il muet les redevances que li eritages[m] doit aussi comme li sers fesoit[n]. Et quant aucuns teus[o] eritages eschiet a eglise[p], il convient que l'eglise le[q] mete hors de sa main en main laie par don ou par vente ; car tout soient li eritage venu de leur sers, ce que li serf des eglises aquierent ne demeure pas amorti as eglises s'il n'est otroié du

---

a) *HJK* venu si comme il est dit dessus et par mout d'autres manieres. — b) *B* donnerent. — c) *A* contre ces genz ; *G* contre ses adversaires et gens estrangez. — d) *G* et tout cil qui demorroient. — e) *CF* et tous ses. — f) *BG omettent* il et si oir. — g) *HJK omettent* et li autre sont venu quant li rois ... serve condicion. — h) *HJK omettent* et li aucun ... a venir. — i) *ACF* vous pouès. — j) *A omet* nus ; *G* uns. — k) *BCF* souv. que quant li erit. eschieent. — l) *CF* si sont. — m) *B* heritagiers. — n) *HJK omettent* que li eritages ... sers fesoit. — o) *A* teus aucuns. — p) *A* a sainte eglise ; *GHJK* as eglises. — q) *HJK omettent* le.

souverain. Mes vendre le pueent sans ventes paier ᵃ, car l'en ne doit pas paier ventes de l'eritage qu'eglise vent par commandement du seigneur ; pour ce qu'ele ne vent pas par sa bonne volonté, si puet fere du pris de la vente son pourfit.

1455. Ce n'est pas doute que se aucuns prent par mariage cele qui estoit sa serve, soit qu'il le seust ou qu'il ne le seust pas ᵇ, il li donne franchise, tout n'en fust il fete mencions ne chartre ne otrois ; car male chose seroit que si enfant qui de li nestroient ᶜ demourassent en servitude puis qu'il avroit leur mere espousee. Et pour ce que nous avons dit dessus ᵈ que l'en ne puet pas franchir ses sers sans l'otroi du seigneur de qui on les tient ᵉ, en cestui cas convient il que li sires le suefre en tel maniere que cil qui espousa sa serve remete autant en son fief ou il li restort en autre maniere.

1456. Se franchissemens est donnés a aucun serf ᶠ sans fere mencion d'autres persones, l'en doit savoir que tuit li oir du franchi ᵍ qui sont né puis le don de franchise sont franc ; mes cil qui estoient né devant le franchissement demeurent en servitude puis qu'il ne furent nommé especiaument a la franchise donner. Et se li hons qui est franchis a espousé une serve ou il espouse après ce que franchise li fu donnee, la franchise ne vaut riens qu'a sa persone ʰ tant seulement ⁱ ; car tuit li enfant qui nessent de la serve, de quel que persone qu'il soient engendré, sont serf, exceptés les enfans qui sont engendré en eles hors de mariage ; car bastars n'est pas tenus pour sers pour ʲ ce qu'il est hors de lignage et qu'il ne puet ᵏ estre aheritiés ˡ de descendement ne d'escheoite de costé ᵐ. Dont s'il avient qu'aucuns bastars aquiere

---

a) *GHJK* sans paier ventes. — b) *G* ja soit qui ne le sceust ; *HJK* soit qu'il ne le seust ou qu'il le seust. — c) *GHJK* de lui istreroient. — d) *C* dit ichi dessus ; *GHJK* omettent dessus. — e) *C* tient en son fief. — f) *A* aucun serf [ou a aucune serve] sans fere ; *GHJK* Se aucuns est donnez frans sans. — g) *B* oir douc (c *exponctué*) fran. — h) *A* a sa franchize. — i) *HJK* omettent tant seulement. — j) *A* omet sers pour. — k) *A* pueent. — l) *AB* aheritier ; *CF* puet aheriter. — m) *HJK* omettent de descend ... de costé.

aucune chose, soient mueble ou eritage, et après il muert et n'a pas tout lessié en testament, ce qui demeure, son testament paié, eschiet au seigneur en quel terre si bien sont trouvé comme chose espave, tout soit ce qu'il eust pere ou mere, sereurs ou freres, ou autres parens que bastars puet[a] avoir selonc nature, car selonc nostre coustume n'ont il point de lignage; dont nous avons veu le plet de ceus qui s'esforçoient a prouver qu'il estoient batart pour aus oster de la servitude dont il estoient poursui de par leurs meres.

1457. Plus courtoise est nostre coustume envers les sers qu'en mout d'autres[b] païs, car en mout d'autres païs[c], li seigneur pueent prendre de leur sers et a mort et a vie toutes les fois qu'il leur plest et tant comme il leur plest[d]. Et si les pueent contraindre de tous jours manoir dessous aus, mes l'en les a plus debonairement menés en Beauvoisins, car puis qu'il paient a leur seigneurs leur rentes[e] et leur chevages[f] teus comme il sont acoustumé, il pueent aler servir ou manoir hors de la juridicion a leur seigneurs, — mes qu'il ne se desaveuent pas de formariage que leur sires a seur aus, — exceptés les lieus ou il pourroient aquerre franchise pour demourer, si comme en aucunes viles es queles tuit li habitant sont franc par priviliege ou par coustume. Car si tost comme aucuns set que ses sers va manoir en tel lieu, s'il le requiert comme son serf dedens l'an et le jour, il le doit ravoir, — ou dedens tel terme comme la coustume du lieu ou il est alés manoir donne[g], — et par ceste voie ont pluseur serf aquises franchises qui concelecment s'en aloient de dessous leur seigneurs[h] manoir en teus lieus.

1458. Encore par nostre coustume puet li sers perdre ou gaaignier par marcheandise et si puet vivre de ce qu'il a largement a sa volenté, que ses sires ne l'en puet ne ne doit

---

a) *B* bast. ne puet. — b) *FGHJK* qu'en autres païs. — c) *GHJK* omettent en mout d'autres païs. — d) *AG* omettent et tant ... plest. — e) *HJK* paient leur cens et leur. — f) *CF* treuages. — g) *HJK* omettent ou il ... donne. — h) *HJK* omettent de dessous leur seigneurs.

contraindre. Et tant pueent il bien avoir de seignourie en leur choses qu'il aquierent a grief peine et a grief travail et li seigneur meisme n'i font se gaaignier non, car il en aquierent plus volentiers par quoi les mortes mains et li formariage sont plus grant quant il eschieent. Et si dit on en un proverbe que cil qui une fois escorche[a] ne .ii. ne .iii. ne tout ; dont apert es païs ou l'en prent chascun jour le leur, qu'il ne vuelent gaaignier fors tant comme il convient a la[b] soustenance d'aus et de leur mesnie[c].

1459. Chascuns doit savoir par ce que nous avons dit en cest chapitre[d], le peril qui est en desavouer ce que l'en doit tenir d'aucun seigneur, et si avons dit qu'il convient poursuir celi qui se desavoue par devant le seigneur ou li aveus est fes. Nepourquant l'en ne puet pas toutes choses desavouer : car tout soit ce que li sers se puet desavouer[e] de son droit seigneur et avouer a estre hons d'autres seigneurs[f], et convient que li sires qui sers il est en perde la saisine pour la reson du desaveu, et qu'il le poursieve par devant le seigneur de qui il est avoués, s'il le veut ravoir comme son serf[g], nepourquant[h] il n'est pas ainsi des eritages qui sont tenu en vilenage, que j'ai ci devant nommés[i], car tel[j] eritage[k], par nostre coustume, ne se pueent desavouer ne avouer pour chose que li tenans en face ne ne die. Donques se Pierres demande la justice seur aucun tel eritage pour ce qu'il dit qu'il est tenus de li a cens ou a champart, et li tenans du tresfons de l'eritage[l] dit que de lui ne tient il riens, ainçois le tient de Jehan, ja pour ses paroles Jehans n'en portera la saisine ; ainçois se li dis Jehans i[m] cuide avoir aucune chose par raison de justice ou

---

a) *BH* qui a une fois escorche ; *CF* qui a une fois escorchié ; *G* escorche une fois. — b) *HJK* a leur sousten. — c) *HJK omettent* d'aus et de leur mesnic. — d) *HJK omettent* en cest chapitre. — e) *ABCF omettent* car tout ... desavouer. — f) *GHJK* et advouer d'autre seigneur a estre ses hons. — g) *HJK omettent* comme son serf. — h) *F* serf et dez heritages qui sont tenu en fief et nepourquant il n'est. — i) *A* dev. dit ; *HJK omettent* que j'ai ... nommés. — j) *GHJK* car tout erit. — k) *HJK* erit. vilain par. — l) *HJK omettent* du tresfons de l'eritage. — m) *A* Jeh. il cuide ; *B omet* i.

en cens ou en rentes, il i peust bien prendre se Pierres li sueſre ; et se Pierres ne li veut soufrir pour ce qu'il dit qu'a lui apartient la justice et la redevance et Jehans dit mes a li, en tel cas doit estre ſes ples ordenés entre Pierre et Jehan par devant le conte, pour savoir au quel la justice et la saisine en apartient ; et par ce puet on veoir que vilenages ne se puet avouer ne desavouer. Et se Jehans et Pierres pledent seur la saisine et chascuns dit qu'il en est en bonne saisine, en teus cas convient il que prueves soient oïes de chascune partie et cil qui mieus prouvera la derraine saisine d'an et de jour pesiblement l'en portera, et puis pourra li autres pledier seur la proprieté s'il cuide que bon soit.

1460. Aussi comme nous avons dit que vilenages ne se puet avouer ne desavouer, aussi ne pueent pas toutes[a] manieres de gens fere aveu ne desaveu, car cil qui tienent autrui fief en bail ou en garde, ou par reson de douaire, ou par engagement, ou a terme, ou[b] a ferme, ne pueent avouer ne desavouer quant[c] la proprietés de l'eritage n'est par leur. Et pour ce ne le pueent il pas metre en peril de perdre[d] ; car cil qui desaveue et puet desavouer pour ce qu'il est drois oirs de la chose, pert tout ce qu'il desavoua s'il est atains de faus aveu, si comme nous avons dit alieurs en cest chapitre meismes[e].

1461. Tout soit il ainsi que li eritage vilain ne se pueent avouer ne desavouer, si comme nous avons dit[f], nepourquant cil qui[g] sont tenant des eritages pueent recevoir damage s'il avouent a tenir d'autre seigneur qu'il ne doivent, et non pas de[h] perdre l'eritage, mes d'amende. Si comme se je tieng une piece de terre de Pierre a cens ou champart et je ne li paie pas son cens ou son champart, ainçois le paie a Jehan en disant que je le tieng de lui, en cel cas Pierres puet prendre seur le lieu pour ce que je ne li paie pas son

---

a) *GHJK* pueent aucunes manieres. — b) *ABCF* omettent a terme ou. — c) *B* car. — d) *A* omet de perdre. — e) *F* omet en ce chap. meismes ; *JK* omettent meismes. — f) *HJK* comme dit est. — g) *GHJK* cil qui les tiennent et sont. — h) *AB* omettent de ; *F* pas a perdre.

champart ou ses rentes si comme je devoie ª ; et queles teles amendes doivent estre il est dit ou chapitre des mesfès¹.

1462. Il a grant disference entre desaveu de garde et desaveu d'eritage, car desaveus d'eritage qui se puet desavouer met l'eritage en peril de perdre, mais desaveus de garde se passe par amende. Car aucun seigneur ont bien la garde d'aucunes mesons de religions, qui pour ce n'i ont pas la justice ne la seignourie : donques quant il se desaveuent de la garde a celi de qui il doivent estre garde et il s'aveuent d'un autre, et il sont ataint de faus aveu, il chieent en l'amende de .LX. lb. et demeurent en la garde de celi de qui il se desavouerent.

1463. Pour desaveu que gent de religion facent, soit de leur eritages amortis ou de la garde d'aus, il ne pueent perdre le tresfons de l'eritage qui leur fu ᵇ donnés et amortis ᶜ ; car li eritage qui furent donné et amorti ᵈ pour Dieu servir par ᵉ les seigneurs qui le pourent ᶠ fere, ne pueent revenir en main laie pour le mesfès de ceus qui sont gouverneur des eglises. Car s'il ᵍ pouoient revenir en main laie pour le forfet de ceus qui pour les eglises les tienent ʰ, les eglises perdroient souvent, par quoi eles pourroient estre destruites ou empiries, et pour ce, de tous mesfès quel qu'il soient li mainburnisseur ⁱ des eglises se passent par amendes d'argent ʲ, selonc le mesfet et selonc ce qu'il est dit ou chapitre des mesfès².

1464. Cil qui ont pouoir d'avouer et desavouer aveuent bien et desaveuent par procureeur, mes ᵏ que ˡ li pouoirs en soit donnés au procureeur par les paroles de la procuracion ; car il n'est pas mestiers que li couvent des eglises

---

a) *HJK omettent* si comme je devoie. — b) *AHJK* furent. — c) *B omet* qui leur ... amortis. — d) *CFGHJK omettent* car li eritage ... et amorti. — e) *GHJK* pour. — f) *CHJK* pueent. — g) *Tous les mss. ont* se eles. — h) *F* qui lez eglisez maintiennent. — i) *JK* gouverneur. — j) *HJK omettent* d'argent. — k) *B* procur. par les mes, mes ; *CF* proc. ne mes. — l) *B* qui.

---

1. Ch. XXX, § 852, 862 et 865.
2. Ch. XXX.

voisent as ples pour leur droit maintenir, ne li grant seigneur, ne les persones ᵃ qui pueent fere procureurs. Nepourquant cil qui ne pueent pledier par procureeur, si comme gent de poosté, ne li communs des gentius hommes qui ne tienent pas en baronie, ne pueent pas desavouer par procureeur, ainçois convient qu'il i ᵇ soient en leur persone et qu'il facent le desaveu ᶜ. Donques ce que nous avons dit de ceus qui pueent avouer et desavouer par procureeur, nous l'entendons des eglises et des grans seigneurs qui tienent en baronie, et de ceus a qui grace est donnee par le souverain de pledier par procureeur en demandant et en defendant.

Ici fine li chapitres des aveus et des desaveus, et des servitudes et des franchises.

a) *G H J K* les grans persones. — b) *A B C* omettent i. — c) *G H J K* omettent et qu'il … desaveu. — Explic.) *B F* des franch. et des serv.; *C* Ichi define; *G H* Explicit; *J K* n'ont pas d'explicit.

XLVI.

Ici commence li .XLVI. chapitres de cest livre liqueus parole de la garde des eglises, et comment on les doit garder de leur maufeteurs et fere justice de ceus qui les mesfont.

1465. Il a disference entre garde et justice, car teus a justice en aucuns lieus qui n'en a pas la garde, et teus a la garde qui n'en a pas la justice*a*; et voirs est que li rois generaument a la garde de toutes les eglises du roiaume, mes especiaument chascuns barons l'a en sa baronie, se par renonciacion ne s'en est ostés. Mes se li barons renonce especiaument a la garde d'aucune eglise, adonques vient ele en la garde du roi especiaument.

1466. Nous n'entendons pas pour ce, se li rois a la garde general des eglises qui sont dessous ses barons, qu'il i*b* doie metre la main*c* pour garder tant comme li barons fera de la garde son devoir. Mes se li barons leur fet tort en sa garde ou s'il ne les veut garder de ceus qui tort leur font, adonques pueent il trere au roi comme a*d* souverain et ce prouvé contre le baron qui les devoit garder, la garde especiaus demeure*e* au roi.

1467. Aucunes eglises sont qui ont privileges des rois de France, liquel priviliege*f* tesmoignent qu'eles sont en

---

Rubr.) *BF* eglises comment; *CFGHJK* omettent de cest livre; chap. qui parole; *H* omet et fere justice ... mesfont; après garde des eglises, *CGJK* donnent le même texte qu'à la table. — a) *GHJK* omettent et teus ... la justice. — b) *GHJK* omettent i. — c) *GHJK* les mains. — d) *GHJK* au souv. — e) *GHJK* garde esp. [*G* appartient et] esquiet au roi. — f) *HJK* France qui tesmoignent.

chief et en membres en la garde le roi*a*. Nepourquant*b* se
teus eglises ou li membre de teus eglises sont en la terre*c*
d'aucuns des barons et estoient au tans que li privilieges
leur fu donnés, li privilieges ne tout pas la garde*d* especial du
baron ; car quant li rois donne, conferme ou otroie aucune
chose, il est entendu sauf le droit d'autrui. Nepourquant se
li barons lessa le roi user de la garde puis le priviliege par
.xxx. ans pesiblement sans debat, au roi doit demourer la
garde especiaus selonc le priviliege, car bien otroie ce que
ses sires souverains fet, qui tant de tans suefre sans debatre.
Et se l'eglise, ou tans que li privilieges fu donnés*e*, estoit
dessous le roi et après ele vint dessous aucun baron, la
garde en demeure au roi selonc le priviliege. Mes s'il ne
l'avoit receue*f* en garde especial par priviliege, la garde en
vient au baron en qui terre l'eglise vient. Pour ce, se li
rois a la garde general et especial ou chief de l'eglise qui
est dessous lui fondee, ne s'en siut il pas qu'il ait es membres*g* de ladite eglise, des membres qui sont dessous les
barons ; ainçois l'a chascuns barons*h* des membres qui
sont en sa baronie.

1468. Quant aucuns qui tient meins franchement que li
baron donne aucun eritage a eglise et le fet amortir par le
baron, il ne puet puis demander garde en ce qu'il donna a
l'eglise, mes justice i puet il demander, s'il la retint au
don fere. Et s'il donna tout ce qu'il avoit sans riens retenir,
il est hors de la justice et de la garde.

1469. Voirs est que nus n'a la garde des eglises se n'est
li rois, ou cil qui du roi tienent en baronie ; et pour ce,
quant eglise se plaint a celi qui l'a en*i* garde*j* d'aucune injure qui li est fete, la cours n'en doit estre rendue a nului ;
ainçois en apartient la connoissance a celi qui en a la garde,

---

a) *C omet* Aucunes eglises ... garde le roi. — b) *C* Et nep. — c) *BF* la
garde; *GHJK omettent* en la terre. — d) *F* la grace esp. — e) *GHJK
omettent* fu donnés. — f) *ABCF* ne les avoit receuz; *GHJK* recheu. —
g) *B* meubles. — h) *GHJK* baron en soydes. — i) *HJK* qui a le garde. —
j) *GHJK* garde soit ples d'aucune.

CHAP. XLVI. — DE LA GARDE DES EGLISES.

se ainsi n'est que ce soit ples d'eritage et que l'eglise connoisse que ce soit vilenages tenus[a] de celui qui la court requiert; car en tel cas ravroit il la court, s'il n'i avoit renoncié par priviliege.

1470. Quant aucuns barons a la garde des eglises qui sont dessous li, et il se plaignent qu'aucun leur ont fet tort qui ne sont pas justiçable au baron et des queus li barons n'a pas la justice, li barons se puet plaindre au seigneur dessous qui cil qui mesfirent sont couchant et levant, tout soit ce que l'eglise ne s'en vueille pas plaindre; et convient qu'il li[b] soit amendé. Mes se cil de l'eglise ne furent a poursuir la plainte, amende ne leur sera pas fete ne li damages rendus, pour ce qu'il ne s'en voudrent pas plaindre, car nus ne puet demander pour autrui s'il n'est establis procureres, ou se cil n'i sont present a qui la demande apartient. Mes chascuns puet demander pour tant comme il li touche et pour ce puet li barons demander a ceus qui li mesfirent en sa garde.

1471. Quant eglise se desaveue de la garde a celi par qui ele doit estre gardee et s'aveue d'autrui garde, — si comme se ele doit estre de la garde[c] au comte de Clermont et ele s'avoue de la garde d'un autre baron, — il convient que li cuens de Clermont la poursieve en la court de celi de qui ele est avouee en plet ordené sans gages; et s'il l'ateint[d] par son droit, il n'avra[e] pas gaaignié pour ce l'eritage de l'eglise, mais la garde et l'amende, laquele amende[f] doit estre de rendre[g] les cous et les damages qu'il eut ou plet de sa garde pourchacier, et le seurplus a volenté de nombre d'argent, sauf ce que li nombres ne fust pas si grans qu'il convenist que li couvens fust departis par poverte et que li services Dieu en demourast, car ce ne seroit pas a souffrir[h]; ainçois convenroit que li rois i meist conseil et amesurast

---

a) *BF* soit en vilenage tenu. — b) *GHJK* omettent li. — c) *GHJK* se la garde doit estre au comte. — d) *B* la tient; *F* la tint; *G* l'atant. — e) *HJK* n'a pas. — f) *F* omet amende; *GHJK* omettent laquele amende. — g) *A* estre rendue les. — h) *BF* a soustenir.

l'amende comme li souverains a qui la generaus garde des eglises apartient[a].

1472. Se dui baron pledent ensemble[b] de la garde d'une eglise, l'eglise fet que sage se ele se suefre de soi metre ou plet, mes die qu'ele obeïra volentiers a celi a qui drois donra la garde comme a leur gardien temporel. Et s'il leur convient dire, pour le plet, de laquele garde il entendent a estre, bien en pueent dire et doivent leur verité. Nepourquant puis qu'il ne se sont mis ou plet, il ne pueent estre contraint a leur verité dire[c] fors par leur ordinaire ; et pledent ou ne pledent, il ne doivent pas estre contraint d'aporter leur privilieges avant s'il ne leur plest ; mais de leur verité dire doivent il estre contraint, ou leur procureeur pour aus, car autrement n'iroit l'en pas sagement avant en la querele pour ce que ce qui est conneu de partie n'a mestier d'estre prouvé, mes ce qui est en descort tant seulement.

1473. Tout soit il ainsi que les eglises tiegnent toutes leur choses en morte main, ne demeure pas pour ce que la justice temporele et la garde temporele ne soit du resort du baron lai, pour ce que grans justice n'a pouoir d'estre mise a execucion par gens de religion. Et se l'eglise a tel justice que par ses hommes, par ses baillis ou par ses serjans, soit fete la justice et l'en se veut plaindre que l'eglise en ait fet ou poi ou trop, la connoissance en apartient au baron qui d'aus a la garde especial pour ce que leur ordinaires n'en pourroit jugier.

1474. Deus espees sont par lesqueles tous li pueples doit estre gouvernés esperituelment et temporelment, car l'une des espees doit estre esperituele et l'autre temporele : l'esperituele doit estre baillie a sainte Eglise et la temporele as princes de terre ; et cele qui est baillie a sainte Eglise est apelee espirituele pour ce que cil qui en est ferus est peris en l'ame espiritueiment, si comme cil qui muerent en vilains

---

a) *HJK omettent* comme li ... eglises apartient. — b) *ABCF omettent* ensemble. — c) *GHJK omettent* dire.

pechiés ou en escommeniement, ou qui ont ouvré contre la foi : et de toutes teus choses apartient la connoissance a[a] sainte Eglise. Et pour ce que l'espee esperituele est plus crueus que la temporele pour ce que l'ame i enqueurt, doivent il mout regarder cil qui l'ont en garde qu'il n'en fierent sans reson, si comme des escommeniemens[b] qu'il font trop legierement[1]. Nepourquant en quel que maniere qu'escommeniemens soit jetés, il fet a douter et doit estre li escommeniés en grant pourchas de querre absolucion ; car s'il desdaignoit l'escommeniement[c] et desobeïssoit au commandement[d] de sainte Eglise, adonques seroit il escommeniés et a Dieu et au siecle, et feroit de bonne cause mauvese. Ne li enfant ne sont pas bon qui desobeïssent a leur mere et sainte Eglise est nostre mere esperituelment : si devons obeïr a li et en ses enseignemens et en ses commandemens qu'ele nous fet pour la sauveté de nos ames.

1475. L'espee temporele si est d'autre atempreure[e], car par lui doit estre fete droite justice sans delai, et venjance prise des maufeteurs corporelment. Et quant l'une espee a mestier de l'autre, eles s'entredoivent aidier, sauf ce que l'espee esperituele ne se doit entremetre de nule justice temporele dont nus puist perdre ne vie ne membre ; mes especiaument l'espee temporele doit tous jours estre apareilliee pour garder et defendre sainte Eglise toutes les fois que mestiers en est. Et nous trouvissons mout de matere de parler de la vertu de[f] ces deus espees, mes autre matere nous queurt sus, si nous en souferrons a tant : si revenrons a ce que nous avons empris[g].

1476. Se aucune eglise s'aveue de la garde le roi et

---

a) *BF* et toutes teus ch. apartienent a s. Egl. — b) *A* des escommeniés. — c) *HJK* desd. l'absolucion. — d) *BF omettent* et desobeïssoit au commandement. — e) *HJK* autre trempeure. — f) *BF omettent* la vertu de. — g) *HJK omettent* si revenrons ... empris.

---

1. Voyez dans Joinville, *Hist. de saint Louis*, §§ 61-64, comment le roi repoussa une demande des évêques de France relative aux excommuniés impénitents.

desaveue de la garde aucun baron et ele enchiet, par quoi ele demeure en la garde du baron, se li barons en veut lever trop grant amende, li rois ne le doit pas soufrir, ainçois la doit amesurer selonc l'estat de l'eglise et selonc ce que l'aveus fu fes malicieusement, tout soit il ainsi qu'en amende de desaveu n'a point de certaine estimacion, fors que de perdre la chose desavouee entre les laies personnes, et a volenté d'argent entre les eglises.

Ici fine li chapitre de la garde des eglises.

Explic.) *CF* (*C* Chi define) li [F .XLVI.] chap. qui parole de; *C continue la rubrique comme à la table*; *G H* Explicit; *JK n'ont pas d'explicit*.

XLVII.

Ici commence li .XLVII. chapitres de cest livre liqueus parole comment li fief pueent alongier et raprochier leur seigneurs selonc la coustume de Beauvoisins, et que li tenant se gardent de partir contre coustume.

1477. Il convient que li sires suefre par coustume que ce qui est tenu de li en fief viegne en partie en son arriere-fief. Si dirons comment et comment ce qui est en son arrierefief puet revenir en son fief nu a nu [1].

1478. Quant li fiés se part entre freres[a] et sereurs[b] en descendant et li mainsné en portent[c] le tiers, du quel tiers il font homage a leur frere ainsné, il convient que li tiers que li[d] mainsné en portent deviegne arrierefiés du seigneur, car se li fiés ne se pouoit alongier du seigneur, il convenroit qu'il venissent a l'homage du seigneur et il ne le convient pas du fief qui vient en descendant ; ains en pueent et doivent li mainsné aler a l'homage de leur ainsné ainsi[e] comme il est dit dessus [2].

Rubr.) *A B F* aprochier ; *A B* les seign. ; *A B* omettent et que li ... contre coustume ; *dans G le rubricateur a copié le titre du chap.* XLV, *mais le scribe a récrit ensuite à l'encre après* parole : comment li fief pouent aprochier et eslongier ; *dans H, la place de la rubrique étant restée en blanc, Fauchet y a écrit :* XLVII Cōment ly fie peutent esloingner et aprocher des seigneurs. — a) *C* entre deus fr. — b) *G* entre les fr. et les ser. — c) *A B C G* emporte. — d) *H* cis ; *J K* ce. — e) *J K* omettent ainsi.

---

1. Voyez l'ordonnance de Philippe-Auguste du 1er mai 1209, *Ord.*, I, 29.
2. Cf. § 465.

1479. Quant sereurs partissent fief qui vient^a en descendant et^b l'ainsnee en porte l'homage de ses sereurs mainsnees, tout soit ce que chascune en porte autant comme l'ainsnce, — excepté le chief^c manoir que la suers ainsnee^d en porte hors part des autres[1], — il convient que li sires suefre que toutes les parties des mainsnees qui estoient tenues de li nu a nu viegnent en son arrierefief par la reson de ce que coustume en donne les homages a l'ainsnee sereur ; et par teles parties qui sont fetes de^e descendemens^f de fief apetice mout li fiés qui est tenus nu a nu des seigneurs.

1480. Bien se gart li freres qui fet partie a ses mainsnés qu'il ne leur baille de chascun fief que le tiers, car s'il leur en baille plus du tiers, il pert l'homage de ses freres, et en ceste maniere pueent venir li mainsné a l'homage du seigneur. Donques se li ainsnés veut fere sainement les parties a ce que li homages l'en^g demeurt^h, il doit fere prisier tout le fief par bonnes gens et du pris qui sera fes baillier le tiers a ses mainsnés. Et aussi entre sereurs doivent estre les parties egaus ; et se l'ainsnee vouloit donner plus^i que sa^j part a l'une de ses mainsnees il convenroit qu'ele en venist a l'homage du seigneur.

1481. Bonne chose est, et la coustume le veut, que tuit eritage qui vienent en partie, — soit entre freres et sereurs soit^k entre autres gens, soient li eritage de fief soient de vilenage, — soient parti au plus pourfitablement que l'en pourra et meins depecier, et au meins empirier les eritages.

1482. En muebles et en^l chateus n'a point d'ainsnecce, ainçois convient que mueble et chatel qui^m vienent^n en

---

a) *A B F* fief (*B F* ficz) qui viennent. — b) *HJK* omettent et. — c) *C* maistre. — d) *HJK* omettent ainsnee. — e) *BF* des. — f) *GG* descendement. — g) *C* li en dem.; *GHJK* li dem. — h) *HJK* demeurent. — i) *GHJK* plus donner. — j) *GHJK* la. — k) *BF* et soit. — l) *AB* m. n'en ch.; *F* m. en ch. — m) *ABGHJK* omettent qui; *F* chat. commant qu'il; *nous rétablissons ce passage altéré dans O d'après l'analogie du paragraphe précédent*: eritage qui vienent. — n) *ABCFHJK* viengnent.

---

1. Cf. §§ 464, 472-473.

partie ª, soit par ᵇ descendement ᶜ soit par ᵈ escheoite, se ᵉ partissent egaument autant a l'ainsné comme au mainsné ᶠ.

1483. Je ne voi pas que nus fiés puist estre mis en arrierefief du seigneur sans l'assentement du seigneur ᵍ, fors par reson de partie qui vient en descendant ʰ, si comme j'ai dit dessus; mes en pluseurs manieres puet revenir li arrierefiés ou fief du seigneur et veons comment.

1484. Se li sires achate a son homme ce qu'il tenoit de li en fief, il revient de l'arrierefief ou fief du seigneur, car l'acheteres doit tenir par son achat de son seigneur nu a nu ce qu'il tenoit devant en arrierefief; ne ja par ce n'en fera plus d'homages ⁱ, car aussi comme il tenoit tout a un ʲ homage son demaine et l'homage ᵏ au vendeur, li homages du vendeur devient nus et li demaines de l'acheteur croist et vient en son homage.

1485. La seconde maniere par quoi ˡ li arrierefief pueent ᵐ revenir et estre tenu en demaine du seigneur, si est par eschange, si comme se Pierres tient du conte et Jehans tient de Pierre et Pierres fet tant par eschange d'autre eritage qui ne muet pas du conte que ce que Jehans tenoit de li vient ⁿ en son demaine : ainsi puet venir l'arrierefiés a estre tenus du seigneur nu a nu ce qui estoit devant l'eschange tenu en arrierefief.

1486. La tierce maniere si est quant aucuns pert par son mesfet le fief qu'il tient de son seigneur, car en ceste maniere rest ᵒ ¹ li fiés tenus nu a nu qui devant estoit arrierefiés.

1487. Li homme pueent bien acroistre les fiés qu'il tienent de leur seigneurs nu a nu des eritages qui sont tenu

---

a) *F* omet en partie. — b) *F* omet par. — c) *B* omet en partie... descendement. — d) *FG* soit d'esc.; *HJK* ou d'esc. — e) *ABCGHJK* esch. ainz se part. — f) *A* l'ainsnee comme a la mainnee; *C* comme le mainsné en a. — g) *BF* omettent sans l'assent... seigneur. — h) *A* omet en descendant. — i) *C* nen sera plus damagiés; *F* d'ommage. — j) *C* un seul hom. — k) *BF* omettent son... homage. — l) *GHJK* man. comment li. — m) *JK* puet. — n) *BF* omettent de li vient. — o) *C* est.

---

1. *rest*, est de nouveau.

d'aus en vilenage : si comme se je tieng du conte et en mon fief a[1] champars que terres vilaines me doivent[a], ou cens ou rentes que terres vilaines[b] me[c] doivent[d], et je fes tant que li tresfons de teus eritages mouvans de moi soient mien, en quel que maniere que ce soit, il vienent en la nature de mon fief que je tenoie en pur demaine.

1488. Pierres avoit acheté une piece de terre qui estoit tenue de li a .xii. d. de cens, et les .xii. d. Pierres tenoit en fief avec son autre demaine. Quant Pierres ot tenu une piece l'eritage, il le donna arrieres a .xii. d. de cens par sa volenté. Li sires de qui Pierres tenoit en fief les .xii. d. de cens aveques son autre demaine, quant il vit que Pierres avoit tant fet par son achat que ses fiés estoit amendés de cele piece de terre, et après il vit que Pierres de s'autorité le rempiroit[e] en ostant de sa main le demaine dont il avoit creu[f] son fief, il se traist avant et saisi le tresfons comme mesfet en disant que Pierres ne pouoit ce fere. A ce respondoit[g] Pierres que bien le pouoit fere, car s'il avoit acheté le vilenage qui lui[h] devoit .xii. d. de cens et il le rebailloit[i] a .xii. d. de cens, il ne croissoit[j] ne n'apeticoit le fief son seigneur. Et seur ce se mistrent en droit[k].

1489. Il fu jugié que puis que Pierres avoit conjoint[l] aveques son fief ce qui estoit tenu de li en vilenage, il ne le pouoit desjoindre ne alongier[m] sans l'otroi de son seigneur; ains pouoit li sires prendre le lieu comme mesfet et comme son fief esbranchié. Et par cel jugement puet on veoir apertement[n] qu'il loit a chascun acroistre et amender le fief qu'il tient de son seigneur[o], mes il ne li loit pas, comment

---

a) *F* omet que terres ... doivent. — b) *AB* terres vilenages. — c) *HK* omettent me. — d) *J* omet ou ceus ... me doivent; ce passage omis dans *J* par le copiste a été écrit dans le bas du folio par Marcadé avec signe de renvoi. — e) *GHJK* autorité l'empiroit. — f) *HJK* av. receu son. — g) *FGHJK* respondi. — h) *ABF* omettent lui. — i) *A* le bailloit. — j) *BCF* n'accroissoit. — k) *BF* omettent seur ce ... en droit. — l) *GHJK* joint. — m) *HJK* eslongier. — n) *HJK* omettent apertement. — o) *A* qu'il de son seigneur tient.

---

1. *a*, il y a.

qu'il ait[a] acreu par bonne cause, a[b] apeticier ne a[c] empirier son demaine[d] en esbranchant[e] ne en fesant arrierefief. Mes se li hons avoit acreu son fief[f] par toute ou par force sans bonne cause et il, par restitucion de torfet, rendoit cel acroissement a ceus seur qui il l'avroit pris, li sires ne l'en pourroit riens demander, car il loit a chascun rendre ce qu'il a par mauvese cause.

1490. Encore puet li arrierefiés revenir[g] en pur fief en autre maniere : si comme se partie est fete entre enfans dont li ainsnés en porte les .II. pars et li mainsné le tiers, et li mainsné muerent sans oir[h] si que l'escheoite revient au frere ainsné[i]. Car en ce cas revient li fiés tout ensemble, aussi comme s'il n'eust onques esté departis. Et aussi entre sereurs, se les mainsnees muerent qui sont en l'homage de l'ainsnee, l'escheoite revient en sa main et tient tout du[j] seigneur nu a nu, aussi comme se partie n'eust onques esté fete.

1491. Encore pueent li fief par nostre coustume alongier[k] leur seigneurs par autre maniere qu'il est[l] dit[m] ci dessus, car quiconques tiegne en fief et il a enfans, il puet donner[n] a un de ses enfans ou a pluseurs[o] dusques au tiers de tout son fief et retenir ent l'homage, en tele maniere que, quant il sera mors, que l'en ne puist plus[p] oster du fief[q] que cel tiers qui en fu ostés au tans que li peres le donna ; car se li peres en donnoit le tiers et retenoit l'homage, et après il mouroit et il plesoit a son fil ainsné qu'il en ostast encore un autre tiers pour donner a ses mainsnés, ainsi avroit l'en osté .II. tiers du fief et mis en l'arrierefief du seigneur, et ce n'est pas a soufrir se li sires ne veut. Donques celi[r]

a) *CHJK* l'ait. — b) *ABF* omettent a. — c) *BF* omettent a. — d) *ABCF* omettent son demaine. — e) *C* en embranchement; *G* en abregant ne en. — f) *C* omet Mes se ... son fief. — g) *JK* venir. — h) *C* hoirs; *GHJK* sans avoir hoirs (*G* hoir). — i) *G* esqueanche esquiet a l'ainsné et revient; *HJK* esqueance vient a l'ainsné. — j) *A* d'un. — k) *GHJK* eslongier. — l) *CF* qu'il n'est. — m) *G* man. qui est dicte ci dess. — n) *E* demourer. — o) *C* omet ou a pluseurs. — p) *C* puist riens ost. — q) *B* puist oster du fief plus; *F* puist dou fief oster plus. — r) *ABF* Donques se li ; *C* se le; *GHJK* Donq. li tiers.

tiers que li peres et la mere donnent^a doit tenir entre les parties des enfans, ou^b raporter^c ce qui leur fu donné du pere ou de la mere^d en partie, et puis partir en tele maniere que li ainsnés ait les .ii. pars et tuit li autre^e le tiers^f; et cel tiers il doivent tenir de l'ainsné en foi et en homage; et ainsi n'en puet estre osté que le tiers tant seulement entre le vivant du pere et de la mere et des enfans.

1492. S'il avient que fiés me soit descendus de mon pere ou de ma mere et mi mainsné en portent le tiers, lequel il tienent de moi, et j'ai enfans et après je muir, li ainsnés de mes enfans en reporte les .ii. pars de mon fief et tuit li mainsné le tiers, ne ne demeure pas pour ce, s'il fu autre fois tierciés^g. Donques poués vous veoir que tant de fois comme^h fiés vient en descendant, tant de fois il est tierciésⁱ, et il i a pluseurs enfans, et par teles parties^j sont li fief qui souloient estre grant departi en mout^k de petites parties^l.

1493. Demande puet estre fete, se li ainsnés a pluseurs fiés d'une meisme chastelerie et il a mainsnés qui doivent avoir en chascun fief le tiers, a savoir se chascuns des mainsnés li fera un homage de cele partie comme il doit avoir ou tiers de chascun fief. Nous disons ainsi que, se li fief sont d'une seule chastelerie et tenu d'un seul seigneur, chascuns des mainsnés ne fera qu'un homage; mes se li fief sont de pluseurs chasteleries, il feront de ce qu'il en porteront en chascune chastelerie un homage, tout soit il ainsi que les deus chasteleries soient toutes a un seigneur, puis que li ainsnés soit .ii. fois hons par la reson des chasteleries. Et se li ainsnés tient de pluseurs seigneurs en une seule chastelerie, de tant de seigneurs comme il tient, tant d'homages

---

a) *A* donnerent. — b) *C* enf. et rap. — c) *G* enf. en raportant ce. — d) *GHJK* ce que [*HJK* lor] pere (*H* peres) et [*HJK* lor] mere leur donnerent en partie. — e) *F* et li mainzné le. — f) *B* omet et tuit ... le tiers. — g) *C* fois osté en tiers. — h) *C* fois que mes fiés; *GHJK* fois que fiés. — i) *C* est partis en tiers. — j) *F* et en tele maniere. — k) *B* omet departi en mout; *F* gr. apeticbié par tant de p. p. — l) *A* parties petites; *HJK* pet. pieches.

si mainsné doivent fere de ce qu'il en doivent porter[a] en chascun fief.

1494. Bien se doivent garder li seigneur de qui li fief muevent qu'il ne le lessent pas apeticier ne departir plus avant que coustume ne donne, car en ce qui leur alonge perdent il en trois[b] manieres : c'est en vente, en rachat et en forfeture. Car ce qui est de leur fief et devient leur arrierefiés, s'il est vendus, li quins vient a l'ainsné de qui il est tenus, et aussi li rachas quant il i avient, et aussi la forfeture ; mes en la forfeture gaaigne tant li sires qu'il revient a estre tenus de li nu a nu, si comme il estoit quant coustume l'en fist partir.

1495. Se li sires soufroit a son homme[c] qu'il fist greigneur partie a ses mainsnés que ce qu'il devroient[d] avoir en chascun fief, sans perdre l'homage, ou s'il soufroit les fiés a abregier ou amortir, ou aucune autre chose par quoi li fiés seroit empiriés, li tiers sires ne l'est pas pour ce tenus a soufrir, ainçois i puet geter la main par la forfeture de son sougiet qui le soufri. Et combien qu'il i eust de seigneurs l'un deseur l'autre dusques au conte, s'il le soufroient tuit, ne l'est pas tenus li cuens a soufrir s'il ne li plest ; ainçois i puet geter la main, se si sougiet n'en ont fet leur devoir.

Ici fine li chapitres comment li fief pueent aprochier et eslongier leur seigneurs selonc la coustume de Beauvoisins.

a) *AC* qu'il emportent en. — b) *BF* en .IIII. man. — c) *C* seigneur fourfait a ses hommes qu'il. — d) *A* devoient ; *BF* devroit. — Explic.) *A* les seign. par coust. ; *il omet* de Beauvoisins ; *B omet* leur seigneurs ; *C* Ichi define ; Beauv. et que les tenans se gardent de partir encontre le coustume ; *CF* alongier et (*F* ou) aprochier ; *GH* Explicit ; *JH n'ont pas d'explicit.*

XLVIII.

Ici commence li .xlviii. chapitres de cest livre liqueus parole comment li homme de poosté pueent tenir franc fief en foi et en homage, et comment il le doivent deservir.

1496. Selonc l'establissement le roi[1] li homme de poosté ne pueent ne ne doivent tenir fief ni eus acroistre en fief. Nepourquant nous i veons aucun remede comment il pueent avoir fief et si n'est pas l'establissemens brisiés, car l'entencions des establissemens n'est pas pour tolir autrui droit, mes pour ce que les choses soient fetes selonc reson, et pour les mauveses coustumes abatre et les bonnes amener avant.

1497. La premiere resons comment li homme de poosté pueent avoir terre de fief, si est des fiés qu'il avoient avant que l'establissemens fust fes et puis sont venu de ceus qui les tenoient par descendement de degré en degré, et cil fief ne leur sont pas osté, car l'establissemens ne leur toli pas ce qui estoit ja fet; ainçois fu fes pour ce qu'il ne le feïssent plus, car li bourjois et li homme de poosté treoient mout de fiés a eus, si que au loins aler li prince peussent avoir mendre service des gentius hommes.

Rubr.) *AB* omettent foi et en; *ABFH* omettent et comment ... deservir; *ABC* omettent franc; *BCFHJK* omettent de cest livre; *CFHJK* ch. qui parole; *G* n'a pas de rubrique.

1. Sur l'ordonnance que vise Beaumanoir et qui est probablement celle de Philippe le Hardi rendue à la Toussaint ou à la Noël 1275 (*Ord.*, I, 303), Voyez Glasson, *Hist. du droit et des institut. de la France*, IV, 316, et VII. 12, P. Viollet, *Histoire du droit civil français*, p. 254, et ci-dessus §§ 865-866.

CHAP. XLVIII. — DES FIÉS TENUS PAR GENS DE POOSTÉ.

1498. Se li bourjois ou li hons de poosté qui tient[a] fief de devant l'establissement le veut metre hors de sa main, il convient qu'il le mete en main de gentil homme, se autre grace ne li est fete du roi ou du conte de qui li fiés muet; et tout comme il le tient, convient il qu'il le deserve en la maniere que li fiés le doit et qu'il le devroit s'il estoit en main de gentil homme.

1499. Il ne loit pas a nul gentil homme dessous le roi a soufrir de nouvel que bourjois s'acroisse en fief, car il feroit contre l'establissement qui est fes du roi pour le pourfit des gentius hommes en general par tout le roiaume. Mes quant li rois fet aucun establissement especiaument en son demaine, si[b] baron ne lessent pas pour ce a user en leur terres selonc les anciennes coustumes. Mes quant li establissemens est generaus, il doit courre par tout le roiaume, et nous devons croire que tel establissement sont fet par tres grant conseil et pour le commun pourfit.

1500. La seconde resons par quoi li homme de poosté pueent tenir fief, si est quant il a gentil fame espousee, laquele tient fief de son eritage ou[c] par reson de bail, ou qui li descent de pere ou de mere, ou qui li eschiet de costé, car il n'est pas resons que la gentil fame perde son droit d'eritage pour ce s'ele se marie en plus basse persone. Et en tel cas li hons de poosté ne tient pas le fief comme le sien, mais comme le sa fame. Et nepourquant s'il a enfans de la gentil fame, il en pueent estre eritié, tout ne soient il pas gentil homme par quoi il puissent estre chevalier, car la gentillece par laquele l'en fet les chevaliers vient de par le pere, comment que la fame[d] soit, gentil fame ou fame[e] de poosté. Nepourquant, se la mere estoit serve et li peres fust gentius hons et chevaliers, ne nous acordons nous pas qu'il puissent estre chevalier pour ce qu'il sont serf par la reson de la mere.

a) *A C F G H* tiennent. — b) *B* dem. se li bar.; *F* dem. li bar. — c) *B* erit. non par. — d) *C* la mere soit. — e) *H J K* omettent fame.

1501. Or veons, — se uns chevaliers a une serve espousee et li chevaliers a fief de son eritage, — se li enfant qui sont serf en pourront[a] estre aheritié[b] ne[c] tenir le franc fief. Nous disons ainsi que, se li fiés muet du seigneur qui serf il sont, il le tenront par feuté sans fere homage, pour ce qu'après eus li eritages revenra au seigneur. Mes se li fiés muet d'autre seigneur, il ne les recevra pas en homage ne en feuté, s'il ne li plest ; ainçois leur commandera ou pourra commander qu'il metent le fief hors[d] de leur main dedens an et jour. Et s'il ne le font, li sires le puet prendre en sa main par defaute d'homme, car il ne loit[e] pas a serf ne a serve a tenir fief, se n'est du seigneur qui serf il sont en la maniere dessus dite.

1502. Tout soit il ainsi que li serf doient estre as gentius hommes par ancienne[f] coustume et par nouvel establissement, pour ce ne demeure pas que li gentil homme ne puissent tenir vilenages. Car il pueent tenir et aus acroistre[g] en eritages vilains par nostre coustume, mes qu'il facent des vilenages ce qu'il doivent[h] aussi comme se gent de poosté les tenoient, car la franchise des persones n'afranchist pas les eritages vilains. Mes li franc fief franchissent la persone qui est de poosté en tant que, quant il i est couchans et levans, il use de la franchise du fief.

1503. La tierce resons comment li homme de poosté pueent tenir franc fief si est especial grace[i] qu'il ont[j] du roi ou du prince qui tient en baronie.

1504. La quarte resons si est s'il a gentil fame espousee et aucuns du lignage a la fame a vendu franc fief qui soit du costé[k] a la fame : li hons de poosté qui l'a espousee le puet rescourre, car autrement perdroit il le droit[l] qu'ele a en l'eritage. Mes s'il ont enfans et li enfant après la mort de

---

a) *C* pueent ; *G* porroient. — b) *A* herité ; *C* heritier. — c) *C* et ten. — d) *AB* met. hors le fief de leur. — e) *C* duit. — f) *C* aucunne. — g) *GHJK* aus estendre en. — h) *A* omet ce qu'il doivent. — i) *C* esp. partie qu'il. — j) *B* est par esperance qu'il a du roi ; *F* grace qu'il a du. — k) *GHJK* du lignage a. — l) *GHJK* il le droiture qu'ele.

leur mere ne reprenent pas de leur pere la ª moitié de cel eritage qui fu rescous par la bourse, en ce cas puet demourer la moitiés du franc fief a l'homme de poosté. Nepourquant li sires de qui li fiés muet ne l'en doit pas prendre a homme, ainçois li doit commander qu'il le mete hors de sa main dedens an et jour ; et s'il ne le fet, li sires puet prendre la moitié du fief dont il est tenans par defaute d'homme dusques a tant que li hons de poosté ait obeï a son commandement.

1505. Comment que li hons de poosté tiegne en fief ne par quelconque ᵇ reson, li sires de qui li fiés muet n'est pas tenus a li recevoir a homme s'il ne li fet grace, mes la feuté doit prendre de li. Et la feutés si est qu'il doit jurer seur sains qu'il servira et fera vers le seigneur tout ce qui au fief apartenra, et que pour la reson du fief il li portera foi et loiauté si comme on doit fere a son seigneur.

1506. Quant l'hons de poosté a fet feuté a son seigneur de qui il tient ᶜ, bien se gart qu'il ne mesface contre son serement et qu'il ne desobeïsse de ce dont on doit obeïr a son seigneur ᵈ par reson de franc fief, car il encherroit ᵉ en autele peine et en autel damage vers le seigneur comme s'il estoit gentius hons et eust fet homage ; car toutes auteles redevances et obeïssances doit il a son seigneur comme s'il estoit gentius hons. Et tout en la maniere que li gentil homme doivent requerre a leur seigneur qu'il soient receu a homme, — c'est assavoir dedens les .xl. jours que li fiés leur vient, comment qu'il leur viegne, — tout en tele maniere doit requerre li hons de poosté que sa feutés soit receue. Et s'il ne le fet, li sires puet prendre les issues du fief par defaute ᶠ de feuté ᵍ, et lever et fere sieues ʰ aussi comme il feroit du gentil homme par defaute d'homme.

1507. Nus ne doit douter se li hons de poosté tient fief

---

a) *JK* leur moitié. — b) *HJK* par quelque res. — c) *AB* il le tient ; *C* de che que il tient de lui. — d) *BF* omettent a son seigneur. — e) *JK* il encourroit. — f) *G* def. d'omme et de feuté. — g) *AF* de la feuté. — h) *ABFGHJK* fere siens ; *C* f. siues.

de son droit et aucuns plede a li de ce qui au fief apartient, soit ses ª sires ou autres, qu'il ne doie estre demenés par ses pers, aussi comme s'il estoit gentius hons, sauf ce que s'il ᵇ apeloit, il ne se combatroit pas comme gentius hons, mes comme hons de poosté. Mes de tous autres ples qui venroient par la reson du fief, il doit estre demenés a ᶜ la loi des ᵈ gentius hommes ¹.

1508. La quinte resons comment li hons de poosté puet tenir fief si est quant il li eschiet de costé, comme au plus prochien, tout fust il ainsi que cil de qui il eschiet fust gentius hons ou hons de poosté, car l'entencions de l'establissement n'est pas que nus en perde son droit d'eritage qui li doit venir par reson de lignage; ainçois est pour ce qu'il ne soit soufert qu'il ne s'i acroissent par achat ne par eschange.

1509. La sizisme resons comment li hons de poosté puet tenir fief ᵉ si est par reson de bail ou de garde, si comme se aucuns enfes ᶠ sous aage vient en son bail ou en sa garde par reson de prochaineté de lignage, au quel enfant ᵍ aucuns fiés apartiegne de son droit ².

Ici fine li chapitres qui parole comment li homme de poosté pueent tenir fief en homage.

---

a) *AB* soit fet sires. — b) *B* ce qu'il ap. — c) *A* par. — d) *GHJK* demen. comme gent. — e) *GHJK omettent* comment ... fief. — f) *G omet* enfes. — g) *G* auxquieus enfans; *HJK omettent* enfant. — Explic.) *A omet* en homage; *AB omettent* qui parole; *C répète la rubrique*; *F* Chi fenit; comm. homme; ten. franc fief; *GH* Explicit; *JK n'ont pas d'explicit*.

---

1. Voyez § 867.
2. Voyez § 1434.

XLIX.

Ici commence li .XLIX. chapitres de cest livre liqueus parole des establissemens et du tans ou quel coustume ne doit pas estre gardee pour cause de necessités qui avienent.

1510. Aucun tans sont excepté que l'en ne puet pas fere ne ne doit ce qui a esté usé et acoustumé de lonc tans pour[a] droit, si comme chascuns puet savoir qu'il sont .II. manieres de tans : li uns de pes et li autres de guerre. Si est resons que li tans de pes soit demenés par les us et par les coustumes qui ont esté usees et acoustumees de lonc tans pour vivre en pes, si comme en teus tans[b] chascuns puet fere du sien a sa volenté, — si comme donner ou vendre ou despendre, — selonc ce que[c] pluseur chapitre de cest livre l'enseignent. Mes ou tans de guerre et ou tans que l'en se doute de guerre, il convient fere[d] as rois et as princes, as barons et as autres seigneurs, mout[e] de choses que, s'il les fesoient ou tans de pes, il feroient tort a leur sougiès, mes li tans de necessité les escuse[f], par quoi li rois puet fere nouveaus establissemens pour le commun pourfit de son roiaume : si comme il seut[g] commander[h], quant il pense a avoir a fere pour sa terre defendre ou pour autrui assaillir

Rubr.) *AB omettent* pour causes ... avienent; *CFHJK omettent* de cest livre; chap. qui par.; *C* necess. qui y viennent par coi on doit ouvrer selonc les necessités apparans; *FH* por necessité qui aviengne; *G donne le titre du chapitre* XLVII; *JK* necessité qui advient. — a) *B* par. — b) *A* cas. — c) *A* desp. si comme plus. — d) *A omet* fere. — e) *A* seign. fere mout. — f) *AF* les en escuse; *C* les accuse. — g) *C* il souloit; *GH* il siut; *JK* il a acoustumé. — h) *G* demander.

qui li a fet tort, que escuier gentil[a] homme soient chevalier, et que riche homme et povre soient garni d'armeures, chascuns selonc son estat, et que les bonnes viles rapareillent leur services et leur forterces, et que chascuns soit appareilliés de mouvoir quant li rois le commandera. Tous teus establissemens[b] et autres qui semblent[c] convenable a lui et a son conseil puet fere li rois pour le tans de guerre ou pour doute de[d] guerre a avenir ; et chascuns barons aussi en sa terre, mes que ce ne soit pour emprendre contre[e] le roi.

1511. Or resont[1] autre tans qu'il reconvient fere autres choses que coustumes ne donnent en tans de pes, si comme en tans de famine qu'il est poi d'aucunes choses lesqueles sont convenables au commun pueple soustenir, si comme quant il est faute de bles ou de vins. En teus tans puet l'on bien restraindre[f] que chascuns ne face pas a sa volenté des choses dont il est poi, car se l'en soufroit que li riche homme les achetassent pour metre en greniers et puis les tenissent[g] sans vendre pour le tans enchierir, ce ne seroit pas a soufrir. Donques, quant il avient qu'il est teus tans, li seigneur des terres pueent commander a leur sougiès qu'il retiegnent tant seulement des choses dont il est faute ce qu'il leur convient pour aus et pour leur mesnie a l'anee passer, et tout le remanant qu'il metent en vente selonc le droit pris que les choses valent quant eles sont en vente en plein marchié, car mieus vaut que l'en sequeure au commun pourfit qu'a la volenté de ceus qui vuelent le tans enchierir.

1512. Nus ne puet[h] fere nouvel establissement liqueus[i] ne doie courre pour droit, ne nouveaus marchiés, ne nouveles coustumes, fors que li rois ou roiaume de France, fors

---

a) *C* esc. et gent. — b) *ABF* Tout tel establissement. — c) *F* qui sunt ; *GHJK* qui soient. — d) *C* pour le doutanche de le guerre. — e) *C* pour entreprendre nulle chose qui soit encontre le roi. — f) *B* refraindre. — g) *GHJK* retenissent. — h) *G* doibt. — i) *GHJK* qui ne.

---

1. *Or resont*, Or il y a aussi.

CHAP. XLIX. — DES ESTABLISSEMENS ET DES NECESSITÉS. 263

ou tans de necessité, car chascuns barons[a] ou tans de necessité puet[b] fere metre avant[c] les denrees de ses sougiès[d], si comme nous avons dit dessus ; mes il ne pueent[e] pas fere nouveaus marchiés, ne nouveles coustumes sans le congié du roi. Mes li rois le puet bien fere[f] quant il li plest, et quant il voit que c'est li communs pourfis, si comme l'en voit toute jour[g] que li rois donne nouvele coustume a aucunes viles ou a aucuns barons qui sont a li ou de ses sougiès, si comme pour refere pons, ou chauciees[h], ou moustiers, ou aucuns autres aaisemens communs : en teus cas puet fere li rois, et autres que li rois[i] non.

1513. L'en doit savoir que, se li rois fet aucun establissement nouvel pour le commun pourfit[j], qu'il ne grieve pas as choses qui sont fetes du tans passé ne as choses qui avienent dusques a tant que li establissemens est[k] commandés a tenir. Mes puis qu'il est puepliés[l], l'en le doit tenir fermement en la maniere qu'il est commandés[m], ou a tous jours ou dusques a terme. Et quiconques va contre l'establissement il chiet en l'amende qui est establie par le roi ou par son conseil ; car quant il fet les establissemens, il tausse l'amende de ceus qui contre l'establissement iront[n]. Et chascuns barons et autre qui ont justices en leur terre ont les amendes de leur sougiès qui enfraignent les establissemens, selonc la taussacion[o] que li rois fist[p] ; mes c'est a entendre quant il font tenir en leur terre l'establissement le roi, car s'il en sont rebelle ou negligent et li rois, par leur defaute, i met la main, il en puet lever les amendes.

1514. Aussi comme nous avons parlé du tans de necessité qui vient par famine, entendons nous que l'en se[q] puet

a) *HJK* omettent ou tans ... chascuns barons. — b) *HJK* necess. et puet. — c) *HJK* avant cascuns barons les. — d) *G* omet car chascuns barons ... ses sougiès ; *HJK* ses sougiès en tans de necessité si comme. — e) *A* ne le pueent. — f) *HJK* Mes ce pot li rois quant. — g) *JK* tous les jours. — h) *ABCF* ou chastiaus ou. — i) *HJK* omettent rois. — j) *GHJK* omettent pour le commun pourfit. — k) *GH* sont ; *JK* soit. — l) *B* pupliés ; *GJK* publiés. — m) *G* man. qui le commande ; *HJK* man. que il commande. — n) *HJK* omettent de ceus ... iront. — o) *G* l'estimacion. — p) *HJK* tauss. du roi mes. — q) *ABCF* omettent se.

aidier de tout en tans d'autres ª necessités : si comme il avient qu'il convient ᵇ fere communs ouvrages, si comme eglises, ou ᶜ chauciees ᵈ, ou puis ᵉ, ou fermetés pour doute de guerre ; en tous teus cas et en semblables ne doit nus estre espargniés des habitans que chascuns n'i mete selonc son estat, car nus n'est tenus a paier a par soi ce qui est communs pourfis ᶠ a tous ses voisins, aussi comme a lui ᵍ. Et pour ce que nous avons veu aucuns gentius hommes qui en estoient rebelle ʰ et disoient qu'il ne devoient pas estre taillié avec les hommes de poosté, il est convenable chose au seigneur qui les a a justicier qu'il les amoneste qu'il i metent de leur volenté soufisaument ; et s'il ne vuelent, il leur puet et doit defendre qu'il n'usent ne ne s'aident ⁱ en ʲ riens de ce qui est fet la ou il ne voudrent rien metre. Et aussi pueent estre contraint resnablement a ce qu'il i metent, car il ne se pueent consirer des aaisemens communs. Et se cil sont clerc qui n'i vuelent riens metre et il partissent as aaisemens communs ᵏ, il doivent estre contraint par leur ordinaire a ce qu'il i metent soufisaument, car nus n'en doit estre quites.

1515. Tout soit il ainsi que li rois puist fere nouveaus establissemens, il doit mout prendre garde qu'il les face par resnable cause et pour le commun pourfit et par grant conseil, et especiaument qu'il ne soient pas fet contre Dieu ne contre bonnes meurs ; car s'il le fesoit, laquele chose ne sera ˡ ja se Dieu plest, ne le devroient pas si sougiet soufrir pour ce que chascuns par dessus toutes choses doit amer et douter Dieu ᵐ de tout son cuer et pour l'honneur de sainte Eglise et, après ⁿ, son seigneur terrien. Si doit chascuns fere ce qui apartient au commandement de Nostre Seigneur en

---

a) *A C* omettent autres. — b) *B F* omettent qu'il convient. — c) *G* ou pons ou cauch. — d) *F* ou chastiaux. — e) *G* omet ou puis. — f) *HJK* omettent pourfis. — g) *HJK* omettent aussi comme a lui. — h) *HJK* omettent qui en est. reb. — i) *GHJK* s'aisent. — j) *A* de. — k) *B* omet Et se cil ... communs. — l) *C* chose si n'avendra ja ; *HJK* ch. il ne fera ja. — m) *C* Dieu le nostre pere. — n) *C* après che.

CHAP. XLIX. — DES ESTABLISSEMENS ET DES NÉCESSITÉS.

esperance d'avoir le guerredon des ᵃ biens celestiens et, après ᵇ, obeïr au seigneur terrien selonc ce que l'en doit fere pour les possessions temporeus ᶜ.

Ici fine li chapitre des establissemens et du tans de necessité.

a) *G H J K* d'avoir les biens. — b) *C* après che. — c) *C omet* pour les poss. tempor. — Explic.) *C répète la rubrique*; *F* des establiss., etc.; *G H* Explicit; *J K n'ont pas d'explicit.*

L.

Ici commence li .L. chapitres de cest livre liqueus parole des gens de bonne vile et de leur drois, et comment il doivent estre gardé et justicié.

1516. Les bonnes viles de commune et celes meismes la ou il n'a point de commune, et li communs pueples ont mestier d'estre gardé en tele maniere que nus ne leur face tort ne qu'il facent tort a autrui ; et especiaument les chartres des communes doivent estre gardees selonc les teneures de leur privileges, s'il n'ont tant lessié user ou contraire de leur privileges qu'il soient corrompu, car autant vaut fours qui ne[a] cuit comme chartre qui n'est usee puis que l'en a usé le contraire[b].

1517. De nouvel nus ne puet fere vile de commune ou roiaume de France sans l'assentement du roi, fors que li rois, pour ce que toutes nouveletés sont defendues. Et se li rois en veut fere aucunes ou a[c] fetes, si doit il estre contenu es chartres des franchises qu'il leur donne, que[d] c'est sauf le droit des eglises et des chevaliers, car en grevant les eglises ne en apetiçant le droit des chevaliers ne le puet il ne ne doit fere.

Rubr.) *A H* par. des viles de quemune et de l. dr. ; *CFHJK* omettent de cest livre ; chap. qui par. ; *CJK* just. si que il puissent vivre empes ; *G donnent le sommaire du chapitre* XLVIII ; *JK* bonnes villes. — a) *A* me. — b) *K* a dans ce paragraphe diverses corrections et suppressions arbitraires de la main de Marcadé, et inutiles à rapporter ici. — c) *HJK* ou en. — d) *Tous les mss. ont* car *ou* quar *en abrégé, faute évidente de lecture de* α *et de* β *pour* que *écrit dans O avec un crochet qu'ils ont confondu avec l'abréviation par suspension de* quar ; *cf. par exemple var.* l, p. 267.

CHAP. L. — DES VILES DE COMMUNE ET DE LEUR DROIS.

1518. Ce que nous avons dit que toutes nouveletés sont defendues, c'est a entendre celes nouveletés qui sont fetes contre autrui droit, car il n'est defendu a nul qu'il ne puist bien fere four ou moulin, ou pressoir[a], ou meson[b], ou vivier, ou aucune autre chose en tel lieu la[c] ou ele ne fu onques mes[d]. Mes[e] c'est a entendre[f] que ce ne soit[g] contre le droit d'autrui. Et en aucun cas pueent estre li marchissant damagié que ja pour ce la nouveletés ne sera ostee : si comme se je fes un moulin en ma terre la ou je puis et doi, et li moulins de mon voisin en vaut meins[h] pour ce qu'il n'i va pas tant de gens comme il souloit ou pour ce que je fes meilleur marchié de mourre qu'il ne fet, pour tous damages ne sera pas[i] ostés mes moulins[j], car c'est li communs pourfis[k] que[l] chascuns puist fere son preu et sa terre amender sans tort fere a autrui.

1519. Chascuns sires qui a bonnes viles dessous li es queles il a commune, doit savoir chascun an l'estat de la vile et comment ele est demenee et gouvernee par leur maieurs et par ceus qui sont establi a la vile garder et mainburnir, si que li riche soient en doute que, s'il mesfont, qu'il seront griement puni et que li povre es dites viles puissent gaaignier leur pain en pes.

1520. Nous avons veu moult de debas es bonnes viles des uns contre les autres, si comme des povres contre les riches ou des riches[m] meismes les uns contre les autres[n] : si comme quant il ne se pueent acorder a fere maieurs ou procureeurs ou avocas, ou si comme quant[o] li un metent sus as autres qu'il n'ont pas fet des reçoites[p] de la vile ce qu'il doivent, ou qu'il ont conté de trop grans mises, ou si comme quant[q] les besoignes de la vile vont mauvesement pour con-

---

a) *A* pressour. — b) *GHJK omettent* meson. — c) *BFHJK omettent* la. — d) *GHJK omettent* mes. — e) *C* mes. Si sachiez que che est. — f) *HJK omettent* c'est a entendre. — g) *ABF* soit fet. — h) *A* mieuz. — i) *GHJK* dam. ne doit pas [*HJK* estre]. — j) *G* mes moulins estre ostés. — k) *GHJK* pourf. de chascuns. — l) *G* Qr̃ chascuns. — m) *F* povres. — n) *G* l'un contre l'autre ; *HJK* meismes contre les riches. — o) *GHJK omettent* quant — p) *GHJK* rentes. — q) *GHJK omettent* quant.

tens ou mautalens qui muevent*a* l'un*b* lignage contre l'autre. En tous teus cas, si tost comme la connoissance en vient au seigneur de la vile, il i doit metre hastif conseil en tel maniere que, se li contens est pour fere maieur ou autres persones convenables a la vile garder, li sires les i doit metre de son office teus qu'il sache qu'il soient convenable en l'office la ou il les metra. Et se cil qui en ceste maniere sont*c* mis es offices des bonnes viles*d* par le seigneur pour ce qu'il ne se pueent*e* acorder, s'il font leur devoir en l'office, il i doivent*f* au meins estre un an. Et au chief de l'an, se la vile est apaisie par quoi il se puissent acorder a metre autres, fere le pueent aussi comme il ont devant acoustumé ; et s'il ne se pueent encore acorder, cil que li sires i mist i*g* demeurent*h* s'il ne sont osté par le seigneur pour metre autres. Et li sires les*i* doit fere paier*j* de la vile selonc ce que a leur*k* office apartient.

1521. Se li contens de la bonne vile est pour les contes*l* de la vile, li sires¹ doit fere venir par devant lui tous ceus qui ont fetes les reçoites de la vile et les despenses*m* depuis le tans qu'il commencierent les choses a recevoir et a paier, et savoir qu'il rendent bon conte et loial, si que la vile ne soit pas damagie par leur couvoitise de mauvesement retenir les biens du commun. Et se cil qui doivent rendre conte s'escusent qu'il rendirent autre fois conte en la presence du commun et s'en tindrent a paié parce qu'il ne le debatirent pas, en teus cas ne sont il pas tenu a conter de rechief, car il soufist se l'en a conté une fois a ceus a qui l'en doit rendre

---

a) *C* qui esmuevent de l'un ; *HJK* qui (*H* qu'il) muet. — b) *ABFG* li un lign. — c) *HJK* y sont. — d) *HJK* omettent es off. des bon. vil. — e) *B* pooient. — f) acord. s'il fet (*ou* fait) son devoir en l'office, il i doit *dans tous les mss. sauf* F. — g) *ABF* mist il dem. — h) *GHJK* dem. encore. — i) *JK* le. — j) *C* paier sus le coustement de. — k) *JK* a l'office. — l) *C* contens. — m) *A* desp. de la vile depuis.

---

1. Marcadé a écrit en bas du folio avec renvoi à *sires* la note suivante : *c'est assavoir le roy qui a donné et creé les previleges de la commune : aultrement seroit se les gouverneux estoient eslus du peuple sans previlege royal, car adonques seroit a fere au seigneur de la ville.*

CHAP. L. — DES VILES DE COMMUNE ET DE LEUR DROIS.

conte, puis que l'en se depart[a] du conte sans debat, se ainsi n'est que cil[b] qui receurent le conte metent avant mesconte ou decevance, car adonques convenroit il[c] que li contes fust recordés.

1522. Nous veons pluseurs bonnes vilés que li povre ne li moien n'ont nules des aministracions de le vile, ainçois les ont toutes li riche[d] parce qu'il sont douté du commun pour leur avoir ou pour leur lignage. Si avient que li un sont ouan[e] maieur[f] ou[g] juré ou receveur et, en l'autre annee, le[h] font[i] de leur freres ou de leur neveus ou de leur prochiens parens, si que, en .x. ans ou en .xii., tuit li riche ont les aministracions des bonnes viles et après, quant li communs veut avoir conte, il se cuevrent qu'il ont conté li un as autres[1]. Mes en teus cas ne leur doit il pas estre soufert, car li conte des choses communes ne doivent pas estre receu par ceus meismes qui ont a conter. Donques doivent tel conte estre rendu en la presence du seigneur de la ville, ou d'autres envoiés[j] par le seigneur[k], et en la presence d'aucuns establis de[l] par le commun a oïr cel conte et a debatre loi se mestiers en est. Et quant teus contes est fes l'en doit premierement fere conter ceus qui furent receveur des reçoites, et après savoir qu'eles[m] sont devenues ; et de tout ce dont il ne pourront rendre bon conte il doivent estre contraint au rendre sans delai par la prise de leur cors et de leurs biens.

1523. Quant contens muet entre ceus d'une bonne vile pour mellee ou pour haine, li sires ne le doit pas soufrir, tout soit ce que nule des parties ne se deigne plaindre ; ainçois de son office il doit prendre les parties et tenir en

---

a) *AF* part. — b) *B* omet que cil — c) *AB* omettent il. — d) *GHJK* li riche toutes. — e) *B* oyen ; *C* omet ouan ; Faweu ; *G* soit auwars ou ; *H* awan ; *JK* soit ceste annee. — f) *G* omet maieur. — g) *B* omet ou. — h) *C* si les font. — i) *BHJK* a l'autre. — j) *HJK* omettent envoiés. — k) *A* omet de la ville ... seigneur ; *HJK* par lui. — l) *AB* establ. et de par. — m) *HJK* savoir que les reçoites.

---

1. Anacoluthe : *en l'autre année ils font en sorte que leurs freres, neveux ... soient maieurs ...*

prison dusques a tant que certaine pes soit fete entre eus, ou drois asseuremens se pes*a* ne se puet fere, car autrement se pourroient les bonnes viles perdre par les mautalens qui seroient des uns lignages as autres.

1524. Grans mestiers est aucune fois que l'en sequeure les viles de commune en aucun cas aussi comme l'en feroit l'enfant sousaagié : si comme se li maires ou li juré qui ont les besoignes a gouverner fesoient fraude ou malice par quoi la vile fust deseritee ou endetee, et il en avoient fet leur pourfit malicieusement, car en tel cas seroient il tenu a restorer le damage a la vile. Et s'il n'avoient tant vaillant, si ne devroit pas la chose tenir qui fu mauvesement et malicieusement *b* fete. Mes pour ce que li malice sont aucune fois fet par ceus qui ont les choses de la vile a gouverner et cil qui les reçoivent n'i pensent aucune fois point de barat, ainçois cuident qu'il le*c* facent pour le pourfit de la vile, il est resons qu'il aient leur chatel sauf puis qu'il ne seurent*d* le barat ; car autrement n'oseroit on*e* marcheander ne fere convenance a ceus qui gouverneroient les besoignes des bonnes viles. Mes se l'en puet savoir qu'il soient compaignon du*f* malice, il doivent estre compaignon de rendre le damage.

1525. Mout de contens muevent es bonnes viles de commune pour leur tailles, car il avient souvent que li riche qui sont gouverneur des besoignes de la vile*g* metent a meins qu'il ne doivent aus et leur parens, et deportent les autres riches hommes pour qu'il soient deporté, et ainsi queurent*h* tuit*i* li fres*j* seur la communeté des povres. Et par ce ont esté maint mal fet, pour ce que li povre ne se vouloient soufrir ne il ne savoient pas bien la droite voie de pourchacier leur droit fors que par aus courre sus. Si en ont li aucun esté ocis et les viles mal menees par les faus*k*

a) *BF omettent* se pes. — b) *A* qui mauv. et malic. fu. — c) *A omet* le. — d) *B* ne le seur. — e) *GHJK* autrem. ne saroit on [*HJK* ou] march. — f) *H* d'un malice. — g) *HJK omettent* de la vilé. — h) *ABCGH* queurt; *F* querurt. — i) *ABCFHJK* tous; *G omet* tuit. — j) *C* fais. — k) *AB* fous; *F* foz; *G* malvais.

CHAP. L. — DES VILES DE COMMUNE ET DE LEUR DROIS. 271

empreneurs^a. Donques quant li sires de la vile voit mouvoir teus contens, il doit courre au devant et dire au commun qu'il les fera taillier a droit et les riches aussi. Et adont il doit asseoir la taille^b en sa vile^c par loial enqueste, aussi les riches comme les povres, chascun selonc son estat et selonc ce qu'il est mestiers a la vile que la taille soit grans ou petite ; et puis doit contraindre chascun qu'il pait ce a quoi il est tailliés^d ; et après doit fere paier^e ce qui est levé^f de la taille la dont^g il est plus grans besoins au pourfit de la vile, et en ce fesant pourra estre li contens de la vile apaisiés.

1526. Bien se gardent cil qui sont taillié selonc ce qu'il ont de mueble ou d'eritage, quant il leur convient jurer leur vaillant, qu'il dient verité ; car s'il juroient meins qu'il n'ont et il en estoient ataint, il avroient perdu^h tout le seurplus, liqueus seurplus seroit au seigneur par qui la taille seroit fete, fors tant que l'en metroit en la taille selonc ce qu'il jura a la livreⁱ : c'est a entendre, s'il devoit paier de .c. lb. .x. l. et l'en trouvoit .c. lb. par deseur son serement, .x. l. courroient^j en la taille et les .iiii^{xx}. et .x. livres seroient aquises au seigneur. Mes se la vile fesoit la taille sans le seigneur, li seurplus qui est trouvés de ceus qui se parjurent^k est aquis a la vile et non pas au seigneur ; et ce entendons nous des viles qui ont pouoir de fere taille par les poins de leur privilieges.

1527. S'il avient qu'aucune vile de^l commune doie plus qu'ele n'a vaillant pour ce qu'il ont esté mauvesement mené de lonc tans, par quoi il convient qu'ele soit a meschief pour paier ce qui a esté^m acreuⁿ, et ele n'a pouoir de tout^o paier, l'en doit regarder^p lesqueles [detes]^q doivent estre premie-

---

a) *C* entrepreneurs ; *GHJK* emprunteurs. — b) *GHJK* doit aidier la taille a fere. — c) *HJK omettent* en sa vile. — d) *G* il est assis. — e) *HJK omettent* ce a quoi ... fere paier. — f) *G omet* et après doit... est levé. — g) *GHJK* la ou il. — h) *GHJK* perdroient. — i) *G omet* selonc ce ... la livre. — j) *C* si encourroient ; *GHJK* convenroit. — k) *G* seurplus de ce qui est trouvés parjurés ; *HJK* seurplus qui est trouvés de tius parjures. — l) *GHJK omettent* vile de. — m) *C* ce qu'il ont acr. — n) *GHJK* mescreu. — o) *GHJK* tant. — p) *G* reg. premierement lesq. — q) detes *manque dans tous les mss.* ; *F* lesquele ; *C* besoingnes.

rement^a paiees^b; car se denier leur furent presté sans usure, il doivent estre mieus paié que les useriers^c; et se denier leur furent baillié a garder, il les doivent rendre enterinement et sans deport, et mieus que les rentes a vie des queles li chateus a esté levés. Donc quant une vile est a ce menee qu'ele ne puet paier, avant toute euvre ele doit rendre les commandes^d, et après ce qui leur fu presté sans usure, et après le chatel qu'il ont eu des useriers et le chatel de ceus a qui il doivent rentes a vie, selonc ce qu'il ont vaillant; et au seurplus pueent il avoir deport par le seigneur souverain pour ce que la vile ne se despiece et desface du tout; nepourquant s'il ont tant vaillant qu'il puissent tenir toutes leur convenances, lesqueles font a tenir, sans ce que la vile soit toute degastee, il doivent estre contraint au fere.

1528. Se aucuns a rente a vie seur aucune vile de commune, et il la vent a autre persone, la vile la puet avoir s'ele veut avant qu'ele face nul paiement a celui qui l'acheta; car après ce qu'ele seroit entree en paiement, ne le pourroit ele ravoir par le pris, car ele se seroit acordee de fait a la volenté du vendeur et de l'acheteur. Et pour ce convenroit il que la rente a vie^e fust paiee a celui qui l'acheta tout le vivant du vendeur, car li marchiés que la bonne vile fist ne se remue fors en tant que l'acheteres doit joïr de la vente^f en la maniere que li venderes en joïssoit, le^g vivant du vendeur^h, car sans l'acort de la vile ne se puet la vieⁱ changier.

1529. Tuit cil qui sont es viles de commune manant et habitant ne sont pas tenu a estre a leur tailles^{j 1}: ainçois en sont aucunes persones exceptees, si comme cil qui ne sont

---

a) *B* premierement estre. — b) *C* paiees et lesquelles personnes. — c) *A* les usurez; *C* que chaus ou il ot usures. — d) *A* commandemens; *GHJK* communautez. — e) *HJK* omettent a vie. — f) *HJK* omettent de la vente. — g) *G* joïss. son viv. — h) *G* omet du vendeur; *HJK* omettent le vivant du vendeur. — i) *HJK* la vile chang. — j) *AC* tenu a estre ailleurz tailliez; *B* taillieez; *GHJK* tenu a leur tailles.

---

1. *leur tailles*, les tailles des villes: *ne sont pas obligés d'être [inscrits] sur leurs rôles d'impositions.*

CHAP. L. — DES VILES DE COMMUNES ET DE LEUR DROIS. 273

pas de leur commune, ou gentil homme liquel ne s'entremetent[a] de marcheander, ainçois se chevissent[b] de leur eritages qu'il tienent en franc fief de seigneur; ou clerc qui ne marcheandent pas, ainçois se chevissent[b] des frans fiés qu'il ont[c] de leur patremoine ou de[d] benefices qu'il ont en sainte Eglise; ou cil qui sont ou service le roi, car li services, tant comme il i sont, les franchist a ce qu'il ne paient ne toutes ne tailles. Nepourquant se aucunes des persones dessus dites a eritages vilains dedens la banlieue de[e] la vile de commune et mouvans de la dite vile, que la justice en soit a la vile, tel eritage ne sont pas quite de la taille de la vile, quele que persone qui les tiegne, se li aucun de teus eritages ne sont clamé quite par privilieges : si comme l'en voit qu'aucunes eglises ont bien es bones viles eritages vilains[f] dont il paient le cens et les rentes a la commune et si ne puecent estre taillié parce qu'il leur fu ainsi otroié anciennement, ou qu'il ont tenu si lonc tans sans taille paier que par la longue teneure leur est aquise franchise d'estre delivre de la taille. Mes s'il ne fu onques mestiers de taillier les eritages d'aucune vile de commune et il en estoit mestiers de nouvel, l'en ne se pourroit pas aidier de longue teneure. Donques cil qui veut dire que li[g] eritage ne doivent pas estre taillié pour ce qu'il ne le furent onques, ce doit estre entendu quant li autre eritage ont esté autre fois taillié et cil, ou tans que li autre furent taillié par pluseurs fois[h], demoura frans.

1530. Nous avons veu aucuns seigneurs qui ne vouloient pas soufrir que les persones qui sont de commune aquestassent dessous aus ne en fief ne en vilenage ; et des fiés ont il droit par la reson de ce qu'il est defendu par l'establissement le roi[1] que bourjois ne hons de poosté n'achate fief.

---

a) *GHJK* se mellent. — b) *G* se vivent. — c) *GHJK* omettent des fr. fiés qu'il ont. — d) *C* des ; *GHJK* de leur benef. — e) *ABCF* omettent la banlieue de. — f) *GHJK* bien erit. vil. et bon. viles. — g) *JK* cil qui se veut aider que ses erit. — h) *GHJK* omettent par pluseurs fois.

1. Voyez § 1496, p. 256, note 1.

Mes de vilenages font cil tort qui ne le vuelent soufrir, car chascune persone de commune se puet acroistre en eritages vilains, et en la vile dont il est et en autre ; car s'il ne fet de l'eritage ce qu'il doit, li sires de qui l'eritages muet le puet justicier comme son tenant de ce qu'on li puet demander par la reson de l'eritage. Et se cil qui est de la commune ne veut venir a ses ajournemens ne prendre droit par devant li, li sires se puet prendre a l'eritage pour les amendes des defautes et pour fere droit de ce que l'en li seust dire et demander seur l'eritage, car chascuns doit defendre son eritage par devant le seigneur de qui il muet.

1531. Tout aions nous dit que chascune persone de commune singulierement se puet acroistre es eritages vilains, se la communetés se vouloit acroistre, il ne li seroit pas soufert, car mauvesement pourroit justicier uns petis sires l'eritage dont la proprietés seroit a une commune ; et meismement ventes n'en pourroient puis venir au seigneur s'ele n'estoit vendue par l'acort du commun, laquele chose ne seroit pas legiere a fere ; et si loit bien a chascun seigneur^a qu'il ne prengne si fort tenant qu'il ne le puist justicier se mestiers est. Donques se aucuns teus eritages est vendus a commune, li sires puet deveer la saisine a fere ; et se l'eritages fu lessiés a la commune en testament, li sires de qui l'eritages muet li puet commander qu'ele l'ost de sa main dedens an et jour en la maniere que l'en le fet des eritages qui sont lessié as eglises.

1532. Chascuns qui est de commune, laquele commune^b a justice, doit prendre droit par devant ceus qui en la vile sont establi pour la justice garder^c. Et se l'en li defaut de droit, il puet aussi bien apeler d'aus, de defaute de droit^d ou de^e faus jugement^f, comme feroit uns estranges qui ne

---

a) *A B F* seign. a deveer qu'il. — b) *H J K* omettent commune. — c) *G H J K* garder comme feroit uns estranges qui ne seroit pas de la commune. Et se. — d) *C G H J K* omettent il puet ... de droit. — e) *G* ou qu'on lui fache f. jug. — f) *C* jugement appeler empuet comme feroit ; *G H J K* jugement il [*G* en] puet aussi apeler [*H J K* d'aus].

CHAP. L. — DES VILES DE COMMUNES ET DE LEUR DROIS.

seroit pas de la commune ª. Et doit estre l'apeaus demenés par devant le seigneur a qui li resort ᵇ de la commune apartient, et non pas par gages de bataille mes par les erremens du plet ; et comment on doit aler avant en tel cas, nous le dirons au chapitre des apeaus [1].

Ici fine li chapitres des viles de commune et de leur drois.

---

a) *G H J K omettent* comme feroit ... de la commune. — b) *A* recort. — Explic.) *C* Ichi define li chap. des gens des bonnez villes et de; *G H* Explicit; *J K n'ont pas d'explicit.*

---

1. Ch. LXI et LXII.

LI.

Ici commence li .LI. chapitres de cest livre liqueus parole pour queus causes il loit as seigneurs a saisir et a tenir en leur mains, et comment il en doivent ouvrer au pourfit de leur sougiès et en gardant leur droit.

1533. Bonne chose est que li seigneur sachent pour queus causes il leur loit[a] a saisir seur autrui et pour queus causes il leur loit a retenir[b] en leur main les dessaisines qui sont fetes de leur sougiès[c] d'eritages ou d'engagemens. Si en parlerons briement en ceste partie.

1534. L'en doit savoir que les causes pour quoi li seigneur pueent saisir seur leur sougiès, si est pour le soupeçon de tous vilains cas[d] de crime[e]; et aussi fet il le cors du soupeçoneus prendre et tenir aveques l'avoir saisi dusques a tant qu'il se soit espurgiés du mesfet, ou justiciés s'il en est atains. Et liquel cas sont de crime et comment l'en en doit ouvrer, il est dit ou chapitre qui parole des cas de crime[1].

1535. Tout soit il ainsi que li seigneur tiegnent saisi le cors et l'avoir de celi qui est tenus pour soupeçons de cas de crime, ou qui en est acusés, pour ce ne demeure pas que tant comme li ples dure, ou tant comme il est en prison, que li sires ne li doie fere livrer son vivre soufisaument, et a se fame et a se mesnie[f], du sien[g], car dusques a tant qu'il

---

Rubr.) *ABFH omettent* au pourfit ... leur droit; *CFHJK omettent* de cest livre; chap. qui parole; *C répète le texte qu'il a donné à la table: voyez var.* g, t. I, p. 13; *G donne le titre du chapitre* XLIX. — a) *GHJK* il loit as seigneurs. — b) *HJK* tenir. — c) *A* sougiès an leur main d'erit. — d) *HJK* cas vilains. — e) *GHJK omettent* de crime. — f) *BF* a ses enfans du s. — g) *C omet* du sien.

---

1. Ch. XXX.

est atains du mesfet ne doit il perdre qu'il n'ait sa soustenance seur ses ª choses ; mes toutes voies ce doit estre fet
par le seigneur dessous qui il est a justicier. Et se l'acusés
tient de pluseurs seigneurs et chascuns des seigneurs tient
saisi ce qu'il tient dessous li, se li acusés ou li ᵇ soupeçoneus ᶜ
puet ᵈ livrer pleges de la valeur de tant comme li seigneur
tienent saisi, recreance li doit estre fete des choses saisies.
Et s'il ne puet ou ne veut, chascuns sires en sa justice puet
tenir saisi dusques a tant qu'il soit assous du mesfet, sauf ce
que chascuns doit metre a la soustenance de lui et de sa
mesnie, selonc ce que chascuns tient du sien. Et se l'acusés
vient a gages du fet que l'en li met sus, adonques doit il
avoir en delivre toutes ces choses le plet pendant, et en puet
prendre a sa volenté pour son vivre et le sa mesnie et pour
metre en la defense de son plet, car autrement pourroient
il mauvesement soustenir ᵉ plet de si grant coust ᶠ.

1536. Se aucuns est acusés de vilain cas en la court du
seigneur a qui il est a justicier, et il a du sien dessous pluseurs seigneurs, il ne convient pas qu'il se voist defendre
en la court de chascun pour le sien ravoir delivre ; ainçois
soufist assés s'il se delivre de la court ou il fu acusés du
mesfet ; mes qu'il soit delivrés par jugement, car s'il se par-
toit de la court par don ne par pramesse fete au seigneur ne
a sa partie, nous creons qu'en tel cas ses avoirs qui seroit
dessous autres seigneurs ne seroit pas tous delivrés s'il ne
s'espurjoit en tel maniere que li seigneur seussent qu'il n'i
avoit coupes. Mes ce entendons nous quant li bien de l'acusé ᵍ
sont en si ʰ diverses justices que li uns des seigneurs ne tient
pas sa justice de l'autre. Car voirs est que, se li rois rapele
aucun bani, tout fust il banis du roiaume seur la hart, ou il
suefre ⁱ que pes soit fete d'aucun vilain ʲ acusement, il
convient que tuit li seigneur de qui li banis ou li acusés tenoit

a) *A B F* ces. — b) *HJK omettent* li. — c) *G omet* ou li soupeçoneus.
— d) *G* doibt. — e) *G* maintenir; *H omet* soustenir. — f) *JK omettent*
car autrement ... grant coust. — g) *C* bien de chelui qui est ainsi acusés. —
h) *CGHJK omettent* si. — i) *GHJK* il soit que. — j) *GHJK omettent* vilain.

li rendent ᵃ tout ce qu'il tenoient du sien pour le banissement ou pour l'acusacion, sauf ce qu'il ne ᵇ rendent ᶜ pas les despueilles qu'il ont levees de leur eritages ne les muebles qu'il esploitierent ou tans du banissement¹. Et aussi disons nous que, quant aucuns banis ou acusés a la pes du seigneur qui tient en baronie, li sougit du baron en doivent ᵈ rendre en la maniere qu'il est dit dessus ᵉ des sougiès le roi ᶠ, car qui ᵍ a la pes du souverain, il doit avoir la pes du sougiet. Et chascuns doit savoir que li rois puet fere teus rapeaus ou soufrir tel ʰ pes qu'il ⁱ li plest, par son droit, et li baron aussi en leur baronie, de ceus qui ne sont bani que de leur terres tant seulement ; car il ne le pueent pas fere de ceus qui sont bani du roiaume, sans le roi ; mais ce puet fere ʲ li rois ᵏ sans aus et nus des autres après le roi. Et après li baron n'ont pouoir ˡ de rapeler banis de vilains cas de crime ne prendre louier ne pramesse de nul vilain cas dont li ples soit en leur court ; et s'il le font, li seigneur de qui il tienent pueent prendre leur justice comme mesfete ; et ce qu'il eurent ᵐ de la pes ou du rapel, se li seigneur n'i metent les mains de degré en degré si comme il tienent li uns de l'autre, leur sires qui tient en baronie ⁿ i puet metre la main et prendre le rapelé ᵒ et justicier comme bani, ou depecier la pes qui fu fete en la court de son sougiet et metre le plet par devant li ; car cil qui tient sa justice d'autrui doit fere droite justice, non pas vendre ne prendre louier pour deport. Mes es cas ou pitiés et misericorde ont lieu, leur loit il

a) *A* rende. — b) *A* en. — c) *B* vendent. — d) *ABFG* doit. — e) *BF* dessus dit : *HJK* maniere desus dite. — f) *HJK* omettent des soug. le roi. — g) *ABF* omettent qui ; *C* car se il a. — h) *C* cele. — i) *ABCF* pes si (se il) li pl. — j) *HJK* omettent fere. — k) *J* rois fere sans. — l) *B* omet pouoir. — m) *H* oevrent. — n) *A* omet qui ... baronie. — o) *BCF* le rapel.

1. *H* a ici la note suivante écrite au xive ou au xve siècle : « Il faut. Il fu jugié en parlement que, non obstant rappel que li rois fit du banissement de J. de Malgeneste, J. Boterel et capitre de Beauvès heurent les biens que il tenoit au temps dou ban en leur haute juridiction. » Nous n'avons pas retrouvé ce jugement dans l'édition des *Olim* de M. Beugnot. Mais Boutaric, *Actes du parlement de Paris*, n° 3967, rapporte un cas analogue qui fut jugé en 1311.

CHAP. LI. — DES SAISIES DES SEIGNEURS SUR LEUR SOUGIÉS.

bien a fere debonaire soufrance sans prendre louier ; et liquel cas^a ce sont, il est dit ou chapitre qui parole des cas d'aventure[1].

1537. Nous avons parlé des saisines que li seigneur pueent fere pour cas de crime. Or sont autres saisines des queles on doit ouvrer rademant en prenant les cors et en saisissant les avoirs : c'est^b de ceus que l'en doit contraindre a fere asseurement, ou de ceus qui ne vuelent alongier les trives qu'il donnerent autre fois en la maniere qu'il les donerent, ou de ceus qui ne vuelent^c donner trives, ainçois vuelent guerroier contre la volenté du roi ou du seigneur qui tient en baronie. Pour tous teus cas et pour toutes teus desobeïssances doivent li seigneur rademant^d saisir et fere damages par grant plenté de gardes, et prendre les cors tant que pes soit fete ou asseuremens, ou trives donnees ; et de ceste maniere est il parlé soufisaument ou chapitre qui parole^e des trives et des asseuremens^f[2].

1538. Autres manieres de saisines sont, lesqueles^g doivent estre plus debonaires que celes qui sont dites dessus^h, si comme quant li sires saisist pour sa dete ou pour ses amendes ou pour la dete d'autrui. Et nepourquant il a disference entre la dete d'autrui et la dete du seigneur, car li rois ou cil qui tient en baronie puet, pour sa dete ou pour ses amendes, retenir le cors de son sougiet en prison, mes ce ne puet il pas fere pour la dete d'autrui, se li detésⁱ ne s'i est obligiés par letres ou par devant justice ou par devant bonnes gens.

1539. Quant aucuns s'est obligiés a tenir prison pour sa dete ou pour l'autrui, s'il puet baillier nans dusques a la valeur de la dete, ses cors doit estre delivrés de la prison.

---

a) *C* et les quelles che sont ; *GHJK* et li cas quel y (*HJK* il) sont. — b) *GHJK* c'est assavoir de. — c) *A* omet alongier les trives ... qui ne vuelent. — d) *A* roidement. — e) *G* omet qui parole. — f) *HJK* omettent et de ceste ... des asseuremens. — g) *GHJK* lesq. sont et doiv. — h) *HJK* omettent que celes ... dessus. — i) *C* se chelui qui doit ; *GJK* le debteur.

---

1. Ch. LXIX.
2. Ch. LX.

Et s'il est si povres qu'il ne puist baillier nans ne qu'il ait de quoi vivre du sien, li creanciers li doit livrer son vivre; et non pas autel vivre[a] comme l'en fet a ceus qui sont tenu pour vilain cas en prison, mes plus soufisant; car cil qui sont tenu pour vilain cas en prison, leur vie est establie a avoir chascun jour denree de pain et de l'eaue, et ce seroit male chose que cil qui sont tenu en prison pour dete[b] fussent si grevé. Et pour ce[c], s'il ont du leur, l'en leur doit amenistrer selonc leur volenté; et s'il n'ont riens, cil qui en prison le fet[d] tenir li[e] doit[f] livrer pain et vin et potage tant comme il en puet[g] user[h] au meins une fois le jour. Et encore[i], quant il[j] avra esté tenus[k] .XL. jours en prison, se li sires qui le tient voit qu'il ne puist nul conseil metre[l] en la dete pour laquele il est tenus et qu'il abandonne le sien, il doit estre delivrés de la prison, car ce seroit contraire chose a humanité[m] que l'en lessast tous jours[n] cors d'homme en prison pour dete puis que l'en voit que li creanciers ne puet estre paiés pour la prison.

1540. Nous avons dit partie des causes pour lesqueles il loit as seigneurs a saisir les cors et les avoirs de leur sougiès. Or dirons après pour queus causes il leur loit a saisir et a tenir en leur main comme en main sauve les choses[o] de leur sougiès.

1541. Quant ples muet entre deus parties[p] par devant aucun seigneur et chascune des parties se tient pour saisie, li sires doit prendre la chose en sa main dusques a tant qu'il set par le pledoié a qui la saisine apartient, et puis rendre loi a celi a qui ele doit estre[q].

1542. Toutes les fois qu'aucuns se plaint de force ou de

---

a) *BF omettent* est non ... vivre. — b) *GHJK* pour dete en prison. — c) *B omet* fussent si ... pour ce. — d) *GHJK* les font. — e) *GHJK* leur. — f) *GJK* doivent. — g) *HJK* poent. — h) *G* tout a leur plaisir. — i) *GHJK omettent* encore. — j) *JK* quant le prisonnier. — k) *HJK omettent* tenus. — l) *A* cons. i metre; *GHJK* metre nul conseil. — m) *ABCF* humilité; *dans B,* humilité *a été corrigé en* humanité *au* XVI°-XVII° s.; *G* humainne nature; *H* a humaine que. — n) *BF omettent* tous jours. — o) *ABF* biens. — p) *JK* personnes. — q) *C* ele apartient; *GHJK* a qui il le doibt rendre.

CHAP. LI. — DES SAISIES DES SEIGNEURS SUR LEUR SOUGIES. 281

nouvele dessaisine, li sires doit prendre[a] en sa main et puis connoistre de la nouveleté[b], si comme il est dit ou chapitre qui parole[c] de nouvele dessaisine[1].

1543. Se ples muet d'aucuns biens qui soient lessié en testament[d] entre[e] les executeurs, ou entre les executeurs[f] d'une partie[g] et autres gens d'autre, li sires doit prendre les biens dont contens est en sa main, si qu'il ne soient pas degasté le plet pendant. Et aussi disons nous pour les orfelins et pour les sousaagiés, car li mort et li orfelin et li sousaagié ont grant mestier de la main au seigneur quant ples muet de leur choses.

1544. Il avient aucune fois qu'aucuns fet menaces a autrui qu'il li fera damage de ses choses, et li menaciés vient[h] au seigneur et li requiert qu'il i mete conseil: li[i] consaus doit estre teus que, se les menaces sont[j] prouvees, il face les choses asseurer[k] ; et se les menaces ne sont pas prouvees, mes il i a presompcions, si comme de haine ou de paroles couvertes, li sires, de son office, puet prendre les choses en sa main et en sa garde et defendre a celi qu'il a soupeçoneus des menaces qu'il ne mesface riens envers celui, seur quanque il puet mesfere. Et se li soupeçoneus i mesfet seur cele defense, il doit restorer le damage et si chiet en l'amende du seigneur a sa[l] volenté[m].

1545. Quant contens muet entre parties, soient gentil homme ou homme de poosté, si comme par mellee ou par menaces, et l'une partie ne l'autre ne se deigne plaindre, li sires, de son office, doit prendre les contens en sa main et la chose pour quoi li contens mut et defendre qu'il ne mesfacent li uns[n] a l'autre, et offrir droit a fere s'il se vuelent

---

a) *A* prendre la saisine en. — b) *BF* la nouvele. — c) *GHJK* omettent qui parole. — d) *ABF* muet des biens d'aucun testament; *C* biens mis en testament. — e) *C* contre. — f) *GHJK* omettent ou entre les executeurs. — g) *GHJK* part. — h) *JK* die aux au s. — i) *ABCF* conseil et li cons. — j) *A* ne sont pas pr. — k) *GHJK* force que les choses soient asseurees. — l) *HJK* omettent sa. — m) *C* amende a le volenté du seigneur ; *G* amende, l'amende est a le volenté du seigneur. — n) *GHJK* def. que l'uns ne mesface a l'autre.

1. Ch. XXXII.

plaindre li uns de l'autre. Et se nule des parties ne vuelent^a obeïr au commandement du seigneur, ou l'une i veut bien obeïr et l'autre ne veut^b, adonques doit li sires prendre^c les cors et saisir les avoirs pour les desobeïssances. Et s'il ne puet^d pour ce qu'il se sont tret arriere, il [convient qu'il]^e les face apeler a ses drois et mete^f garde seur aus, si que, pour le damage eschiver et pour la paour d'estre bani, il viegnent avant. Et s'il ne vuelent venir avant pour riens^g, il [convient qu'il]^h soient bani, et tuit leur bien saisi etⁱ levé et esploitié en la main du seigneur ; et en quele^j maniere banissemens se^k fet il est dit ou chapitre qui parole^l des cas de crime^{m 1}.

1546. Il avient aucune fois que deux parties ont guerre ou contens ou menacesⁿ fetes^o li une a l'autre, des queles deus parties l'une est a justicier a un seigneur et l'autre a un autre, ne ne sont pas li seigneur sougiet li uns a l'autre, si comme se l'une des parties maint^p dessous le conte de Clermont et l'autre partie^q maint^r dessous le conte de Dampmartin^{s 2}. Si avient a la fois que li uns des seigneurs veut bien prendre le contens en sa main^t de la partie qu'il a a justicier^u, et li autres sires ne veut pour ce que nule des parties ne le veut requerre. Et ce seroit mal fet se l'une des parties estoit en prison pour l'office de son seigneur et

a) *G* viennent; *JK* veult. — b) *GHJK* veut obeïr, adonq. — c) *GHJK* prendre li sires. — d) *A* puet penre les pour. — e) convient qu'il, *nécessaire au sens, manque dans tous les mss.* — f) *Tous les mss. ont* metre *ou* mettre. — g) *G omet* Et s'il ... pour riens. — h) convient qu'il *manque encore ici dans tous les mss.* — i) *ABCF omettent* et. — j) *B* et que le m. — k) *GHJK* baniss. est fet. — l) *GHJK omettent* qui parole. — m) *B omet* ... niere banissemens ... crime. — n) *GHJK* ou convenanches. — o) *GHJK omettent* fetes. — p) *B* vient. — q) *A omet* partie. — r) *B* vient; *GHJK omettent* maint. — s) *A* Dant Martin; *B* Danmartin. — t) *A omet* en sa main. — u) *A* justic. en sa main et.

1. Ch. xxx.
2. Dammartin-en-Goële, dans Seine-et-Marne, chef-lieu de canton de l'arrondissement de Meaux. Les comtes de Dammartin possédèrent la seigneurie de Remy jusqu'en 1245 (Lépinois, *Recherches historiques sur les comtes et l'ancien comté de Clermont en Beauvaisis*, p. 108). Jehan, le héros de *Jehan et Blonde*, était fils d'un chevalier de Dammartin et fut créé comte du pays par le roi Louis (*Jehan et Blonde*, v. 4979-5018).

CHAP. LI. — DES SAISIES DES SEIGNEURS SUR LEUR SOUGIÈS. 283

l'autre partie estoit au large; et pour ce nous est il avis que, se li dui seigneur ne se consentent[a] a ouvrer ent ainsi li uns comme li autres en justiçant, l'uns ne doit pas justicier puis que l'autres ne s'en melle et puis que partie[b] ne le requiert. Mes se la partie qui est a justicier au conte de Dampmartin requiert au conte de Clermont[c] qu'il li face avoir trives ou asseurement de la partie qui est ses justicables[d], li cuens de Clermont le doit fere en tel maniere que la partie qui le requiert se lie en la trive ou en l'asseurement aussi comme il le veut avoir. Et se la trive est puis enfrainte ou li asseuremens brisiés, chascuns des seigneurs en doit justicier la partie qui est dessous li a justicier, et nient l'autre partie, s'il n'est pris en present mesfet. Et quant trives sont a alongier, chascuns des seigneurs les[e] doit fere alongier par devers soi se partie le requiert ; et se partie ne le veut requerre pour ce qu'il vuelent bien la guerre, si pueent bien li seigneur prendre les contens en leur main pour les contens oster.

1547. Or veons pour quoi li sires puet saisir et prendre en sa main la dessaisine de l'eritage de son sougiet comme pour soi, et a la fois comment il le puet prendre pour soi, tout ne s'en dessaisisse[f] pas ses sougiès[g]. — L'une des causes si est quant li sires a sommé son sougiet qu'il li pait ses cens ou ses rentes et les arrierages qu'il en doit dedens un an et un jour; et se li sougiès ne le fet, li sires puet prendre le tresfons de l'eritage comme le sien propre et puet encore demander les arrierages du tans qu'il tint les eritages sans paier, exceptees les terres champarteus[h], car eles ne sont pas perdues a ceus a qui eles sont pour lessier .I. an ou .II. en friés[i]; mes se l'en les gaaigne après, li sires puet fere saisir les despueilles tant que ses gres

---

a) *HJK se voelent consentir.* — b) *A la partie.* — c) *GHJK renversent l'ordre des seigneuries.* — d) *JK asseurement de son subget li cuens.* — e) *A la.* — f) *GH tout n'en dessaisisse (G dessaisissent).* — g) *JK pour soi ja soit ce que son subject ne s'en dessaisisse pas.* — h) *JK terres a champart.* — i) *G friers; K friefz.*

soit les du champart qu'il peust avoir de son droit se la terre eust esté mainburnie a son droit[a]. Et se l'en veut lessier la terre en friés[b] plus de .III. ans, li sires les puet fere labourer s'il li plest en sa main, en tele maniere que se li tresfonseres i veut revenir, li sires prenra premierement son labourage et son champart de l'annee presente et des annees passees que la terre deust avoir porté. Et s'il avient qu'aucuns ait lessie sa terre champartel[c] en friés[d] par .x. ans, li sires la[e] puet prendre puis ilueques en avant comme la sieue, car il apert que cil qui tant l'a lessie sans labourer, la lesse pour le champart ; exceptees les terres as orfelins et as sousaagiés et celes qui sont tenues en bail ou en douaire, et celes qui sont a ceus qui sont outre mer ou en estranges terres et demeurent en friés[f] parce qu'il n'est qui pour aus le face, car tuit cil pueent revenir a leur terre par les arrierages paians as seigneurs.

1548. Par autre cas puet encore li sires prendre en sa main l'eritage de son sougiet comme sien, tout soi ce que li sougiès ne s'en dessaisisse pas : si comme par forfeture, quant li forfès est teus que pour[g] le forfet[h] li bien, mueble et[i] eritage, sont aquis au seigneur en quele terre il soient trouvé. Et liquel forfet sont si grant que li bien du forfeseur[j] sont aquis as seigneurs[k] il est dit ou chapitre qui parole[l] des cas de crime[1].

1549. Encore puet li sires prendre l'eritage de son sougiet sans dessaisine pour sa dete, ou pour l'autrui, conneue ou prouvee par devant li ou par son obligement[m], ou pour ce qu'il l'engaja sans son otroi, ou pour ce qu'il l'a mise hors de sa main par vente ou par don ou par testament ou

---

a) *JK* esté cultivee. Et. — b) *A* fies ; *G* omet en friés. — c) *CJK* terre [*C* qui estoit] a champart. — d) *G* friers. — e) *HJK* sires le doit et puet. — f) *G* friers. — g) *C* omet pour. — h) *GHJK* omettent pour le forfet. — i) *AFH* omettent et ; *B* bien mueble sont hiretages ; *C* les biens les muebles et les erit. — j) *C* dou forfait ; *GH* du forfaiteur. — k) *JK* omettent que li bien ... seigneurs. — l) *GHJK* omettent qui parole. — m) *JK* obligacion.

1. Ch. xxx.

par eschange. Mes quant li sires saisist^a pour tel cas, l'eritages qui est tenus en vilenage n'est pas pour ce perdus au tresfonsier; ainçois s'en passe par amende selonc le mesfet et selonc la coustume des lieus; et quel la coustume est de chascun mesfet il est dit ou chapitre qui parole^b des mesfès[1].

1550. Quant li sires voit qu'aucuns tient eritage^c d'orfelin ou de sousaagié ou de fou naturel ou quel il convient avoir garde, ou par titre de bail ou de garde ou de douaire, et il euvrent^d de l'eritage autrement qu'il ne doivent, — si comme s'il le vuelent vendre ou donner ou estrangier ou essillier, ou couper arbres fruit portans ou arbres qui aient .LX. ans^e ou plus d'aage, ou couper bois qui ne soit pas de l'aage de .VII. ans, — li sires, de son office, si tost comme la connoissance en vient a li, le puet et doit saisir en sa main pour garder et pour sauver le droit as persones dessus dites, tout soit ce que nus ne se face partie contre ceus qui mauvesement vuelent user des eritages qui doivent estre a aucune des persones dessus dites, car eles sont toutes en la garde du seigneur, quant li^f amenistreeur ne font de leur^g choses ce qu'il doivent.

1551. Se aucuns se dessaisist de l'eritage qu'il croit qu'il soit siens ou de l'eritage qu'il set bien qu'il n'est pas siens, pour cause de vente, ou de don, ou d'aumosne, ou d'eschange, ou d'engagement, et aucuns le debat a la dessaisine en disant que cil n'i a droit qui dessaisir s'en veut, mes a lui apartient li drois de l'eritage, li sires en tel cas doit tenir la dessaisine en sa main; et après, avant qu'il en saisisse nului, il doit connoistre du droit de celi qui debati que la saisine ne fust baillie a autrui hastivement. Et s'il

---

a) *C omet* saisist; *GHJK* sieut. — b) *GHJK omettent* qui parole. — c) *GHJK* tient tant [*G* d'] eritage (*G* eritages). — d) *ABF* il en euvr. — e) *C* aient .XL. ans ou .LX. ou plus. — f) *ABF* leur. — g) *GHJK* font des ch.

---

1. Ch. xxx.

voit que li debateres qui le debati*a* le debatisist pour cause de proprieté, mes bien connoist que cil en avoit la saisine qui se dessaisi*b*, en tel cas li sires doit bailler la saisine a celui pour qui la dessaisine fu fete en autel point comme cil l'avoit qui se dessaisi ; et après si puet li debateres pledier a li seur la proprieté. Mes se li debateres dist au seigneur : « Sire, de cel eritage dont*c* Pierres se veut dessaisir et dont il vous requiert que vous saisissiés Jehan, il n'en est pas saisis, ainçois en sui je en saisine », en tel cas doit li sires tenir la dessaisine en sa main dusques a tant qu'il sache au quel la saisine en apartient et, selonc ce qu'il trueve, fere ent droit.

1552. Pour ce que nous parlames ore*d* que li eritage ne sont pas forfet quant li sires les prent en sa main pour ce qu'il les trueve estrangiés sans son otroi en autre maniere qu'il ne deussent, nous deismes bien que c'estoit des eritages qui sont tenu en vilenage. Car cil qui sont tenu en fief pueent estre en tele maniere estrangié ou esbranchié qu'il sont forfet au seigneur ; et en quel cas il se forfont, il est dit au chapitre qui parole comment li fief pueent alongier ou aprochier leur seigneur par coustume[1].

1553. Chascuns doit savoir quant uns eritages est vendus, soit tenus en fief ou en vilenage, et li venderes se dessaisist en la main du seigneur de qui l'eritages muet et li requiert qu'il en saisisse l'acheteur, se l'acheteres est du lignage au vendeur ou du costé dont l'eritages vient, li sires ne puet pas retenir la saisine en sa main pour avoir l'eritage par la bourse. Mes se li acheteres est estranges ou il apartient au vendeur d'autre costé que de celi dont li eritages muet, li sires puet retenir la saisine en sa main pour soi par la

---

a) *A B C F* omettent qui le debati. — b) *B F G* omettent qui se dessaisi. — c) *B* comme *remplacé par* dont ; *l'écriture de ce mot est tout à fait analogue à celle de* A. — d) *C* orains.

---

1. Ch. xlvii.

CHAP. LI. — DES SAISIES DES SEIGNEURS SUR LEUR SOUGIÉS. 287

bourse paiant[a] au vendeur, car li sires est plus pres de ravoir par la bourse ce qui muet de lui que n'est persone estrange.

1554. Bien se gart li sires qui veut avoir l'eritage mouvant de li par la bourse qu'il retiegne la saisine en sa main quant li venderes est dessaisis et qu'il n'en saisisse pas l'estrange persone qui acheta ; car s'il en avoit baillie la saisine, il ne pourroit pas après dire qu'il le deust avoir par la bourse, puis qu'il en avroit saisi l'acheteur comme sires. Donques convient il, quant aucuns sires veut avoir par la bourse[b], qu'il en retiegne[c] la saisine sans autrui saisir. Et se li sires dit : « Mes serjans fist ceste saisine a l'acheteur[d] en derriere de moi et sans mon commandement », ce ne li vaut riens, se li serjans avoit le pouoir du seigneur de serjanter en tel cas, si comme l'en voit que li serjant sont en l'aministracion de saisir et de dessaisir pour leur seigneurs ; car bien se gart chascuns sires quel serjant il met en sa justice pour justicier ; car il ne puet rapeler ce que ses serjans fet en justiçant, ainçois convient qu'il le tiegne a soi, exceptés les cas de crime dont l'en puet perdre vie ou membre, car de teus cas puet li sires desavouer le fet de son serjant s'il n'est atains de ce qu'il li fist fere.

1555. Quant li sires retient[e] en sa main la saisine d'aucun eritage vendu qui de li muet, li parent au vendeur qui peussent venir a la rescousse contre estranges persones n'ont pas perdu leur droit de la rescousse pour ce se li sires en a retenu la saisine en sa main par la bourse, ainçois le puecent aussi bien rescourre contre le seigneur comme il feroient contre estrange persone ; et aussi bien ont il l'an et le jour contre le seigneur comme il avroient contre autre persone ; et commence li ans et li jours le jour[f] que li sires[g] retient la saisine en sa main. Ne li sires ne fet pas loiauté

---

a) *JK omettent* paiant. — b) *C omet* puis qu'il en ... par la bourse. — c) *G H J K* bourse l'eritage [*G* qui de lui est mouvans] qu'il tiengne la sais. — d) *G H J K omettent* a l'acheteur. — e) *G H J K* tient. — f) *B omet* le jour; *C* l'an et le jour meesmes que. — g) *C* roys.

qui le contredit, ne qui pour ce en fet anui as rescoueurs, car l'en ne doit nului^a mal gré savoir s'il requiert son droit^b debonairement et courtoisement.

Ici fine li chapitres comment li seigneur pueent prendre et saisir et en queles causes, et comment il en doivent ouvrer.

---

a) *C* doit a nului; *JK* a nul. — b) *B* droit en heritage. — Explic.) *C* Ichi define li chap. qui parole pour les quelles causes les seigneurs doivent saizir et tenir en leur main assés de plurieus choses; *G H* Explicit; *JK* n'ont pas d'explicit.

LII.

Ici commence li .LII. chapitres de cest livre liqueus parole des choses defendues et des prises qui sont fetes pour mesfès ou pour damages, et comment l'en en doit ouvrer, et des ventes.

1556. Chascuns de ceus qui ont terres et justices doivent savoir comment il pueent et doivent prendre en justiçant, en tel maniere qu'il ne mesfacent a autrui. Et tout soit il ainsi que nous parlons des prises en pluseurs lieus en cest livre, si comme ou chapitre des mesfès[1] et alieurs, pour ce ne lerons nous pas que nous n'en façons ici endroit un chapitre[a] en par soi pour enseignier lesqueles prises sont a droit fetes et lesqueles a tort.

1557. Tuit cil prenent a droit qui, en leur propre justice et en leur propre seignourie, ou en cele dont il sont garde pour autrui, prenent gens ou bestes en present mesfet, si comme gens en[b] mellee ou fesans damages en lieus defendus ou coupans en bois, ou bestes[c] en defense[d] a garde fete. Et des amendes queles eles sont selonc la maniere des prises, il est dit ou chapitre des mesfès[1].

1558. Nule prise ne doit estre fete en terres vuides ou tans[e] qu'eles ne sont pas en defense, si comme les terres dont li bles ou li tremois sont levé; car en celes puet l'en aler

---

Rubr.) C defend. ou des pr.; CHJK omettent de cest livre; chap. qui parole; CHJK et comment on doit prendre et [H comment on doit] ouvrer de la prise; CJK et des hyretages vendus par forche [JK et] de (JK des) ventes; H omet et des ventes. G donne la rubrique du chapitre L. — a) B omet des mesfès et ... un chapitre. — b) GHJK en faisant mellee. — c) G bestes gardans en. — d) G defense et en lieux deffendus a g.; HJK defense gardans a garde. — e) BF omettent ou tans.

---

1. Ch. xxx.

les travers dusques a tant qu'eles resont mises[a] au point de porter despueilles. Car si tost comme la terre a sa derraine roie pour semer blé, ele chiet en defense par nostre coustume. Et les terres ou l'en doit semer mars sont en defense puis qu'eles sont arees pour semer, et li pré puis mi mars dusques a tant qu'il sont fauchié, et li lieu enclos en toutes sesons, et li bois en toutes sesons[b], et les vignes selonc la coustume des viles ou eles sieent[c]; car teles viles sont[d] ou les bestes pueent aler es vignes du tans qu'eles sont vendengies dusques a tant que l'en les taille au printans, et en teles viles sont qu'eles[e] n'i vont en nule seson : si convient des vignes user[f] selonc les coustumes des lieus[g]. Mes des autres terres que nous avons dites est la coustume generaus par tout Beauvoisins : si doit on savoir que, en celes qui tous jours sont en defense, l'en i puet bien prendre en toutes sesons, qui[h] i trueve[i] forfesant[j], et es autres ou tans qu'eles sont en defense par coustume[k].

1559. Es bles semés ou printans pueent les gens aler, pour cueillir les herbes et les porees, les[l] travers sans fere voie ne sentier, dusques a tant qu'il soit defendu pour la grandeur des bles; car ou tans qu'il sont petit, il ne font fors amender de cueillir les herbes, et si en est li païs aaisiés. Mes puis qu'il devienent grant et qu'il vuelent monter en tuel, il en empireroient, et pour ce les puet on lores[m] defendre. Et se aucuns veut defendre que l'en ne voist es siens nule fois, il ne le doit pas estre soufert se plainte en vient, pour ce que ce seroit contre le commun pourfit.

1560. Pourcel ne doivent estre soufert en prés en nule seson[n] pour ce qu'il en empirent[o] le pré[p] par[q] fouillier;

---

a) *GHJK* sont remises. — b) *B* omet et li bois .... sesons. — c) *GHJK* sont. — d) *GHJK* car il sont tieus viles (*G* vingnes). — e) *GHJK* viles ou eles. — f) *C* conv. les villes user; *GHJK* user des vignes. — g) *HJK* lieus ou eles sunt. — h) *GHJK* quiconques. — i) *C* omet qui i trueve. — j) *C* en mesfaisant. — k) *GHJK* par nostre coustume. — l) *C* por. le trav.; *G* les herbes et aler par les trav. — m) *GHJK* on adonques def. — n) *A* estre en nule seison soufert en prés; *B* estre soufert en nule seison en prés. — o) *C* emporroient. — p) *C* les prés; *HJK* omettent le pré. — q) *G* a; *HJK* de.

CHAP. LII. — DES PRISES POUR MESFÉS ET DES VENTES. 291

ne vaches, ne brebis, ne cheval, ne chievres, en tailleis de bois pour ce qu'eles[a] i font damages[b] en toutes sesons, et pour ce pueent eles estre prises[c] en toutes sesons.

1561. Cil qui prent les bestes d'autrui en son damage, s'il les tue en prenant, il est tenus a rendre le damage a celi a qui les bestes estoient, et si pert l'amende et le damage qu'il peust demander a celui s'il vousist ses bestes ravoir. Et s'il ne les tue pas en prenant, mes il les en mene en prison et les tient[d] si estroitement qu'eles muerent par destrece de prison, ou par ce qu'eles n'ont que mangier, encore est il tenus a rendre le damage et si pert l'amende du mesfet. Mes s'il muert une partie des bestes prises sans le seurfet[e] du preneur, pour ce ne pert il pas s'amende, ne ne rent le damage des bestes mortes. Et aussi se cil qui les bestes sont ne les vuelent reprendre par recreance ne en autre maniere, cil qui la prise fist a droit puet user des fruis des bestes ou tans qu'il les tient comme des sieues, sans fere ent nul restor quant eles seront requises, sauf ce que cil qui les bestes prist ne les puet pas vendre ne metre en autrui main qu'en[f] la sieue devant qu'il avra sommé celi qui les bestes furent s'il les vourra racheter de l'amende et du damage qu'eles firent, ou s'il vourra renoncier a ce qu'il ne claime riens es bestes ; et de ce doit il estre sommés par devant le seigneur dessous qui il est couchans et levans. Et se cil qui les bestes sont ne veut renoncier as bestes ne reprendre les, ses sires li doit commander qu'il le face dedens .VII. jours et .VII. nuis; et s'il lesse passer cel tans, li preneres en puet fere comme des sieues propres, car il apert qu'eles li sont lessies pour le mesfet.

1562. Toutes les fois qu'aucuns prent autrui bestes en son forfet et les bestes demeurent en la main du preneur pour aucun debat, — si comme quant cil qui les bestes sont dit qu'eles ne furent pas a droit prises, ou quant il requiert

---

a) *BJK* qu'il. — b) *CJK* damage. — c) *JK* pueent il estre pris. — d) *HJK* omettent les tient. — e) *GHJK* forfet. — f) *HJK* main fors en.

jour de veue du lieu la ou eles furent prises, lequel jour l'en ne doit pas deveer, — en tel cas li preneres doit metre les bestes en tel lieu en sa justice que cil qui les bestes sont leur puist fere donner a mangier du sien; car li preneres ne les pestra pas s'il ne li plest, puis que la prise tourne en delai par le contens que cil i met qui les bestes sont; car bien puet estre que les bestes s'esmangeroient[a] avant que li ples fust finés, si que, se li preneres gaaignoit[b] le plet, n'avroit il[c] de quoi avoir son damage et s'amende. Mes toutes voies li preneres, quant il ne veut[d] soustenir les bestes de peuture[e], il doit fere savoir a celi qui eles sont qu'il les face pourveoir et baillier ce que mestiers leur est, si que cil qui les bestes sont, s'il mesavient des bestes, ne puist pas dire qu'il s'atendoit au preneur de la chevissance[f] de ses[g] bestes.

1563. Quant aucunes choses sont prises en mesfet, lesqueles sont perilleuses a garder pour ce qu'eles ne perissent ou empirent, — si comme se aucuns prent les bestes d'un marcheant[h] estrange[i], ou les vins, ou les bles, ou aveine, ou autre marcheandise, et li marcheans ne puet pas si tost venir[j] que les denrees prises n'empirassent ou qu'eles ne cheïssent en mauvese vente; ou si comme se aucuns prent les biens d'autrui pour l'acusement d'aucun vilain cas, dont il n'est pas encore condamnés; ou se li sires prent en sa justice [aucune chose][k] comme espave pour ce que l'en ne set a qui ele[l] est, — en tous teus cas et en semblables doivent estre les choses prises vendues a ceus qui plus en vuelent[m] donner, si que, se drois donne que les choses soient rendues a celui qui eles furent, il leur[n] doit soufire s'il en ont[o] la valeur, puis qu'eles furent[p] vendues par cause de bonne[q] foi.

a) *A* ses mengeroient; *BFGHJK* se mangeroient; *C* si sesmengueroient. — b) *C* gaaigne. — c) *AB* si que li preneres, s'il gaaigne le plet, n'avroit de quoi; *C* plet si n'aroit de. — d) *GHJK* peut. — e) *GHJK* omettent de peuture. — f) *JK* la congnoissance. — g) *BCFH* des best. — h) *BF* omettent d'un marcheant. — i) *BF* estrangez. — j) *A* omet venir. — k) aucune chose *manque dans tous les mss.* — l) *G* a qui la chose est. — m) *HJK* qui en voelent plus donner. — n) *JK* lui. — o) *GHJK* en a la. — p) *B* omet il leur doit ... qu'eles furent. — q) *F* omet cause de.

1564. Bien se gart chascuns qu'il ne prengne les serjans de son seigneur en sa justice, car il mesferoit durement a son seigneur et encherroit en grant amende[a] envers lui fors es cas qui ensievent après[b] : c'est assavoir, se li serjans de mon seigneur, en ma justice et en ma seignourie, muet aucune mellee par son outrage et non pas en justiçant, je le puis prendre et, lui pris, je le doi mener a mon seigneur et li moustrer la cause de la prise, et mes sires me doit lessier esploitier de l'amende ou de li justicier du fet qu'il fist en la mellee. Encore sont il autre cas es queus je puis prendre[c] le serjant de mon seigneur en ma justice : c'est assavoir de tous mesfès quel qu'il soient qu'il mesfet en ma justice, hors de ce qu'il puist fere par la reson de sa serjanterie, si comme s'il fet aucun essil ou arson, ou autre vilain cas par quoi il doie estre justiciés ; ne je ne le doi pas croire s'il dit qu'il le fist en justiçant, car il ne s'en puet couvrir en nul si vilain cas.

1565. Se aucuns veut prendre vilainement en ma meson et dit qu'il est serjans a mon seigneur et qu'il vient fere la prise en serjantant, et je le soupeçone[d] qu'il ne me[e] mente et ai presompcion qu'il ne soit lerres pour ce que je ne le vi onques mes serjanter et pour ce qu'il ne me dit nules vraies nouveles[f] ne nules vraies[g] enseignes[h] par quoi je puisse savoir s'il dit voir ou s'il ment, ce n'est pas grans merveille se je ne vueil soufrir sa prise, car en tel cas se pourroient fere tuit li larron serjant. Mes s'il moustre qu'il soit serjans par letres ou par vraies nouveles[i] ou par vraies[j] enseignes[k] ou par[l] tesmoins[m], je li doi lessier fere[n] les prises qu'il veut fere en serjantant. Et se je li fes rescousse ne vilenie, je chié en l'amende de mon seigneur ; et queles

a) *GHJK* damage. — b) *GHJK* qui cy [*G* après] ensievent. — c) *GHJK* justichier. — d) *ABF* je l'ai soupechonneuz qu'il. — e) *ABCF* omettent me. — f) *GHJK* enseignes. — g) *B* omet nouveles ne nul. vraies. — h) *GHJK* nouveles. — i) *HJK* enseignes. — j) *G* omet par vraies. — k) *HJK* nouveles. — l) *HJK* omettent par. — m) *C* par buns tesm. ; *G* par vrais tesm. — n) *ABC* doi fere lessier.

teles amendes³ sont, il est dit ou chapitre qui parole ᵇ des mesfés¹.

1566. Tuit li serjant qui sont establi en certaines justices ᶜ pour prises fere sont creu de leur prises par leur seremens, et des rescousses, se ᵈ eles leur ᵉ sont fetes, dusques a l'amende de ᶠ .LX. s., et li serjant le conte dusques a l'amende de .LX. lb. Nepourquant l'en puet proposer contre le serjant haine ᵍ ou menace, et se l'en le propose et l'en le prueve contre lui, il n'en doit pas estre creus.

1567. Li serjans qui prent a escient et a tort, ou la ou il ne puet ne ne doit, pour fere damage sans resnable cause, s'il est atains du malice, il doit rendre tout le damage ʰ a celi seur qui il fist la prise, et si doit perdre son service, car il serjanta desloiaument. Et se cil qui suit le serjant de tel chose ne le puet ateindre par l'aparance du fet ne par tesmoins, il chiet en l'amende du seigneur de .LX. s., s'il est hons de poosté, et s'il est gentius hons, de .LX. livres.

1568. Aucun dient que ce n'est pas prise se la main de celi qui prent n'est mise au prendre, mes si est en tous les cas ou la main ne puet estre mise pour aucun ⁱ encombrement, si comme se li preneres voit maufeteurs en une eaue et il ne puet aler dusques a aus pour le peril, s'il les prent de parole et de veue et leur commande qu'il s'en viegnent, la prise est fete soufisaument. Donques s'il n'obeïssent a estre pris, ainçois s'en vont que li preneres ʲ ne puet ᵏ metre main ˡ a aus ᵐ, il doivent aussi bien l'amende de la rescousse aveques l'amende du mesfet, comme s'il se fussent rescous et il i eust la main mise. Et aussi comme nous avons dit de l'encombrement de l'eaue entendons nous d'autres

---

a) *G* paroles. — b) *GHJK omettent* qui parole. — c) *GHJK* certaines besongnes justicher pour. — d) *HJK* resc. et eles. — e) *HJK omettent* leur. — f) *JK omettent* a l'amende de. — g) *GHJK* proposer haine contre le serjant. — h) *GHJK* tous les damages. — i) *B* mise par autrui encombr. — j) *A* preneres et ne puet. — k) *H* s'en vont sans metre. — l) *C* met le main; *H omet* main. — m) *JK omettent* que li preneres ... a aus.

---

1. Ch. xxx.

encombremens par lesqueus li preneur sont encombré, par quoi il ne pueent metre la main a la prise fere.

1569. L'en fet bien prise par cause de poursuite en autrui justice qu'en la sieue[a] : si comme se li serjans voit bestes es blés de son seigneur et, en ce qu'il les va[b] prendre, li bergiers oste les bestes du blé et les met seur autre justice, pour ce[c] ne demeure[d] pas, se li serjans veut[e] jurer qu'il les vit ou damage de sa garde et qu'il les aloit prendre quant eles li furent ostees du lieu, il les puet prendre ou qu'eles voisent en poursivant du mesfet, car nus malices ne doit aidier a nului qui apenseement le fet.

1570. Se cil qui ont pouoir de prendre ont mestier d'aide pour fere aucune prise en serjantant, — si comme de prendre banis ou larrons ou maufeteurs ; ou si comme se l'en leur veut fere rescousse la ou il prenent, — s'il requierent d'aide les[f] sougiés de leur seigneur et il ne vuelent obeïr au commandement, il chieent en l'amende du seigneur ; et si ne sont pas les amendes de teus mesfès d'une quantité, mes selonc le cas pour lequel aide fu requise ; car cil qui desobeï a moi aidier a prendre un larron, ou un murtrier, ou un bani, ou un homicide et m'eschape par la defaute de s'aide, doit estre plus griement punis que cil qui desobeï a moi aidier a amener un troupel[g] de bestes que j'avoie prises en damage. Et pour ce nous acordons nous que les desobeïssances grans sont[h] amendees a la volenté et les simples qui portent peu[i] de peril sont de commandement trespassé.

1571. Nous avons pluseurs fois commandé en assises que chascuns ait pouoir de prendre toutes manieres de maufeteurs ou de soupeçoneus de cas de crime et tous ceus qui s'en fuient seur qui l'en crie hareu, tant que l'en sache pour quoi li hareus fu criés, et tous ceus qui sont veu[j] en presentes mellees ; et quiconques ne met conseil a teus prises

---

a) *BF* omettent qu'en la sieue. — b) *GHJK* va pour prendre. — c) *GHJK* omettent pour ce. — d) *GHJK* dem. il pas. — e) *G* serj. en veut ; *HJK* serj. y veut. — f) *AC* requier. l'aide as (*C* des) soug. — g) *A* .i. trope. — h) *CGHJK* soient. — i) *G* qui sont de peu. — j) *BF* prins ; *C* venus.

fere et bien le peust metre, amende et desobeïssance en doit estre levee, selonc ce que nous avons dit dessus.

1572. A la fois ne puet l'en pas fere ce qui a droite justice apartient pour aucun empeechement: si comme quant il est debas de la justice entre pluseurs seigneurs pour savoir au quel la justice apartient, car en cel cas convient detrier [a] a fere la justice dusques a tant qu'on set qui la doit fere; ou si comme quant aucuns est prouvés de murtre, ou d'homicide, ou de traïson, ou d'empoisonement ou de fame esforcier, pour lesqueus cas sa mesons doit estre arse ou abatue, et aucune dame a douaire en ladite meson a sa vie, en tel cas convient il que la mesons soit respitee le vivant de la dame. Mes se cil qui mesfit a point de partie en la meson tenans et prenans et autre gent aussi i ont partie, si que mauvesement pourroit on ardoir la partie du maufeteur que cis qui a partie en la meson n'en fust damagiés ou li prochiens voisins, en cel cas ne doit l'en pas fere l'execucion de la justice par fu, mes abatre a coigniees et a marteaus la partie du mesfeteur tant seulement, si que justice soit fete sans le damage de ceus qui n'i ont coupes.

1573. Nous avons bien dit en cel chapitre meisme que cil qui est repris de vilain cas de crime et condamnés a perdu [b] quanqu'il a avec le cors. Nepourquant se li maufeteres a enfans et [c] pere ou mere, ou aiol ou aiole, li descendemens qui vient d'aus, liqueus n'estoit pas descendus ou tans que li maufeteres fist le mesfet, descent as enfans du maufeteur [d]; car li maufeteres ne pouoit pas mesfere ce qui n'estoit pas encore sien, ne il ne vient pas a ses oirs de par li, ainçois leur vient par reson de lignage de descendement comme as plus prochiens; mes voirs est que de par le maufeteur n'en portent il riens.

1574. Cil qui est pris et [e] mis en prison soit pour mesfet, soit pour dete, tant comme il est en prison, il n'est tenus a

---

a) *CJK* delaier. — b) *A* a perdre. — c) *CGHJK* enf. ou pere. — d) *JK* descent a ses enfans. — e) *A* pris est mis; *BF omettent* pris et.

respondre a riens que l'en li demant, fors es cas tant seulement pour quoi il fu pris. Et se l'en li fet respondre autre chose contre sa volenté et seur ce qu'il alligue qu'il ne veut pas respondre tant comme il soit en prison, tout ce qui est fet contre li est de nule valeur, car il puet tout rapeler quant il est hors de prison. Mes en teus[a] cas exceptons nous les malices qui en pourroient estre fet, si comme se aucuns se fesoit metre en prison pour une dete pour ce qu'il ne vourroit pas respondre as autres deteurs a qui il devroit, ou s'il se tenoit en prison de son gré et il avoit bien pouoir de soi delivrer : en teus cas doivent bien li emprisonné respondre[c] contre autrui, car il ne doivent[b] pas gaaignier par leur[d] malice.

1575. Cil qui sont forsené doivent estre lié par ceus qui les doivent garder et chascuns doit aidier a ce fere pour eschiver les damages[e] qui par aus[f] pueent[g] venir, car tost ociroient aus et autrui. Et s'il ne sont lié et il font par leur fol sens aucun homicide ou aucun autre vilain cas, il ne sont pas justicié en la maniere des autres pour ce qu'il ne sevent qu'il font, ne leur oir ne perdent pas pour ce ce[h] que li forsenés avoit[i], se ainsi n'est qu'il l'eussent en garde et que par leur mauvese garde li mesfès fu fès. Mes toutes voies li forsenés doit estre mis en tele prison qu'il n'en isse jamès, et soit soutenus du sien tant comme il sera hors du sens. Et s'il revient bien en son sens, il doit estre delivrés de prison, et li siens rendus. Mes en ce cas se doit l'en mout regarder que ce ne soit fet malicieusement, si comme li aucun, quant il avroient fet les mesfès, contreferoient le hors du sens pour eschaper : si doit l'en mout regarder quele cause le mut a fere le mesfet et par ce savra l'en s'il i a barat.

1576. Quant aucuns sires prent ou saisist aucune chose en la main de celui qu'il a a justicier par requeste d'autrui,

---

a) *BJK* tous. — b) *ABGHJK* doit; *C* ne le doivent. — c) *JK* empr. rendre. — d) *ABGHJK* son; *F* pour leur. — e) *ABC* le damage. — f) *GHJK* aus doivent ou p. — g) *C* puet. — h) *C* omet le second ce. — i) *C* fors. avoit fait; *GHJK* fors. a, se ainsi.

il doit regarder se li cas est teus qu'il doie prendre ne saisir devant que les parties avront esté ou plet ordené par devant lui, car pour claim qui soit fes en derriere de partie ne doit nus sires dessaisir celui qu'il a a justicier devant qu'il ait oïe sa defense ou qu'il soit defaillans de venir en sa court, se n'est pour aucuns cas especiaus : si comme se Jehans se plaint que Pierres l'a menacié et le fet ajourner seur asseurement, li sires li puet defendre qu'il, l'ajournement pendant, ne li face mal ; ou s'il se plaint de force ou de nouvele dessaisine, li sires, au jour de la veue, doit prendre la chose en sa main et puis ouvrer en la maniere que nous deismes[a] ou chapitre qui parole[b] de force et de nouvele dessaisine[c][1] ; ou s'il se plaint d'aucuns cas dont grans damages ou grans[d] vilenie[e] li pourroit venir ou delai de l'ajournement, si comme se l'en li a ravie[f] a force[g] sa fame ou sa fille[h], ou autre qui fust en sa garde[i], ou son palefroi[j] ou son cheval[k] ou aucune de ses choses : en tous teus cas et en semblables doit li sires prendre en sa main les choses que l'en dit qui sont emblees ou tolues ou ravies pour oster les perius qui en pourroient avenir ; et encore pour autres[l] cas si comme pour empeechement de douaire ou de testament, puet bien li sires prendre en sa main si tost comme la plainte en vient a lui, car ce sont dui cas dont li seigneur doivent estre volentif de fere droit hastif[m]. Et aussi de toutes les choses qui pueent perir par atente pour le plet, li sires les doit prendre en sa main se cil qu'il trueve saisi ne baille bonne seurté de rendre la valeur de la chose, s'il la pert par droit et par jugement : si comme se Jehans a la saisine de .x. toneaus de vin et Pierres les demande et dit qu'il doivent estre sien,

---

a) *HJK* man. qui est ditte. — b) *GHJK omettent* qui parole. — c) *BF omettent* ou de nouv. dess. — d) *HJK omettent* grans. — e) *A* dont grans vilen. ou gr. dam. ; *BF omettent* ou grans vilenie. — f) *GHJK* saisie. — g) *G omet* a force. — h) *HJK* sa femme ou sa fille a force. — i) *G* garde a force. — j) *HJK omettent* ou son palefroi. — k) *A omet* ou son cheval. — l) *ABF* autre ; *C* en autre. — m) *JK* hastivement.

---

1. Ch. xxxii.

CHAP. LII. — DES PRISES POUR MESFÉS ET DES VENTES. 299

et, le plet pendant, li vin sont en peril d'empirier ou en peril de passer bonne vente, Jehans doit baillier seurté de la valeur*a* de .x. toneaus de*b* vin et puis les*c* puet boivre ou vendre ; et s'il ne veut baillir la seurté, li sires le doit prendre et vendre en sa main et après rendre a celui qui drois le donra. Et autel comme nous avons dit des vins puet l'en dire des autres choses qui pueent perir ou empirier par atendre.

1577. Toutes les fois que li sires prent ou saisist a la requeste d'autrui pour quelconques cas que ce soit et cil a quel*d* requeste la prise ou la saisine est fete se defaut de venir au jour qui est donnés de par le seigneur, li sires doit oster sa main de la saisine qu'il fist ; et s'il prist la chose, il la doit rendre a celui seur qui il la prist tout en delivre sans recreance fere. Mes pour ce ne pert pas cil a qui requeste*e* la prise ou la saisine fut fete, son droit qu'il ne puist bien pledier de la proprieté de la chose*f* autre fois ; car*g* il ne pert*h* pour la defaute fors que tant qu'il pledera dessaisis, s'il en veut plus pledier. Et s'il contremande le jour qu'il devoit venir pour dire pour quoi il requist au seigneur qu'il*i* prist ou saisist, il ne doit pas estre receus en tel contremant, ainçois doit li sires oster sa main aussi bien comme s'il estoit mis en pure defaute. Mes autre chose seroit s'il avoit loial essoine et il essoinoit le jour, car en cel cas ne doit pas li sires sa main oster devant qu'il savra*j* que*k* cil*l* a qui*m* requeste il prist ou saisi soit hors de son essoine. Mes s'il s'essoina sans avoir essoine, ou il est hors de son essoine en tel maniere que l'en le voit communement besoignier si comme il souloit, et ne se fet pas rajourner contre celi seur qui la prise fu fete, adonques doit li sires oster sa

---

a) *G* omet de la valeur. — b) *JK* de la valeur du vin. — c) *JK* le. — d) *A* auquel ; *BFJK* a quele ; *C* par le quelle ; *H* a qui req. — e) *BF* pert pas la requeste, la prise ; *C* p. p. celui qui a le req. ; *G* chius a quel req. — f) *A* de l'eritage ; *C* chose vive une autre. — g) *ABCF* que [*C* ore] ; *F* ne il ne. — h) *C* omet il ne pert. — i) *GHJK* pour dire au seigneur pour quoy il prist. — j) *ABCF* sache. — k) *ABF* omettent que ; *G* se. — l) *ABF* omettent cil. — m) *BFJK* quel ; *C* que par requeste.

main ; et, quant il cuidera bien fere, face ajourner seur la proprieté de la chose et li sires face droit ᵃ.

1578. Chascuns sires puet bien prendre et saisir l'eritage qui est tenus de li toutes les fois que l'en ne fet de l'eritage ce que l'en doit. Et entre les autres cas pour quoi il puet prendre ou saisir, il prent a droit quant il prent pour ses ventes qui li furent concelees ou qui ne li furent pas païes au jour que coustume donne que l'en doit ventes paier, si comme .VII. jours et .VII. nuis après la dessaisine du vendeur. Mes aucunes ventes sont des queles ventes ᵇ ne sont pas deues comment que li eritages soit tenus, ou en fief ou en vilenage ; car se aucuns eritages vient au seigneur ou a l'eglise par la reson de son serf qui est mors et l'eritages doit estre tenus d'autre seigneur que de celui a qui il eschiet par la reson de son serf ᶜ, en teus cas puet li sires de qui l'eritages est tenus contraindre ceus des eglises qu'il metent l'eritage hors de leur main dedens an et jour, mes a laies persones ne le puet il pas commander, puis qu'il vueillent ᵈ fere de l'eritage ᵉ ce qu'il doivent ᶠ envers lui ᵍ. Et s'il le commande ʰ as eglises et eles le vendent pour ce qu'eles ne le pueent tenir en leur main, eles n'en doivent nules ventes ; et aussi de tous les eritages qui leur sont aumosné ou qui pueent venir a aus par aucune autre reson, s'il le metent hors de leur main par force de seigneur, il n'en doivent ne ventes ne rachas.

1579. Pour ce que nous avons dit que les eglises qui vendent par force ne doivent ne ventes ne rachas pour ce qu'il vendent par force, li aucun si vourroient entendre que tuit cil qui vendroient par force ne devroient nule vente. Mes il n'est pas ainsi, car s'il convient a aucun vendre par force de seigneur pour ses deteurs paier, li sires ne lait pas pour ce a prendre ses ventes ⁱ.

1580. Bien se gardent cil qui entrent en eritage par

---

a) *HJK* omettent et li sires face droit. — b) *A* omet sont des queles ventes. — c) *G* fief : *HJK* omettent par la res. de s. serf — d) *ABCHJK* vueille : *F* veulent. — e) *F* de l'erit. faire. — f) *ABCHJK* doit. — g) *ABCFGH* aus ; *F* eus. — h) *ABCF* commandent. — i) *HJK* ses ventes a prendre.

CHAP. LII. — DES PRISES POUR MESFÈS ET DES VENTES.

reson d'achat que gres soit ſes as seigneurs de qui li eritage sont tenu, de leur ventes; car, tout soit nostre coustume tele que cil qui vent doit les ventes, se[a] li sires n'en est paiés de celui qui vent, il se[b] puet prendre a l'eritage tant qu'il soit paiés de ses ventes et de[c] l'amende pour ce qu'eles ne li furent païes a jour, laquele amende est simple; mes se les ventes furent concelees malicieusement, il i a amende de .LX. s. Et pour ce puet l'acheteres retenir en sa main du pris[d] qu'il acheta l'eritage tant comme les ventes montent pour paier les au seigneur pour aquitier le vendeur et pour soi oster de peril. Et s'il retient si comme nous avons dit les ventes pour paier au seigneur et il ne les paie pas si comme il doit, par quoi li sires veut avoir amende, li damages doit tourner seur lui et non pas seur le vendeur. Et s'il avient qu'il ait baillie seurté du pris qu'il acheta l'eritage et li venderes ne veut paier les ventes, ainçois veut estre paiés de tout le pris, l'acheteres puet fere defendre a ses pleges par seigneur qu'il ne facent plegerie devant que li eritages li est delivrés qui pour les ventes ou pour aucun autre fet du vendeur est empeechiés, car cil qui vent doit delivrer et garantir.

1581. Aucunes ventes d'eritage sont fetes par tele convenance que l'acheteres doit paier les ventes. Si doit on savoir que, quant tele convenance est fete, se eles ne sont païes, tuit li damage doivent tourner seur l'acheteur et non pas seur le vendeur. Et si doit l'en savoir qu'en tous cas sont deues ventes et reventes. Si comme se la vente est d'eritage qui est tenus en vilenage et li marchiés couste .LX. lb. quites au vendeur, l'acheteres doit pour le .XIIe. denier .C. s. pour droites ventes et pour les reventes le .XIIe. denier de .C. s., ce sont .C. d. Et se li eritages qui fu vendus .LX. lb. quites au vendeur estoit de fief, il i aferroit[e] pour le quint denier de .LX. lb., .XII. lb. et après, pour les reventes, le quint denier de .XII. lb., ce sont .XLVIII. s. Et selonc ce que nous avons dit

---

a) *BCF* ventes et se. — b) *A* vent li sires puet. — c) *HJK* vente de celi qui vent et l'amende. — d) *GHJK* retenir l'acheteur du pris en sa main. — e) *HJK* avroit.

des ventes et des reventes qui doivent estre prises en .LX. lb.
de marchié, puet on entendre que l'en doit prendre plus a
l'avenant des marchiés qui coustent plus de .LX. lb. et
meins de ceus qui coustent meins de .LX. lb.[a]. Et toutes les
fois que li marchié sont fet simplement sans convenancier
que li denier de la vente soient quite au vendeur, li venderes doit les ventes, c'est assavoir des eritages vilains le
.XIIe. denier et de celi de fief le quint denier ; mes des reventes que nous avons dites dessus ne doit il nule ; et si doit
l'en savoir qu'en mout de viles en nostre païs chiet de toutes
les ventes qui avienent en eritages vilains .I. denier, mes
nous ne savons dont ceste coustume vint ne pour quoi.

Ici fine li chapitres des prises et des ventes.

---

a) *B* omet et meins de ceus … de .LX. l. ; *GHJK* omettent de .LX. l. — Explic.) *C* Ichi define li chap. des choses defendues et des prises qui sont faites pour mesfet ; *FJK* n'ont pas d'explicit ; *GH* Explicit.

LIII.

Ici commence li .LIII. chapitres de cest livre liqueus parole des recreances, et en quel cas l'en doit fere recreance et en quel non; et comment recreance doit estre requise et comment elle doit estre fete dedens les cas es queus ele chiet.

1582. Nous avons parlé ou chapitre devant cestui des prises; si est bon que nous parlons après[a] ensivant des recreances, pour ce que des prises qui sont fetes nest la requeste qui en doit estre fete pour recreance avoir.

1583. Recreance si est ravoir ce qui fu pris par donner seurté de remetre loi en la main du preneur a certain jour qui est nommés ou aucune fois a la semonse du seigneur qui fist prendre.

1584. Recreance si doit estre requise au seigneur ou a celui qui tient son lieu en qui justice la prise fu fete, car li serjant qui sont simplement establi pour les prises fere ne pueent ne ne doivent fere recreances de leur prises; car quant il ont fetes leur prises, il les doivent metre par devant leur seigneurs et dire la cause pour quoi il ont pris; et se li sires voit que il n'aient pas pris par bonne reson, il doit rendre les choses prises en delivre; et s'il voit que par bonne reson fu la prise fete, adonques n'est il pas tenus a rendre, se n'est par seurté et ce apele on recreance.

1585. En toutes prises queles qu'eles soient, exceptés

Rubr.) *A B H omettent* et en quel non et et comment ele ... ele chiet; *CGHJK omettent* de cest livre; chap. qui parole; *F n'a pas de rubrique*; *G omet* Ci commence. — a) *HJK omettent* après.

les cas de crime, ou qui sont soupeçoneus[a] de cas de crime[b], des queus l'en puet perdre vie ou membre, se li fes n'est conneus ou prouvés, doit estre fete recreance, quant cil la requiert seur qui la prise fu fete. Mes es cas de crime ne doit pas estre fete ceste recreance fors en l'un des cas, si comme quant gage sont donné de vilain cas de partie contre autre. En ce cas se les parties se pueent ostagier par bons pleges qu'il revenront au[c] jour, recreance leur doit estre fete pour ce qu'il se puissent pourveoir d'aler avant selonc ce que li cas le desire.

1586. Se recreance est requise a aucun de prise ou recreance doit estre fete, et li sires qui tient la prise vée a fere la recreance, cil seur qui la prise fu fete doit trere au seigneur[d] souverain de celi qui les choses tient prises[e], ou au conte qui est souverains de ceus qui tienent nu a nu de li et de tous les arrierefiés, et li doit moustrer en complaignant la prise qui est fete seur li et doit dire qu'il croit qu'ele n'est pas fete par bonne reson et qu'il l'a requise par recreance soufisant, et l'en li a veé a fere. Adonques li cuens i doit envoier prevost ou serjant pour fere li commandement[f] que, se la prise fu fete sans reson resnable, qu'il rende en delivre et soit as premieres assises pour amender la prise fete a tort. Et s'il dit qu'il prist par bonne reson et que volentiers fera recreance, se cil seur qui la prise fu fete veut avant maintenir et prouver qu'il li requist[g] autre fois[h] et qu'il li devea, il n'est pas tenus a prendre la recreance fors par la main le conte; ne cil qui devea la recreance a fere ne ravra puis ne court ne connoissance de la prise, ainçois convenra qu'il moustre reson en la court le conte pour quoi la prise fu fete et en cel cas pert il sa court pour ce qu'il devea[i] a fere recreance la ou ele devoit estre fete. Et se li sires qui fist la prise respont au prevost ou au serjant qui va fere le

---

a) *G H* soupechonné. — b) *C J K omettent* ou qui ... de crime. — c) *A* venront a. — d) *H J K omettent* seigneur. — e) *H J K* choses prises tient. — f) *C* p. lui fere comm.; *G H J K* fere le comm. — g) *C* li eust requis. — h) *G H J K* qu'il li ait autrefois requis. — i) *A B C F* vea.

commandement de par le conte ᵃ que la prise fu fete par bonne reson et bien reconnoist que recreance fu requise a li et qu'il la devea a fere pour ce qu'ele n'i apartenoit pas, et bien dira reson pour quoi en la court le conte, en tel cas doit regarder cil qui fet le commandement queles choses ce sont qui sont prises, car se ce sont mueble qui pueent tourner en damage, si comme cheval ou autres bestes, il doit fere la recreance en la main le conte et donner jour a celui qui devea la recreance a dire cause pour quoi recreance ᵇ n'i apartenoit pas. Et se la prise est de cors d'homme tenu en prison, et il nomme le cas de crime pour quoi il le tient, li ᶜ envoiés de par le conte ne doit pas fere recreance, car li recreus se pourroit si sentir ᵈ mesfès ᵉ qu'il ne venroit ᶠ jamès a jour pour seurté qu'il en donnast ; mes il doit donner brief jour au seigneur qui le tient, de proposer le cas pour quoi il le tient en la court le conte, et doit ensement donner le jour a ceus qui requierent la recreance pour l'emprisonné ᵍ, et lueques soit drois fes selonc ce qui sera proposé se la recreance i apartient ou non.

1587. Quant li cuens fet aucune recreance par sa main pour ce que ses sougiès la devea a fere et li sougiès puet moustrer bonne reson par quoi il n'i apartenoit point de recreance a fere, li cuens li doit remetre la prise en sa main aussi comme ele estoit quant il la prist ʰ pour fere recreance. Et pour ce, toutes les fois que baillif, prevost ou serjant font recreance par la main de leur seigneur, il doivent estre si seür des choses prises qu'il les puissent remetre en la main de celi seur qui il les pristrent et puis commander que drois soit fes en la court de celi qui les prist premierement ⁱ, selonc le mesfet de la premiere ʲ prise.

1588. Quant aucuns dit en la court le conte la reson

---

a) *HJK omettent* qui va ... le conte. — b) *B omet* a dire ... recreance. — c) *JK tient* celui qui est env. — d) *ABF* sentir si. — e) *C* sent. a si mesf. — f) *GHJK* revenroit. — g) *A* pour leur prisonné. — h) *BF omettent* aussi comme .. la prist. — i) *HJK omettent* premierement. — j) *HJK omettent* premiere.

pour quoi il fist la prise, a ceste fin qu'il rait sa court, se la resons est tele que prise en deust estre fete et la partie seur qui la prise fu fete li connoist, l'en li doit rendre sa court. Et se la partie li met en ni, il convient que cil qui veut ravoir sa court prueve la reson qu'il a proposee ; et quant il l'avra prouvee, il ravra sa court et metra la chose en recreance dusques a tant qu'il avra fet droit, se c'est pour cas ou recreance apartiegne.

1589. Quant recreance est fete d'aucune prise pour le debat de celui qui dit que la prise ne fu pas a droit fete, la recreance doit durer dusques a tant qu'il soit prouvé qu'ele fu fete a droit aussi comme prises a droit fetes se doivent[a] prouver ; car eles se pruevent aucune fois par l'aparance du mesfet et aucune fois par tesmoins, si comme quant debas est de la justice a celi qui la prise fist, car s'il veut joïr de la prise, il convient qu'il prueve qu'ele fu fete en sa justice.

1590. Se cil qui a recreance de ce que l'en prist seur li se met en defaute de poursuir les jours qui li sont donné seur la dite prise, cil qui fist la prise se puet prendre a ses pleges tant que les choses qui furent recreues soient en sa main et puis puet esploitier les choses tant qu'il ait l'amende et le damage du forfet, car en tant comme cil qui avoit recreance se met en defaute de poursuir, pert il le droit qu'il avoit de poursuir la prise fete a tort puisqu'il se met en pure desfaute.

1591. Toutes les fois que bestes manjans sont prises pour aucun forfet dont li preneres veut avoir l'amende et le damage qu'eles firent, et cil qui les bestes sont offre a baillier pleges ou gages gisans soufisans pour le damage et pour l'amende que li preneres demande[b], li preneres doit rendre les bestes manjans pour les gages gisans ou par pleges ; et s'il le refuse, il est tenus a rendre le damage a celi a qui les bestes sont. Mes se li sires disoit par bonne reson que les bestes fussent forfetes et aquises a li par le forfet, — si comme il avient qu'une beste tue un enfant, ou si comme

---

a) *GHJK* prise a droit faicte se doibt. — b) *GHJK* omettent que li preneres demande.

aucuns doit perdre le cheval ou l'asne qui mene son blé a autre moulin qu'a celi la ou il est baniers, ou par aucune autre reson dont les bestes se pueent perdre par coustume, — en tous teus cas n'est pas li preneres tenus a rendre ne a recevoir[a] ne a changier pour autres nans gisans, car il en puet fere comme de sa chose. Et se debas est a savoir se les bestes se sont forfetes et li preneres enchiet de la querele[b], il doit rendre les bestes a celi seur qui eles furent prises[c] a tout le pourfit qu'il leva des bestes le plet pendant. Et aussi comme nous avons dit des bestes ci endroit, entendons nous de toutes les autres choses prises a tort.

1592. Se li sires a pris ou tient saisi de son homme de fief sans le jugement de ses pers, se ses hons li requiert recreance, il ne li doit pas veer ; et s'il li vée, ele li doit estre fete par le souverain ; et se li sires li offre a fere droit assavoir mon se recreance i apartient, li hons ne se couchera pas en cel jugement s'il ne li plest, car il n'est tenus a soi metre en nul jugement dessaisis, fors es cas que nous deismes ou chapitre des semonses[1]. Nepourquant, se li sires tient aucune chose saisie de son homme pour aucun cas au quel il a doute se recreance i afiert ou non, et il offre a fere droit a son homme par ses pers a savoir se recreance i afiert, il convient a l'homme qu'il prengne le jour et qu'il prengne droit seur la recreance ; et comment l'en doit les jours poursuir par devant son seigneur, et comment l'en le doit sommer avant que l'en se puist plaindre de son seigneur de defaute, il sera dit ou chapitre qui parlera comment l'en puet son seigneur poursuir de defaute de droit[2].

Ici fine li chapitres des recreances.

---

a) *B F omettent* ne a recevoir. — b) *H J K omettent* de la querele. — c) *H J K omettent* a celi ... furent prises. — Explic.) *C* Ichi define; recr. et en quel cas on doit faire recreanche et en quel non; *F J K n'ont pas d'explicit*; *G H* Explicit.

---

1. Ch. II.
2. Ch. LXII.

LIV.

Ici commence li .LIIII. chapitres de cest livre liqueus parole comment l'en doit fere paier les creanciers et garder de damage, et comment on doit prendre es mesons; et si parole de garde metre seur autrui.

1593. Quant aucuns doit et ª il convient qu'il soit justiciés pour paier, l'en doit prendre ses muebles avant que l'en li face grief de l'eritage, car se li mueble pueent soufire, li eritages doit demourer en pes; et s'il ne puet soufire, adonques le puet on contraindre qu'il ait vendu de son eritage dedens .XL. jours; et puis lueques ᵇ s'il n'a vendu, li sires doit vendre et garantir la vente ou as creanciers ou a autrui. Et s'il avient qu'il i ait plus muebles que la dete ne monte, il n'est pas ou chois de celui qui doit baillier ᶜ queus muebles qu'il vourra pour sa dete, car s'il veut baillier cuves, ou huches, ou gros merriens, ou teus choses qui sont encombreuses a manoier, li creanciers ne les prenra pas, s'il ne veut, puis qu'il i ait bles, ou aveines, ou vins, ou autres choses plus legieres et plus en cours a estre tost vendues. Et aussi ne redoit ᵈ il pas estre de tout au chois de

---

Rubr.) *B* metre garde; *C G J K omettent* de cest livre; chap. qui parole; *CJK* dam. et la maniere de prendre es (*C* dedens les) mes. et pour quieus (*JK* quel) cas et comment on doit metre garde seur autrui [*C* et quelles les gardes doivent estre]; *F n'a pas de rubrique; G* mesons et comment et si parole; *dans* H *le rubricateur avait écrit seulement:* Chi commence li .LIIII. capitres. *Fauchet a ajouté:* coment on doit faire payer les creanciers et garder de dommaige et de prendre aux maisons. — a) *BCF omettent* et. — b) *C* et puis d'iluec en avant s'il n'a. — c) *G* doit baillier de baillier queus. — d) *HJK* doit.

CHAP. LIV. — DES CREANCIERS ET DES GARDES MANJANS. 309

celi qui prent pour sa dete d'avoir queus meubles qu'il vourra puis qu'il i ait autres de quoi il puist legierement avoir sa dete : si comme se li deteres est fevres et li creanciers veut que l'en li baille s'enclume[a] ou ses marteaus, et li fevres a bien autres muebles qu'il li veut baillier dusques a la valeur de la dete, en tel cas l'en ne doit pas baillier au creancier les outius devant dis, car li fevres en a gaaignier son pain, et si pourroit estre damages[b] au commun. Et aussi comme nous avons dit du fevre doit l'en entendre de toutes manieres de gens qui vivent de mestier. Donques toutes les fois que mueble sont pris pour dete par justice et il i a plus muebles que detes[c], l'en doit prendre ceus qui meins grievent au deteur et par quoi la dete puist plus tost estre paiee.

1594. Toutes les fois qu'aucun mueble sont pris pour dete, li coust du prendre, du remuer[d], du mener[e] au marchié et du garder, se ce sont choses qu'il conviegne garder, et tuit autre coust resnable qui pueent ensuir pour les choses prises, doivent estre pris[f] seur les choses, si que li creanciers ait sa dete tout[g] franchement[h] et tout enterinement. Et cel damage convient il que cil aient qui tant atendent a paier leur detes qu'il convient que leur mueble en soient pris par justice, car male chose seroit que li creancier eussent teus damages pour le mauvès paiement de leurs deteurs.

1595. Ce n'est pas merveille, quant il convient prendre les biens d'aucun pour dete, se l'en prent les choses que l'en voit en son pouoir, si comme ce qui est en sa meson ou ce qui est en son commandement. Nepourquant se autres vient avant qui prueve la chose prise a sieue, il la doit ravoir ; mes il doit dire et metre en voir la cause pour quoi ele estoit en la main de celui seur qui ele fu prise : si comme s'il

---

a) *G* si comme se li creanchiers veult qu'on prengne l'enclume si li debeterres est fevre ou ses m. — b) *A B* damagiez ; *F* damagez. — c) *C* que les dettes ne montent. — d) *G J K* omettent du remuer ; *H* du remener. — e) *G J K* men. [*J K* et] du remener au marchié. — f) *Tous les mss., sauf* F. *ont* prises. — g) *J K* omettent tout. — h) *A C* dete toute franche.

l'avoit prestee ou louee ou bailliee en garde, car par teus causes a l'en la saisine d'autrui choses et c'est bon a savoir pour oster les fraudes.

1596. Li aucun sont si malicieus que quant il pensent que l'en doie prendre le leur pour leur detes, il traient a leur seigneur et font aucun marchié pour lequel il doivent a leur seigneur[a] aucune chose et puis li[b] dient qu'il ne l'en[c] pueent fere seurté fors que d'obligier ce qu'il ont dessous li, et li[d] requierent qu'il tiegne[e] tout saisi[f] en lieu de seurté; et li sires qui espoir[g] ne set riens de leur barat, — ou puet estre qu'il le set bien et que, pour aus aidier et nuire a leur creanciers, il [le veut bien, — il][h] prent tout en sa main; et quant li creancier requierent a estre paié, li sires dit qu'il tient tout en sa main pour sa dete ou pour ses amendes; et ainsi, s'il n'i avoit remede, pourroient li creancier perdre sans reson. Mes il i a remede tel que li sires puet estre suis par devant son par dessus seigneur et convient qu'il die de quoi ses sougiès li doit et qu'il jurt la dete a bonne et a loial, et que sans fraude et sans barat l'a fet; et quant il avra ce juré, pour ce ne tenra il pas tout[i] saisi quanques ses sougiès a, mes la valeur tant seulement comme sa dete monte, si que li creancier puissent prendre leur dete seur le remanant, car male chose seroit que je peusse garantir a mon sougiet .c. lb. qu'il avroit dessous moi pour .x. lb. ou pour .xx., s'il les me devoit. Et pour ce convient il que je prengne ce qui m'est deu et puis face paier ses creanciers du remanant.

1597. Or sont autres manieres de bareteeurs qui n'osent fere teus marchiés a leur seigneurs pour ce qu'il se doutent que li seigneur ne soufrissent pas leur barat; si vienent a un leur parent ou a un leur voisin et font unes fausses con-

---

a) *G* leurs seigneurs; *HJK* il leur doivent. — b) *G* puis il dient; *JK* puis leur dient. — c) *GHJK* leur en. — d) *JK* dessous eulz et leur req. — e) *JK* tiengnent. — f) *GHJK* saisi en sa (*JK* leur) main en lieu. — g) *C* qui par aventure ne. — h) *Tous les mss. laissent inachevée la proposition incidente commençant par* que pour aus aidier ... *et subordonnée de* puet estre; *nous mettons entre crochets ce que le sens général indique comme ayant pu être omis par* O. — i) *GHJK* tout en sa main saisi.

venances, ou un faus marchié, ou un faus don, et puis viennent devant le seigneur de qui cil tient qui a paour de ses* detes et li dit li sougiès : « Sire, ves ci un mien parent, — ou un mien voisin. — Pour service qu'il m'a fet, je li ai donné quanque j'ai et vous pri que vous le metés en saisine », ou il li dit : « Sire, je li ai vendu quanque j'ai[b] et m'en tieng pour paiés », et li sires qui ne se[c] donne garde du barat[d] prent la dessaisine du[e] sougiet et baille la saisine a l'autre ; et après li creancier vienent au seigneur et requierent qu'il soient paié de celui qui s'est dessaisis de quanqu'il a. Et que fera l'en donques en tel cas, car se li sires n'en euvre sagement, li creancier sont en peril de perdre leur detes par le barat du deteur ? Donques doit li sires regarder quel la cause fu a la dessaisine, car s'il se dessaisi en non de vente, il doit regarder liqueus tient les choses et manuevre comme sieues, ou l'acheteres ou li venderes, et s'il trueve que cil qui les vendi les tiegne et use pour soi comme du sien propre, il i doit geter les mains par deus resons : l'une pour ce qu'il n'i pouoit entrer fors par seigneur, puis qu'il s'en estoit issus, et l'autre pour les creanciers fere paier. Et se li sires voit l'acheteur tenir ce qu'il acheta comme le sien propre, il doit encherchier que li denier de la vente devinrent et queus paiemens en fu fes ; et s'il trueve que li denier n'aient pas esté paié, il les doit prendre en sa main et fere paier les creanciers ; et ainsi pourra il ateindre leur barat. Et se li argens fust paiés au vendeur et il s'en alast hors de la justice de cel seigneur, en cel cas convient il que li creancier le poursievent la ou il va couchier et lever, se ainsi n'est que ce qu'il vendi, ou donna, ou engaja[f], fust especiaument obligié as creanciers ; car en cel cas ne doivent li creancier suir fors que les choses qui leur furent obligiees pour leur detes. Et s'il pruevent

a) *C* paour de paier de ses choses ses detes; *GHJK* seigneur de qui ilz tiennent et ont paour de leurs detes. — b) *GHJK* omettent quanque j'ai. — c) *ABF* s'en. — d) *C* qui de che malisce ne se prent garde prent la. — e) *AC* dess. de son soug. — f) *GHJK* escanga.

l'obligacion contre ceus qui les choses tienent, vente ne dons ne engagemens qui ait puis esté fes ne vaut riens. Et se la dessaisine fu fete pour cause de don, li sires doit prendre garde quel cause le muet a donner, car l'en ne voit pas souvent qu'uns hons doint ce qu'il a pour demourer povres ; et meismement quant il doit et il fet teus dons, l'en doit croire qu'il le fet pour ses creanciers grever en esperance que cis qui reçoit le don li face aucune bonté pour les choses donnees. Et pour ce nous acordons nous que tout donner et nient retenir par quoi li creancier soient[a] paié de ce qui leur estoit deu ou tans que li dons fu fes pour barat, ne[b] vaut[c] riens. Et s'il trueve fraude ne barat, il doit depecier l'engagement en tel maniere que cil qui engaja rait son chatel tant seulement et li creancier soient paié[d]. Et se li engagemens avoit esté fes sans barat et sans nule fausse convenance, n'est il pas resons que li creancier perdent le leur ; mes puis qu'il ne le debatirent a l'engagement fere et il fu fes par seigneur, il convenra qu'il atendent a estre paié tant que li engagemens soit passés, se ainsi n'est que les choses engagies leur fussent obligies par le seigneur ; car li sires qui est acordés a un obligement pour son sougiet ne puet puis soufrir autre devant que li premiers convenans[e] est acomplis.

1598. Aucune fois avient qu'aucuns doit plus qu'il n'a vaillant et toutes voies il veut paier ce qu'il puet par quoi il vient a justice et abandonne quanque[f] il a pour paier. En cel cas, la justice doit regarder la valeur de quanqu'il a et doit fere paier les creanciers selonc ce que li avoirs se puet estendre[g], selonc les biens et selonc ce que les detes sont grans, a la livre ; car mal seroit que cil a qui .x. lb. sont deues prist autant des biens comme cil a qui .xx. lb. sont

---

a) *ACJK* creancier ne soient. — b) *A* barat et ne. — c) *J* vaille. — d) *ABF* paié tant seulement ; *C omet* et li creancier soient paié. — e) *GHJK* obligemens. — f) *BF* aband. ses biens et quanq. — g) *A omet* selonc ce que li avoirs se puet estendre.

deues. Et pour ce, se cil a qui l'en doit .x. lb. prent .xl. s., cil a qui les .xx. lb. sont deues doit prendre .iiii. lb. Et par ce que nous avons dit des .x. lb. et des .xx. puet on entendre du plus et du meins selonc la grandeur des biens et selonc la grandeur^a des detes^b. Et s'il avient que tuit li bien ne puissent pas soufire a toutes les detes paier^c, ne^d li creancier n'ont nus pleges, il convient qu'il suefrent leur damage pour ce qu'il li crurent folement. Nepourquant s'il avient que li detés^e qui abandonna toutes ses choses pour paier, conquiert de nouvel parce qu'aucun bien li eschieent de la mort d'autrui, ou il conquiert par servir ou par aucune autre maniere, il n'est pas quites vers les creanciers a qui il abandonna le sien ; ainçois les doit paier de tant comme il leur faille qu'il ne furent pas paié. Et en cel cas puent recouvrer li creancier ce qui leur estoit deu.

1599. Puis qu'aucuns abandonne^f tous ses biens pour paier^g ses detes, l'en^h ne doit pas les biens apeticier par gardes ne par manjans, mes delivrer as creanciers au coust des choses et fere les cous si petis comme l'en pourra ; car quant plus en va a perte, meins en va en paiement. Ne li cors de celi qui abandonne ne doit pas estre emprisonnés se l'en ne l'a soupeçoneusⁱ qu'il concele ou retiegne^j aucune chose du sien qu'il abandonna. Et si ne li doit on pas despouillier sa robe qu'il a acoustumé a vestir a chascun jour, car vilaine chose est et contre humanité^k d'homme ne de fame despouillier pour dete.

1600. Defense est fete que pour dete l'en ne voist prendre en chambre de dame ne de damoisele ne de fame qui gise d'enfant. Et si est defendu que l'en ne prengne pas les lis ne les couvertoirs de ceus qui gisent malades ou en langueur, car grans perius pourroit estre a ceus seur qui l'en

---

a) *GHJK omettent* selonc la grandeur. — b) *C omet* et selonc ... detes. — c) *GHJK omettent* Et s'il avient ... detes paier. — d) *G* Et se li creanc. — e) *CJK* debteur ; *G* debterres. — f) *C* abandonné. — g) *A omet* pour paier. — h) *GHJK* detes ne l'en. — i) *GHJK* empris. se on ne [*HJK* le] soupeçonne qu'il. — j) *BF* ou qu'il (*F* tiegne). — k) *H* humainne.

les prenroit. Nepourquant se dame ou damoisele malicieusement metoit en sa chambre toutes ses choses pour ce que l'en ne les peust prendre, nous ne voulons pas que cis malices leur vaille; ainçois voulons en teus cas que l'en leur demant nans soufisans pour la dete de quoi l'en la veut et doit[a] justicier[b] et, s'ele ne les[c] veut baillier de son bon gré, l'en[d] voist[e] es chambres[f] prendre[g] hardiement[h]. Nepourquant les lis as dames ne as damoiseles et leur robes a chascun jour defendons nous que l'en ne les prengne pour dete[i] en nule maniere, mes toutes les autres choses puissent[j] estre prises.

1601. Toutes les fois que l'en va prendre pour dete par justice et cil ou cele seur qui l'en va prendre ne veut debonairement moustrer ses choses, ainçois tient ses huis clos ou ses huches contre la volenté de la justice, les cles le roi doivent estre fetes, c'est a dire que[k] li serjans qui va prendre par commandement de seigneur puet et doit brisier ce que l'en ferme contre li, et prendre ce qu'il trueve, et celi meismes qui desobeï a son commandement, et pour la dete et pour l'amende. Mes toutes voies il est mestiers a ceus qui vont en teus besoignes, quant il leur convient brisier huis ou huches[l] ou autres choses pour les desobeïssances, il doivent mener avec aus bonnes gens qui voient les choses qu'il prendront et qui leur en puissent porter tesmoing par devant leur seigneur se mestiers est. Et s'il ne le font en ceste maniere et li sires[m] seur qui les choses furent prises puet prouver par bonnes gens qu'il prist plus de choses qu'il ne le reconnoist, li serjans doit estre tenus[n] a rendre ce qu'il nia et doit perdre son service, et si en demeure mal renomés, car il semble qu'il le celast par courage[o] de larrecin. Mes mout dilijanment doivent estre examiné li tesmoing

---

a) *A* omet et doit. — b) *HJK* omettent de quoi ... justicier. — c) *Tous les mss.* ont le. — d) *C* que on. — e) *F* voise; *GHJK* voit. — f) *B* omet l'en ... chambres. — g) *GHJK* omettent prendre. — h) *C* hardiement prendre. — i) *HJK* omettent pour dete. — j) *G* peuent. — k) *HJK* omettent que. — l) *A* huches ou huis; *BC* huis ou fenestres ou huches. — m) *CHJK* et celui seur. — n) *GHJK* contrains. — o) *GHJK* cause.

qui vienent contre serjans et mout doit l'en regarder qu'il soient sans soupeçon, et oïr que li serjant vourront dire contre aus, car serjanterie de prendre autrui biens pour fere dete paier est uns offices haineus : si ne doivent pas li seigneur legierement croire le mesfet qui leur est denonciés de leur serjans devant qu'il en sachent la pure verité. Et quiconques acuse le serjant de son seigneur de teus vilains fes et ne le puet metre en voir, il doit cheoir en grant damage, ou en autel ou en plus grant comme il veut le serjant metre.

1602. Il souloit[a] estre que si tost comme une dete estoit conneue ou prouvee, l'en metoit gardes ou nans manjans seur le deteur. Mes pour ce que nous en avons veu mout[b] de damages, car li bien en estoient gasté et les detes n'estoient pas pour ce paiees, nous avons commandé que, puis que l'en truist que prendre, que l'en prengne sans fere teus damages ; et se ce sont aucun mueble qu'il conviegne labourer, si comme blés ou aveines a soier ou a batre, ou vins a vendengier, uns preudons tant seulement i soit mis pour les garder tant qu'il soient esploitié ; et ainsi pourront estre li creancier paié sans le grant damage des deteurs. Et s'il n'i a nus muebles a prendre, mes il i a eritages, l'en face commandement de vendre dedens .xl. jours ; et se li detés[c] ne veut vendre, li sires vende ou baut as creanciers si comme il est dit dessus. Et se li eritages est teus qu'il ne puist estre vendus, — si comme s'il est tenus en bail ou en douaire ou par engagement ; ou il est de si grant fief qu'il ne doit pas estre vendus pour si petite dete pour ce qu'il ne se puet vendre par parties, s'il ne se vent tous ensemble, — adonques soient mises les gardes seur celi qui par teus causes tient eritages, si que, pour eschiver son damage, il se pourvoie que li creancier soient paié.

1603. La coustume des gardes metre est tele que quant il demeurent es osteus ou il sont mis et l'en leur livre pain

---

a) *C* Il sembloit. — b) *GHJK* veu trop de. — c) *CJK* detteur ; *G* debterres.

et potage et lit soufisanment, il ne pueent demander par deseur ce que .IIII. d. pour chascun jour. Et s'il sont hors de l'ostel, si comme se li sires les aime mieus hors que ens, ou l'en[a] ne trueve[b] pas en l'ostel qui les puist pourvéoir, adonques a chascuns .VIII. d. par jour. Nepourquant il n'est pas ou chois de ceus seur qui on met les gardes du demourer en leur meson ou d'estre hors, ainçois est ou chois de celui qui les gardes i met, selonc ce qu'il trueve l'ostel et selonc les cas pour quoi eles i sont mises. Car se li sires qui fet metre gardes seur son sougiet les i fet metre pour les biens garder ou pour dete paier ou pour forfeture, les gardes doivent mieus demourer dedens la meson que dehors ; car autrement ne pourroient eles pas rendre conte de ce qui leur seroit baillié a garder. Mes quant eles i sont mises pour fere damage, si comme pour contraindre aucun de venir avant pour asseurement fere[c] ou pour autre chose fere, bien puet li sires qui les i mist soufrir qu'il soient hors au plus pres qu'il se pourront hebergier, se cil veut seur qui l'en les met ; car se l'en les vouloit metre hors de son ostel maugré sien et il offroit a fere leur[d][1] ostel et vivre[e] soufisant[f], l'en lui[g] feroit tort ; et pour ce nous acordons nous que se gardes sont mises seur aucun et il de leur volenté, sans les coupes de celi seur qui il sont mis, vont hors, qu'il n'aient pas .VIII. d. le jour, mais .IIII. tant seulement aussi comme s'il fussent demouré en l'ostel.

1604. Une mauvesé coustume souloit courre de metre gardes seur autrui, que nous avons ostee en nostre tans. Car li serjant qui sont establi a metre les gardes seur autrui venoient en la meson de celi seur qui il devoient metre les gardes et disoient a ceus qu'il trouvoient en l'ostel, si comme au seigneur ou a la dame, ou a la mesnie quant il n'i

---

a) *GHIJK* il. — b) *HJK* truevent. — c) *A* fere asseurement. — d) *HJK* fere bon ostel. — e) *A* et i vivre; *GHJK* et leur vivre. — f) *A F* soufisamment. — g) *ABCGH* leur.

---

1. *fere leur*, leur faire, leur donner.

trouvoient seigneur ne dame[a] : « Je met ceens .IIII. gardes a pié », — ou .IIII.[b] a cheval, ou tel nombre comme il leur estoit[c] commandé, — et puis s'en departoit[d] sans lessier nules gardes residens ; et après, quant ce venoit au chief d'un mois ou de .II. et cil seur qui teus gardes estoient mises avoit finé au seigneur, il venoit au serjant et finoit a lui[e] au meilleur marchié qu'il pouoit, a la fois pour le tiers ou pour le quart de tant comme les gardes eussent cousté s'eles i eussent esté residens[f]. Et a la fois il avenoit que, quant li seigneur commandoient au serjant qu'il meist seur aucun .IIII. gardes, il n'i en metoit que .II. pour deport ou pour la bonté que cis li fesoit seur qui eles devoient estre mises[g], et fesoit li serjans entendant qu'il en i avoit mis[h] tant[i] comme li sires avoit commandé[j], et a la fois il avenoit que li serjans i metoit bien le nombre que commandé li estoit, mes il disoit priveement as gardes, quant eles i avroient esté .II. jours ou .III., qu'eles alassent fere leur autres[k] besoignes et s'aparussent[l] chascun jour une fois ou deus tant seulement[m] ou lieu la ou il furent mis pour gardes[n], et par ce finoient li seigneur[o] a aus pour meins que pour leur journees ; et aucune fois qu'il ne finoient pas pour meins[p], mes li serjant partoient as gardes ; et aucune fois avenoit que li serjant disoient qu'il ne trouvoient pas[q] en l'ostel par quoi les gardes se peussent chevir et qu'il les avoient mises en aucun ostel au plus pres et mentoient[r] pour bonté[s] qu'il en atendoient a avoir[t] ou pour deport. Et que veismes nous avenir de ces choses ? Nous veismes avenir que, quant on vouloit contraindre aucun de venir avant par gardes, il n'i vouloit

---

a) *GHJK omettent* quant il ... dame. — b) *ABF* .IIII. gardes a chev. — c) *JK* est comm. — d) *GHJK* partoient. — e) *A omet* a lui. — f) *HJK omettent* a la fois ... residens. — g) *HJK* bonté qu'il en avoit. — h) *ABCF omettent* mis. — i) *B omet* tant. — j) *HJK omettent* comme li ... commandé. — k) *G* qu'il s'en alassent en leur bes. ; *HJK omettent* autres. — l) *G* apar. seulement chasc. — m) *G omet* tant seulement. — n) *C* garder ; *G* mis gardes ; *HJK omettent* mis pour gardes. — o) *C* finoient chaus a. — p) *C omet* que pour leur ... pas pour meins. — q) *C* pas chozes en. — r) *AF* metoient. — s) *A omet* bonté. — t) *A* atend. a voir.

venir pour legiere finance qu'il fesoit au serjant, et quant gardes estoient mises pour aucune dete, li creanciers revenoit tous jours plaintius pour ce qu'il ne pouoit estre paiés; et si veismes que li serjant devenoient riche pour leur depors contre le commandement du seigneur ᵃ. Et pour toutes ces choses qui avenoient et pour assés d'autres perius qui en pouoient avenir pour foiblement justicier, nous commandames en pleine assise que nus serjans ne fust si hardis qu'il fist de gardes fors ce qui li seroit commandé, ne plus ne meins ; et s'il le fesoit autrement il perdroit le service et si cherroit en l'amende a la volenté de son seigneur. Et si commandames que toutes gardes mises seur autrui pour justicier demourassent es lieus la ou eles sont mises couchans et levans et residans de nuit et de jour ᵇ sans fere leur labeur ne leur besoignes puis que l'osteus soit teus ᶜ qu'eles i puissent estre, et, s'eles n'i pueent estre, si soient ᵈ au plus prochien lieu d'ilueques ᵉ ; et se mauvès depors ne baras estoit trouvés entre les gardes et celi seur qui eles seroient mises, chascune partie l'amenderoit. Et si commandames que toutes les fois que gardes seroient envoïes seur aucun, qu'eles eussent les letres du baillif ou du prevost du jour qu'eles i seroient mises pour ce que pluseur debat estoient de ce que les gardes disoient qu'eles i avoient esté plus de journees que l'en ne leur connoissoit. Et si commandames que nule vuide saisine ne fust paiee ne que li serjant ne preissent nul louier fors que leur journees teles comme eles sont establies, c'est assavoir des serjans a cheval .ii. s. par jour et de ceus a pié .xii. d.; mes bien pueent prendre leur despens aveques, se l'en ne leur veut donner, sans force et sans contraignement. Et si commandames que l'en ne meist gardes seur nului pour dete se l'en ne trouvoit a prendre muebles ou chateus pres a lever dusques a la valeur de la dete, se ce n'estoit des especiaus commandemens de nos

---

a) *HJK omettent* contre ... seigneur. — b) *A* de jour et de nuit. — c) *B omet* soit teus. — d) *ABC omettent* si soient. — e) *C* s'il soient.

CHAP. LIV. — DES CREANCIERS ET DES GARDES MANJANS. 319

seigneurs ou de nos mestres ou de nous ; et se li prevost ou li serjant fesoient contre ce, il paieroient[a] les gardes du leur. Trestous ces commandemens fismes nous tenir, se aucuns en vint plaintius a nous le tans que nous fumes garde de la baillie de Clermont, si que par ce fu li païs plus en pes et a meins de damage, et justice mieus fete, et li creancier plus isnelement paié de leur detes.

1605. Toutes les fois que gardes sont en aucun[b] bon ostel ou[c] en quel qu'ostel que ce soit, l'en n'i doit pas metre ribaudaille ne mauvese gent, mes preudommes et teus qui aient mestier de gaaignier leur pain. Et plus volentiers i doit l'en metre ceus qui volentiers gaaignierent tant comme il pourent et sont devenu non puissant par vieillece ou par maladie ; car toutes voies quant il convient qu'aucuns ait damage, mieus vaut qu'il soit convertis en la soustenance de bonne gent que de mauvès. Toutes voies ne voulons nous pas soufrir que l'en mete en teus offices fous ne mellis, ne avuegles, ne sours qui n'oient goute[d], ne parjures, ne ceus qui se suefrent estre escommenié ou renforcié. Et bien puet chascuns savoir pour quoi nous defendons que[e] tel gent ne[f] soient mis en gardes ne en saisine seur autrui[g] ; car li fous feroit tost tel chose dont damages et vilenie pourroit venir ; et li mellis se pourroit combatre a ceus de leens s'il ne fesoient sa volenté ; et li avuegles ne verroit chose que l'en feist par quoi il ne pourroit tesmoignier[h] ; et li sours aussi ne pourroit oïr[i] ce qui seroit dit[j], mes il pourroit bien tesmoignier de veue ; mes l'en ne puet sourt examiner et pour ce ne doit il pas estre en office ; et li parjures porteroit tost un faus tesmoing et si n'est pas a croire ; et cil qui est escommeniés et renforciés met en pechié ceus qui entour li conversent. Et aussi comme nous avons dit que tel gent

---

a) *A* paieroit. — b) *B* aucun lieu bon. — c) *B* omet ou. — d) *HJK* mell. ne sours n'avules ne parj. — e) *GHJK* omettent que. — f) *B* n'i ; *G* gens qui ne s. — g) *HJK* omettent ne soient mis ... seur autrui. — h) *B* verroit goute par quoi il ne pourr. tesmoign. chose qu'ele fesist en la meson. — i) *G* sours n'orroit pas le. — j) *GHJK* ce qu'on li diroit.

doivent estre hors de cest office, entendons nous de tous autres services es queus l'en a mestier d'homme loial*a* et bien entendant, exceptés ceus qui sont escommenié pour leur service.

Ici fine li chapitres de fere paier creanciers et de metre gardes seur autrui.

a) *G H J K* d'ommes loiaux. — Explic.) *C* répète la rubrique; *F K* n'ont pas d'explicit; *G H J* Explicit.

LV.

Ici commence li .LV. chapitres de cest livre liqueus parole des reclameurs, et lesqueles sont fetes a droit et lesqueles non.

1606. Quant commandemens est fes a aucun qu'il face gré a son creancier de ce qu'il li doit dedens les nuis, c'est assavoir .VII. jours et .VII. nuis a l'homme de poosté, et .XV. jours au gentil homme et a la gentil fame qui maint seur son[a] franc fief, li commandemens[b] doit estre tenus et cil qui ne le tient chiet en l'amende du seigneur comme de commandement trespassé; et est l'amende simple selonc la coustume du lieu. Mes bien se gart cil qui se reclaime qu'il ne se reclaime pas a tort; car s'il se reclaime[c] a tort il chiet en l'amende ou li detés[d] cheïst s'il se reclamast a droit; et pour ce qu'il sachent en queus cas il se reclaiment a tort nous en dirons aucuns.

1607. Cil se reclaime a tort au quel bon nant sont offert pour la valeur de sa dete dedens le jour du commandement.

1608. Li creanciers se reclaime a tort qui, puis le commandement fet avant qu'il se reclaime a justice, donne respit ou soufrance a son deteur; car puis que li jours du commandement passe par le gré du creancier, li detés[e] a bien

---

Rubr.) *CGJK omettent* de cest livre; chap. qui par.; *CJK et* lesquelles sont faites a tort et comment les seigneurs en doivent ouvrer; *F n'a pas de rubrique*; *H après* chapitre, *de l'écriture de Fauchet:* des reclamations lesquelles sont faictes a droit et lesquelles non. — a) *BF omettent* son. — b) *B* commanderres. — c) *GHJK omettent* qu'il ne se ... il se reclaime. — d) *CJK* detteur; *G* detteres; *H* dettés. — e) *C* li detterres; *GJK* le debteur.

fet le commandement, pour ce que les paroles du commandement sont teles : « Nous vous commandons que vous faciés son gré dedens les nuis », et puis qu'il passe les nuis par son gré il a bien fet le commandement.

1609. Cil se reclaime a tort qui atent a soi replaindre .XL. jours après le jour des nuis acompli[a], s'il n'a eu[b] loial[c] empeechement, par quoi il ne se puet plus tost replaindre, si comme s'il a esté hors du païs, ou emprisonnés, ou embesoigniés de si grans besoignes[d] qu'il ne pouoit a celi entendre ; car puis qu'il s'est soufers .XL. jours bien aaisiés de soi replaindre s'il vousist, il apert que li detés[e] a puis le commandement[f] alé par sa soufrance ou par son respit : donques en tel cas, s'il ne[g] puet avoir sa dete que par justice, il convient qu'il li face fere[h] nouvel commandement.

1610. Cil se replaint a tort qui ne dit ou fet dire a son deteur qu'il se replaindra s'il n'est paiés, car il soufist bien se aucuns doit et il paie quant ses creanciers li demande sa dete ; ne il ne convient pas que li deteur semoignent leur creanciers de leurs detes[i] recevoir. Ainçois doivent estre li deteur semont par leur creanciers se convenance ne le tout : si comme aucuns convenance a rendre dete en aucun lieu certain, car en tel cas convient il les deteurs tenir[j] leur convenances. Et se li deteres[k] se destourne si que li creanciers ne li puet demander sa dete, a droit se puet reclamer se li jours du commandement est passés, car il ne l'a pas a aler querre, s'il ne li plest, hors du lieu la ou il est couchans et levans. Nepourquant s'il le trueve d'aventure, ou qu'il le truist, il le doit semondre qu'il le pait ou il s'en ira plaindre ; et s'il ne li dit et il se replaint, c'est a tort puis qu'il l'a trouvé en lieu la ou il li peust dire.

1611. Se aucuns a prist nans de son deteur et cuidoit

---

a) *Tous les mss. ont* acomplis. — b) *A omet* eu; *C* n'i a eu. — c) *B omet* loial. — d) *B* grans seingneurs qu'il. — e) *GJK* li debteurs. — f) *A omet* le commandement. — g) *B omet* ne. — h) *G omet* fere; *HJK* refere. — i) *CJK* semongne son creanc. de sa dette recev. — j) *GH* les debteurs tenir; *JK* conv. il que les det. tiennent leur. — k) *ABCGJK* deteurs.

que si nant vausissent bien la dete et, quant il les vendi parce que li deteres ne les vout rachater, il n'en puet pas toute sa dete avoir et toutes voies il en prist ce qu'il pout, et après, sans parler au deteur, il s'ala replaindre, en tel cas il se replaint a tort. Mes s'il eust requis au deteur qu'il li paiast le remanant de la dete ou baillast nans soufisans et li detés[a] ne le vousist fere, en tel cas il se replainsist a droit. Nepourquant on doit mout regarder as paroles qui sont[b] as nans[c] baillier. Car se li detés[d] bailloit au creancier uns nans[e] pour une dete de .c. lb. en tele maniere qu'il le[f] feroit vaillant[g] dedens le tans que l'en doit[h] nans[i] garder, et après il ne li tenoit pas sa convenance et, pour ce qu'il[j] ne li fesoit pas les nans vaillans[k] les .c. lb., li[l] creanciers se replaignoit, il se replaindroit a tort, car puis que li creanciers[m] avroit tant creu le deteur qu'il avroit pris nans mal soufisans[n] et l'avroit[o] creu du fere vaillant[p], li jours du commandement passeroit par le gré du creancier. Donques se li detés[q] ne li fesoit les nans vaillans, il convenroit que li creanciers l'en sivist de cele convenance et, la convenance[r] conneue ou prouvee, il convenroit que li detés[s] eust nouvel commandement de fere valoir les nans .c. lb. Et pour ce doit chascuns savoir que nus n'est tenus a prendre nans pour sa dete, se li nans n'est de la valeur de la dete, s'il ne li plest.

1612. Cil se replaint a tort qui a convent qu'il ne se replaindra pas devant un jour qu'il nomme a son deteur et après se replaint avant que li jours soit venus. Mes en tel cas, se li jours passe, il se puet replaindre, car autre chose est dire : « Je me replaindrai quant teus jours sera passés », que dire : « Je vous doing respit dusques a tel jour », et

---

a) *C* detteres; *GHJK* debteurs. — b) *C* sont dites as. — c) *C* gages. — d) *C* detterres; *GJK* debteurs. — e) *B* omet nans; *C* gages; *F* wans; *GHJK* uns gans. — f) *GHJK* les. — g) *BFJK* valoir. — h) *C* omet le tans que l'en doit. — i) *B* doit la dete nans; *C* gages. — j) *GHJK* pour ce il ne — k) *JK* valoir. — l) *CGHJK* lb. se li creanc. — m) *B* omet se replaignoit ... li creanciers. — n) *B* nans souffisaument et; *F* omet mal. — o) *A* omet pris nans ... et avroit. — p) *BJK* fere valoir. — q) *CG* detterres; *JK* debteur. — r) *B* omet et la convenance. — s) *C* detterres; *G* omet que li detés; *JK* debteur.

pour ce se puet il replaindre après le jour de la soufrance et nient après respit donné. Et toutes voies que teus soufrances ne passent pas .xl. jours, si comme il est dit dessus.

1613. Ou point que commandemens est fes, les parties se puent bien acorder s'il leur plest que li sires alonge le jour du commandement; car se les parties s'i assentent, li sires puet bien commander qu'une dete soit paiee ou une convenance aemplie au chief d'un mois ou de .ii., ou de plus, selonc ce que les parties s'acordent. Et se li jours du commandement passe, li creanciers se puet replaindre aussi comme il feïst, si li commandemens fust fes selonc la coustume de la terre.

1614. Pour ce que nous avons dit que li creanciers ne se puet replaindre quant li jours du commandement passe par son respit, nous l'entendons quant il donne respit simplement; car s'il donne respit en tele maniere que, se li jours du respit passe qu'il ne soit paiés de sa dete, qu'il se puist replaindre, replaindre se puet l'endemain que li respis sera passés, aussi comme il pourroit fere l'endemain du jour du commandement. Tele convenance puet bien courre entre le deteur et le creancier, et bien se puet li creanciers replaindre en tel cas quant li jours du respit est passés.

1615. Si tost comme replainte est fete de commandement trespassé, l'amende[a] du seigneur qui fist le commandement est escheue, ou de celui qui a tort se replaint[b] ou de celi qui n'aempli pas[c] le commandement. Mes quant ples muet entre le deteur et le creancier[d] pour savoir se li creanciers se replaint a tort ou a droit, li sires doit soufrir de s'amende[e] tant que li ples soit finés, et puis la prengne seur celi qui enchiet de la querele. Et pour ce qu'il avient souvent que cil qui se replaint ne tient riens du seigneur par devant qui il se replaint, il loit bien au seigneur qu'il areste la dete

---

a) *B* la demande. — b) *BF* omettent ou de celui ... replaint. — c) *C* qui ne vout acomplir le comm.; *GH* n'a aempli le comm.; *JK* n'a empli le comm. — d) *HJK* le creancier et le deteur. — e) *AB* de sa demande; *F* de se emende, *l'e a été postérieurement transformé en* a.

si tost comme li deteres[a] dit qu'il s'est replaint a tort, dusques a la valeur de s'amende, se cil qui se replaint ne fet seurté[b] de l'amende paier s'il se replaint a tort, laquele seurté fete, l'en ne doit pas lessier pour le plet de l'amende a fere li sa dete paier. Et s'il avient que li deteres[c] li ait sa dete paiee avant qu'il seust riens de sa reclameur ou avant que li sires i eust mis point d'arrest, ne li creanciers n'a riens dessous cel seigneur par quoi il ne veut venir avant pour le plet de la reclameur qu'il ne fist pas a droit, si comme li detés[d] dit, en tel cas convient il, se li detés[d] veut estre delivrés de l'amende, qu'il sive le creancier devant son seigneur dessous qui il est a justicier ; et lueques se doit plaindre de la reclameur qu'il fist a tort, et se li sires du creancier voit qu'il se reclama a tort, il le doit contraindre a ce qu'il le voist delivrer de l'amende.

Ici fine li chapitres des reclameurs.

a) *ABCJK* detteur. — b) *B* cil ne fet seurté qui se replaint. — c) *ACJK* detteur ; *B* deteurs. — d) *CGJK* deteur (deteurs). — Explic.) *C* répète la rubrique sauf et comment ... ouvrer ; *FJK n'ont pas d'explicit* ; *G* Explicit ; *H* Chi finist li .LV. capitres et commenche le .LVIe. capitre.

LVI.

Ici commence li .LVI. chapitres de cest livre liqueus parole de ceus qui ne doivent pas tenir eritages, et des maladeries et des osteleries.

1616. Cil qui sont en religion et ont esté de tel tans qu'il soient profès, selonc la coustume qu'il ont es^a religions de fere profès, ne pueent pas revenir au siecle. Et s'il i revienent et leur religions les requierent, la justice laie, a la requeste de l'Eglise, les doivent prendre et rendre a leur abés[1]. Et s'il avient que l'Eglise ne les vueille requerre pour ce qu'il les sentent a fous et a mellis, par quoi il demeurent au siecle, si n'ont il nul droit en eritage qui puist venir ne descendre de leur lignage, soit en descendant ou ^b d'escheoite^c de costé; car, si tost comme il devinrent^d profès en l'eglise et il se furent voué au service de Nostre Seigneur, il renoncierent de fet a toutes les choses temporeus dehors de leur eglise; et avant en devroit porter l'eritage uns cousins eu tiers degré ou en quart de lignage du pere au religieus que ses fius qui istroit de l'abbeïe pour l'eritage avoir^e.

1617. Quant aucuns devient meseaus, par quoi il convient

Rubr.) *CGJK omettent* de cest livre; chap. qui parole; *CJK donnent en outre le même texte qu'à la table; F n'a pas de rubrique; après la mention indiquée à l'explicit du chapitre* LV. *H porte de la main de Fauchet:* de ceulx qui ne doivent pas tenir heritages et des maladeries et des osteleries. — a) *AB ont* en relig. — b) *AC desc.* soit. — c) *C* en escheoite. — d) *AF* demeurent. — e) *C omet* avoir; *G r*avoir l'eritage; *HJK* avoir l'eritage.

---

1. Voyez § 55.

qu'il lesse*a* la compaignie des gens, il n'a pas puis droit en nule proprieté d'eritage, ne qui fust siens ne qui puist venir de son lignage. Mes voirs est, s'il avoit muebles ou conquès ou tans que la maladie le prist, il en puet ordener a sa volenté, et aussi du quint de son eritage aussi comme l'en puet fere en son testament, car si tost comme il est pris de cele maladie, il est mors quant au siecle. Mes s'il lesse aucun eritage par la reson du quint ou aucun eritage qu'il ait aquis a la maladerie la ou il doit aler, ou a autre religion, fere le puet; mes li seigneur de qui li eritage sont tenu les puent contraindre qu'il les metent hors de leur main dedens an et jour; et commence li ans et li jours le jour que li commandemens est fes.

1618. Les maladeries sont establies as viles pour recevoir ceus et celes qui chieent en tele maladie, liquel sont de la nacion de le vile, ou qui s'i sont marié ou*b* aairié*c* sans esperance de partir s'ent*d*, si comme s'il i ont achetees mesons ou prises a eritages, a cens ou a louier; non pas pour les estranges trespassans. Car se uns estranges areste*e* en une vile un an ou deus sans fere aparance de vouloir i demourer et il devient mescaus, la maladerie de la vile n'est pas tenue a li recevoir; ainçois s'en doit aler en la vile ou il a sa propre meson, et s'il n'a ne meson ne autre chose nule part, il doit estre receus en la vile ou ses peres l'eut*f*, s'il i fu nes*g* ou*h* nouris.

1619. Nous avons veu debatre que cil qui estoient bastart et devenoient malade ne fussent pas receu es maladeries des viles ou il estoient né et nouri, pour ce que les gardes des maladeries disoient que bastart n'avoient point de lignage ne n'estoient aheritié de nul droit, par quoi il ne se pouoient aidier de la meson ne qu'uns estranges qui venist d'espave*i*. Mes nous, qui oïmes du debat, regardames que

a) *JK* delaisse. — b) *ABF* m. et a. — c) *C* aluchiez; *G* aamé; *HJK omettent* ou aairié. — d) *C* de departir leur ent; *FJK omettent* s'ent. — e) *C* s'areste; *F* non mie pour les estranges arestez en. — f) *C* manoit; *F* l'eust. — g) *B* demores. — h) *GHJK* nes ou nouris. — i) *B* d'Espaingne; *F* d'Espaigne.

les maladeries furent fondees seur aumosne et pour le commun pourfit pour desservrer les sains des enfers[a] de liepre[b], et regardames que toutes voies estoit li bastars crestiens et nés et nouris en la vile: si fumes meus pour cause de pitié et, par le conseil que nous eumes que c'estoit resons qu'il i fust receus, si le feimes recevoir. Et cest cas avons nous dit pour ce que, s'il avenoit une autre fois, que l'en soit meus a fere loi en tele maniere.

1620. Voirs est que de droit commun la garde des maladeries apartient a l'evesque en qui eveschié eles sont assises, par la reson de ce qu'a sainte Eglise apartient la garde des choses aumosnees et amorties eritablement. Nepourquant nous savons aucunes maladeries qui especiaument sont de la garde des seigneurs terriens et i pueent metre et oster pour le pourfit de la meson teus gens comme il leur plest. Si convient user de la garde de chascune si comme il a esté acoustumé de lonc tans.

1621. Pour ce que toutes maladeries sont fetes et fondees pour le commun pourfit des viles la ou eles sont, il convient[c] que l'evesques en ait la garde ou li sires terriens. Cil qui en a la garde doit prendre en la vile un preudomme, ou .II. ou .III. selonc ce qu'il est mestiers a la maladerie[d], qui s'entremetent de savoir l'estat de la meson et du pourveoir et d'amenistrer les besoignes de la meson. Et cil qui ceste garde emprenent le doivent fere dilijanment et rendre conte une fois l'an au seigneur, ou a son commandement au quel la garde de la maladerie apartient. Et autel comme nous avons dit de la garde de la maladerie doit on fere de la garde[e] des osteleries qui sont fetes et establies[f] pour hebergier les povres.

1622. S'il avient qu'aucuns meseaus ou aucuns convers de maladerie ou d'ostelerie soit de mauvese conversacion et

---

a) *AJK* enfermes. — b) *F* enf. de le ville; *G* dess. les enfruns de liepre. des haitiés. — c) *G* convient il. — d) *HJK omettent* a la maladerie. — e) *A omet* de la maladerie ... garde. — f) *A omet* et establies.

CHAP. LVI. — DES MALADERIES ET DES OSTELERIES.

il ne s'en veut chastier a l'amonestement de son par dessus, il doit estre mis hors du lieu comme estranges ; et s'il est repris ou atains de vilain cas de crime, l'ostelerie ne la maladerie ne l'escuse pas qu'il ne soit justiciés selonc le mesfet. Et s'il est clers, a son ordinaire [a] en apartient la justice selonc la coustume de sainte Eglise ; si leur doit la justice laie rendre s'ele le tient.

1623. L'en puet bien defendre as meseaus sans eus fere tort qu'il n'entrent es viles, mais dehors se tiegnent en certaines places qui loins [b] leur [c] soient donnees [d] ou cil les truisent [e] qui leur aumosnes i vourront fere. Car perilleuse chose seroit de converser meseaus aveques sains pour ce que li sain en pueent devenir mesel, et pour ce furent les maladeries fetes hors des viles.

1624. Cil qui sont fol de nature, si fol qu'il n'ont en eus nule discrecion par quoi il se puissent ne ne sachent maintenir, ne doivent pas tenir terre puis qu'il aient freres ne sereurs, tout soit ce qu'il fussent ainsné. Donques se li ainsnés est fous natureus, l'ainsneece doit venir a l'ainsné après lui, car male chose seroit que l'en lessast grant chose en la main de tel homme ; mes toutes voies il doit estre gardés honestement de ce qui fust sien s'il fust hons qui deust terre tenir. Mes ce entendons nous de ceus qui par sont si fol qu'il ne se savroient maintenir ne en mariage ne hors mariage ; car s'il se connoissoit en riens en tant sans plus qu'il seust estre en mariage par quoi de lui peussent venir oir, il et li siens devroit estre gardés dusques au tans de ses oirs.

1625. As seigneurs de qui eritage sont tenu apartient bien [f] a savoir que cil qui sont nommé dessus ne tiegnent eritage ; car s'il n'avoient nul parent, li eritages doit mieus estre au seigneur comme [g] espaves que venir a ceus qui sont

---

a) *B* ordonneur. — b) *BCF* omettent loins; *G* places loings qui leur. — c) *A* omet leur. — d) *JK* soient doulces. — e) *JK* pourchassent. — f) *GHJK* Il apartient bien as seign. de qui erit. sont tenu. — g) *A* que esp.; *B* comme as espaves.

profès es eglises, ne as meseaus, ne a ceus qui ont forfet tout le droit de l'eritage pour vilain cas de crime, ne as bastars, ne a ceus qui en concelant le droit au seigneur ont fete chose par quoi il doient perdre l'eritage.

Ici fine li chapitre des maladeries et des osteleries, et de ceus qui ne doivent pas estre eritié.

Explic.) *C* chap. qui parole: doivent pas tenir heritage; *il omet* des malad. ... osteleries et; *G H* Explicit; *J K* n'ont pas d'explicit.

LVII.

Ici commence li .LVII. chapitres de cest livre liqueus parole des mautalens qui muevent entre ceus qui sont en mariage, comment leur seigneur en doivent ouvrer et pour queus causes li uns se puet partir de l'autre.

1626. Nous veons souvent que mautalent muevent entre homme et fame qui sont ensemble par mariage, si qu'il ne pueent durer ne manoir ensemble, et si n'ont pas reson par quoi li mariages puist estre departis ne qu'il se puissent alieurs remarier[a]. Et nepourquant il s'entreheent tant qu'il ne vuelent manoir ensemble, et tele eure est que c'est es coupes de l'un, et tele eure est[b] es coupes des deus[c]. Et quant tele chose avient, a sainte Eglise apartient la connoissance du mautalent, se ples en muet. Mes[d] nepourquant aucune fois sont les fames[e] venues a nous pour requerre[f] que l'en leur delivre de leur biens communs pour leur vivre et pour leur soustenance[g]; et aucune fois li baron ne si acordent pas pour ce qu'il dient qu'il sont seigneur des choses et que ce n'est pas a leur coupes que les fames ne sont avec aus; et pour ce que teles plaintes vienent toute jour en court

---

Rubr.) *A* qui viengnent entre; *BCFGHJK* omettent de cest livre; *CFGHJK* chap. qui par.; *CJK* ont ensuite le même texte qu'à la table; *H* des mautalens en mariage; *il omet le reste.* — a) *B* al. departir; *C* marier. — b) *HJK* est que c'est es. — c) *G* de tous les deux; *HJK* coupes de l'autre ou des deus. — d) *GHJK* avient la connoissance en apartient a s. Egl. quant ples muet [*G* par tieus maltalens] de (*HJK* du) departir. Mes (*HJK* Et) nepourq. — e) *A* nep. avient que les fames sont venues. — f) *GHJK* omettent pour requerre. — g) *HJK* omettent et pour leur soustenance.

laie, nous traiterons en cest chapitre que l'en doit fere selonc nostre coustume de teles requestes.

1627. Se fame requiert que divisions li soit fete des biens son mari le vivant de son mari, l'en ne doit pas obeïr a sa requeste, car li maris de droit commun est sires de ses biens et des biens a sa fame. Nepourquant la justice doit regarder la cause pour quoi ele n'est pas avec son mari et selonc ce qu'il voit la cause, il en doit ouvrer; car s'il voit que li maris par folie et sans reson l'ait boutee hors d'entour li, il doit commander au mari qu'il la reprengne et maintiegne comme preudefame selonc son estat; et se li maris[a] ne veut et la justice[b] voit que ce n'est pas es coupes[c] de la fame et qu'ele se veut maintenir comme preudefame, prendre doit des biens au mari tant qu'ele soit pourveue soufisaument selonc son estat[d]. Et encore s'il espouente[e] le mari de fere damage ou de prison s'il ne la reprent[f] et maintient comme preudefame, il fet bien et a droit, car c'est bien de l'office as justices qu'il punissent et chastient les crueaus de leur cruauté, si que chascuns face ce que resons donne dessous aus.

1628. Se fame se part d'entour son mari sans les coupes de son mari, — si comme les aucunes qui s'en vont pour fere folie de leur cors; ou eles n'ont pas entencion de fere tele folie, mes eles heent la conversacion de leur mari; ou eles s'en partent pour ce que leur maris ont[g] guerre ou contens a son[h] pere ou a sa[i] mere ou a ses parens, lesqueus ele aime[j] mieus qu'ele ne fet son[k] mari; ou ele s'en parti pour ce qu'il la bati pour aucun mesfet qu'ele fist ou pour aucune folie qu'ele dist, nepourquant il n'estoit pas coustumiers de li batre et li poise quant ele s'en est partie; ou se ele s'en part pour ce qu'il ne li veut pas donner aucunes robes ou aucuns jouaus qu'ele demande ou pour li ou pour ses enfans, — en tous teus cas, se ele requiert a avoir

---

a) *HJK* et s'il ne. — b) *JK* juge. — c) *JK* en la coupe de. — d) *HJK* omettent selonc son estat. — e) *BC* espouentent. — f) *HJK* prent. — g) *C* ot; *GHJK* ont. — h) *BG* leur. — i) *G* leur. — j) *G* elle aiment. — k) *G* que leurs maris; *HJK* que son mari.

CHAP. LVII. — DES MAUTALENS QUI MUEVENT EN MARIAGE.

des biens son mari pour sa soustenance, l'en ne l'en doit riens baillier; ainçois l'en doit on reprendre de ce qu'ele s'en parti folement et a poi d'achoison, et si li doit on commander qu'ele revoist^a avec son mari; et s'ele ne veut et ele a povreté et mesaise, c'est a bon droit : si en doit estre poi plainte.

1629. Nus ne se doit merveillier se les aucunes se departent de leur maris quant les résons sont resnables; mes mout doit preudefame soufrir et endurer avant qu'ele se mete hors de la^b compaignie de son mari^c. Mes en aucuns cas eles n'i ont pas bon demourer, ainçois doivent estre escusees de l'esloignement^d s'eles le font; car, quant li mari les menacent a tuer ou a afoler, ou quant il ne leur vuelent donner que boivre ne que mangier ne que vestir sans mesfet pour eles metre a mort; ou quant li maris veut vendre l'eritage^e sa fame ou son douaire par force et^f, pour ce qu'ele ne s'i veut acorder, il^g li^h mene si mauvese vie qu'ele ne puet durer; ou quant il la boute hors par sa volentéⁱ sans le mesfet a la fame; ou quant ele s'en part pour ce qu'il tient autre fame aveques li en sa meson a la veue et a la seue des voisins; ou quant ele s'en part^j pour ce que ses maris mene tele vie qu'ele en pourroit perdre le cors s'ele demouroit en sa compaignie^k, si comme se li maris est lerres ou acoustumés d'autre^l mauvès^m cas de crime du quelⁿ il est en peril de perdre le cors, ou ele^o set qu'il pourchace aucun grant mal ou aucune grant traïson^p et ne le veut lessier pour li^q : pour tous teus cas doit estre la fame escusee s'ele s'esloigne de son mari, et puet requerre a justice qu'ele ait des biens communs pour sa soustenance^r; et la justice le doit fere

---

a) *A B C F* voist. — b) *H J K* sa. — c) *H J K* omettent de son mari. — d) *A C* alongement; *B F* alongnement. — e) *A* la terre. — f) *A* ou. — g) *A B F* et il. — h) *A* leur; *B F* l'en. — i) *G H J K* omettent par sa volenté. — j) *H J K* omettent quant ele s'en part. — k) *G H J K* omettent s'ele demour. en sa compaignie. — l) *A B C F* autres; *G* acoust. d'aucuns autres; *H J K* acoust. d'aucun mauv. — m) *J K* mauv. vilain cas. — n) *G* des quieus. — o) *G H J K* ou quant ele. — p) *G* ele voit qu'il veult fere aucune trayson ou aucun grant mal. — q) *G* lessier a fere pour elle. — r) *H J K* soufisance.

soufisaument. Nepourquant il n'i a nule division comme de moitié ne de quart, neis ª les despueilles de son propre eritage n'en porteroit ele pas selonc nostre coustume: donques convient il qu'eles soient secourues par l'office as juges ᵇ et selonc leur loial estimacion. Et s'il avient que li barons la vueille reprendre bonnement et lui avoir en convenant qu'il ne li fera chose par quoi ele s'en doie partir et ele n'i ᶜ veut raler, adonques ne li doit fere li juges nule soustenance avoir. Mes s'ele i reva et son barons li ment du tout et li mene plus mauvese vie que devant, par quoi ele s'en part de rechief, ce n'est pas merveille s'ele ne le veut croire quant il la rapele arrieres, car ele puet avoir presompcion qu'il li mente si comme il fist autre fois. Donques en tel cas doit ele avoir soustenance, si comme nous avons dit dessus.

1630. Tout soit il ainsi que la fame s'eslonge de son mari pour aucune reson dessus dite et que li juges li baille des biens communs pour sa soustenance, s'il avient qu'ele mene mauvese vie ou tans qu'ele est hors de son mari, — si comme s'ele fet folie ᵈ de son cors, ou ele tient mauvès ostel, ou ele siut ᵉ mauvese compaignie, ou ele est reprise ᶠ d'aucun vilain cas, — ele doit perdre ce que li juges li bailloit de son office pour sa soustenance. Et ainsi sont les aucunes perdues par les mautalens qui nessent des mariages, dont c'est pitiés et damages ᵍ.

1631. En ʰ pluseurs cas pueent estre li homme escusé ⁱ des griés qu'il font a leur fames, ne ne s'en doit la justice entremetre: car il loit bien a l'homme a batre sa fame sans mort et sans mehaing ʲ, quant ele le mesfet, si comme quant ele est en voie de fere folie de son cors, ou quant ele desment son mari ou maudit, ou quant ele ne veut obeïr a ses resnables commandemens que preudefame doit fere: en teus cas et en semblables est il bien mestiers que li maris soit

---

a) *CF* mais. — b) *A* off. aus justices; *B* sec. par justice. — c) *B* omet n'i; *F* omet n'. — d) *HJK* vilonnie. — e) *C* ele tient et sieut. — f) *HJK* prise. — g) *HJK* omettent et damages. — h) *GHJK* Par plus. — i) *B* omet escusé. — j) *B* mehengnier.

chastieres de sa fame resnablement. Mes puis qu'eles sont preudefames de leur cors, eles doivent estre deportees mout d'autres[a] vices ; et nepourquant selonc le vice[b], li maris la doit chastier et reprendre en toutes les manieres qu'il verra que bon sera pour li oster de cel vice, excepté mort ou mehaing.

1632. Aucune fois[c] muevent li contens en mariage par la haine que li parastre et les marastres ont vers leur fillastres. Et quant la fame veut lessier l'homme pour la haine de ses enfans, li hons doit mout regarder laquele partie a le tort, ou si enfant ou la marastre ; et s'il voit que ce soit en la coupe des enfans, il les doit mieus eslongier de soi que soufrir l'eslongement de sa fame. Et s'il voit que la marastre soit mal menee[d] contre les enfans et non pas par leur mesfet, s'il est preudons[e], l'amours qu'il a[f] vers ses enfans ne l'en doit fors croistre, car il li doit ressouvenir de l'amour qu'il perdirent quant il perdirent leur mere. Donques en tel cas doit il reprendre courtoisement sa fame qu'ele aint[g] et honeurt[h] ses enfans[i], et s'ele ne veut, li maris l'en[j] face a l'avenant et tiegne ses enfans entour soi tant qu'il les ait pourveus si comme preudons doit fere ses enfans, ne ne[j] le[k] lest pour la marastre.

1633. Ce que nous avons dit des marastres qui heent leur fillastres, ne pouons nous pas dire des parastres qui heent leur fillastres, car les fames n'ont pas pouoir de fere de leur enfans maugré leur maris qui sont leur parastres si comme li peres fet des siens enfans maugré leur marastre. Donques, quant la mere voit que li maris het ses fillastres, s'ele voit que ce soit par les coupes de ses enfans, reprendre les doit et chastier et commander qu'il obeïssent ; et s'il ne

a) B des autres v. ; C mout deport. d'aut. ; G dep. de moult d'aut. — b) B omet et nepourq. sel. le vice. — c) B omet fois. — d) BF meue ; C maumenee ; GHJK soit mauvaise contre. — e) GHJK omettent s il est preudons. — f) GHJK avra. — g) A aide ; CJK aime ; H ayt. — h) G qu'ele y ayent en honneur ses enf. — i) G honore sa femme ; K reprendre court. sa fame *afin qu'elle aime ces enffans et honore sa feuc famme*, les mots en italiques ont été écrits, peut-être par Marcadé, dans la marge ou dans l'interligne avec signes de renvoi. — i) B le face ; JK leur en face. — j) C ne ja ne ; G ne qui ne ; HJK ne qu'il ne. — k) B omet le.

vuelent, mieus est^a que la mere les oste hors d'entour soi que ses maris mainsist en mautalent pour aus. Et se la haine du parastre est sans la coupe des enfans, il ne fet pas bien, mes toutes voies convient il qu'il vuident la^b compaignie s'il li plest, car la mere ne les puet pas tenir^c contre sa volenté. Et se la mere s'en part et eslonge^d de son mari pour la haine de ses fillastres ou pour ce que ses maris het les siens enfans, ce n'est pas cause pour quoi soustenance li doie estre baillie, puis que li maris veut bien qu'ele demeurt en sa compaignie et li maintenir comme sa fame. Et a briement parler mout doivent cil qui sont en mariage soufrir li uns de l'autre^e, car quant mautalens nest entre aus par les coupes de l'un, il n'est pas legiers a apaisier.

1634. Bonne cause a la fame de soi departir de son mari en despeçant du tout le mariage ou en^f soi eslongier de lui, quant ele a mari qui la veut fere pechier de son cors ne par louier ne en autre maniere. Donques se aucune fame s'eslonge pour tele cause et mauvese^g renomee labeure contre le mari en cel cas, ou la fame en moustre^h au juge aucune presompcion, l'en ne doit pas soufrir qu'ele ait mesaise de vivre pour tel eslongement puis que ses maris ait riens; ainçois l'en doit l'en donner largement pour sa soustenance.

1635. Bien se gardent li fol marié qu'il ne facent estrange persone pechier en leur fames contre la volenté d'eles par force, ou par paour, ou par menaces qu'il leur facent; car aussi comme cil qui a eles compaigneront a force seroient justicié comme ataint de rat, par mout meilleur reson doivent estre li mariⁱ justicié qui ce leur consentent et qui ce^j leur font fere, car il sont traitre, mauvés et desloial; et mout est merveilleuse chose quant mauvese^k volentés puet cheoir^l en cuer d'homme, car communement

---

a) *GHJK* vaut. — b) *GHJK* sa. — c) *AC* retenir. — d) *AF* alonge; *B* eslongne; *C* s'eslonge. — e) *B omet* mout doivent ... de l'autre. — f) *B* a. — g) *GHJK omettent* mauvese. — h) *B* cas comme la fame moustre; *F* cas ou le fame en m. — i) *EF* doiv. li mari estre. — j) *ACF omettent* ce. — k) *EF* si mauv. — l) *EF* entrer.

CHAP. LVII. — DES MAUTALENS QUI MUEVENT EN MARIAGE.

c'est une des choses du[a] monde dont li homme sont plus courroucié que quant il sevent que leur fames s'abandonnent a autrui. Donques est cil tres mauvès qui de sa fame meisme pourchace tel chose.

1636. Il souloit estre que, quant li mari aloient hors du païs et il demouroient .vii. ans ou plus, que les fames se remarioient. Mes pour les perius qui en avinrent[b], si fu osté[c] et fu[d] confermé par sainte Eglise que nule fame mariee, pour nul lonc tans que ses maris demeurt, se l'en[e] ne set certaines nouveles[f] de sa mort, ne se puist remarier. Et se ele se remarie[g] parce qu'ele deçoit la court par faus tesmoins ou en autre maniere, ne demeure pas pour ce qu'ele ne demeurt[h] en soignantage avecques le secont mari, et tuit li enfant né[i] de cel[j] mariage sont bastart et avoutre, tout soit ce que li premiers maris ne reviegne jamès ou qu'il muire après ce que sa fame a pris un autre ; car puis que li mariages fu mauvès en son commencement, il ne puet jamès estre fes[k] bons, se toute la verités du mesfet n'est contee a sainte Eglise et que l'apostoiles[l] vueille[m] seur ce dispenser, laquele chose est fors a croire[n] qu'il le vousist fere de ceus qui en tele maniere se seroient marié en avoutire.

1637[o]. Se uns hons a presompcion qu'aucune persone repaire en sa meson pour sa fame, — si comme se renomee en est, ou il les a trouvés seul a seul[p] en lieu repost, — il li puet defendre par devant bonnes gens qu'il ne viegne plus en sa meson, ou fere li defendre par justice ; et s'il i vient seur la defense et li maris le puet trouver ou present forfet[q] de sa fame, si comme s'il gisent ensemble, s'il avient qu'il l'ocie et lieve le cri par quoi la verités puist estre seue, il n'en pert ne vie ne membre par nostre coustume ; et de

---

a) *GHJK* chos. qui soit au monde. — b) *A* vinrent ; *EF* vienent. — c) *G* ostee ceste coustume et. — d) *JK* omettent fu. — e) *GHJK* se ele ne. — f) *E* nouveles chertaines. — g) *B* marie. — h) *B* qu'ele de soit demeurt ; *E* qu'ele ne soit en. — i) *BGHJK* omettent né. — j) *E* de ce secont mar. — k) *BGHJK* omettent fes. — l) *C* pappes. — m) *EG* les vueille ; *HJK* ne vueille. — n) *G* est forte a faire et acroire. — o) *EF* omettent ce paragraphe en entier. — p) *GHJK* omettent seul a seul. — q) *GHJK* mesfait.

nostre tans nous en avons veu trois qui s'en sont passé en tel cas en France[1].

1638[a]. Toutes les fois que ples est entre homme et fame pour departir de mariage, le plet pendant il ne sont pas ensemble. Se li maris ne veut baillier soustenance à sa fame, li juges li doit fere baillier, neis pour pledier a son mari se li ples est meus par li. Nepourquant des cous qui pueent estre ou plet ne li doit on riens baillier, se l'en ne voit qu'ele ait grant droit en pourchacier le departement du mariage, si comme pour aucuns vilains cas qui sont dit dessus[b].

1639[c]. Quant mariages est departis entre homme et fame pour resnable cause tesmoigniee par sainte Eglise, l'en doit savoir que, s'il firent aquestes ou tans qu'il furent ensemble, chascuns en doit porter la moitié; et s'il ont muebles[d], chascuns en doit porter[e] la moitié[f]; et des eritages chascuns en[g] porte[h] le sien. Et s'il ont enfans qui aient .VII. ans passés, li peres doit avoir la garde de la moitié des enfans; et s'il n'en i a qu'un, si l'a il s'il veut, et la mere i doit metre la moitié au nourir; et se li enfant sont dessous .VII. ans, la garde en doit estre bailliee a la mere, et li peres doit paier la moitié de leur resnable soustenance. Et tuit tel cas quant il avienent doivent estre pourveu par l'estimacion de loiaus juges.

1640[i]. Chascuns doit savoir que li hons ne doit pas obeïr a sa fame, ne la fame a son mari[j], ne hons a son seigneur[k], ne li[l] serjans[m], ne[n] nule persone autre[o] li uns a l'autre en nul cas ne en nul commandement qui soit fes contre Dieu,

---

a) *Ce paragraphe tout entier manque dans EF.* — b) *HJK* aucun vilain cas dessus dit. — c) *EF omettent tout ce paragraphe.* — d) *C* muebles conquis. — e) *A omet* en doit porter. — f) *GHJK omettent* et s'il ont ... moitié. — g) *B omet* en. — h) *C* chasc. en emporte; *HJK omettent* en porte. — i) *EF omettent presque tout ce paragraphe, jusqu'à* veut fere fere ... — j) *A omet* a son mari. — k) *BCG omettent* ne hons a son seigneur. — l) *C omet* li. — m) *CG* serj. a son seigneur. — n) *G* ne le chambriere a sadame ne nule. — o) *B* persone a autre; *GHJK* nule autre persone.

---

1. Voy. t. I, p. 218, note 4.

ne contre bonnes meurs, dont c'est resnable cause a la fame qu'ele s'eslonge de son mari quant il li veut fere fere, et as autres de soi partir de l'obeïssance a ceus qui teus comdemens leur font.

Ici fine li chapitres de ceus qui se couroucent en mariage.

Explic.) *B J K n'ont pas d'explicit; C E F donnent le même texte qu'à la rubrique; G* Explicit; *H* Chi fenist li .LVII. capitre et chi commence li .LVIII. capitre.

LVIII.

Ici commence li .LVIII. chapitres de cest livre liqueus parole de haute justice et de basse, et des cas qui apartienent a l'une et a l'autre, et comment il est mestiers que chascuns euvre de sa justice.

1641. Nous deismes ou chapitre qui parole des resors que li cuens de Clermont[a][1] a seur ses hommes que tuit li homme de la conteé de Clermont[a] qui tienent de fief ont en leur fief justices hautes[b] et basses ; et aussi ont les eglises lesqueles tienent eritages frans et de lonc tans sans fere redevance nule a nului. Nepourquant, pour ce qu'il est mout de païs la ou li aucun ont les hautes justices et autres persones ont les basses, et en Beauvoisins meisme pourroit teus chose avenir par vente[c] ou par eschange, ou par otroi de seigneur, que li uns pourroit avoir en certain lieu la haute justice et uns autres la basse, il est bon que nous desclerons briement qu'est haute justice et qu'est basse justice[d], si que chascuns puist user de tel justice comme a li[e] apartient.

1642. L'en doit savoir que tuit cas de crime quel qu'il soient dont l'en puet et doit[f] perdre vie qui en est atains et condamnés, apartienent a haute justice, excepté le larron ;

Rubr.) *CGJK répètent le texte de la table ; dans H après* Chi commenche li .LVIII. capitre *(voyez l'explicit du chapitre* LVII*), Fauchet a écrit :* de haute justice et de basse et des cas qui apartienent a l'une et a l'autre. — a) *HJK omettent* de Clermont. — b) *HJK* hautes justices. — c) *B* aventure. — d) *A omet* et que ... basse justice. — e) *B* comme il apart. — f) *ABCEF* doit et puet.

---

1. Ch. x.

car tout soit il ainsi que li[a] lerres[b] pour son[c] larrecin perde[d] la vie, nepourquant larrecins n'est pas cas de haute justice. Mes tuit autre cas vilain[e] le sont, si comme murtre, traïsons, homicide, et esforcement de fame, essilleur[f] de biens par feu ou par estreper[g] les[h] par nuit, et tuit li cas qui chieent en gage de bataille, et faus monnoier et tuit li consentant[i] et tuit li pourchaçant : et tuit tel fet[j] ce sont cas de haute justice. Donc quant aucuns[k] teus cas avient, la connoissance et la justice doit estre a celi qui la haute justice doit estre ; et la connoissance des[l] larrecins[m] et de tous autres mesfés es queus il n'a nul peril de perdre vie[n] demeure[o] a celi a qui la basse justice apartient. Et quele justice doit[p] estre fete des cas dessus dis et de[q] mout d'autres que nous ne ramentevons pas ici[r], il est esclairié[s] ou chapitre qui parole[t] des mesfés[1], par quoi il n'est pas mestiers que nous en parlons plus[u].

1643. Aussi comme nous avons dit liquel[v] cas de crime doivent estre justicié par celi qui a la haute justice, aussi sont il aucun esploit qui doivent estre leur par la[x] reson de la[y] haute justice, si comme tuit li bien de ceus[z] qui sont ataint d'aucun[aa] des cas dessus dis. Mes c'est a entendre li bien qui sont en sa haute justice, car chascuns qui a haute justice en sa terre en doit porter ce qui en sa terre est trouvé des biens qui furent a teus maufeteurs.

1644[ab]. Les choses trouvees et les espaves lesqueles n'ont

---

a) *BEF omettent* li. — b) *GJK* li larron. — c) *C* par larrec. — d) *GHJK* p. leur larr. perdent. — e) *BEF omettent* cas vilain ; *G* omet vilain ; *HJK* vilain cas. — f) *EF* eschillemens. — g) *B* estrepeler ; *E* ou estrep(re)res ; *F* ou estrepemenz. — h) *BEFHJK omettent* les ; *G* les estreper. — i) *BEF* consenteur. — j) *A* et de tieus fez tout ce. — k) *GHJK omettent* aucuns. — l) *ABCEF* de ; *GHJK* du. — m) *BCEFGHJK* larrecin. — n) *EF* mesf. et quant il n'i a (*F* n'a) n. per. de p. vie il dem. — o) *Tous les mss. ont* demeurent. — p) *HJK* just. en doit. — q) *ABCF omettent* de ; *E* es cas dess. d. et en. — r) *HJK omettent* des cas dessus ... pas ici. — s) *GHJK* dit. — t) *GHJK omettent* qui parole. — u) *HJK omettent* par quoi ... plus. — v) *GHJK* dit que li cas. — x) *AHJK omettent* la. — y) *ACFHJK omettent* la. — z) *A* omet de ceus ; *B* bien qui sont en sa haute justice de ceus qui. — aa) *G* ataint de tous ou d'auc. — ab) *EF omettent ce paragraphe.*

---

1. Ch. xxx.

point de suite, et ce qui vient de bastars[a] au seigneur par la reson de ce qu'il n'ont point de lignage, et ce qui eschiet des gens estranges quant nus du lignage ne se tret avant, toutes teus choses doivent estre au seigneur qui a la haute justice et nient a celi qui a la basse, s'il ne la gaaigne par longue teneure ou parce qu'il li fu donné par priviliege, si comme il est en pluseurs lieus que li seigneur otroierent a aucunes eglises tous teus esplois, tout fust ce qu'il retenissent la haute justice en ce qu'il donnoient[b].

1645. Cil qui a la haute justice ne puet pas defendre a celi qui a la basse justice[c] qu'il ou si serjant ne voisent armé pour garder ce qui a la basse justice apartient, ne cil qui a la basse justice ne puet pas defendre a celi qui a la haute qu'il ou si serjant ne voisent pour garder ce qui a la haute justice apartient, car il loit a chascun a garder sa droiture sans fere tort a autrui.

1646. Il avient aucune fois qu'aucun cas avienent si orbe que l'en ne puet pas tantost savoir se c'est cas qui apartiegne a haute justice ou a basse : si comme il avient que chaude mellee avient entre persones, de laquele mellee[d] plaies sont fetes, si ne set l'en pas tantost se li navré gariront des plaies ou s'il en mourront ; et pour ce qu'il i a doute, se li maufeteur qui firent les plaies sont pris, il doivent estre mis[e] en la[f] prison de celui qui a la haute justice .XL. jours, car dedens cel terme doivent cil mourir qui muerent de[g] plaies[h]. Et se li navré garissent, cil qui a la haute justice doit rendre les prisonniers a celi qui a la basse[i], pour esploitier de l'amende selonc le mesfet ; et se li navrés muert[j] de la plaie[k] qui li[l] fu fete[m], la venjance du mesfet[n] apartient[o] a celui qui a la haute justice.

---

a) *B* bast. doivent estre au seign. — b) *HJK omettent* si comme il ... qu'il donnoient. — c) *G omet* justice. — d) *HJK omettent* mellee. — e) *ABCEF omettent* mis. — f) *C omet* la. — g) *AC* des. — h) *G* mourir qui furent plaiez se mourir en doivent ; *HJK omettent* de plaies. — i) *HJK* cil qui a le basse justice doit ravoir les pris. de celi qui a le haute. — j) *BEF* li navré muerent. — k) *EF* des plaies. — l) *B omet* li ; *EF* leur. — m) *EF* furent faites. — n) *GHJK omettent* du mesfet. — o) *G* en apartient.

CHAP. LVIII. — DE HAUTE JUSTICE ET DE BASSE.

1647. Trives brisies et asseurement brisié sont bien cas de haute justice et pour ce doivent eles estre donnees quant eles sont requises et li asseurement fet par ceus qui ont haute justice et non par ceus qui ont la basse. Et puis que cil qui n'ont fors la basse justice ne pueent contraindre a donner trives ne fere fere asseurement, donques ne doivent il pas avoir les connoissances des enfraintures qui en nessent[a].

1648. Nous ne louons pas ceus qui donnerent trives li uns a l'autre ou qui firent droit asseurement li uns a l'autre[b] par devant aucun seigneur liqueus n'avoit pouoir d'aus justicier en tel cas, pour ce qu'il s'enhardissent de brisier les trives et l'asseurement; car s'il avoient donné les trives ou l'asseurement[c] li uns a l'autre de leur volenté sans venir par devant nul seigneur et li uns le brisoit après, il n'en porteroit ja mendre peine que se la trive avoit esté donnee ou li asseuremens de par le roi, car trives ou asseuremens se puet fere entre parties par paroles tout sans justice; et comment l'en s'en doit tenir et fere, et quele venjance l'en doit prendre de ceus qui les enfraignent, et quele disference il i a entre trives et asseurement il est dit ou chapitre qui parole[d] des trives et des asseuremens[e][1].

1649. Quant aucuns est soupeçoneus[f] d'aucun des vilains[g] cas de crime[h] dessus dis[i], si comme par presompcion, ou parce qu'aucuns l'en siut, ou par ce qu'il s'en defuit et ne vient as ajournemens, toutes les choses qui doivent estre fetes en sa condamnacion ou en ce qu'il en soit assous apartienent a fere[j] a celi qui a la haute justice par le jugement de sa court; ne cil qui a la basse justice ne li puet pas veer qu'il ne saisisse[k] le sien, ne qu'il ne le prengne, ne qu'il ne l'apeaut a venir a ses drois, ne qu'il ne le banisse

---

a) *BE* en issent. — b) *GHJK* omettent ou qui ... a l'autre. — c) *B* omet car s'il ... ou l'asseurement. — d) *HJK* omettent qui parole. — e) *A* de trive et de asseurement; *HJK* omettent et des asseuremens. — f) *GHJK* souppechonnés. — g) *ABCEFHJK* d'aucun vilain. — h) *BEF* omettent de crime. — i) *BEF* dit. — j) *GHJK* omettent a fere. — k) *B* omet ne li ... saisisse.

---

1. Ch. LX.

quant il l'avra apelé tant comme ᵃ coustume donne ᵇ. Mes se li acusés ou li soupeçoneus s'en puet espurgier, il doit estre delivrés et estre mis en l'estat qu'il estoit devant. Nepourquant s'il eust aucun damage pour les saisines qui furent sur li pour le soupeçon du mesfet ou pour ce qu'il fu mis en prison, ses sires qui a la haute justice seur li de ce qu'il fist en justiçant ne li est pas tenus a rendre ses damages.

1650. Se cil qui a la basse justice en aucun lieu tient la basse justice en fief et en homage du seigneur qui a la haute justice, et il entreprent vers son seigneur en ce qu'il esploite de haute justice pour soi, il chiet en l'amende de son seigneur de .LX. lb.; et si doit son seigneur resaisir de tout l'esploit qu'il fist; et s'il l'avoua a son droit, il doit demourer en la saisine de l'esploit qu'il ᶜ a fet dusques a tant qu'il en soit ostés par jugement; mes s'il le pert par jugement, il pert par le faus aveu qu'il fist envers son seigneur toute la basse justice qu'il tenoit de lui et tout ce qui de cel fief muet.

1651. En aucuns cas pourroit cil qui a la basse ᵈ justice entreprendre seur celui qui avroit la haute, et si en devroit estre escusés sans fere amende a celui qui avroit la haute justice, si comme s'il tenoit sa basse justice d'autre seigneur que de celui qui avroit la haute justice, car en tel cas, s'il n'estoit pris en present mesfet et il ne couchoit ne ne levoit dessous la haute justice de celui qui la haute justice ᵉ seroit, il convenroit qu'il fust suis du mesfet par devant le seigneur dessous qui il seroit couchans et levans. Et quant il seroit atains de ce qu'il avroit mis la main en la haute justice, il resaisiroit le lieu et rendroit les esplois qu'il en avroit levés et si l'amenderoit au seigneur par devant qui il en seroit atains.

1652. D'aucun cas puet estre escusés cil qui a la basse justice s'il giete les mains en justiçant en ce qui apartient a la haute justice, mes que ᶠ, si tost comme il connoist la

---

a) *G* tant de fois que. — b) *HJK omettent* quant il ... donne. — c) *A omet* fist et s'il ... esploit qu'il. — d) *B* a haute just. — e) *HJK* qui elle seroit. — f) *GHJK omettent* que.

CHAP. LVIII. — DE HAUTE JUSTICE ET DE BASSE.

haute justice, qu'il la rende a celui qui ele est : si comme s'il prent gens en presente mellee pour l'amende des mellees ᵃ qui a lui apartienent, fere le puet, mais quant il li sera moustré qu'il i a ᵇ occision ᶜ ou peril de mort, il doit rendre les pris ᵈ a celui qui a la haute justice dusques a tant que li perius de mort soit hors, si comme nous avons dit ci-dessus, en cel chapistre meismes ᵉ.

1653. Les justices de pluseurs seigneurs sont entremellees et enclavees les unes dedens les autres et cil qui sont establi a garder les justices ne pueent pas aucune fois aler garder leur justices qu'il ne passent par mi autre justice : si en avons nous veu pluseurs debas, si comme aucun seigneur vouloient destourber les serjans d'autres seigneurs a ce qu'il n'alassent pas par mi leur justice portant armes ᶠ, ne ars, ne saietes ᵍ, ne espee, ne hache, ne guisarme, ne autres armes ʰ defendues. Et comme il conviegne ⁱ bien que cil qui s'entremetent de justice garder soient garni si qu'il puissent prendre ceus qui mesfont en la justice et il n'i puissent ʲ pas aler legierement sans passer par autrui terre, nous en feismes une ordenance ᵏ et la feismes tenir en nostre coustume de Clermont et ˡ en nostre tans en tele maniere que, s'il convient aucun passer par mi autrui ᵐ justice garni ⁿ pour aler ᵒ sa ᵖ justice garder ᑫ, porter puet ʳ ses armeures ˢ en la maniere qui ensuit. C'est assavoir, s'il veut porter arc et saietes, port ᵗ l'arc destendu et les saietes en sa main ou en un fourel ; et s'il veut porter espee, porte la ᵗ ceinte ou ᵘ dessous son surcot ᵛ et non pas en escherpe ˣ ; s'il veut

---

a) *HJK omettent* des mellees. — b) *HJK* i ara. — c) *G* occasion ; *HJK* acoison. — d) *G* rendre coulx qui sont pris ; *JK* les prisonniers. — e) *B omet* en cel ... meisme. — f) *GHJK omettent* armes. — g) *HJK* saietes ne armes ne esp. — h) *C* armeures. — i) *G omet* hache ne ... conviegne. — j) *GHJK* puent. — k) *GHJK* accordance. — l) *G omet* et ; *HJK omettent* en nostre ... Clerm. et. — m) *ABCEF* autre ; *G* autrui terre et just. — n) *A omet* garni ; *G* garni et embastonnés. — o) *GJK omettent* aler. — p) *JK* leur. — q) *JK* garder aler et port. — r) *JK* peuvent. — s) *BGHJK* armes. — t) *AF* loy ; *G* lay. — u) *GHJK omettent* ou. — v) *G* robe. — x) *E* ceinte et non mie a esquerpe ou dessouz sen sercot.

---

1. *port*, qu'il porte.

porter hache ou^a guisarme^b, porter les doit dessous s'aissele ou apuians a terre dusques a tant qu'il viegne hors d'autrui justice; s'il veut porter armes apertes pour tout son cors garder et armer^c, porter les puet^d vestues^e couvertement, et s'il sont pluseur gent qui i vuelent passer a plenté de gens^f armés d'armes^g apertement^h, si comme de haubers et des armesⁱ qui avec^j apartienent, si comme pour mener prisons ou par aucun autre cas par lequel aucuns veut aler en sa justice esforciement, gart que ce soit par le seigneur qui les justices sont^k, car aucuns pourroit feindre que ce seroit pour aler en sa justice et ce seroit pour mesfere a autrui. Et s'il ne veut prendre congié ou il ne le puet avoir, il puet fere passer ses armeures^l seur chevaus ou en charetes tant qu'il viegne hors de la justice la ou il ne puet avoir le congié et qu'il viegne en la sieue justice; et la se pourra il armer pour sa justice garder ou pour soi defendre se l'en li assaut^m. Et s'il veut passer par mi autrui justice, sans congié prendre ou pour ce qu'il ne le puet avoir, a force et a armes, l'amende de ceste force est au seigneur de la terre qui tient en baronie, non pas au seigneur en qui terre la force fu fete des armes porter sans congié prendre de celui qui puet congié donner; car bien sachent tuit li seigneur qui sont sougiet as barons qu'il ne puéent pas donner congié que l'en voist a armes apertes par mi leur terres pour ce que de l'establissement le roi teus chevauchiees de force et d'armes sont defendues, dont l'en puet veoir que cil qui donroit le congié seroit consentans de ceus qui iroient armé contre l'establissementⁿ, ne les amendes

---

a) *GHJK omettent* hache ou. — b) *B omet* ou guisarme. — c) *BEGHJK omettent* et armer; *F* et arme port. — d) *A* puéent; *B* les puet porter. — e) *CG omettent* vestues. — f) *B omet* qui i ... de gens. — g) *C* d'armeures. — h) *CEFG omettent* apertement. — i) *BEF omettent* si comme ... des armes. — j) *B* avuec; *E* a aus; *F* a au. — k) *B omet* qui les just. sont. — l) *BGHJK* armes. — m) *B omet* ou pour ... li assaut. — n) *GHJK* establ. du [*G* le] roy, ne.

des armes porter ne sont a nul fors au roi et as barons en leur baronies.

1654. Se aucun vont par mi autrui justice a force et a armes, et il font en cele justice aucun mesfet ᵃ et il i sont pris et aresté par celui a qui la justice apartient, il doit avoir l'amende et la justice du mesfet; et li rois ou cil qui tient en baronie, se ce fu fet en sa baronie, doit avoir l'amende des armes; car s'il passassent outre armé sans mesfere, si fussent il en l'amende des armes porter, si qu'il doivent l'amende du mesfet et l'amende des armes porter seur la defense ᵇ le roi ᶜ; et l'amende des armes est de .LX. lb. du gentil homme et de .LX. s. de l'homme de poosté.

1655. En aucun cas doit estre congiés donnés a aucun d'aler armé la ou il convient aler pour ses besoignes, — si comme quant il est de guerre hors de trive et d'asseurement, ou quant il requiert trives ou asseurement et il ne le puet avoir pour ce que si aversaire ne vuelent venir avant ne obeïr au commandement du seigneur ; ou quant trives sont donnees ou asseuremens fes et cil qui donnerent les trives ou qui firent l'asseurement en osterent les banis de leur lignage et les bastars et ceus qui estoient en estrange terre sans esperance de leur prochaine ᵈ revenue ᵉ, — en tous teus cas doit estre congiés donnés d'aler armé quant il est requis. Mes tout soit ce que li sires doie donner le congié quant il est requis, en teus cas se li congiés n'est pas requis et donnés, l'en ne se puet pas escuser de l'amende pour dire qu'on aloit armés pour aucune des causes dessus dites.

1656. Il loit a ceus qui ont haute justice et basse en leur terres, a prendre venjance des mesfès des queus la connoissance apartient a aus, mes bien se gardent comment il maintenront haute justice et droite, car s'il tienent aucun emprisonné liqueus soit atains et prouvés de vilain cas de crime par fet notoire ou par tesmoins ou par gages de ba-

---

a) *B omet* et il ... mesfet. — b) *A* seur le deffens. — c) *HJK omettent* le roi. — d) *A omet* prochaine. — e) *B omet* revenue.

taille, et il en font pes ou il suefrent que pes soit fete sans l'acort*a* du baron de qui il tienent, il perdent leur justice. Et si ne demeure pas pour ce que li sires de la terre, si comme li rois ou cil qui tient*b* en baronie, ne puisse*c* prendre ceus qui par pes eschaperent de la prison a leur sougiet, ne ja pour ce, s'il sont repris, li seigneur de qui prison il eschaperent*d* n'en porteront mendre damage.

1657. Voirs est, — se aucuns des hommes de la conteé tient prisonniers pour vilain cas de crime et li prisonnier brisent la prison par quoi li cuens prent et saisist la justice de son homme, — se li hons puet tant fere qu'il reprengne ceus qui brisierent la prison, il doit estre delivres vers le conte. Et se li cuens les*e* reprent, il n'en rendra pas la court a celui qui par mauvese garde les*e* perdi, ainçois les doit justicier du mesfet et de la prison brisiee. Mes toutes voies doit estre li hons plus deportés qu'il ne reçoive damage de sa justice, se li cuens voit qu'il eschapast contre sa volenté; nepourquant c'est en la volenté du conte de rendre la justice ou du retenir, car se li homme n'estoient en peril de perdre leur justices en teus cas, li aucun metroient les maufeteurs en foibles prisons a escient par amour ou par priere ou par louier, et pour ce est il bon que teus baras ne leur vaille riens.

1658. Tout ainsi comme nous avons dit que li homme qui ont justices en leur terres ne pueent ne ne doivent fere ne soufrir la pes de ceus qui sont ataint de cas de crime ou*f* qui en sont acusé, aussi ne doivent il pas fere recreances a ceus qu'il tienent pour cas de crime, se ainsi n'est qu'il i ait plet meu, liqueus ples soit cheus*g* en gages de bataille; car en tel cas doit estre fete recreance a ceus qui pueent baillier bons pleges, cors pour cors, de revenir a jour et de prendre droit, et as autres non. Et se li homme font recreance en cas de crime la ou ele n'apartient pas a fere, il se metent en deus

---

a) *GHJK* l'ottroy. — b) *BEFJK* tienent. — c) *GHJK* puissent. — d) *HJK* escappent. — e) *ABCGHJK* le. — f) *GHJK* ou de chius qui. — g) *C* cucheus; *GHJK* mis.

CHAP. LXIII. — DE HAUTE JUSTICE ET DE BASSE.

perius [a]. Et est li uns des perius graindres que li autres, car se cil qui fu recreus s'en va sans revenir a jour comme cil qui n'ose atendre droit, cil qui la recreance fist pert sa justice, ne ce ne l'escuse pas qu'il en prist pleges, car li plege ne pueent pas mort recevoir pour leur plegerie, mes ce peust fere li maufeteres se recreance ne li eust pas esté fete. Li secons perius qui est as hommes quant il font recreance en cas la ou ele n'apartient pas, si est que, se [b] li cuens set qu'il aient trop large prison par la recreance ou qu'il voisent la ou il vuelent, il les puet prendre sans rendre coust ne connoissance a celui qui la recreance fist. Mes nepourquant en cel cas ne pert pas li hons sa justice, mes il pert la connoissance et la venjance du mesfet ; et en tele maniere pourroit il fere cele recreance qu'il pourroit perdre sa justice, si comme s'il estoit coustumiers de fere teles recreances ou s'il fesoit la recreance seur la defense du seigneur, car la desobeïssance avecques la fole recreance leur tourneroit en damage de leur justice.

1659. Encore pourroit il avenir tel cas que li hons qui souferroit pes de cas de crime ou qui leroit aler les prisonniers a escient, ne seroit pas quites pour perdre sa justice, car li aucun pourroient bien tenir tele persone qu'il ameroient mieus a perdre leur justice qu'a aus justicier : si comme se li prisonnier estoient de leur lignage, par quoi il ne vourroient pas fere droite justice ; ou si comme s'il estoient si grant seigneur qu'il leroient a fere droite justice pour paour et les en leroient aler, en cel cas cherroient il en l'amende a volenté vers le souverain de leur justice et de leur autres biens, s'il ne rendoient ceus qui par [leur] consentement s'en [c] alerent.

1660. Nous avons bien veu aucuns des hommes qui tenoient [d] prisonniers pour cas de crime et estoient tenu comme de fait notoire et ataint du fet, et nepourquant li homme ne les vouloient justicier ou pour paour ou [e] pour

---

a) *GHJK* en peril. — b) *BEF* est quant li. — c) *Tous les mss. ont* ceus par qui consent. il s'en. — d) *A* qui doivent prisonn. — e) *B omet* ou pour paour ou.

louier, ne il ne les osoient^a delivrer^b ne oster de leur prison pour paour^c qu'il ne perdissent leur justice, et ainsi estoient les prisons trop longues. Et pour ce nous i meismes conseil, car nous leur commandames de par le conte que tuit cil qui tenroient prisonniers atains et convaincus de vilain cas de crime, en feissent droite justice dedens .XL. jours seur le peril^d de perdre leur justice; et ce puet bien fere li cuens et tuit cil qui tienent en baronie seur leur hommes. Et se li homme n'obeïssent au commandement, il pueent prendre les prisonniers en la prison de leur homme et fere ce que a droite justice apartient selonc le mesfet, et prendre la justice de celi qui n'obeï au commandement^e.

1661. Pour ce que nous avons dit que li cuens puet fere commandement a ses hommes qu'il facent droite justice dedens .XL. jours, nous avons bien dit que c'est des cas qui sont cler ou prouvé. Et aussi disons nous que, s'il en convient fere aprise ou enqueste, que li cuens leur puet commander qu'il s'en delivrent du fere et du jugier ce qui sera trouvé, dedens .XL. jours. Nepourquant quant^f li cas sont douteus et perilleus, si ne les doit pas si haster qu'il ne puissent avoir certain conseil; et cel conseil, s'il en ont mestier^g, doivent il prendre a leur pers en l'assise et reporter^h pour fere leur jugemens en leur cours^i. Et aussi se li delais est si grans qu'il passe .XL. jours parce que leur homme prenent leur respit de fere leur jugement, ou par le^j plet qui est entre ceus qui acusent et ceus qui sont acusé, l'en ne les doit pas si haster qu'il ne puissent avoir leur delais teus comme coustume de terre les donne, et quel li delai pueent estre, il est dit ou chapitre qui parole^k des delais que coustume donne^1.

a) *A H* ne l'osoient; *C* ne laissoient del.; *G* ne le laissoient del. — b) *B E F omettent* ne il ... delivrer. — c) *B omet* paour; *E F* pour che qu'il. — d) *G H J K* seur peine de. — e) *H J K omettent* de celi ... commandement. — f) *B J K omettent* quant; *C G* Nep. se li. — g) *G H J K* cert. cons. se il en ont mest. et ce cons. doivent. — h) *A* et deporter; *G H J K* raporter. — i) *B E F omettent* en leurs cours. — j) *B omet* par le. — k) *G H J K omettent* qui parole.

1. Ch. LXV.

CHAP. LVIII. — DE HAUTE JUSTICE ET DE BASSE.

1662. Li cuens et tuit cil qui tienent en baronie ont bien droit seur leur hommes par reson de souverain que, s'il ont mestier de forterece a leur hommes pour leur guerre, ou pour metre leur prisonniers ou leur garnisons, ou pour aus garder, ou pour le^a pourfit commun du païs, il les puecnt prendre. Nepourquant en tele maniere les pourroient il prendre pour les cas dessus dis qu'il se mesferoient vers leur hommes, si comme s'il feignoient qu'il les prissent pour aucun de ces cas dessus dis et la verités n'estoit pas tele ; car se li cuens disoit : « Je l'ai pris pour moi aidier de ma guerre », et il n'avoit point de guerre, donques aparroit il qu'il ne le feroit fors que pour son homme grever. Et aussi s'il la prenoit pour metre ses prisons et il les lessoit residens longuement, et il le peust bien amender, si comme il le peust bien oster legierement d'iluec et mener en la sieue prison : en tel cas se mesferoit il vers son homme. Et aussi s'il feignoit qu'il en eust aucun mestier et il avoit haine ou menaces fetes a celui qui la forterece seroit, ou s'il le fesoit pour ce qu'il li vousist pourchacier vilenie de sa fame ou de sa fille, ou d'autre fame qui seroit en sa garde : en tous teus cas se mesferoit il. Et si tost comme il feroit tel desavenant et delessier ne les vourroit a la requeste de son homme, se li hons ne le denonçoit au roi, li rois ne doit ja soufrir plet ordené entre le seigneur et son homme en tel cas ; ainçois doit tantost fere savoir pour quel cause li sires a saisie la forterece de son homme, et s'il voit qu'il l'ait saisie pour resnable cause ou pour son loial besoing, l'en li doit soufrir, et se non on l'en doit oster et rendre a son homme et lui defendre seur quanqu'il puet mesfere, qu'il ne la prengne plus, se n'est pour son besoing cler et aparant.

1663. Se cil qui tient en baronie prent la forterece de son homme pour son besoing, ce ne doit pas estre au coust de son homme ; car s'il i met garnisons ce doit estre du sien et s'il i a prisons, il les doit fere garder au sien. Et s'il

---

a) *A omet* pour le; *B* leur.

empire[a] de riens la forterece, il la doit[b] refere au sien[c]; et s'il l'amende pour estre plus fort ou plus bele pour son besoing, ses hons ne l'en est tenus a riens rendre, puis que ce ne fu fet par lui, tout soit ce que li pourfis demeure[d] siens[e].

1664. Avenir pourroit que mes sires avroit[f] besoing[g] de ma forterece et mestier[h], et moi[i] aussi en cel point en avroie tel mestier que je seroie de guerre : si seroit perilleuse chose se[j] li autre que mi ami i aloient[k] ne n'estoient repairant[l], car tout ne le vousist pas mes sires[m], si pourroie je estre grevés par ceus qui de par li[n] i seroient. Donques en tel cas ne sui je pas tenus a baillier ma tour au commandement mon seigneur se ses cors meismes n'i est et s'il ne[o] me prent a aidier et a garantir de ma guerre tant comme il i sera residens ; car ce que nous avons dit que li seigneur pueent prendre les forterreces de leur hommes pour leur besoing[p], c'est a entendre que leur homme soient gardé du damage et du peril.

1665. Tout soit il ainsi que li seigneur puissent prendre les forterreces de leur hommes en la maniere que nous avons dit dessus, nepourquant li homme pueent pas prendre ne demander que l'en leur baut les forterreces de leur seigneur ne pour leur guerres[q] ne pour leur prisonniers garder ; car s'il estoient tenu a baillier leur[r1] pour leur guerres[s] ou pour leur prisons[t], donques aparroit il qu'il fussent pareil entre le seigneur et son homme[u], laquele chose ne doit pas estre ; ainçois a li sires par reson de seignourie

---

a) *ABEFGH* empirent. — b) *ABGH* doivent. — c) *C* omet Et s'il ... au sien ; *HJK* omettent au sien. — d) *EFGHJK* pourf. [*JK* lui ; *H* l'] en demeure. — e) *HJK* omettent siens. — f) *BEF* raroit. — g) *C* mestrier. — h) *BCEFJK* omettent et mestier. — i) *BEF* et je aussi. — j) *ABCEF* chose que se li ; *GHJK* chose que li. — k) *GHJK* i alassent [*G* ne venissent]. — l) *HJK* omettent ne n'est. repairant. — m) *JK* car supposé que mon seigneur ne le voulsist pas, si pourr. — n) *ABCGHJK* aus. — o) *ABCG* omettent ne. — p) *A* omet pour leur besoing ; *BEF* leur besoignez. — q) *J* pour eulx. — r) *GHJK* baill. leur forteresches pour. — s) *GHJK* pour eulx. — t) *A* omet car s'il estoient ... leur prisons. — u) *B* omet et son homme.

---

1. *baillier leur*, leur baillier, avec l'ellipse fréquente en ancien français en ce cas du pronom personnel régime direct, ici *les*.

pluseurs droitures seur son homme que li hons n'a pas seur son seigneur, car il le puet ajourner et justicier de ce qu'il tient de lui, et prendre sa forterece s'il en a mestier, si comme nous avons dit par dessus ; mes ce ne puet pas fere li hons seur son seigneur, et ce que l'en dit que[a] voirs est que li sires doit autant foi et loiauté a son homme comme li hons fet a son seigneur, ce doit estre entendu en tant comme chascuns est tenus li uns vers l'autre, car pour ce, se li sires justice son homme par bonne cause contre sa volenté, ne ment il pas sa foi vers li.

1666. Encore a li sires qui tient en baronie autres seignouries seur son homme que ses hons n'a pas seur li, car se li cuens de Clermont[b] a un homme qui ait aucun eritage, liqueus eritages li nuise durement a sa meson ou a sa forterece, ou contre le commun pourfit, il ne puet pas devéer au conte qu'il ne prengne soufisant eschange[c] d'autre eritage ; mes voirs est qu'il ne doit pas estre contrains au vendre, s'il ne li plest, mes eschange soufisant ne puet il refuser.

Ici fine li chapitres de haute justice et de basse.

a) *F* qui. — b) *HJK omettent* de Clermont. — c) *B* prengne soufisamment par eschange ; *E* prengne par (*au-dessus de la ligne*) souffisaument escange. — Explic.) *C* Ichi define ; et de basse et des cas qui apartienent a l'une justiche et a l'autre ; *E* de le haute just. et de le basse ; *G* Explicit ; *H* omet et de basse ; *JK n'ont pas d'explicit.*

LIX.

Ici commence li .LIX. chapitres de cest livre liqueus parole des guerres, comment guerre se fet et comment guerre faut.

1667. Pour ce que nous avons parlé des guerres en aucuns lieus, nous voulons que tuit sachent que guerre ne se puet fere entre deus freres germains engendrés d'un pere et d'une mere pour nul contens qui entre aus mueve[a], neis se li uns avoit l'autre batu ou navré, car li uns n'a point de lignage qui ne soit aussi prochiens[b] a l'autre comme a lui[c], et quiconques est aussi prochiens de lignage de l'une partie comme de l'autre de ceus qui sont chief de la guerre, il ne se doit de la guerre meller. Dont si dui frere ont contens ensemble et li uns mesfet a l'autre, cil qui se mesfet ne se puet escuser de droit de guerre, ne nus de son lignage qui li vueille aidier contre son frere, si comme il pourroit avenir de ceus qui ameroient mieus[d] l'un de l'autre; dont quant teus contens nest, li sires doit punir celui qui mesfet a l'autre[e] et fere droit du contens[f].

1668. S'il avient qu'aucun de mes parens soient[g] en guerre et je sui aussi prochiens de lignage a l'un comme a l'autre, et je ne me melle de la guerre ne d'une part ne d'autre, et l'une des parties me mesfet pour ce qu'il pense que j'aime mieus l'autre partie, il ne se puet escuser du

---

Rubr.) *CJK* ont la même rubrique qu'à la table; *CEFGJK* omettent de cest livre; chap. qui parole; *H* Chi conmenche li .LIX. capitres; Fauchet a ensuite écrit: comment guerre se faist et comment elle faut. — a) *BEF* avienne. — b) *B* qui n'apartienne a l'autre; *EF* omettent prochiens. — c) *B* omet comme a lui. — d) *HJK* meins. — e) *B* autre frere et — f) *HJK* omettent et fere dr. du contens. — g) *GHJK* soit.

mesfet pour droit de guerre, ainçois doit estre justiciés selonc le mesfet. Mes autrement seroit se j'aloie en l'aide ou en la compaignie de l'une des parties armés, ou se je li prestoie[a] mes armes ou mes chevaus ou ma meson pour lui aidier et pour l'autre partie grever, car en tel cas me metroie je en la guerre par mon fet. Dont se mal me venoit puis de l'averse partie, tout me fust ele aussi prochiene de lignage comme l'autre partie, il se pourroit escuser de droit de guerre, et a ce puet l'en veoir que cil se metent[b] en guerre, liquel se metent[c] en l'aide de ceus qui guerroient, tout fust il ainsi qu'il n'apartenissent[d] de lignage.

1669. Tout aions nous dit que guerre ne se puet fere entre deus freres germains d'un pere et d'une mere, s'il n'estoient frere[e] que de par pere ou de par mere, guerre se pourroit bien fere entre aus par coustume, car chascuns avroit lignage qui n'apartenroit a l'autre[f]; si comme s'il estoient frere de par pere et non de par mere, li lignages que chascuns avroit de par sa mere n'apartenroit a l'autre frere et pour ce pourroient il la guerre maintenir. Nepourquant tout soit ce que coustume suefre les guerres en Beauvoisins entre les gentius hommes pour les vilenies qui sont fetes[g] aparans[h], li cuens, ou li rois se li cuens ne le veut fere, puet contraindre les parties a fere pes ou a donner trives ; mes de l'asseurement se doivent il soufrir, se l'une des parties ne le requiert ; et meismement quant guerre muet entre ceus qui sont du lignage, li sires doit metre mout grant peine a la guerre oster, car autrement puet estre li lignages destruis pour ce que chascuns en la guerre seroit[i] par devers son plus prochien, dont il avient a la fois que li uns cousins tue l'autre.

1670. Guerre puet mouvoir[j] en pluseurs manieres, si

a) *E* presentoie. — b) *BEFGHJK* met. — c) *EFGHJK* met. — d) *BF* n'i apart.; *E* ne li apart., *G* n'apartiengne; *HJK* n'apartiengnent. — e) *CGHJK omettent* frere. — f) *BEF* l'autre partie. — g) *B* sont dites et fet. — h) *B* anparans; *EF* fet; as parenz. — i) *GHJK* seroit en la guerre. — j) *C* Guerres si pueent mouv.; *GHJK* monte.

comme par fet ou par paroles. Ele muet par paroles quant l'uns[a] menace l'autre a fere vilenie ou anui de son cors, ou quant il le desfie de lui ou des siens, et si muet par fet quant chaude mellee sourt[b] entre gentius hommes d'une part et d'autre. Si doit l'en savoir que quant ele muet par fet, cil qui sont au fet chieent[c] en la guerre si tost comme li fes est fes et li lignages de l'une partie et de l'autre ne chieent[d] en la guerre devant .XL. jours après le fet. Et se la guerre muet par menaces ou par desfiement, cil qui sont desfié ou menacié[e] chieent en guerre puis luec en avant. Mes voirs est que, pour ce que grans baras pourroit avenir en tel cas, si comme se aucuns avoit espié son fet avant qu'il eust fet menace ne[f] desfié[g], et après seur le fet menaçoit ou desfioit[h], il ne se pourroit escuser du mesfet[i] pour tele menace ne pour tel desfiement. Donques li gentius hons qui menace ou desfie se doit tant soufrir que li desfiés se puist garder et garantir, ou autrement il ne se pourra escuser du mesfet et ainçois devra estre justiciés s'il[j] mesfet.

1671. Guerre par nostre coustume ne puet cheoir entre gens de poosté, ne entre bourjois. Donques se menaces ou desfiement ou mellees sourdent[k] entre[l] aus, il doivent estre justicié selonc le mesfet, ne ne se pueent aidier de droit de guerre. Et fust ainsi que li uns eust tué le pere a l'autre et li fius, après le premier fet, tuoit celui qui son pere avroit[m] tué, si seroit il justiciés de l'occision, se ainsi n'estoit que cil qui son pere avroit tué[n] fust[o] banis seur la hart pour le mesfet du quel il ne s'ose trere[p] avant pour atendre droit, car en cel cas est congiés donnés au lignage de prendre ceus qui leur ont mesfet, après ce qu'il sont bani, ou mors ou vis; et s'il les prenent vis, rendre les doivent[q] au seigneur

---

a) *A* l'en. — b) *GHJK* caudes mellees sourdent. — c) *GHJK* sont. — d) *JK* chiet. — e) *GHJK* menacié ou desfié. — f) *CGHJK* ou. — g) *C* deffianche; *E* deffiement; *G* menaches ou desfianches. — h) *ABCF* espioit. — i) *A* du fet. — j) *HJK* just. du mesf. — k) *G* muevent. — l) *ABHJK* en aus. — m) *A* avroit son pere. — n) *GHJK* omettent si seroit il ... avroit tué. — o) *G* Et s'il fust banis; *HJK* s'il n'estoit banis. — p) *A* atrere. — q) *GHJK* il les doivent rendre.

pour justicier selonc le mesfet et selonc le banissement. Et encore ne les ont il pas a tuer ne prendre, s'il ne tournent a defense ; mes s'il se defendent si qu'il ne les pueent prendre vis, ainçois les metent a mort, il se doivent tantost trere a la justice et denoncier le fet ; et, la verité seue, l'en ne leur en doit riens demander.

1672. Or veons, se menaces ou desfiemens[a] ou mellee muet entre gentil homme d'une partie et homme de poosté d'autre et bourjois aussi, se li uns pourra tenir l'autre en guerre, car autre que gentil homme ne pueent guerroier, si comme nous avons dit. Donques disons nous que guerre ne se puet fere entre gens de poosté et gentius hommes, car se li gentil homme tenoient en guerre les bourjois ou ceus de poosté, et li bourjois ou cil de poosté[b] ne pouoient tenir en guerre les gentius hommes, il seroient mort et mal bailli. Donques quant teus cas avient, se li bourjois ou cil de poosté requierent asseurement, il le doivent avoir ; et s'il ne le vuelent ou ne deignent requerre, et il ont mesfet as gentius hommes, et li gentil homme se vengent, l'en ne leur en doit riens demander. Et se li gentil homme ont mesfet as bourjois ou a ceus de poosté et après ne deignent requerre ne pes ne asseurement, pour ce ne pueent pas li bourjois ne cil de poosté prendre venjance du mesfet, car donques sembleroit il qu'il peussent guerroier, laquele chose il ne pueent fere. Et pour ce, quant gentius hons mesfet[c] a bourjois ou a gent de poosté, il leur convient pourchacier que drois leur en soit fes par justice et non pas par guerre.

1673. Tout soit il ainsi que gentil homme puissent guerroier selonc nostre coustume, pour ce ne doit pas lessier la justice qu'il de son office ne mete peine a vengier les premiers mesfès ; car se uns gentius hons tue ou mehaigne un autre gentil homme sans guerre qui fust aouverte entre aus, et li lignages de l'une partie et de l'autre vuelent tourner le

---

a) *HJK* omettent ou desfiemens. — b) *HJK* et il ne pouoient. — c) *GHJK* mesfont.

fet en guerre sans trere a justice, pour ce ne doit pas lessier la justice qu'ele ne face tout son pouoir de prendre les maufeteurs et de justicier selonc le mesfet; car cil qui font tel mesfet ne mesfont pas tant seulement a leur averse partie ne a leur lignage, mes au seigneur qui les a a garder et a justicier. Dont l'en voit toute jour, quant aucuns mesfès est fes de mort d'homme ou de mehaing ou d'autre vilain cas de crime, et pes se fet entre les amis de l'une partie et de l'autre, si convient il qu'ele soit pourchaciee au seigneur souverain, si comme au roi ou as barons en queus baronies les parties sont a justicier; car autre seigneur ne pueent fere ne soufrir teus manieres de pes, et par ce apert il que cil qui font les vilains mesfès de[a] cas de crime ne mesfont pas tant seulement a leur averse partie ne a leur lignage, mes au seigneur, si comme nous avons dit dessus[b].

1674. Li gentius hons qui a mesfet a autre[c] gentil homme de fet aparant, ou qui[d] l'a menacié ou desfié, doit savoir que, si tost comme[e] il a aucune de teus choses fetes, qu'il est cheus en guerre, car cil qui autrui menace ou desfie pour li tuer en guerre doit savoir qu'il meismes se met en guerre, tout soit ce que cil qu'il desfia ne li renvoia[f] nul desfiement. Et pour ce dit on : « Qui autrui menace ou desfie, si se gart », car cil qui seur autrui veut mesfere ne doit pas estre tous asseur; et autel disons nous des mesfès aparans.

1675. Qui autrui veut metre en guerre par paroles, il ne les doit pas dire doubles[g] ne couvertes, mes si cleres et si apertes que cil a qui les paroles sont dites ou envoïes sache qu'il convient qu'il se gart; et qui autrement le feroit, ce seroit traïsons. Et encore se desfiances[h] sont mandees[i] a aucun, l'en les doit mander par teus gens qui le puissent tesmoignier, se mestiers en est, en tans et en lieu; et li mes-

---

a) *B E omettent* mesfès de. — b) *G* dessus dit; *HJK* comme dit est. — c) *BEF* mesf. au gent. — d) *A* ou quel il l'a: *BCEF* ou que il l'a. — e) *HJK* savoir comme si tost que il a. — f) *A* remua; *B* renia. — g) *EGHJK* torbles *ou* troubles. — h) *AB* desfences. — i) *B* amendees.

CHAP. LIX. — DES GUERRES.

tiers en est^a quant aucuns veut metre sus a autre qu'il li a fet vilenie en gait^b apensé sans desfiance, car en cel cas est il mestiers de prouver la desfiance pour soi oster de la traïson.

1676. Nous avons dit dessus en cel chapitre meisme^c comment guerre se fet selonc nostre coustume. Or dirons après comment guerre faut, car ele puet faillir en pluseurs manieres.

1677. La premiere des manieres^d comment guerre faut^e si est quant pes est fete par l'assentement des parties ; car puis que pes est creantee ou convenanciee a tenir, tuit cil qui estoient en la guerre de laquele^f la pes fu fete doivent tenir pes li un as autres, et quiconques l'enfraint et en est atains, il est pendables.

1678. Se pes se fet entre les parties qui sont en guerre, il ne convient pas que tuit li lignage de l'une partie et de l'autre soient a la pes fere ne creanter^g ; ainçois soufist assés s'ele est fete ou creantee par ceus qui estoient chief de la guerre. Et s'il sont aucun du lignage qui ne se vuelent assentir^h a la pes fete et acordeeⁱ par le chevetaigne de la guerre, il doivent fere savoir que l'en se garde d'aus, car il ne vuelent pas estre en la pes^j. Et s'il ne font cel mandement et il mesfont^k a l'averse partie qui cuidoit estre en bonne pes vers aus^l, il pueent estre sui de pes brisiee, ne il ne se pourront pas escuser pour dire qu'il ne savoient riens^m de la pes, ne pour dire qu'il ne s'acorderentⁿ pas a la pes^o, car quant pes se fet^p entre les chevetaignes de la guerre, ele doit tenir entre tous les lignages de l'une partie et de l'autre, exceptés ceus qui dient ou mandent qu'il ne vuelent pas estre a la pes.

---

a) *C* et le besoing en soit; *GHJK* omettent et li mestiers en est. — b) *CEF* agait; *G* vil. ou gait. — c) *G* omet meisme; *HJK* omettent en cest chap. meisme. — d) *CG* premiere maniere. — e) *HJK* omettent des manieres ... faut. — f) *HJK* guerre dont. — g) *A* fere recreanter; *C* ne au creanter. — h) *E* ass. ne acorder a la. — i) *E* omet et acordee. — j) *B* omet car il ... la pes. — k) *GHJK* et il meismes font. — l) *GHJK* aus mesfet, il. — m) *BEF* sav. mot de. — n) *A* qu'il ne s'acordent pas a la pes. — o) *HJK* qu'il ne s'i acorderent, car. — p) *GHJK* est faite.

1679. Quant pes se fet entre ceus qui sont chevetaigne d'aucune guerre et li aucun de l'un lignage ou de l'autre ne vuelent pas estre en la pes, ainçois dient ou mandent que l'en se garde d'aus, nus de ceus qui s'acorderent a la pes, ne nus de ceus qui ne firent pas le mandement que l'en se gardast d'aus ne doivent fere aide[a] ne confort a ceus qui demeurent en la guerre, car l'en les pourroit suir de pes brisiee. Ne puis qu'il se seront assentu a la pes par fet ou par parole, il n'i pueent renoncier, ainçois convient qu'il tienent la pes. Et pour ce que nous avons dit que cil qui s'assentirent a la pes par fet ou par parole n'i pueent renoncier[b] ne fere mandement que l'en se garde d'aus, il est bon que nous desclerons comment l'en s'est acordés a le pes[c] par fet et[d] par parole, ou[e] par fet sans parole, ou[e] par parole sans fet.

1680. L'en doit savoir que cil s'acorde a pes par fet et par parole qui, avec celi qui souloit[f] estre ses anemis, boit et mange et parole et tient compaignie[g]. Donques après ce qu'il avra ce fet, s'il li fet ou pourchace honte ou anui, il puet estre suis de traïson et de pes brisiee. — Cil qui sont en la pes par parole sans fet, ce sont cil qui distrent a la pes fere ou par devant bonne gent ou par devant justice, qu'il estoient lié de la pes ou qu'il vouloient bien la pes. — Cil qui sont en la pes par fet sans parole, ce sont cil qui sont du lignage as chevetaignes qui firent la pes et n'ont fet mandement ne desfiance, ainçois vont sans armes par devant ceus qui souloient[h] estre leur anemi, car il moustrent par fet que l'en ne se doit pas douter[i] d'aus. Et pour ce avons nous dit ces .III. manieres de pes que cil sachent qui les brisent[j], car[k] il pueent[l] estre sui de traïson et de pes brisiee.

1681. La seconde maniere comme guerre faut, si est par

---

a) *GHJK* fere nulle aide. — b) *A omet* ainçois convient qu'il ... n'i pueent renoncier. — c) *C* comment on est descordans par. — d) *sauf E, tous les mss. ont* ou; *cf.* § 1680. — e) *AC* et. — f) *A* sembloit. — g) *E* par parole qui boit et mangue, *etc.*, avec celui qui souloit, *etc.* — h) *C* sambloient. — i) *GHJK* garder. — j) *BEF* briseront. — k) *EFHJK* que il; *G* qui peuent. — l) *EF* pourront.

asseurement, si comme quant li sires contraint les parties chevetaignes a asseurer li uns l'autre. Et tout soit ce bons liens et fors de pes qui est fete par amis et de pes qui est fete par justice, encore est li liens d'asseurement plus fors, et de ce parlerons nous en un chapitre qui venra ci après qui parlera de trives et d'asseuremens [a][1].

1682. La tierce maniere comment guerre faut si est quant les parties pledent en court par gages de bataille du fet du quel il tenoient ou pouoient tenir l'uns l'autre en guerre, car l'en ne puet pas ne ne doit en un meisme tans querre venjance de son anemi par guerre et par droit de court; donques quant ples est[b] de la querele en court[c] pour laquele la guerre estoit[d], li sires doit prendre la guerre en sa main et defendre as parties qu'il ne mesfacent li un as autres et puis fere droit de ce qui est pledié par devant li[e].

1683. La quarte maniere comment guerre faut si est quant venjance est prise du mesfet par justice, pour lequel mesfet la[f] guerre estoit, si comme se l'en tue un homme et cil qui le tuerent et qui furent coupable de sa mort sont pris par justice et trainé et pendu. En cel cas ne doivent pas li ami du mort tenir en guerre les parens de ceus qui firent le mesfet, car puis que li mesfès est bien vengiés, li ami du mort s'en doivent tenir pour bien paié et non pas tenir en guerre ceus qui n'eurent coupes ou fet[g].

1684. A ce qui est dit des guerres en cel chapitre[h] puet on veoir que li gentil homme chieent en guerre pour le fet de leur amis, tout ne fussent il pas au fet, mes c'est quant li .XL. jour sont passé après le fet. Nepourquant se aucuns se veut oster de la guerre, fere le puet en une maniere; c'est assavoir s'il fet ajourner ses anemis[i] par devant justice et

---

a) *HJK omettent* et de ce ... et d'asseurement. — b) *A omet* est. — c) *B omet* donques quant ... en court. — d) *HJK omettent* pour ... estoit. — e) *HJK omettent* de ce ... devant lui. — f) *HJK omettent* mesfet la. — g) *HJK omettent* car puis que ... coupes ou fet. — h) *GHJK dit* en cest capitre des guerres. — i) *A* ses amis.

---

1. Ch. LX.

les fet contraindre tant qu'il viegnent avant et après, quant il sont venu, en leur presence et[a] par devant justice il doit requerre qu'il ne soit pas tenus en guerre comme celui qui est apareilliés de forjurer[b] ceus qui firent le mesfet. Adonques le forjurement fet de ceus qui furent coupable du fet[c], li sires le doit fere asseurer en sa personne tant seulement, et li seremens qu'il doit fere doit estre teus[d] qu'il doit jurer qu'il n'a coupes ou fet pour lequel guerre mut, et qu'il, a ceus qu'il pourra savoir qu'il en furent coupable ne a tous ceus de son lignage qui la guerre vourront maintenir, ne fera aide ne soulas ou grief des amis de celui[e] a qui li mesfès fu fes. Et cel serement fet, se la partie averse ne le veut droitement acuser comme coupable du mesfet, il doit estre et demourer en pes en sa personne, si comme il est dit dessus[f].

1685. Se aucuns s'est ostés de guerre en la maniere dessus dite, il se doit garder qu'il ne voist contre son serement, car s'il fet aide ne compaignie a armes[g], ne ne preste chevaus ne armeures ne mesons, ne ne fet prester, il se remet en la guerre pour son fet ; et s'il li mesavient, c'est a bon droit[h] car tout avant il est parjures. Dont s'il plest a l'averse partie, ele le puet tenir en guerre avec les autres, et s'il li plest mieus, ele le puet suir par devant la justice de ce qu'il est alés contre son forjurement[i]. Et s'il en est prouvés ou atains, il a deservie longue prison et chiet en l'amende du seigneur[j] a volenté. Mes autrement iroit s'il avoit batu ne feru ne navré puis le forjurement aucuns de ceus as queus il requist a estre hors de la guerre et pour lesqueus il forjura ses parens qui maintenoient la guerre et ceus qui furent coupable du fet, car en cel cas seroit il aussi bien pendables comme cil qui brise asseurement.

1686. Il souloit estre que l'en se venjoit par droit de

---

a) *HJK omettent* en leur presence et. — b) *GHJK* fornoier. — c) *HJK omettent* de ceus ... du fet. — d) *HJK* et doit faire tel serement. — e) *ABCEFHJK omettent* de celui. — f) *HJK omettent* en sa ... dessus. — g) *B* ne se compaigne armes ne. — h) *BF* fet et se il li mesfesoient c'est (*F* che seroit) a bon droit; *E* son fet et che seroit a bon droit se il l'en mesavenoit. — i) *CGHJK* serment. — j) *HJK omettent* du seigneur.

CHAP. LIX. — DES GUERRES. 363

guerre dusques ou setisme degré de lignage et ce n'estoit pas merveille ou tans de lors, car devant le setisme degré ne se pouoit fere mariages. Mes aussi comme il est raprochié que mariages se puet fere puis que li quars degrés de lignage soit passés, aussi ne se doit on pas prendre pour guerre a persone qui soit plus loingtiene du lignage que ou quart degré, car en tous cas lignages faut puis qu'il s'est si alongiés que mariages se puet fere, fors en rescousse d'eritage, car encore le puet on rescourre dusques ou setisme degré par reson de lignage. Donques par ce qui est dit dessus puet l'en savoir que cil qui se prenent pour la guerre qu'il ont[a], a ceus qui ont passé le quart degré de lignage a[b] ceus qui furent coupable du mesfet pour lequel[c] la guerre mut, il ne se puent escuser qu'il l'aient fet[d] pour droit de guerre[e], ainçois doivent estre justicié selonc le mesfet aussi comme s'il n'eussent point de guerre[f].

1687. Autrement iroit se cil qui seroit eslongiés de lignage dusques ou quint degré ou ou sizisme ou ou setisme se metoit en la guerre avec ceus de qui lignage il seroit issus par fet ou par parole, car adonques le pourroit on tenir en guerre aussi comme les autres. Et aussi feroit on un qui seroit tous estranges, qui de nul costé n'apartenroit ne n'avoit apartenu de nul tans ; car qui tant aime l'une des parties de ceus[g] qui sont[h] en guerre qu'il se met en s'aide et en sa compaignie pour grever a ses anemis, il se met en la guerre, tout soit ce qu'il ne leur apartiegne de lignage, exceptés les soudoiers que li aucun prenent par louier pour estre en aide de la guerre ; car icil soudoier, tant comme il sont en l'aide de l'une des parties, tant sont il en la guerre, mes quant il s'en sont parti pour ce que leur termes est

---

a) *C omet* qu'il ont. — b) *B omet* ceus qui ont passé le quart degré de lignage a: *GHJK* lignage pour ceus qui. — c) *Tous les mss. ont les queus.* — d) *HJK omettent* qu'il l'aient fet. — e) *BEF omettent* qu'il l'aient fet ... de guerre. — f) *HJK omettent* aussi comme ... de guerre. — g) *BJK omettent* de ceus; *F* l'une partie des autres. — h) *E* l'une partie mieus de l'autre qui est en guerre.

faillis, ou pour leur volenté*, ou pour ce que l'en ne les veut plus tenir*, il sont hors de la guerre. Dont se l'en leur fesoit mal puis qu'il s'en seroient parti, l'en ne se pourroit escuser de droit de guerre. Et aussi comme nous avons dit des soudoiers, disons nous de ceus as queus il convient fere aide par reson de seignourage, si comme il convient que li homme de fief et li oste qui tienent d'aus ostises et li homme de cors facent aide a leur seigneurs quant il sont en guerre, tout soit ce qu'il n'apartiegnent de lignage; donques tant comme il sont en l'aide avec leur seigneurs, tant les puet on tenir en guerre; et quant il s'en sont parti, il sont hors de la guerre, ne ne les doit on pas guerroier pour ce s'il firent ce qu'il durent vers leur seigneurs.

1688. Aucunes persones sont exceptees des guerres tout soit ce qu'il soient du lignage naturelment a ceus qui guerroient, si comme clerc et cil qui sont entré en religion, et fames, et enfant sousaagié, et bastars, — s'il ne se met en la guerre par son fet, — et cil qui sont mis ou rendu es maladeries ou es osteleries : toutes teus persones doivent estre hors du peril de la guerre de leur amis. Et quiconques s'en prent a eus, il ne se puet escuser du mesfet* par droit de guerre.

1689. Encore sont il autres persones lesqueles ne doivent pas estre tenues en guerre pour la guerre de leur* parens, si comme cil qui, ou tans que li contens mut, estoient en la voie d'outremer ou en aucun loingtien pelerinage, ou envoié en estranges terres de par le roi ou pour le commun pourfit ; car se tel gent estoient en guerre pour les contens qui mouveroient ou tans qu'il seroient hors du païs, donques les pourroit on ocirre la ou il seroient ou en alant ou en venant avant qu'il seussent riens de la guerre, dont ce seroit grans maus et grans perius a ceus qui vont en estranges

---

a) *E F omettent* ou pour leur volenté. — b) *H J K omettent* pour ce que leur ... plus tenir. — c) *H J K omettent* du mesfet. — d) *B* de leur amis ou de leur.

terres, et mauvese venjance et desloiaus a ceus[a] qui en ceste maniere se vengeroient, ne ce ne seroient pas venjances mes traïsons.

Ici fine li chapitres des guerres.

a) *B E F omettent* vont en … a ceus. — Explic.) *C donne le texte de la rubrique; F K n'ont pas d'explicit; G H J* Explicit.

LX.

Ici commence li .lx. chapitres de cest livre liqueus parole des trives et des asseuremens, et liquel en pueent estre mis hors, et du peril de brisier trives et asseuremens.

1690. Voirs est que nous avons parlé ou chapitre devant cestui des guerres qui pueent estre selonc la coustume de nostre païs[a]. Si est bon que nous parlons en cest chapitre ensuiant après[b] des trives et des asseuremens pour ce que trive est une chose qui donne seurté de la guerre ou tans qu'ele dure et asseuremens fet pes confermee a tous jours par force de justice. Et si parlerons de la disference qui est entre trives et asseuremens, et comment l'en le doit fere et quel gent en pueent estre[c] mis hors et comment cil doivent estre justicié qui brisent trives et asseuremens.

1691. Il est coustume en la chastelerie de Clermont que se gent de poosté ont mesfet li uns a l'autre de fet aparant et l'une des parties demande trives de l'autre par devant justice, il ne l'avra pas, ains fera la justice fere plein asseurement se pes ne se fet entre les parties[d], car gent de poosté par la coustume ne pueent guerre demener et entre gens qui ne pueent guerroier nules trives n'apartienent[e].

1692. Jehans qui gentius hons estoit[f] proposa contre Pierres qui estoit gentius hons, que il et li dis Pierres s'es-

---

Rubr.) *A* de triv. et de asseur.; *CGHJ omettent* de cest livre; chap. qui par.; *C* peril de l'enfraindre; *F n'a pas de rubrique*; *G* et du peril et du brisier; *H* Caip. .lx., et au-dessus, de la main de Fauchet : des asseuremens et des trives et lesquels en peuvent estre mis hors. — a) *HJK omettent* qui pueent ... païs. — b) *C omet* après; *HJK omettent* ensuiant après. — c) *A* en sont mis. — d) *HJK omettent* entre les parties. — e) *A* nulle trivee n'apartient. — f) *A* estoit gent. hons.

toient mellé ensemble et i avoit eu cous donnés, par quoi il requeroit trives par souverain comme cil qui se doutoit[a]. A ce respondi Pierres qu'il ne[b] vouloit pas ces trives[c] donner, car pour[d] le fet qu'il proposoit il[e] estoit en astenance[f] vers li par amis et bien vouloit par amis[g] alongier l'astenance toutes les fois qu'il en seroit requis. Et seur ce se mistrent en droit se Jehans avroit la trive[h] par souverain[i].

1693. Il fu regardé par droit selonc la coustume que Jehans n'avroit pas la trive, mais li souverains contraindroit Pierre a alongier[j] l'astenance donnee par amis tant de fois comme il en seroit rebelles; et distrent plus que, quant guerre estoit commenciee entre gentius hommes, il loit[k] a la partie qui vouloit estre asseur[l] a requerre de .III. voies[m] laquele qui li plesoit : ou astenance par amis, ou trives par amis ou[n] par justice, ou asseurement, et puis qu'il avoit[o] l'une de ces voies prise, il ne la pouoit pas lessier pour recouvrer a une des autres voies.

1694. Il a grant disference entre trives et asseurement, car trives si durent a terme et asseuremens dure a tous jours. De rechief qui brise trives, l'en ne s'en prent fors a ceus qui les brisent et qui brise asseurement, l'en s'en prent[p] a ceus[q] qui le brisent[r] et a celi qui le donna, tout soit ce aperte chose que cis qui le donna ne fu pas au fet[s]; car asseuremens a tele vertu que cis qui le donne prent seur soi[t] tout son lignage fors que ceus qu'il en puet metre[u] hors par reson, car il i a certaines persones qu'il en puet metre[v] hors au fere l'asseurement, et s'il ne sont excepté, il i sont tuit.

a) *A* doutoient; *C* doit. — b) *GJK* ne les vouloit; *H* qu'il ne voul. — c) *GHJK omettent* ces trives. — d) *BEF omettent* pour. — e) *BEF omettent* il. — f) *JK* abstinence. — g) *HJK omettent* et bien vouloit par amis. — h) *A* trivec. — i) *HJK omettent* se Jehans ... souverain. — j) *GHJK* Pierre qu'il alongeroit. — k) *A* loisoit; *C* apartient. — l) *G* asseuree. — m) *A* .IIII. voies. — n) *A* trives par amis ou trives par just.; *BCEF omettent* par amis ou. — o) *B* qui la voit; *E* ara. — p) *C* omet l'en s'en prent. — q) *C* chelui. — r) *BEF omettent* et qui brise ... les brisent. — s) *dans E on a biffé* et a celi qui ... pas au fet. — t) *G omet* seur soi. — u) *GHJK* fors ceulx qui en pueent estre mis hors. — v) *B omet* metre: *GHJK* pers. qui en peuent estre mises hors.

1695. Cil qui en pueent estre mis[a] hors par coustume ce sont cil qui sont manant en loingtienes terres hors du roiaume, des queus l'en n'a pas esperance de leur prochiene revenue. Mes s'il avient qu'il en soient mis hors et il revienent, cil qui l'asseurement donna doit fere savoir a celi qu'il asseura qu'il se gart que tel gent sont venu ou païs qui estoient hors de l'asseurement ; et s'il ne le[b] fet savoir et il demeurent .XL. jours ou païs et, puis les .XL. jours, il brisent l'asseurement, on se prent a celi qui l'asseurement donna ; et s'il le fet savoir, cil[c] qui fu asseurés les doit fere contraindre a ce qu'il soient en l'asseurement par souverain, et s'il ne les fet contraindre, si sont il[d] en[e] l'asseurement par coustume puis qu'il ont esté .XL. jours[f] ou païs. Mes se cil qui l'asseurement donna ne puet fere envers aus qu'il se vueillent tenir de mal fere a celi qui fu asseurés, il le doit fere savoir a celi qu'il asseura[g] et au souverain, et jurer seur sains qu'il ne les i puet metre ; et adonques la justice les doit fere prendre s'il sont trouvé, et tenir tant qu'il aient fiancié l'asseurement. Et s'il ne[h] sont trouvé[i], s'il sont homme de poosté, il doivent estre ajourné par .III. quinzaines en prevosté ; et s'il ne vienent dedens les .III. quinzaines, a la tierce quinzaine l'en doit crier qu'il viegnent a la première assise après ensivant en cas d'asseurement, et s'il ne vienent a cele assise, il doivent estre bani. Se cis sont gentil homme et sont venu de hors du païs en la maniere dessus dite, il doivent estre pris sans delai, s'il pueent estre trouvé ; et s'il se defuient qu'il ne puissent estre trouvé[j], l'en doit metre grant plenté de gardes seur leur biens, s'il en ont nul, et doivent estre apelé[k] qu'il viegnent au droit du souverain, par[l] .III. quinzaines en prevosté ; et s'il ne vienent, il doivent estre apelé par .III. assises après ensi-

---

a) *B omet* mis. — b) *A omet* le ; *BEF* li. — c) *C* savoir a cil. — d) *C omet* en l'asseurement ... sont il. — e) *C* mis en. — f) *C omet* .LX. jours. — g) *GHK* celi qui fu asseurés ; *J omet* il le doit ... qu'il asseura. — h) *C omet* ne. — i) *HJK omettent* s'il ne sont trouvé. — j) *ABEF def.* que on ne (on ne *manque dans B*) les puisse trouver. — k) *E* apelé par .III. assises apres que il viegn. — l) *E* souv. et par.

vant[a], dont il ait[b] d'assise a autre .xl. jours d'espace[c] au meins[d]; et s'il ne vienent dedens la derraine assise, il doivent estre bani. Et tout en la maniere dessus dite doit on ouvrer en trives donnees entre gentius hommes, soient les trives[e] donnees par amis ou par justice.

1696. La seconde maniere de gens qui pueent estre mis hors de trives et d'asseurement, ce sont cil qui estoient bani avant que li asseuremens fust fes; mes s'il sont rapelé et assout du banissement par volenté du souverain, par quoi il revicgnent ou païs, l'en en doit ouvrer en la maniere qu'il parla[f] devant[g] des asseuremens.

1697. La tierce maniere de gens qui pueent estre mis hors[h] de trives ou d'asseurement, si sont bastart, car bastars par nostre coustume n'a point de lignage; et bien i pert, car mes parens ou quart degré en porteroit avant mon eritage se je n'avoie nul plus prochien parent que[i] ne seroit mes fius bastars. Mes toutes voies, pour ce que li bastart sont meu par amour naturele a aidier a leur parens, cil qui donne trives ou asseurement les doit nommer a l'asseurement[j] fere ou a la trive donner[k], si que cil qui reçoit la trive ou l'asseurement se sache de qui garder; et s'il ne les met hors de cest[l] asseurement, cil en est coupables qui l'asseurement donna; mes des trives, si comme j'ai dit devant, on ne se prent fors a celi qui fet le mesfet.

1698. Se ces .iii. manieres de gens dessus dis sont apelé a droit pour donner asseurement ou trives et il lessent le tans courre tant qu'il soient bani, et il sont pris puis le banissement, il ont deservi longue prison et si est l'amende a la volenté du souverain, soient franc homme ou gent de

---

a) *EF* omettent et s'il ne ... ensivant. — b) *E* et doit avoir d'ass. — c) *A* jours passez. — d) *C* omet dont il ait ... au meins. — e) *A* triveez. — f) *GHJK* man. qui est dite. — g) *A* par devant; *HJK* dessus. — h) *GHJK* hors par coustume. — i) *GHJK* omettent parent. — j) *B* omet les doit ... asseurement. — k) *E* qui donnent les trivez ou donnent (*exponctué*) font asseurement les en doivent oster et metre hors si que; *F* qui donnerent trievez ou asseurement firent les en doivent metre hors si que. — l) *EF* hons se ch'est asseurement.

poosté. Et quant il avront ᵃ finé au seigneur ᵇ et il istront ᶜ de prison, il fianceront l'asseurement ou la trive, se li apel furent pour trives. Mes il est autrement de ceus qui sont apelé pour cas de crime par mauvese soupeçon que l'en a seur aus, comme de murtre, ou de traïson, ou d'homicide, ou de fame esforcier, ou de meson ardoir ou de biens essillier par haine, ou de ᵈ prison brisier ᵉ, — quant l'en est tenus pour aucun cas dont on perdroit ᶠ le cors par droit ᵍ se l'en en estoit atains, — ou de larrecin, car quiconques est apelés seur aucun des cas dessus dis et il atent tant qu'il soit banis par coustume de terre et il est repris puis le banissement, il a perdu le cors et l'avoir et est justiciés aussi comme s'il avoit fet le fet notoirement pour lequel il fu apelés.

1699. Quant aucuns fes est aparans entre gentius hommes qui pueent guerroier, s'il i a mort, les trives ou l'asseuremens doit estre demandés au plus prochien ami du mort, mes qu'il soit en aage de .xv. ans ou de plus; et s'il se destourne pour ce qu'il ne veut pas donner trives ne asseurement, li cuens le doit apeler par quinzaines. Et nepourquant, pour le peril qui est ou delai, li cuens doit envoier gardes seur celi de qui on requiert la trive ou l'asseurement et doubler de jour en jour, si que cil viegne avant pour son damage eschiver; et s'il ne veut venir ne pour damage ne pour el ʰ, quant il sera apelés par .iii. quinzaines en prevosté et puis par .iii. assises, s'il ne vient, il doit estre banis; et puis qu'il sera banis, l'en puet demander la trive ou l'asseurement au plus prochien après. Mes pour le peril du delai quant il se destournent ⁱ, li cuens puet prendre et doit ʲ le contens en sa main et defendre seur cors et seur avoir qu'il ne mesfacent li un as autres. Et s'il mesfont li un as autres ᵏ par ˡ deseure la defense le conte, s'il i a mort d'homme, tuit

a) *GHJK* aroit. — b) *HJK omettent* au seigneur. — c) *C* istr. hors de; *GHJK* et [*G* il seroit] mis hors de pris. — d) *GHJK* ou par prison. — e) *AG* brisie. — f) *GHJK* on doit perdre. — g) *ABCEF omettent* par droit. — h) *C* pour autre chose. — i) *C* destourne. — j) *C* doit penre et puet le c.; *GHJK* cuens doit prenre le c. — k) *BCEF omettent* Et s'il mesfont ... autres. — l) *CHJK* autres et par.

cil qui sont au fet chieent en la merci le conte de cors et d'avoir ; et s'il i a fet sans mort, comme de navreure ou de bateure, l'amende de chascun de ceus qui sont coupable du mesfet [a] est de .LX. lb. au conte.

1700. Se aucune mellee nest entre gentius hommes en laquele il n'a pas mort d'homme, mes navreure ou bateure, et l'en veut demander trive ou asseurement, l'en le doit demander a ceus a qui li mesfès fu fes, ne l'en ne le puet demander a autrui du lignage devant que cil a qui li mesfès a esté fes sera banis si comme il a esté dit dessus [b].

1701. Il avient souvent que mellees muevent, ou contens ou menaces, entre gentius hommes ou entre gens de poosté, et puis chascune partie est si orgueilleuse qu'ele ne deigne demander trive ne asseurement ; mes pour ce ne demeure pas que pour l'establissement au bon roi Loueïs[1] l'en n'i[c] doie metre conseil tel que chascuns qui tient en baronie, si comme li cuens de Clermont [d] et li autre baron, quant sevent qu'il a entre parties fet ou [e] menaces et il ne deignent requerre trives ne asseurement, il doivent fere prendre les parties et contraindre les a donner trives se ce sont gentil homme ; et se ce sont gent de poosté, il doivent estre contraint a fere droit asseurement ; et s'il se destournent qu'il ne puissent estre pris, li destourné doivent estre contraint par gardes et par apeaus, et mener dusques au banissement si comme il est dit dessus.

1702. Trop mauvese coustume souloit courre en cas de guerre ou roiaume de France, car quant aucuns fes avenoit de mort, de mehaing ou de bateure, cil a qui la vilenie avoit esté fete regardoient aucun des parens a ceus qui leur avoient fete la vilenie et qui manoit loins du lieu la ou li fes avoit esté fes si qu'il ne savoit [f] riens du fet, et puis aloient la

---

a) *ABEF* du fet. — b) *C* il est dit ; *HJK* comme dit est. — c) *GHJK* omettent n'. — d) *HJK* omettent de Clermont. — e) *GHJK* omettent ou. — f) regardoit, li avoient, manoient *et* savoient *dans tous les mss.*

---

1. Peut-être l'ordonnance considérée comme étant de 1245, en fragment par Ducange, *Dissertation XXIX sur l'Histoire de saint Louis*, édit.

de nuit et de jour[g] et, si tost comme il le trouvoient, il
l'ocioient ou mehaignoient ou batoient ou en fesoient toute
leur volenté, comme de celui qui ne s'en donnoit garde et
qui ne savoit riens que nus qui li apartenist de lignage leur
eust riens mesfet[a]. Et pour les grans perius qui en avenoient, li bons rois Phelippes[b] en fist un establissement[1] tel
que, quant aucuns fes est avenus, cil qui sont au fet present
se doivent bien garder puis le fet ne vers ceus ne queurt
nule trive devant qu'ele est prise par justice ou par amis ;
mes tuit li lignage de l'une partie et de l'autre qui ne furent
present au fet ont par l'establissement le roi .xl. jours de
trives et, puis les .xl. jours, il sont en la guerre ; et par ces
.xl. jours ont li lignage loisir de savoir ce qui avient a leur
lignage, si qu'il se pueent pourveoir ou de guerroier ou de
pourchacier asseurement, trives ou pes.

1703. S'il avient qu'aucuns fes soit fes par lequel il
conviegne que cil qui sont au fet soient en guerre, et il i a
aucuns de leur lignage qui se metent en leur compaignie
pour aus aidier, — si comme s'il se tienent armé avec aus
ou il les tienent a garant aveques aus[c] en leur mesons, —
teus manieres de gens sont en la guerre si tost comme il
leur commencent a aidier de leur guerre, et faut quant a aus
le trive qui est dite dessus de .xl. jours, car il est aperte
chose qu'il sevent bien le fet quant il s'entremetent de guerroier aveques ceus qui au fet furent.

1704. Quant aucuns se venge de ce que l'en li a mesfet a
aucuns de ceus qui ne furent pas au fet dedens les .xl. jours
qu'il ont trives par l'establissement dessus dit, l'en ne le

---

a) *HJK omettent* de nuit et de jour. — a) *HJK omettent* que nus qui
... mesfet. — b) *E* rois Loeys. — c) *BEF omettent* ou il les .. aveques aus.

Favre, p. 104. Comparez P. Viollet, *Établissements de saint Louis*, t. I,
p. 182, et t. IV, p. 322.

1. Cette ordonnance n'a pas été conservée. Ce que dit Laurière, *Ord.*, I,
46, est basé uniquement sur ce passage de Beaumanoir. Cf. aussi dans *Ord.*,
I, 56, une ordonnance du roi Jean, du 9 avril 1353, où se trouve rappelée
une autre ordonnance attribuée par lui à Louis IX et datée par Laurière de
1245 par confusion avec celle que nous citons au § 1701.

doit pas apeler venjance mes traïson ; et pour ce, cil qui en ceste maniere mesfont a ceus qui sont en trives, doivent estre justicié en tele maniere que, s'il i a homme mort, il doivent estre trainé et pendu, et doivent perdre tout le leur ; et s'il n'i a fors bateure, il doit avoir longue prison, et est l'amende a la volenté du seigneur de la terre qui tient en baronie, car ce n'est pas resons que nus sires dessous celui qui tient en baronie ait l'amende des trives enfraintes, qui sont donnees du souverain, ains en apartient l'amende et la connoissance du mesfet au conte.

1705. Il avient souvent qu'aucun lignage sont en trives ou en asseurement li un vers les autres et pour ce ne demeure pas qu'aucuns nouveaus contens ne nesse entre aucuns de ceus du lignage si que, par le nouveau fet, il i a mellee ou fet aparant. Or veons donques se trives ou asseuremens[a] est brisiés en tel cas. Nous disons que non, car en acuser autrui de trives ou d'asseuremens brisié il convient que li mesfès dont li asseuremens ou la trive est brisiés[b] nesse du premier mesfet pour quoi la trive ou li asseuremens fu donnés, si que cil qui se defendent ne puissent proposer cas de nouveau fet. Et en cel cas se doit mout la justice prendre garde queus fu li premiers fes dont li asseuremens ou la trive fu donnee, et queus fu li derrains fes du quel il se vuelent defendre qu'il n'ont brisié trive ne asseurement. Et se la justice voit que li derrains contens commençast pour la cause du premier, il doit ouvrer en tel cas comme de trive ou d'asseurement brisié. Mes se li fes est si nouveaus que l'en ne puist savoir qu'il soit meus du premier fet, ains est aperte chose que pour nouveau fet li contens est meus entre les parties, l'en ne doit pas prendre venjance du fet comme de trives enfraintes ou d'asseurement brisié ; ainçois doit on prendre venjance selonc le mesfet aussi comme s'il n'i eust onques eu trives ne asseurement.

---

a) *AFHJK* ou li asseurem.; *G* li trieves ou li asseurem. — b) *GHJK* omettent dont li ... est brisiés.

1706. Ce que nous avons dit de ᵃ nouveaus fes qui avienent entre ceus qui sont en trives ou en asseurement, nous entendons entre les persones du lignage de l'une partie et de l'autre qui ne fiancierent pas la trive ne l'asseurement, car cil qui droitement donnerent trive ou asseurement, s'il se mellent puis ensemble, ne se pueent puis escuser que ce soit de nouveau fet. Donques se aucuns ples muet entre aus, il doivent querre leur reson par droit et par coustume ; et s'il muevent mellee ou il a fet aparant, cil qui l'a commencié doit estre justiciés comme de trive enfrainte ou d'asseurement brisié, mais a celi qui se defent ne doit ᵇ on riens demander, car il loit a chascuns qui est assaillis a soi defendre pour eschiver peril de mort ou de mehaing.

1707. Pierres et Jehans s'estoient mellé ensemble et i avoit fet aparant, et fu li uns et li autres si orgueilleus qu'il ne deignerent requerre trives ne asseurement, ne plainte fere du fet. Nous seumes le fet: si les preimes et vousismes qu'il feissent droit asseurement, et chascune partie proposa qu'ele n'estoit pas tenue a fere quant partie ne le requeroit et nous requistrent que nous leur feissons droit, et nous a leur requeste ᶜ meïsmes en jugement a savoir mon se asseuremens se devoit fere entre aus.

1708. Il fu jugié que nous, de nostre office, quant savions le fet aparant, pouions et devions tenir les parties emprisonnees dusques a tant qu'asseuremens fust fes, ou pes bonne et certaine de l'assentement des parties, car mout de maufès pueent estre pour ce delessié, et il loit bien a tous princes et as barons a esteindre ᵈ en justiçant les maus qui pueent avenir ᵉ.

Ici fine li chapitres des trives et des asseuremens.

a) *HJK* des. — b) *B* omet depuis *on riens demander jusqu'à la fin du chapitre.* — c) *A* a la requeste d'aus. — d) *A* estraindre. — e) *GHIK* est. les maus qui p. aven. en justichant. — Explic.) *C* répète la rubrique; *GH* Explicit; *FJK* n'ont pas d'explicit.

LXI.

Ici commence li .LXI. chapitres de cest livre liqueus parole des apeaus, et comment on doit apeler et puet, et de fourmer son apel, et des banis.

1709. Souvent avient es cours laies que li plet chieent en gages de bataille ou que apenseement li uns apele l'autre de vilain fet par devant justice : si est bon que nous en façons propre chapitre, liqueus enseignera des queus cas l'en puet apeler et queles personnes pueent apeler[a] et estre apelees, et lesqueles[b] non[c], et comment l'en doit fourmer son apel, et le peril qui est entre teus apeaus, et lesqueus apeaus li seigneur ne doivent pas soufrir, si que cil qui vourront apeler sachent comment il se doivent maintenir en plet de gages et la fin a quoi il en pueent venir s'il enchieent du plet.

1710. De tous cas de crime l'en puet apeler ou venir a gages se l'acuseres en veut fere droite[d] acusacion selonc ce qu'apeaus se doit[e] fere, car il convient que cil qui est apelés s'en defende ou qu'il demeurt atains du fet du quel il est apelés[f]. Mes il i a bien autre voie que de droit apel, car ains que l'apeaus soit fes, se cil qui veut acuser[g] veut[h], il puet denoncier au juge que teus mesfes a esté fes a la veue et a la seue de tant de bonnes gens qu'il ne puet estre celés,

Rubr.) *A omet* et puet; *BCEGHJK omettent* de cest livre; *CEGHJK* chap. qui parole: *CJK ont le même texte qu'à la table; F n'a pas de rubrique; H* Chi commenche li .LXI. capitre, *et ensuite, écrit par Fauchet:* des appeaulx et comment l'en puet et doit appeller et former son appel et des bannys. — a) *GHJK omettent* et quel. pers. pueent apel. — b) *G et* desquieus. — c) *HJK omettent* et lesqueles non. — d) *GHJK omettent* droite. — e) *A* vieut. — f) *HJK omettent* du quel ... apelés. — g) *GHJK* veut apeler. — h) *C omet* veut.

et seur ce il en doit fere comme bons juges. Adonques li souverains[a] en doit enquerre, tout soit ce que la partie ne se vueille couchier[b] en enqueste; et s'il trueve le mesfet notoire et apert, il le puet justicier selonc le mesfet, car male chose seroit, se l'en avoit ocis mon prochien parent en pleine feste ou devant grant plenté de bonne gent, s'il convenoit que je me combatisse pour le vengement pourchacier; et pour ce puet on en teus cas qui sont apert aler avant par voie de denonciacion.

1711. Qui droitement veut apeler, il doit dire ainsi, se c'est pour murtre : « Sire, je di seur tel — et le doit nommer — qu'il, mauvesement et en traïson m'a murtri tele personne — et doit nommer le mort — qui mes parens estoit, et par son tret[c] et par son fet et par son pourchas. S'il le connoist, je vous requier que vous en faciés comme de murtrier; s'il le nie[d], je le vueil prouver de mon cors contre le sien ou par homme qui fere le puist et doie pour moi, comme cil qui a essoine, lequel je mousterrai bien en tans et en lieu. » Et s'il apele sans retenir avoué, il convenra qu'il se combate en sa persone et ne puet puis avoir avoué. S'il apele pour autre cas que pour murtre, comme pour occision ou pour aucun des cas devant nommés des queus l'en puet apeler, il doit nommer le cas[e] pour quoi il apele, et dire[f] la maniere du fet et offrir a prouver s'il est niés de partie, par li ou par autre, si comme il est dit dessus[g].

1712. Cil qui est apelés ne se doit departir de devant le juge[h] devant qu'il a respondu a l'apel. Et s'il a aucunes resons par lesqueles il vueille dire qu'il n'i doit avoir point d'apel, il les doit toutes proposer et demander droit seur chascune reson si comme ele a esté proposee de degré en degré; et doit dire que se drois disoit que ses resons ne fussent pas bonnes par quoi li gage n'i fussent, si met il jus toute vilaine euvre et nie le fet proposé contre li et s'offre a

---

a) *GHJK* bons juges et en doit. — b) *GHJK* vueille pas metre en. — c) *C* son attrait. — d) *BE* s'il nie ce. — e) *EF* omettent le cas. — f) *E* et doit nommer la. — g) *HJK* si comme dit est. — h) *B* le jugié.

defendre par li ou par homme qui fere le puist et doie comme cil qui a essoine et le mousterra en tans et en lieu. Adonques li juges doit prendre les gages de l'apeleur et de l'apelé, sauves les resons de celui qui est apelés.

1713. Se[a] cil qui apele ou qui est apelés veut avoir avoué qui se combate pour lui, il doit moustrer son essoine quant la bataille sera jugiee. Pluseur essoine sont par lesqueus ou par l'un des queus l'en puet avoir avoué. Li uns des essoines si est se cil qui veut avoir avoué moustre qu'il li faille aucun de ses membres, par lequel il est aperte chose que li cors en est plus foibles; li secons essoines si est se l'en a passé l'aage de .LX. ans; li tiers essoines si est se l'en est acoustumés de maladie qui vient soudainement comme de goute arteticle ou d'avertin[b]; li quars essoines si est se l'en est malades de quartaine, de tierçaine[c] ou d'autre maladie apertement seue sans fraude; li quins essoines, si est se fame apele ou est apelee, car fame ne se combat pas, si comme il est dit dessus.

1714. Se uns gentius hons apele un gentil homme et li uns et li autres est chevaliers, il se combatent a cheval, armé de toutes[d] armeures teles[e] comme il leur plera, excepté coutel a pointe et mace. D'arme[f] moulue[g] ne[h] doit chascuns porter que .II. espees et son glaive; et aussi, s'il sont escuier, .II. espees et .I. glaive.

1715. Se chevaliers ou escuiers apele homme de poosté, il se combat a pié, armés en guise de champion, aussi comme li hons de poosté, car parce qu'il s'abesse en apeler si basse persone, sa dignetés est ramenee en cel cas a teus armeures comme cil qui est apelés[i] a[j] de son droit, et mout seroit crueus[k] chose se li gentius hons apeloit un homme de poosté et il avoit l'avantage du cheval et des armeures[l].

1716. Se li hons de poosté apele gentil homme, il se

---

a) *C* Car chelui qui. — b) *C* goute article ou d'autre. — c) *A* omet de tierçaine; *C* de mal. de tierchaine ou de quartaine ou. — d) *ABCEF* de teles arm. — e) *BCEF* omettent teles. — f) *E* mace ne de arme moul. — g) *CG* armes moulues. — h) *B* moul. ne ne. — i) *A* omet apelés. — j) *C* omet a; *EF* doit avoir de. — k) *C* anieuse. — l) *HJK* des armes.

combat a pié en guise de champion et li gentius hons a cheval, armés de toutes armes, car en aus defendant il est bien avenant[a] qu'il usent de leur avantages[b].

1717. Se uns[c] hons[d] de poosté apele un[e] homme de poosté[f], il se combatront a pié. Et de toute tele condicion est li champions a la gentil fame s'ele apele ou est apelee, comme il est devisé des gentius hommes[g] ci dessus.

1718. Li cheval et les armeures de ceus qui vienent en la court du souverain pour combatre sont au souverain, soit pes fete ou ne soit; ne pes ne se puet fere ne clamer quite li uns l'autre sans l'acort du souverain. Mes s'il se combatent et li cheval sont tué et les armeures empiriees, li sires n'en ra nul restor, mes cil qui est vaincus pert le cors et quanqu'il a de quelconque seigneur qu'il tiegne; et vient la forfeture a chascun seigneur de qui il tenoit et si mueble et si chatel aussi as seigneurs dessous qui il sont trouvé. Et en ceste maniere quiconques est condamnés de lait fet, par lequel[h] fet il doie perdre le cors, si mueble et si eritage sont demené en tele maniere que li seigneur qui ont le sien par reson de forfeture ne sont tenu a paier riens que cil qui est condamnés du fet deust de dete[i].

1719. Chascun[j] jour que gentil homme vienent en court pour gages[k] ou contremandement[l] as jours qu'on puet contremander, li premiers jours doit .x. s. et li secons jours .xx. s., li tiers jours .xl. s.; et de tous les jours assenés de justice ou alongiés par acort de partie a chascun jour l'amende double. Et se la bataille est d'homme de poosté, la premiere journee[m] est[n] de .v. s.[o] d'amende[p], la seconde de .x. s., la tierce de .xx. s., et tous jours double.

---

a) *G* drois. — b) *JK* qu'il use de son avantage. — c) *CEF* Se li hons; *HJK* omettent uns. — d) *AB* omettent hons. — e) *CG* ap. un autre homme; *HJK* omettent un. — f) *G* poosté comme li. — g) *GHJK* omettent des gentius hommes. — h) *GHJK* par quelque fet. — i) *ABCEF* omettent de dete. — j) *CGHJK* A chasc. — k) *BEF* gages de bataille. — l) *EFGHJK* contremandent. — m) *G* le premier jour; *HJK* omettent la premiere journee. — n) *GHJK* l'amende est. — o) *HJK* .v. s. [*JK* de] la premiere journee. — p) *BEFGHJK* omettent d'amende.

1720. Se bataille est en la court d'aucun des hommes le conte pour mueble ou pour eritage entre persones de poosté, li vaincus pert la querele pour quoi li gage furent donné et si l'amende au seigneur en quel court la bataille est, et l'amende est de .lx. s. Et se la bataille est[a] de gentius hommes, cis qui est vaincus pert la querele et l'amende au seigneur de .lx. lb.

1721. Chascuns, par la coustume de Clermont, en gages de muebles ou de chateus puet avoir avoué s'il le requiert, soit qu'il ait essoine ou qu'il n'en ait point, et li champions vaincus a le poing coupé[b]; car se n'estoit pour le mehaing qu'il en porte, aucuns par barat se pourroit feindre par louier et se clameroit vaincus, par quoi ses mestres en porteroit le damage et la vilenie, et il[c] en porteroit l'argent, et pour ce est bons li jugemens du mehaing.

1722. Il est en la volenté du conte de remetre en sa court quant il li plera les gages pour muebles ou pour eritages, car quant li rois[d] Loueïs les osta de sa court[1], il ne les osta pas de la court a ses barons; et s'il ne les pouoit rapeler en sa court, donques avroit il meins de seignourie[e] en sa court en ce cas que li homme es leur[f].

1723. Il est en la volenté des hommes de la conteé de Clermont de tenir leur court s'il leur plest de cel cas selonc l'ancienne coustume ou selonc l'establissement le roi; mes se li ples est entamés seur l'establissement par la soufrance du seigneur, li sires ne le puet puis metre a gages, se partie

---

a) *A* omet et l'amende ... bataille est. — b) *B* champ. vaincus pert le poing a le poing coupé, car; *EF* ch. vainc. pert le poing et l'a coupé, car. — c) *GHJK* et cil. — d) *A* li sains rois; *C* li bons rois. — e) *BEF* avroit il meindre seignourie. — f) *C* homme en leur court.

---

1. Le texte critique de cette célèbre instruction (plutôt qu'ordonnance) sur la procédure d'enquête a été établi par M. P. Viollet, *Établissements de saint Louis*, I, 487; il a été réimprimé par M. Ch.-V. Langlois dans les *Textes relatifs à l'histoire du Parlement*, xxx, p. 45. M. Jos. Tardif, *Nouvelle Revue historique de droit*, XI, 163, en a fixé la date, souvent controversée, au parlement de la Nativité 1258 (8-15 septembre). Voyez en outre Guilhiermoz, *Saint Louis, le gage de bataille et la procédure civile*, dans la *Bibliothèque de l'Ecole des Chartes*, XLVIII, 111, et rectifiez ci-dessus, p. 104, la date donnée dans la note 1.

s'en^a veut aidier^b. Et aussi se li ples est entamés seur les gages par l'ancienne coustume, li sires ne le puet pas ramener a l'establissement le roi, se ce n'est par l'acort des deus parties, car il convient querele de gages et toutes autres quereles demener selonc ce que li ples est entamés.

1724. Se gage sont pour aucunes barres de querele, non pas du principal du plet, li vainqueres^c ne gaaigne fors la barre pour quoi li gage furent donné ; et pour ce est il a entendre, se la barre estoit dilatoire, — aussi comme se uns hons demandoit a un autre .c. lb. et cil disoit que cis jours ne seroit pas venus devant un terme qu'il nommeroit a venir, ou s'il alligoit respit, liqueus termes ou respis li seroit niés du demandeur et cil l'aramiroit a prouver et li demanderes leveroit un des tesmoins, — s'il vainquoit, il gaaigneroit que li jours seroit venus de la dete ; et s'il estoit vaincus, cis avroit le respit et, pour ce qu'il li avroit demandé sa dete devant le jour, il avroit tel pourfit qu'il avroit tout le terme et autant de tans après le jour comme il avroit demandé devant^d le jour.

1725. Nous avons parlé de ces .ii. barres dilatoires, que¹ par ces deus puet on entendre^e la connoissance des autres ; et a briement parler toutes barres et toutes excepcions sont dilatoires par lesqueles les besoignes de quoi l'en plede ne font fors alongier, et celes qu'on apele peremptoires sont les resons que l'en met avant par lesqueles ou par aucune des queles, se on la prueve, querele est gaaignie : si comme se l'en me^f demande .c. lb. et je met avant qu'il les me donna pour mon service, ou j'alligue paiement, se je prueve l'une de ces choses, la querele est perie au demandeur ; ou se l'en me demande eritage et je di qu'il m'est descendus de pere ou de mere, ou que je l'achetai, ou qu'il

---

a) *BEF* part. ne veut; *C* part. ne s'en veut. — b) *E* omet aidier. — c) *JK* plet celui qui vainc ne. — d) *A* devant le terme devant le j. — e) *BCEF* p. on entrer en la conn. — f) *A* se je demande.

---

1. *que*, attendu que.

m'escheï de costé, toutes teus resons sont peremptoires, car se j'en puis l'une prouver j'ai la querele gaaigniée.

1726. S'il avient qu'aucuns des hommes le conte ait fet donner trive ou asseurement a aucun de ses sougiès et la trive est brisiee ou li asseuremens, li sires le doit fere apeler en sa court par .III. quinzaines s'il est hons de poosté, et puis par une quarantaine en lieu d'une assise qu'il avroit s'il estoit apelés*a* en la court du souverain; et s'il ne vient*b*, il doit estre banis seur la hart et estre justiciés du fet s'il est puis tenus.

1727. Or est assavoir, se aucuns est banis seur la hart de la court a aucun des hommes le conte, pour quel vilain cas de crime que ce soit, que li cuens fera ? Il le doit fere ajourner la ou il souloit demourer a la premiere assise, mes qu'il i ait .XL. jours d'espace. Et s'il ne vient et il est tesmoignié par bonnes gens qu'il est banis de la court a un de ses hommes, il doit estre banis de toute la conteé*c*. Et s'il vient ou il est pris avant qu'il soit banis de la conteé, en la terre le conte ou en la terre a aucun de ses hommes des queles il ne fu pas banis, il avra l'enqueste du fet s'il s'i veut metre, et sera jugiés selonc l'enqueste. Et s'il ne se veut metre en l'enqueste, li cuens de son office en enquerra ; et s'il trueve le fet notoire, il sera justiciés du mesfet ; et se li fes n'est trouvés bien clerement pour la soupeçon qu'il atendi a estre banis et pour ce qu'il ne vout atendre l'enqueste du fet, il doit estre tenus en prison a tous jours, si que par ce li autre en soient chastié de teus manieres de mesfès.

1728. Quant uns hons est banis de la court a aucun des hommes le conte, nus des autres hommes ne le puet ne ne doit receter, ains le doit prendre s'il le trueve seur sa terre et doit fere savoir au conte qu'il tient tel bani, et le doit demener selonc ce qu'il a dit dessus que li cuens le doit demener quant il le tient.

1729. Tous ceus qui sont bani de la court a aucun des

---

a) *B E F omettent* s'il estoit apelés. — b) *E F* s'il ne veut venir, il. — c) *A* conteé le conte. Et; *GHJK* conteé en le terre le conte.

hommes le conte, li banissemens ne dure fors tant comme la terre du seigneur tient en quel court il est banis, mes pris doit estre ᵃ s'il est trouvés en la conteé et demenés ᵇ selonc ce qui est dit dessus.

1730. Autrement doit aler s'il est banis de la court le conte, car li banissemens qui est fes en la court le conte dure par toute la conteé ᶜ, et en son demaine et ou demaine de tous ses sougiès; et quiconques les recete et set le banissement, sa mesons doit estre abatue et est l'amende en la volenté le conte de quanqu'il a vaillant, et encore peine de prison, car mout mesfet a son seigneur qui reçoite son bani.

1731. Se li cuens rapele aucun ᵈ bani pour aucune cause de pitié, — si comme il a entendu que cil qui fu banis, ou point qu'il fu apelés et banis, fu en estrange païs ou en pelerinage, et est aperte chose qu'il ne seut riens des apeaus ne du banissement, ne il ne fu qui ou banissement ne es apeaus l'en escusast, ou li cuens a puis seu de certain qu'il n'a coupes ou fet pour quoi il fu banis, — il fet euvre de misericorde de rapeler tel maniere de banissement.

1732. Se li banis est rapelés par le souverain pour aucune cause de pitié, si comme j'ai dit dessus, il doit ravoir tout ce qui estoit tenu du sien pour la soupeçon du mesfet, soit que li cuens le tiegne ou autres, car cil qui est assous en la court du souverain ne puet pas estre tenus pour condamnés en la court des sougiès. Mes autre chose seroit se li cuens rapeloit son bani par louier, ou par priere, ou par sa volenté sans cause de pitié, car en teus rapeaus li sougiet ne li ᵉ rendroient pas ce qu'il tenroient ᶠ du sien pour le mesfet, s'il ne se fesoit purgier par jugement du mesfet ᵍ pour quoi il fu banis ʰ, si comme s'il estoit apelés et il se delivroit de l'apel, ou il se metoit en l'enqueste et il estoit

---

a) *GHJK* mes il doit estre demenés s'il. — b) *GHJK omettent* et demenés. — c) *HJK* toute se terre. — d) *GHJK* rap. son b. — e) *GHJK omettent* li. — f) *GHJK* avroient. — g) *GHJK* du mesfet par jugement. — h) *GHJK omettent* pour quoi il fu banis.

CHAP. LXI. — DES APEAUS ET DES BANIS.

delivrés par l'enqueste[a], car adonques convenroit il qu'il eust le sien, quiconques le tenist.

1733. Li homme qui ont fet en leur court aucun banissement pour cas de crime ne pueent le banissement[b] rapeler sans l'acort[c] le conte pour nule cause, mes ce puet bien fere li cuens, si comme j'ai dit dessus[d].

1734. Encore par nostre coustume nus ne puet apeler son seigneur a qui il est hons de cors et de mains, devant qu'il li a delessié l'homage et ce qu'il tient de li. Donques se aucuns veut apeler son seigneur d'aucun cas de crime ou quel il chiee apel, il doit ains l'apel venir a son seigneur en la presence de ses pers et dire en ceste maniere : « Sire, j'ai esté une piece en vostre foi et en vostre homage et ai tenu de vous teus eritages en fief. Au[e] fief et a l'homage et a la foi je renonce pour ce que vous m'avés mesfet, du quel mesfet j'entent a querre venjance par apel. » Et puis cele renonciacion, semondre le doit fere en la court de son souverain et aler avant en son apel[f]; et s'il apele avant qu'il ait renoncié au fief et a l'homage, il n'i a nul gage, ains amendera a son seigneur la vilenie qu'il li a dite en court, et a la court aussi, et sera chascune amende de .LX. lb.

1735. Nous disons, et voirs est selonc nostre coustume, que pour autant comme li hons doit a son seigneur de foi et de loiauté par la reson de son homage, tout autant li sires en doit a son homme ; et par ceste reson pouons nous veoir que, puis que li hons ne puet apeler son seigneur tant comme il est en son homage, li sires ne puet apeler son homme devant qu'il a renoncié a l'homage. Donques se li sires veut apeler son homme, il doit quitier l'homage en la presence du souverain devant qui il apele, et puis puet aler avant en son apel.

1736. Li aucun cuident que je puisse lessier le fief que

---

a) *B E F omettent* et il estoit ... l'enqueste. — b) *H J K* ne le pueent rapeler. — c) *A* la court. — d) *J K* comme dit est. — e) *G H J K* au quel fief. — f) *C omet* Et puis cele ... son apel.

je tieng de mon seigneur et la foi et l'homage toutes les fois qu'il me plest, mes non puis s'il n'i a resnable cause; nepourquant quant on les veut lessier, li seigneur les reprenent[a] volentiers par leur couvoitise. Mes s'il avenoit que mes sires m'eust semont pour son grant besoing ou pour l'ost du conte ou du roi et je en cel point vouloie lessier mon fief, je ne garderoie pas bien ma foi ne ma loiauté vers mon seigneur, car fois et loiautés est de si franche nature qu'ele doit estre gardee et especiaument a celi a qui ele est pramise; car a l'homage fere pramet on a son seigneur foi et loiauté, et puis qu'ele est pramise, ce ne seroit pas loiautés de renoncier i ou point que ses sires s'en doit aidier.

1737. Or veons donques, se je renonce a mon fief pour ce que je ne vueil pas mon seigneur aidier a son besoing, que mes sires en pourroit fere, car il ne puet justicier fors ce que je tieng de li, et ce li ai je lessié. Que fera il donc? Je di, s'il li plest, qu'il me pourra trere en la court du souverain par apel et me pourra metre sus que j'avrai ouvré vers li faussement, mauvesement et desloiaument, et i avra bonne cause d'apel.

1738. Pour ce que je di ore que li sires doit autant de foi et de loiauté a son homme, comme li hons a son seigneur, ce n'est pas pour ce a entendre que li hons ne soit tenus en mout d'obeïssances et en mout de services[b], dont li sires n'est pas tenus a[c] son homme, car li hons doit aler as semonses son seigneur et est tenus a fere ses jugemens et a tenir ses commandemens[d] resnables et a li servir si comme j'ai devant dit. Et en toutes teus choses n'est pas li sires tenus a son homme, mes les fois et les loiautés que li sires a a son homme[e] se doivent[f] entendre[g] a ce que li sires se doit garder qu'il ne face tort a son homme et le doit mener

---

a) *GHJK* rechoivent. — b) *HJK omettent* et en ... services. — c) *G* tenus en plus d'obeissances envers son seigneur que n'est li sires envers son h. — d) *BEF omettent* et a tenir ses comm. — e) *C omet* mes les fois ... son homme. — f) *ABCGHJK* doit. — g) *EF* estendre; *dans E ce mot a été corrigé en* entendre.

debonairement^a et par droit; et si li doit garder et^b garantir^c ce qu'il tient de li en tele maniere que nus ne l'en face tort, et en ceste maniere puet li sires garder sa foi vers son homme et li hons vers son seigneur.

1739. Li sires ne fist pas ce qu'il dut a son homme qui li vout demander .IIII. roncis qu'il devoit de .IIII. fiés et l'en fist semondre a quinzaine de l'un^d, a l'endemain de la quinzaine^e du secont, et au tiers jours de la quinzaine du tiers, et au quart jour de la quinzaine du quart^f, et au cinquisme jour de la quinzaine il le fesoit semondre a respondre a tout ce qu'il li savroit que demander; car il est aperte chose que li sires ne fesoit teus semonses a son homme fors pour li grever, car li sires puet a son homme demander en une seule journee ce de quoi il le fesoit semondre en .v. journees. Or veons donques que li homme doivent fere qui sont semont en tele maniere. Il doivent venir a la premiere journee et requerre a leur seigneur qu'il rapeaut les semonses des autres journees^g et li demant^h en cele journee tout ce qu'il li plera; et se li sires ne le veutⁱ fere, li hons l'en doit^j requerre droit. Et se li sires li vée a fere droit, il a^k bon apel vers son seigneur de defaute de droit quant il l'avra requis et sommé par .III. quinzaines en la presence de ses pers, et se ses sires l'en fet jugement et li jugemens est contre l'homme, li hons a bon apel de faus jugement.

1740. Quiconques veut son seigneur apeler de^l defaute de droit, il doit tout avant requerre son seigneur qu'il li face droit et en la presence de ses pers. Et se li sires li vée, il a bon apel de defaute de droit^m. Et s'il apele avant qu'il ait

---

a) *EF* mener a bon errement et par. — b) *GHJK* doit aidier a garantir. — c) *BEF* omettent et garantir. — d) *AB* de hui; *C* de wit; *E* du premier; *F* omet de l'un; *G* de huy. — e) *F* omet a l'end. de la quinz. — f) *E* et du secont au secont jor de le quinzaine et du tiers au tiers jor de le quinzaine et du quart au quart jour de le quinzaine. — g) *BEF* jors. — h) *GHJK* qu'il rapelent les autres journees des semonses et li demandent. — i) *GHJK* vueillent. — j) *GHJK* hommes en doivent. — k) *GHJK* et si (*HJK* se ilz) leur veent a fere, il y a b. ap. — l) *C* apel. de faus jugement ou de def. — m) *HJK* omettent et en la presence ... defaute de droit.

son seigneur sommé ᵃ en ceste maniere, il est renvoiés en la court de son seigneur et li doit amender ce qu'il le traist en court de souverain seur si vilain cas; et est l'amende a la volenté du seigneur de tout ce que l'apeleres tient de li [1].

1741. Tout aussi, se uns hons de poosté veut apeler de defaute de droit, il doit sommer le seigneur de qui il tient par .III. quinzaines si comme il est dit devant ᵇ; et s'il se haste trop ou il enchiet de son apel, il est renvoiés en la court de celi de qui il apela ᶜ et est l'amende a la volenté du seigneur de ce qui est tenu de li.

1742. Cil qui apele de defaute de droit d'autre que de son seigneur, si comme se je plede en la court d'aucun seigneur et je ne sui ne hons ne ostes ne tenans du seigneur, si le doi je sommer par .III. quinzaines qu'il me face droit en la presence de ses hommes. Et se je ne puis avoir ᵈ de ses hommes, je le doi sommer en la presence d'autres bonnes gens qui le me puissent tesmoignier; et quant je l'avrai ᵉ sommé en ceste maniere, s'il ne me fet droit ou il me vée a fere droit, j'ai bon apel. Et se je me haste trop ou j'enchié de mon apel, li sires en qui court j'apelai me doit contraindre a amender loi a celi de qui j'apelai et est l'amende, se je sui gentius hons, de .LX. lb., et se je sui hons de poosté, de .LX. s. Et la resons pour quoi l'amende n'est pas a la volenté de l'apelé, si comme de ses hommes ou de ses tenans, si est tele que chascuns doit plus d'obeïssance et de reverence a son seigneur, ou a celi de qui il est tenans, qu'a estranges persones.

1743. Tuit cil qui apelent de defaute de droit et sont convaincu de leur apel ne sont pas quite tant seulement de fere l'amende a l'apelé, ains l'amendent au seigneur en qui court il apelerent. Et se li apeleres est gentius hons, l'amende est de .LX. lb., et s'il est hons de poosté, l'amende

---

a) *HJK* s'il l'apele avant qu'il l'ait sommé. — b) *G* dessus; *HJK* comme dit est. — c) *GHJK* court de son seigneur. — d) *GHJK* omettent avoir. — e) *A* quant il l'avra.

---

1. Cf. ci-dessous, § 1783-1785.

est de .lx. s. Et par ce puet on veoir qu'en cel cas ᵃ il i a deus amendes en un mesfet, et aussi a il en mout d'autres cas.

1744. Il ne convient pas que cil qui apele de faus jugement mete delai en son apel; ains doit apeler si tost comme li jugemens est prononciés, car s'il n'apele tantost, il convient que li jugemens soit tenus pour bons queus qu'il soit, ou bons ou mauvès ᵇ.

1745. Se cil qui est apelés de defaute de droit ou de faus jugement est ᶜ convaincus en l'apel et atains, il pert le jugier ᵈ et la justice de sa ᵉ terre et si l'amende de .lx. lb. Et se li apeaus est de cas de crime et il en est atains, il pert le cors et quanqu'il a, si comme j'ai dit ᶠ alieurs.

1746. Nous avons dit dessus pluseurs cas de crime des queus l'en puet apeler, et encore parlerons nous de deus cas liquel se pueent prouver par apel. Li premiers cas si est quant aucuns enfraint trives ou brise asseurement et li mesfès ne peut estre seus notoirement ; li soupeçoneus du fet pueent estre apelé, car c'est cas de crime et grans traïsons que de mesfere a celi qui est asseur pour ce qu'il se sent en trive ou en asseurement. Li secons cas si est d'apeler ᵍ de fere fere, si comme quant cil qui apele ne met sus a celi qu'il apele ʰ qu'il ⁱ fust presens a fere le fet, mes il le fist fere par louier, ou pour pramesse, ou par priere, ou par commandement, et de ceste maniere d'apel vi je apeler en la maniere qui ensiut.

1747. Pierres proposa contre Jehan que li dis Jehans par son tret et par son pourchas li avoit fet murtrir un sien oncle et ne disoit pas en son claim que li dis Jehans i eust esté en se persone ; mes disoit qu'il l'avoit fet fere et qu'il l'avoit pourchacié a fere ; et pour conforter son claim il i metoit cause, car il disoit ʲ que cis Jehans l'avoit menacié

---

a) *HJK omettent* qu'en cel cas. — b) *HJK omettent* ou bons ou mauvès. — c) *HJK* jugement et est. — d) *A* le jugement. — e) *BEF* et la connoissance de la terre. — f) *A* dit devant alieurs. — g) *BEF* cas d'apeler [*BE* est]de f. f. — h) *B omet* a celi qu'il apele; *EF omettent* ne met ... qu'il apele; *G* qu'il ha apelé. — i) *E* ne dit mie que chieus fust. — j) *BEF omettent* car il disoit.

que damages li avenroit de son cors. A ce respondi Jehans qu'il n'estoit pas tenus a respondre pour ce qu'il ne metoit pas en son claim qu'il eust esté en sa persone au fet, et apeaus de fere fere n'est pas a recevoir si comme il disoit; et se drois disoit qu'il i fust, il s'offroit a defendre. Et seur ce se mistrent en droit. A cel jugement eut grant debat et vouloient dire li aucun qu'il n'i avoit nus gages ; mes toutes voies la fins fu tele qu'il i estoient, car assés fet qui fet fere et aussi grant peine en doit on porter de fere fere vilain cas comme se l'en le fesoit.

1748. Il est mestiers a celui qui veut apeler autrui ou pluseurs persones d'aucun vilain cas de crime qu'il se gart comment il apelera; car s'il en veut apeler .II. ou .III. ou plus, et il les veut tous metre en gages, il doit apeler l'un tant seulement en sa persone et doit avoir presentement de ses amis pour apeler les autres, si que chascuns en apeaut un ; car s'il les apeloit tous en sa persone et il s'offroient tuit a defendre, il convenroit qu'il se combatist tous seus a tous ceus qu'il avroit apelés, et de cel cas veismes nous ce qui ensuit en la court le roi.

1749. Uns[a] chevaliers apela .III. autres chevaliers d'une occision fete en[b] traïson et mauvesement : s'il le connoissoient, requeroit que l'en en feist comme de teus[c], et s'il le nioient, il l'offroit a prouver par li et par autres par gages de bataille. A ce respondirent li .III. qu'il nioient bien le fet et s'offroient a defendre contre celi qui presentement les avoit apelés ; mes a ce qu'il disoit qu'il le prouveroit[d] par autres aveques li et cil n'estoient denommé en l'apel, il ne vouloient pas qu'il peust prendre es gages autre aide que soi, ains requeroient qu'il, — si comme il estoit seus en l'apel fesant et les avoit apelés tous trois en un meisme cas vilain du quel il s'estoient offert a defendre, — qu'il se combatist tout seus as trois sans aide d'autrui. Et seur ce se mistrent en droit.

a) *C* Verités fu que uns chev. — b) *ABEF* fete et en. — c) *EF* teus homicides et. — d) *A* omet qu'il le prouveroit.

1750. Il fu jugié que li chevaliers qui apeloit se combatroit tous seus contre les trois, car nus ne puet apeler pour persone qui n'est pas presente. Et fu li jours de la bataille assenés, et en dedens le jour li uns des trois mourut, et li dui autre vinrent en court armé et cil qui apelés les avoit ensement; et après tous les seremens et qu'il n'i avoit fors que d'aler ensemble, la pes fu fete. Et par cel jugement puet l'en veoir quant l'en veut acuser et metre en gages pluseurs persones de cas de crime que l'en apeaut chascuns le sien present pour le peril dessus dit.

1751. S'il avenoit qu'aucuns eust apelé aucune persone pour vilain cas et, es gages pendans, li uns du lignage a l'apeleur ou pluseur apeloient autres[a] de ce meisme cas, li gage feroient a recevoir[b], car pluseurs persones puent estre coupables d'un vilain fet : si doit bien drois et coustume soufrir que venjance soit pourchaciee contre tous les coupables. Mes autrement seroit se li derrain apeleur atendoient tant a apeler que li premiers apeaus fust mis a fin ou par bataille ou par pes, car adonques ne seroient pas li derrain gage[c] a recevoir. Et s'il estoit autrement, donques pourroient li gage d'un cas tous jours durer et tele chose ne seroit pas resons.

1752. En apeler[d] de faus jugement en la court ou li homme fievé sont jugeeur, il i a certaine voie de sagement apeler, car en tele maniere pourroit on apeler qu'il se convenroit combatre tous seus a tous les hommes qui avroient fet le jugement, et en tele maniere que l'en se combatroit a deus ou a trois et non pas a tous les hommes[e]. Et qui sagement apele, il[f] ne convient qu'il se combate fors qu'a un tant seulement; et en tele maniere puet il apeler que li apeaus ne vaut riens et qu'il convient que cil qui apele amende la vilenie qu'il a dite[g] as hommes et au[h] jugement[i];

a) *A* autres cas de ce. — b) *A* omet li gage ... recevoir. — c) *GHJK* omettent gage. — d) *GHJK* S'on apele. — e) *HJK* omettent les hommes. — f) *G* trois et non pas a l'homme qui apele sagement car il ne conv. — g) *HJK* convient que cil qui a ditte la vilenie l'amende as h. — h) *G* et en jug. — i) *HJK* omettent et au jugement.

et de toutes ces manieres d'apeaus poués vous veoir ci après.

1753. Quant aucuns apele de faus jugement et il atent tant que li jugemens est prononciés et que tuit li homme se sont acordé au jugement, et li apeleres dit après : « Cis[a] jugemens est faus et mauvès et [b] pour tel le ferai[c] en la court de ceens[d] ou [en autre][e] la ou[f] drois me[g] menra », en tele maniere d'apel il convenroit qu'il se combatist tous seus encontre tous les hommes, se tuit li homme offroient a fere le jugement pour bon.

1754. S'il avenoit que cil qui vourroit apeler de faus jugement se hastoit si d'apeler qu'il ne se fussent encore acordé au jugement fors .ii. ou .iii. ou plus, et non pas tuit li homme[h], et il apeloit en la maniere qu'il est dit dessus[i], il convenroit qu'il se combatist[j] a tous ceus qui seroient acordé au jugement et non pas a ceus qui[k] n'avroient pas encore dit leur acort[l] du jugement.

1755. Qui sagement donques veut apeler et poursivir son apel si qu'il ne se conviegne pas combatre fors a un, il doit dire, quant il voit les jugeeurs apareilliés de jugier, avant qu'il dient riens, en tele maniere au seigneur qui tient le court : « Sire, j'ai ceens un jugement a avoir a la journee d'ui. Si vous requier que vous le faciés prononcier a l'un des hommes et que, tel jugement comme il prononcera, que vous demandés qui l'ensuit a chascun a par soi et par loisir, si que je puisse veoir, se li jugemens est contre moi et j'en vueil apeler, liqueus ensuira du jugement. » Et la cours[m] li doit fere[n] ceste requeste. Et adonques, quant li jugemens est prononciés par l'un des hommes et li secons l'ensuit, il ne doit plus atendre a fere son apel, ainçois doit apeler

---

a) *GHJK* après que li jug. — b) *G* et que pour. — c) *GHJK* fera. — d) *BGHJK* court de ceus. — e) en autre *manque dans tous les mss.; comparez la même formule* § 1755, p. 391. — f) *GHJK omettent* la ou. — g) *GHJK* le. — h) *G* plus des hommes et non pas tous; *HJK omettent* li homme. — i) *HJK* maniere de dessus. — j) *A omet* se combatist. — k) *BEF omettent* seroient acordé … ceus qui. — l) *A omet* acort. — m) *G* Et lors li doit. — n) *JK* ottroier.

celui qui ensuit et dire en ceste maniere a la justice : « Sire, je di que cis jugemens qui est prononciés contre moi et au quel Pierres s'est acordés est faus et mauvès et desloiaus ; et tel le ferai contre le dit Pierre qui s'est acordés au jugement, par moi ou par mon homme qui fere le puist[a] et doie pour moi, comme cil qui a essoine, lequel je mousterrai bien en lieu convenable en la court de ceens ou en autre la ou drois me menra par reson de cest apel. » Et quant il a ainsi dit, cil qui est apelés doit dire que li jugemens est bons et loiaus et offrir loi a fere par li ou par autre qui fere le puist et doie pour son essoine en la court de ceens ou[b] [en autre][c] la ou drois le menra ; et doit requerre qu'il soit demandé a tous les hommes s'il s'acordent au jugement pour ce que sa defense est plus bele quant il s'i sont tuit acordé. Et adonques li juges doit recevoir les gages et prendre bonne seurté de celi qui a apelé de poursuir son apel ; mes a celi qui defent le jugement ne convient point de seurté fere par la reson de ce qu'il est bons et que, s'il ne fesoit le jugement a bon, il perdroit le jugier et si cherroit en l'amende de .LX. lb. au seigneur. Et aussi se cil qui apele ne prueve le jugement a mauvès, il l'amende de .LX. lb. au seigneur et a celi de qui il apela de .LX. lb. ; et s'il apela de pluseurs des hommes, il l'amende a chascun en par soi et est l'amende de chascun[d] de .LX. lb., et pour ce est il resons qu'il face bonne seurté au juge de poursuir son apel.

1756. Quant gage sont receu, soit pour cas de crime ou pour faus jugement, les parties ne pueent fere pes sans l'acort du seigneur.

1757. Se aucuns apele d'hommes qui doivent[e] jugier en la court d'aucun des hommes le conte, li gage ne se doivent mouvoir de cele meisme court, et li sires doit requerre au conte qu'il li preste de ses pers pour aidier sa court a maintenir, et li cuens doit bien fere a son homme ceste requeste.

---

a) *ABCEFHIJK* puet ou pot. — b) *C* omet ou. — c) *Tous les mss. omettent* en autre. — d) *AGHJK omettent* de chascun. — e) *A* doivent; *C* doie.

1758. Quant aucuns apele de faus jugement pour plet qu'il a de mueble, de chatel ou d'eritage, et li sires voit que li cas dont li jugemens est fes est mout de fois avenus et que la coustume est toute tele[a] et bien aprouvee en la conteé, par laquele coustume[b] il est clere chose que li jugemens est bons, il ne doit pas les gages soufrir, ainçois doit fere amender a celi qui apela la vilenie qu'il a dite en court, — mes cele amende n'est que de .x. s., — car il ne loit pas a apeler en plet de mueble ou de chatel ou d'eritage quant coustume est bien aprouvee, pour le jugement. Et se li sires suefre les gages et li homme s'i metent[c], si les puet et doit li cuens fere oster par la reson de ce qu'il doit les coustumes garder et fere tenir[d] entre les sougiès. Car se aucuns apeloit de jugement qui aparroit[e] a estre bons par clere coustume, perius seroit, se li gage estoient soufert, que la coustume ne fust corrompue, si comme se li apeleres vainquoit la bataille, et pour ce ne doit l'en pas teus gages soufrir.

1759. Quant aucuns apele nicement[f], si comme s'il dit : « Cis jugemens est faus et mauvès », et il ne l'offre pas a fere pour tel, li apeaus ne vaut riens, ainçois doit amender la vilenie qu'il a dite en court et est l'amende de .x. s. au seigneur pour vilenie dite, s'il est gentius hons, et s'il est hons[g] de pooesté, .v. s.[h] Mes se uns hons est[i] coustumiers de parler vilainement et il[j] encheoit[k] en cel cas par devant nous, il ne s'en iroit pas sans peine de prison, car il en est assés de teus qui pour si petite partie d'argent ne leroient pas a dire vilenie en court, et pour ce i est peine de prison bien emploiee.

1760. Voirs est qu'uns hons tant seulement ne puet pas fere un jugement nule part en la conteé de Clermont, mes dui homme le font bien, et pour ce soufist li apeaus du se-

---

a) *BEFGHJK* clerc. — b) *HJK omettent* coustume. — c) *GHJK* homme se mesfont. — d) *G* entretenir ; *JK* faire garder et tenir. — e) *A* apartenroit. — f) *G* vitement. — g) *HJK omettent* s'il est hons. — h) *G* pooesté l'amende est de .v. s. ; *JK* .v. s. de pooesté. — i) *BEF omettent* est ; *G* mes s'il est hons coust. — j) *ABCEF omettent* et il. — k) *C* mauv. en chaoir ; *F omet* encheoit.

CHAP. LXI. — DES APEAUS ET DES BANIS.

cont, si tost comme il s'ensuit du jugement. Donques s'il avient d'aucunª des hommes de la conteéᵇ qu'ilᶜ vueille fere jugement tous seus, cil contre qui tel maniere de jugement est fes doit dire : « Sire, je ne tieng pas a jugement ce que vous avés dit, quant je ne voi nului qui vous ensive qui puist ne ne doie jugier en ceste court, et vous requier que vous me faciés droit par hommes. » Et se li sires ne l'en veut autre chose fereᵈ, il le doit sommer soufisaument par .iii. quinzaines en la presence de bonnes gens ; et se li sires ne l'en veut plus fere ou il dit qu'il n'en fera plus et veut metre sonᵉ jugement a execucion, cil qui l'avra sommé soufisaument en la maniere dessus dite avra bon apel de defaute de droit par devant le conte.

1761. Li apel qui sont fet par defaute de droit ne sont pas ne ne doivent estre demené par gages de bataille, mes par moustrer resons par quoi la defaute de droit est clere, et ces resons convient il averer par tesmoins loiaus, s'eles sont niees de celi qui est apelés de defaute de droit. Mes quant li tesmoing vienent pour tesmoignier en tel cas, de quel que partie qu'il viegnent, ou pour apeleur ou pour celi qui est apelés, cil contre qui il vuelent tesmoignier puet, s'il li plest, lever le secont tesmoing et lui metre sus qu'il est faus et parjures, et ainsi puecnt bien nestre gage de l'apel qui est fes seur defaute de droit, si comme nous avons dit dessus que qui veut apeler de faus jugement il doit apelerᶠ le premier qui ensuitᵍ après le premier homme qui rent jugementʰ. Tout ainsi, qui veut fausser tesmoignage il doit lessier passer le premier tesmoing et lever le secont, car par un tesmoing n'est pas la querele perdue ne gaaignie, mes par .ii. le seroit ele, si que, s'il lessoit passer les .ii. tesmoins et il apeloit le tiers ou le quart, l'apeaus ne vauroit

---

a) *EF* avient que aucuns; *HJK* av. se auc. — b) *G* hommes le conte. — c) *ABEFGHJK* omettent qu'il. — d) *A* omet fere. — e) *B* sans; *E* sen, mais on voit encore la trace d'un z final gratté; *F* sen. — f) *A* omet de faus ... apeler. — g) *G* apel. le secont qui vient après. — h) *HJK* omettent après le ... jugement.

riens se li dui premier tesmoing avoient tesmoignié clerement contre li, car autant valent dui bon tesmoing pour une querele gaaignier comme feroient vint.

1762. Bien se gart qui veut apeler tesmoignage comme faus et parjure qu'il ne le lesse pas jurer tout outre ains l'apel, car se li seremens estoit fes il n'i avroit point d'apel, ains convenroit qu'il fust creus de ce qu'il diroit en la querele par son serement. Donques qui veut apeler aucun pour faus tesmoignage, il doit dire au juge : « Sire, tele partie a amené tesmoins contre moi. Je vous requier que je voie jurer en par soi chascun, si que je sache qui vourra tesmoignier et que je puisse dire contre aus ou contre l'un d'aus. » Et ceste requeste li doit li sires fere; et quant li premiers a juré, il doit dire son tesmoignage devant tous, en cas ou l'en puet lever tesmoing, car l'en ne puet pas lever tesmoignages en tous cas si comme vous pourrés[a] veoir ou chapitre des prueves[1]. Et quant li premiers tesmoins a juré et dit son tesmoignage, se li tesmoignages est contre celi[b] qui veut apeler, il doit dire : « Qui est cil qui veut jurer », et li ensuir par son serement. Et si tost comme li secons s'agenouille et tent la main as sains pour jurer[c], cil qui veut apeler doit dire au juge : « Sire, cis tesmoins que je voi apareillié et prest de tesmoignier contre moi, je le lieve de son tesmoignage comme faus et comme parjure; et s'il connoist qu'il soit teus, je vous requier que vous en faciés comme de tel et qu'il soit deboutés de son tesmoignage. » Et s'il s'offre a defendre, li gage doivent estre receu et demené selonc ce qu'il est dit ou chapitre des presentacions[2].

1763. Quant gage sont donné et receu du juge, la querele de quoi li gage sont doit demourer en l'estat qu'ele est ou point que li gage sont donné, se li gage sont pour

---

a) *C* nous porrions veoir; *HJK* vous poués v. — b) *A* contre li celi. — c) *A omet* jurer.

---

1. Ch. xxxix.
2. Ch. lxiv.

mueble ou pour eritage. Et pour quoi li gage soient, bonne seurtés doit estre prise des gages maintenir cors pour cors, et qui ne puet ou ne veut seurté fere, il doit estre retenus en prison dusques a fin de querele.

1764. S'il avient que cis qui est levés pour faus tesmoignage est vaincus, — ou ses avoués, s'il a avoué, — se la bataille est pour muebles ou pour eritages, il doit avoir le poing coupé, cil qui se combat. Se li avoués[a] se combat et il est vaincus[b], cil[c] qui fu levés pour faus tesmoins est atains de faus tesmoignage, et demeure en la merci du seigneur de prendre amende a sa volenté. Et se li cas pour quoi il fu levés fust de crime, il perdroit le cors avec; et toutes auteles pertes comme nous avons dit de celi qui est apelés doit cil recevoir qui apele, s'il ne prueve s'entencion.

1765. Se li tesmoins d'aucun est prouvés a mauvès par gages si qu'il est deboutés de son tesmoignage, cil qui l'a tret a tesmoing ne puet jamès autre tesmoing atrere en cel cas, ains a failli de prueve, et ceste perte doit il recevoir pour ce qu'il amena faus tesmoing, aveques ce que s'amende est a volenté de seigneur.

1766. Nus n'est tenus a tesmoignier pour autrui en cas ou il puet avoir apel, ne n'en doit estre contrains par nule justice, s'il ne li plest; et s'il li plest a porter tesmoignage, si doit il avoir bonne seurté, s'il la requiert, de celi qui l'a tret en tesmoignage, qu'il le deliverra de tous les cous et de tous les damages qu'il avra ou pourra avoir par la reson de son tesmoignage. Et par ceste seurté, s'il est apelés, tuit li coust et li damage de l'apel sont a celi qui l'a tret en tesmoignage, et convient qu'il face son tesmoing bon. Et s'il ne se vouloit trere avant pour fere loi bon, si loit il a celi qui est apelés qu'il se defende au coust de celi qui l'a tret par la seurté dessus dite. Mes s'il tesmoignoit sans avoir seurté ne convenance de celi qui l'a tret de ravoir cous et

---

a) *C* se il a avoué qui pour lui se c.; *G* li autre. — b) *HJK omettent* cil qui se ... vaincus. — c) *HJK* Et cil.

damages, et cil qui l'a tret si se treoit arrieres comme cil qui ameroit mieus a perdre la querele qu'entrer en gages et fere son tesmoing pour bon, li tesmoins pourroit bien recevoir perte et damage, car il convenroit qu'il se feist loiaus tesmoins ou qu'il demourast par devers le seigneur comme mauvès, et si ne ravroit pas ses cous ne ses damages de celi qui l'a tret^a; et pour ce se doit bien chascuns garder comment il entre en tesmoignage en cas ou gage pueent cheoir^b.

1767. Se l'en deboute aucun des tesmoins de celi qui a a prouver par autres voies d'acusacions que par gages, cil qui par bonne cause en sont^c debouté sont^d hors du tesmoignage^e. Mes^f pour ce ne demeure pas^g que cil qui les a tres ne puist avoir autres, mes qu'il n'ait renoncié as tesmoins et que li tans ne soit passés qu'il dut ses prueves amener; et des resons comment on puet^h debatreⁱ tesmoins par autres voies que par gages poués vous veoir ou chapitre des prueves[1].

1768. Chascuns, vueille ou ne vueille, doit estre contrains par son juge, se li juges en est requis, de porter tesmoignage au cas ou il n'a point de peril de gages, si que par les verités seues les quereles prenguent fin et que chascuns puist avoir son droit. Mes en cas ou il puet avoir gages ne tesmoigne il pas qui ne veut si comme il est dit dessus^j, et pour ce est il bon que cil qui veut porter tesmoignage pour autrui sache en quel cas l'en puet apeler et es queus non, si qu'il se puist defendre des gages se l'en le veut apeler, et les cas es queus il n'a nus gages poués vous veoir ou chapitre qui parole des defenses a l'apelé[2].

1769. Cil qui est pris pour cas de crime, qu'on cuide

---

a) *HJK omettent* de celui... tret. — b) *A G* escheoir. — c) *JK* en est deb. — d) *G omet* sont. — e) *BEF* en sont hors debouté de [*E* tes] tesm. (*E* tesmoignages). — f) *G omet* Mes; *HJK omettent* sont hors du tesm. Mes. — g) *GH* ne demeure pas pour ce; *JK* ne forclost pour ce. — h) *B omet* tesmoins et que... on puet. — i) *BCEF* debouter. — j) *HJK omettent* si comme... dessus.

1. Ch. xxxix.
2. Ch. lxiii.

soupeçoneus, et mis en jugement a savoir mon s'il a mort deservie du cas pour quoi on le tient, s'il est condamnés par jugement, il ne puet de tel jugement rapeler, car il est peu ou [a] nus que, s'il estoient jugié a mort, qu'il ne queissent l'apel pour leur vie sauver et alongier, ou pour venir a pes de leur mesfet, et s'il estoit ainsi mout de vilains ses seroient mauvesement vengié [b].

1770. Que ce soit voirs qu'escuiers puet avoir, quant il se combat, chapel de fer a visiere et les autres armes que nous avons dites, il apert par la bataille qui fu ou tans que nous fesions cest livre, de mon seigneur Renaut de Beaurein et de Gilot [c] de la Houssoie au bois de Vincennes, que li chevaliers debati que li escuiers n'eust pas tel chapel, ne glaive, ne escu ; car il disoit qu'a escuier qui se combatoit a chevalier n'apartenoit pas teus armes, especiaument quant li escuiers avoit fet l'apel. Et li escuiers disoit encontre que si fesoit et, comme li chevaliers eust heaume ou quel il eut tout plein de broches par derrieres, il requeroit que teus heaumes li fust ostés ; et disoit encore qu'il s'estoit presentés a l'eure de miedi par quoi il vouloit avoir son apel fourni, et mes sires Renaus disoit encontre qu'il s'estoit presentés dedens l'eure et bien a tans et disoit que bien li loisoit avoir tel heaume. Et puis s'apuierent a droit seur ce que chascune partie avoit proposé.

1771. Il fu jugié que li chevaliers pouoit avoir heaume a broches, et qu'il s'estoit presentés avant que miedis fust passés par quoi il s'estoit venus a tans, et que li escuiers se combatroit en teus armes comme il avoit aportees. Et en tel maniere se combatirent bien l'erreure [d] d'une lieue [1] a un homme a pié, tant qu'il plut au roi que pes fu fete. Et par tel

---

a) *GHJK omettent* peu ou. — b) *GHJK* jugié. — c) *AJK* Gilet; *G* Guillot. — d) *C* l'esrure; *F* l'espasse; *GHJK* l'eure.

---

1. Le combat judiciaire pouvait durer jusqu'au coucher du soleil si le défendeur n'était pas réduit à merci auparavant : Et se cil qui est querelés — Se peult jusqu'à la nuit deffendre — Qu'on puisse les estoilles prendre — Eu ciel apparentes, savoir — Il doit du camp victoire avoir (*Coutume de Nor-*

jugement puet l'en veoir que les choses que nous avons dites dessus des armes a l'escuier sont vraies et que l'en pourroit bien perdre par defaute qui dedens l'eure de miedi ne se presenteroit.

1772. Nous avons veu apel de foi mentie, de tele foi comme a homage ª apartient, en tel maniere que li apeleres mist sus a son homme que foi li devoit par la reson de l'homage et après ses comperes estoit devenus, et après sa terre et sa fame li avoit baillie a garder, et il, comme traitres, li avoit sa fame fortrete et avoit jeü aveques li conme traitres, et l'offroit a prouver par gages de bataille s'il li estoit nié. Et li apelés disoit encontre que pour teles paroles n'estoit il pas tenus a entrer en gages car il ne li metoit sus larrecin, ne roberie, ne murtre, ne ce n'estoit pas cas ou traïsons peust estre notee, et bien s'offroit a defendre se l'en regardoit que gages i eust. Et seur ce se mistrent en droit se gage i estoient ᵇ ou non ᶜ.

1773. Il fu jugié que li gage i estoient. Mes or pourroient aucun ᵈ demander pour lequel cas li gage i furent: ou pour la foi mentie de l'homage dont il l'acusoit, ou pour la fame ou la terre qu'il li avoit baillie ᵉ a garder, ou pour le comperage qui estoit entre aus? Et nous en determinons selonc nostre opinion en tel maniere que nous disons ᶠ que se l'apeleres n'eust mis ᵍ avant fors que la foi mentie de l'homage

---

a) *A* houme. — b) *G* aroient. — c) *HJK* omettent se gage ... non. — d) *GHJK* Mes aucun pourroient. — e) *ABC* ou pour ce qu'il li av. baillie sa fame et sa terre a gard.; *EF* ou pour ce qu'il li av. se terre et se fame baillie a garder. — f) *GHJK* omettent en tel ... disons. — g) *A* ne met; *BE* ne meist; *F* met.

---

mandie versifiée par Guill. Chapu, ms. Bibl. Nat. 14548, f° 160 r°). Ceci atténue l'erreur de Beugnot qui traduit ce passage par: *pendant la durée d'un jour*, en expliquant que *liue* ou *luye* (?) vient de *lux* et signifie *jour* (!). Mais il faut ici comprendre: *pendant la durée du parcours d'une lieue par un homme à pied*, c'est-à-dire environ une heure au bout de laquelle le roi, *proprio motu*, arrêta le duel. On voit ainsi que l'instruction de 1258 était peu respectée même dans le domaine royal et même par le roi. Sur les formalités de ces combats, voyez Léon Gautier, *la Chevalerie*, p. 42, et Léop. Delisle, *Cérémonial d'une épreuve judiciaire au* XIII° *siècle*.

en li fesant si grant honte comme de sa fame fortrere, si i fussent li gage. Et s'il ne fust riens de l'homage et il li eust baillie sa fame et sa terre a garder et li apelés en eust fete si vilaine garde, si l'en peust l'en acuser de traïson ; mes se li apelés ne fust en l'homage de l'apeleur ne il ne li eust baillié en garde sa fame ne le sien, nous ne nous acordons pas que li gage i feussent pour le comperage tant seulement ; et pour ce creons nous que li gage furent jugié[a] pour la foi de l'homage et pour la garde.

1774. Cil qui apele soit de defaute de droit ou de faus jugement doit apeler par devant le seigneur de qui l'en tient la court ou li faus jugemens fu fes ; car s'il le trespassoit et apeloit par devant le conte ou par devant le roi, si en avroit cil sa court de qui l'en tenroit la justice nu a nu ou li jugemens fu fes[b], car il convient apeler de degré en degré, c'est a dire, selonc ce que li homage[c] descendent[d], du plus bas au plus haut[e] prochien seigneur après, si comme du prevost au baillif et du baillif au roi es cours ou prevost et baillif jugent : selonc que li homage[f] vont en descendant[g], li apel doivent estre fet en montant de degré en degré, sans nul seigneur trespasser. Mes il n'est pas ainsi a la court de crestienté qui ne veut, car de quel que juge que ce soit l'en puet apeler a l'apostoile, et qui veut il puet[h] apeler de degré en degré si comme du doien[i] a l'evesque et de l'evesque a l'arcevesque et de l'arcevesque a l'apostoile[j].

1775. Quant aucuns a apelé de defaute de droit ou de faus jugement, il ne doit pas estre lens de poursuir son apel, qu'il ne le perde par sa defaute ; car quant cil qui apele ne poursuit son apel si comme il doit, li jugemens demeure bons et est li apeleres atains de faus apel. Et li tans de

---

a) *C* adjugiez. — b) *A* omet fu fes. — c) *G* li homme. — d) *GHJK omettent* descendent. — e) *GHJK omettent* haut. — f) *C* jugent. Et es cours la ou les hommes jugent selonc che que les hommes vont. — g) *ABEF* vont et descendent. — h) *BG omettent* il puet. — i) *G* degré si le puest faire s'il veult sicomme du doien a l'official et de l'official a l'evesque. — j) *HJK omettent* et qui veut il … a l'apostoile.

poursuir son apel ª si est teus que, s'il apele du baillif le roi
de faus jugement, il le doit poursuir au premier parlement
après l'apel ; mes ajourner le baillif ne convient il pas fere ᵇ
qui ne ᶜ veut, car il sont tous jours ajourné as parlemens as
jours de leur baillie contre tous ceus qui se vuelent plaindre
d'aus ; et qui veut apeler en la court le conte de Clermont
des sougiès le conte, il doit fere ajourner ou semondre celi
ou ceus de qui il apela a la premiere assise qui escherra,
mes qu'il i ait tant d'espace que li ajourné puissent avoir
.xv. jours ou plus d'ajournement puis l'ajournement fet. Et
se l'assise escheoit si tost qu'il ne peussent avoir la dite quinzaine, il convenroit atendre ᵈ l'autre assise ᵉ après ᶠ. Et se
l'apeleres ne le fet en ceste maniere, il puet cheoir ᵍ de son
apel par sa defaute. Et s'il apele en autre court qu'en la
court le conte, si comme en la court a aucun des sougiès, —
si comme il avient quant cil dont l'en apele tienent d'aucun
seigneur dessous le conte pour ce qu'il ne queurt en leur
court nule assise, — li apeleres doit trere au seigneur par
devant qui il apele et fere ceus ajourner de qui il apela ; et
cel ajournement doit il requerre qu'il soit fes dedens les
.xl. jours qu'il apela, ou il perdroit son apel par sa defaute.
Nepourquant l'ajournement fet de l'apel, se li apeleres a essoine de son cors, il puet essoinier et, après son essoine,
puet revenir a son apel poursuir tout a tans.

1776. S'il avient qu'aucuns qui deust avoir ʰ apelé par
devant l'un des sougiès le conte le trespasse et apele par devant le conte, ou il deust avoir apelé par devant le conte et
il le trespasse et apele par devant ⁱ le roi, et ʲ li cuens en ra ᵏ
sa court, ou li sougiès du conte, et quant il vienent au plet,
se li apelés se veut aidier de ce que li apeleres vient trop

---

a) *B E F omettent* Et li tans ... apel. — b) *B G omettent* fere; *C E F*
ajourn. ne convient il mie le bailliu [*C* fere] qui. — c) *B omet* ne. — d) *G*
convenr. avant l'autre; *H J K* conv. avoir l'autre. — e) *C G H J K* quinzaine.
— f) *G* apr. avoir. Et. — g) *E F* encaïr; *G* desqueïr. — h) deust estre apelé
dans tous les mss., faute évidente de O. — i) *B E F omettent* le conte et
il ... devant. — j) *G H J K omettent* et. — k) *G H J K* ravra.

CHAP. LXI. — DES APEAUS ET DES BANIS. 401

tart a li poursuir en cele court, ceste excepcions [a] ne li vaut riens, puis que li apeleres vint a tans a poursuir son apel en la court du souverain se l'en li eust soufert; car se la cours du sougiet n'eust esté requise, li apeaus fust demourés devant le souverain, et se li ples eust esté entamés devant le souverain, n'eust pas esté la cours rendue. Et toutes les fois qu'aucuns ra sa court, il doit donner jour as parties en autel estat comme il estoit devant le souverain, ne nus ne puet metre son sougiet en amende ne en defaute pour ce s'il vout pledier par devant son souverain contre autrui que contre son seigneur. Car se je plede a mon seigneur en la court du souverain d'aucun vilain cas, et je ne l'en puis ateindre, je doi estre renvoiés en sa court, et convient que je l'amende selonc ce que li cas est grans, et l'amende quele ele est il est dit ou chapitre des mesfès[1].

1777. Se pluseur maintienent un plet d'une meisme querele et jugemens est fes contre aus, et li uns veut apeler et li autre s'en vuelent soufrir, li apeleres, s'il fausse le jugement, n'a pas pour ce gaaignié tout ce dont li ples estoit fors que sa partie, aussi comme se jugemens eust esté fes pour li et pour ses compaignons. Ne si compaignon n'ont pas pour ce gaaignié ce dont il pledent, pour ce qu'il n'apelerent pas, si qu'il perdent[b], — fust li jugemens mauvès, — pour ce qu'il se soufrirent d'apeler[c], car se li apeleres fust encheus de son apel, si compaignon ne partissent[d] pas as fres ne as damages, ne l'apeleres ne pouoit plus gaaignier que ce qui estoit en sa querele.

1778. Defaute de droit si est deveer droit a fere a celi qui le requiert. Et encore puet il estre en autre maniere, si comme quant li seigneur delaient les ples en leur cours plus qu'il ne pueent ne ne doivent contre coustume de terre, et

---

a) *B* execution. — b) *BEF* omettent si qu'il perdent. — c) *HJK* qu'il s'en soufrirent, car. — d) *B* perdissent; *C* si n'eussent pas parti; *E* partesissent; *F* n'i partissent.

---

1. Ch. xxx.

queus delais il pueent avoir et li homme qui jugent ensement, il est dit ou chapitre qui parole ᵃ des delais que coustume donne ᵇ ¹.

1779. Nous veimes un plet de ceus de Gant et du conte de Flandres ² seur ce que cil de Gant furent plaintif au roi du conte de Flandres ᶜ de defaute de droit; et les resons proposees de chascune partie, il fu regardé par jugement qu'il s'estoient trop hasté d'apeler de defaute de droit, car li cuens leur avoit offert droit a fere et n'avoit pas pris tant de delais comme il pouoit fere par la coustume de la terre avant que si sougiet le peussent apeler de defaute de droit; et pour ce il furent renvoié en la court le conte et fu commandé au conte qu'il leur feist droit. Et quant il vindrent en sa court, il les contrainst a ce qu'il li amenderent ce qu'il s'estoient plaint de lui de defaute de droit. Et pour l'amende il saisi et prist du leur dusques a la valeur de .xl^m. lb.ᵈ, et pour ce li dit bourjois revindrent plaintif au roi en requerant que cele amende fust jugiee. Et tout fust il ainsi que li cuens en peust ravoir la court s'il vousist, il s'acorda qu'il fust jugié par le conseil le roi s'il en pouoit et devoit tant lever. Et seur ce il fu jugié que bien en pouoit et devoit tant lever et plus s'il vousist, car s'il l'eussent ataint de la defaute de droit de quoi il l'avoient apelé, il eust perdu la juridicion qu'il avoit seur aus et le pouoir qu'il avoit d'aus justicier, et aveques ce il l'eussent mis en grosse amende vers le roi. Et quiconques met son seigneur en tel peril et ateindre ne l'en puet, ce n'est pas merveille se l'amende du sougiet est a le volenté du seigneur, selonc ce qu'il a

---

a) *GHJK omettent* qui parole. — b) *BEFGHJK omettent* que coustume donne. — c) *HJK omettent* de Flandres. — d) *AG* de .lx^m. lb.

---

1. Ch. lxv.
2. Ce comte de Flandre était Gui de Dampierre, second fils du second mariage de la comtesse Marguerite. Il avait été installé le 11 septembre 1279 à la suite de la démission de sa mère. Les deux jugements sont rapportés dans les *Olim*, le premier, II, 142, v, à la date du parlement de la Toussaint 1279, le second, II, 174, ix, au parlement de la Pentecôte (1ᵉʳ juin) 1281.

dessous lui des biens temporeus. Et cel cas avons nous dit pour que cil qui vourront apeler leur seigneur de defaute de droit voient le peril ou il entrent s'il n'en pueent leur seigneur ateindre.

1780. Chascuns doit savoir que li ples des apeaus, soit de defaute de droit, soit de faus jugement, comment[a] que li apeaus soit demenés, ou par gages de bataille[b] ou par les erremens du plet, la cours ou li apeaus est doit estre demenee[c] selonc la coustume du lieu ou li apeaus fu fes et[d] selonc la coustume qui couroit ou tans que li apeaus fu fes : si comme l'en voit toute jour que se cil d'Artois ou de Vermendois ou de Beauvoisins ou d'autres terres pledent par devant le roi a Paris d'aucuns apeaus qui sont fet[e] a li par reson de souveraineté ou d'autres cas qu'il a seur ses sougiès par reson de resort, l'en ne juge pas la cause selonc la coustume de France[1] qui queurt a Paris, mes selonc la coustume du païs dont li ples mut ou qui courut ou païs quant li ples mut, car se la coustume estoit changiee le plet pendant par aucun nouvel establissement, ce ne greveroit riens a nules des parties. Et aussi comme nous avons dit de la court le roi entendons nous de toutes autres cours la ou l'en vient par reson de resort, si comme les justices et les seignouries sont tenues les unes des autres de degré en degré.

Ici fine li chapitres des apeaus, et des cas de crime et d'autres cas, et d'apeler de faus jugement.

a) *E* jugement il convient que. — b) *G H J K* omettent de bataille. — c) *A B C H* demenez; *E* omet la cours ou ... estre demenee; *F* plet li appiaus d. est. demenez; *JK* demené. — d) *JK* omettent selonc la ... fes et. — e) *A* omet qui sont fet. — Explic.) *C* donne le même texte qu'à la rubrique; *E* et des apiaux de f. jug. ; *G H J* Explicit; *K* n'a pas d'explicit.

1. Voyez t. I, p. 218, note 4.

LXII.

Ici commence li .LXII. chapitres de cest livre liqueus parole des apeaus de defaute de droit et de la maniere de sommer son seigneur.

1781. Nous avons parlé en cest chapitre devant cestui[a] de trois manieres d'apeaus, c'est assavoir d'apeaus qui se font par gages de bataille et d'apeaus de faus jugemens qui sont demené par erremens de plet et d'apeaus de defaute de droit, si comme quant drois est deveés a fere ou quant l'en a si soufisanment sommé celui de qui on veut apeler que l'apeaus chiet[b]. Et encore parlerons nous de ceste derraine[c] maniere d'apel[d], c'est assavoir[e] de defaute de droit, car nous veons aucuns seigneurs si en malice contre ceus a qui il ne vuelent fere droit qu'a peines les puet on ateindre de defaute de droit. Si convient a ceus qui ont mestier d'apeler qu'il soient soutil de sommer les soufisaument, si qu'il puissent avoir droit en la court de ceus ou il le[g] requierent, ou[h] qu'il puissent avoir seür[i] apel de defaute de droit. Et pour ce que toutes gens ne sont pas en un estat et que li un doivent sommer en autre maniere ceus de qui il vuelent

Rubr.) *CEHJK omettent* de cest livre; chap. qui par.; *CGJK* ap. qui sont fais; et comment on doit sommer (*C* araisonner) s. seign. avant qu'on ait bon appel contre [*C* lui par] le (*manque dans C*) defaute de droit; *F* n'a pas de rubrique; *H* apiaus et defaute de droit; *il omet le reste.* — a) *G omet* cestui; *HJK* chap. ci-dessus. — b) *HJK omettent* c'est assavoir d'apeaus ... que li apeaus chiet. — c) *AG omettent* derraine. — d) *G* apel derraine. — e) *HJK omettent* c'est assavoir. — f) *BEFG omettent* si. — g) *BEF omettent* le. — h) *G* requerront si que; *HJK* requeroient si que. — i) *FJ* leur.

CHAP. LXII. — DES APEAUS DE DEFAUTE DE DROIT. 405

apeler que li autre, nous parlerons briement de .iii. manieres de gens qui se diversefient en sommer ceus de qui il vuelent apeler, et quele sommacions apartient a chascun de ces trois.

1782. La premiere maniere de gens, ce sont cil qui tienent en fief et en homage d'autrui et leur seigneur ne leur vuelent[a] fere droit ou il leur delaient[b] trop leur droit[c]. Iceles gens, se leur seigneur[d] tienent[e] le leur saisi ou prenent ou lievent ou empeechent[f] a lever, doivent requerre leur seigneur qu'il leur rendent ou recroient et metent jour en leur[g] court et menent[h] par droit et par leur[i] pers; et ceste requeste puet chascuns fere a son seigneur, en quelconque justice qu'il le truist. Et a la requeste fere il doit mener deus de ses pers au meins; et s'il ne les puet avoir par priere, il doit pourchacier au roi, ou a celi qui tient en baronie, que commandemens soit fes a ses pers que, toutes les fois qu'il les vourra ravoir de .xv. jours a autre pour veoir comment il sommera[j] son seigneur, qu'il les ait a son coust. Et adonques se la requeste est fete hors de la justice au seigneur et li sires respont malicieusement : « Venés en ma court et la me requerrés ce que vous cuiderés que bon soit et je vous ferai droit », adonques ses hons li doit requerre qu'il li assiée[k] jour et il ira[l] volentiers en sa court[m] querre sa delivrance ou sa recreance[n], et drois li soit fes. Adonques se li sires li veut metre plus lonc jour que de .xv. jours le sien tenant ou saisi, en tele maniere que coust ou damage puissent courre seur li, il n'est pas tenus a recevoir le jour s'il ne li plest; et s'il ne veut prendre cel jour, il doit requerre qu'il li mette jour avenant, pour ce que par le grant delai il pourroit estre damagiés, et se li sires ne li veut fere,

a) *JK* veult. — b) *JK* delaie. — c) *B* omet ou il leur ... droit. — d) *A* sires. — e) *A* tient; *C* truevent. — f) *A* empeeche. — g) *ABCEFGH* sa. — h) *sauf JK qui ont corrigé le passage, tous les mss. mettent au singulier les quatre verbes de cette phrase*; *GHJK* resaisisse (*JK* resaisissent) *au lieu de* recroient. — i) *ABEFGH* ses; *C* omet leur. — j) *BEF* semondra. — k) *EFH* assieche; *G* affiche; *JK* assigne. — l) *BEF* il li (*B* le) fera volent. — m) *HJK* omettent en sa court. — n) *HJK* omettent ou sa recreance.

cele journee puet estre contee pour une defaute contre le seigneur ⁿ.

1783. Nous avons bien dit alieurs en cest chapitre meismes¹ que toutes les fois que li homme qui tienent d'aucuns seigneurs en fief les vuelent apeler de defaute de droit, qu'il convient qu'il les somment ᵇ par .iii. diverses journees, et tout disons avec qu'il convient qu'entre .ii. journees ait .xv. jours d'espace au meins, et nous avons dit ci dessus l'une des manieres comment li sires puet cheoir en l'une des .iii. journees ᶜ.

1784. La ᵈ seconde maniere si est se li hons fet a son seigneur la requeste dessus dite ᵉ et li sires se test, qu'il ne veut ᶠ respondre qu'il li fera sa requeste ou il ne li fera pas, ou il ᵍ fet par fraude l'embesoignié ʰ, si qu'il feint qu'il ne puet entendre a lui. Se ce puet estre tesmoignié par les pers, ce redoit estre tesmoignié pour une journee de defaute, car li sires se met bien en defaute de droit qui ne deigne respondre a son homme liqueus li requiert que drois li soit fes.

1785. La tierce maniere comment li sires se puet metre en defaute de droit vers son homme ⁱ, si est s'il li convenance ou s'il li fet vilenie de son cors pour son droit requerre. Ne en ceste voie de defaute de droit ne convient il pas que li homme somment leur seigneur par .iii. diverses journees, car s'il estoit batus ou vilenés ʲ a la premiere journee, il i ᵏ avroit mauvès aler a l'autre et pour ce, tel chose fete ˡ savoir au souverain, il devroit fere resaisir par sa main et le seigneur ajourner contre son homme sans rendre li court ne connoissance, et puis fere droit selonc le

---

a) *BEF omettent* contre le seigneur. — b) *B* semont; *EF* les (*F* le) semoigne. — c) *ABCEF* defautes. — d) *HJK* Et la. — e) *HJK omettent* dess. dite. — f) *ABEF* ne le veut. — g) *G* ou s'il; *JK* ou qu'il. — h) *ABC* la besongne. — i) *HJK omettent* comment li ... son homme. — j) *BEF omettent* ou vilenés, *mais dans B la place de ces deux mots est restée en blanc.* — k) *BCEF omettent* i. — l) *AB* fetes; *G* tiex choses faictes.

---

1. C'est au chapitre précédent.

pledoié, et le menacié asseurer avant ᵃ toute œuvre. Et des autres voies comment li seigneur se pueent metre en defaute de droit vers ceus qui sont leur homme de fief de ce qui apartient a leur fief, nous en avons assés parlé en cel chapitre meismes ¹.

1786. Or dirons de ᵇ la seconde maniere de gens as queus il est mestiers qu'il somment leur seigneurs tant qu'il les puissent suir de defaute de droit pour ce que l'en ne leur fet droit : ce sont cil qui sont leur oste couchant et levant dessous aus ou cil qui tienent d'aus eritages vilains des queus la connoissance apartient as seigneurs. Teus manieres de gens pueent plus briement sommer leur seigneurs de defaute de droit que ne font li homme de fief, car il ne sont pas tenu a sommer par pers, car il n'en ont nul et ne sont pas tenu a sommer par ᶜ quinzaines ; ainçois soufist s'il pueent metre leur seigneurs en .iii. pures defautes par .iii. diverses journees, par devant bonnes gens qui en puissent porter tesmoignage en tans et en lieu. Et en toutes les manieres que cil qui tienent de fief pueent metre leur seigneurs en defaute de droit, li seigneur se pueent metre envers ceus qui tienent d'aus en vilenage, car aussi bien sont il tenu de fere droit as uns comme as autres ᵈ ; et la resons ᵉ pour quoi li sommemens ᶠ des gentius hommes est plus lons ᵍ que cil de ceus qui tienent en vilenage, c'est pour la foi que li uns pramist a l'autre a l'homage fere ; car pour la foi garder vers son seigneur l'en doit mout metre avant que l'en le sieve de defaute de droit. Et avec la foi il i a grant peril d'avoir damage, car se li sires est atains de la defaute, il pert l'homage et chiet en grant amende, si comme nous avons dit ʰ alieurs en cel chapitre meismes ⁱ, et se li hons ne l'en puet ateindre il pert le fief et est aquis au seigneur.

---

a) *A* avant contre toute. — b) *GHJK* omettent de. — c) *BEF* omettent pers car il ... sommer par. — d) *A* a l'un comme a l'autre. — e) *EF* omettent et la resons. — f) *C* li souverains ; *JK* les sommacions. — g) *JK* sont plus longues. — h) *HJK* comme dit est. — i) *HJK* omettent en cest chap. meisme.

---

1. C'est aussi au chapitre précédent.

1787. S'il avient qu'aucuns sires ait pris ou saisi de son homme et après, — avant que ses hons li face requeste qu'il li rende ou recroie ou meint par droit, — li sires s'en va hors du païs ou manoir en autre chastelerie, que fera adonques li hons, car griès chose li seroit qu'il li convenist poursuir son seigneur en estranges terres ne en autre chastelerie qu'en cele dont li fiés[a] muet? Donques se teus cas avient, doit li hons savoir se ses sires a lessié nului en son lieu qui ait aussi grant pouoir de fere droit comme li sires s'il i estoit presens; et a celui doit fere sa requeste et lui sommer par ses pers en la maniere qui est dite dessus, que l'en doit sommer son seigneur. Et se drois li est deveés a fere de celui que li sires lessa en son lieu, et il se met en tant de defautes que par les defautes li apeaus est bons, aussi bien se puet li hons plaindre de defaute de droit comme se li sires i estoit presens et pour cel peril et pour autres doivent bien regarder li seigneur queles persones il lessent en leur lieu pour garder leur justice.

1788. Quant aucuns sires a pris ou saisi de son homme et après s'en va manoir en autre chastelerie, ou il s'en va hors du païs ou il manoit en autre chastelerie[b] avant qu'il feïst la prise seur son homme, et il ne lesse nului en son lieu a qui ses hons puist fere requeste que l'en li rende le sien et meint par droit, en teus cas doit li hons trere au seigneur de qui ses sires tient le droit qu'il a sus li de prendre, et li doit moustrer en complaignant que ses sires a le sien saisi si qu'il n'en ose esploitier[c], et si[d] ne set a qui requerre que drois li soit fes, car ses sires n'est pas ou païs ne autres[e] pour li, pour quoi damages queurt seur li chascun jour, pour quoi il requiert qu'il contraigne son seigneur a ce que drois li soit fes. En teus cas doit li sires par dessus ajourner le seigneur de celi qui se plaint a quinze jours, et s'il vient a cel jour, ilueques li puet ses hons fere sa requeste

---

a) *A* li sires. — b) *BEF* omettent ou il s'en ... autre chastelerie. — c) *C* esploitier se li siens n'est levés et si. — d) *B* et s'il ne; *C* se il. — e) *GHIJK* ses sires est hors du païs et si n'a laissié nullui (*JK* personne) pour lui.

en la presence du seigneur de qui il tient, qu'il li rende le sien ou recroie et meint par droit; et s'il ne veut, requerre li doit[a] qu'il demeurt[b] au lieu, ou autres pour lui contre lequel il puist aler en lieu soufisant sommer; et s'il ne veut, ainçois s'en part sans establir homme en son lieu pour droit fere, ou il a convent a fere[c] et après n'en fet nient, en teus cas se puet il metre en defaute de droit, et a ses hons ou ses sougiès[d] bon apel contre lui.

1789. Se aucuns fet ajourner son seigneur par devant son par[e] dessus seigneur pour le sien qui est pris ou saisi et pour ce qu'il li puist requerre qu'il li rende ou recroie et meint par droit, et li sires se defaut ou contremande, adonques i doit li sires metre la main a la chose en tel maniere que, se li bien de l'homme furent saisi et non pas levé, il les doit baillier a l'homme par recreance dusques a tant que ses hons, qui est sires de celui qui se plaint, viegne avant; et, quant il venra, li plege que ses sires prist respondront envers lui des choses saisies quant il les avra gaaigniees par jugement, ou autrement non, car recreance qui est fete par souverain par la defaute du seigneur doit durer dusques a tant que l'en sache s'il l'avoit saisi pour resnable cause. Et se li sires avoit levé les biens de son homme[f] et après defaut ou contremande si comme il est dit dessus[g], en cel cas n'en puet li sires par dessus fere recreance puis que la chose est levee; mes tant en doit il ouvrer plus radement en autre maniere, car il semble qu'il ne vueille avant venir par malice pour ce qu'il avoit levé; et pour ce le doit li sires par dessus contraindre par gardes et par saisir et par lever ce qu'il tient de lui dusques a tant qu'il viegne avant et qu'il ait recreu a son homme ce qu'il leva seur li, ou qu'il die bonne reson par quoi il n'i est pas tenus. Et bien se gart, car s'il se met en .iii. pures defautes contre son homme par

---

a) *GHJK omettent* s'il ne ... li doit. — b) *GJK* demeure. — c) *CJK omettent* ou il a conv. a fere. — d) *GHJK* droit et a ses hommes et a ses sougez et si a bon. — e) *HJK omettent* par. — f) *GHJK* ses hommes. — g) *HJK* si comme dit est.

devant son seigneur souverain, les choses qu'il prist seur son homme ou saisi doivent estre rendues a l'homme tout en delivre, car aussi bien puet perdre li sires contre son homme [a] par defautes quant il est ajournés en la court de son par dessus comme li hons contre son seigneur.

1790. Toutes les fois qu'aucuns a mestier de sommer son seigneur a ce qu'il le puist suir [b] de defaute de droit, s'il n'a nus pers lesqueus il puist avoir avec lui, — si comme s'il n'en a qu'un, et il l'en convient deus au meins ; ou si comme s'il n'en a nul ; ou si comme s'il en a pluseurs, mes il sont hors du païs ou il ont essoine par quoi il ne pueent aler avec lui, — en tous teus cas li hons doit requerre le seigneur par dessus qu'il li baille de ses hommes a son coust ; et en la presence de ceus qui li seront baillié il pourra sommer son seigneur, car c'est la voie de sommer son seigneur [c] de ceus qui n'ont nul per [d].

1791. Nous avons parlé de deus manieres de gens, liquel ont mestier de sommer aucun seigneur a ce qu'il le puissent suir de defaute de droit, c'est assavoir de ceus qui sont homme de fief et de ceus qui ne sont pas homme de fief, mes il tienent ostises ou eritages vilains [e], pour quoi il convient qu'il respondent [f] par devant les seigneurs de qui il [g] tienent. Or parlerons après de la tierce [h] maniere de gens qui ont aucune fois mestier d'apeler d'aucun seigneur de defaute de droit : ce sont cil qui ne sont ne homme ne oste ne ne tienent riens de ceus qu'il vuelent apeler de defaute de droit, mes il pledent en leur court contre aucun de leur sougies pour leur detes ravoir [i] ou pour eritages ou pour aucunes convenances. Si disons de ceste maniere de gens qu'il pueent trop plus legierement poursuir de defaute de droit se l'en ne leur fet bon droit [j] et hastif [k] que ne font cil qui

---

a) *GHJK omettent* contre son homme. — b) *HJK* le poursuit. — c) *BEF omettent* car c'est ... seigneur. — d) *E omet* de ceus ... per. — e) *GHJK erit.* vil. ou ostis. — f) *A* respondist. — g) *A* il le tien. — h) *GHJK* l'autre. — i) *HJK* avoir. — j) *EF omettent* se l'en ... bon droit; *HJK omettent* droit. — k) *E omet* et hastif.

tienent en fief ou en vilenage du seigneur de qui il vuelent apeler, car cil qui tienent d'aucun seigneur li doivent reverence et obeïssance de ce qu'il tienent de lui, mes cil qui riens n'en tienent n'en doivent point. Dont nous disons que s'il pueent avoir droit hastif selonc la coustume du païs, prendre le doivent; et s'il leur est deveés une seule fois, ou li sires li delaie plus son droit que coustume ne donne, ou li sires l'a menacié ou il li dist qu'il ne l'en fera[a] plus, en tous teus cas, cil qui li requeroit que drois li fust fes de son sougiet puet trere s'averse partie par devant son avant seigneur et adont, se[b] li sires qui devea le droit a[c] fere ou qui[d] n'en fist pas ce qu'il en dut[e] fere par coustume requiert sa court a avoir, adonques cil, pour lui debouter qu'il ne rait sa court, doit metre avant qu'il a esté en sa court tant que par[f] defaute de droit[g] il est venus au par dessus seigneur et doit dire la defaute quele ele fu et prouver, s'ele[h] est niee du seigneur qui requiert sa court a avoir. Et pour ce que nous avons dit que, en toutes gens qui vuelent aucun poursuir de defaute de droit il convient lessier passer les delais que coustume donne, nous en ferons propre chapitre par quoi cil qui avront mestier d'apeler de defaute de droit ou de faus jugement sachent combien il leur convient atendre avant qu'il puissent avoir resnable apel[1].

1792. Li aucun seigneur ne sont pas bien aaisié de fere jugemens en leur cours pour ce qu'il n'ont nul homme de fief, ou pour ce qu'il en ont trop petit[i]. Nepourquant pour ce ne doivent il pas perdre leur justice, ainçois i a certaine voie, laquele nous avons veue aprouver par jugement. Car il pueent requerre a leur seigneur qu'il leur preste de ses hommes a leur[j] cous pour aus[k] conseillier a fere cel jugement, et ses sires le doit fere, et adonques il meismes puet

---

a) *A* feroit. — b) *GH* omettent se. — c) *BJK* omettent a. — d) *GHJK* ou cil qui. — e) *BCEF* devoit. — f) *HJK* par se def. — g) *E* omet de droit. — h) *GHJK* ele lui est. — i) *EF* peu; *GH* poi; *JK* pou — j) *ABEHJK* son. — k) *ABEFHJK* lui.

1. Ch. LXV.

rendre jugement en sa court en la presence des hommes que ses sires li a prestés. Mes bien se gart que, s'on apele de lui de faus jugement ou de defaute de droit, li perius de l'apel tourne seur lui et non pas seur les hommes son seigneur qu'il emprunta. Tout soit ce que li homme son seigneur [a] li soient presté pour conseillier, pour ce ne sont il pas tenu a fere jugement, s'il ne s'i metent folement, car s'il jujoient de leur volenté, l'en pourroit apeler d'aus de faus jugement et convenroit qu'il feissent leur jugement pour bon ; et s'il ne vuelent jugier, li jugemens chiet seur le seigneur qui les emprunta si comme nous avons [b] dit par [c] dessus.

1793. Quant aucuns povres sires est [d] qui n'a pas hommes qui puissent fere jugement en sa court et qu'il n'emprunte nul de ses pers ou pour sa povreté, ou pour sa perece, ou pour ce que ses sires ne l'en veut nul prester, tout soit ce qu'il ne li doie pas refuser, il ne puet pas fere jugement en par soi, et pour ce en tel cas doivent aler li plet par devant l'avant seigneur liqueus a hommes pour fere jugemens, car nus n'est tenus a pledier en court [e] la ou jugemens ne se puet fere de la querele de quoi l'en plede.

Ici fine li chapitres qui enseigne comment on doit son seigneur sommer avant que l'en le puist apeler de defaute de droit.

---

a) *JK omettent* son seigneur. — b) *C* comme il est dit. — c) *BHJK omettent* par. — d) *JK omettent* est. — e) *ABC* en court a pledier. — Explic.) *A* sommer son seign.; *B* chap. liquels ens.; *C* répète la rubrique; dans *F* la place de l'explicit est restée en blanc, et il a été écrit postérieurement au bas de la colonne; *GH* Explicit; *JK* n'ont pas d'explicit.

LXIII

Ici commence li .LXIII. chapitres de cest livre liqueus parole queles defenses pueent valoir a ceus qui sont apelé pour destourner la bataille et des cas ou gage ne doivent pas estre receu.

1794. Pluseurs resons sont a celi qui est apelés des queles, s'il en puet l'une metre en voir, il n'i a point d'apel.

1795. La premiere resons si est se fame l'a apelé[a] et ele n'a en son apel retenu[b] avoué : li apeaus est de nule valeur, car fame ne se puet combatre.

1796. La seconde resons[c] si est se fame apele qui ait baron et ele fet son apel sans l'autorité de son baron : li apeaus est de nule valeur, car fame, sans le congié de son baron, ne se puet metre en tel cas en court pour apeler, mes ele puet bien estre apelee, vueille ses barons ou non.

1797. La tierce resons si est se l'apeleres n'apartient de[d] lignage a celi pour qui il apele, car il ne loit pas a apeler pour[e] autrui que pour soi ou[f] pour son lignage, ou pour son seigneur lige.

1798. La quarte resons si est se cil qui est apelés a esté

Rubr.) *CEGHJK omettent* de cest livre; chap. qui par.; *CJK* pour anientir les gages; *CJK* et des cas desquiex (*J* et des quels cas; *K* et des quels, *il omet* cas) gages ne font pas a rechevoir [*C* pour pluiseurs choses si comme il est dit en che chapitre]; *dans F la place de la rubrique est restée en blanc et celle-ci a été écrite postérieurement au bas de la colonne; H* valoir a chaus qui apelent, *la suite manque.* — a) *BEF* l'apele. — b) *GHJK* retenu en son apel. — c) *HJK omettent* resons. — d) *HJK* de riens de lign. — e) *G omet* pour. — f) *HJK* ou que pour.

autre fois apelés pour cel propre cas et s'en parti de court assous par jugement, car autrement ne prenroient jamés li apel fin, se cil d'un lignage pouoient apeler l'un après l'autre d'un meisme fet puis que li apelés seroit delivrés par jugement du premier apel.

1799. La quinte resons si est se cil qui apele[a] est sers ou serve, par deus resons : la premiere[b] qu'il ne loit pas a serf combatre soi a franche personne ; la seconde resons[c] si est que li sires du serf le pourroit oster de la court en quel estat qu'il le trouvast, et fust ainsi qu'il eust ja l'escu et le baston pour combatre.

1800. La siste resons si est se cil qui apele est clers, car il ne se puet obligier en court laie fors que de son eritage temporel. Nous ne tenons pas bigame pour clerc[d], car il est[e] revenus[f] de toutes choses a la laie juridicion, et pour ce puet il bien apeler et estre apelés ; mes li clers ne puet apeler, car il ne se puet obligier en[g] laie juridicion ne renoncier a son priviliege.

1801. La setisme resons si est se cis qui est apelés est clers, car il n'est[h] pas tenus a respondre en court laie, — tout soit ce qu'il vueille poursuir les gages[i] — car[j] li juges n'en doit tenir nul plet, puis qu'il sache qu'il soit clers, pour honeur de sainte Eglise et pour ce que ses ordinaires l'osteroit de la court laie en quel estat qu'il le trouveroit en cel plet.

1802. L'uitisme resons si est se cis qui est apelés a esté apelés[k] en la court du souverain pour la soupeçon du cas dont li apeaus est fes et il vint a court pour prendre droit et fu tenus en prison, et fist savoir li souverains communement et crier en assises qu'il tenoit tel homme pour la soupeçon de tel cas et se nus l'en savoit que demander, il estoit apa-

---

a) *A C G* qui est apelés. — b) *C G* prem. raison [*C* si est] ; *HJK* l'une si est. — c) *HJK* l'autre si. — d) *B E F* bigames pour clers. — e) *Tous les mss. ont* sont. — f) *G H J K* tout revenu. — g) *C G H J K* oblig. a laie. — h) *C* n'en est. — i) *G H J K omettent* tant soit ... les gages. — j) *HJK* ne li. — k) *HJK omettent* a esté apelés.

CHAP. LXIII. — DES DEFENSES POUR DESTOURNER BATAILLE. 415

reilliés de droit fere, et il fu hors de prison par jugement puis que nus ne venoit avant qui riens li demandast et pour ce que li fes n'estoit pas si notoires qu'il en fust atains par jugement: car male chose seroit se l'en pouoit retrere en court pour le cas de quoi on seroit delivrés par le jugement du souverain.

1803. La nuevisme resons si est se li cas n'est avenus pour lequel l'en apele : aussi comme se li apeleres disoit que l'en li eust tué Pierre son parent et il estoit mis en voir que cil Pierres fust encore vis, car apeaus qui n'est veritables n'est pas a recevoir, et teus manieres d'apeaus sont apelé auvoire ; autant vaut auvoires comme bourdes proposees en jugement.

1804. La disisme resons si est se li apeleres dit que cil qu'il apele fu a fere le fet a tel jour et en tel lieu et a tele eure, et il est prouvé que cil qui est apelés estoit a cele eure si loins du lieu qu'il est certaine chose qu'il ne peust pas estre au fet, car li apeaus est trouvés[a] en bourde si comme il est dit dessus.

1805. La onzisme resons si est se cil qui apele est bastars, et li[b] apelés est frans hons, car il ne loit pas a franc homme entrer en bataille contre bastart, mais se li apelés et li apeleres sont bastart, li apeaus tient.

1806. La douzisme resons si est se pes a esté fete du fet pour quoi l'en apele, a laquele pes cil qui apele s'acorda ; et s'il ne s'acorda et il fist pes a pluseurs des parens au mort plus prochiens et fu la pes confermee par justice souveraine, si tenra la pes. Et s'ele n'est fete par justice souveraine li apeaus tient, car se li souverains set que pes de vilain cas soit fete dont aucuns se soit obligiés a rendre argent ou qui vaille argent, ou peine, si comme d'aler en pelerinage ou d'autre peine, li souverains puet prendre celui pour ataint du fet.

1807. La trezisme resons si est quant aucuns est apelés

---

a) *GHJK* prouvés. — b) *A* et cil qui est apelés.

pour occision et li mors, avant qu'il mourust, nomma ceus qui ce li firent et descoupa celi qui est apelés; et pour cest cas fere mieus entendant, nous dirons ce que nous en veismes en la court de Compiegne.

1808. Pierres apela Jehan en disant que cil Jehans, par son tret et par son fet et par son pourchas, il li avoit fet murtrir un sien oncle. A ce respondoit Jehans qu'il ne vouloit pas estre tenus[a] a soi defendre[b] de cel apel par bataille se par droit ne le fesoit; car il disoit[c] que cil pour qui il estoit apelés, avant qu'il fust mors, une partie de ses parens et autre gent vinrent a li et li demanderent qui ce li avoit fet et il dist que ce li avoient[d] fet[e] Guillaumes, Thomas, Robers : demandé li fu se Jehans i avoit nules coupes, il dist que nennil; et quant il estoit descoupés de celui meismes pour qui li apeaus estoit et que par certains nons en avoit d'autres acusés, il requeroit que li apeaus fust nus. Et seur ce se mistrent en droit.

1809. Il fu jugié que puis que Jehans avoit esté descoupés de celui pour qui li apeaus estoit et autre acusé, il n'i avoit nus gages contre le dit Jehan. Mes s'il fust ainsi avenu que cil pour qui li apeaus estoit n'eust nului nommé de ceus qui ce li firent ne nului descoupé, li apeaus fust; et s'il en eust descoupé Jehan et ne vousist dire qui ce li fist, si comme il avient que l'en pardonne sa mort pour Dieu, pour ce ne demourast pas que li apeaus ne tenist, que li pardons de celi qui l'en ocist pour si mauvese cause ne tout pas a ses parens a pourchacier la venjance du fet par apel, ne a guerroier, se li fes est contre gentius hommes liquel[f] pueent guerre demener[g].

1810. La quatorzisme resons si est se cil qui apele ou qui est apelés est dessous l'aage de .xv. ans, car male chose seroit de souffrir enfans en gage devant qu'il aient aage par

---

a) *F* tenus de che a soi. — b) *B F* omettent defendre. — c) *A omet* car il disoit. — d) *A B E F* avoit. — e) *C G H J K* omettent et il dist ... fet; *G H J K* le remplacent par: il respondi. — f) il *dans tous les mss. au lieu de* liquel. — g) *G* peuent guerroier et g. dem. du cas.

CHAP. LXIII. — DES DEFENSES POUR DESTOURNER BATAILLE.

quoi il doient connoistre le peril qui est en gages. Et en mout de païs il convient plus d'aage ; et par nostre coustume croi je qu'il avroient[a] avoué dusques a tant qu'il avroient[b] .xx. ans.

1811. Voirs est, quant aucune guerre est entre gentius hommes pour aucun fet et aucuns du lignage met le fet en gages, la guerre faut, car il apert que l'en veut querre venjance du mesfet par justice, et par ce doit la guerre faillir. Et qui en cel plet pendant mesferoit li uns a l'autre il seroit punis selonc le fet aussi comme s'il n'i eust onques eu guerre ; et quant li gage sont passé parce que cil qui est apelés est assous par jugement ou parce que li gage sont mis a execucion par bataille, li lignage ne pueent puis ne ne doivent guerroier ; et s'il guerroient[c] du cas dont li gage furent et[d] il mesfont li un vers les autres, il[e] doivent estre puni selonc le mesfet aussi comme se guerre n'eust onques esté.

1812. La quinzisme resons des defenses a l'apelé si est[f], quant cil qui apele est atains notoirement du cas pour quoi il apele : si comme[g] se Pierres apeloit Jehan pour une occision d'un sien parent ou pour un larrecin et il seroit aperte chose et bien seue que li dis Pierres meismes avroit fet ou fet fere l'occision ou le larrecin, il ne seroit pas drois ne resons qu'il peust metre son[h] mesfet[i] seur autrui ; car chascuns qui est acusés et atains notoirement de vilain cas de crime se metroit volentiers en gages pour eschiver la justice du mesfet. Mes en cel cas entendons nous quant li fes est bien apers contre l'apeleur, car pour aucune presompcion qui seroit seur li ne demourroient pas li gage, se la chose n'estoit clere et aperte ; et ce pourrés vous entendre clerement par ce qui ensiut que nous veimes en la court de Compiegne.

1813. Une fame fu acusee du baillif qu'ele li desist

---

a) *ACGHJK* avroit. — b) *C* avroit ; *GHJK omettent* a tant qu'il avroient. — c) *GHJK omettent* et s'il guerroient. — d) *G* furent et s'il le font il mesf. — e) *JK* gage furent et s'il le fait l'un a l'autre et doivent. — f) *A* res. si est des def. a l'ap. ; *HJK omettent* des def. a l'ap. si est. — g) *BEF omettent* si comme. — h) *C omet* metre son. — i) *GH* metre [*G* sus] le mesf. ; *JK* met. le fait.

II.

qu'ele avoit fet d'un sien enfant, car il estoit aperte chose qu'ele avoit esté grosse et que l'en l'avoit ª oïe traveillier, et ne savoit on que li enfes estoit devenus. La fame respondi que sa mere avoit l'enfant receu quant il fu nes. Icele mere fu trete en court et li demanda li baillis qu'ele avoit fet de cel enfant et la mere respondi que voirs estoit qu'ele avoit l'enfant receu de sa fille, et dist qu'ele ᵇ l'avoit baillié a un vallet qui estoit ses peres ᶜ et proposa contre le vallet en court qu'il li avoit convenant qu'il metroit cel enfant a nourice en bon lieu et en certain qu'il avoit ja pourveu, si comme il disoit ; et s'il le connoissoit, ele requeroit qu'il enseignast l'enfant ; et s'il nioit ᵈ qu'ele ne li eust baillié ᵉ, ele l'offroit a prouver par gage de bataille, par li ou par avoué comme fame. A ce respondi li vallès qu'il n'estoit pas tenus a respondre a la fame du cas dont ele l'acusoit pour ce qu'ele connoissoit qu'ele avoit l'enfant eu ; et quant ele ne moustroit ne enseignoit l'enfant, il aparoit si comme il disoit, qu'ele estoit coupable de sa mort ; et de ce dont ele estoit coupable ne pouoit ele ne ne devoit autrui metre en gages; et se drois disoit que ceste defense ne li vausist, si offroit il a defendre et nioit ᶠ qu'ele ne ᵍ li bailla onques l'enfant. Et seur ce se mistrent en droit.

1814. Il fu jugié que la defense au vallet ne valoit pas par quoi li gage n'i fussent ; car tout fust ce qu'il eust grant presompcion contre la fame de la mort a l'enfant, nepourquant li fes n'estoit pas si clers ne si apers ʰ que l'en en peust la fame justicier, meismement quant ele disoit qu'ele l'avoit baillié au vallet comme au pere de l'enfant. Et par cel jugement puet l'en veoir qu'aucuns qui est apelés, qui met en sa defense que cil qui l'apele est coupables du fet pour quoi il l'apele, il convient que ce soit clere chose ou ⁱ bien prouvee, et adonques la defense seroit bonne.

a) *HJK* et qu'ele avoit esté oïe. — b) *GHJK omettent* dist qu'ele. — c) *C est.* a son pere. — d) *HJK* s'il le nioit. — e) *HJK omettent* qu'ele ne ... baillié. — f) *GHJK* nia. — g) *JK omettent* ne. — h) *JK omettent* ne si apers. — i) *GHJK* et.

CHAP. LXIII. — DES DEFENSES POUR DESTOURNER BATAILLE.

1815. Avenir puet qu'uns lerres fet un larrecin et la chose qu'il a emblee il baille[a] a porter a autrui par malice, par louier ou par priere. Après li larrecins est suis[b] et prent on celi qui le larrecin porte saisi et vestu du larrecin. Quant cil se voit pris, il dit que teus hons li bailla et cil le nie. Or est assavoir se cil qui est pris a tout le larrecin saisis et vestus venra a gages contre celi a qui il met sus qu'il li bailla a porter, car cil qui est apelés pour le baillier[1] dit a la justice que cil qui est pris saisis et vestus du larrecin est tout notoirement atains du fet; et quant il en est atains, il n'en puet ne ne doit autrui acuser, ains en doit porter la peine du mesfet. Or disons nous ainsi que quant teus cas avient ou cas semblables a cestui, que la renomee des personnes doit mout labourer en cel cas, c'est a entendre se cil qui est pris saisis et vestus est de bonne renomee et veut bien atendre l'enqueste de tous vilains cas de crime, et cil qui le larrecin li dut baillier a porter est de mauvese renomee ou il ne veut atendre l'enqueste de tous vilains cas de crime, li gage doivent bien estre receu. Et aussi se cil qui est pris saisis et vestus est de mauvese renomee et li autres de qui il dit qu'il li bailla le larrecin[c] est de bonne renomee, li gage ne sont pas a recevoir, ainçois doit estre cil justiciés du larrecin qui est pris saisis et vestus. Et se chascuns[d] est[e] de mauvese renomee[f], que li uns ne li autres ne vueille[g] atendre l'enqueste de tous vilains cas de crime, l'en puet bien les gages soufrir, car il ne puet chaloir liqueus perde. Et s'il sont estrange, que l'en ne puist savoir leur renomee, li gage sont a recevoir, car il avient toute jour qu'estrange gent qui errent par le païs font porter leur fardel a autrui, si que, se uns estranges fesoit le larrecin et il le fesoit porter a un estrange, se li gage n'estoient receu, il pourroit avenir que

---

a) *B* il la baille. — b) *B* seus. — c) *A* larrec. a porter est; *G* omet le larrecin; *HJK* omettent de qui il ... larrecin. — d) *GHJK* se li uns et l'autres est. — e) *G* sont. — f) *BEF* renomee mauvese. — g) *GHJK* renomee ne (*G* et) ne vueillent.

---

1. *pour le baillier*, pour l'action d'avoir baillé.

l'en pendroit[a] celi qui n'avroit coupes ou larrecin[b]. Et se chascuns est de bonne renomee et bien veut atendre l'enqueste, encore font li gage a recevoir, car il avient souvent que l'en cuide teus a bons qui ne le sont pas, et ce ne puet estre que li uns d'aus deus n'ait fet le larrecin. Et s'il avient que cil qui est pris saisis et vestus du larrecin ne puet trouver ne fere prendre celi qui le larrecin li bailla a porter, et aveques ce cil qui est pris est de bonne renomee, l'en doit fere rendre les choses emblees et assoudre celi qui est pris. Mes s'il ne puet trouver celi qui li bailla ne il n'a nul tesmoing debouté, il doit estre justiciés du larrecin et pour ce se doit chascuns garder comment il reçoit l'autrui chose.

1816. Or est assavoir, — se cil qui est pris saisis et vestus a fet prendre celui qui li dut baillier, et cil nie qu'il ne li bailla pas, et cil qui est pris saisis le veut prouver par bons tesmoins qu'il li bailla, et cil qui de ce est acusés veut lever l'un des tesmoins comme faus parjure, — se li gage font a recevoir en tel cas. Nous disons que nennil et que li gage ne doivent pas estre receu contre les tesmoins en tel cas ; et pour ce, cil qui est pris a deus voies de prouver : ou par gages ou par tesmoins. Mes s'il a prise l'une des voies, il ne puet pas prendre l'autre. Si comme s'il disoit : « Je le vueil prouver par tesmoins et, se je ne le pouoie prouver, si l'offre je a prouver[c] par[d] gages de bataille. » S'il failloit[e] as tesmoins, il ne recouverroit pas as[f] gages[g], ainçois seroit justiciés du larrecin.

1817. La sezisme resons si est quant meseaus apele homme sain, ou quant li hons sains apele un mesel : li meseaus puet metre en sa defense qu'il est hors de la loi mondaine, ne qu'il n'est pas tenus a respondre la ou il ait gages; et encore, par plus vive reson, se li meseaus apele homme sain, se puet li hons sains defendre qu'il n'est pas tenus a respondre a un mesel de tel cas.

---

a) *BCF* penderoit. — b) *HJK* cil qui n'i avr. coup. Et se. — c) *B omet* si l'offre je a prouver : *EF omettent* et se je ne ... a prouver. — d) *EF* ou par. — e) *CEF* bat. se je faloie as. — f) *C* il ne recheveroit pas les gages. — g) *B omet* de bataille ... as gages.

CHAP. LXIII. — DES DEFENSES POUR DESTOURNER BATAILLE. 421

1818. La dis et setisme resons si est quant aucuns apele de cas ou il n'apartient point d'apel : si comme quant aucuns veut apeler de jugement d'arbitres, car en teus jugemens n'a point d'apel ; ou quant homme qui ont pouoir de jugier font aucun recort de jugement pour le debat des parties, car en recort n'a point d'apel ; ou en cas de douaire, car en douaire n'a point d'apel ; ou en cas de plet d'eglise ou de persone privilegiee qui touche la persone privilegiee[a], car contre leur persone n'a point d'apel, mes en plet d'eritage ou de muebles puet bien avoir gages se l'en veut lever les tesmoins ; et en cas de[b] petite chose li gage ne font pas a recevoir, si comme de .XII. d. ou de meins ; ou en cas d'eritage d'orfelins sousaagiés, car en ce qu'il demandent ou qui leur est demandé n'apartient nus gages par la reson de ce que leur droit doivent estre gardé sans nul damage de gages recevoir. Donques en toutes teus manieres de quereles doit on aler par plet ordené sans gages.

1819. L'en ne puet[c] pas apeler de tous cas ne tourner a gages, mes il n'est nus cas que l'en ne puist apeler de faus jugement mauvès ou de defaute de droit, quant drois leur[d] est veés a fere, ou quant l'en a sommé soufisaument le seigneur qui le droit doit fere ou qui le doit fere fere a ses hommes et il se met en plus de defautes qu'us et coustume de terre ne donne. Et comment on le puet suir de defaute de droit, il est dit ou chapitre qui parole[e] des delais que coustume donne[1] et en un chapitre qui de ce parole[f 2], et li cas qui doivent estre excepté des gages sont cil qui sont dit ci après.

1820. Li cas qui sont dit et qui nessent de rescousse d'eritage doivent estre excepté des gages, car se l'en pouoit lever les tesmoins qui sont atret pour prouver le lignage et

---

a) *CGHJK* omettent qui touche ... privilegiée. — b) *GHJK* de si petite. — c) *GHJK* doibt. — d) *GHJK* omettent leur. — e) *GHJK* omettent qui parole. — f) *GHJK* omettent et en un ... parole.

1. Ch. LXV.
2. *qui de ce parole*, qui parle des defautes de droits ; c'est le ch. LXII.

l'eritage de celi qui veut rescourre, a peines pourroit li povres contre le riche ravoir par rescousse eritage qui issist de son lignage par reson de ventes, pour doute que l'acheteres ne meist le plet a gages.

1821. Li secons cas ou quel gage ne doivent pas estre receu[a], si est de chose lessiee en testament, laquele chose doit estre paiee par la main des[b] executeurs, car male chose seroit que li executeur despendissent ou plet des gages les biens qui doivent estre converti ou profit de l'ame a celi qui fist le testament. Donques qui veut debatre aucun testament ou aucune partie de testament, il doit pledier par autre voie que par gages[c], si comme par moustrer que li testamens ne fu pas a droit fes, ou par moustrer que la chose qui fu lessiee n'estoit pas a celui qui fist le testament. Et se li executeur estoient si fol qu'il se voussissent metre en gages ou qu'il s'i fussent ja mis, ne les doit pas li juges soufrir, car chascuns est tenus a fere aide a ce que la volentés de ceus qui font leur testament soit aemplie, si comme nous vourrions que l'en feist de nos testamens après[d] nous; et grans pechiés est d'empeechier testamens qui sont a droit fet. Et comment l'en doit fere testament[e] il est dit ou chapitre qui parole des testamens[f][1].

1822. Li tiers cas ou quel gage ne doivent pas estre receu, si est en plet qui est pour douaire, car li privilieges des fames qui tienent par reson de douaire est si frans que leur douaires leur doit estre gardés et garantis sans delai. Et comment on puet et doit venir avant en ples qui sont pour douaire ou contre douaire[g], il est dit ou chapitre qui parole[h] des douaires[2]. Nepourquant tout aions nous dit qu'en plet

---

a) *GHJK omettent* ou quel … receu. — b) *HJK* par les exec. — c) *HJK omettent* que par gages. — d) *GHJK* feist pour nous. — e) *G* on les doit fere il. — f) *HJK omettent*. Et comment … testamens. — g) *AHJK omettent* ou contre douaire; *E* qui sont de par douaire il. — h) *GHJK omettent* qui parole.

---

1. Ch. xii.
2. Ch. xiii.

de douaire ou de rescousse d'eritage ne doit avoir nul gage, c'est a entendre quant cil qui est apelés s'en veut defendre, car il leur loit bien, s'il leur plest, a renoncier a leur droit et aler avant es gages; et s'il leur plest il s'en pueent defendre et oster les gages par coustume, mes que ce soit avant que gage soient receu. Mes des cas de testamens il ne sont a recevoir ne avant ne après.

1823. Li quars cas du quel gage ne doivent pas estre receu si est quant ples nest d'eritage amorti qui est d'eglise, car li drois de sainte Eglise doit estre gardés pesiblement sans gages, si que cil qui sont tenu especiaument a fere le service Dieu ne soient pas empeechié par si anuieus ples comme de gages. Nepourquant nous avons veu en aucun cas gages contre eglise, si comme quant aucuns prelas qui a justice en ce qu'il tient de sainte Eglise veut suir aucun de servitude, liqueus dit qu'il est frans, et a^a prouver la servitude ou la franchise^b nous avons veu gages par lever les tesmoins. Nepourquant se li prelas vousist avoir prouvé par orine de lignage tant seulement et avoir les gages debatus, nous creons qu'il n'i eust eu nus gages; mes li prelas passa outre au plet des gages sans soi aidier de nule reson qui les gages peust oster, et pour ce creons nous que li gage i furent.

1824. Li cinquismes cas ou quel gage ne doivent pas estre receu^c puis que partie^d s'en vueille defendre^e, si est de plet de nouvele dessaisine, car li establissemens des nouveles dessaisines si est teus que l'en doit tenir en sa saisine celi que l'en trueve saisi derrainement de pesible saisine d'an et de jour. Mes quant li ples vient a pledier de la proprieté^f, la pueent estre li gage. Nepourquant, quant il avient que chascune partie dit qu'il est en la derraine saisine pesible d'an et de jour et chascune partie amene tesmoins a ce prouver et l'une des parties veut lever tesmoins^g et

---

a) *AC omettent* a ; *E* frans et veut prouv. — b) *E* franch. li uns de aus. — c) *B omet* receu. — d) *B omet* que partie; *EF* puis que on s'en. — e) *G* vueille aidier; *HJK omettent* ou quel gage... vueille defendre. — f) *B omet* Mes quant ... proprieté. — g) *GHJK omettent* veut lev. tesmoins.

l'autre partie ne le debat pas, ains veut bien entrer es gages, il est en la volenté du conte a qui les connoissances des nouveles dessaisines apartienent de soufrir les gages ou de non soufrir.

1825. Li sisismes cas ou quel gage ne sont pas a recevoir[a], si est quant aucuns qui[b] est establis gardes ou tuteres d'enfans sousaagiés plede pour le droit as sousaagiés[c] maintenir, pour ce que tuit li sousaagié[d] de droit et de coustume sont en la garde du souverain et tout ce qui est en la garde du souverain[e] doit estre gardé[f] sauvement sans metre si grans cous comme il convient metre en plet de gages. Nepourquant cil qui tient par reson de bail pour enfans sousaagiés se puet bien metre, s'il li plet, en plet de gages et perdre ou plet les pourfis qui li doivent[g] venir du bail ; mes puis l'aage de l'enfant, li enfes ne lesse pas a venir a son eritage pour le plet de celui qui le tint en bail. Et s'il plest a celui qui tient en bail, il puet eschiver les gages, tout fust il que l'autre partie les vousist avoir. Et se cil qui tienent[h] en bail ou en garde ou en douaire, ou comme tuteres, ou comme de chose engagiee a terme, se vouloient metre en gages d'aucun plet qui nasquist d'aucune de ces choses, cil contre qui il pledent pueent les gages eschiver s'il leur plest, car puis que cil qui tienent par les causes dessus dites se pueent eschiver des gages, il est bien resons que cil contre qui il pledent aient autel avantage, car autrement pendroit li drois d'une part.

1826. Li setismes cas du quel on ne puet apeler si est du cas qui se puet prouver par recort et liquel cas se pueent[i] prouver par recort[j] il est dit ou chapitre des prueves[1] ; et la resons pour quoi gage ne pueent ne ne doivent nestre, si est

---

a) *HJK omettent* ou quel ... recevoir. — b) *GHJK omettent* qui. — c) *AB a* sousaagié ; *EF* plede por auz et por leur droit maint. ; *GHJK* au sousaagié. — d) *A omet* maintenir ... sousaagié. — e) *A omet* et tout ce ... souverain. — f) *EF* gardé souverainement et sauvem. — g) *GHJK* peuent. — h) *ABCGHJK* tient. — i) *EF* puet. — j) *BCGHJK omettent* et liquel ... recort.

1. Ch. xxxix, § 1150-1153 et 1208.

pour ce que chascuns pourroit revenir a ce qu'il avroit perdu par jugement fet contre li ; car qui apele de faus jugement il doit apeler tantost après le jugement fet, et s'il se part de court sans apeler, il pert son apel et tient li jugemens. Et s'il pouoit apeler de faus recort, il pourroit recouvrer ceste perte, car il pourroit lonc tans après le jugement fet dire que li jugemens fu fes en autre maniere, et ainsi cherroient en un recort et au recort fere il leveroit l'un des recordeurs, et ainsi avroit il recouvré par bareteuse voie ce qu'il avoit perdu par lessier passer le jugement contre li ; et pour ce nous est il avis qu'en chose qui se puet prouver par recort ne doit avoir nus gages.

1827. L'uitismes cas ou gage ne doivent pas estre receu se partie les veut debatre, si est quant l'en demande aucune chose par obligacion qui est fete par letres, puis que l'en ait renoncié en sa letre a toutes choses que l'en pourroit fere ou dire contre la letre, fors en un seul cas ; car se cil qui se veut defendre[a] de la letre vouloit dire qu'ele fust mauvesement et faussement empetree sans lui et sans son acort, ou par seel contrefet, en ce pourroit avoir gages, car il convenroit que cil qui se vourroit aidier de la letre s'ostast de la mauvestié ; et encore pourroit il avoir aucunes resons par quoi il ne venroit pas as gages, si comme se les letres estoient seelees du seel de la baillie ou du seel au seigneur souverain a celi qui se seroit obligiés, car li seel autentique tesmoigneroient la letre a loial, si qu'il n'i avroit nus gages, ainçois amenderoit cil au seigneur et a la partie la vilenie qu'il avroit dite contre la letre ; et s'il en vouloit toutes voies fere apel, il ne le pourroit fere, si comme nous avons dit, contre la partie ; mes contre le seigneur qui la seela pourroit il venir a gages par dire qu'il l'avroit seelee faussement et desloiaument par louier ou par aucune mauvese cause. Et se la letre estoit seelee du seel a celui qui la veut fausser, il n'en puet apeler, — s'il a fete la renonciacion dessus dite,

a) H J K aidier.

— s'il ne li met sus qu'il a contrefet son seel. Et s'il li met sus qu'il l'ait contrefet et cil puet prouver par .ii. loiaus tesmoins qu'il furent au seeler, ou qu'il oïrent[a] connoistre[b] a celi qui la seela, ou qu'il furent a la convenance de quoi la letre parole, il n'i a nus gages, ainçois amende cil la vilenie qu'il li a dite. Et tous amendes sont entre gentius hommes de .lx. lb. et du damage rendre a la partie, et entre hommes de poosté a volenté de seigneur.

Ici fine li chapitres des defenses a ceus qui sont apelé et des cas pour lesqueus gage ne doivent pas estre receu.

a) *GHJK* ou qui l'ouirent. — b) *C* oïrent tesmoingnier et connoistre. — Explic.) *AC* chap. qui par. des ; *C répète la rubrique sauf* pour plus. ... che chap. ; *FJK n'ont pas d'explicit;* G Explicit; *H* Chi fenist li .lxiii. capitre Et commenche apres li .lxiiii. capitres.

LXIV.

*Ici commence li .*LXIIII. *chapitres de cest livre liqueus parole des presentacions, comment gage se doivent fere et des choses qui ensivent dusques a la fin de bataille.*

1828. Mout a de perius en plet qui est de gage de bataille et mout est grans mestiers que l'en voist sagement avant en tel cas, et a l'apeleur et a l'apelé. Et pour ce nous traiterons en ceste partie des presentacions qui doivent estre fetes après ce que li gage sont receu et comment il se doivent demener dusques a la fin de la bataille[1].

1829. Quant gage sont receu du juge et li juges leur a asséné[a] jour de venir ainsi comme il doivent, li apelés et cil qui apele doivent regarder en quel estat il sont, en tele maniere que cil qui apele, s'il est gentius hons et il apele homme de poosté, bien se gart qu'il ne se presente pas armés a cheval comme gentius hons, car il se doit presenter a pié a guise de champion. Et s'il se presente a cheval et armés comme gentius hons, et li païsans qu'il apela se presente a pié comme champions, li gentius hons[b] en a le pieur[c]; car puis qu'il pert les armes es queles il se presente il demeure, quant il est desarmés, en pure sa chemise, et convient qu'il se combate en icele maniere sans armeures, sans escu et sans baston. Et que ce soit voirs il est aprouvé par un juge-

---

Rubr.) *CEGJK omettent* de cest livre; chap. qui par.; *CJK donnent le texte de la table; F n'a pas de rubrique; pour H voyez l'explicit du chapitre* LXIII. — a) *GHJK* leur assigne. — b) *A omet* hons. — c) *A* poueir; *B* pooir.

---

1. Voyez ci-dessus, p. 397, note 1.

ment qui a esté fes a Crespi¹, et pour ce que cist livres parole especiaument des coustumes de Beauvoisins ne lesse il pas, s'il parole d'aucun cas du quel nus n'a memoire qu'il soit avenus en Beauvoisins, qu'il ne le conferme par jugement des chasteleries environ. Car se li cas cheoit en jugement a Clermont, ou quel cas coustume ne pourroit estre trouvee pour ce que li cas n'i seroit pas autre fois avenus, l'en jugeroit selonc les coustumes des chasteleries prochienes ou li cas avroit esté jugiés.

1830. Pierres qui gentius hons estoit apela Jehan qui estoit hons de poosté. Au jour de la presentacion, après ce que gage furent receu, et au jour qui leur fu assenés de venir ainsi comme il devoient, l'une partie et l'autre se presenterent nicement, car li escuiers se presenta a cheval armés comme gentius hons, et li hons de poosté se presenta a pié en pure sa cote, sans armeure fors que d'escu et de baston. Jehans qui a pié se presenta proposa contre Pierre qui apelé l'avoit que li dis Pierres s'estoit presentés en armes es queles il ne se devoit pas combatre ; par quoi il requeroit que les armes li fussent ostees et qu'il se combatist sans armes a pié comme cil qui s'estoit presentés sans armes soufisans a combatre contre li selonc l'apel. A ce respondoit Pierres que soufisaument s'estoit presentés, car gentius hons estoit et en armes de gentil homme se devoit combatre, pour quoi il requeroit sa bataille. Et plus requeroit il, car il requeroit ᵃ que Jehans ne peust avoir autres armes ᵇ que celes es queles il s'estoit presentés, c'est a entendre en sa cote, son escu et son baston tant seulement ᶜ. Et seur ce se mistrent en droit.

1831. Il fu jugié que Pierres perdroit les armes et le cheval comme mesfetes au seigneur et se combatroit ou point ou il seroit quant les armes li seroient ostees, c'est assavoir

---

a) *GHJK omettent* il requeroit. — b) *A omet* armes. — c) *HJK omettent* c'est a entendre ... seulement.

---

1. Crépy-en-Valois, chef-lieu de canton de l'arrondissement de Senlis.

en sa chemise, sans escu et sans baston, et Jehans ensement en sa cote se combatroit au dit Pierre ainsi comme il se presenta, si comme il est dit[a] devant[b], et avroit l'escu et le baston. Et par cel jugement puet on savoir le peril qui est en presentacions et comment l'en doit regarder en quel estat de persone l'en est et qui est apeleres ou apelés; car se Jehans qui estoit hons de poosté eust apelé le dit Pierre, Pierres se fust soufisaument presentés, car en soi defendant il se combatist armés et a cheval et li hons de poosté si comme il se presenta, ou en armes de champion s'il s'i fust presentés.

1832. Quant li homme de poosté apelent li uns l'autre, il se doivent presenter au jour qui leur est assenés après les gages receus, a pié et en armes de champion; et s'il sont gentil homme, il se doivent presenter seur chevaus, armé de toutes armes; et qui se presente [a][c] meins soufisaument[d] d'armeures qu'il ne doit il n'i puet puis recouvrer.

1833. Aussi comme il est grans mestiers que l'en se prengne garde es queles armes on se presente selonc son estat, aussi est il grans mestiers que l'en parout sagement a fere sa presentacion, et fere la puet on soufisaument en deus manieres, la premiere en general, la seconde en especial.

1834. La presentacions qui doit estre fete en general si est ainsi que cil qui parole pour celi qui se[e] presente doit dire : « *Sire, ves ci Pierre qui se presente par devant vous pour tant comme il doit a la journee de ui encontre Jehan de tel lieu; et s'il le fesoit autrement apeler ne vourroit pas pour ce Pierres perdre,* — et s'il a avoué il doit presenter li et son avoué, — *et se presente par amendement d'armes et de conseil, et de tous teus amendemens que drois et coustume li puet donner dusques au point de la bataille de tant comme il apartient a ceste journee ou a autres, se autres jours li estoit assignés par la volenté de la cour ou par l'assentement*

---

a) *A* il estoit devant; *C* omet dit; *HJK* comme dit est. — b) *HJK* omettent devant. — c) a *est omis dans tous les mss.* — d) *CHJK omettent* soufisaument. — e) *HJK* celi qu'il presente.

des parties, ou en autre maniere, en quel que maniere que ce fust. »

1835. La seconde maniere de presentacion qui est fete en especial doit estre fete en tele maniere que cil qui parole pour celi qui se presente doit dire : « *Sire, ves ci Pierre qui se presente par devant vous, li et son avoué, pour tant comme il doit a la journee de ui, encontre Jehan de tel lieu; et s'il le fesoit autrement apeler ne vourroit pas pour ce Pierres perdre. Et se presente par amendement d'armes et de conseil; d'estraindre et d'alaschier; de oindre et de rooignier; de fil et d'aguille; de remuement d'armes, qu'il en puist oster se trop en i a, et prendre se poi en i a; de changier escu et baston, se mestiers li est*[a]; *de prendre autre avoué que celi qu'il presente avec li, s'il li plest; et de toutes autres choses que l'en puet et doit retenir par la coustume de la court de ceens, dusques au point de la bataille. Et se li jours de ui estoit alongiés par volenté de court ou par assentement de parties ou en autres manieres, si retient il a l'autre jour toutes les choses dessus dites et toutes manieres d'amendemens.* » Des deus manieres de presentacions dessus dites, la derraine qui parole[b] en especial est la plus bele et la meilleur, et meins[c] puet on dire encontre ; nepourquant l'autre soufist.

1836. Quant les parties se sont presentees, cil qui apele doit recorder son apel et requerre sa bataille, et cil qui est apelés[d], s'il a nules resons par lesqueles il vueille dire qu'il n'i a nus gages et il les proposa a la journee que li gage furent receu, il les doit ramentevoir en recordant et requerre droit seur chascune reson et offrir a prouver s'ele li est niee; et aprés ses resons recordees, il ne doit pas oublier qu'il ne die que, se ces resons ne li valent, si s'offre il a defendre et a aler avant en la bataille, si comme drois dira[e]. Adonques la justice se doit conseillier seur les defenses a celi qui est apelés et, s'il a nule bonne reson conneue ou prouvee, par

---

a) *HJK omettent* si mestiers li est. — b) *GHJK* manieres dessus dites dont la derraine parole qui est en esp. — c) *C* miex. — d) *A* et li apelés. — e) *BEF* donra.

CHAP. LXIV. — DES PRESENTACIONS ET DES BATAILLES. 431

laquele li gage doivent estre nul, la cours les doit prononcier a nus par jugement; et teus manieres de resons que li apelés puet metre avant poués vous veoir lesqueles sont bonnes ou chapitre qui parole*a* des defenses a l'apelé[1].

1837. Quant aucune resons est proposee de celui qui est apelés, par laquele il dit qu'il n'i a nul gage, et cil qui apele le nie en la maniere qu'il le proposa, et li apelés atret tesmoins a prouver, cil qui apele ne puet pas lever les tesmoins ne metre en gage de bataille, car gage sur gages ne sont pas a recevoir. Et se l'en soufroit gages en tel cas, il en pourroit nestre .x.*b* peres *c* l'uns*d* seur l'autre, ou plus, et ainsi vauroit*e* il mieus que cil qui est apelés se teust de ses bonnes defenses, s'il les avoit *f*, et aler avant es gages, laquele chose ne seroit pas resons. Donques cil qui apele, s'il veut riens dire contre les tesmoins a celi qui est apelés, il les puet debatre s'il sont teus persones qui ne puissent tesmoignier; et qui veut debatre tesmoins, il puet veoir comment l'en les puet et doit debatre, en cel cas et en autres ou chapitre qui parole *g* des prueves[2].

1838. Se cil qui est apelés ne puet metre avant ne prouver resons par quoi li gage soient nul, la bataille doit estre jugiee, et quant ele est jugiee, li tans est venus de metre les essoines avant a ceus qui par leur essoines vuelent avoir avoués, liquel essoine sont dit ou chapitre des apeaus[3]. Et quant li essoine sont receu, il doivent baillier leur avouerie a ceus qui pour aus emprenent la bataille, et puis doivent venir as seremens en la maniere qui ensuit.

1839. Cil qui apele doit jurer premierement *h* seur saintes evangiles et dire : « *Se Dieus m'aït et tuit li saint et les saintes, et les saintes paroles qui ci sont,* — et doit tenir

---

a) *GHJK* omettent qui parole. — b) *GHJK* deus ou .ii. — c) *C* perieus. — d) *BEF* l'une. — e) *BE* venroit. — f) *HJK* omettent s'il les avoit. — g) *GHJK* omettent qui parole. — h) *G* jur. le premier.

---

1. Ch. lxiii.
2. Ch. xxxix.
3. Ch. lxi.

la main seur le livre ª — *que¹ Jehans que j'ai apelé fist le fet* — *ou fist fere s'il l'apele de fere fere,* — *en la maniere que je le proposai*ᵇ *contre li et a tel le prouverai a l'aide de mon droit.* » Et quant il a ce dit, cil qui est apelés doit dire : « *Je vous en lieve comme parjure* », et puis se doit agenouillier et metre sa main seur le livre et dire : « *Se Dieus m'aït et tuit li saint et toutes les saintes, et les saintes paroles qui ci sont, que je n'ai coupes ou fet*ᶜ *pour lequel Pierres m'a apelé. Et de ce qu'il a proposé*ᵈ *contre moi il a menti et est parjures, et pour tel le ferai a l'aide de Dieu et de mon bon droit.* » Et quant il ont fet ces premiers seremens et il vient a l'aprochier de la bataille, il doivent fere les secons seremens en la maniere qui ensuit.

1840. Cil qui apele et qui est apelés au derrain serement doit jurer et dire en ceste maniere : « *Se Dieus m'aït, et tuit li*ᵉ *saint et toutes les*ᶠ *saintes, que je n'ai quis ne pourchacié art, barat, ne engien, ne sorcerie, ne charoi*ᵍ *par quoi cil a qui je me doie combatre soit grevés en la bataille, fors de mon cors et de mes armes tant seulement, teles comme je les ai moustrees en apert au jour d'ui en ceste court.* »

1841. Quant tuit li serement sont fet, la justice doit regarder se la bataille est par avoué et le cas pour quoi il se combatent. Se li cas est teus que la partie qui est vaincue doie recevoir mort et la bataille est par avoués, il doit fere metre en prison l'apeleur et l'apelé en tel lieu qu'il ne puissent veoir la bataille, et la corde entour aus de laquele cil sera justiciés qui ses avoués sera vaincus ; et se c'est fame, la besche a li enfouir li doit estre bailliee presente².

1842. Quant toutes ces choses dessus dites seront fetes,

---

a) *GHJK* le livre et dire si m'ayt Dieu et tout li saint que Jehans. — b) *B* propose ; *GHJK* je l'ai proposé. — c) *A* fetez. — d) *BEF* il propose. — e) *ABEF* omettent li. — f) *ABEF* omettent les. — g) *A* omet ne charoi ; *E* caraude ; *GHJK* querray.

---

1. Il faut évidemment suppléer *je jure* devant *que*, de même plus bas dans ce paragraphe et au paragraphe 1840.
2. Voyez *Orson de Beauvais*, déjà cité au § 88.

CHAP. LXIV. — DES PRESENTACIONS ET DES BATAILLES.

cil qui se doivent combatre doivent estre mis ou champ de la bataille, et adonques li sires doit fere crier .iii. bans : le premier, que[a] s'il a nului du lignage de l'une partie ne de l'autre, seur cors et seur avoir, qu'il vuide le champ et qu'il s'en voist. Li secons bans[b] doit estre[c] que nus ne soit si hardis qu'il die mot, et que tuit se tesent et tiegnent coi. Li tiers bans que nus, seur cors et seur avoir, ne face aide a l'une des parties ne nuisance a l'autre partie ne par fet, ne par pourchas, ne par parler, ne par signe, ne en nule autre maniere. Et quiconques enfraindroit ou trespasseroit l'un de ces .iii. bans, il chiet en la merci du seigneur en amende a volenté et a li cors deservi longue prison ; et en tele maniere le pourroit on enfraindre que l'en perdroit le cors, si comme se l'en voit apertement que l'une des parties fust vaincue par l'aide de celi qui enfraindroit le ban.

1843. Quant li ban sont fet et li lignages a vuidié, cil qui sont pour la justice doivent garder le parc que nus n'i entreprengne, et puis doit commander la justice a ceus qui se doivent combatre qu'il facent ce qu'il doivent. Et adonques cil qui apele doit mouvoir, et si tost comme cil qui se defent le voit meu, il doit mouvoir pour soi defendre. Nepourquant se li defenderes mouvoit avant, n'en puet on l'apeleur achoisoner, car il loit a chascune partie a fere du mieus qu'il puet puis qu'il ont congié de la justice d'aler ensemble.

1844. S'il avient[d], endementiers[e] que cil qui se combatent sont ensemble, que[f] l'en vueille parler de la pes, la justice doit mout regarder l'estat de chascune partie et les doit fere tenir cois en cel meisme estat si que, se pes ne se puet fere, que nule des parties ne gaaint au delai quant il avront commandement de raler ensemble. Et de tenir en tel estat veismes[g] nous ce qui ensuit.

---

a) *G* bans dont le premier se fet en ceste maniere : s'il. — b) *G* omet bans. — c) *HJK* omettent bans doit estre. — d) *G* l'on voit que. — e) *AGHJK* omettent endementiers ; *B* emprès ; *EF* après. — f) *GHJK* ensemble et que. — g) *C* disons.

1845. Uns chevaliers et uns escuiers se combatoient en la court le roi a Paris, seur leur chevaus et armé de toutes armes. Quant il se furent une piece combatu, l'une des resnes du cheval a l'escuier entorteilla entour le pié du chevalier[a] et en cel point l'en les fist tenir cois pour parler de la pes. Et en cel delai que l'en parloit li chevaliers osta son pié[b] de l'estrief tout belement et destorteilla de la dite resne, et puis remist[c] son pié[d] en l'estrief[e]. Mes il li fu dit de ceus qui gardoient le parc qu'il se prist pres de fere pes, car s'il raloient ensemble l'en li remetroit[f] la resne du cheval a l'escuier entour son pié[g] en autel estat comme devant; par quoi li chevaliers se prist plus pres de fere pes et en fu pes fete. Et par ce puet on savoir que l'en doit remetre chascune partie arrieres en sa[h] bataille en tel estat comme il estoient quant on les fist tenir cois.

1846. Pes ne puet estre fete de nus gages, se ce n'est par l'acort du seigneur en qui court li gage sont. Mes il loit a chascun seigneur qui a gages en sa court de soufrir que pes soit fete des gages s'il li plest, mes que ce soit avant que l'une des parties soit vaincue, car se l'en atendoit tant, la pes ne se pourroit fere sans l'acort du conte; car quant la chose est alee si avant, il n'i a fors que de fere la justice; et de nului[i] qui soit a justicier prouvés et atains[j] de cas de crime, nule pes n'en puet ne ne doit estre fete sans l'acort du conte.

1847. Se li sougiet le conte fesoient ou soufroient aucune pes d'aucun de leur sougiès qui eust mort deservie par louier, il perdroient leur justice et si l'amenderoient[k] de .lx. lb., et si ne demourroit pas pour ce que li cuens ne justiçast le maufeteur.

---

a) *B* cheval. — b) *G* pié du resne. — c) *AB* revint. — d) *GHJK* omettent de l'estrief tout ... remist son pié *et le remplacent par* et le mist. — e) *C omet* tout belement et ... en l'estrief. — f) *GHJK* ensemble il lui remettroient son pié dedens (*HJK* entor) la resne. — g) *GHJK* omettent entour son pié. — h) *C* en le bat.; *GHJK omettent* sa. — i) *JK* personne. — j) *JK* prouvee et ataine. — k) *Tous les mss. ont* ont mort, perdroit, sa *et* amenderoit.

CHAP. LXIV. — DES PRESENTACIONS ET DES BATAILLES.

1848. Bien se gardent li sougiet le conte, quant il tienent prisonniers pour cas de crime qu'il ne leur eschapent par foible prison ou par mauvese garde, ne qu'il n'en facent pes par louier, car il perdroient leur justice et si seroit l'amende de .lx. lb. Et si pourroit li cuens rapeler la pes et punir du mesfet, car les justices qui sont tenues du conte ne doivent pas estre vendues a ceus qui ont deservi a estre justicié. Et se li sougiet le conte pouoient[a] fere ou soufrir teus pes entre leur sougiès, mout de vilains fes en pourroient avenir, liquel ne seroient pas vengié.

1849. Quant aucuns se combat pour autrui comme avoués, se l'en parole de la pes, il ne puet fere pes sans celi pour qui il se combat; mes cil pour qui il se combat puet bien fere pes par l'acort du seigneur et de l'averse partie, vueille ses avoués ou ne vueille. Mes li avoués, puis le premier estour de la bataille, ne quitera point de son salaire s'il ne li plest.

1850. Bien se gart qui reçoit avouerie[b] pour autrui, car il ne li loit pas a repentir de l'avouerie puis qu'il l'a receue en la journee qu'il la reçoit. Mais se li jours estoit alongiés et il n'avoit convenancié a fere la bataille au quel que[c] jour qu'ele escheïst, il ne seroit pas tenus a recevoir l'avouerie a l'autre jour s'il ne vouloit; et s'il la vouloit recevoir, ne l'avroit il pas se cil a qui la bataille apartenroit vouloit autre, mes qu'il eust retenu en sa presentacion remuement d'avoué, si comme il est dit dessus.

Ici fine li chapitres des presentacions que l'en doit fere en gages et de ce qui ensuit dusques a la fin de la bataille.

---

a) *A B C F* pueent. — b) *A G H J K* avoué. — c) *H J K* omettent que. — Explic.) *C* répète la rubrique ; dans *F* la place de l'explicit est restée en blanc et il a été écrit postérieurement en bas du folio ; *G H J* Explicit ; *K* n'a pas d'explicit.

LXV.

Ici commence li .LXV. chapitres de cest livre liqueus parole des delais que coustume donne et des respis que li homme pueent prendre de jugier.

1851. Il sont mout de delais que coustume donne as seigneurs et as hommes qui jugent en leur cours, pour quoi il est grans mestiers a ceus qui vuelent apeler de defaute de droit qu'il se prengnent garde que cil de ᵃ qui il ᵇ apelent ne s'en puissent aidier et ᶜ qu'il aient atendu ᵈ ains leur apel tous les delais que coustume donne de celui de qui ᵉ il apelent. Or veons donques ᶠ queus ᵍ manieres de delais il convient soufrir par coustume.

1852. Li seigneur, s'il leur plest, de leur autorité ʰ pueent continuer les ples qui sont par devant aus par .III. quinzaines en un meisme estat; mes s'il le font ⁱ pour les parties ou pour aucune des parties ʲ grever, ce n'est pas loiautés; nepourquant fere le pueent s'il vuelent. Et qui apeleroit de defaute de droit pour ces .III. continuacions il n'avroit pas bon apel.

1853. Li homme qui sont chargié de fere ᵏ jugement

Rubr.) *CEFGHJK omettent* de cest livre; chap. qui par. ; *C* des delaiemens; *CGJK* prendre avant que il [*C* ne] puissent [*C* ne ne doivent] estre (*G* il soient) contraint de fere jugement; *H omet* que l'homme ... jugier. — a) *ABCEF omettent* de. — b) *CF omettent* il. — c) *HJK* et puis qu'il. — d) *G* qu'il attendi ains. — e) *E* donne a celi que il ap. — f) *A* donques de queus. — g) *C omet* queus. — h) *C* de leur auctorité se il leur plest. — i) *ABCEFGH* il le fet pour. — j) *C omet* ou pour aucune des parties. — k) *GHJK omettent* fere.

CHAP. LXV. — DES DELAIS QUE COUSTUME DONNE.

pueent, s'il leur plest, prendre .iii. respis ains qu'il facent jugement, dont chascuns respis contiegne^a au meins^b en soi .xv. jours^c, et après^d il pueent prendre un respit de .xl. jours; et puis^e, s'il leur plest^f, un respit^g de .vii. jours et de .vii. nuis, et après, s'il leur plest^h, un respit de .iii. jours et de .iii. nuis. Et adonques, quant il ont pris tous ces respis, li sires les doit tenir en prison tant qu'il aient jugié, et qui apeleroit en cel delai pendant, il n'avroit pas bon apel, car li seigneur ne pueent pas contraindre leur hommes a jugier fors selonc la coustume de la conteé.

1854. Quant ples est en la court le conte et il est demenés par assises et li homme prenent leur respis de fere aucun jugement, il pueent prendre respit par .iii. assises et, après les .iii. assises, .xl. jours et puis .vii. jours et .vii. nuis, puis .iii. jours et .iii. nuis. Mesⁱ se li cuens veut que li jugemens soit plus hastés^j, il puet tenir ses assises^k chascune quinzaine^l tant que li .iii. respit premier soient passé, mes les .xl. jours, ne^m les .vii. jours etⁿ les^o .vii. nuis^p, ne^q les .iii. jours^r et les^s .iii. nuis^t que li homme pueent prendre puis les premiers .iii. respis^u ne leur puet li cuens acourcier, mes alongier leur^v puet il s'il veut.

1855. Li ples qui est commenciés^x par assise doit estre demenés et determinés^y par assise, se li cuens par l'acort des parties ne le remet en prevosté. Et se li cuens le metoit en prevosté puis que li ples seroit entamés en assise, sans l'acort des parties, il feroit tort.

1856. Se ples est entamés en prevosté, li prevos de s'autorité ne leur^z puet pas metre en assise, se ce n'est par

---

a) *C omet* contiegne; *F* tiengne. — b) *C* meins a en soi. — c) *GHJK* contiegne .xv. jours en soi. — d) *G* et encore après. — e) *GHJK* et apres [*G* encore]. — f) *B omet* prendre un ... leur plest. — g) *CEF omettent* de .xl. jours ... un respit. — h) *GHJK omettent* s'il leur plest. — i) *B omet* Mes. — j) *E* hastis; *F* hastius. — k) *G* assis. a chasc. — l) *G* et tant. — m) *GHJK* jours et les. — n) *BEF* jours ne les. — o) *AC omettent* les. — p) *G omet* nuis. — q) *GHJK* et les. — r) *BEF* jours ne les. — s) *AC omettent* les. — t) *G omet* jours et les .iii. nuis. — u) *GHJK omettent* puis les .iii. premiers respis. — v) *GHJK* along. les puet. — x) *B* est contvenancié par. — y) *B omet* et determinés. — z) *G* ne les puet; *JK* ne le puet.

l'acort des parties. Mes quant li ples chiet ᵃ en jugement et li homme dient qu'il sont trop peu pour fere tel jugement et qu'il n'en ᵇ sont pas avisé, il pueent cel jugement metre ᶜ a ᵈ l'assise pour ce qu'il a ᵉ a l'assise ᶠ plus d'hommes acoustumeement qu'il n'a es ples de ᵍ prevosté. Et quant li jugemens sera fes, s'il est d'aucune barre par laquele la ʰ querele ne soit pas toute perdue ne gaaignie, li ples doit estre renvoiés en prevosté, s'il ne demeure en l'assise par consentement ⁱ des parties.

1857. Se li homme sont en respit pendant de fere aucun jugement et li sires continue et alonge de s'autorité le jour que li homme doivent venir en court, cele alonge n'est pas contee as hommes pour respit. Ne ja pour continuacion ne alonge que li sires face, li homme ne leront a avoir leur respis tout entiers teus comme il sont ʲ dit dessus ᵏ.

1858. Se les parties qui pledent de leur assentement requierent delai dusques a autre journee en autel estat, li sires ne leur doit pas veer, s'il n'est ainsi que la querele touche le seigneur et qu'il ne fust arrieragiés de son droit pour le delai des parties : si comme se li ples est d'aucune chose dont li sires ne puet faillir a avoir amende ou autre gaaing de celi qui avra tort en la querele. Nepourquant il leur doit donner, s'il le requierent le plet pendant, delai par .III. quinzaines, s'il les ˡ prenent ᵐ en esperance de pes. Et se la pes se fet, ele doit estre raportee au seigneur si que ses drois n'i soit pas peris et qu'il s'en sache au quel aerdre ⁿ. Et par teus delais que li sires doit donner, mout de ples et de contens ᵒ sont apesié.

1859. Quant li homme ont a fere aucun jugement et il ᵖ leur est commandé de par leur seigneur qu'il s'en deli-

---

a) *G* plet qui est en. — b) *GHJK* il ne sont. — c) *GHJK* metre cel jugement. — d) *JK* en l'ass. — e) *GHJK* il y a. — f) *GHJK omettent* a l'assise. — g) *GHJK* qu'il n'y a en prevosté. — h) *B omet* laquele la. — i) *CE* par li assentement; *F* le consentem.; *G* par le gré. — j) *G* il est dit. — k) *JK* telz que dit est. — l) *F* s'il le pren. — m) *E omet* le plet pendant ... s'il le prenent. — n) *JK* auquel prendre. — o) *JK omettent* et de contens. — p) *C* et se il.

CHAP. LXV. — DES DELAIS QUE COUSTUME DONNE.

vrent, se li homme sont avisé du jugement fere, il ne doivent pas prendre respit, car li respit si ne sont[a] fors[b] pour ce que li homme qui[c] ne sont[d] pas conseillié ne avisé de jugier aient espace de tans pour aus conseillier et aviser[e]. Donques poués vous veoir que li homme se mesfont qui ne se delivrent du jugement du quel il sont conseillié et[f] avisé. Mes de teus mesfès ne les puet li cuens suir, car il sont creu par dire : « Je ne sui pas[g] avisés », et s'il mentent li mesfès est couvers[h] et gist en leur conscience.

1860. Il avient souvent, quant li homme sont ensemble pour fere un jugement, que l'une partie des hommes sont avisé et l'autre[i] ne l'est pas[j]. Quant il avient ainsi, cil qui sont avisé ne se mesfont de riens s'il requierent respit aveques ceus qui ne sont pas avisé, pour ce que par le delai li desavisé se puissent aviser pour jugier ensemble et pour aus acorder, car laide chose est quant li homme qui sont per li uns a l'autre sont en descort de jugier ; et pour ce, quant li descors i est, sont bon li respit a prendre.

1861. Mout[k] doivent metre[l] li homme qui sont assemblé[m] pour jugier, grant peine et grant entente a jugier bien et loiaument, car quiconques s'acorde a mauvés jugement, il est tenus a rendre le damage a celi qui pert par faus jugement selonc Dieu, s'il veut avoir pardon du mesfet ; et pour ce fu il dit as jugeeurs : « Gardés[n] comment vous jugerés, car vous serés jugié[1]. » Et mout avient que cil contre qui l'en fet les faus jugemens lessent a apeler pour la doute des

---

a) *CGHJK* sont pas fors. — b) *C* omet fors. — c) *GHJK* omettent qui. — d) *B* omet fors pour ce … ne sont. — e) *E* aviser et conseillier ; *JK* omettent et aviser. — f) *GHJK* omettent conseillié et. — g) *HJK* pas bien avisés. — h) *JK* connus. — i) *CG* l'autre partie. — j) *EF* des hommes n'est (*F* ne sont) mie avisé et l'autre l'est ; *GHJK* et l'autre [*G* partie] non. — k) *EF* Tout doiv. — l) *C* doiv. estre li homme. — m) *CEFGHJK* ensemble ; *JK* doivent les hommes qui sont ens. mettre pour. — n) *C* Gardés bien comment ; *F* il dit au warder comment.

---

1. Evangile selon saint Mathieu, VII, 2 : *in quo enim judicio judicaveritis, judicabimini.*

haines et des despens qui en nessent[a], et aussi par ces deus doutes perdent mout de gens leur droit.

1862. Grans respis et lons pueent prendre li homme a fere leur jugemens, si comme j'ai dit devant. Or veons donques, quant il ont pris tous leur respis et l'une partie des hommes[b] vient a court pour jugier et l'autre partie se defaut, que li sires doit fere. Il doit retenir[c] en prison ceus[d] qui sont venu s'il ne jugent; et s'il dient qu'il ne vuelent pas jugier devant que li autre homme soient venu, li sires doit contraindre les defaillans par tenir les fiés saisis et metre grant plenté de gardes seur aus[e] tant qu'il viegnent avant sans delai pour jugier aveques les premiers venus. Et se cil qui premier vinrent dient seur la foi qu'il ont a leur seigneur qu'il ne lessierent a jugier fors pour atendre les defaillans, li defaillant sont tenu a partir es cous et es damages soufisans des prisonniers; et s'il sont en descort du jugement, que l'une partie des hommes vueille jugier pour Pierre qui pledoit et l'autre partie pour Jehan qui pledoit au[f] dit Pierre[g], l'on se doit tenir au jugement des plus sages et de la greigneur partie. Et se l'une partie veut jugier et juge et l'autre partie ne veut fere jugement ne ne se veut acorder a celi qui est fes, li sires doit delivrer ceus qui ont jugié et retenir ceus en prison[h] qui ne vourent[i] jugier ne aus acorder au jugement qui fu fes dusques a tant qu'il se seroient acordé au dit jugement ou il avront fet autre. Et s'il font autre, l'en se doit tenir a la plus soufisant partie[j] si comme j'ai dit devant[k].

1863. S'il avient que li homme soient ensemble[l] pour fere jugement et li homme sont en descort, si que l'en ne set de laquele partie il en a le[m] plus d'acordans[n], li sires,

---

a) *E* qui en issent; *F* qui en venissent. — b) *G* et l'une des parties vient. — c) *EFG* tenir. — d) *HJK* reten. ceus en prison qui. — e) *GHJK* omettent seur aus. — f) *G* pledoit contre le dit P. — g) *E* qui pledoit ensante, l'en; *F* pled. contre P.; *HJK* omettent qui pledoit au dit Pierre. — h) *GHJK* reten. en prison ceus qui. — i) *GHJK* vuelent. — j) *A* tenir au plus soufisant si comme. — k) *HJK* comme dit est. — l) *E* soient assanlé. — m) *HJK* omettent le. — n) *C* de descordans.

CHAP. LXV. — DES DELAIS QUE COUSTUME DONNE. 441

quant il ne se pueent acorder, de s'autorité doit prendre .ii. hommes — ou .iii. ou .iiii., selonc ce que la besoigne est grans, — de chascune partie et doit fere metre les paroles en escrit seur lesqueles li jugemens doit estre fes et les doit baillier as hommes qu'il avra pris de l'une partie et de l'autre ª, et les doit ᵇ envoier querre le conseil de ᶜ la court souveraine ; c'est a dire, se li descors est en la court d'aucun des sougiès le conte, il doivent aler querre le ᵈ conseil a la court de Clermont ; et se descors ᵉ en est en la court de Clermont, il doivent aler querre le conseil a la court ᵍ le roi au parlement. Et le conseil tel ʰ comme ⁱ il l'aporteront ʲ en la court la ou li descors fu meus, li sires le doit fere tenir et prononcier par jugement, car s'il i avoit apel, si iroit li apeaus ᵏ en la court dont li consaus seroit raportés ˡ, et ce seroit grans seurtés as hommes de fere leur jugemens bons quant il l'avroient fet par le conseil de ceus par lesqueus il convenroit que li jugemens ᵐ fust aprouvés bons ou mauvès, car cil qui avroient le conseil ⁿ donné iroient a envis contre ce qu'il avroient conseillié.

1864. Quant li homme sont chargié d'aucun jugement et ᵒ, en prenant ᵖ leur respis, li aucun des hommes defaillent, pour ce ne demeure pas que li tans des respis ne queure contre les defaillans, car autrement gaaigneroient il en leur defaute. Et cil perdroient qui maintenroient les jours de leur seigneurs ᑫ, car quant il avroient pris tous leur ʳ respis, il convenroit qu'il jujassent sans la compaignie des defaillans. Dont quant il voient teus defaillans, il doivent requerre a leur seigneurs que li defaillant ˢ soient contraint a venir jugier avec aus ; et adonques li sires les doit contraindre

a) *HJK omettent* de l'une partie et de l'autre. — b) *BF omettent* les doit. — c) *G* guerre conseil a la ; *HJK* envoier conseillier a la. — d) *CEGHJK omettent* le. — e) *G* se le descort. — f) *AGH omettent* en. — g) *JK omettent* de Clermont ; et … a la court. — h) *BEF omettent* tel. — i) *BEFGHJK* que il. — j) *BEF omettent* l' ; *C* le raporteront. — k) *G* apel li appiaux s'en iroit en ; *HJK* si iroit (*H* s'iroit) il en. — l) *GHJK* fu aportés. — m) *HJK* qu'il fust. — n) *A omet* le conseil. — o) *BEF omettent* et. — p) *C* et emprennent. — q) *A omet* seigneurs. — r) *HJK* les respis. — s) *G* que ticus defaill. ; *HJK* seigneur qu'il soient.

et justicier par leur fiés tenir saisis et gardes metre seur aus dusques a tant qu'il soient venu pour jugier aveques les autres; car se li sires ne leur fesoit damage fors que de lever s'amende ª, laquele n'est que de .x. s. pour chascune defaute, il i a assés de teus ᵇ hommes ᶜ qui ja ᵈ pour si petit ᵉ damage ne venroient. Et pour ce les puet et doit li sires justicier en la maniere dessus dite ᶠ.

1865. Tuit li contremant et li essoinement ᵍ que chascuns puet avoir par coustume de terre, si comme je dis ou chapitre des essoines¹, n'apeticent pas ne ne doivent apeticier les continuacions que li sires puet fere de ses ples ne les respis que li homme pueent prendre, car se partie contremande ou essoine, li ples demeure en autel estat comme il estoit dusques a la journee qu'il vienent en court.

1866. S'il convient que li homme voisent en ost ou ʰ hors du païs par le commandement du roi ou ⁱ du conte, les quereles qui sont en jugement doivent demourer en autel estat dusques a tant qu'il soient revenu, ne teus delais qui est fes par ʲ commandement de ᵏ souverain ne tout pas as hommes leur respis.

1867. Se fame qui est mariee ˡ a a pledier pour son eritage et ses barons ᵐ ne veut pledier et li barons ⁿ muert grant tans après, la ᵒ fame puet commencier le plet tout de nouvel et ne lui nuira pas li tans qui est courus ou tans de son baron, car ele n'avoit pouoir de demander la chose puis que ses barons ne ᵖ vouloit. Mes en tel cas il convient qu'ele commence le plet dedens l'an et le jour qu'ele vient en sa pleine pooosté puis la mort de son baron. Et s'ele lest l'an et le jour passer, tous li tans sera courus contre li : c'est a dire

---

a) *GHJK* lever amende. — b) *GHJK omettent* teus. — c) *BC* teus des hommes. — d) *HJK omettent* ja. — e) *G* pour si poy de damage. — f) *HJK* justicier si comme dit est. — g) *BEFHJK* essoine. — h) *GHJK omettent* ou. — i) *A* roi et du. — j) *G* par le commandement. — k) *GHJK* du souver. — l) *HJK* qui a mari. — m) *GHJK* et ses maris. — n) *JK* et il muert. — o) *A* sa fame. — p) *GHJK* ne le vouloit.

---

1. Ch. III.

que la partie a qui ele avra a fere se pourra aidier de teneure s'ele est si longue qu'il en doie gaaignier sa querele, c'est assavoir .x. ans en plet d'eritage et .xx. ans en plet de muebles et de chatel, si comme je dis ou chapitre de venir trop tart a sa demande fere¹.

1868. Quant li sires veut continuer le jour qu'il a donné a son homme qui tient de lui en homage, s'il atent a fere la continuacion dusques au jour que ses hons vient en court, ou si pres du jour que ses ª hons ne le puet contremander a son conseil, il ne li ᵇ doit ᶜ pas continuer a .I. jour, n'a .II., n'a .III., ne a meins de .xv. jours, car grief pourroit estre a l'homme d'avoir son conseil si pres après ᵈ, si qu'il pourroit bien perdre par defaute de conseil. Et se li sires est demanderes vers son homme, il i ᵉ puet bien metre plus lonc jour que de .xv. jours, car il ne li metra ja si lonc jour ᶠ que li hons ne peust vouloir ᵍ que li jours fust encore plus lons. Mes se li hons est demanderes vers son seigneur et si sires li met le jour plus lonc qu'a quinzaine ne ʰ sans resnable cause, il li fet tort. Nepourquant il ne li doit donner jour a meins de .xv. jours, soit que li hons demant a son seigneur, soit que li sires demant a son homme, car c'est droite continuacions de jour qu'a quinzaine, ne a meins ne le puet li sires, si comme vous orrés par un jugement qui ensuit.

1869. Li cuens tenoit un sien homme a plet ⁱ et li ot donné ʲ certain jour. Au jour li hons le conte fu et ses consaus ᵏ ; li cuens ne cil qui tenoit son lieu n'i furent pas, ains i envoia li baillis et fist continuer le jour. A l'endemain li baillis i fu et proposa contre l'homme le conte ce qui li plot et li hons respondi : « Sire, j'estoie ajournés a hier contre

---

a) *HJK* que li hons. — b) *GHJK* ne le. — c) *HJK* puet continuer. — d) *C* omet a pres. — e) *BEF* il li puet. — f) *ABEF* omettent jour. — g) *CEGHJK* valoir. — h) *BEF* omettent ne; *GHJK* lonc qu'il ne conviengne sans resn. — i) *A* homme aplé; *BCEFJK* homme en plet. — j) *JK* et lui donna. — k) *JK* certain jour auquel li homme et son conseil furent.

---

1. Ch. VIII.

le conte et m'estoie garnis de conseil, et gardai mon jour dusques a eure. Sire, bien connois que vous le continuastes a ui et mes consaus s'en est partis. Je ne le puis ui avoir, pour quoi je ne vueil pas estre tenus a respondre au jour de ui, s'il ne m'est esgardé par droit. Ains[a] requier que vous me donnés jour a .xv. jours. » Li baillis dist qu'il le pouoit bien continuer en ceste maniere sans tort fere ; nepourquant il ne le vouloit pas fere se li autre seigneur de la conteé ne le pouoient fere seur leur sougiés. Et seur ce se mistrent en droit.

1870. Il fu jugié que li hons le conte n'estoit pas tenus a respondre se li jours de la continuacion n'estoit de .xv. jours ou de plus, car puis qu'il convient au gentil homme .xv. jours d'ajournement au meins, ne qu'il n'est tenus a respondre a plus brief jour s'il ne veut, meismement de cas qui puet atendre le delai, en quel que maniere li sires continue le jour de s'autorité, la continuacions doit estre de .xv. jours au meins. Mais il i a disference se li sires a a fere contre son homme de poosté, car il le puet ajourner par son serjant du jour a l'endemain par trois fois avant qu'il li ait fet sa demande. Mes s'il i a fet demande[b] et la demande est d'eritage, puis la demande fete, tuit li jour qui seront continué ou assigné doivent estre de quinzaine. Et se la demande est de mueble, de chatel ou d'aucune autre forfeture, li sires li puet metre ses jours de .viii. jours a l'autre et demener son plet dusques a fin par teles assignacions de jour.

Ici fine li chapitres des delais que coustume donne.

a) *GHJK* ains vous requier. — b) *BEF* omettent Mes s'il i a fete demande. — Explic.) *C* Ichi define li chap. qui parole des delaicmens que coust. donne et des respis que les houmes pueent prendre ; *dans F la place de l'explicit est restée en blanc ; GH* Explicit ; *JK n'ont pas d'explicit.*

LXVI.

Ici commence li .LXVI. chapitres de cest livre liqueus parole de refuser les juges et de fere tenir les jugemens.

1871. Or est mestiers que nous parlons de ceus qui vuelent refuser les juges, car se[a] cil qui vuelent refuser juges[b] ne[c] les refusent[d] avant que jugemens soit fes, après jugement[e] ne les pueent[f] il[g] refuser fors que par apel[h]; mes devant le jugement les puet on refuser par pluseurs causes. Si en ferons mencion d'aucunes.

1872. L'une des causes par quoi l'en puet refuser juges[i] si est se cil qui veut jugier est mes anemis, en tel maniere qu'il me vée sa parole ou qu'il i ait fet aparant de nos persones ou d'aucun de nos lignages par[j] quoi guerre soit aouverte, ou que nous soions en trives, car perius seroit que je ne fusse forjugiés par haine. Mes se pes est fete du contens qui fu[k], je ne l'en[l] puis pas oster, car l'en doit croire que puis que pes est fete li cuer sont apesié. Et se nous sommes en asseurement, cil pueent[m] bien estre au jugement qui vers moi sont en asseurement, mes qu'il i ait[n] des autres

---

Rubr.) *A* refuser juge; *B* ref. jugemens; *CGJK donnent le même texte qu'à la table*; *CEGJK omettent* de cest livre; chap. qui parole; *E* refus. jugeurs; *F n'a pas de rubrique*; *H omet* de cest livre ... les jugemens. — a) *C omet* nous parlons de ... juges, car se. — b) *GHJK omettent* car se cil ... juges *et remplacent tout ce passage par* qui. — c) *C omet* ne. — d) *HJK* refuse. — e) *GHJK* soit fes il ne les. — f) *ACHJK* puet. — g) *GHJK omettent* il. — h) *G* apel apres le jugement. — i) *HJK omettent* par quoi ... refuser juges. — j) *C* lignages et pour quoi. — k) *A* qui fist; *B* qui fist; *EF* qu'il fist. — l) *GHJK* ne le puis. — m) *A* cil qui pueent. — n) *B* qu'il soit des.

hommes ; car nos entendemens est teus que se tuit li homme qui me doivent jugier en la court de mon seigneur sont vers moi en asseurement, je puis refuser que je ne soie pas jugiés par aus pour cause de soupeçon de haine. Et qui par bonne cause puet debouter tous ceus qui sont si per et qui le[a] doivent jugier en la court de son seigneur, li ples de la querele doit aler en la court de[b] l'avant seigneur et lueques doit estre li ples[c] demenés, exceptee la court le conte ; car qui par bonne cause pourroit debatre tous ses hommes[d] qu'il ne jujassent, si en tenroit[e] li cuens le plet et feroit[f] jugier par le conseil de son ostel. Et se de ceus de son ostel estoit fes apeaus pour faus jugement, li ples de l'apel seroit demenés en la court le roi sans gages, car en juges de conseil n'a nus gages ; mes quant li homme jugent, gage en pueent venir, si comme il est dit ou chapitre qui parole des apeaus[1].

1873. Autres resons i a par quoi juge pueent estre refusé : si comme s'il m'ont menacié a fere damage, ou s'il m'ont dit que je perdrai la querele par devant bonne gent, ou s'il ont esté procureeur ou[g] avocat ou conseillier a la partie contre qui je plede[h], ou s'il ont part ou pueent avoir en ce dont ples est, ou s'il sont partie contre moi en aucunes choses de la querele, ou se li cas est en aus alligant si comme s'il sont plege ou deté[i] pour celui contre qui je plede, ou s'il ont pris louier ou receue pramesse[j] pour estre favourable a l'autre partie, ou s'il est peres ou fius a celui contre qui je plede ; et se li cas de quoi li ples est[k] est de crime qui touche mort d'homme ou mehaing, je puis debouter tous ceus de son lignage du jugement. Tuit cil qui sont dit dessus pueent estre refusé[l] juge par les causes dessus dites.

---

a) *G* les doiv. — b) *GHJK* court a l'avant. — c) *HJK* doit li ples estre demenés. — d) *GHJK* pourroit tous ses hommes debouter qu'il ne. — e) *B* si entreroit li cuens ; *GHJK* en aroit li cuens. — f) *GHJK* feroit li quens jugier. — g) *JK* omettent ou. — h) *GHJK* je plaidai. — i) *CEF* detté ; *G* dettés ; *H* sont deté ou pleige ; *JK* debteurs ou pleges. — j) *GHJK* ou pramesse receue. — k) *A* quoi je plede est. — l) *E* refusé a estre juge.

---

1. Chap. LXII.

CHAP. LXVI. — DE REFUSER LES JUGES.

1874. Encore en[a] pueent estre refusé cil qui ne pueent estre tret en gages, si comme clerc ou sousaagiés a qui li sires a fet tel grace qu'il l'a receu a homme, et li ediote a qui il apert[b] qu'il n'usent pas de bonne memoire ou par grant viellece ou par sotie naturele ou par autre maladie par laquele il sont hors de leur ancienne memoire : tuit cil pueent estre debouté qu'il ne facent jugement, car les causes en sont resnables.

1875. Cil qui tient[c] en baronie doit[d] estre durement viguereus[e] de fere tenir les choses jugiees dont li jugemens a esté fes[f] en sa court, ne ne doit pas soufrir que l'en replede de nouvel de ce qui fu jugié autre fois contre celi qui en veut pledier ou contre son devancier. Et se cil meismes en plede contre qui li jugemens fu fes[g], il ne se puet escuser de l'amende de ce qu'il va contre le jugié. Mes se autre persone en plede, l'en la doit amonester qu'il ne voist pas contre le jugié[h] car[i] autre fois en a on jugié[j] contre son devancier ou contre celi du quel il entent avoir cause. Et quant il est amonestés, s'il lesse le plet, il ne doit estre[k] en[l] point d'amende de ce qu'il parla contre la chose jugie, car puet estre qu'il n'en savoit mot. Mes s'il maintient le plet puis l'amonicion, il chiet en l'amende au seigneur pour ce qu'il va contre le jugié, et si ne doit pas estre receus ou plet. Et l'amende d'aler contre ce qui a esté jugié autre fois a escient[m] est de ceus de poosté de .LX. s. et au gentil homme de .LX. lb.

1876. Tuit li jugement ne sont[n] pas fet es cours de ceus qui tienent en baronie, ainçois en fet on mout es cours de leur sougiès qui ont hommes et justices et seignourie en

---

a) *BCEF omettent* en. — b) *B* il pert. — c) *C* tiennent. — d) *C* doivent. — e) *B* durement et viguereuse ; *E* estre viguereus mout durement. — f) *HJK* fes autrefois en. — g) *GHJK* cil meismes contre qui li jugemens fu fes en plede, il ne. — h) *ABEF* contre ce qui fu jugié ; *JK omettent* Mes se autre ... contre le jugié. — i) *ABEF omettent* car ; *C* jugié qui fu fes autre fois. — j) *ABCEF omettent* en a on jugié. — k) *B* il ne pout estre, u *exponctué*; *EF* il n'a pooir d'estre; *HJK* il n'est en p. — l) *G* il n'a point. — m) *BEF omettent* a escient. — n) *HJK* n'est pas.

leur terres. Dont se ples muet en court du baron et partie se veut aidier de ce[a] que jugemens a[b] esté[c] fes en autre court de cele querele, l'en doit amonester l'autre partie qu'il ne voist pas contre le jugié ; et s'il ne veut cesser, cil qui se veut aidier du jugement doit estre receus a prouver qu'il gaaigna la querele par jugement en autre court ; et ceste prueve doit il fere par le recort des hommes qui firent le jugement. Et s'il ne puet avoir les hommes pour ce qu'il ont essoine[d] ou pour ce qu'il sont de loins, si comme se li jugemens fu fes en autre contree, il puet bien prouver par tesmoins. Et le jugement prouvé, il doit estre delivrés de ce qu'on li demande[e], car chascune cours doit fere tenir le jugemens li uns de l'autre, ou autrement pourroit on les ples recommencier.

1877. Mout de quereles sont qui ne se pueent pas prouver par vis tesmoins presens, ne par recort d'hommes[f] ; si comme se mes parens est mors en estranges terres, du quel je doi estre oirs. Or veons donques en cel cas comment je venrai a l'escheance de li. Je di que s'il est tesmoignié[g] par letres d'homme qui ait seel autentique, en tele maniere qu'il soit contenu es letres qu'il ait oï par seremens loiaus tesmoins[h] de la mort a celi, tele prueve doit[i] bien valoir. Et se li sires de la terre ou il fu mors tient en baronie, si comme dus, ou cuens, ou princes, ou rois, ses seaus doit bien estre autentiques en tel cas.

1878. Se la cours de l'Eglise s'entremet de jugier d'aucun cas dont la connoissance apartient[j] a la court laie, li jugemens doit tenir pour ce que les parties s'i assentirent et entamerent le plet. Et se l'une des parties s'en[k] veut' aidier et li jugemens li est niés de l'autre[l] partie, par quoi il le[m] conviegne prouver, les letres de l'official tant seule-

---

a) *B omet* de ce. — b) *BEF* ait esté. — c) *C* jugemens doit estre fes. — d) *G* qu'il ont en judigne (*ou* indigne). — e) *GHJK* demandoit. — f) *GHJK* recort des hommes. — g) *B* se il itel tesmoigne ; *EF* se ichieus (*F*' chieus) tesmoigne. — h) *C* loiaus tenir de la. — i) *GHJK* prueve puet bien. — j) *AEF* apartiengne. — k) *ABCF* se veut. — l) *GHJK* omettent l'autre. — m) *GHJK* omettent* le.

ment ne valent^a pas a ce prouver par nostre coustume que pour un tesmoing ; mes qui a un bon tesmoing avecques le tesmoignage de l'official, il prueve soufisaument.

1879. Se li sougiet d'aucun baron vont^b pledier en court de crestienté d'aucun cas dont la connoissance apartiegne a li, bien puet contraindre ses sougiès a ce qu'il cessent^c le plet par la prise de leur biens^d, car autrement pourroit il perdre la connoissance qui a li apartient. Mes s'il pledent des cas qui apartienent a sainte Eglise, il ne leur doit pas defendre ne contraindre au lessier, car il feroit contre le droit de sainte Eglise. Et liquel cas apartienent a sainte Eglise et liquel non^e et liquel a la court laie, il est dit ou chapitre qui parole^f des cas qui apartienent a l'une court^g et a l'autre¹.

1880. Li juges puet encore estre^h refusés s'il a autel plet en cele court meisme ouⁱ li jugemens doit estre fes ou en aucune court de cele chastelerie, comme est cil de quoi on doit fere le^j jugement, pour la soupeçon qu'il n'aidast a fere le jugement^k mauvès, pour ce que l'on preist garde que teus jugemens fust fes quant l'en venroit au jugement de sa querele, car l'en ne feist pas volentiers, — ne drois n'est^l — divers jugemens en une chastelerie de deus ples semblables. Et pour ce^m puet par ceste reson li jugesⁿ qui a semblable cause^o estre deboutés du jugement qu'il ne soit au^p jugier^q. Et ce entendons nous du baillif en la court^r ou^s il puet^t jugier, et des hommes en la court ou li homme^u font le jugement.

---

a) *B* ne vaut. — b) *CGHJK* baron veult pledier. — c) *C* chesse ; *GHJK* laissent. — d) *BEF* bien les puet contraindre par la prise de leur bien a ce que il cessent du plet. — e) *CHJK* omettent et liquel non. — f) *HJK* omettent qui parole. — g) *E* l'une justiche ; *F* omet court. — h) *E* estre encore. — i) *B* omet ou. — j) *HJK* omettent le. — k) *A* a fere loi mauvès ; *HJK* n'aidast le jugement a fere mauvès. — l) *B* drois ne et ; *C* drois ne divers. — m) *G* pour ce ne puet. — n) *E* Et por che par cheste raison puet li jugez qui a ; *F* pour che puet li juges par cheste raison qui a. — o) *HJK* omettent par ceste reson ... semblable cause *et le remplacent par* il. — p) *BEF* soit a jugier. — q) *HJK* omettent du jugement ... au jugier. — r) *HJK* omettent en la court. — s) *G* court la ou. — t) *A* il en puet. — u) *GHJK* ou il font.

---

1. Ch. xi.

1881. Encore puet on oster le juge ou aucun des hommes qui pueent jugier, de fere jugement par autre reson^a, si comme quant l'une des parties a mestier de son tesmoignage, car en cel cas convient il qu'il lest a estre juges pour estre tesmoing selonc droit. Mes cis drois a esté mauvesement gardés de lonc tans en la chastelerie de Clermont; car li homme dient qu'il pueent estre tesmoing en la querele ou au conseil de l'une des parties, mes que ce ne soit pas par louier ou du lignage si prochien comme il puet estre a l'une des parties ^b, — mes qu'il ne soit oirs de ce dont ples^c est, — et si ne leront ja pour ce qu'il ne soient au jugement fere et qu'il n'en dient leur avis. Nepourquant nous ne leur avons pas soufert ou tans de nostre baillie quant partie l'a voulu debatre; mes quant partie ne l'a debatu, nous l'avons eu beau^d soufrir [1].

Ici fine li chapitres de refuser juges.

---

a) *HJK omettent* par autre reson. — b) *GHJK omettent* mes que ce ne soit... l'une des parties. — c) *GHJK* dont li ples. — d) *F* eu bien a soufrir. — Explic.) *C* refuser les juges et en quel cas un seul tesmoins est creus; *FJK n'ont pas d'explicit; GH* Explicit.

---

1. Cf. § 1899.

LXVII.

Ici commence li .lxvii. chapitres de cest livre liqueus parole des jugemens et de la maniere de fere jugement et comment l'en doit jugier.

1882. Drois est et tans venus qu'après ce que nous avons parlé ou chapitre devant cestui comment l'en puet refuser juges, que nous dions en cest chapitre^a qui ensuit après^b, quel gent pueent et doivent jugier et comment l'en doit fere jugement, et comment l'en^c puet fausser jugement^d, et comment li seigneur doivent envoier pour savoir quel droit leur sougiet font, et si toucherons encore de la maniere de debouter les jugemens et liquel jugement valent et liquel non.

1883. Nus par nostre coustume ne puet fere jugement en sa court ne^e en sa querele^f pour deus resons : la premiere resons^g pour ce qu'uns seus hons^h enⁱ sa persone ne puet jugier, ainçois en^j convient ou^k .ii. ou .iii. ou .iiii. au meins, autres que le seigneur ; la seconde resons^l pour ce que la coustume de Beauvoisins est tele que li seigneur ne jugent pas en leur court, mais leur homme jugent.

Rubr.) *CEGJK omettent* de cest livre; chap. qui par.; *C* jugier et comment on puet fausser jugement et comment les sergans doivent estre renvoiés pour conter; *F n'a pas de rubrique*; *GJK ont le même texte qu'à la table*; *H omet* de cest livre ... doit jugier. — a) *GHJK* en cesty. — b) *HJK omettent* chapitre qui ensuit après. — c) *GHJK comm.* on le puet. — d) *AC omettent* et comment ... jugement. — e) *HJK omettent* ne. — f) *C* querele ne en l'autrui pour. — g) *C* l'unne pour ; *HJK omettent* resons. — h) *HJK* uns hons seus. — i) *GHJK* qui est en. — j) *GHJK* ainçois y en conv. — k) *HJK omettent* ou. — l) *HJK omettent* resons.

1884. Se aucuns a poi d'hommes a fere jugement en sa court, il doit requerre au seigneur de qui il tient qu'il li prest de ses hommes qui sont si per, et li sires le doit fere. Mes or veons, — se aucuns emprunte des hommes son [a] seigneur pour jugier en sa court et aucuns apele de faus jugement, — s'il convenra qu'il facent le jugement bon aussi comme s'il l'eussent jugié en la court de leur seigneur. Nous disons que oïl, car puis qu'il sont tenu a jugier en la court de leur per qui a defaute d'homme au commandement de leur seigneur, il sont tenu [b] a fere le jugement bon, et doit estre li apeaus demenés en la [c] court de leur seigneur qui la les envoia, s'il a [d] tant d'autres hommes qu'il puist court tenir; et s'il n'en a tant [e], en la court du conte doit venir li apeaus [f].

1885 [g]. Li cuens n'est pas tenus a prester ses hommes pour aler jugier en la court de ses sougiès, s'il ne li plest, si comme sont li autre seigneur [h] dessous li a leur hommes, car sa cours doit demourer entiere de ses hommes; et tuit cil qui ont defaute d'hommes par quoi il ne pueent jugement fere en leur court, pueent metre le plet en la court du conte et la le doivent li homme le conte jugier.

1886. Nous avons veu aucune fois que li homme le conte ne vouloient pas rendre jugement pour ce que tuit li homme le conte n'i estoient pas. Mais ce n'est pas a soufrir, car se l'en atendoit qu'il i fussent tuit, a tant de jugement comme il i convient fere trop seroient grevé li homme et trop delaieroient les quereles, ne nus ne doit lessier [i] a fere son devoir pour ce se ses compains ne le fet. Donques cil qui vienent a court au commandement de leur seigneurs ne doivent pas atendre les defaillans puis qu'il soient sage de jugier, se la querele n'est si grans qu'il i ait doute d'apel, car en tel cas doit bien contraindre li cuens tous ses hommes qu'il i soient, ceus qu'il i [j] puet avoir ou les plus soufisans [k].

---

a) *B omet* son. — b) *A omet* tenu. — c) *JK omettent* la. — d) *A omet* a. — e) *HJK* s'il n'a tant de ses hommes. — f) *G doit li apeaus venir.* — g) *E omet le § 1885 en entier.* — h) *GHJK omettent* seigneur. — i) *A omet* lessier. — j) *EFHJK omettent* i. — k) *GHJK omettent* ou les plus soufisans.

CHAP. LXVII. — COMMENT L'EN DOIT JUGIER.

1887. Quant li sires plede a son homme en sa court meismes par devant ses hommes[a] en plet ordené, il puet avoir tous autreteus[b] contremans ou essoinemens et[c] tous autres[d] delais comme coustume donne a l'homme quant il plede contre son seigneur, en ajournemens, en contremans et en essoinemens. Et des essoinemens convient il que li sires s'en face creables[e] en la maniere qu'il convenroit que li hons le feist. Et s'il essoinoit et li hons requeroit qu'il se feist creables de son essoinement[f], il le feroit.

1888. Quant li sires plede en sa court[g] contre son homme meismes[h], il n'est pas juges ne ne doit estre au conseil[i] en sa court, du jugement. Et quant li homme rendent[j] le jugement, s'il[k] le font contre li, apeler en puet comme de faus jugement et doit estre li apeaus demenés en la court du seigneur de qui li sires tient les homages de ceus de qui il apela du jugement. Et s'il apela simplement en disant : « Cis jugemens est faus et mauvès, et en[l] requier l'amendement de la court mon seigneur », teus apeaus ne se fet pas par gages du seigneur contre ses[m] hommes. Mes s'il dit a celi contre qui il veut fausser le jugement : « Vous avés fet jugement faus et mauvès, comme mauvès que vous estes[n], ou par louier ou par pramesse », — ou par autre mauvese[o] cause, laquele il met avant, — li apeaus se demene par gages, car il loit bien a l'homme a soi defendre contre son seigneur quant il l'acuse de mauvestié ; ne ja pour ce, s'il se defent de mauvestié[p] contre son seigneur[q], ne convenra qu'il lesse le fief qu'il tient de lui ; mes se li hons acusoit[r] son seigneur de mauvestié, il convenroit qu'il li rendist avant son ho-

---

a) *G* dev. son homme en. — b) *ABE* autres tes contrem. ; *CGHK* tous autes contrem. — c) *J* omet tous autreteus contrem. ou essoinemens et. — d) *A* antez ; *G* auticus. — e) *GHJK* sires en fache creanches. — f) *HJK* de l'essoine. — g) *A* court meismes contre. — h) *A* omet meismes ; *C* plede a son homme en se court meesmes. — i) *B* a laissé en blanc la place de au conseil ; *EF* estre en se quercle en sa. — j) *GHJK* homme font le jugem. — k) *GHJK* jugem. et il. — l) *GHJK* omettent en. — m) *GHJK* contre les hommes. — n) *A* omet estes. — o) *HJK* par mauvese autre cause. — p) *GHJK* omettent ne ja pour ... de mauvestié. — q) *GHJK* omettent contre son seigneur. — r) *HJK* hons acuse son.

mage. Et quant li sires apele simplement, si comme il est dit dessus [a], li errement seur quoi li jugemens fu fes doivent estre aporté en la court ou li apeaus est et doivent regarder li homme de la court se li jugemens fu bons ou mauvès selonc les erremens de la court [b] ou li apeaus fu fes [c]. Et s'il est trouvés mauvès, chascuns des hommes qui s'assenti au jugement chiet en l'amende de .lx. lb. vers le seigneur, et si perdent le jugier. Et se li apeaus est teus que gages i ait, li vaincus, soit li sires soit li hons, pert le cors et l'avoir; mes li autre homme [d] qui s'assentirent au jugement ne perdent que le jugier, et l'amende chascuns de .lx. lb.

1889. Par ce qui est dit ci devant [e] puet l'en veoir qu'il sont deus manieres de fausser jugement [f] des queles li uns des apeaus se doit [g] demener par gages : si est [h] quant l'en ajouste aveques l'apel vilain cas. L'autres se doit demener par regarder les [i] erremens seur quoi li jugemens fu fes. Ne pourquant, se l'en apele de faus jugemens des hommes qui jugent en la court le conte et li apeleres ne met en son apel vilain [j] cas, il est ou chois de celi contre qui l'en veut fausser le jugement de fere le jugement bon par gages devant le conte et devant son conseil ; car li cuens puet bien tenir la court de ses hommes qui sont apelé de faus jugement et fere droit par ses autres hommes qui ne s'assentirent pas au jugement.

1890. Cil qui apele [k] de faus jugement et ne le prueve [l] a mauvès chiet [m] en l'amende du seigneur de .lx. lb. et, a chascun de ceus [n] des hommes [o] qui s'assentirent au jugement et furent [p] au jugement rendre, .lx. lb. Mes cil qui s'assentirent [q] au jugement et ne furent pas a rendre le [r] ne doivent

---

a) *HJK omettent* si comme il est dit dessus. — b) *GHJK omettent* de la court. — c) *HJK omettent* ou li apeaus fu fes. — d) *BEF omettent* homme. — e) *HJK dit* dessus. — f) *GHJK* de jugement fausser. — g) *C* des quelles l'une si est des apiaus qui se doivent demen. — h) *G* si comme quant; *HJK omettent* si est. — i) *GHJK omettent* regarder les. — j) *GHJK* apel nul vilain. — k) *ABCEF* apelent. — l) *ABCEF* pruevent. — m) *EF* chieent. — n) *G omet* de ceus. — o) *HJK* chascun des hommes de cius. — p) *BEF omettent* au jugement et furent. — q) *GHJK* qui ne s'assentirent. — r) *C* pas au jugement rendre; *EFG* pas au rendre; *H* rendre loi; *JK* a le rendre.

avoir point d'amende pour ce qu'il furent hors du peril d'estre apelé en leur persones.

1891. Cil qui se combat ou met champion pour li, pour autre cas que pour cas de crime, si comme de fausser[a] jugement sans ajouter vilain cas en l'apel, ou pour debouter tesmoins de leur tesmoignage, ou pour son eritage, s'il est vaincus, il ne pert fors la[b] querele, et son cheval et ses armes que li sires a, et l'amende as hommes, se li apeaus fu de fausser jugement; mes se la[c] bataille fu[d] de champion, il pert le poing.

1892. Pierres vint a l'homage de Jehan d'un fief qui li estoit descendus et, quant il eut fet son homage, il s'en ala en estranges terres. Et avant qu'il revenist, Jehans mist hors de sa main le droit qu'il avoit[e] de l'homage Pierre en la main de Robert, et cil Robers mist la main au fief pour ce que Pierres ne venoit pas a son homage. Li procureres du dit Pierre se traist au dit Robert et li requist qu'il en ostast sa main, que Pierres s'en estoit partis du païs en l'homage de Jehans et, se Jehans avoit osté[f] son droit de l'homage et[g] mis en autrui main, Pierres ne devoit pas pour ce perdre si comme cil qui riens n'en savoit et qui n'estoit pas en lieu qu'il[h] le seust[i] legierement. Et Robers dit encontre que, pour ce que a li apartenoit li homages, il pouoit fere toutes les levees sieues dusques a tant que li dis Pierres venroit en son homage. Et seur ce se mistrent en droit li dis Robers et li procureres du dit[j] Pierre[k].

1893. Il fu jugié que Robers n'avoit droit en prendre les levees pour ce que cil Pierres s'estoit partis[l] en l'homage de[m] seigneur, car il representoit tant seulement la persone de Jehan et li dis Pierres estoit en l'homage de Jehan; mes se li dis Pierres estoit ou païs bien li

---

a) *GHJK* de faux jugement. — b) *A* omet fors la ; *BEF* pert que la quer. ; *HJK* fors que la quer. — c) *ABEF* omettent la. — d) *A* omet fu. e) *B* qu'il i avoit. — f) *BEF* omettent osté. — g) *EF* omettent et. — h) *ABG* qui le. — i) *GHJK* le peust savoir legier. — j) *BEF* omettent du dit. — k) *HJK* omettent li dis Robers ... du dit Pierre. — l) *BEF* partis du païs en l'hom. — m) *AHJK* l'homage du seigneur.

pouoit ᵃ commander qu'il venist a ᵇ son homage dedens .XL. jours. Et encore s'il i fust et il li commandast qu'il venist a son homage, ne fust pas Pierres tenus ᶜ a obeïr au commandement devant que Jehans li commandast, car nus ne doit issir de l'homage son seigneur pour entrer en autrui homage sans le commandement de son seigneur, se ainsi n'est que li sires soit mors ou en tel lieu qu'il n'en puet fere commandement ᵈ, et que li hons sache de certain ᵉ que ses homages ᶠ doit ᵍ estre a celi qui le requiert, car en tel cas puet fere li hons son homage sans le commandement de son seigneur ʰ. Et mout est bons li jugemens dessus dis, car male chose seroit que cil qui s'en vont ⁱ pour resnables causes du païs et s'en partent ʲ en foi et en homage de seigneur perdissent ᵏ pour remuement de seignourage. Nepourquant tout ne puist il fere son homage au nouvel seigneur, ne lesse pas pour ce li nouveaus ˡ sires a joïr ᵐ des autres droitures du fief, si comme de services que li fiés doit ou des quins deniers ou des rachas, s'il i avienent.

1894. Aussi comme nous avons dit qu'il sont .II. manieres de fausser jugement, aussi sont il .II. manieres de suir de defaute de droit. La premiere si est quant ⁿ l'en acuse droitement le seigneur de defaute de droit comme partie; et l'autre si est quant l'en plede a aucun en la court du conte et aucuns sires en requiert sa court, et la partie dit qu'il ne la doit pas avoir pour ce qu'il est en defaute de droit, a ceste fin tant seulement qu'il ne rait sa court ᵒ. Et grant disference a entre ces .II. poursuites, car se ᵖ li sires est suis droitement comme partie et il en est atains, il pert les jugemens de sa court et si l'amende au conte de .LX. lb. Et s'on le ᵠ suit par l'autre voie a ceste fin qu'il ne rait sa

---

a) *HJK* li porroit. — b) *JK* venist en son. — c) *HJK* pas tenus Pierres a. — d) *BC* commandement fere; *G* n'en puist fere le commandement. — e) *GHJK* sache certainement que. — f) *G* que l'ommage. — g) *GHJK* doie estre. — h) *EF omettent* se ainsi n'est que ... de son seigneur. — i) *JK* s'en va. — j) *JK* s'en part. — k) *JK* perdist. — l) *HJK omettent* nouveaus. — m) *AB* sires avoir des; *C* sires aoir des. — n) *BEF* est se l'en. — o) *C* sa court de aucun. — p) *C omet* se. — q) *ABEF omettent* le.

court d'aucun et il est atains de defaute de droit, ou qu'il veast*a* droit a fere, ou qu'il abandonnast celi dont il demande sa court, il ne pert fors qu'il ne ra*b* pas sa court de celui de qui il la requiert. Car il ne puet perdre*c* fors ce qui est en sa querele, et la querele n'est fors de la requeste qu'il fesoit de ravoir sa court ; et pour ce, en tele poursuite de defaute de droit, n'a nus gages. Mes en l'autre voie d'acuser droitement puet bien avoir gages, [car]*d* en tele maniere puet on bien fere son claim, si comme se l'en ajouste vilaine cause aveques defaute de droit. Mes se li clains est simples, si comme s'il dit : « Il m'a defailli de droit et le*e* vueil prouver, s'il*f* le nie, par le recort de ceus que vous i envoiastes pour savoir quel droit il*g* me feroit, ou par autres sousifans qui ont veues et seues les defautes », en teus clains n'a nus gages, s'il n'est en debouter les tesmoins qui en sont tret de faus tesmoignage, car la puecnt nestre li*h* gage, exceptés ceus que li sires envoia, car cil ne puecnt estre mis en gage pour ce qu'il dient en recordant ce qu'il virent*i* et leur recors doit estre veus et*j* creus*k*.

1895. Bien se gart cil en qui court ses sires envoie pour savoir quel droit il fera, quel*l* cil sont qui i sont envoié, car*m* s'il ne les debat avant qu'il dient leur raport par bonne cause soufisant, il ne puet aler contre leur dit. Et des causes que l'en puet dire contre aus i a il pluseurs, si comme s'il furent au conseil de la partie pour qui il alerent, ou s'il menacierent l'autre partie ou le seigneur a fere damage : la verité seue, il ne devroient pas estre creu de leur recort, ainçois convenroit que li sires rendist la court*n* et renvoiast*o* autres qui ne fussent pas soupeçoneus, pour veoir quel droit on leur*p* feroit.

1896. Toutes les fois que li cuens est requis de partie

a) *B* ne aist. — b) *BEF* ne rara pas. — c) *B* il ne perde fors. — d) car manque dans tous les mss. — e) *HJK* et je vueil. — f) *AB* prouver et s'il. — g) *B* omet il. — h) *HJK* omettent li. — i) *C* il vinrent. — j) *C* omet veus et. — k) *A* veus et recreus. — l) *JK* fera car cil. — m) *JK* omettent car. — n) *BF* omettent la court. — o) *AB* envoiassent ; *CEF* envoiast. — p) *A* on l'en feroit.

qu'il envoit en la court de son sougiet pour veoir quel droit il fera, il le doit fere ; et aussi toutes les fois qu'aucuns n'ose venir a droit pour paour de ses anemis, il li doit baillier conduit. Mais li conduit et li envoi qu'il li fet en autrui court sont au coust de ceus qui le requierent.

1897. Il est bien mestiers a ceus qui vuelent fausser jugement qu'il se prengnent garde que, l'apel pendant, il ne reçoivent jugement[a] de ceus de qui[b] il apelerent, car il avroient renoncié a leur apel pour ce qu'il tenroient a bons jugeeurs ceus de qui il avroient apelé. Donques se cil qui apele de faus jugement a aucune chose a fere en la court de celi dont il apela les hommes de faus jugement, pour la querele dont il apela[c] ou pour autre, et li sires li demande : « Voulés vous oïr droit », il doit respondre : « Oïl, par ceus qui me pueent et doivent jugier[d]. Et je debat que cil ne me jugent pas qui s'assentirent au jugement de quoi j'ai apelé. Mes se vous avés autres hommes, je vueil bien avoir droit par aus. » Et se tuit li homme du seigneur s'assentirent au jugement, il ne doit pas atendre droit, apel pendant, en cele court, ains doit pledier de ces quereles en la court du souverain ou li ples de l'apel doit estre demenés.

1898. Qui veut debatre jugeeurs il les doit debatre avant qu'il facent jugement, car s'il atent tant qu'il aient fet jugement, il ne puet dire contre aus fors qu'en apeler de faus jugement. Mes c'est a entendre quant cil[e] font le jugement qui sont homme de la court ; car se li sires le[f] fesoit en sa persone ou [par][g] hommes d'autre chastelerie que de cele dont il se devroit justicier, ou par bourjois, il pourroit debatre le jugement sans apel, s'il ne s'estoit mis especiaument en leur jugement, car l'en fet bien de son non juge son juge par obligacion. Mes s'il ne s'i oblija et il se test quant

---

a) *B omet* jugement ; *E* reçoivent nus de ceus ; *F* reçoivent droit ne tort de ceus. — b) *C* ceus que il. — c) *BEF omettent* les hommes de ... dont il apela. — d) *A* pueent jugier et doivent. — e) *A* quant il font. — f) *G omet* le. — g) par *manque dans tous les mss.: cf.* § 1884 *et plus loin* fu fes par hommes d'autre chastelerie ou par bourjois.

jugemens est fes et s'en part sans riens dire, l'en li puet conter pour jugement, car il li loisoit a debatre quant li dis fu rendus par jugement. Et li debas en tel cas doit estre teus que, se li sires en sa personne fet jugemens, il doit dire : « Sire, je ne tieng pas ce que vous fetes[a] pour jugement, car la coustume de Beauvoisins est tele que li seigneur ne jugent pas en leur court, mes leur[b] homme[c] jugent[d] et ce que vous voulés fere contre la coustume ne puet ne ne doit valoir. » Et se li jugemens fu fes par hommes d'autre[e] chastelerie ou par bourjois, il puet dire : « Je ne tieng pas ce pour jugement, car il est fes par ceus qui ne me[f] pueent ne ne doivent jugier. » Et ainsi s'ostera il[g] de teus manieres de jugement sans apel.

1899. Pluseurs manieres de voies sont comment l'en puet debouter ceus que l'en a soupeçoneus[h] d'estre en jugement, tout soit ce qu'il soient homme de la court et per a celi qui debouter les veut. Et[i] l'une[j] des resons si est s'il a esté au conseil de l'autre partie, pour ce que douteuse chose est que l'en ne juge pas volentiers contre ce que l'en a conseillié. Nepourquant nostre homme de Clermont dient qu'il pueent estre au conseil d'une partie et après au jugement, mes nous creons que ce ne doit pas estre soufert puis que partie le debat, et comment que li homme le dient, nous ne l'avons soufert de nostre tans quant partie l'a voulu debatre[k,1].

1900. La seconde voie comment l'en puet debatre jugeeurs si est quant il sont oir ou quant il pueent partir en aucune chose a ce qui est en la querele, car il seroient juge en leur querele meismes, et nus drois ne nule coustume ne s'i acorde. Et pour ce quant aucuns cas avient de mon seigneur le conte[l] contre ses hommes, liqueus cas touche tous

---

a) *GHJK* vous ferés pour. — b) *A* mes li homme. — c) *G* omet homme. — d) *G* jugement. — e) *GHJK* par autres hommes que de la chastelerie. — f) *ABEF* omettent me. — g) *A* s'ostent de teus. — h) *GHJK* a soupeçhonnés. — i) *CG* omettent Et. — j) *C* La premiere des resons. — k) *HJK* omettent pour ce que douteuse chose ... l'a voulu debatre. — l) *JK* avient du conte.

1. Cf. § 1881.

les hommes, nous ne nous[a] voulons pas metre en leur jugement pour ce qu'il tuit sont droitement partie. Mais quant[b] aucuns cas touche le conte, si comme a esclerier aucune coustume laquele puet estre contre les hommes en leur court comme[c] contre le conte, teus cas metons nous bien en leur jugement.

1901. La tierce voie comment l'en puet debouter jugeeur[d], si est quant il est[e] atains d'aucun cas de crime, tout soit ce que la debonairetés du seigneur ait soufert qu'il ne fust[f] pas justiciés du fet, car quiconques est atains de cas de crime il ne doit puis estre[g] en jugement. Mes or veons se aucuns veut debouter par ceste reson, s'il i cherra gages. Nous disons que nennil, car il ne met le crime avant fors a ceste fin qu'il soit deboutés du jugier, meismement quant il est venus a pes du cas qu'il li met sus. Mes s'il l'acusoit droitement en disant : « Vous estes teus que vous ne devés pas jugier, car vous estes lerres, — ou roberes; ou traitres; ou vous preistes la cele fame a force ; ou vous arsistes la cele[h] meson ; ou vous fustes atains de faus jugement[i] ; ou vous ocisistes celi mauvesement, — et se vous le niés, je le vueil prouver au regart de la court », en toutes teus acusacions convenroit[j] il que li acusés[k] se defendist par gages. Mais l'autre voie comment il le puet debouter sans gages, si est par voie de denonciacion, si comme dire : « Sire[l], je vous denonce que Jehans fist un tel fet et en fu atains en tele[m] court[n], et, par volenté du[o] souverain[p], il fu delessiés a justicier. Et toutes voies comme il fust atains du fet, je vous requier qu'il ne soit pas a fere jugement. Et se vous ne savés que ce soit voirs, je le vous metrai en voir par le recort de la court ou ce fu fet. » Et en ceste voie n'a nus

---

a) *HJK omettent* nous. — b) *A omet* quant. — c) *C omet* comme. — d) *Tous les mss. portent* jugeeurs. — e) *C* quant on est; *JK* quant il sont. — f) *JK* ne soient pas. — g) *GHJK* puis entrer en jugement. — h) *BEFGHJK* artistes tele meson. — i) *A omet* ou vous fustes ... jugement. — j) *A* convient il. — k) *ABEF* li apelés. — l) *ABC omettent* sire. — m) *C* en chelle court. — n) *BEF* fu en tele court atains. — o) *A* volenté de souverain. — p) *BEF* du seigneur il.

gages, car gage ne pueent estre se l'en ne se fet partie. Et quant teus chose est denoncice, li sires doit dire a celi seur qui l'en denonce qu'il se vueille soufrir d'estre au jugement ; et s'il ne veut, ainçois dit que ce ne fu onques voirs, li jugemens doit demourer a fere[a] dusques a tant que la cours savra se la denonciacions qui fu fete seur li[b] est vraie. Et quant il convient savoir a la court la verité des causes pour quoi l'on veut debouter les jugeeurs[c], l'en ne[d] doit donner qu'un seul jour de prueve a celi qui denonce ou acuse, s'il n'a loial essoine par laquele on li doint seconde producion, car trop en[e] pourroient retarder[f] li jugement[g].

1902. La quarte maniere comment l'en puet debouter[h] jugeeurs[i] si est par louier ou par pramesse, si comme se cil qui veut debouter dit : « Je requier que Jehans ne soit pas au jugement, car il a pris louier, — *ou* receue pramesse, — de celui a qui je plede pour lui aidier en ceste querele. » Ceste chose prouvee, il doit bien estre deboutés, car cil qui doit jugier n'est pas loiaus qui prent louier ne pramesse pour estre plus d'une partie que d'autre. Et en cel cas doit la cours prendre[j] le serement de la partie s'ele li a riens donné ne pramis, et de Jehan[k] le seremens s'il en a riens eu ne en atent a avoir. Et se la cours ne puet savoir la verité par aus, si le doit ele[l] savoir par les tesmoins que li denonceres a tres. Et se Jehans en est atains, il doit estre deboutés du jugement[m] ; et si nous acordons que li sires en doit lever .LX. lb. d'amende pour ce qu'il prist louier ou receut pramesse contre bonnes meurs.

1903. La quinte maniere comment l'en puet debouter jugeeurs[n], si est par menaces ou par haine mortel. Car perilleuse chose seroit que cil qui m'a menacié a fere damage, ou qui est en tele haine vers moi qu'il me vée sa parole, ou

---

a) *B E F omettent* a fere. — b) *H J K omettent* qui fu fete seur li. — c) *BEF* debouter les jugemens. — d) *AC* on n'en doit. — e) *GHJK omettent* en. — f) *G* tarder. — g) *GHJK* jugement a faire. — h) *EF* puet retarder. — i) *GHJK* les jugeurs. — j) *GHJK* doit prendre la cours. — k) *A et de* celui le. — l) *ABCEF* doit il savoir. — m) *BEF omettent* du jugement. — n) *HJK* puet jugeurs debouter.

en tele guerre qu'il me vourroit avoir ocis, fust a moi jugier.

1904. Li jugemens est bons et la coustume[a] qui queurt[b] en Beauvoisins, en ce que chascuns puet et doit prendre les maufeteurs et[c] a[d] justice et sans justice, et especiaument les larrons et les banis et les homicides et tous ceus qui s'en fuient pour quel que cas que ce soit quant cris[e] est[f] aprés eus[g] ; et loit a tous a prendre les vis s'il pueent et amener[h] en main de[i] justice. Et se li maufeteur tournent[j] a defense et l'en les ocist en prenant, l'en n'en doit riens demander as preneurs, car mieus vaut qu'il soient ocis que ce[k] qu'il eschapassent[l]. Et pluseurs fois avons nous commandé en nos assises que tuit saillent as cris qui avenront et que chascuns mete peine en arester les maufeteurs dessus dis et c'est bon a ce que meins de malice en seit fet et a ce que cil qui sont[m] fet soient radement vengié.

1905. Or veons, — comment que cil soient[n] en gages, et li apelés dit qu'il n'i a[o] nus gages par ses resons, et s'en metent en jugement, et l'en dit par jugement que li gage i sont et li apelés veut fausser tel jugement, — que l'en en doit fere. Li premiers gages seur quoi li jugemens fu fes doit demourer en estat dusques a tant que li gage du faussement soient demené ; et se cil qui apela de faus jugement le puet fere mauvès, il est delivrés de l'autre bataille que cil avoient jugie pour ce que li jugemens qu'il firent est prouvés a mauvès. Et se li jugemens demeure[p] bons, que li apeleres soit vaincus, il n'est pas pour ce delivrés de la premiere bataille ; ainçois convient qu'ele se face contre celi qui l'apela, et en cel cas pueent nestre gage seur gages ; et ce que nous avons dit alieurs que gage seur gages ne font pas a recevoir

---

a) *EGHJK* coustume [*HJK* est] bone qui. — b) *G* qui tient en Beauv. — c) *GHJK* omettent et. — d) *B* et la justice. — e) *A* quant ceis est. — f) *B* a laissé en blanc la place de cris est; *G* est fais aprés. — g) *EF* omettent quant cris est aprés eus. — h) *HJK* et mener. — i) *JK* mener a justice. — j) *B* maufeteur coururent a defense. — k) *GHJK* omettent que ce. — l) *GHJK* qu'il eschapent. — m) *JK* qui ce ont fet. — n) comment cil qui sont *dans tous les mss.* — o) *BCGHJK* ait. — p) *JK* jug. est bons.

c'est a entendre des erremens qui pueent nestre du plet entre celi qui apele et l'apelé.

1906. Cil qui autrui servent et s'en partent sans le gré de leur mestre et s'en vont manoir en autrui juridicion, doivent estre renvoié a leur mestres pour conter puis qu'il aient leur choses mainburnies. Et se li serjans se doute qu'on ne li face[a] grief ne[b] anui de son cors, li sires qui veut avoir conte de li[c] doit fere seur[d] celi[e] d'avoir sauf aler et sauf venir. Et la seurté doit il baillier au seigneur a qui il requiert qu'il li renvoit, et s'il i a debat du conte entre le seigneur et le serjant, la connoissance du debat doit estre par devant le seigneur dessous qui li serjans est alés couchier et lever.

1907. Pluseur gent sont, si comme marcheant et gent errant par le païs, qui n'ont nules mansions ou il les ont hors du roiaume : teus manieres de gens pueent estre justicié de leur mesfès en quel que juridicion qu'il s'embatent, et leur bien pueent estre aresté[f] pour detes en tel maniere que cil qui arester les fet baille seurté de rendre cous et damages au marcheant, s'il ne prueve s'entencion ; car male chose seroit que l'en alast pledier a teus gens hors du roiaume ou leur mansions sont. Et aussi seroit ce male chose que l'en les peust fere arester a tort sans rendre leur damages.

1908. Pluseur jugement pueent bien estre rendu en une seule querele avant que l'en viegne au jugement du[g] principal de la querele, si comme quant aucuns met avant resons pour delaier le plet en demandant jour de conseil ou jour de veue ou aucune autre reson dilatoire qui sont dites ou chapitre qui parole[h] des excepcions[1], et l'autre partie dit qu'il ne doit pas avoir cel delai qu'il requiert[i], et il s'apuient

---

a) *GHJK* face aucun grief. — b) *HJK* ou anui. — c) *G* conte de lui li doit. — d) *CEFHJK* fere seurté ; *G* omet seur. — e) *CEFGHJK* omettent celi. — f) *B* pueent arester pour. — g) *G* omet du ; *HJK* omettent jugement du. — h) *GHJK* omettent qui parole. — i) *GHJK* omettent qu'il requiert.

1. Ch. LXV.

a droit[a] seur ce[b], tel jugement ne sont pas du principal de la querele. Et pour ce font li clerc disference entre tel jugement et cil du principal, car il apelent tous[c] teus jugemens qui vienent par encoste[d] : interlocutoires, et le jugement qui est[e] du principal il l'apelent : sentence disfinitive. Mes nous ne leur metons nus divers nons, ains tenons tous pour jugement, et aussi bien puet on[f] apeler de teus jugemens qui vienent par encoste[g] comme du principal.

1909. Coustume est[h] en la court le roi, quant l'en rent les jugemens, que l'en n'apele pas les parties : s'eles vuelent, si i soient, et s'eles vuelent, non. Et c'est pour ce qu'il n'i queurt point d'apel, car l'en ne puet apeler de leur[i] jugement[1], mais ce ne puet[j] on pas[k] fere ne ne doit[l] es cours dont l'en puet apeler. Ainçois, quant li homme ou li baillis veut rendre jugement, il doit apeler les parties et savoir s'eles sont presentes, et s'eles i sont, rendre puecnt le[m] jugement; et se aucune des parties en defaut, l'en doit savoir s'ele avoit jour a atendre jugement. Et s'ele avoit jour et ele[n] defailli sans essoinier, pour ce ne doit pas estre li jugemens rendus a cele journee, ainçois doit l'amende de la defaute[o] tant seulement et doit estre resemons[p] a un autre jour qu'il viegne oïr son jugement a un jour certain qu'on li doit nommer; et li doit on dire en la semonse fesant que, viegne ou ne viegne[q] a cele journee, on rendra le jugement. Et adonques s'il ne vient, l'en puet[r] rendre le jugement, s'il n'essoine le jour par loial essoine[s] de cors[t], car adon-

a) *JK* et se ils se mettent en jugement seur ce. — b) *EF* seur ce jugement. — c) *C* apelent tous temps teus; *GHJK* omettent tous. — d) *HJK* omettent qui vienent par encoste. — e) *A* omet qui est. — f) *A* et aussi puet on bien apeler. — g) *A* par de coste; *JK* tel jugement interlocutoire comme. — h) *C* la coustume est tele en la. — i) *B* omet de leur. — j) *A* ne doit on. — k) *GHJK* omettent pas. — l) *A* puet; *HJK* doit fere as. — m) *GHJK* rendre leur jugement. — n) *G* jour et y defailli; *H* et il defailli; *J* et se elle. — o) *JK* amende du deffault. — p) *JK* estre radjourné — q) *JK* ou non a cele. — r) *HJK* on doit rendre. — s) *BF* omettent par loial essoine. — t) *E* jugement se il n'a essoine de cors au dit jor car adonques.

---

1. Voir à ce sujet Ch.-V. Langlois, *Textes relatifs à l'histoire du Parlement*, CXXI, § 12, p. 173.

ques convenroit ᵃ il atendre dusques a tant qu'il fust hors de son essoine. Mes s'il avenoit qu'il se presentast en la journee que l'on vourroit ᵇ prononcier le jugement et après, quant ce venroit au point du prononcier, defausist et s'en alast sans congié de court par malice pour ce qu'il ne vourroit pas estre au jugement, en tel cas il doit estre apelés en la court et, viegne ou ne viegne ᶜ, l'en puet prononcier le jugement puis qu'il se presenta pour tant comme il devait a la journee; car autrement pourroit on gaaignier par malice par defaillir puis que l'en se seroit presentés en court. Mes voirs est, se aucuns s'en aloit en la vile en entencion de revenir et ᵈ il entendoit que jugemens fust rendus contre li, il pourroit requerre que l'en li dist de rechief le jugié ᵉ et venroit a tans d'apeler, car autrement, quant li juge se douteroient d'apel, pourroient il le jugement prononcier ou point qu'il savroient que la partie n'i seroit pas contre qui li jugemens courroit : si en pourroient perdre leur apel pour ce qu'il convient apeler par la coustume de la court laie si tost comme li jugemens est fes, sauf ce que l'en se puet bien conseillier se l'en apelera ou se l'en se souferra d'apeler ᶠ.

1910. Toutes les fois que l'en prononce ᵍ jugement en derrieres de partie sans li apeler pour oïr rendre le jugement, li jugemens doit estre prononciés de rechief en la presence de la partie qui se deut, si qu'il puist ʰ apeler s'il en a conseil.

1911. Li jugement se desguisent ⁱ en mout de manieres de la court laie a ceus de la ʲ crestienté, car quant aucuns ᵏ juges de crestienté ˡ a donnee aucune sentence contre une partie ᵐ des jugemens qui vienent par encoste ⁿ, qui ne sont pas du principal, — lesqueles sentences il apelent interlocutoires ᵒ, — s'il voient qu'il aient erré ou qu'il soient deceu,

---
a) *BEF* adonques le convient il atendre. — b) *B* omet vourroit; *EF* qu'on doit prononcier. — c) *JK* ou non l'en. — d) *C* entencion de revenir a temps avant que on pronouchast le jugement et au revenir il entendoit. — e) *BEF* omettent le jugié. — f) *G* ou se l'en s'en souferra ; *H* souf. a apeler : *JK* apelera ou non. — g) *GHJK* prononcera. — h) *B* puissent. — i) *E* se devisent. — j) *ABEF* omettent la. — k) *BEF* omettent aucuns. — l) *JK* de l'Eglise. — m) *JK* omettent contre une partie. — n) *ABG* par .1. costé. — o) *HJK* omettent lesqueles sentences ... interlocutoires.

il les* puecnt rapeler[b] et donner autre sentence. Mes ce ne puet l'en pas[c] fere en court[d] laie, car puis que li homme ont rendu[e] le jugement, ou li baillis la ou baillis[f] juge, soit du principal de la querele soit des barres qui puecnt estre par encoste[g], il ne puecnt rapeler ne changier ne muer ce qu'il ont prononcié pour jugement : ainçois convient qu'il soit tenus pour bons des parties ou qu'il soit faussés par apel, car s'il le vouloient[h] rapeler ou changier ou muer[i], la partie pour qui li jugemens seroit prononciés ne le souferroit pas s'ele ne vouloit[j], ne dui jugement contraire ne puecnt estre en une querele, et pour ce se convient il tenir au premier jugement.

1912. Jugemens qui est fes en la presence de faus procureeur ne vaut riens ; c'est a entendre, se aucune partie reçoit contre li procuracion[k] qui ne soit soufisans a recevoir et l'en fet jugement seur le pledoié contre le procureeur, li sires du procureeur[l] n'est pas tenus a tenir le jugié, ainçois puet dire qu'il n'avoit pas donné si grant poosté[m] a son procureeur, et ainsi sera rapelés tous li errcmens qui fu fes contre le procureeur et li jugemens nus, et venront les parties de rechief au plet. Et pour ce se doit on bien prendre garde quel procureeur l'en reçoit en court, que la cours et l'autre partie ne se travaillent en vain, et liquel procureeur sont convenable il est[n] dit ou chapitre qui parole[o] des procureeurs[p 1].

1913. Cil qui doivent fere le jugement doivent savoir avant qu'il facent jugement que[q] li jugemens[r] apartient a aus a fere[s]. Car autrement se pourroient il traveillier en

---

a) *JK omettent* les. — b) *A* puecnt changier et. — c) *HJK omettent* pas. — d) *AC* en la court. — e) *GHJK* ont donné le jugement. — f) *HJK* baillis [*H* la] ou il juge. — g) *A* par d'encoste ; *BCEF* par de coste. — h) *JK* veulent. — i) *GHJK* ou remuer. — j) *JK omettent* s'ele ne vouloit. — k) *A* contre li aucune procuracion. — l) *GHJK* sires de le procuracion n'est. — m) *JK* si grant puissance. — n) *A omet* est. — o) *GH omettent* qui parole. — p) *JK omettent* et liquel procureeur ... des procureeurs. — q) *EF* savoir se li jugemens. — r) *B omet* que li jugemens. — s) *HJK omettent* a fere.

1. Ch. IV.

vain, si comme se la cours de crestienté ª rendoit jugement de l'eritage qui seroit tenus du conte de Clermont, ou se li homme de Clermont rendoient jugement d'aucun cas dont la cours laic ne doit pas connoistre ᵇ, ainçois en apartient la connoissance a sainte Eglise; ou se li homme d'une chastelerie font jugement de ce dont une autre chastelerie le deust fere, ou li homme d'un gentil homme en sa court de ce dont la connoissance n'apartient pas a leur seigneur : tuit tel jugement sont de nule valeur, car il ne puéent metre leur jugié a execucion ᶜ. Nepourquant se les parties s'assentirent de leur bonne volenté sans contrainte a prendre jugement en la court ou il ne le preissent pas s'il ne vousissent, il vaut autant, que la partie pour qui li jugemens fust fes s'en puet bien aidier, en la court de celi a qui la connoissance du plet apartient, par dire qu'il s'assenti a prendre jugement en court et de cele querele sans debatre les jugeeurs ne le jugié; et pour ce dit on que l'en puet bien fere de son non juge son juge. Mes li baillif ne cil qui font les jugemens ne sont pas tenu a fere jugemens, s'il ne leur plest, de ce dont la connoissance n'apartient pas a aus, et s'il le vouloient fere et partie le debatoit ne vauroit il riens.

1914. Aussi comme nous avons dit que jugemens ne vaut riens qui est fes en derrieres de partie qui n'est apelee soufisaument, aussi ne vaut il riens quant il est fes contre celi qui est sousaagiés, que cil qui est sousaagiés ne le puist rapeler quant il est en son aage, fors es cas qui sont dit ou chapitre des sousaagiés [1], car aucun cas sont es queus il convient pledier ceus qui ont les sousaagiés ou en garde ou en bail, et tenir ce qui est jugié pour aus ou contre aus, et liquel cas ce sont il est dit au chapitre des sousaagiés.

1915. Pour ce que nous avons dit que chose jugie doit tantost estre mise a execucion, nous l'entendons es cas ou

---

a) *JK* de l'Eglise. — b) *A* cours laic connoistre ne s'en doit pas. — c) *A* a exeption.

---

1. Ch. xvi.

l'en le puet fere sans peril et sans trop grant damage a la partie contre qui li jugemens est fes, car aucun cas sont des queus li jugement ne pueent pas tantost estre mis a execucion, si comme quant jugemens est fes pour dete dont li terme sont a venir, car en cel cas convient il atendre les termes ; ou quant jugemens est fes d'eritage, l'execucions est que l'en mete celi en saisine pesible pour qui li jugemens est fes ; ou quant jugemens est fes d'aucune chose que cil n'a pas en sa main ne en sa baillie, ainçois convient qu'il pourchace qu'il l'ait ou qu'il en face restor : en tel cas li doit estre donnés termes de pourchacier qu'il ait ce qui fu jugié contre li ou qu'il face soufisant restor, s'il s'escuse par son serement qu'il a fet son pouoir de ravoir et il ne le puet ravoir.

1916. Quant l'en rent jugement, il n'est pas besoins de tout recorder ce qui fu proposé des deus parties seur quoi il s'apuierent a jugement, ainçois est perius de tout recorder^a, car quant cil qui prononce le jugement recorde^b le procès du plet, nous avons veu que la partie qui se doutoit d'avoir jugement contre li disoit que li pledoiés n'avoit pas esté fes^c teus, ainçois avoit esté autres et disoit en quoi ; et par cel debat il convenoit detrier^d le jugement dusques a tant que li recors du^e pledoié fust fes : si en ont esté aucun jugement retargié. Donques ne doit l'en pas tout recorder ; ainçois soufist se cil qui prononce le jugement dit en ceste maniere : « Pierres et Jehans pledoient ensemble seur la saisine d'un tel eritage, — *ou seur tele chose et doit bien dire*^f *la chose seur quoi li ples est.* — Chascune partie ont proposees resons pour soi ; leurs resons oïes et apuiees en jugement, nous disons par droit que Jehans en portera la saisine, — *ou* la proprieté, — de ce dont ples estoit. » Mes sans faille en la court de crestienté^g recorde l'en a rendre la sentence tout le pledoié ; mes il n'i a nul peril pour ce que li

---

a) *GHIJK* de recorder tout. — b) *JK* jugement dit et recorde. — c) *BEF* omettent teus. — d) *B a laissé en blanc la place de* detrier ; *C* convenoit traire le jugement ; *EFJK* retarder le jugem. — e) *JK* recors ou pledoié. — f) *A* omet dire. — g) *JK* court de l'Eglise.

pledoiés est par escris seelés de la court, si que les parties ne pueent pas dire qu'il fust autrement, et pour ce puet li juges au prononcier recorder le pledoié sans peril.

1917. Debas fu entre un seigneur et son homme de ce que li sires vouloit qu'il relevast un fief qui li estoit escheus de costé, au quel fief il avoit demaine et homages : si vouloit qu'il rachetast le demaine de la valeur d'une annee, et pour chascun homage .LX. s. Et li[a] hons disoit encontre que bien s'acordoit a relever le demaine et non pas les homages. Et seur ce se mistrent en droit, a savoir mon[b] s'il paieroit point de rachat pour les homages[c].

1918. Il fu jugié que li demaines se racheteroit et non pas li homage puis que demaine i avoit, mes s'il n'i eust point de demaine et il i eust[d] homages, de chascune .XX. livrees de terre .XX. s. fussent paié pour le rachat. Et par cel jugement puet l'en savoir que li demaines aquite les arrierefiés.

1919. Bien sachent tuit li homme qui sont tenu a jugier en la court d'aucun seigneur qu'il ne sont tenu a fere jugement fors que de ce qui muet de la chastelerie de laquele leur homages descent, car se li sires a pluseurs chasteleries ou hommes de pluseurs chasteleries, il ne puet pas prendre ses hommes d'une chastelerie pour jugier en l'autre.

1920. Sachent tuit que nus, pour service qu'il ait, n'est escusés de fere jugement en la court la ou il le doit fere par reson d'homage, mes s'il a aucun loial essoine, envoier i puet homme qui selonc son estat puist representer sa persone.

Ici fine li chapitres des jugemens.

---

a) *A* Et se li hons. — b) *G* savoir molt s'il. — c) *AJK omettent* a savoir mon ... pour les homages. — d) *B omet* point de demaine et il i eust. — Explic.) *C* Ichi define ; jugemens et de le maniere fere jugemens et lesquieus hommes si pueent jugier et les quieus on doit debouter ; *dans F la place de la rubrique est restée en blanc* ; *GH* Explicit ; *JK n'ont pas d'explicit.*

LXVIII.

Ici commence li .LXVIII. chapitres de cest livre liqueus parole d'usure et de termoiemens, et quele chose est usure, et comment l'en se puet defendre que l'en ne pait pas les usures.

1921. Nous avons dit ou chapitre des convenances que convenances qui sont fetes contre bonnes meurs ne font pas a tenir[1], et si avons bien dit que c'est bien contre bonnes meurs[a] quant il a en la convenance usure ou rapine. Si est bon que nous desclerons briement en cel petit[b] chapitre qu'est usure et rapine et comment ele puet estre prouvee.

1922. Usure si est quant aucuns preste deniers pour autres a termes ou a semaines[c], si comme li aucun prestent .xx. lb. pour .III. s.[d] la semaine, ou pour[e] .IIII.[f], ou pour tant comme convenance queurt : en tel cas tuit[g] li denier qui vienent au presteur par desseure les .xx. lb. sont d'usure[h] aperte. Ou si comme aucuns preste[i] a Noel .xx. lb. pour .xxv. a rendre a la Saint Jehan ou a la Saint Remi : en cel cas sont li cent sout d'usure[j].

1923. Or sont autres manieres d'usures, si comme li

Rubr.) *CEGHJK omettent* de cest livre; chap. qui par.; *CJK donnent le même texte qu'à la table;* E *paie* nules usures; *dans* F *la place de la rubrique est restée en blanc;* C *omet* et *entre* usure et de termoiemens; H *omet* et de termoiemens *jusqu'à la fin.* — a) *GHJK omettent* ne font pas a ... contre bonnes meurs. — b) *JK omettent* petit. — c) A semainne. — d) B *omet* s.; EF .III. d. — e) F *omet* pour. — f) B *omet* ou pour .IIII. — g) *GHJK omettent* tuit. — h) *GHJK sont* usure. — i) A aucun prestent. — j) C d'usure aperte.

---

1. Ch. XXXIV, § 1026.

aucun, quant ce vient ou tans d'esté, prestent[a] as[b] diseteus[c] soile en tele maniere qu'il en ravront[d] fourment après aoust : en tel cas i a il d'usure tant comme li fourmens valoit[e] mieus du soile ou tans que li fourmens fu bailliés, car il avient aucune fois que li[f] soiles vaut autant d'argent devant aoust comme[g] li fourmens vaut après aoust ; et quant tele chose avient, cil qui emprunta le soile ne puet riens demander au presteur par reson d'usure, car li presteres n'en ra que son chatel, et s'il presta en entencion d'usure[h] bien[i] en conviegne entre lui et Dieu[j] de sa conscience.

1924. Li userier et li termoieur[k] qui plus doutent la honte du siecle que le pechié d'usure se soutillent malicieusement comment il puissent prester en maniere que li emprunteur ne se puissent aidier d'usure contre aus. Si en sont aucun qui vendent un cheval ou autres denrees, liqueus chevaus et lesqueles denrees ne valent pas en plein marchié plus de .xx. lb. et il le vendent .xxx. lb. pour l'atente d'un[l] terme qui est nommés ; ou aucune fois il prestent deniers et baillent[m] denrees aveques les deniers, si comme bles, vins ou chevaus ou autres muebles[n], et font des deniers prestés et des muebles bailliés une somme d'argent a rendre a un terme qui est nommés. En tous teus cas, li seurplus de la value[o] des denrees baillies et des deniers doit estre tenus pour usure.

1925. Voirs est que qui veut pledier d'usure, la connoissance en apartient a sainte Eglise. Nepourquant se uns useriers demandoit en court laie sa dete et s'averse partie se defendoit par cause d'usure, la justice laie puet bien connoistre de l'usure. Donques il est ou chois de celi qui se

---

a) A d'esté qui prestent ; G prestes. — b) A au ; B en. — c) EF souffraiteus ; GH besongneux ; JK as gens. — d) GHJK en rendront. — e) GHJK vaut mieus. — f) GHJK omettent li. — g) G comme fest li fourmens. — h) ABEFGHJK omettent car li presteres .. entencion d'usure. — i) JK et bien. — j) GHJK entre Dieu et li de. — k) A termoier. — l) GHJK l'atente du terme. — m) B il preste deniers et baille denrees. — n) G autres choses ; HJK autres denrees. — o) GHJK la value du seurplus.

defent d'aler a la ª court de crestienté ou de ᵇ demourer ᶜ en la ᵈ court laie. Mes puis qu'il avra plet entamé en une des cours, il ne puet pas lessier le plet ᵉ pour prendre le droit de ᶠ l'autre court, ainçois convient que la quercle soit determincee en la court la ou li ples est entamés.

1926. Se aucuns s'est ᵍ obligiés par letres ou par pleges en la court laie a rendre une somme d'argent et reconnut a ʰ l'obligacion fere qu'il devoit cele dete pour deniers prestés, pour chevaus ou pour autres denrees qui li estoient baillies ou delivrees; et ⁱ après, quant li creanciers li demande sa dete ʲ et li detés ᵏ fet semondre le creancier seur cause d'usure a la crestienté et fet defendre par la crestienté a la court laie qu'ele ne justice ses biens ne ses pleges devant que la querele de l'usure soit ˡ determincee, la justice laie ᵐ n'est pas tenue a obeïr a tel commandement s'il ne li plest, ainçois doit justicier le deteur a la requeste du creancier tant qu'il soit paiés. Mes ⁿ pour ce ne demeure pas que li detés ᵒ ne puist maintenir son plet de l'usure a la crestienté, et s'il gaaigne seur l'userier sainte Eglise le puet denoncier pour escommenié s'il ne rent au deteur ce qu'il leva pour cause d'usure, et ainsi avra fet chascune cours ce qu'ele devra de son office.

1927. L'en ne puet pas ᵖ proposer cause d'usure ᵠ en toutes les choses qui sont vendues a terme, car aucunes choses sont vendues a terme par coustume et par nécessité, si comme bois, fermes, eritage loué, car l'en ne trouveroit pas ʳ qui a deniers sès ˢ¹ les achetast ᵗ selonc leur valeur que l'en n'i perdist trop, et si convient bien que li termes i soit

a) *G omet* la. — b) *HJK omettent* de. — c) *C omet* de demourer. — d) *G omet* la. — e) *GHJK* il ne le puest pas lessier pour. — f) *GHJK omettent* le droit de. — g) *GHJK* aucuns est obligiés. — h) *BF* reconn. en l'oblig. — i) *GHJK omettent* et. — j) *GHJK omettent* sa dete. — k) *GJK* et le detteur. — l) *A* l'usure ne soit; *GHJK* l'usure sera. — m) *CHJK omettent* laie. — n) *GHJK* paiés, ne pour. — o) *GJK* li debteurs. — p) *G omet* pas. — q) *C omet* cause d'. — r) *BEF omettent* pas. — s) *CGJK omettent* sès. — t) *H* l'achetast.

---

1. *a deniers sès*, voyez ci-dessus p. 58, note 1.

pour ce que cil qui les achate puist les denrees*a* lever et fere ent*b* son pourfit. Nepourquant se cil qui achate autrui bois ou prent autrui fermes fet .ii. fuers d'une meisme denree et d'une meisme valeur, l'un des fuers*c* a deniers sès et l'autre a*d* creances*e*, si comme s'il donne*f* le moulle*g* de buches*h* a deniers sès pour .xviii. d. et il le vent .ii. s. a creances pour le terme, en tel cas creons nous qu'en chascun moulle*i* vendu a creances*j* a .vi. d. d'usure ; mes c'est quant a Dieu, car quant au siecle ne veismes nous onques tele usure rendre pour ce que tel userier se cueuvrent par dire qu'il font meschief de leurs denrees et qu'il en donnent une partie pour meins qu'eles ne valent pour le mestier*k* qu'il ont d'argent.

1928. Quant aucuns est en mariage et sa conscience le reprent qu'il ait*l* aucune chose male aquise par usure, par termoiement*m* ou par*n* autre maniere, il ne lesse pas pour sa fame, s'il ne li plest, a fere enterine restitucion tant comme il vit. Mes s'il ordone en son testament*o* a rendre par la main*p* de ses executeurs, la fame puet retenir la moitié du torfet seur li, se ainsi n'est que cil qui la restitucion doivent avoir pledent a li du torfet, si comme d'usure ou d'autre tort, dusques a tant qu'ele les vourra rendre, ou*q* a*r* sa vie ou en*s* son testament, car la partie du mort ne doit pas paier tout le torfet et la fame en porte*t* toute sa partie quite sans riens paier. Donques, se l'en veut pledier

---

a) *G* omet denrees; *HJK* omettent les denrees. — b) *GHJK* omettent ent. — c) *HJK* omettent des fuers. — d) *A* as creanc. — e) *CF* creanchiers; *G* omet l'un des fuers ... a creances. — f) *C* s'il trueve le m. — g) *GHJK* le mont de b. — h) *B* buches a de buches a deniers ; *GHJK* de bucc. — i) *GHJK* chascun mont. — j) *G* vendu as creanchiers. — k) *JK* pour le besoing qu'il. — l) *ABEF* qu'il i ait. — m) *GHJK* par termoier. — n) *BGHJK* ou en autre. — o) *GHJK* omettent en son testament. — p) *H* par le main a rendre de ses exec. — q) *E* omet ou. — r) *F* omet a. — s) *ABC* ou a son.

---

1. La construction est irrégulière: il faudrait *porter* ; mais on peut comprendre aussi *porte* au subjonctif avec ellipse de *que*: *pendant que la femme emporterait*. L'une et l'autre tournure aboutissent à l'expression de la même idée ; il n'y a donc pas lieu de rectifier *O* bien que l'on s'attendît plutôt à trouver *port* que *porte*.

a la fame, l'en a bonne reson de lui poursuir de torfet. Et se cil qui pledier en pueent n'en vuelent pledier, bien en conviegne a la fame de rendre les, car^a ele les^b tient ou peril de s'ame.

1929. Il est defendu as crestiens qu'il ne prestent a usure. Et s'il est defendu as crestiens, pour ce n'est il pas abandonné as juis, car en toutes manieres et a toutes gens usure doit estre defendue ne, puis qu'ele soit prouvee, nule justice ne la doit fere paier.

1930^c. Quant aucuns preste seur gage et cil qui le gage bailla le veut ravoir pour l'argent qu'il emprunta^d sus et li presteres nie qu'il n'eut pas le gage que l'en li demande, s'il est prouvé contre li, il doit rendre^e le gage a celi qui li bailla et si doit perdre la dete qu'il presta seur le gage et si chiet en l'amende vers le seigneur; et teus damages doit il bien recevoir pour ce qu'il vouloit mauvesement le gage aproprier a soi. Nepourquant se convenance courut que li gages fust rachetés dedens certain terme ou se ce non il demourroit a l'engageur^f comme forgagiés, en tel cas puet il demourer au presteur s'il se veut aidier de la convenance dessus dite^g.

1931. Encore est il une autre maniere d'usure, de quoi nous n'avons pas parlé, que li aucun apelent mort gage^h, si comme aucuns preste une somme d'argent seur aucuns eritages qui sont nommé, en tele maniere que, tant comme^i li emprunteres tenra les deniers, li presteres tenra l'eritage et seront les despueilles sieues dusques a tant qu'il rait la somme d'argent qu'il presta, sans riens rabatre des levees de l'eritage. En cel cas disons nous que nule plus aperte usure ne puet estre que cele que li presteres oste des despueilles de l'eritage. Donques se cil qui ainsi preste^j,1 en

---

a) *BEF* les quant ele. — b) *HJK* ele le tient. — c) *Ce paragraphe entier manque dans C*. — d) *A* qu'il presta sus. — e) *B* contre li, il rende le gage; *EF* il rent. — f) *JK* au presteur. — g) *E* aidier de le dite convenence; *H* omet dessus dite; *JK* aidier de celle convenance. — h) *BE* apelent mortage; *F* mortaje; *C* apelent muiage. — i) *HJK* tant que li emprunteres. — j) *C* presta; *G* prestent.

---

1. *preste* paraît être ici une faute de O pour *emprunte*; cf. § 1983.

mort gage[a] veut pledier de l'usure, toutes les despueilles què li useriers leva sont rabatues de sa dete.

1932. En soi defendant que l'en ne soit pas tenus a paier aucune dete a userier, puet l'en pledier de l'usure en la[b] court laie. Mes se la dete est paiee et li emprunteres fet ajourner l'userier en court laie pour fere droitement demande contre li d'usure[c], li useriers n'en respondra pas s'il ne veut fors en la court de crestienté.

1933. Cil qui tient en baronie, s'il set[d] en sa terre apert userier prestant deniers pour autre par semaine ou a terme, de son office puet prendre le cors de l'userier et tous ses biens et lui contraindre a rendre toutes les usures. Mes c'est a entendre quant il a[e] defendu en sa terre le prester, car[f] par la reson de ce que li useriers qui est ses sougiès fet contre sa defense i puet li sires geter la main tant qu'il ait fet rendre les usures fetes puis sa defense et prendre l'amende du commandement trespassé.

1934[g]. Cil qui preste a usure puet estre suis de l'usure[h] en sa persone, si comme nous avons dit dessus. Mes s'il muert sans ordener que ses usures soient rendues, l'en ne puet pas fere demande contre les oirs après ce que la dete est paiee; mes se je devoie au mort par cause d'usure et li oirs les veut avoir, je me puis desfendre de l'usure[i] si comme se je feisse contre le pere. Donques puet on veoir que je devroie estre oïs contre l'oir en defendant et non en demandant.

1935[j]. Pour ce que cil qui vivent en tele rapine comme d'usure, ou de toute, ou de larrecin, ou de termoiement, ou d'autres mauveses aquisicions, sachent en quel peril il sont s'il ne rendent les choses mal aquises, nous leur dirons le descendement qui descent[k] d'aus quant il muerent atout. Sachent donques tuit[l] que leur ames sont donnees[m] as ane-

---

a) *C* en muiage; *EF* en mortage. — b) *GHJK* omettent la. — c) *GHJK* omettent d'usure. — d) *B* baronie set il en sa. — e) *A* il l'a defendu. — f) *BEF* omettent car. — g) *G* omet le § 1934 entier. — h) *HJK* suis d'usure. — i) *B* omet et li oirs … de l'usure. — j) *Ce paragraphe manque dans G*. — k) *A* descendement qui vient d'aus. — l) *BEF* sachent tout donques. — m) *B* sont dannees; *E* sont dampnees.

mis d'enfer et leur cors as vers, et leur avoirs a leur parens. Et si ne‍ᵃ vourroit nus de ces .iii. donner‍ᵇ sa‍ᶜ part pour les autres .ii.‍ᵈ, car li anemi ne donroient pas l'ame pour le cors et pour l'avoir, et li ver ne donroient pas le cors pour l'avoir et pour l'ame, et li parent ne donroient pas l'avoir pour l'ame et pour le cors. Et ainsi se tient chascuns pour paiés et li chetis est perdus pardurablement.

1936‍ᵉ. Tout soit il ainsi que l'en ne puet pas fere droite demande contre l'oir de l'userier de cause d'usure, n'entende‍ᶠ pas pour ce li oirs qu'il le puist detenir selonc Dieu, car se avoirs‍ᵍ d'usure estoit descendus d'oir en oir dusques en la disisme ligniee‍ʰ, si seroit li oirs qui le tenroit tenus au rendre a ceus dont il vint; et s'il ne le fet, il en porte autel peine comme cil qui mauvesement‍ⁱ l'aquist: c'est a entendre que s'ame est perdue s'il muert atout.

1937. Aucunes choses sont usures en conscience qui ne sont pas apertes au monde, car toutes les convenances et tuit li marchié‍ʲ qui sont fet‍ᵏ en tele maniere que li creanciers ne puet perdre et si puet gaaignier par la convenance, sont usures quant a Dieu; et en mout de manieres se pueent‍ˡ teus usures‍ᵐ couvrir au monde‍ⁿ, de quoi li userier se defendent par coustume; et queles‍ᵒ leur defenses sont et pueent estre nous n'en parlerons pas, que li userier n'i prengnent mauvès essample pour leur usure maintenir.

1938. De‍ᵖ teus useriers i a qui baillent leur bestes a louier en tele maniere que, se les bestes muerent, cil‍ᵠ qui les pristrent sont tenu au rendre les bestes‍ʳ et le louier‍ˢ. En ceste marcheandise puet avoir usure en aucuns cas et en aucuns cas non. Car, se je loue mon cheval et il muert

---

a) *A omet* ne. — b) *BEF* si ne donroit nus de ces .iii. — c) *A omet* sa. — d) *E* deus autres. — e) *Ce paragraphe manque dans G.* — f) *B* n'entendez pas. — g) *HJK* se li avoirs. — h) *B* le disieme lignage. — i) *HJK* qui malicieusement l'aquist. — j) *GHJK omettent* et tuit li marchié. — k) *GHJK* sont fetes. — l) *ABEF* se puet. — m) *BEF* teus usuriers. — n) *A omet* au monde. — o) *A* esquelez; *C* es queles. — p) *BF* Se teus. — q) *GHJK* que cel qui. — r) *GHJK omettent* bestes. — s) *BEF omettent* bestes et le louier.

CHAP. LXVIII. — D'USURE ET DE TERMOIEMENS.

entre les mains de celui qui le loua, ce n'est pas usure se je vueil ravoir mon cheval atout le louier ; et aussi de ma vache, ou de mes brebis puis que cil qui les loua metoit les pourfis des bestes en son preu, par le louier rendant. Mes se je bailloie ma vache ou mes brebis en tele maniere que tuit li fruit[a] fussent mien pour prest de deniers ou d'autre chose et les bestes mouroient sans les coupes de celui qui de par moi les avroit[b] en garde, et je les vouloie ravoir par ce qui[c] fu convenancié, ce seroit usure, et teles usures apele l'en bestes de fer, pour ce qu'eles ne pueent mourir a leur seigneurs[d].

Ici fine li chapitres des usures et des termoiemens.

a) *GHJK* li porfit fussent. — b) *A* les avoit. — c) *BEFHJK* parce qu'il fu conven. — d) *BEF* mourir au seigneur. — Explic.) *A* termoiemens et quele chose est usure ; *B* et de termoiement ; *C* termoiemens comment on se puet deffendre par cause d'usure contre les useriers ; *dans E la place de l'explicit est restée en blanc; GH* Explicit ; *JK n'ont pas d'explicit.*

LXIX.

Ici commence li .lxix. chapitres de cest livre liqueus parole des cas d'aventure qui avienent par mescheance, es queus cas pitiés et misericorde doivent passer a radeur de justice.

1939. Pluseur cas avienent souvent es queus il est grans mestiers que li seigneur soient piteus et misericort et qu'il n'euvrent pas tous jours selonc ᵃ rigueur de droit. Nepourquant drois suefre bien ᵇ la misericorde d'aucun des cas des queus nous voulons traitier, et li cas sont apelé cas de mesaventure. Et de ces cas toucherons nous d'aucuns et non pas de tous, car ᶜ nus ne puet savoir tous ᵈ les cas qui par mesaventure pueent venir. Mes par ceus que nous dirons pourra l'en prendre essample a ceus qui pueent avenir, dont nous ne ferons pas mencion.

1940. Nus ne doit douter, se je vois aveques mon pere, ou mon fil, ou mon frere, ou aucun de mes cousins pour li ᵉ aidier de ᶠ sa guerre et nostre anemi nous queurent sus, et en moi defendant je cuide tuer un de mes anemis et je tue un de mes amis, que ce ne soit mesaventure, car nus n'en est plus courouciés de moi. Et pour ce ne m'en doit on riens demander en tel cas, fors de tant que je m'acort, pour oster

---

Rubr.) *B et quels cas*; *CEGJK omettent* de cest livre; chap. qui par.; *C et en quiex cas*; *C passer a radeur doivent avoir lieu miex que de justiche*; *E rigueur de justiche*; *F n'a pas de rubrique*; *G et es quiex*; *H omet* de cest livre *jusqu'à la fin*; *JK doivent mieulx avoir lieu que rade justice*. — a) *G selonc les voies de rigueur*. — b) *A omet* bien. — c) *C* tous et nus. — d) *F omet* tous. — e) *EF omettent* li. — f) *H* aidier a sa guerre; *JK* aid. en sa g.

CHAP. LXIX. — DES CAS D'AVENTURE ET DE MESAVENTURE. 479

les fraudes et les baras qui puent estre par la mauvese couvoitise de cest siecle, que, se je sui oirs du mort, que si bien ne me puissent venir, ains les aie^a perdus. Nepourquant nous n'en^b veismes onques fere jugement, mes il m'est avis que c'est resons pour ce que chascuns gart plus curieusement celi de qui^c il est oirs.

1941. Aucune fois avient il qu'uns hons tret avec autres as^d estaches et, en ce qu'il a son coup^e lessié^f aler, aucuns passe le travers si qu'il est ferus^g de la^h saiete siⁱ qu'il en devient mors ou mehaigniés; en cel cas, s'il muert, l'en n'en^j doit riens demander ne metre en guerre celi qui traist la saiete. Mes s'il n'est fors^k navrés ou il couste a garir de s'afoleure, cil qui traist le coup^l est tenus a paier les cous. Et pour les mescheances qui puent avenir est il bon que l'en se gart de trere es lieus qui sont^m hanté de gent. Et ainsi comme nous avons dit de ceus qui traient as estaches, entendons nous de ceus qui traient as oiseaus ou as bestes sauvages en lieu la ou il n'espoireⁿ qu'il i ait gent; car qui treroit a un oisel seur un arbre d'une saiete et eust gent^o entour l'arbre a la veue et a la seue du traieur^p, et la saiete recheoit^q seur aucun et le tuast ou mehaignast ou navrast, li traieres n'en seroit pas quites du mesfet, ainçois seroit justiciés pour sa^r sotie selonc le fet^s.

1942. Cil qui coupe un arbre seur un chemin commun la ou gent passent acoustumeement et voit gens venir ou point que ses arbres doit cheoir, il les doit escrier de loins qu'il se gardent; et s'il ne les escrie et li arbres chiet en^t point qu'il en tue ou mehaigne ou navre^u aucun trespassant

---

a) *EFGHJK* les ai perdus. — b) *A* nous en veismes. — c) *HJK* celi dont il est. — d) *HJK* autres a estaches. — e) *GHJK* coup levé et laissié. — f) *G* laissé son coup aler. — g) *G* ferus d'un coup de la s. — h) *JK* de celle saiete. — i) *G* saiete tant qu'il; *HJK* saiete et il. — j) *C* muert on ne l'en doit; *GH* muert on ne leur en doit; *JK* on ne lui en doit. — k) *G* fors que navrés. — l) *BF* omettent le coup; *E* traist le saiete. — m) *A* omet qui sont. — n) *C* il n'espoire pas; *G* ou on espoire qu'il. — o) *EF* omettent gent. — p) *EF* traieur gent et la. — q) *B* saiete retraoit seur. — r) *G* pour le sotie. — s) *GHJK* sotie du mesfet. — t) *HJK* chiet el point. — u) *G* omet ou navre.

par le chemin ª, il me semble qu'il doie estre coupables du mesfet, car qui empeeche chemin commun en damage d'autrui, il est tenus au damage. Mes je croi qu'autrement iroit se li mors ou li navrés estoit presentement avec le coupeur, car nus ne doit estre arestans ᵇ en lieu la ou il ait peril, qu'il ne se gart puis qu'il soit en aage ; mes s'il estoit sous aage, il seroit en la garde de celui qui l'arbre couperoit. Et aussi se li arbres estoit hors du chemin si loins qu'il ne pouoit ᶜ cheoir seur chemin ᵈ ne seur sentier commun, seroit li couperes hors du peril, car cil qui font aucuns ouvrages ᵉ en ᶠ lieus qui ne sont ᵍ communement hanté ʰ de gent, n'entendent pas volentiers fors a leur besoigne fere ; mes cil qui euvrent es lieus communs as trespassans ne doivent pas tant entendre a leur ouvrage qu'il n'entendent a eschiver le peril as trespassans. Et ce que nous avons dit des arbres entendons nous de tous autres ouvrages qui sont fet perilleusement seur lieus communs ou si pres de chemin commun que cil qui vont par le chemin sont en peril.

1943. Quant aucuns a son enfant mort si comme par feu ou par eaue, ou pour ce que l'en l'esteint en dormant, ou par aucune mauvese garde, l'en n'en doit riens demander ne au pere ne a la mere, car li grans courous qu'il ont les doit delivrer du damage temporel ; ne a la nourice de l'enfant n'en doit l'en riens demander, car qui les justiceroit ⁱ pour teus mesaventures, trop seroit sote la nourice ¹ qui tel garde entreprendroit. Mes mout doivent prendre garde li peres et la mere ʲ a qui il font nourir leur enfant, car nourices poi curieuses ont mis maint enfant a mort.

a) *G omet* trespassant par le chemin ; *HJK omettent* ou navre aucun trespassant par le chemin. — b) *GHJK* ne doit demourer en lieu. — c) *GHJK* ne peust cheoir. — d) *GHJK* seur le chemin. — e) *B* aucuns outrages. — f) *EF* ouvrages es lieus. — g) *C* ne sont mie communement ; *G* ne sont pas hautes communem. ; *HJK* ne sont pas communem. — h) *G omet* hanté. — i) *B* les justice pour. — j) *CEF* et les meres.

---

1. Sur cette tournure avec *qui* et le conditionnel, voyez la note 1, t. I, p. 419.

CHAP. LXIX. — DES CAS D'AVENTURE ET DE MESAVENTURE. 481

1944. Li aucun qui ont justices en leur terres si font justices de bestes quant eles metent aucun a mort : si comme se une truie tue^a un enfant, il la pendent et trainent, ou une autre beste. Mes c'est nient a fere, car bestes mues n'ont pas^b entendement qu'est biens ne qu'est maus, et pour ce est ce justice perdue, car justice doit estre fete pour la venjance du mesfet, et que cil qui a fet le mesfet sache et entende que pour tel mesfet il en porte tele peine ; mes cis entendemens n'est pas entre les bestes mues, et pour ce se melle il de nient qui en maniere de justice met beste mue a mort pour mesfet ; mes face ent li sires son pourfit comme de sa^c chose, car ele^d li est aquise de son droit ; et toutes voies est il bon, se c'est tors^e ou pourceaus ou moutons ou beste enragie^f, quele qu'ele soit, qu'il face qu'ele muire en son pourfit fesant, pour ce qu'ele ne face une autre fois autel ; et c'est chevaus ou mulès^g ou asnes^h, retenir le puet li sires pour fere entⁱ son pourfit sans metre a mort.

1945. Pour ce, se mes chevaus, ou ma beste quele qu'ele soit, met^j a mort aucune persone, ne me puet on pas demander le mesfet. Mes s'ele navre tant seulement ou fet damage, je sui tenus au damage rendre^k et rai ma beste, l'amende du mesfet paiee. Et s'ele fet mort ou mehaing, la beste qui fet le mehaing est aquise au seigneur de son droit et ne m'en puet on riens demander. Nepourquant en tel maniere puet ma beste fere^l mort ou mehaing que j'en seroie coupables, si comme se je li fesoie fere. Je li feroie bien fere se j'estoie montés seur mon cheval et ferisse le cheval^m des esperons par mi enfans ou par mi presse de gent et mes chevaus par la radeurⁿ de li en tuoit aucun : en tel cas seroie je coupables. Mes s'il estoit aperte chose que mes

---

a) *G* tue ou devoure un enf. — b) *HJK* n'ont nul entendement. — c) *JK* de la chose. — d) *GHJK* chose qui li est. — e) *JK* torel ou. — f) *CH* beste esragiee ; *G* moutons ou autres bestes estranges, quele qu'ele. — g) *JK* ou mulle. — h) *G* cheval, asne ou mulle. — i) *A* feren ; *G* pour en faire son ; *H* ferent ; *JK omettent* ent. — j) *JK* mete a mort. — k) *GHJK* tenus a rendre le damage et rai. — l) *HJK* ma beste avoir fet mort ou. — m) *GHJK* et je le feroie des esperons. — n) *GHJK* par l'ardeur de li.

II. 34

chevaus m'en portast par dure gueule ou par desroi, je me pourroie escuser du mesfet.

1946. Qui ocist homme en chaude mellee, ou navre, ou mehaigne, ce n'est pas cas de mescheance par quoi cil qui commence le mesfet, ne cil qui sont de sa partie[a] et s'entremetent de la mellee soient escusé ; ainçois en doivent porter peine selonc le fet. Mes se cil qui est assaillis seur soi[b] defendant en tue aucun pour soi[c] garantir de mort, l'en ne l'en doit riens demander.

1947. Or veons, — se une mellee estoit commenciee et aucuns se met entre deus[d] pour bien[e], pour[f] desfere la[g], et uns[h] cous chiet seur li par mescheance par quoi il est mors ou mehaigniés, — se l'en en doit riens demander a celi qui donna le coup. Nous disons en ceste maniere que, se li mors ou[i] mehaigniés estoit bien amis et[j] du lignage a celui qui donna le coup, misericorde[k] apartient en ce cas, car nus n'en est plus dolens que celi qui le coup donna. Mes se li mors ou mehaigniés estoit[l] estrange persone ou des amis a l'autre partie contre lesqueus la mellee estoit, cil qui le coup donna doit estre justiciés selonc le mesfet.

1948. Cil qui se tue par mescheance, — si comme s'il chiet en un puis ou en une riviere et noie ; ou qui chiet d'un arbre ou d'une meson ; ou qui se tue en aucune[m] autre maniere par mescheance — ne mesfet pas le sien, ainçois doit estre delivré as oirs. Mes s'il puet estre seu clerement qu'il le fist a escient pour soi[n] metre a mort, si comme s'il est trouvés pendus, ou il a dit : « Je me noierai, — ou[o] tuerai[p], — pour tele chose que l'en m'a fete, — ou pour tele chose qui m'est avenue », l'en doit fere justice de li et si[q] a le

---

a) *B* de sa porte et. — b) *GHJK* seur lui defendant. — c) *HJK* pour li garantir. — d) *B* deus pars pour. — e) *C* omet pour bien. — f) *EFGHJK* bien et pour. — g) *CFGH* desfere loi ; *E* desfere les. — h) *HJK* et li cous. — i) *HJK* mors ou li mehaigniés. — j) *A* amis ou du lignage. — k) *G* coup que misericorde y apartient. — l) *GHJK* mehaigniés est estrange. — m) *G* en une autre ; *HJK* tue par une autre. — n) *HJK* pour li metre. — o) *JK* omettent noierai ou. — p) *EFGH* je me tuerai ou noierai. — q) *GHJK* omettent si.

sien mesfet et est aquis as seigneurs en qui[a] terre si[b] bien sont trouvé.

1949. Aucune fois avient il qu'aucuns est trouvés mors et ne puet on pas bien savoir s'il se tua a escient ou s'il fu tués d'autrui, ou s'il se tua par mescheance. Et quant teus cas avient qui est si orbes que l'en ne puet savoir la verité, il[c] convient mout que la justice prengne garde a la maniere du fet et a la maniere de la mort. Car s'il est trouvés pendus en privé lieu[d], l'en doit mieus croire qu'il le se[e] fist qu'autres, et tout a escient, car ce n'est pas mors de mescheance. Et s'il est trouvés noiés en puis[f], l'en doit regarder en quel lieu li puis siet, et la cause qu'il avoit a[g] aler au puis, et la maniere du mort quant il estoit vis. Car se li puis est en destour et non pas en lieu[h] hanté de gent, l'en doit mout prendre garde s'il estoit haïs ne menaciés de nului[i], ou s'il estoit fous ou ivres[j] par quoi il i[k] fust alés[l], ou s'il estoit acoustumés d'aler au puis pour prendre de l'eaue; et se l'en trueve qu'il fust menaciés ou haïs[m] de gent maurenomee[n], l'en doit avoir plus grant presompcion qu'il ne li aient fet ou qu'il li aient[o] fet fere, que penser qu'il le se soit fet[p] a escient ne par mescheance, meismement s'il n'estoit pas acoustumés d'aler au puis pour avoir de l'eaue et s'il n'estoit pas fous de nature ne yvrongnes[q]. Et se l'en n'i puet trouver haines ne menaces, mes l'en trueve que li puis est perilleus et qu'il i aloit aucune fois pour son aaisement, l'en doit mieus croire qu'il i cheïst par mescheance qu'autrement. Et se l'en ne puet trouver nule de ces deus[r] voies[s], mes l'en trueve qu'il estoit fous de nature ou frenetiques ou yvrongnes[t], l'en doit mieus croire qu'il le fist a escient

a) *GHJK* sur quelle (*H* qui) terre. — b) *H* li bien; *JK* les biens. — c) *B* verité ou il. — d) *B* en lieu privé. — e) *GHJK* omettent se. — f) *GHJK* trouvés en puis noiés, on. — g) *GHJK* avoit d'aler. — h) *GHJK* omettent en lieu. — i) *JK* menaciés de personne. — j) *HJK* fous ne yvrongnes, par quoi. — k) *ABC* omettent i. — l) *C* alés la. — m) *E* fust haïs ou manechiez de gent mal renom. — n) *GHJK* fust haïs de gens ou menachés, l'en doit. — o) *GHJK* presompcion qu'on ne lui ait fet ou fet fere. — p) *GHJK* penser que ce ait il fet. — q) *A* yvreongnez; *F* yvroingnes. — r) *GHJK* de ces trois. — s) *G* chozes mes. — t) *A* yvroongnez; *B* ivronnis; *F* yvroingnes.

qu'autrement[a]. Mes se l'en esperoit qu'il se fust tués par aucune maladie par laquele il ne fust pas bien[b] a soi, si[c] oir ne[d] doivent pas perdre ce qui de lui vient ; car a ce que li oir perdent en tel cas pour ceus qui sont trouvé mort ne ne set on qui a ce fet, il convient mout de clers presompcions. Et pour donner loi mieus a entendre, nous en dirons un cas que nous en veismes.

1950. Une fame fu trouvee noiee en un puis ; li sires voust avoir sa terre et le sien pour ce qu'il disoit qu'ele s'estoit tuee a escient, et le vouloit prouver parce qu'ele s'estoit menaciee et parce que li puis estoit teus que l'en n'i cheïst pas legierement par mescheance, et parce qu'il estoit en destour et non pas en lieu hanté ne perilleus, et parce qu'ele[e] n'avoit nule cause d'aler a cel puis, comme cele qui n'estoit pas voisine. Et li oirs disoit[f] encontre que se toutes ces choses que li sires disoit estoient trouvees[g], — lesqueles choses il ne connoissoit pas, ainçois les metoit en ni, — n'estoit ce pas clere prueve par quoi il deust[h] perdre l'eritage ; et seur ce, prouvees du seigneur les presompcions[i] dessus dites, il se mistrent en droit liqueus avroit l'eritage, ou li sires ou li oirs de la fame morte[j].

1951. Il fu jugié que li sires avroit l'eritage comme mesfet. Et ce qui plus mut les hommes a fere cel jugement, ce fu ce[k] qu'il fu prouvé[l] qu'ele avoit dit qu'ele feroit tant que si ami i[m] avroient honte, et par ce furent il mu aveques les autres presompcions devant[n] dites[o]. Et par cel jugement puet on veoir que tuit li orbe cas qui avienent en tel ma-

---

a) *E* omet Et se l'en ne ... a escient qu'autrement. — b) *CHJK* omettent bien. — c) *ABCEF* a soi li oir. — d) *ABEF* oir ne doivent. — e) *A* ce que l'en n'avoit ; *B* omet ele. — f) *JK* et ses hoirs disoient encontre. — g) *EF* trouvees vraies, lesqueles choses. — h) *ABCEF* il deussent perdre. — i) *EF* pr. les presompcions du seigneur dessus ; *GHJK* et seur ces preuves du seigneur [*G* et] les (*G* ces) presompcions dessus dites. — j) *G* omet ou li sires ... fame morte ; *HJK* omettent liqueus avroit l'eritage ... la fame morte. — k) *EFHJK* omettent ce. — l) *G* ce fu parce qu'ele avoit. — m) *GHJK* ami en avroient. — n) *G* presompcions dessus dites. — o) *HJK* omettent devant dites.

niere qu'on n'en puet savoir la verité, ne se pueent prouver[a] fors par presompcions[b].

1952. Voirs est quant aucuns est trouvés mors, de quel que mort que ce soit, et l'en ne puet trouver la verité du fet ni apertes presompcions contre le mort qu'il le se[c] fist, li[d] bien doivent estre delivré[e] as oirs, car l'en ne doit pas croire que nus se mete a mort a escient s'il n'est prouvé clerement ou par apertes presompcions.

1953. Pour ce que nous avons parlé ci devant[f] que li juges doit mout prendre garde a la maniere de la mort et as circonstances du fet, et en[g] avons ja parlé de ceus qui sont[h] trouvé[i] pendu et de ceus qui sont trouvé noié en[j] puis, parlerons nous encore d'autres mors[k]. Or veons donques de ceus qui sont trouvé noié en rivieres, en[l] viviers ou[m] en fossés, se l'en les trueve noiés en lieu la[n] ou il fussent acoustumé[o] a aler[p], — si comme pour baignier[q], ou pour avoir de l'eaue, ou pour peschier[r], — l'en doit mieus croire que ce soit[s] par mescheance qu'autrement. Mes s'il est trouvés noiés en un sac ou liés ou navrés, il apert mieus que l'en li fist que ce qu'il[t] li fust avenu par mescheance ne qu'il l'eust fet a escient.

1954. Quant aucuns est trouvés mors et il n'apert sus li nul signe par lequel la mors li fust[u] venue, l'en doit mieus croire qu'il soit mors de mal d'aventure qu'autrement, car mauvesement puet on nului metre[v] a mort ne soi tuer a escient qu'il n'i apere[x] en aucune maniere au cors ; et pour

---

a) *JK* ne se preuvent fors par. — b) *EF* omettent devant dites. Et par ... fors par presompcions. — c) *BEFGHJK* omettent se. — d) *BEF* si bien. — e) *BEF* omettent delivré. — f) *G* ci dessus que. — g) *EF* et nous avons. — h) *GHJK* ceus qui se sont pendu. — i) *EGHJK* omettent trouvé. — j) *BEF* noié es puis ; *G* noié en .ı. puis. — k) *A* d'autre mort ; *EHJK* des autres mors. — l) *EHJK* rivieres ou en viviers. — m) *F* viviers ou en fontaines ou en fossés. — n) *CEG* omettent la ; *GHJK* omettent en lieu la. — o) *ABCGHJK* il fust acoustumez. — p) *GHJK* d'aler. — q) *F* pour waaingnier. — r) *E* ou pour pesquier ou pour avoir de l'iaue. — s) *C* croire que il soit noiez par ; *GHJK* que ce fust par. — t) *GHJK* omettent qu'il. — u) *EFGHJK* li soit venue. — v) *GHJK* mauvesement met on nului (*JK* personne) a mort. — x) *GHJK* qu'il n'y pere.

ce, de quoi l'en ne puet savoir la verité l'en se doit prendre au plus cler cuidier de ce qui puet avenir.

1955. Aucune fois avient que li barons est trouvés mors de bout^a sa fame, ou^b la^c fame de bout^d son baron^e. Et quant il avient, l'en doit prendre garde au mort s'il pert que l'en li ait ce fet, et s'il i^f pert, c'est grans presompcions contre le vivant s'il ne cria ou s'il ne moustre qui ce fist; et en tele maniere pourroit li mors estre trouvés qu'il^g convenroit mout prendre garde a la renomee du vivant et a la vie qu'il menoient ensemble. Et se l'en truist que cil qui est demourés menast mauvese vie au mort, c'est assés presompcion contre li a estre tenus en prison a tous jours, se l'en ne set puis tant du fet qu'il n'i eust coupes. Et pour prendre essample comment l'en doit encherchier^h teus murtres, nous dirons un cas que nous en veismes.

1956. Une fame avoit fet son plet a deus ribaus qu'il li tueroient son baron, et ele leurⁱ metroit en tel point que legierement le pourroient fere. Et leur dist qu'il venissent en sa meson entre chien et leu et il trouveroient qu'ele li laveroit sa teste : « Et en cel point le pourrés^j vous assommer^k. » Et li ribaut le murtrirent^l en cele maniere, et quant il l'eurent^m murtriⁿ, il pristrent un baston de mellier^o et i^p firent osches d'une espee pour donner a entendre qu'il fust^q tournés a^r defense; et quant il eurent ce fet, il s'en partirent de la meson et la fame demoura et osta toutes les choses par quoi l'en ne^s peut^t apercevoir^u qu'on le lavast, et puis leva le cri et cria : « Hareu! hareu! l'en me tue mon

---

a) *E* mors delonc sa fame; *GH* mors deles se femme; *JK* mors lez sa femme. — b) *ABCEF* et. — c) *AH* sa. — d) *E* fame delonc son; *GH* fame deles son; *JK* fame lez son. — e) *BJK* son mari. — f) *A* il li pert; *BEF* omettent i. — g) *F* qu'il en convenroit. — h) *G* encherquier de teus; *JK* enquerir de teus. — i) *E* ele le metroit; *F* ele le leur. — j) *A* pourriez. — k) *HJK omettent* Et en cel … vous assommer. — l) *HJK* ribaut l'assommerent en. — m) *GHJK omettent* l'. — n) *HJK* eurent ce fet. — o) *A* de nesflier. — p) *B* et il firent; *E omet* i. — q) *G* qu'il se fust. — r) *JK* qu'il s'estoit mis en defense. — s) *CEF omettent* ne. — t) *B* on puet apercevoir. — u) *GH* par quoi on ne se perchevist qu'on le; *JK* on ne se aperceust.

CHAP. LXIX. — DES CAS D'AVENTURE ET DE MESAVENTURE. 487

baron ! » Li voisin i coururent et trouverent le mort en mi la meson et le baston delés lui, puis denonça on le fet a la justice. Ele[a] vint la et prist la fame et li demanda[b] comment ses barons avoit esté tués ; ele respondi que leens estoient entré gent armé qu'ele ne connoissoit et li avoient couru[c] sus, et il s'estoit defendus tant comme il' pouoit[d] d'un[e] baston, et bien i paroit as osches qui estoient au baston fetes[f] des espees. L'en li demanda de quel arme[g] il fu tués[h], et ele respondi : « Des[i] espees », et[j] voirs fu que puis qu'il l'eurent assommé, il l'avoient feru d'espees en la teste[k] pour couvrir le coup de la maçue. Et la justice qui fust soutius prist le baston et fist aussi comme s'il se defendist contre un autre qui tenoit une espee et regarda que les osches qui estoient ou baston ne peussent[l] estre fetes teles comme eles estoient en soi[m] defendant. Et après il[n] fist cherchier la teste du mort et trouva on le test esquartelé en tele maniere que ce ne peust estre fet d'espee. Puis acusa la fame des[o] deus[p] mençonges qu'ele avoit dites et li mist sus qu'ele avoit fet ce[q] fere ; et si tost comme il la vout metre en gehine, ele reconnut toute la verité et fu arse, et li ribaut furent apelé as drois tant qu'il furent bani seur la hart. Et cel cas avons nous dit pour ce que li juge i prengnent essample a encherchier les orbes cas qui avienent, si que par leur soutillece[r] venjance soit prise des mesfès[s].

1957. Aucune fois avient il que jeus est commenciés si comme pour behourder, ou pour çouler, ou pour jouer as barres, ou pour autres jeus, et avient qu'aucuns est tués ou

---

a) *G* justice. La justiche vint. — b) *ABEF* li demanda l'en. — c) *G* armé ne ele ne les connoissoit et li couroient sus. — d) *G* comme il avoit peu ; *HJK* il pot. — e) *A* du baston. — f) *G* osches qui u baston estoient faictes des espees ; *HJK* qui estoient fetes el baston des espees. — g) *G* de quelle armeure ; *HJK* de quelles armeures. — h) *BEF* omettent ele respondi que leens estoient ... arme il fu tués. — i) *C* respondi de espees. — j) *JK* omettent et. — k) *GHJK* omettent en la teste. — l) *HJK* ne pooient estre. — m) *HJK* en li defendant. — n) *JK* après justice fist. — o) *EHJK* de. — p) *H* omet deus. — q) *GHJK* sus que ce avoit ele fet fere. — r) *EF* leur encherquement. — s) *HJK* omettent a encherchier les orbes ... des mesfès.

afolés pour le jeu par ce qu'il est[a] encontrés contre[b] le cuer, ou que la lance le tue, et en aucune autre maniere. Et quant tele chose avient, l'en n'en doit riens demander a celi qui le fist[c], car jeu[d] qui est commenciés pour jouer[e] sans malveillance[f] et il[g] mesavient du jeu[h] par mescheance, nule justice n'en doit estre prise. Mes autrement iroit s'il se courouçoient en jouant, si que[i] li fes fust fes par le[j] courous, car en tel cas cil seroit justiciés qui le feroit, pour le mesfet[k]; car si tost comme li courous vient, li jeus faut.

1958. Cil qui mene une[l] charete et tue ou mehaigne aucun par le verser de sa charete, c'est cas de mescheance, et bien apartient que l'en ait misericorde du charetier, s'il n'apert qu'il versast a escient sa charete pour li blecier par haine, car en cel cas ne seroit il pas escusés, ains seroit justiciés selonc le mesfet.

1959. En tous les cas d'aventure es queus l'en blece li et autrui tout ensemble, la bleceure ou li grans perius[m] de soi le doit bien escuser des autres : si comme il avient que j'abatrai une meson, ou un arbre, ou une autre chose, et cherra plus tost que je ne cil qui aveques moi seront ne cuiderons[n] et serai[o] bleciés et li aucun des autres[p] seront mort ou afolé, en cel cas ma bleceure m'en doit[q] escuser. Et aussi se je sui delés ma charete et ele me blece au verser et autrui avec, l'en ne me doit pas metre sus que je le feisse[r] a escient, car trop est fort a croire que je me meisse en teus perius pour fere mal a autrui[s].

1960. Pour ce se je mene aucun aveques moi sans esperance que mal li viegne, si comme pour baignier en riviere ou en vivier, ou pour monter au fruit seur un arbre, ou as

---

a) *A omet* est. — b) *A* encontre le. — c) *E* qui che fet. — d) jeus *dans tous les mss.* — e) *G* et sans. — f) *C* maliveuillance ; *GHJK* malice. — g) *G* mal. et quant il y mesavient. — h) *GHJK omettent* du jeu. — i) *BEF* si comme [*EF* se] li fes. — j) *BEF omettent* le. — k) *HJK omettent* pour le mesfet. — l) *G* mene ou car ou carete. — m) *GHJK* perius [*HJK* la] ou il est de soi. — n) *ABCHJK* cuideront ; *EF* cuideromes ; *G* cuiderions. — o) *A* et seroit bleciés ; *G* et sera bleciés. — p) *HJK omettent* des autres. — q) *A* doit bien escuser. — r) *GHJK* que je l'aie fet a escient. — s) *GHJK* pour autrui fere mal.

CHAP. LXIX. — DES CAS D'AVENTURE ET DE MESAVENTURE. 489

oiseaus, ou pour aucune autre chose pour quoi l'en mene gent aveques soi pour soi^a compaignier ou pour avoir^b aide a^c aucune besoigne^d fere qui n'est pas malicieuse, et il mesavient a celi que j'avrai mené, — si comme s'il chiet du lieu la ou il sera montés ; ou il se noie ; ou il chiet de son^e cheval, — pour ce ne m'en puet on pas ne ne doit riens demander. Mais autrement seroit se je le menoie pour fere^f aucun mesfet, et en fesant le mesfet il li mesavenoit, car li fes pourroit teus estre, si comme se c'estoit cas de crime, que l'en me pourroit acuser de mauvestié, tout fust il ainsi qu'il l'en fust mesavenu a celi par qui je l'avroie fet fere, car pieça dit on que aussi est coupables cil qui reçoite a escient^g le larrecin comme cil qui l'emble^h, car se li receveur n'estoient, il ne seroit pas tant de maufeteurs.

1961. Aucune fois avient que cil qui bee a fere aucun malice mene compaignie aveques li, si comme de ses parens ou de ses amis, et ne leur dit pas ce qu'il bee a fere pour ce qu'il se doute qu'il ne li deslouassent ou qu'il ne^i voussissent aler au fet aveques li, et pense que quant il avra commenciee la chose, il ne li faurront pas a cel besoing. Grans malices est d'ainsi fere et si en ont esté maint^j deceu, car tele soupresure ne les escuse pas s'il sont au fet fere et il i metent conseil ne confort^k ne^l aide. Et s'il se vuelent oster du mesfet il convient, si tost comme il perçoivent^m que^1 cil qui les mena veut fere^n, qu'il li destournent a fere sa volenté ou qu'il s'en partent^o sans delai, sans fere confort ne aide a celi qui les mena, et ainsi pourront il estre escusé du mesfet.

a) *GHJK omettent* pour soi. — b) *C omet* avoir. — c) *A* pour ; *E* aide de aucune. — d) *A* aucune choze. — e) *G* chiet de dessus .I. cheval ; *HJK* chiet d'un cheval. — f) *GHJK omettent* fere. — g) *GHJK omettent* a escient. — h) *HJK omettent* l'. — i) *F* qu'il n'i voussissent. — j) *C* maint esté ; *HJK* ont aucun esté. — k) *BEF omettent* ne confort. — l) *E* et aide. — m) *BCEFHJK* aperçoivent. — n) *GHJK* fere mal. — o) *GHJK* s'en departent sans.

---

1. *que*, pronom relatif neutre, = ce que.

1962. Grans mesaventure est quant preudons est pris en [a] compaignie de mauvès, et mout se doit chascuns garder en quele compaignie il s'embat, car maint en ont esté destruit qui n'avoient coupes es mesfès, et que ce soit voirs nous en mousterrons une essample.

1963. Uns pelerins vint [b] a une bonne vile, et [c], a un [d] soir, quant [e] il s'aloit [f] jouer au dehors de la vile, il [g] oï une compaignie qui chantoit et jouoit de pluseurs estrumens en une taverne. Il [h] couvoita a oïr leur [i] chansons et a veoir queus gens c'estoient. Si vint a l'uis de la taverne [j] et [k] vit que c'estoient .vi. vallet et fames avec aus qui seoient a une table et estoient d'une compaignie [l]. Quant il virent que cil les regardoit a l'uis [m], il li prierent par si [n] beles paroles [o] qu'il venist boivre avec aus, et [p] tant li prierent [q] qu'il i ala et s'assist avec aus ; et en cel point qu'il estoit en leur compaignie, cil [r] en qui compaignie il estoit [s] furent encusé [t] a la justice qu'il estoient murtrier et larron, et que grant compaignie estoient en une tele taverne [u]. La justice a grant plenté de gens a armes vinrent en la dite [v] taverne et les trouva et [x] prist, et le pelerin avec aus [y]. Et assés tost après furent pendu et trainé pour pluseurs mesfès et li pelerins avec, car l'en ne le vout [z] pas croire qu'il ne fust leur compains [aa], et encore li pires pour ce qu'il fesoit le pelerin : et ainsi fu mis a mort cil qui coupes n'i avoit par soi embatre en mauvese compaignie. Et en ceste aventure puet on prendre deus essamples : l'une que la justice qui prent plenté de gens pour soupeçon [ab] de [ac] mesfet sache le mesfet de

---

a) *B* pris et en. — b) *G* omet vint. — c) *CEG* omettent et. — d) *AF* au soir. — e) *E* soir et il ; *HJK* omettent quant. — f) *GHJK* il aloit. — g) *HJK* vile et oï. — h) *BEF* taverne et il. — i) *BEF* oïr les chansons. — j) *HJK* omettent de la taverne. — k) *HJK* si vit. — l) *HJK* omettent et estoient d'une compaignie. — m) *HJK* omettent a l'uis. — n) *BEF* omettent si. — o) *CHJK* omettent par si beles paroles. — p) *C* aus et en che point que il estoient ensi tant. — q) *C* prierent et par si belles paroles qu'il i. — r) *EF* il. — s) *EFGHJK* omettent en qui compaignie il estoit. — t) *BEFGHJK* furent acusé. — u) *B* taverne tele ; *G* omet tele ; *HJK* omettent et que grant ... tele taverne. — v) *GHJK* omettent dite. — x) *HJK* omettent trouva et. — y) *C* omet aus. — z) *BEF* le vouloit pas. — aa) *GHJK* ne fust de leur compaignie. — ab) *G* omet pour soupeçon. — ac) *GHJK* d'un mesfet.

chascun avant qu'il soit justiciés; l'autre que l'en se gart d'entrer en^a mauvese compaignie, tout soit ce que l'en ne pense se bien non, pour les perius qui en pueent avenir.

1964. Perilleuse chose est d'entreprendre a nului^b batre, car pieça^c dit on^d : « Teus cuide batre qui tue. » Et quant li batus muert de la bateure dedens les .xl. jours qu'il fu batus, ou après les .xl. jours s'il apert qu'il mourut pour^e la bateure^f, — si comme s'il ne leva puis en maniere qu'il aparust^g estre garis, — l'en se prent de sa mort a ceus qui le batirent ; et s'il en i eut aucun^h au batre qui onques n'i mist la main, mes toutes voies il i ala ou confort et en l'aide^i de ceus qui le batirent, il n'est pas escusés du fet, car puet estre que li autre n'en eussent pas empris le batre^j, se ne fust^k l'esperance de l'aide a ceus qui vinrent en leur^l compaignie.

1965. Se je sui en un lieu ou il ait plenté de mes amis et, pour fiance de leur aide, tout soit il ainsi que je ne leur aie point dit, je^m queur sus a^n aucun et^o le tue ou navre, je tous seus en doi porter la peine du mesfet, car puis qu'il n'i vinrent apensceement avec moi pour le fet et il n'i mistrent la main, il en doivent estre escusé.

1966. Aussi comme il sont cas d'aventure^p dont meschief pueent avenir^q as^r persones, si comme nous avons dit dessus, aussi sont il autre cas que l'en apele cas d'aventure, si comme choses espaves^s, car il avient a la^t fois qu'aucuns a ses bestes privees et se perdent^u en tele maniere que cil qui eles sont ne les set ou querre ne^v trouver^x, et teus espaves sont au seigneur en qui^y terre eles sont trouvees.

---

a) *GHJK* se gart de mauvese. — b) *JK* a personne batre. — c) *JK* omettent pieça. — d) *GH* dit on que ; *JK* on dit que. — e) *G* qu'il est mors de la. — f) *HJK* omettent dedens les .xl. jours … pour la bateure. — g) *JK* aparust a estre. — h) *GHJK* omettent aucun. — i) *GHJK* ala ou confort et en aide. — j) *GHJK* n'eussent pas entrepris le fet du batre. — k) *JK* se n'eust esté l'esperance. — l) *ABCEF* en la compaignie. — m) *GHJK* dit et je queur. — n) *ABEF* queur seur aucun. — o) *GHJK* et je le tue. — p) *BEF* cas de meschief par aventure dont. — q) *GHJK* venir. — r) *ABHJK* a persones. — s) *GHJK* choses d'espave. — t) *GHJK* avient aucune fois. — u) *JK* et se departent. — v) *C* querre ne ne les puet trouver ; *GHJK* ne ou trouver. — x) *BEF* omettent ne ou trouver. — y) *EGJK* en quel terre.

1967. La chose n'est pas espave qui est poursuie de celui qui ele est ou de son commandement, et prueve qu'ele est sieue. Et s'il ne la[a] poursivoit[b] pas, mes il ooit[d] après dire en quel lieu[e] ele est, si la doit il avoir s'il la prueve a sieue ; mes c'est a entendre des choses qu'on puet prouver de certain, car aucunes choses sont lesqueles[f] l'en ne puet prouver a sieues legierement, si comme vaisseaus d'és quant il s'en va si loins que cil qui le poursuit en pert la veue; ou bestes sauvages qui issent de garenne[g], ou poissons qui vont de vivier en autre ou de fosses[h] en autres[i] : teus choses et les semblables ne puet on pas prouver a sieues, tout soit ce que l'en prueve[j] que l'en a eu[k] damages de teus choses.

Ici fine li chapitres des cas d'aventure es queus pitiés et misericorde ont lieu.

a) *A omet* la. — b) *G* poursuit. — c) *E omet* Et s'il ne la poursivoit pas. — d) *EGHJK* il ot ; *F* il oi. — e) *GHJK* dire le lieu ou ele est. — f) *GHJK* sont que ou. — g) *C* issent de forest. — h) *C omet* ou poissons ... de fosses. — i) *AC* autre ; *G* de fosse a autre ; *EFHJK omettent* ou de fosses en autres. — j) *GHJK* prueve bien. — k) *JK* ou en a damages. — Explic.) *C* aventure qui aviennent par mescheance ; *dans F la place de l'explicit est restée en blanc; GH* Explicit ; *JK n'ont pas d'explicit.*

LXX.

Ici commence li .lxx. chapitres de cest livre liqueus parole des dons qui par reson ne doivent pas estre tenu et de ceus qui font a tenir que l'en ne puet debatre.

1968. Touchié avons en pluseurs chapitres d'aucunes manieres de dons, si comme ou chapitre de descendement et d'escheance^a[1], et en autres lieus^b la^c ou^d il en convenoit^e parler selonc ce que li cas des queus nous parlions^f le desiroient, mes pour ce^g ne lerons nous pas que nous n'en^h parlons briement d'aucuns des queus nous n'avons pas parlé et si en ferons ce chapitre que nous avons commencié, liqueus enseignera liquel don font a tenir et liquel non.

1969. Chascuns doit savoir que tuit li don qui sont fet contre Dieuⁱ, ou contre sainte Eglise, ou^j contre le commun pourfit, ou contre bonnes meurs, ou en deseritant autrui, ne font pas a tenir; ainçois doivent estre despecié et anienti comme cil qui sont de nule valeur; et aussi disons nous que nule pramesse qui soit fete contre aucune des choses dessus dites ne doit estre paiee.

1970. Il avient aucune fois qu'aucuns donne aucune

Rubr.) *CEGJK omettent* de cest livre; chap. qui par.; *C G J K donnent ensuite le même texte qu'à la table: dans F la place de la rubrique est restée en blanc; H omet* de cest livre *jusqu'à la fin*. — a) *AC* d'escheoite. — b) *ABEF omettent* lieus; *G* en autry lieu; *HJK* en autre lieu. — c) *G omet* la. — d) *C omet* la ou. — e) *A* convenroit; *EF* convient. — f) *A* parlerons. — g) *C omet* que li cas ... mes pour ce. — h) *HJK* nous ne parlons. — i) *E* contre don. — j) *EFHJK omettent* ou.

---

1. Ch. xiv.

chose qu'il ᵃ cuide qu'ele soit sieue et si ne l'est pas, si comme se aucuns me donne une piece de terre qu'il ᵇ cuide qu'ele soit sieue et, après ce qu'il m'en ᶜ a fet metre en saisine ᵈ, aucuns me tret ᵉ par ᶠ devant justice et dit qu'a li apartient li drois de cel eritage ᵍ : en tel cas me puis je bien aidier de toutes les resons des queles ʰ cil se peust aidier qui le don me fist. Mes je ne le puis pas fere contraindre qu'il me viegne porter garant de ce qu'il me donna, s'il ne s'oblija au donner qu'il le me garantiroit ; car qui donne aucune chose simplement sans soi obligier au garantir, il ne donne que tel droit ⁱ comme il a en la chose ʲ. Et par ce puet on entendre que cil qui donne autrui chose sans ᵏ fere obligacion du garantir ˡ ne donne nient ᵐ. Mes autrement iroit se la chose estoit vendue, car quiconques face ⁿ vente, soit de la chose, soit de l'autrui, il est tenus au ᵒ garantir ou ᵖ a restorer le damage a l'acheteur se c'est chose qu'il ne ᵠ puist garantir en nule maniere.

1971. Li grant seigneur qui tienent en baronie pueent bien donner de leur eritages a leur hommes ou a leur serjans ou a autres persones, la ou il cuident qu'il soit bien emploiés, et retenir ent les homages, tout soit ce qu'en ce don fesant il facent de l'une partie de leur baronie qu'il tenoient en fief arrierefief. Nepourquant il pourroient bien estre si fol large ʳ et tant donner que li rois ne l'avroit pas a soufrir et creons qu'il ne pueent pas passer le quint de leur baronie. Et s'il en donne par pars ˢ le quint a son vivant et après muert et lesse le quint de son eritage en testament, li rois ou si oir le pueent debatre par bonne reson, car ainsi avroit il osté .ii. quins de son eritage et mis en l'arrierefief

---

a) *GJK* chose qui cuide. — b) *GJK* terre qui cuide. — c) *HJK* omet en. — d) *ABEF* en la saisine. — e) *C* tret avant par dev. — f) *HJK* omettent par. — g) *HJK* drois de l'eritage. — h) *HJK* resons de quoy cil se. — i) *G* que tel choze et tel droit comme ; *HJK* que tel chose comme. — j) *GHJK* il a en l'eritage. — k) *G* donne aucune chose sans soy obliger et sans fere. — l) *GHJK* omettent du garantir. — m) *GHJK* donne riens. — n) *BEFGHJK* fait vente. — o) *EFGHJK* tenus a garantir. — p) *GHJK* et. — q) *G* chose qui le puist ; *H* chose qu'il puist ; *JK* chose qui lui puist. — r) *A* si forlarge ; *EF* si fol et si large. — s) *GHJK* par pris le quint.

CHAP. LXX. — DES DONS QUI NE FONT PAS A TENIR. 495

de son seigneur, laquele chose il ne puet fere. Nepourquant, selonc nostre coustume, tuit li don qui sont fet entre vives persones pour cause de bonne foi font a tenir sauf le droit de son seigneur de qui li eritage sont tenu. Mes l'en doit savoir que cil ne sont pas donné par cause de bonne foi qui sont donné contre Dieu et contre coustume du païs, ou pour ses oirs deseriter par haine, s'il n'a en la haine resnable cause.

1972. Aussi comme nous avons dit en pluseurs chapitres que toutes fraudes doivent estre ostees la ou eles sont conneues ou prouvees, aussi le disons nous en cest chapitre ci que cil qui donne a l'un par fraude pour tolir a l'autre, li dons doit estre de nule valeur; et especiaument nus ne puet donner a ses enfans de son eritage ne de ses muebles ne de ses aquès fors que de tant comme il en pueent porter par la coustume de la terre, que li autre frere et sereurs ne puissent demander ᵃ partie après le decès au pere qui le ᵇ donna, en ce qui fu donné trop outrageusement. Nepourquant li hons ou ᶜ la fame puet ᵈ bien donner au quel qui lui ᵉ plest de ses ᶠ enfans, de ses ᵍ muebles et ʰ de ses ⁱ conquès et li garantir tant comme il vit. Mes après sa ʲ mort se li dons fu si outrageus que li autre en demeurent ᵏ deserité, li dons n'est pas a soufrir, car il n'est pas resons entre ceus qui sont frere et ˡ sereurs que li uns ait tout et li autres nient. Et quel partie chascuns doit avoir selonc nostre coustume ᵐ il est dit ou chapitre qui parole ⁿ de descendement et d'escheoite ᵒ¹; et ce que l'en dit que cil que peres et mere marient ont le chois de raporter et de partir ou d'aus tere sans raporter et sans partir quant il se tienent pour paié de ce qui leur fu donné

---

a) *GHJK* demander après partie. — b) *G* parties après les debtes au pere paiees qui le don donna. — c) *ABEF* ou. — d) *ABEFG* pueent bien. — e) *ABEFG* qu'il leur plest. — f) *BEFG* de leur enfans. — g) *EF* leur. — h) *HJK* omet et. — i) *EF* leur. — j) *E* leur. — k) *G* en demourassent; *HJK* en demourerent. — l) *A* ou. — m) *GHJK* omettent selonc nostre coustume. — n) *GHJK* omettent qui parole. — o) *E* d'escheance; *FGHJK* des descendemens et d'esqueanches (*FG* esqueanche).

---

1. Ch. xiv.

a mariage, c'est a entendre quant li don ne par furent pas si outrageus que li autre en demourassent deserité, et tel don qui sont si outrageus doivent estre amesuré par estimacion de loial juge.

1973. Aucune fois avient que li parastres et la marastre, pour l'amour qui est entre aus ou mariage donnent a leur fillastres leur eritages ou leur conquès ou leur muebles, ou[a] tele eure est tout ou partie, et[b] trespassent[c] leur enfans ; et quant teus cas avient l'en doit mout prendre garde quele cause mut le parastre ou la marastre a ce fere. Et s'il ne fu meus par bonne cause, li dons ne doit pas estre tenus de tant comme a l'eritage monte, car des muebles et des conquès pueent il bien trespasser leur enfans et donner a leur fillastres, et aussi feroient il a autres persones estranges[d] s'il leur plesoit.

1974. Voirs est que nus[e] dons que fame mariee face, soit de son eritage ou d'aqueste ou de muebles[f], ou tans de son mariage, n'est a tenir que ses barons ou si oir ne le puissent rapeler, s'ele ne le fist de l'autorité et de l'assentement de son baron. Nepourquant s'ele donne aucune chose et li barons se test pour ce qu'il ne le set pas, ou pour ce qu'il li plest bien que li dons tiegne, tout soit ce qu'il ne fist point d'otroi, et après muert et la fame veut rapeler son don, ele[g] ne doit pas estre oïe en ce cas ; ainçois doit li dons estre tenus quant a ce qu'ele ne le puet rapeler, car tout soit ce que li barons le peust rapeler en son vivant, puis qu'ele viegne en son franc pouoir[h] il convient qu'ele tiegne son fet.

1975. Nous avons veu aucuns qui avoient enfans liquel enfant avoient enfans, si vouloit li taions[i] ou la taie trespasser ses enfans et donner as enfans de ses enfans ; mes ce ne puet estre fet ne par devis ne par testament selonc nostre

---

a) *EHJK omettent* ou ; *F* muebles en tele. — b) *BGHJK omettent* et ; *EF* partie en tresp. — c) *E* trespassant. — d) *GHJK* a personnes estranges s'il. — e) *EF omettent* nus. — f) *GHJK* eritage soit de s'aqueste ou de sen mueble. — g) *GHJK* don ele ne [*JK* le] peut pas ne ne doit. — h) *GHJK* en sa franche poosté. — i) *B* li aious.

coustume, car mes peres, se je ne li mesfès, ne me puet pas trespasser pour donner a mes enfans après son decès; mes tant comme il vit, puet il bien marier mes enfans de son mueble s'il li plest ou de ses aquès. Et s'il[a] le pouoient fere après leur[b] decès, il le feroient[1] aucune fois par fraude pour empeechier une coustume qui queurt. Et la coustume si est tele que se j'ai freres ou sereurs, nostres peres ou nostre mere ne me puet donner fors ce que coustume de terre[c] donne que mi frere et mes sereurs n'i puissent partir après son decès, exceptés les dons de ceus que peres et mere marient[d], si comme il est dit dessus en cel chapitre meismes. Et pour ce que mes peres verroit qu'il ne me pourroit donner hors partie des autres par la coustume dessus dite, il donroit a mes enfans et li dons qui est fes a mes enfans qui sont en ma garde et en ma mainburnie est durement en mon pourfit fesant et ou damage de mes freres et de mes sereurs; et pour ce ne doivent pas tel don estre soufert.

1976. S'il avient qu'en un meisme tans Guillaumes et Pierres font demande contre Jehan, li uns de sa dete qu'il li doit de terme passé, et li autres de pramesse et de convenance qu'il li fist de donner, et la dete est bien conneue ou prouvee, et la pramesse de donner aussi, et Jehans n'a pas tant vaillant qu'il puist paier la dete et le don, la dete doit estre premierement[e] paiee et tout enterinement. Et après s'il i a remanant, la convenance du don qui fu fete pour bonne cause doit estre tenue selonc ce qui demeure après la dete paiee et il est bien resons que detes soient avant paiees que pramesses.

1977. Nous veismes en la court le roi un plet du conte de Guines qui avoit obligié generaument lui et tous ses

---

a) *A* s'il ne le. — b) *A B C F* pouoit fere après son decès. — c) *G H J K* omettent de terre. — d) *B F* marierent. — e) *A* doit premierement estre paiee.

---

1. *s'il le pouoient fere, ... il le feroient*, pluriel indéfini: si on pouvait trespasser ses enfans .., on le ferait. Cf. note 1, t. I, p. 230.

biens muebles et non muebles ᵃ a ses creanciers, et quant il vit que li terme d'aucuns de ses creanciers ᵇ aprochoient et des aucuns li termes estoit ja passés, et regardé ᶜ que tant i avoit de detes que s'il vendist toute sa terre si eust il assés a fere a tout paier ᵈ, adonques il regarda aucuns de ses prochiens parens et leur fist grans dons de ses eritages, et des aucuns il retint les fruis sa vie et des aucuns non. Et quant li creancier virent qu'il avoit ᵉ mis hors de sa main par cause de don son ᶠ eritage ᵍ, liqueus leur estoit obligiés, et il defailloit de paiement, il traistrent en court le dit conte et ceus a qui li don estoient fet. Et la verité seue des dons fes après l'obligacion des deteurs, il fu regardé par jugement que li don ne tenroient pas, ainçois seroient li eritage vendu pour paier les creanciers et, les detes paies, bien tenroient li don ʰ selonc ce qui demourroit. Et par cest jugement puet on entendre que li don qui sont fet après ce que li eritage sont obligié generaument ne sont pas ne ne doivent estre ou damage des creanciers.

1978. Autrement seroit se je vendoie mon eritage après ce que je l'avroie generaument obligié, car pour general obligacion je ne sui pas contrains que je ne puisse vendre mon eritage et garantir a l'acheteur. Mes se je l'avoie obligié especiaument, adonc ne le pourroie je vendre ne donner ne estrangier ⁱ en nule maniere par quoi cil en peust estre damagiés auquel il fu obligiés especiaument.

1979. Pour ce que nous avons parlé par ʲ dessus ᵏ d'une disference qui est entre obligacion general et obligacion especial, nous desclerrons quele chose est obligacions generale et quele chose est obligacions especiale ˡ.

1980. L'en doit savoir qu'obligacions generale si est d'obligier tout ce que l'en a sans nommer nule certaine chose

---

a) *JK* et immeubles. — b) *HJK* vit qu'aucun de ses creanciers [*JK* le] aprochoient. — c) *HJK* et regarda. — d) *GHJK* a paier tout. — e) *AC* qu'il l'avoit. — f) *B* don de son. — g) *C* main son eritage par cause de don. — h) *GHJK* paies li don tenroient. — i) *GHJK* ne escangier. — j) *A* parlé de dess.; *CHJK omettent* par. — k) *G omet* par dessus. — l) *C* et quelle est l'especial.

CHAP. LXX. — DES DONS QUI NE FONT PAS A TENIR.

en[a] par soi. Si comme li aucun dient en leur letres, après ce qu'il ont devisees leur convenances : « Et a ce tenir[b] fermement, j'ai obligié moi et le mien, muebles et non muebles presens et a venir. » Par teus mos est fete obligacions generale. Et obligacions especiale est fete en autre maniere, si comme aucuns dit en ses letres : « Et a ce tenir fermement, j'ai obligié tel bois, — *ou* tele vigne, *ou* teus prés, — seant en tel lieu. » Teus obligacions est especiale[c] et de tele vertu que, puis qu'ele est fete, cil qui l'oblija ne la puet estrangier sans l'acort de celi a qui l'obligacions fu fete, devant qu'il a aemplie la convenance pour laquele il fist l'obligacion[d]. Mais quant il a la convenance aemplie, la chose obligiee li revient en sa premiere nature franchement et delivrement.

1981. Cil qui donne aucune chose par tele convenance que cil qui le don reçoit en doit fere au donneur aucun service[e] ou aucune redevance, se cil qui le don reçoit ne veut fere le service ne la redevance qui fu convenanciee, pour ce ne puet pas li donneres redemander son don arrieres, mes il le puet fere contraindre par justice a ce qu'il face ce qu'il eut convent a fere pour le don. Nepourquant se li dons fu[f] pour eritage[g] et aucuns services ou aucune redevance fu convenancie[h] pour le don avoir, et cil qui le don reçut ne puet estre justiciés a ce qu'il face le service ne la redevance qu'il pramist pour ce qu'il est trop povres ou pour ce qu'il maint hors du païs ou pour autre cause, en teus cas li donneres le doit sommer par devant le seigneur de qui li eritages muet qu'il li donna, et s'il se met en .iii. pures defautes, li dons de l'eritage doit estre rendus au donneur en tele maniere que, se cil qui le don reçut se tret avant dedens an et jour que ses sires li a le don osté[i] et il veut rendre tout

---

a) *CGJK* chose a par. — b) *B* a ce retenir fermement. — c) sont especiaus dans tous les mss. — d) *GHJK* omettent pour laquele ... l'obligacion. — e) *JK* fere aucun service au donneur ou aucune. — f) *EF* fu fais pour. — g) *ABEF* pour l'eritage ; *C* dons fu de lingnage et aucuns. — h) *F* omet fu convenancie. — i) *G* li a osté le don ; *HJK* li osta le don.

ce qu'il doit de tans passé, il doit ravoir l'eritage qui li fu donnés; mes puis an et jour il n'en est pas a oïr, s'il ne moustre loial essoine, si comme s'il estoit en prison ou au pelerinage de la crois, ou empeechiés par le commandement du roi pour sa besoigne ou pour le commun pourfit, ou pour ce qu'il fut si longuement malades qu'il n'i pot venir pour sa maladie. En tous teus cas pourroit il revenir après l'an et le jour par fere de l'eritage et des arrierages son devoir.

Ici fine li chapitres des dons liquel font a tenir et liquel non.

Ici commence la conclusions de cest livre.
DEO GRATIAS.

1982[a]. Vous, rois des rois, sires des seigneurs, vrais Dieus, vrais hons, Peres et Fius et Sains Esperis, et vous, tres glorieuse Virge[b] roïne[c], mere et ancele de Celui qui tout fist et qui tout puet, gracie je et lou et aour de ce que vous m'avés donné espace de tans et volenté de penser, tant que je sui venus a la fin de ce que j'avoie proposé a fere en mon cuer, c'est assavoir un livre des coustumes de Beauvoisins. Et bien sai certainement que je ne puis ne ne sai ne ne vail tant que je peusse avoir perseveré en ceste euvre se[d] ce[e] ne fust vostre douce[f] misericorde, pour ce que ce[g] pourra estre li pourfis d'aucun de ceus qui i vourront estudier ou tans a venir. Et comme la verités soit tele que les coustumes se corrompent par les juenes jugeurs qui ne se-

---

Explic.) *C des dons outrageus; il omet le reste; dans F la place de l'explicit est restée en blanc; GHJK Explicit.*

Rubr.) *BCE omettent Deo gratias; C Ichi commence le priere de le fin du livre; dans F la place de la rubrique est restée en blanc; GHJK omettent la rubrique.* — a) *La conclusion manque dans GHJK.* — b) *A omet Virge; C glorieuse Marie vierge.* — c) *C omet roïne.* — d) *E omet se.* — e) *F omet ce.* — f) *A vostre tres douce.* — g) *A omet ce.*

vent pas bien les anciennes coustumes, par quoi l'en voie ou
tans a venir le contraire d'aucune des choses que nous
avons mises en cest livre, nous prions a tous que l'en nous
en vueille tenir pour escusé, car ou tans que nous le feismes,
de tout nostre pouoir nous escrisimes ce qui tenoit et devoit
estre fet communement en Beauvoisins : si ne nous doit pas
disfamer ne blasmer nostre livre la corrupcions du tans a
venir. Et après ce que nous avons ordenees les coustumes
et mises en escrit, nous regardames le siecle et le mouvement
de ceus qui volentiers et acoustumeement pledent ; et quant
plus les regardames, meins les prisames et plus les despi-
sames, et pensames des choses lesqueles fesoient mieus a
pourchacier en cest siecle. Et quant nous eumes mout pensé
seur ceste matere, il nous sembla qu'il n'est riens que nus
doie couvoitier tant comme ferme pes, car cil qui ferme
pes a fermee[a] en son cuer est droitement sires du siecle
et compains de Dieu. Car il est sires du siecle[b] en tant
comme il est en bonne pensee et le cuer en pes qu'il ne
couvoite a outrage nule chose terrienne, et compains de
Dieu pour ce qu'il est en estat de grace et sans pechié ; ne
sans ces deus voies nus ne puet avoir en son cuer ferme pes,
car s'il est couvoiteus des choses terriennes en aucune mauvese[c] maniere, ses cuers est en guerre et en tribulacion
du pourchacier, et donques n'a il pas ferme pes en son
cuer ; et s'il est hors de l'estat de grace, si comme en pechié
mortel, sa conscience meismes le guerroie ; car nous ne
creons pas qu'il soit nus si maus hons que ses cuers ne soit
guerroiés de sa conscience meismes. Donques cil qui vuelent avoir ferme pes doivent seur toutes choses Dieu amer
et prisier et les choses terriennes despisier[d], et qui ce puet
fere, il a Dieu et le siecle, si comme nous avons dit par
dessus. Et pour ce que li aucun pourroient dire qu'il n'a pas
pes qui veut, il ne dient pas bien, que se l'en assaut aucun

---

a) *C E* a afermee ; *F* a enfermee. — b) *E F* omettent et compains … du siecle. — c) *A* aucune malicieuse ; *E F* omettent mauvese. — d) *E F* despriser.

de guerre ou de ples ou aucunes pertes li vienent[a] d'amis ou d'avoir et il aime bien Dieu et il couvoite ferme pes, il souferra ses tribulacions si bonnement que poi ou nient li greveront, et pourchacera[b] de tout son pouoir par quoi pes enterine puist demourer en son cuer. Et puis que nous avons dit que ferme pes est la meilleur chose a pourchacier, nous prierons Celui qui est fontaine de pes, c'est assavoir Jhesu Crist[c], le fil sainte Marie[d], et Cele qui puise en ladite fontaine pes toutes les fois qu'il li plest pour ses amis, c'est a dire sa benoite Mere, en tele maniere[e] nous vueillent[f] donner et envoier pes comme il sevent que mestiers nous est au sauvement des ames Nostre Seigneur[g] selonc son pouoir et selonc sa misericorde, liqueus pouoirs puet tout et laquele misericorde n'est comparable a nule autre misericorde[h]; et ce nous otroit il par la[i] priere de sa[j] douce mere. Amen.

Ici fine Phelippes de Beaumanoir son livre lequel il fist des coustumes de Beauvoisins en l'an de l'incarnacion Nostre Seigneur mil .cc. .lxxx. et .iii.

*Cil Dieus li otroit bonne fin
Qui regne et regnera sans fin.*
Amen.

a) *C* ou aucunne perte li vient. — b) *C* et pourcachier a de. — c) *C* de pes c'est Diex. — d) *C* omet le fil sainte Marie. — e) *C* amis c'est le benoite Vierge mere Jhesu-Crist que il nous vueillent. — f) *EF* veille. — g) *EF* Nostres Sires. — h) *EF* misericorde le nous doint. — i) *F* par la grace et la priere. — j) *C* sa tres douce. — Explic.) *C* Ichi define; *G* bonne fin et a cil qui l'a escrit et mis a fin; *H* Chi define; sans fin, Amen, que Dius l'otroit; *JK* omettent le distique final.

GLOSSAIRE

A, prép., à; en vertu de, 297, 1075; avec; — *tout*, même sens.

AAGE, âge; majorité, 118, 1274, 1275, 1290, 1914; *estre, demourer sous* —, au-dessous de l'âge légal, mineur, 507, 1275, 1289; *li sous* —, celui qui est *sous aage*. Voy. SOUSAAGE.

AAGIÉ, celui qui est en âge, majeur, 271, 1274; en parlant de bois, bon à couper, 444, 763.

AAIRIER (s'), établir sa demeure, 1389, 1617.

AAISEMENT et AISEMENT, libre usage, aisance, 647, 734, 973; commodité, 1282, 1512, 1514, 1949.

AAISIER et AISIER, mettre à l'aise, 709, 1609, 1791.

ABREGEMENT, abrègement; — *de fief*, droit de rachat de fief fixé, par composition ou abonnement, à moindre prix que le revenu d'une année, 798, 799, 1446.

ABREGIER, abréger; diminuer, 798; — *un fief*, en fixer, par abonnement ou composition, le rachat à un prix moindre que le revenu d'une année, 798, 799, 1446.

ACCESSEUR, assesseur, 37.

ACHOISON, occasion, 590, 742, 1627.

ACHOISONER, chercher querelle à, 1843.

ACOMPAIGNEMENT, compagnie, 503; société, 625.

ACOMPAIGNIER, accompagner; — *qqu'un*, s'associer avec lui, 653; s' —, s'associer, 624, 645, 649.

ACOMPLIR, accomplir; — *qqu'un*, lui donner satisfaction, 398.

ACONTER, raconter, 607.

ACORDER, accorder; s' —, être d'avis, 41, 86, 96.

ACOUCHIER, se mettre au lit, 456.

ACOURCIER, raccourcir, abréger, 545.

ACOUSTUMANCE, usage, 753.

ACOUSTUMÉ, accoutumé; qui a acquis force de coutume, 6; employé habituellement, 804.

ACOUSTUMEEMENT, habituellement, 94, 1186, 1223, 1856, 1942, 1982.

ACOUSTUMER, accoutumer; neut., avoir coutume, 193.

ACROIRE, accroire; emprunter, 1527; — *une dete*, la contracter, 310.

ACUSEMENT, accusation, 215, 238, 590, 940, 1536, 1563.

ACUSEUR, accusateur, 207, 1194, 1710.

ADÈS, toujours, 1119.

ADONQUES et ADONT, alors.

ADRECIER, adresser; redresser, réparer, 886; neut., aller directement, 719.

AEMPLIR, remplir, 238; exécuter, 321.

AERDRE, 404, 542, 1016, 1614, 1821, 1980. attacher, 127; s' —, se prendre, 1858.

AFERIR, convenir, appartenir, 309, 310, 1049, 1186, 1586.

AFERMEMENT, affirmation, 1192.

AFFIN, parent par alliance, 1036.

AFOLER, blesser, 796, 1057; neut., se blesser, se faire du mal, 102, 1020.

AFOLEURE, blessure, 826, 1020, 1117, 1941.

AGASTIR, rendre *gast*, 704.

AGREABLE, agréable ; consentant, 640.
AGUET, guet ; — *apensé*, voy. APENSÉ.
AHERITIER, faire héritier, douer de la qualité d'héritier, 432, 450, 451, 452, 454, 579, 580, 601 ; mettre en possession d'une succession, 600, 1456, 1501 ; mettre en possession d'un bien, d'une terre, 850, 1425.
AHERNESCHIER, pourvoir de son harnais (armure), 124.
AINÇOIS, mais, 77, 111, 499, etc.
AINS, avant ; plus tôt ; plutôt ; mais.
AINSNEECE, aînesse ; portion d'aîné, 434, 435, 450, 477.
AISEMENT, voy. AAISEMENT.
AISIER, voy. AAISIER.
AÏT, AIUT, 3ᵉ sing. subj. prés. de *aidier*.
AJOURNEUR, celui qui ajourne, 297.
AJOUSTEMENT, addition, 406.
ALAITIER, teter, 536.
ALASCHIER, desserrer (l'armure), 1835.
ALONGE, délai, retard, 1857.
ALONGIER, éloigner ; — *un fief*, l'éloigner du suzerain par l'interposition de seigneurs intermédiaires, 77 ; neut., être éloigné du suzerain, 788 ; — *un seigneur*, l'éloigner du tenant par l'interposition d'intermédiaires, 10, 1491 ; neut., reculer, 134.
ALOUER, distribuer, 396, 397, 503, 835 ; engager, donner, 550, 614, 928, 1020.
ALUEF, alleu.
AMENDE, amende ; réparation, 242.
AMENDEMENT, réserve faite au début de la plaidoirie par l'avocat pour permettre à son client de rectifier ce qu'il aura dit, 181 ; réserve, en général, 1834 ; rectification, 1888.
AMENDER, amender, améliorer ; — *un mesfet*, en faire réparation par une amende ou autrement, 242, 640, 1076 ; — *qq. chose a qqu'un*, lui payer une amende pour qq. chose, 758, 803, 1758, 1759, 1827 ; *estre amendé*, être réparé (puni) par le payement d'une amende, 758.
AMENISTREEUR, administrateur, 164, 252, 567, 1061, 1550.
AMENISTRER, administrer ; fournir, 1539.

AMENT, 3ᵉ sing. subj. prés. de *amender*.
AMESURE, action d'*amesurer*, estimation conforme à une mesure, à une proportion équitable, d'un dédommagement dû pour une contravention, une transgression de la coutume, 898, 912.
AMESURER, ramener, réduire à une mesure, à une proportion équitable, estimer, 1283, 1471, 1476 ; — *qqu'un*, exiger de lui, avec l'amende encourue, le dédommagement fixé par *amesure*, 890.
AMORTIR, céder, concéder à titre de mainmorte, à des gens de mainmorte, 314, 700, 1454, 1463, 1619, 1823.
ANCELE, servante, 1982.
ANEMI, ennemi ; le diable, 356, 1935.
ANGOISSE, oppression, tyrannie, 948.
ANIENTIR, anéantir.
ANTAIN, cas régime de *ante*.
ANTE, tante, 446, 463.
ANVEL, annuel.
AOURER, adorer, 1982.
AOURNEMENT, ornement, 413.
AOUVRIR, ouvrir, 858, 887, 1673, 1872.
APARANT, apparent ; public, 1669 ; *fet* —, discussion, querelle, rixe publique, de laquelle naît une guerre, 1674, 1699, 1706, 1707, 1708, 1872.
APAREILLIER, apprêter, préparer, 124, 277, 1510, 1802.
APAROIR, apparaître ; être évident, 36 ; s' —, se présenter, 83, 84, 113, 114, 1291, etc.
APEAUS, sujet sing. et régime plur. de *apel*, appel.
APELEUR, celui qui appelle, demandeur, 93, 121, 1743, 1751, 1772, 1797, 1803, 1840, 1889, 1905.
APENSÉ, réfléchi ; prémédité ; *en aguet* —, *en gait* —, en guet-apens, avec préméditation, 327, 825, 827, 1675.
APENSEEMENT, avec réflexion, avec préméditation, 741, 1569, 1709, 1965.
APENSEMENT, réflexion, 1251.
APENSER (s'), penser, 1260 ; préméditer, 1405. Voy. APENSÉ.

GLOSSAIRE.

APERE, 3ᵉ sing. subj. prés. de *aparoir.*

1. APERT, évident, manifeste ; *en —,* publiquement, 31, 179, 304, 447, 579, 1243, 1252, 1840.

2. APERT, 3ᵉ sing. ind. prés. de *aparoir.*

APERTEMENT, avec évidence, 590, 593, 615, 1489, 1653, 1842.

APETICIER, diminuer, au propre et au figuré, 17, 404, 522, 751, 1437, 1494, 1865 ; — *testament,* diminuer des legs, 10 ; neut., perdre de sa valeur, de son autorité, 17, 20.

APOSTOILE, pape, 93, 237, 354, 584, 1774.

APRENDRE, apprendre ; faire une *aprise,* 637, 1237.

APRESSER, serrer de près, 888 ; part. pas., *apressé,* oppressé, 411, 426.

APRISE, enquête extra-judiciaire sur un fait répréhensible, connu seulement par la rumeur publique, 1157, 1224, 1235, 1237, 1238, 1661.

APROCHIER, approcher ; faire venir, terminer plus tôt, 1102, 1292 ; — *un aagié,* abréger la durée du temps qui reste à courir jusqu'à l'époque de sa majorité, l'émanciper, 562 ; neut., être rapproché du suzerain (par la suppression des intermédiaires), 788.

APROPRIER, approprier ; attribuer la possession de, prendre la saisine de, 1439.

APUIER, appuyer ; — *en jugement,* soutenir dans un procès, 23, 33 ; *s' — a jugement,* le mettre en délibéré ; *s' — a droit,* chercher les raisons de droit qui doivent servir à prononcer un jugement, 133, 156, 240.

AQUERRE, doublet de *acquérir.*

AQUESTE, acquêt, 71, 487 ; acquisition, 345, 1358, 1410, 1639.

AQUESTER, acquérir, 373, 1357.

ARAMIR, promettre solennellement, 1163, 1217, 1230, 1338, 1724.

ARASER, raser de fond en comble, 87.

ARDOIR, brûler, 126, 312, 419, 702, 1572, 1698.

AREANCE, décision, capacité à prendre un parti, 636.

AREER, équiper, 95.

ARER, labourer, 979, 1558.

ARESTANCE, domicile, 950.

ARESTANT, arrêté, 719, 1942.

ARESTER, arrêter ; saisir, 277, 278 ; neut., s'arrêter, 719.

ARMEURE, armure ; arme offensive, 889, 1115, 1714, 1715, 1832.

ARRIERAGIER, mettre en arrière, mettre de côté ; porter dommage à, 1858.

ARRIERES, arrière ; *ça en —,* autrefois, 402.

ARS, part. passé de *ardoir.*

ARSION, incendie, 996.

ARSIST, 3ᵉ sing. imp. subj. de *ardoir.*

ARSON, incendie, 207, 1564.

ARTETICLE, *goutte —,* rhumatisme articulaire, 1713.

AS, aux, à les.

ASSASIER, rassasier, 17.

ASSAUDROIT, ASSAUROIT, 3ᵉ sing. cond. prés. de *assaillir.*

ASSAURONT, 3ᵉ plur. fut. de *assaillir.*

ASSENER, assigner, désigner, 1164, 1229, 1719, 1750, 1830 ; régler, 627.

ASSENTEMENT, consentement, 1409, 1483, 1671, 1858, 1974.

ASSENTIR (s'), s'accorder, 509, 884, 1005, 1279, 1294, 1407, 1613, 1678, 1878.

ASSEOIR, assigner, engager, 285, 286, 287, 1782.

ASSEUR, adv., en sécurité, 1674, 1693, 1747 ; adjectiv., *avoir — qqu'un,* le mettre en sécurité par une sauvegarde, un *asseurement,* 347.

ASSEUREMENT, sauvegarde, sauf-conduit ; partic., paix imposée à l'une des parties en guerre sur la requête de l'autre partie, 44, 297, 347, 827, 887, 1038, 1297, 1523, 1537, 1576, 1603, 1672, 1681, 1690, 1694, 1695, 1697, 1698, 1705, 1707, 1872.

ASSEURER, assurer ; mettre en sécurité par un *asseurement,* 1681, 1684, 1695.

ASSIETE, assiette ; assignation, engagement, 285.

ASTENANCE, abstinence ; suspension d'armes qui n'est pas une trêve régulière, 1692, 1693.

ASTIVETÉ, hâte, 803.

ATARGIER, retarder, 1208.

ATEMPREEMENT, avec modération, 17.

ATEMPREURE, trempe, constitution, 1475.

ATENDRE, attendre; s' — a, s'en rapporter à, 48.

ATENIR, entretenir, 436, 657, 1142.

ATERMINER, mettre à terme, 1103.

ATOURNER, disposer, 560.

ATOUT, avec, 139, 702, 925, 1935, 1936, 1938. Voy. A.

ATRERE, attirer, 19, 1453; amener, 226, 1171, 1175, 1224, 1258, 1765.

AUDITEUR, personnage commis pour recevoir des témoignages et en faire à la court un rapport écrit et scellé, 211, 1152, 1183, 1194, 1224, 1225, 1226, 1227, 1228, 1247.

AUMOSNE, aumône; bonne action, 227, 387, 1452; dons et legs faits pour la fondation d'églises, d'établissements religieux, 314, 1551.

AUMOSNER, donner à titre d'*aumosne*, 314, 1357, 1578, 1619.

AUNOI, aunaie, 753, 784.

AUQUES, un peu, assez, 1232, etc.

AUS, eux.

AUTEL, semblable, 85, 430, 966, 992, 993, 1363, 1539; neut., semblable chose, 1944.

AUTRETEL, tel, 1887.

AUVE, aube, 1139.

AUVOIRE, mensonge, 1803.

AVAL, en bas; au-dessous, 500; parmi, 63.

AVALER, descendre, 496.

AVALUER, estimer, 459.

AVENABLER, estimer d'une manière *avenante*, 1223.

AVENANT, qui convient, 694, 1070, 1716, 1782; s. m., ce qui convient, 693; *fere son — de*, faire son devoir à propos de, 87, 394, 973; part proportionnelle, 457, 647, 657, 1581.

AVENTURE, aventure; *cas d' —*, cas fortuit, accident, 1351, 1536.

AVEU, action d'*avouer* ou de s'*avouer*; acte par lequel on *avoue*, 1418, 1425, 1459.

AVILER, tenir pour vil, 336; avilir, 1405.

AVIS, avis; *par —*, par estimation, 744.

AVISÉ, part. passé et adj., qui a acquis une certaine connaissance, qui est au courant, instruit, 1856, 1859, 1860.

AVISEMENT, action d'aviser, réflexion; *jour d' —*, délai pour réfléchir, 276, 298, 1173.

AVISER, mettre au courant, instruire, 1859, 1860.

AVOCACION, office d'avocat, 34, 175, 821.

AVOCAT, celui qui parle en justice pour autrui, mais sans le représenter comme le procureur, 174, 175.

AVOUÉ, champion, 152, 1795, 1813, 1838, 1840.

AVOUER, avouer; prêter foi et hommage pour un fief, un héritage, 1419, 1423, 1464; s' —, en parlant d'un fief, être avoué, 1459, 1460, 1461; par extension, 1470, 1476; s' — *de*, se reconnaître comme homme de fief ou comme homme de corps de, 1425, 1459.

AVOUERIE, situation d'*avoué*, 1838, 1850.

AVOUTIRE, adultère (crime de l'), 584, 585, 593, 934, 1636.

AVOUTRE, adultère; adultérin, 581, 590, 599, 1636.

BAIL, tutelle d'un mineur exercée par son plus proche parent du côté d'où vient le fief dont le mineur ne peut faire l'hommage, 203, 506, etc.; celui qui tient en bail.

BAILLIE, charge de bailli, 15, 29; ressort du bailli, 354; possession, 1115.

BAILLIR, traiter, 1672.

BANEREÇ, banneret, 1342.

BANIER, banal, 786.

BARAT, mauvaises pratiques, tromperie, duperie, 3, 30, 123, 514, 1100, 1405.

BARETEEUR, celui qui use de *barat*, fripon, 3, 21, 221, 1099, 1597.

BARETEUS, frauduleux, 1826.

BARON, régime, BERS, BARONS, sujet, baron; mari, 71, 440, 447, 503, 544, 582, 590, 594, 929, 1330, 1334, 1335, 1336.

BARRE, syn. de *excepcion*, 281, 1724, 1725, 1856, 1911.

BARROIER, produire une *barre* ou *excepcion*, 196, 249.

BASTARDIE, bâtardise, 333, 578, 1435.

BATEÏCE, adj. fém., *vile —*, ville qui n'a pas de charte de commune, 171, 647.

BATEURE, action de battre, 839, 840, 1027, 1194, 1964.

BAURRA, 3e sing. fut. de *bailerli*.

BAUS, régime plur. et sujet sing. de *bail*.

BEER, bayer; désirer, 1961; *se —*, même sens, 212; *ce qu'il li bee a demander*, ce qu'il est dans son intention de lui demander, 61.

BEGNIVOLENCE, bonne volonté, 8.

BEHOURDER, jouter, 1957.

BENOIT, bénit, 8.

1. BERS, cas sujet de *baron*.
2. BERS, berceau, 567.

BESOIGNE, affaire en général.

BESTOURNER, bouleverser; altérer, 1078.

BIGAME, celui qui a été deux fois marié ou qui, n'étant marié qu'une fois, a épousé une veuve, 1800.

BON, bon; *bonne vile*, ville qui a une charte de commune, 706, 709, 760, 1763.

BONNE, borne, 659.

BOUGRE, hérétique, 312, 1137.

BOURSE, bourse; *par la —*, argent en main, 552, 554, 613, 1553, 1554, 1555.

BOUTER, pousser; *— arrieres*, repousser, chasser, 3.

BRIEMENT, brièvement, en peu de mots, 1, 11, 197, 1122, 1781, 1968.

BRISIER, briser; *— sa prison*, s'évader, 836, 848, 849, 1160; *— la prison de qqu'un*, le faire évader, 953; *— saisine*, passer outre à la saisine, 853, 902, 903, 904.

BROCHE, tigelle de fer fixée derrière le casque pour former couvre-nuque, 1770, 1771.

BUFE, coup de poing, 916, 1155.

CEL, CELE, ce, cet, cette.

CELEEMENT, en cachette, 1142.

CELESTIEN, céleste, 1515.

CELLE, domicile légal du mineur non marié ou non émancipé, domicile d'origine, 498, 499.

CERTAIN, assuré, sûr; toujours placé devant le substantif, ne pas le confondre avec l'adjectif indéfini.

CERTAINETÉ, certitude, preuve certaine, 740.

CEST, CIST, cas sujet, CESTUI, cas régime sing., celui-ci.

CHACE, chasse; *a —*, en chassant devant soi, 719.

CHACIER, chasser; *— ses besoignes*, pourvoir à ses affaires, 719.

CHALENGIER, revendiquer, 952.

CHALOIR, importer, 513, 1815.

CHAMPARTEL, tenu en champart, 1547.

CHAMPARTER, diviser et attribuer (des fruits) suivant les conditions du champart, 852; concéder en champart, 895.

CHAMPESTRE, champêtre; *vile —*, bourg, village, 706, 719.

CHARGEANT, pénible.

CHARGIER, charger; donner comme charge, comme mission, 127.

CHAROI, sortilège, 1840.

CHASTEÉ, chasteté, 422, 598.

CHASTELERIE, châtellenie, 277, 766, 1387, 1691.

CHATEL, capital dans l'acception la plus étendue de ce mot, possession mobilière, 18, 36, 72, 197, 198, 214, 576, 740, 1482, 1923.

CHAUCIEE, chaussée; droit de circulation sur les marchandises, 892.

CHEÏST, 3e sing. imp. subj. de *cheoir*.

CHEMISE, vêtement de toile ou de laine qui se portait sous le bliaut, mais non à même la peau, et qui souvent tombait jusqu'aux pieds, muni de deux fentes pour qu'il ne gênât pas à cheval, 1829, 1831.

CHERCHIER, parcourir, 9; fouiller.

CHERROIT, 3e sing. condit. prés. de *cheoir*.

CHETIF, misérable, malheureux, 1935.

CHEVAGE, impôt levé sur chaque chef de famille serf, bâtard, aubain ou épave, 1457.

CHEVETAIGNE et CHEVETAIN, capitaine, chef, 885, 1678, 1679, 1680, 1681.

CHEVIR, nourrir, entretenir, 640, 1529, 1603.
CHEVISSANCE, ce qui est nécessaire pour vivre, 1336, 1562.
CHIÉ, 1re sing. ind. prés. de *cheoir*.
CHIEE, 1re et 3e sing. subj. prés. de *cheoir*.
CHIEF, chef; tête; fin, 336.
CHIET, CHIEENT, 3es sing. et plur. ind. prés. de *cheoir*.
CIL, sujet sing. et plur., CEUS, régime plur., celui-là, ceux-là, et par affaiblissement du sens primitif, celui, ceux; mis parfois en place du pronom personnel de la 3e personne.
CIST, voy. CEST.
CLAIM, réclamation, 923, 959, 987, 1576, 1747, 1894.
CLAMER, réclamer, 214; — *quite*, reconnaître, déclarer quitte, 251.
CLERGIE, état de clerc, 1436.
ÇOILE, 3e sing. ind. prés. de *celer*.
COMMANDE, dépôt, 1022, 1080, 1106.
COMMANDEMENT, commandement; dépôt, 1593.
COMMANDER, commander; confier, 1108.
COMME, comme; *si* —, par exemple; ainsi que.
COMMENT, comment; — *que*, de quelque manière que, 1905.
COMMUN, commun; public, 711, 739, 1049, s. m., — *d'une ville*, les gens de la commune, 154, 155, 169, 647, 733, 885, 1522, 1525.
COMMUNAUMENT, en commun, ensemble, 502, 721.
COMMUNAUTÉ, communauté; réunion des habitants d'une ville, 646, 647.
COMMUNEMENT, communément; tous ensemble, 615; publiquement, 396, 985, 1049, 1802.
COMMUNETÉ, syn. de *communauté*, 169, 1352.
COMPAIGNIE, compagnie; association, 621, 622, 623, etc.; société, 625, 626; — *d'eritage*, — *en eritage*, société de fait résultant d'une indivision ou d'une cojouissance de biens, 656.
COMPAIGNIER, avoir compagnie, 591, 1635; — *qqu'un*, avoir compagnie avec lui, 585.

COMPAIGNON, compagnon; associé, 621, 624; copropriétaire, 657.
COMPAINS, cas sujet de *compaignon*.
COMPARER, racheter, réparer, 931, 1394.
COMPLAINDRE, se plaindre, 1050, 1586, 1788.
CONCELEEMENT, par dissimulation frauduleuse, 1457.
CONCELEMENT, dissimulation frauduleuse, 612.
CONCELER, cacher, dissimuler frauduleusement, 60, 620, 688, 739, 913, 1448, 1578, 1580, 1599.
CONCHIER, duper, 550, 913.
CONCORDANCE, accord; transaction, 167.
CONCORDER (SE), se mettre d'accord, 1256.
CONDUIT, sauvegarde, protection, sauf-conduit, 10, 839, 1896.
CONFERMEMENT, confirmation, 1066.
CONFERMER, confirmer; assurer par des preuves, 6.
CONFORTER, fortifier, 19, 249.
CONJOINDRE, réunir, 1400.
CONNIN, lapin, 935.
CONNOISSANCE, connaissance; habileté à connaître, à distinguer, 19; aveu, 891, 893, 894, 1438.
CONNOISSANMENT, en avouant, 915, 916.
CONNOISSANT, connaisseur, 19.
CONNOISTRE, reconnaître, avouer, 226, 252, 280, 309, 358, 915, 1244.
CONQUERRE, conquérir; acquérir, 1597.
CONSAUS, cas sujet sing. et régime plur. de *conseil*.
CONSEIL, conseil; *jour de* —, jour pour délibérer avec ses conseils, 149, 218, 249, 310.
CONSIRER (SE), se priver, se passer, 647, 1342, 1514.
CONTEÉ, s. fém., comté, 1, 3, 6, 81, 322, 1727.
CONTENCIER, avoir un *contens*, 916.
CONTENEMENT, maintien, conduite, 640.
CONTENS, débat, contestation, 317, 333, 1187, 1520.
CONTINUACION, continuation; — *de jour*, remise à l'audience suivante dans la même assise ou à quin-

GLOSSAIRE.

zaine sans nouvelle assignation, 856, 1868, 1870.

CONTINUÉ, continu, 796.

CONTINUER, continuer; — *le jour*, remettre à l'audience suivante dans la même assise ou à quinzaine, 1868, 1869, 1870.

CONTRAIGNEMENT, contrainte, 41, 1604.

CONTRE, à l'égard de, 10; avec, 568.

CONTREACENS, bien qu'on engage pour sûreté d'une rente ou d'un cens assis sur un autre héritage, 695, 1132, 1133.

CONTREGAGEMENT, ce que l'on prend en représailles, 986.

CONTREMANDEMENT, action de *contremander*, 1719.

CONTREMANDER, contremander, 32, 64, 107; déclarer qu'on ne se présentera qu'à la quinzaine suivante pour répondre à la citation reçue, 57, 59, 64, 1577, etc.

CONTREMANDEUR, celui qui contremande, 111, 131.

1. CONTREMANT, déclaration faite au nom de la partie citée qu'elle ne se présentera que dans quinze jours, 59, 60, 61, 62, 64, 98, 108, 237, 310, 856, 1577, 1887.

2. CONTREMANT, 1re sing. ind. prés. et 3e sing. subj. prés. de *contremander*.

CONTREPESER, équilibrer, compenser, 1445.

CONTREPRENDRE, prendre en représailles, 986.

CONTREPRISE, ce que l'on *contreprent*, 986.

CONTRESTER, s'opposer, 387.

CONVENANCE, convention, marché; 197, 201, 221, 628, 771, 998, 1017.

CONVENANCIER, convenir, 176, 422, 1581, 1817, 1981; lier par une convention, 812.

CONVENANT, convention; *avoir en —*, *avoir —*, garantir, promettre, 1628, 1813.

CONVENCIER, neut., convenir, 999; act., promettre par convention, 213, 994.

CONVENIR, convenir; falloir, 477, 480, 550, 1536, 1653, 1790; se réunir dans une entente commune, 19; présenter la demande principale, 140.

CONVENT, convention, accord, 179, 252, 809, 999; *avoir —*, promettre, garantir, 261, 1008, 1021, 1073, 1305, 1981.

CONVERSER, mettre en relations, 1622.

CORDELE, petite corde, 719.

CORON, coin; fig., aspect, 581.

CORROMPRE, annihiler, 271, 586, 683, 1516; endommager, 716, 720, 726.

COSTIER, cotier; *cens —*, surcens, 704.

COUCHANT, couchant; — *et levant*, ayant son domicile réel et légal, 69, 72, 86, 90, etc.

COUCHIER, coucher; — *et lever dessous* (un seigneur), avoir son domicile réel et légal dans sa terre, 90, 214, 1046, 1651; — *en jugement*, rédiger dans le procès-verbal d'audience, 217; *se — en jugement, se — en droit, se — en enqueste*, accepter le jugement, l'enquête, 231, 434, 1710.

COULER, jouer avec un ballon de cuir bien rembourré (*coule*) que les joueurs partagés en deux camps se disputent pour le porter à un but.

1. COUP, coup.

2. COUP, mari trompé, 932.

COUPE, faute, 177, 640.

COUPEUR, bûcheron, 1942.

COURAGE, désir, 1601.

COURT, cour; jugement, audience, 102, 116, 117, 813; droit de juger, 44, 256, 911; *rendre la —* (d'un cas) *a*, renvoyer en la cour de, 10, 665; *tenir la —*, tenir l'audience, 94, 111, 114; — *garnie, vestue*, tribunal au complet, 131, 843, 846, 1153.

COUTE, couette, couverture, 975.

COUTURE, terre cultivée, 224.

COUVERTEMENT, en secret, 1435.

COUVERTOIR, couverture, 1599.

CREANTEMENT, assurance, garantie, 400, 1004; transport de créance, 649.

CREANTER, assurer, garantir, 399, 769, 1066, 1094, 1677, 1678; jurer, 412; transporter une créance, 649.

CREMEUR, crainte, 1228, 1245.
CRESTIENNER, rendre chrétien, baptiser, 585.
CRESTIENTÉ, chrétienté ; *court de* —, et absolument —, tribunal ecclésiastique, 91, 93, 95, 306.
CRIEMENT, 3e plur. ind. prés. de *criembre*, craindre, 13.
CROIRE, confier, 225, 576.
CRUEL, très sévère, très rigoureux.
CRUELMENT, avec une grande sévérité, avec une grande rigueur, 19, 97.
CUEILLIR, percevoir, 651.
CUEUT, 3e sing. ind. prés. de *cueillir*.
CUIDIER, croire, 929, 1058, 1128, 1234 ; inf. pris subst., croyance, 891.
CURIEUS, soigneux, 1943.
CURIEUSEMENT, soigneusement, 1940.

DAMAGE, dommage ; dommages et intérêts, indemnité.
DAMAGIER, porter dommage à, 118, 558, 749 ; *estre damagié*, recevoir un dommage, 381, 397, 431, 499.
DAMNER, condamner, 411.
DE, de ; à l'égard de.
DEBAT, contestation, 131.
DEBATEUR, celui qui débat, qui discute, 1551.
DEBATRE, contester, 42, 111, 112, 130, etc. ; — *qqu'un*, le chicaner, 454.
DECEVANCE, tromperie, 220, 554, 592 ; *rapeler sa* —, réclamer contre une duperie dont on souffre.
DECOSTE, à côté de, 719.
DEFAILLIR, faire défaut, 64, 70 ; — *de droit*, commettre un déni de justice, 1050 ; *se* —, faire défaut, 85, 1577 ; v. unipers., *il defaut*, il y a défaut, 85.
DEFAUTE, défaut, 85, 86, 96, 114, 284, 376, 1021, 1059, 1420, 1442 ; défaillance, 1305, 1420, 1782 ; absence, 654 ; — *de droit*, déni de justice, 237, 295, 322, 1760, 1761, 1778, 1779, 1781, 1783 ; ce qui est retranché dans une répartition au prorata, 396.
DEFENDERES, sujet sing. de *defendeur*.
DEFUIR (SE), s'enfuir, 1649, 1695.

DEGASTER, mettre en mauvais état, ruiner, 1527, 1543.
DEGOUT, gouttière, 706 ; égout (du toit), 706.
1. DELAIER, dilayer ; différer, retarder, 46, 236, 237, 248, 1412, 1782 ; neut., être allongé, différé, 237, 288, 1070.
2. DELAIER ou DELAIRE, laisser, abandonner, 175.
DELEGAT, délégué, 140.
DELERA, 3e sing. fut. de *delaier* ou *delaire*.
DELÉS, à côté de, 702, 719, 1956.
DELIVRE, délivré, 262, 352, 947, 1217 ; libre, 590, 1413 ; exempt, 96, 426 ; *quite et* —, sans charge de dettes, 440, 508, 509, 541, 543 ; *en* —, sans charges ni conditions, 1420, 1421, 1577, 1584, 1709.
DELIVREMENT, librement, sans charges ni conditions, 1980.
DEMANT, 1re sing. ind. prés. et 3e sing. subj. prés. de *demander*.
DEMENER, traiter, 93, 96, 199, 1336, 1728, 1854 ; discuter, 234, 337 ; *se* —, se conduire, 422, 1828.
DEMEURE, demeure ; retard, 1071.
DEMEURT, 3e sing. subj. prés. de *demourer*.
DEMOURER, demeurer ; *il ne demeure pas pour ce*, il n'y a pas pour cela dispense, impossibilité, il n'en arrive pas moins, 547, 644, 694, 704, 706, 739, 822, 1492, 1635 ; *il ne demeure pas en lui que*, ce n'est pas sa faute si, 885 ; inf. pris subst., 87, 88.
DEMOURRAI, DEMOURRA, fut. de *demourer*.
DENREE, denrée ; valeur d'un denier, 1539.
DEPARTEMENT, séparation ; rupture, 1637.
DEPARTIE, séparation, 593, 598, 1069.
DEPARTIR, diviser, 386, 1400, 1494 ; partager, 417, 426, 475, 493, 535 ; séparer, 17, 584, 586 ; réfl., partir, 896, 1250, 1604, 1712 ; inf. pris subst., départ, 406.
DEPORT, joie, distraction, 19 ; diminution, 1527 ; décharge, 1527, 1537, 1604.
DEPORTER, réjouir, 19 ; acquitter, 948 ;

décharger, 1288, 1657 ; détaxer, 1525 ; se —, s'abstenir, se dispenser, 212 ; se —, se débarrasser, 1245.

DERRAIN, dernier, 163, 255, 362, 1017, 1705, 1751, 1824, 1840.

DERRAINEMENT, en dernier lieu, 594, 1824.

DES, dès ; — ore en avant, — ore mes, voy. ORE.

DESARESTER, lever une saisie, 277.

DESAVENABLE, qui est contre les règles, 499.

DESAVENANT, qui est contre les règles, 93, 1125 ; messéant, 382 ; subst., caractère de ce qui est desavenant, 93, 1662.

DESAVISÉ, celui qui n'est pas avisé, 1860.

DESAVOUER, désavouer ; refuser de prêter foi et hommage pour (un fief, un héritage), 1419, 1423, 1425, 1427, 1428, 1459, 1460, 1461, 1462, 1464 ; se —, refuser de se reconnaître homme de fief ou homme de corps, 1424, 1425, 1430, 1431, 1438, 1457, 1459 ; par extens., 1471, 1476.

DESCENDANCE, hérédité, 629.

DESCENDEMENT, succession en ligne directe, 62, 462, 477, 1218, 1573 ; ce qui arrive, 1935.

DESCENDUE, descente, 447.

DESCLAIRIER, déclarer, éclaircir, expliquer, 1027, 1073, 1191, 1679, 1921, 1979.

DESCONNOISSANCE, signe distinctif, 714.

DESCONVENABLE, contraire aux convenances, 54, 1118.

DESCORDER, neut. et réfl., n'être pas d'accord, 154, 155, 211, 1229, 1230, 1279.

DESCORT, désaccord, 814, 1097, 1150, 1302, 1472, 1860.

DESCOUPER, disculper, 1099, 1807, 1808.

DESDIRE, refuser d'accepter, 155.

DESERITIER et DESERITER, déshériter ; déposséder, priver de ce qui revient de droit, 693, 827.

DESERTE, ce qu'on a deservi, mérité, 886.

DESERVIR, desservir, 507, 547, 1685 ; neut., mériter, être digne de, 8, 16, 65, 334, 759, 859, 885.

DESFACIER, effacer, 1084.

DESFIANCE, parole de défi, 1675, 1680.

DESFIEMENT, défi, 1670, 1671, 1672, 1674.

DESGUISIER (SE), différer, 1911.

DESIERE, 3e subj. prés. de désirer.

DESIRIER, désir, 580.

DESJOINDRE, séparer, 1489.

DESLOUER, déconseiller, 1961.

DESOBEÏR, refuser de faire le service, ou de rendre l'hommage dû, 803, 1421, 1506.

DESOBEÏSSANCE, refus de service ou d'hommage, 803, 1421, 1422 ; amende due pour désobéissance, 1421, 1571 ; rébellion, 1537, 1601.

DESPECIER, dépiécer, 1113 ; détériorer, 1132, 1141, 1527 ; fig., annuler, 1144, 1270, 1279, 1969 ; neut., se briser, 1141.

DESPENDEUR, dépensier, 549.

DESPENDRE, dépenser, 1283, 1821 ; employer, 17, 928 ; dispenser, distribuer, 1074.

DESPIRE, mépriser, 336.

DESPISIER, vilipender, 1278 ; mépriser, 1982.

DESPIT, honte, mépris, 25, 843.

DESPOISE, aloi, 835.

DESPRISIER, vilipender, 1278.

DESPROUVER, réfuter, 1195.

DESROI, rétiveté, 1945.

DESSAISINE, action de dessaisir ; nouvele —, dépossession opérée sans violence d'une chose dont on est en saisine, 85, 196, 205, 206, 289, 297, 307, 612, 850, 954, 955, 956, 959, 964, 1413, 1824 ; tourble —, syn. de nouvel tourble.

DESSAISIR, dessaisir ; — qqu'un, le priver de la saisine, 73, 205 ; — de nouvel, déposséder par nouvele dessaisine, 959.

DESSEUR, dessus ; sur.

DESSEVRANCE, séparation, 583.

DESSEVREMENT, séparation, 583, 584.

DESSEVRER, séparer, 449, 582, 583, 584, 646, 1400, 1619.

DESTEINDRE, éteindre, 813.

DESSOIVRE, 3e sing. ind. prés. de dessevrer.

DESTRECE, étroitesse; fig., rigueur, 1561.

DESTOURBER, contrarier, gêner, empêcher d'agir, 648. 742. 1653.

DESTOURBIER, obstacle, empêchement, 102.

DESTOURNER, détourner; se —, se dérober, s'enfuir, 931, 1699.

DESTRAINDRE, forcer, 520.

DESTROIT, étroit, 884; s. m., passage étroit, 735.

DETÉ, débiteur, 874, 1039, 1104, 1223, 1315, 1318, 1319, 1538, 1598, 1606, 1608, 1609, 1611, 1615, 1873, 1926.

DETERIE, situation de débiteur, 1317, 1322, 1326, 1336.

DETERMINER, mener à terme, terminer, 1855, 1925, 1926.

1. DETEUR, débiteur, 28, 442, 574, 815, 874, 990, 1006, 1074, 1088, 1102, 1223, 1319, 1592, 1926.

2. DETEUR, créancier, 521, 527, 528, 792, 990, 1074, 1574, 1579, 1977.

DETRIER, act., retarder, 128, 246, 363, 1094, 1172, 1573, 1916; neut., être retardé, 32.

DEU, 1re sing. ind. prés. de douer.

DEUT, 3e sing. ind. prés. de douloir.

DEVEER, interdire, défendre, 698, 706, 708, 1781, 1787; refuser, 1582, 1586, 1587, 1778.

DEVIS, disposition testamentaire, 362.

DEVISE, division, 659, 850; partage, 27, 54, 290.

DEVISER et DEVISIER, partager, disposer en divisant, arranger, 9, 727; énoncer, 729; diviser, 62; mettre à part, 202; fixer par disposition testamentaire, 368, 393, 412, 426; convenir, régler, 445; expliquer, 1073.

DIENT, 3e plur. ind. prés. de dire.

DIGNETÉ, dignité, 1715.

DIONS, 1re plur. subj. prés. de dire.

DISFAME, mauvaise réputation, 16, 1205.

DISFINITIF, définitif, 342, 387, 586, 1246.

DISPENSER, donner une dispense, 1636.

DOINT, DOINSENT, 3es sing. et plur. subj. prés. de donner.

DONT, dont; donc; de ce que, à propos de quoi, 625, 1581 (Cf. Tobler, dans *Zeitschrift für romanische Philologie*, V, 192-194).

DOUAIRE, douaire; douairière, 491.

DOUER, gratifier (d'un douaire), 432, 434, 447, 450, 452.

DOULOIR (SE), se plaindre, 25.

DOURROIT, DOURROIENT, 3es sing. et plur. condit. prés. de douloir.

DOUTABLE, qui donne lieu de craindre, 29.

DOUTE, crainte, 14, 105, 1510, 1519.

DOUTER, craindre, 8, 13, 1522; se —, même sens, 572, 858, 1909, 1916.

DROIT, jugement, 32, 33, 61, 81, 93.

DROITEMENT, directement, 942, 1231; précisément, 1253.

DROITURE, ce qui revient de droit, 386, 574, 693, 719, 1074, 1166, 1425, 1645, 1665.

DROITURIER, qui agit avec droiture, 12.

DUEIL, 1re sing. ind. prés. de douloir.

1. DUI, deux, cas sujet de *deux*.

2. DUI, 1re sing. parf. déf. de *devoir*.

DUIRE, provenir, 1357, 1389, 1398.

DUREMENT, fortement, beaucoup, 13, 393, 730, 1293; très, 96, 556, 1875; tout à fait, 1975.

DUSQUES, jusques.

EDIOTE, idiot, 1874.

EF, abeille, 1967.

EGAUTÉ, égalité, 1258.

EL (*aliud*), pron. neutre, autre chose, 1699.

EMBATRE (S'), s'introduire, 488, 1907, 1962.

EMBESOIGNIER, charger d'une besogne, d'une occupation, 137, 624, 1118, 1125, 1268, 1608; *embesoignié*, part. passé, occupé, 1784.

EMBLER, voler, 214, 326, 835, 1960.

EMPETRER, obtenir, 18, 843, 915.

EMPLEDIÉ, celui que l'on *emplede*, 1048.

EMPLEDIER, traduire en justice, actionner, 237, 397, 1088.

EMPRENDRE, entreprendre, 8 v, 13, 390, 1620, 1838, 1964.

EMPRENEUR, exploiteur, 1525.

EMPRISE, entreprise, 5.

EMPRISTRENT, 3e plur. parf. déf. de *emprendre*.

EN, voy. ON.
ENAAGIÉ, majeur, 399.
ENCHARGIER, confier, commettre, 1266, 1271, 1272, 1276; — *jugement*, le mettre en délibéré, 240.
ENCHEOIR, tomber, 1506, 1759; — de, fig., être débouté de, 150, 989, 1350, 1591, 1614, 1741.
ENCHERCHIER, rechercher, 227, 1955, 1956; demander, 1186; neut., s'informer, 1237, 1597.
ENCOMBREMENT, inconvénient, 1182.
ENCOMBREUS, encombrant, 1592.
ENCONTRE, contre; en opposition
ENCONTRER, rencontrer, 1243; frapper, 1957.
ENCONVENANCIER, promettre, engager par une *convenance*, 213, 445, 627, 1052.
ENCOSTÉ, de côté, 1908, 1911.
ENCOUPER, inculper, 806, 1187.
ENCUSER, faire connaître, 1249, 1963.
ENDEMAIN, lendemain.
ENDEMENTIERS, alors, pendant, 1844.
ENDROIT, directement en face de, 710; *ci* —, ici même, 1556, 1591.
ENFERM, infirme, malade, 1618.
ENFERMETÉ, infirmité, 99.
ENFES, cas sujet de *enfant*.
ENFONDRER, enfoncer, 1113.
ENFOURMER, informer, 1238.
ENFRAINTURE, infraction; violation, 303.
ENGAGEMENT, engagement; prise à ferme d'un héritage cultivable moyennant une somme fixée et payée d'avance pour l'ensemble des années de la location, 1414, 1415, 1416, 1460, 1596, 1601.
ENGAGEUR, créancier gagiste, 1930.
ENGAGIER, engager; prendre par *engagement*, 1414, 1415, 1416, 1596.
ENGIEN et ENGIENG, engin; intelligence, 8 var., 20; machination, 1247, 1840.
ENGRESSER (s'), s'exciter, 1189.
ENLUMINER, faire briller, 21.
ENORTEMENT, conseil, suggestion, 387, 560, 886.
ENQUERRE, enquérir, 250, 1236; rechercher, 886; demander, 891.
ENQUEURT, 3ᵉ sing. ind. prés. de *encourir*.
ENS, dedans, 320. 1142, 1602.

ENSEIGNIER, enseigner; désigner, montrer, représenter, 1813.
ENSEMENT, pareillement, également, 629, 1446, 1778.
ENSIVANT, ensuite, à la suite, 98.
ENSUIR, v. neut., venir à la suite; act.; poursuivre (en justice), 1314; — *un juge* (à propos d'un jugement), déclarer, à son tour de parole, qu'on s'accorde à l'arrêt qu'il a prononcé, 1755, 1760, 1761; réfl., même sens, 1760.
ENT, en; de cela, de là, 97, 413, 497, 882, 1120, 1491, 1546, 1551, 1561, 1618, 1927, 1944.
ENTENCION, intention; ce que l'on demande en plaid et qu'on a l'intention de prouver, proposition, accusation, 1145. 1163, 1165, 1184, 1194, 1205, 1217, 1218, 1219, 1224, 1227, 1230, 1257.
ENTENDANT, entendant; *fere* — *a*, informer, 1603, *fere faus* — *a*, tromper, 514.
ENTENDEMENT, signification, 410; interprétation, 1872.
ENTENTIVEMENT, avec attention, 1228.
ENTERIN, entier, 1928, 1982.
ENTERINEMENT, entièrement, 1527, 1592, 1976.
ENTERINER, accomplir entièrement, 367.
ENTREESTRE, être l'un pour l'autre, 581.
ENTREHAÏR (s'), se haïr mutuellement, 1625.
ENTRELIGNEURE, entre-ligne, 1085.
ENTRENCONTRER (s'), se rencontrer, 719, 735.
ENTREPLEVIR, se *plevir* mutuellement, 1068.
ENTREPRENDRE, entreprendre; neut., intervenir, 1843.
ENTREPRESURE, entreprise; contravention, 376, 718.
ENTRESEMBLER (s'), se ressembler, 760.
ENTRESUIR (s'), s'accorder par la continuité des parties, 7, 1149, 1184, 1230.
ENVIESIR, vieillir, 1114.
ENVIESEURE, vétusté, 1117.
ENVIS (A), à contre-cœur, 1194, 1212, 1863.

ENVOIT, 3e sing. subj. prés. de *envoyer*.

ERITAGE, héritage; immeuble réel, possession.

ERITIER, neut., hériter; act., pourvoir, mettre en possession d'un héritage, 433, 434, 450.

1. ERRE, arrhe, 1066.
2. ERRE, voyage, et par ext. préparatif de voyage; fig., *avoir grans erres de*, être bien près de, 29.

ERREUR, erreur; colère, 422.

ERREURE, action d'aller, temps d'aller, 1771.

ES, contraction de *en les*.

ESBOUELER, ébouler, 727.

ESBOULI, ébouilli; *bois* —, bois qui a poussé en grande abondance, avec une sorte d'effervescence, 729.

ESBRANCHEMENT, disjonction, 234.

ESBRANCHIER, disjoindre, aliéner, 688, 1489, 1552.

ESCANDELISIER, scandaliser; part. passé, scandaleux, 382.

ESCANDRE, scandale, 382.

ESCHEANCE, syn. de *escheoite*, 240; fin, terminaison, 1877.

ESCHEOIT, part. passé de *escheoir*.

ESCHEOITE, succession en ligne collatérale, 62, 216, 450, 451, 452, 463, 1218, 1490; — *de costé*, même sens, 10.

ESCHIELE, échelle; partic., échelle du pilori, 51, 868.

ESCHIF, exclu (de son pays), 1435.

ESCHIVER, éviter, 19, 584, 585, 1432, 1575, 1825, 1942; *s'* —, se préserver, 20.

ESCLAIRIER, expliquer, 407, 1642.

ESCLARCIR, éclaircir; expliquer, 410.

ESCOMMENIEMENT, excommunication, 91.

ESCONDIRE, refuser, 1045.

ESCONSANT, qui se cache, qui se couche, en parlant du soleil, 95, 130, 825.

ESCONVENIR, être convenable, 682.

ESCOULOURJANT, sujet à manquer, labile, 7, 211.

ESCOUTANT, attentif, 15.

ESCRIER, appeler, avertir par des cris, 1942.

ESFORCEMENT, violence, 1642.

ESFORCIEMENT, avec violence, 1653.

ESFORCIER, prendre de force, enlever, 551, 926, 984; violer, 824, 829.

ESGARDER, examiner, 477.

ESGART, examen, 1260.

ESLIRE, élire; choisir, 1163.

ESLIT, part. passé de *eslire*.

ESLONGEMENT, éloignement, 1631.

ESLONGIER, éloigner, 474, 1629, 1631, 1632, 1633; retarder, 1208.

ESMANGIER (s'), périr par faute de manger, mourir de faim, 1562.

ESME, estimation; *par* —, approximativement, 744.

ESMOUVEMENT, soulèvement, 986.

ESPARGNEMENT, action d'épargner, 36.

ESPAVE, épave; étranger; *venir d'* —, venir de pays si lointains qu'on ne peut connaître la nationalité, 1619. (Cf. Ducange, *Espavus*.)

ESPECEFIER, spécifier, 202, 341.

ESPECIAUMENT, spécialement, 148, 209, 1064, 1094, 1596, 1823.

ESPECIAUTÉ, particularité; cas particulier, 149.

ESPERANCE, espérance; pensée, supposition, 1960.

ESPERER, espérer; supposer, penser, 1941, 1949.

ESPIÉ, épieu, 1189.

ESPIRITUALITÉ, caractère de ce qui est spirituel, de ce qui est d'église, par opposition à *temporalité*, 311, 322.

ESPIRITUELMENT, par rapport au spirituel, 618.

ESPLOIT, revenu, profit venant d'une rente, de certains droits seigneuriaux, 761, 862, 1643, 1644, 1650; profit en général, 1126; *menu* —, petit profit, 305.

ESPLOITIER, exploiter; agir, 311.

ESPOIR, peut-être, 580, 1591.

ESPOUSER, épouser; marier, 929.

ESPURGE et ESPURGEMENT, moyen de justification par la négation de l'accusation et l'affirmation simultanée d'un alibi, 10, 940, 1193, XXXIX rubr.

ESPURGIER, justifier, 212, 262, 1534; présenter une *espurge*, 1193.

ESRACHIER, arracher, 520, 850.

ESSAU, conduit d'eau, 707.

ESSIEUTÉ, excepté, 26, 35, 97, 504.

GLOSSAIRE.

ESSIEUTER, mettre à part, 201, 214.
ESSIL, destruction, ravage, 691, 717, 1132, 1564.
ESSILLEUR, dévastateur, 328, 331, 1642.
ESSILLIER, dévaster, gâter, 331, 438, 520, 1132, 1353, 1550, 1698.
ESSIUS, cas sujet sing. et régime plur. de *essil*.
ESSOINE, s. masc., excuse légitime de comparaître en justice, 10, 60, 63, 98, 1577, 1790, 1875, etc.; excuse en général, 32, 37, 793.
ESSOINEMENT, action d'*essoinier*, 64, 98, 106, 107, 108, 1887, etc.
ESSOINEUR, celui qui présente une *essoine*, 112.
ESSOINIER, act., excuser, 57; — *ce qu'on a a fere a une journee*, — *le jour*, présenter une *essoine* pour ne pas comparaître au jour dit, 99, 112, 134; neut., s'excuser, 60, 63, 64, 793, etc.; *essoinié*, part. passé; subst., celui qui s'est fait excuser, 128, etc.
ESTABLE, stable, invariable, 143, 678; immuable, 1094, 1098.
ESTABLI, établi; — *pour autrui*, mandataire, remplaçant par procuration, 10, 136, 171. Voy. PROCUREEUR.
ESTACHE, poteau; cible, 1941.
ESTEINDRE, éteindre; fig., supprimer, 1708; étouffer, 1943; neut., être étouffé, 126.
ESTANT, part. prés. de *ester*.
ESTAPLE, étape; *fere* — mettre en vente sur la place publique dite *étape*, 749.
ESTER, séjourner, 7.
ESTOUPER, boucher, fermer, 289, 699, 1352.
ESTOUR, reprise (dans un duel), 1849.
ESTRAINDRE, étreindre, 1141; resserrer, 1835.
ESTRANGE, étranger, 70, 90, 214, 378, 1618, 1655, 1947; étrangé, 494.
ESTRANGIER, étranger; aliéner, 1445, 1550, 1552, 1978.
1. ESTRE, verbe, être.
2. ESTRE, prép., outre, 941.
ESTRECIER, rendre plus étroit, 10, 289, 724.

ESTREPER, arracher, détruire, 328, 1353, 1648.
EURE, heure; *tele* — ..., *tele* —, tantôt ..., tantôt, 1625; *tele* — *est*, souvent, 1973.
EXAMINACION, examen, 312, 1225; enquête, 1183, 1224.
EXCEPCION, moyen d'ajournement ou de rejet qu'on oppose à une demande sans entrer dans la discussion de l'affaire, 10, 196, 235; syn. : *barre*.

FARDEL, fardeau; paquet, 927.
FAUS, faux; *donner une fausse coustume*, modifier la coutume, 731.
FAUSIST, 3e sing. imp. du subj. de *faillir*.
1. FAUSSEMENT, au moyen de falsifications, 93.
2. FAUSSEMENT, action de *fausser* (un jugement), 1905.
FAUSSER, fausser; — *tesmoing*, le récuser, 10; arguer de faux, 391, 1050, 1099; invalider comme étant faux, 1202.
FELONESSEMENT, avec félonie, 97.
FEMER, fumer (une terre), 449.
FERE, faire; — *a*, suivi d'un inf., être à, devoir être (avec l'inf. mis au part. passé), 10, 50, 92, etc.
FERMER, établir d'une manière ferme, 1982.
FERMETÉ, forteresse, fortification, 1514.
FERRANT, gris de fer, 257.
FETURE, façon, culture, 520.
FEUTÉ, serment de vassalité, reconnaissance de suzeraineté, sans faire aveu, 1501, 1505, 1506.
FEVRE, forgeron, 1592.
FIANCE, ferme espoir, 6, 8; confiance, 949.
FIANCIER, promettre, jurer, 313, 357, 400, 1695, 1706; engager, 806.
FIEE, fois; *a la* —, à la fois, 372.
FIEVÉ, fieffé, 1752.
FILLASTRE, beau-fils, 375, 1973.
FINER, venir à fin, à terme, 101, 155, 380, 658; terminer, 1000; payer un droit, une rançon, 763, 1452, 1603, 1698.
FISICIEN, médecin, 822.

FOIS, fois ; *a la —*, parfois, 87, 664, 1604.

FONDRE, s'effondrer, 710, 714, 1139, 1142.

FORBAN, bannissement, 1035.

FORCE, violence, 85, 315, 989, 995 ; *nouvele —*, ou absol., *—*, dépossession violente, 307, 954, 956, 958, 964.

FORFERE, commettre un *forfet* ; act., perdre en punition d'un *forfet*, 831, 833, 834, 835.

FORFESEUR, celui qui commet un *forfet*, 1548.

1. FORFET, adj. et part. passé, qui est l'objet d'une trangression de la loi, 77, 1548.

2. FORFET, forfait ; contravention, 804.

FORFETURE, forfaiture ; amende d'un *forfet*, 824, 930, 1104, 1494, 1548.

FORGAGIÉ, perdu (par celui qui a donné le gage) à cause du dépassement des délais, 990, 1930.

FORJUGIER, condamner à tort, 1872.

FORJUREMENT, action de *forjurer*, 1684, 1685.

FORJURER, jurer d'abandonner, renier, 1684, 1685.

FORLARGE, généreux avec excès, 1971 variante.

FORMARIAGE, mariage d'un serf ou d'un homme de poosté avec une personne d'une autre seigneurie ou avec une personne franche, 1452, 1457 ; droit payé en ce cas, 1458.

FORMARIER (SE), conclure un *formariage*, 1452.

FORMENT, fortement, fermement, 51.

FORSENÉ, dément, 10, 40, 118, 1064.

FORSENERIE, démence, 118, 411.

FORT, fort ; difficile, pénible, 22, 700, 1635.

FORTRERE, enlever, 693, 925, 1772, 1773.

FOUC, troupeau, 420.

FOUÏR, labourer (la vigne) avec le hoyau, 458.

FOURMENTEL, fromenteau, excellent cépage de Champagne, 790.

FRAINTE, bruit, vacarme, 1189.

FRANCHIR, affranchir, 1432, 1437 ; 1445, 1502 ; dégager de toutes charges, 346.

FRANCHISSEMENT, action d'affranchir, 1456.

FRIÉS et RIÉS, terre en friche, 704, 817, 1355, 1405, 1406, 1547.

FROST, place abandonnée et inculte, en lisière d'un chemin, d'une rue, 725, 726.

FRUTEFIER, se développer, prospérer, 782.

FUER, prix (de vente), 884, 1927.

FUIANT, fuyard, 87.

FUITIF, fugitif, 1333, 1336.

FUSEL, cheville du pignon d'engrenage d'une roue de moulin, 1139.

FUST, bois, 741, 1141.

GAAIGNABLE, labourable, 541, 728, 1154.

GAAIGNAGE, labourage, culture, 449, 673.

GAAIGNE, bénéfice, 619.

GAAIGNEUR, cultivateur, 449, 541.

GAAIGNIER, gagner ; cultiver, 449, 1547.

GAAINT, 3ᵉ pers. subj. prés. de *gaaignier*.

GAB, plaisanterie.

GAIT, guet ; — *apensé*, voy. APENSÉ.

1. GARANT, garant.

2. GARANT, garantie, 998, 1011, 1046, 1048.

GARANTISE, garantie, 952, 1011, 1048.

GARANTISSEUR, celui qui garantit, 1011, 1072.

1. GARDE, fém., garde, 513, 516, 517, 518, 520, 534, 545, 547 ; *se donner — de*, prévoir, 32.

2. GARDE, masc. et fém., celui qui tient un enfant en garde, 509, 510, etc. ; garnisaire, 1074, etc.

GARDER, garder ; *se —*, faire attention à, prendre soin de, 87, 496.

GART, 3ᵉ sing. subj. prés. de *garder*.

GAS, cas sujet de *gab*.

GASON, gazon ; *lessier le —*, formule de déguerpissement, 694.

GAST, inculte, 520, 1405 ; en mauvais état, 972, 973.

GEHINE, torture, 1956.

GEÜ, part. passé de *gésir*.

GISANT, *gage, nant —*, gage, nantissement consistant en objets, par opposition à *nant manjant*, 1591.

GLAIVE, lance, 1714, 1770.

GRACIER, rendre grâce à, 1982.

GRATEURE, grattage, 1082.

GREIGNEUR, cas régime, GRAINDRE, cas sujet, comparatif de *grand*, 15, 171, 172, 648, 702, 1436.

GREVEUS, pénible, 1000, 1128.

GRIEMENT, grièvement.

GROISSEUR, grossesse, 1386.

GUERREDON, récompense, 1515.

GUERREDONER, récompenser, 813.

HAINEUS, qui excite de la haine, 1601.

HAITIÉ, bien portant, 63.

HARDEMENT, hardiesse, 16.

HARDIEMENT, sans hésitation, 100.

HOMME, homme; vassal, au sens propre, 23, 24, 25, 26, 31, 36, 42, 43, 44, 93, 294, 296, 297, etc.; — *de fief*, même sens; — *de poosté*, voy. POOSTÉ.

HU, cri, huée, 941, 1113.

ICEL, ICELE, ce, celui, celui-ci, celle, celle-ci.

ICEST, ICESTE, ICÈS, cet, cette, ces.

IGAUMENT, également, 464.

IGNORANMENT, par ignorance, 1164.

ILUEQUES, ILEQUES, là, 24, 91, 315, 359, 770, 1604; alors, 53, 1788.

ISNELEMENT, rapidement, 1097, 1604.

ISSIR, sortir.

ISTROIT, 3ᵉ sing. cond. prés. de *issir*.

JEU et JU, jeu; — *parti*, voy. PARTIR.

JOLIVETÉ, gaîté, légèreté, 935.

JOUEL, joyau, 713, 928, 1628.

JOUR, jour; — *de conseil*, voy. CONSEIL; — *de veue*, voy. VEUE.

JOURNOIER, ajourner, 97.

JU, voy. JEU.

JUGEEUR, *homme qui juge*, 46, 184, 186, 188, 195, 1755, 1861, 1897, 1982.

JUGIÉ, jugement, 151, 216, 241, 342, 1875, 1909.

JUISE, juive, 586.

JURT, 3ᵉ sing. subj. prés. de *jurer*.

JUSTER, vérifier, 758.

JUSTICE, justice; par métonymie, juge, 38, 41, etc.; ressort judiciaire, 90, 93; — *de compaignie*, droit de justice appartenant par indivis à plusieurs personnes, 664.

LABOUR et LABEUR, travail.

LABOURAGE, travail en général, 96.

LABOURER, travailler, 97, 634, 1815.

LABOUREUR, manouvrier, 697.

LAIDIR, endommager, 1405.

LAIER ou LAIRE, laisser.

LAIS, legs, 366, 367, 368, 384.

1. LAIT, 3ᵉ sing. subj. prés. de *laier* ou *laire*.

2. LAIT, outrage, offense, 1000.

3. LAIT, LET, laid; outrageant.

LANGUEUR, maladie, 128, 624, 1628, 1386, 1600.

LARGECE, largeur, 719, 720, 725, 726.

LAVOIR, évier, 707.

LÉ, large; s. m., largeur, 719.

LEENS, là dedans, 1956.

LEGIEREMENT, facilement, 7, 9, 19, 100, 184, 1601, 1791, 1892, etc.

LERAI, LERONS, fut. de *laier* ou *laire*.

LEROIE, LEROIT, cond. prés. de *laier* ou *laire*.

LERRES, cas sujet de *larron*.

LEST, 3ᵉ sing. subj. prés. de *laisser*.

LEVANT, voy. COUCHANT.

LEVER, lever; absol., percevoir les fruits d'un bien, 484, 492; — *un tesmoing*, *un tesmoignage*, les relever, les reprendre pour les récuser, 233, 1761, 1762, 1764, etc.

1. LI, art. défini masc., sujet sing. et plur., le, les.

2. LI, pron. accusatif et datif masc. atone de la 3ᵉ personne; employé indifféremment depuis le XIIIᵉ siècle pour la forme emphatique *lui*; s'emploie aussi pour le pronom réfléchi.

3. LI, pron. accusatif et datif fém. de la 3ᵉ personne, la, lui; s'emploie au XIIIᵉ siècle indifféremment pour *lui* précédé d'une préposition; se dit souvent en place du pronom réfléchi.

LIBELLE, requête écrite présentée par le demandeur, 196.

1. LOI, loi; *seigneur de* —, juriste, 405, 718, 1137; serment, 912. 1094.

2. LOI, pron. de la 3e personne, régime emphatique masc. et neutre, le, cela, 27, 175, 204, 254, 257, 388, 404, 426, 512, 521, 555, 566, 585, 688, 710, 795, 796, 938, 950, 1060, 1110, 1114, 1119, 1123, 1138, 1196, 1359, 1412, 1619, 1742, 1755, 1766, 1949.

LOIAL, légal.

LOINGTIEN, éloigné.

LOIRA, 3e sing. fut. de *loisir*.

LOISIR, v. unip., être permis.

LOIT, 3e sing. ind. prés. de *loisir*.

LOT, lot; *jeter los*, tirer les lots au sort, 569.

LOUER, conseiller, 17, 32, 41, 354, 1035, 1037; engager, 1648.

LOUIER, salaire, 10, 42, 801.

LOUT, 3e sing. subj. prés. de *louer*.

LUEC et LUEQUES, là, 1222, 1227, 1615, 1670; lors, 797, 1117, 1592.

LUI, employé pour *li*, pron. fém., voy. LI 3.

MAIESTIRE, supériorité dans la profession, talent, 184.

MAIEUR, cas régime sing. et sujet plur. de *maire* (*maieurs*, rég. plur.), 131, 140, 1519, 1520, 1522.

MAINBURNIE et MAINBOURNIE, situation de celui qui est en puissance de mainbour, 90, 400, 518, 640, 641, 1975.

MAINBURNIR, tenir en *mainburnie*, 533; administrer, 426, 428, 968, 1274, 1336, 1519, 1906; pourvoir à l'entretien de, 511, 512, 632, 1547.

MAINBURNISSEUR, administrateur, 622, 1463.

MAINENT, 3e plur. ind. prés. de *manoir*.

MAINSNÉ, puiné, 464, 472, 490, 1478, 1479, 1493.

MAINT, 3e sing. ind. prés. de *manoir*.

MAINTENEMENT, conduite, vie, 636.

MALBAILLI, mal traité, mal gouverné, 145.

MANDROIT, 3e sing. condit. de *manoir*.

MANJANT, mangeant; *nant* —, ou substantiv. —, garnisaire, 1598, 1601.

1. MANOIR, rester, habiter, 90, 214, 1123, 1626, 1788.

2. MANOIR, habitation en général, 332; *mestre* —, *chief* —, habitation principale, 434, 438, 464, 465, 1479.

MANOUVRAGE, travail, labour, 820.

MANOUVRER, travailler; cultiver, 520.

MANSION, demeure, 1050, 1907.

MARASTRE, belle-mère, 387, 628, 1973.

MARCHEANDER, faire le métier de marchand, faire le commerce, 221, 418, 649, 1524, 1529; *se* —, être l'objet d'un commerce, 743.

MARCHEANDISE, marchandise; commerce, 624, 645, 1243, 1458.

MARCHIR, être limitrophe, contigu, 720, 721, 724.

MARCHISSANT, celui qui *marchist*, 27, 730, 1095, 1355, 1518.

MARLER, marner, 449.

MASURAGE, redevance due pour une *masure*, 862.

MASURE, demeure vilaine, 386, 862, 973.

MAUCONVENABLE, inconvenant, 548.

MAUFET, méfait, 1708.

MAUGRÉ, malgré; — *sien*, malgré lui, malgré soi, 590, 654; — *mien*, malgré moi, 813.

MAURENOMÉ, qui a une mauvaise réputation, 1949.

MAUS, cas sujet de *mal*, adj., mauvais, 1982.

MAUSOUFISANT, insuffisant, 139.

MAUTALENT, mauvais vouloir, animosité, 326, 593, 932, 1520, 1524, 1626.

MAUTOLIR, enlever avec intention de nuire, 922, 926, 970.

MAUVESEMENT, mauvaisement; par mauvaise foi, 1550, 1827; avec peine, 1531, 1535; en faisant du tort, 1572.

MAUVESTIÉ, méchanceté, lâcheté, 87, 948, 1186; mauvaise action, 179, 1827, 1838.

MEHAIGNIER, mutiler, estropier, 841, 995, 996, 1673, 1941; neut., s'estropier, 1117.

MEHAING, dommage, tort, 13; muti-

GLOSSAIRE.

lation, 19, 26, 823, 841, 1878, 1945; infirmité, 591, 1064.

MEINS, moins.

MEINT, 3e sing. subj. prés. de *mener*.

MEISMEMENT, même, 721, 736; d'ailleurs, au surplus, 7; par cela même, 29; surtout, 118, 335, 752, 1110, 1949.

MELLER, mêler; *se* —, se battre, 1706, 1707.

MELLIER, néflier, 1956.

MELLIF, qui cherche des mêlées, disputeur, chicaneur, batailleur, 16, 19, 640, 741, 1604.

MEMBRE, membre; *estre des membres de*, faire partie de, être du ressort de, 81, 442.

MENACEUR, celui qui menace, 1158.

MENÇONJABLE, mensonger, 1099.

MENESTREL, manouvrier, artisan, 805.

MENTIR, mentir; — *sa foi*, la violer, 1772, 1773.

MERVEILLES, adv., merveilleusement, 752.

MERVEILLIER (SE), s'étonner, 88.

MES, mais; plus, 794, 841, 884, 1137; — *que*, pourvu que, 184, 350, 706, 1414; *dire* — *a li*, dire que c'est plutôt à lui, 44, 240, 448, 1459.

MESAISE, situation pénible, douloureuse, 1628; difficulté, 1634.

MESALER, se gâter, 1114.

MÉSAVENTURE, mésaventure; *cas de* —, accident funeste, 1939.

MESCHEANCE, mésaventure, 14, 246, 1941, 1946, 1948.

MESCHINE, jeune fille, 337; servante, 1188.

MESCONTER, compter mal, 20, 895.

MESCREANCE, incroyance, 833.

MESCROIRE, refuser de croire (en Dieu), 312; soupçonner, 20, 1113.

MESEL, lépreux, 1177, 1616, 1817.

MESERRER, se tromper, 1421.

MESFERE, neut., méfaire; nuire, 556, 1811, 1556; réfl., *se* —, commettre une faute, 33, 400; act., — *un fief*, y faire du tort, du dommage, 515; perdre en punition d'un méfait, 824, 832, 1536, 1573, 1831.

MESFESANT, malfaisant, malfaiteur, 14.

MESFETEUR, malfaiteur, 15, 1573.

MESNIE, ensemble des gens de la maison; tous ceux qui sont au service de quelqu'un d'une façon permanente, 19, 68, 187, 815, 1458, 1535; par extens., famille, 19; servante, 556.

MESONER, bâtir, construire, 702, 706, 710.

MESPRENDRE, commettre une faute, 693.

MESPRESURE, méprise, 290, 417, 714.

MESSAGE, messager, 127, 131, 135.

MESSERVIR, faire mal, 701.

MESTIER, besoin, 8, 1790, 1791, 1927, etc; *avoir* —, avoir besoin, 120; impersonn., *avoir* —, être nécessaire, 17, 93, etc.: *estre* —, être utile, 16; être nécessaire, 20, 46, 657, 1227, 1786.

METE, limite, 93.

METRE, mettre; *se* —, se charger d'une *mise*, accepter d'être arbitre, 1295.

MEUROISON, maturité, 1394, 1401.

1. MI, moitié, milieu; *en mi*, au milieu.

2. MI, mes.

MIEUDRE, cas sujet de *meilleur*.

MIRE, médecin, 14, 841.

MISE, clause pénale stipulée dans une dans une convention d'arbitrage et qu'était obligé de payer celui qui était condamné ou qui ne voulait pas se soumettre à la sentence des arbitres; l'arbitrage même, 167, 569, 1152, 1270, 1271, 1276, 1290; frais, 1520.

MISERICORT, miséricordieux, 8 var., 1939.

MISEUR, arbitre, 1282, 1294.

MOIE, mienne.

MOITOIEN, mitoyen; *blé* —, méteil, 780.

MOITOIER, compté, tenu à moitié fruits, 773, 778.

MOITOIERIE, bail à moitié fruits, 773.

MON, particule affirmative employée dans les locutions *savoir* —, *a savoir* —, *assavoir* —, 133, 312, 674, 1219, 1592.

MONOIER, monnayeur, 834, 835.

MONTER, v. unipers., être relatif, 35; importer, 213, 651.

MOREILLON, morillon, 790.
MORT, tué.
MOTIR, spécifier, 714.
MOUVABLE, qui peut se transporter d'un lieu dans un autre sans détérioration, 671, 679.
MOUVOIR, mouvoir; réfl. et neut., s'en aller, partir, 66, 102, 131, 135, 1296, 1510; se mettre en mouvement, 1843; — *plet*, entamer un procès, 156, 169, 317.
MU, muet, 40, 411, 1061, 1270, 1944.
MUCIER, cacher, 736, 1113, 1189.
MUEL, muet, 549, 1061, 1271.
MUET, 3e sing. ind. prés. de *mouvoir*.
MUETE, départ, 124.
MUIAGE, redevance d'un certain nombre de muids (des fruits de la terre) proportionnel à la récolte, amodiation, 541, 674, 968.
MURTRIR, assassiner, 1747, 1808.
MUSART, irréfléchi, étourdi, 842, 844.
MUTE, mue, transportée, 671.

NACION, naissance, 2, 579, 1450, 1617.
NANT, gage, nantissement, 874, 1337, 1539, 1599, 1610; — *manjant*, voy. MANJANT.
NANTIR, nantir; consigner une somme réclamée; — *les letres*, consigner la somme indiquée comme due dans les lettres d'obligation, 1078, 1079.
NANTISSEMENT, ce qui est *nanti*, consigné, 1078.
NAVREURE, blessure, 1699, 1700.
NE, ne; ou; et; *ne ne*, ou, 963; *ne ne et*, 1760; — *que*, pas plus que, 48, 752, 823, 1035, 1041, 1100, 1459, 1624.
NÉCESSITÉ, nécessité; *cas de* —, cas de force majeure, 716.
NEIS, même, 281, 282, 356, 378, 386, 1100, 1353, 1628.
NEPOURQUANT, cependant, 43, 92, 583, etc.
NET, qui se garde de ce qui peut souiller, au moral, 17.
NETEÉ, pureté, au sens moral, 17.
NETEMENT, sans souillure morale, 17.
NI, dénégation; *metre en ni*, nier, 239, 1588, 1950.

NIANCE, dénégation, 10, 239, 891, 893, 894, 907, 1075, 1147, 1313.
NICEMENT, d'une manière nice, 1759, 1830.
NICETÉ, caractère de celui qui est nice, 20, 660.
NIENT, rien, 21, etc.; — *plus que* ..., — *plus que*, pas plus que ..., pas plus, 710, 1445.
NIÉS, cas sujet de *neveu*.
NO, régime sing., notre.
NOS, sujet sing. et régime pluriel, notre, nos.
NOIF, neige, 102, 288.
NOMBRE, numéro, 9.
NOUVELETÉ, innovation, 54, 1517, 1518; complainte possessoire intentée pour cause de *nouvele dessaisine*, 1542.
NU, nu; — *a* —, directement, sans intermédiaire, 788, 1477, 1479, 1484, 1486, 1487, 1494, 1586.
NUISANCE, tort, dommage, 1842.
NULUI, aucun, 312, 331, 404, 1469, 1949, 1954.

OBEÏR, obéir; faire ce qui est dû en service ou en hommage, 1421, 1506.
OBEÏSSANCE, obéissance; service de fief, 1506.
OBLIGEMENT, obligation, 1549, 1597, 1652, 1807, 1812.
OCCISION, meurtre, 840, 888, 918, 1671, 1711.
OCIEUR, meurtrier, 1189.
OES, ouvrage; besoin; *a — de*, dans l'intérêt, au profit de, 410.
OIR, hoir.
OISEUS, oisif, 1141.
ON sans l'article, EN avec l'article, on.
ONNI, uniforme, 48, 749, 823, 1127.
ONNIEMENT, uniformément, 823; par quantités égales, 1258.
ORBE, obscur, 210, 942, 1113; douteux, 396, 1046, 1951; contus, 840.
ORBEMENT, d'une manière *orbe*, 688.
ORDEMENT, malproprement, 17.
ORDENANCE, ordonnance; règlement, 167, 1296.
ORDENEUR, ordonnateur, arbitre, 1296, 1297.
ORE, maintenant, 120, 1552, 1554; *des*

— *en avant*, dorénavant, 7 ; *des*
— *mes*, maintenant, désormais, 8.
ORINE, origine, extraction, 1431, 1432, 1438, 1823.
ORRONT, 3ᵉ plur. fut. de *oïr*, ouïr.
OSCHE, hoche, entaille, 1956.
OST, 3ᵉ sing. subj. prés. de *oster*, ôter.
OSTE, hôte ; homme d'une condition intermédiaire entre le serf et l'homme libre, 233, 302, 303, 308, 703, 972, 973.
OSTEL, maison, demeure, 198, 901, 925 ; — *le roi*, le parlement, 454, 933, 988, 1450, 1603 ; auberge, 1111, 1112, 1113.
OSTELER, héberger, 1113.
OSTELERIE, hôtellerie ; hospice, 1621, 1622, 1688.
OSTISE, exploitation par un *oste*, demeure occupée par un *oste*, 233, 723, 972, 1439, 1791.
1. OT, 3ᵉ sing. parf. déf. de *avoir*.
2. OT, 3ᵉ sing. ind. prés. de *oïr*, ouïr.
OU, contraction de *en le*.
OUTRAGE, exagération, excès, 394, 1283.
OUTRAGEUS, exagéré, excessif, 10 255, 1972 ; immodéré, 735, 1296.
OUTRAGEUSEMENT, avec exagération, avec excès, 29, 1295, 1972.
OUVRER, agir, se comporter, 159, 336 ; 350, 640, 1534, 1626.

PAAGE, péage, 892.
PAIE, payement, 10, 245.
PAIER, payer ; part. passé, *paié*, dont le prix de vente a été distribué en paiement, 1055.
PAILE, poêle, voile, 579, 599.
PAR, particule augmentative servant à marquer un superlatif, 255, 1088, 1623, 1972.
PARALER, aller jusqu'au bout ; *au — de ce qu'il a*, en allant jusqu'au bout de son rouleau, 17.
PARASTRE, beau-père, 375, 387, 580, 628, 1973.
PARÇONERIE, cojouissance, copropriété, 657, 659.
PARÇONIER, copropriétaire, 656, 657, 658, 659, 661 ; adj., *eritage —*, bien tenu en copropriété ou en cojouissance, 659.

PARDURABLE, éternel, 336.
PARDURABLEMENT, à toujours, 1094, 1935.
PARFOURNIR, mettre à fin, parfaire, 5.
PAROIR, apparaître, 5, 389.
PAROLE, 3ᵉ sing. ind. prés. de *parler*.
PAROUT, 3ᵉ sing. subj. prés. de *parler*.
PARTIE, partage, 254, 272, 456, 457, 478 ; part, 569, 776 ; parti, 581.
PARTIR, partager, 445, 450, 452, 478, 1479 ; entrer en partage, 254, 255 ; participer, 440, 450, 456, 470, 475, 1435 ; *jeu parti*, jeu partagé, situation égale, 575.
PASSER, passer ; *se — par une amende*, être quitte pour une amende, 1044.
PENEUS, douloureux ; *semaine peneuse*, celle qui précède Pâques, 96.
PER, pair.
PERCEVOIR, apercevoir, 850, 947, 1087, 1354.
PERE, paire, 1193.
PERILLEUS, périlleux ; dangereux, 1949, 1950 ; qui craint le péril, fragile, 735.
PERT, 3ᵉ sing. ind. prés. de *paroir*.
PESIBLETÉ, tranquillité, 19.
PESTRE, paître ; act., nourrir, 54, 1562.
PETIT, petit ; adv., peu, 1792.
PEUTURE, nourriture, 533, 1562.
PIEÇA, voy. PIECE.
PIECE, pièce ; *une —* un certain temps, 1734 ; *grant —*, grand espace (de temps), 13 ; — *a*, 19, *pieça*, 88, 1964, il y a longtemps.
PIEUR, cas régime de *pire* ; *avoir le —* avoir le plus mauvais lot, la plus mauvaise situation, 1829.
PITEUS, pitoyable, 1939.
PLAINTIF, demandeur, plaignant, 718, 1055, 1056, 1057.
PLEDIER, plaider ; appeler en justice, 1914.
PLEDOIÉ, ce qui est dit à l'audience, 42, 211, 342, 553, 1164, 1413, 1785.
PLEDOIER, plaider, 42.
PLEGERIE, action de *plegier*, garantie, 556, 1311, 1313, 1314, 1316, 1317, 1318, 1326, 1328, 1329, 1341 ; situation de pleige, 929,

1308, 1309; nantissement; versement du nantissement, 1319, 1580.

PLEIN, plein; *tout a —*, entièrement, 59.

PLENTÉ, quantité, foule, 208, 211, 260, 929.

PLEVINE, engagement, nantissement, 929, 1026, 1052, 1313, 1319, 1341.

PLEVIR, engager; *— qqu'un*, se fiancer avec lui, 103, 585, 929.

PLEVISSAILLES, fiançailles, 1068.

PLUREUS, plusieurs, 1790.

PLUS, plus; *du — de*, pour la plupart de, 108.

POI, peu, 86, 109, 420, 615, 640, 822, 894, 997, 1083.

POOSTÉ, pouvoir, 140, 550, 1912; *franche, pleine, delivre —*, capacité légale de faire, d'agir, 1031, 1032, 1054, 1335, 1867; *homme, sougiet, gent de —*, sujet, 97, 145, 295, 305, 456, 571, 628, 1495, 1498, 1503, 1504, 1505, 1506, 1507, 1508, 1832; *enfant de —*, enfant d'un homme de poosté, 536.

POREE, légume en général, 1559.

PORT, 3ᵉ sing. subj. prés. de *porter*.

PORTER, porter; *en — un droit*, ne pas l'acquitter, 891, 892.

POSICION, position; *fere —*, prendre des conclusions, 140.

POTAGE, mets composé de légumes cuits à l'eau dans un pot, 1539.

POU, peu.

POURCHACIER, poursuivre, 268, 320, 347, 559, 1710, 1751; réclamer, 562.

POURCHAS, action de *pourchacier*, 885; instigation, 258, 640, 1808.

POURESCLAIRIER, éclairer complètement, 8 var.

POURVEANCE, surveillance, 654.

POVERTE, pauvreté, 1438, 1471.

PRAEL, préau; petit pré, 708.

PRAMETRE, promettre; *— peine*, stipuler d'avance la *mise*, 1299.

PREINS, grosse; *— de*, contenant, renfermant, 1193.

PREMIERS, adv., en premier lieu.

PRENANT, qui perçoit les revenus, les impôts d'une terre, 448, 491; *tenant et —*, voy. TENANT.

PRENDRE, prendre; *— es mesons*, et absol. *—*, pratiquer une saisie-gagerie, LIV rubr., 1593, 1594, 1600.

PRESSOIRANT, où l'on pressure, 1141.

PREU, profit, 17, 440, 561, 1114, 1123, 1938.

PRIMES, pour la première fois, 1369.

1. PRIS, prix.

2. PRIS, pris; subst., prisonnier, 907, 1653.

PRISIE, prisée, 779, 782, 785.

1. PRISON, s. m., prisonnier.

2. PRISON, s. f., prison.

PRIVETÉ, caractère privé, situation privée (d'un lieu), 708.

PROCÈS, marche, développement, 1916.

PROCHAINETÉ, proximité, 1509.

PROCHIEN, proche.

PROCURACION, procuration; office de procureur, 821.

PROCUREEUR, celui qui a la procuration d'une autre personne, mandataire, 10, 72, 117, 136, etc.

PROCURER, procurer; *— qq. chose*, l'exécuter comme procureur, 158, 164, 574.

PRODUCION, production, 140, 239.

PROISME, proche, prochain.

PRONONCEMENT, décision prononcée, 1152.

PROTESTACION, opposition à une demande ou à une exception, 196.

PUBLIEMENT, publiquement, 323.

PUCELAGE, condition de fille, 90.

PUEPLIER, publier, 1513.

PUER, dehors, 17, 1083.

PUIST, 3ᵉ sing. imp. subj. de *pouvoir*.

PUR, pur; simple, nu, 1786, 1789; *en pure sa chemise, en pure sa cote*, en simple *chemise*, en simple cotte, 1829, 1830; *— a —*, sans réserves, 1095.

QUADRUPLICACION, réponse à une *triplicacion*, 196.

QUANQUE, tout ce que, 102, 297, 483, 1438.

QUARANTAINE, espace, délai de quarante jours, 918, 1726.

QUE, que; car, 7, 15, 91, etc.; attendu que, 677; afin que, 14; de peur que, 571; de manière que, 1975.

GLOSSAIRE.

QUEÏST, QUEÏSSENT, 3es sing. et plur. imp. subj. de *quérir*.

QUERELE, procès, 98, 113, 114, etc.

QUEURT, QUEURENT, 3es pers. ind. prés. de *courre*, courir.

QUI, pron. relat., qui ; au cas régime, —, de qui, à qui.

QUINT, cinquième, 16, 299, 318, 362, 1971.

QUIST, 3e sing. parf. déf. de *querre*.

QUITE, quitte ; — *et delivre*, voy. DELIVRE.

QUITIER, céder, laisser, 386, 390, 408; faire abandon de, 1849.

RACHAT, droit payé au seigneur pour une succession fieffale en ligne collatérale, et qui était de la valeur du revenu du fief pour une année, 762, 763, 765, 766, 1917.

RACHETER, payer le *rachat* de, 1917, 1918.

RADE, rigoureux, 10.

RADEMENT, rigoureusement, 26, 883, 1537, 1789.

RADEUR, impétuosité, 1945 ; rigueur, LXIX rubr.

RAEMBRE, mettre à rançon, 879, 885, 886 ; mettre à l'amende, 877, 1100.

RAENS, part. passé de *raembre*.

RAJOURNER, ajourner de nouveau, 63, 64, 107.

RALER, retourner, 879, 986, 1845 ; aller entièrement, 432.

RAMENTEVOIR, rappeler (à l'esprit), 335, 1642, 1836.

RAPAREILLIER, remettre en état, 1510.

RAPEAUT, 3e sing. subj. prés. de *rappeler*.

RAPROCHIER, rapprocher ; — *un seigneur*, en parlant d'un fief, revenir à être tenu de ce seigneur sans intermédiaire, 10, XLVII rubr.

RASSEMBLER, mettre de nouveau ensemble, 594.

RAT, rapt, 926, 1634.

REBELLE, réfractaire, 1513, 1693 ; opposant, 1514.

REBRICHE, procès-verbal d'audience contenant les débats et les dépositions des parties, 211, 1226.

RECELEE, cachette, 1130.

RECETER, donner asile et refuge à, 640, 859, 1728.

RECETEUR, recéleur, 947, 1960.

RECHEOIR, retomber, 1941.

RECLAMER, réclamer ; *se* —, même sens, 1606, 1607, 1608, 1609.

RECLAMEUR, action de réclamer, 10, LV rubr., 1615.

1. RECOITE, recette, 660, 814, 815, 818, 1520, 1521.

2. RECOITE, 3e sing. ind. prés. de *receter*.

REÇOIVRE, recevoir, 1381.

RECONNAISSANCE, aveu, 355, 926.

RECONVENCION, demande reconventionnelle, 357, 359, 360.

RECONVENIR, présenter une *reconvencion*, 140 ; impers., falloir aussi, 1511.

RECORDER, rappeler, répéter, 15, 42, 210, 1031, 1097, 1231, 1916.

RECORDEUR, celui qui fait un *recort*, 1208, 1826.

RECORT, rapport, récapitulation, répétition, rappel, 131, 442, 1031, 1150, 1208, 1226, 1233, 1818, 1826, 1876.

RECOUVRER, se procurer, 102 ; — *a*, revenir sur, 276 ; retourner à, 315, 440, 948, 1693.

RECREANCE, restitution provisoire au défendeur de la chose litigieuse, 1535, 1561, 1582, 1583, 1584, 1585, 1782, 1789 ; mise en liberté sous caution, 668, 840, 1420, 1658.

RECREU, celui qui est mis en liberté sous caution, 1586.

RECROIRE, restituer provisoirement la chose litigieuse, 1782, 1787, 1788, 1789 ; mettre en liberté sous caution, 668.

REDEVANT, redevable, 796.

REDEVOIR, devoir par contre, 1593.

REFRAINDRE, réprimer, 482.

REGARDER, prendre garde, 534.

RELIGION, religion ; couvent, abbaye, 178, 316.

REMANANT, reste, 358, 368, 1595, 1610.

REMEMBRANT, qui se souvient, 32, 755, 1255.

REMEMBRER (SE), se souvenir, 1698.

REMOUVOIR, transporter, 739.

REMPIRIER, rendre pire, 1488.

REMUEMENT, renouvellement, changement, 610, 1323, 1835, 1850, 1893.

RENFORCIÉ, frappé d'aggrave ou de réaggrave, 191, 1206, 1605.

RENTIER, celui qui doit une rente, 680.

REPAIRIER, séjourner, 69, 396, 581, 1111, 1435, 1637, 1664; — *a*, fréquenter, 923.

REPLAINTE, nouvelle plainte, 1614.

REPLEGIER, répondre pour, 1332; 1333, 1346, 1348, 1349; *replegié*, part. passé; subst., celui pour lequel on a répondu, 1347, 1349.

REPLICACION, réplique, 196, 243.

REPONDRE, cacher, 591.

REPOSEE, place de repos, halte, 729.

REPOST, REPUS, part. passé de *repondre*; *en* —, en cachette, 835, 1435.

REQUEREUR, demandeur, 210.

REQUERRE, demander, 156, 165, 210, 239; réclamer, 237.

RESAISINE, action de *resaisir*, 73, 77, 850.

RESAISIR, saisir à nouveau; — *qqu'un*, lui rendre la saisine de ce dont il avait été dessaisi, 59, 61, 64, 853, 1785.

RESCOUEUR, celui qui *rescout*, 80, 1366, 1555; celui qui *se rescout*, 1379, 1389.

RESCOURRE, recouvrer par force, 1324; exercer le retrait lignager, 1356, 1371, 1377, 1378; réclamer, acquérir par retrait lignager, 1367, 1372, 1412, 1504; — *par la bourse*, voy. BOURSE; *se* —, se délivrer de vive force (quand on est prisonnier), résister avec violence (quand on est arrêté), 16, 356, 876, etc.

RESCOUSSE, action de *rescourre*, de recouvrer, 10, 403, 552, 876, 878, 909, 910, 1018, 1325; retrait lignager, 1356, 1367, 1390, 1391, 1392, 1397, 1820; action de *se rescourre*, de se délivrer, de résister avec violence, 1565, 1566, 1568, 1570.

RESCRISSION, chose récrite ou écrite après coup, surcharge d'écriture, 1082.

RESEMONDRE, semondre, appeler une seconde fois, 1909.

RESNABLE, raisonnable, 79, 297, 1791.

RESPITER, épargner par répit, 1572.

RESQUEUENT, 3ᵉ plur. ind. prés. de *rescourre*.

RESTOR, réparation d'un préjudice causé, compensation, dédommagement, 382, 384, 402, 442, 414, 415, 1299, 1447, 1561, 1718.

RESTORER, compenser, 419, 449, 1544.

RESTRE, être de nouveau, 1486, 1558; être aussi, 1511.

RETARGIER, retarder, différer, 521, 1916.

RETENUE, syn. de *protestacion*, 196; réserve, 248.

RETOLIR, reprendre, 985.

RETRAITE, retrait lignager, 1357, 1358.

RETRERE, retirer, 382, 396; ramener, 1802; — *par la bourse*, syn. de *rescourre par la bourse*, 487, 488.

RETRESIST, 3ᵉ sing. imp. subj. de *retrere*.

REVENTE, droit du douzième ou du cinquième denier du droit de vente et qui se payait en sus de ce droit dans certains cas, 1581.

REVENUE, rapport, 774; retour, 1655.

REVOIST, 3ᵉ sing. subj. prés. de *raler*.

RIBAUDAILLE, gens de mauvaise vie, 1604.

RIENS, chose en général; quelque chose.

RIÉS, voy. FRIÉS.

RIOTER, discuter, 43.

ROBER, voler, 329, 888.

ROBERIE, vol, 207, 996, 1413.

ROBEUR, voleur, 327, 748.

ROIE, raie; sillon, 458, 728, 1558; fig., sole, 762.

RONCI, roncin, cheval de charge; — *de service*, cheval qui devait être fourni pour le service du seigneur, 525, 793, 794, 795, 796, 800.

1. RONT, 3ᵉ sing. ind. prés. de *rompre*.

2. RONT, 3ᵉ plur. ind. prés. de *ravoir*.

ROOIGNIER, rogner; couper les cheveux en rond, 1835.

SAGE, instruit, 1238; *fere* —, mettre au courant, 53.

GLOSSAIRE.

SAIETE, flèche, 857, 1653, 1941.

SAINEMENT, sûrement, 1015.

SAISIR, saisir; part. passé, *saisi*, qui est en saisine, 1541; *saisi et vestu*, qui est en possession effective, 61, 939, 940, 941, 950, 1815.

SAUF, sauf; *sauve main*, sauvegarde, 614, 1021, 1090.

1. SAUVEMENT, en sécurité, 548, 572, 966; sûrement, 667.

2. SAUVEMENT, salut, 428, 743, 1982.

SAUVETÉ, salut, 361, 637, 926, 1474.

SAUVOIR, réservoir pour le poisson, 782.

SE, conj., si.

SECOURRE, neut., porter secours, 383, 387; act., aider, 923.

SECRÉ, secret, 929.

SEELEUR, celui qui appose le sceau, 1099.

SEIGNEUR, seigneur; possesseur d'un fief; mari; — *de loi*, voy. LOI; propriétaire, 1938, 1967.

SEIGNOURAGE, seigneurie, 485, 851, 1331.

SEING, marque, 9, 749.

SEINGNIER, marquer, 9, 749, 757.

SELONC, selon; à l'égard de, 311.

SEMONEEUR, celui qui est chargé de faire une semonse, 10, 59, 109.

SEMONSE, citation à comparaître en justice.

SEMONT, celui qui est cité en justice, 93, 95, 96.

SEOIR, être situé, 322.

SEREUR, cas régime de *suer*.

SERJANT, celui qui est aux ordres de quelqu'un, à quelque titre que ce soit, serviteur, intendant, 19, 701, 801, 802, 803, 822, 1005, 1006; partic., délégué du seigneur à certaines fonctions judiciaires pour l'exécution des jugements, des mandements, etc., 305; — *seremenlé*, délégué commissionné, assermenté, 283, 812, 855.

SERJANTER, administrer en qualité de *serjant*, 802, 806, 1554.

SERJANTERIE, office de *serjant*, 386, 821, 1601.

SEUE, connaissance, 1171, 1216.

SEURFET, abus, excès, 1123, 1141, 1561.

SÈS, cas sujet et régime plur. de sec.

SI, si, explétif, 285, etc.; cependant, 547, 1256; donc, 552; tellement, 703; — *que*, en sorte que, 7, 9, 15.

SIECLE, le monde, la vie mondaine en général, situation dans le monde, 17, 311, 1615, 1617; se dit souvent par opposition avec la vie céleste.

SIEENT, 3ᵉ plur. ind. prés. de *seoir*.

SIEUE, sienne.

SIEVE, SIEVENT, 3ᵉˢ sing. et plur. subj. prés. de *suir*.

SIRE et SIRES, cas sujet de *seigneur*.

SIUT, 3ᵉ sing. ind. prés. de *suir*.

SODOMITERIE, sodomie, 833.

SOIER, scier; faucher, 674.

SOIGNANTAGE, adultère, concubinage, 599, 601, 1636.

SOILE, seigle, 1923.

SOLEMNEMENT, solennellement, 600.

SOMMEMENT, assignation, 1786.

SORCERIE, sorcellerie, 334, 1840.

SOT, 3ᵉ sing. parf. déf. de *savoir*.

SOTIE, bêtise, 17, 735, 1941.

SOUCLAVE, fausse clef, 941.

SOUDEE, valeur d'un sou, 499, 792.

SOUDOIER, soldat mercenaire, 1687.

SOUFIRE, suffire; convenir, 1020.

SOUFRAITE, pénurie, 718.

SOUFRANCE, patience, condescendance, 15, 755; tolérance, 1320, 1612, 1723.

SOUFRANT, patient, tolérant, 15, 183.

SOUFRIR, supporter, 17, 170, 289; permettre, 336, 1758; *se* —, s'abstenir, 36, 212, 255, 492, 1238, 1901; *se* —, se maintenir, 272.

SOUGIET et SOUGIT, sujet; justiciable, 17, 262; — *de poosté*, voy. POOSTÉ.

SOUPEÇONEUS, suspect, 41, 947, 1096, 1113, 1201, 1243, 1599, 1746, 1764, 1895.

SOUPRESURE, dissimulation, 1961.

SOURDRE, survenir, 32.

SOUSAAGE, minorité, 1274.

SOUSAAGIÉ, mineur, 196, 1061, 1524.

SOUSESTABLI, part. passé et subst., procureur de procureur, 140, 173.

SOUSESTABLIR, donner (à qqu'un) un pouvoir de *sousestabli*, 140, 173.

SOUSTENANCE, subsistance, 533, 534, 576, 633, 931, 1458.

SOUTIL, subtil, habile, 20, 886, 1194, 1781, 1956.

SOUTILLECE, habileté, 1956.

SOUTILLETÉ, subtilité, 1224.
SOUTILLIER (SE), s'ingénier subtilement, 1924.
SOUTIUMENT, subtilement, 1194.
SOUVENANT, qui se souvient, 424.
SUBDELEGAT, délégué de délégué, 140.
SUER, sœur.
SUIF, 1re sing. ind. prés. de *suir*.
SUIR, suivre ; poursuivre, 327, 1023. 1786.
SUITE, suite ; poursuite ; recherche, 1644.
SUS, sur ; *metre —*, imputer, 846.

TAION, TAIE, grand-père, grand'mère, 1975.
TALENT, désir, envie.
TANT, tant ; fois, *teus deus tans*, deux telles fois autant, 702, *cent mile tans*, cent mille fois autant. (Cf. Tobler, dans *Zeitschrift für romanische Philologie*, V. 203).
TANTOST, tantôt ; aussitôt, 111, 112, 1115, 1157, 1744, 1915.
TAPINAGE, cachette ; *se metre a —*, se déguiser, agir en tapinois, 886.
TAUSSACION, taxe, 51, 1513.
TAUSSER, taxer, 26, 986, 1100, 1513.
TEMPORALITÉ, pouvoir temporel laïque, 311.
TEMPOREUMENT, par rapport au temporel, 618.
TENANT, qui a la possession effective, 10, XLVII rubr. ; *fief — et prenant*, celui dont on a la possession et la jouissance effectives et simultanées, 491 ; *— et prenant*, celui qui possède le bien et en lève les fruits, 448.
TENÇON, querelle, 828.
TENEURE, possession en fait d'une chose immobilière, avec ou sans droit.
TENUE, syn. de *teneure*, 554.
TERE, taire ; *se —*, s'abstenir, 482, 498, 522, 538, 694, 1088.
TERMOIEMENT, vente à terme, 10, LXVIII rubr., 1928, 1935.
TERMOIEUR, celui qui vend à terme, 1924.
TERPLIQUIER, tripliquer, 140.
1. TESMOING, témoin.
2. TESMOING, témoignage, 827, 868, 1155, 1204, 1605.

TIERÇAINE, fièvre tierce, 1713.
TIERCIER, diviser en trois, 498, 1492.
TIEULE, tuile, 712.
TOLEUR, celui qui *tout*, qui enlève, 985.
TOLIR, enlever, 19, 210, 551.
TOR, taureau, 1944.
TORFET, dommage, 368 ; méfait, 26, 382 ; violence.
TOURBE, foule, 1157.
1. TOURBLE, subst., trouble ; *nouvel —*, empêchement apporté à la jouissance d'une chose dont on est en saisine, 297, 307, 954, 957, 958, 964.
2. TOURBLE, adj., trouble ; *— dessaisine*, syn. de *nouvel tourble*, 206.
TOUROIT, 3e sing. cond. de *tolir*.
TOURT, 3e sing. subj. prés. de *tourner*.
1. TOUT, tout ; —, suivi d'un verbe au subj., bien que, 1135 ; *— ainsi*, par conséquent, 1761, *— soit il ainsi que*, bien que, 43, 379, 455, 567 ; *— ne*, bien que ne, 943, 1134 ; *— aussi*, de même, 553 ; *— sans*, excepté, 64 ; *a —*, avec ; *toutes voies*, voy. VOIE ; *toute jour*, fréquemment, 1626.
2. TOUT, 3e sing. ind. prés. de *tolir*.
TOUTE, enlèvement, vol, 612, 1413, 1489, 1935 ; imposition, 1539.
TRAIEUR, tireur (à l'arc), 1941.
TRAIST, TRAISTRENT, 3e pers. parf. déf. de *trere*.
TRAITEUR, traître, 327, 992.
TRAITREMENT, en traîtrise, 926, 992.
TRANSCRIT, copie, 165, 211.
TRAVAILLIÉ, fatigué, épuisé, 1117.
TRAVEILLIER, travailler ; tourmenter, importuner, 315, 1343 ; être en travail d'enfant, 1813 ; *se —*, se donner du mal, 1912, 1913.
TRAVERS, action de traverser, 1558 ; *passer le —*, traverser, 1941.
TRERE, tirer, citer, faire venir, 1791, 1813 ; *— a*, se présenter devant, 232, 461, 1586, 1788.
TRESFONSEUR, tréfoncier, 715, 1547.
TRESPASSANT, voyageur, 1113, 1619 ; passant, 1942.
TRESPASSER, passer à travers, 1942 ; dépasser, passer par-dessus, 703, 1774, 1973, 1975 ; transgresser, 849, 901, 920, 1074, 1615, 1842.

GLOSSAIRE.

TRESPORTER, déplacer, 724.
TRET, intention effective, instigation, action de soudoyer, 1711, 1747, 1808.
TRICHEEUR, trompeur, dupeur, 3, 992.
TRICHERESSEMENT, en trompeur, en dupeur, 990, 993.
TRICHERIE, tromperie, duperie, 3, 10, 815, 989, 991, 992, 993, 1076.
TRIPLICACION, réponse à une *replicacion*, 196.
TRIVE, trève, 299, 300, 825, 1690, etc.
TROUVER, composer, écrire, 1.
TRUEVE, trouvaille, 737, 738.
TRUIS, 1re sing. parf. déf. de *trouver*.
TRUIST, TRUISENT, 3es sing. et plur. imp. subj. de *trouver*.
TUEL, tuyau; tige, 1559.
TUIT, sujet plur. de *tout*.
TUTERIE, tutelle, 552.

UI, aujourd'hui, 97, 111.
USER, act., faire usage de, 86, 1510, 1516; employer habituellement, 740; part. passé, *usé*, usité, 1510.
USERIER, celui qui prête à *usure*, 10, 1528.
USURE, usure; prêt d'argent moyennant intérêt; intérêt produit, 10, 1000, 1304, 1528, 1921, 1922, 1923, etc.; différence en plus entre la valeur d'une chose qu'on doit rendre et celle de la chose qu'on a empruntée, 1122.

VAISSEL, vaisseau; ruche; — *d'és*, essaim d'abeilles, 1967.
VEER, interdire, 251, 708, 1053; refuser, 320, 929, 1739, 1740, 1858.
VENGEMENT, vengeance, 1710.
VENGIER, venger; en général, punir.
VENJANCE, vengeance; en général, punition.
VENTE, vente; au plur., droit payé au seigneur lors de la vente d'un héritage, 864, 1414, 1454, 1580, 1581.
VERRIERE, fenêtre vitrée, 708.
VERS, vers; à l'égard de, 8.
VESTU, garni, 449, 675; *saisi et* —, voy. SAISIR; *court vestue*, voy. COURT.
VEUE, vue; descente de lieux, 148, 149, 218, 278, 1100, 1406.
VEVEÉ, veuvage, 319, 1435.
VEVETÉ et VEUVETÉ, veuvage, 90, 442.
VIÉS, vieux, 863.
VIESEURE, vétusté, 1141.
VILENAGE, vilainage; héritage tenu à cens, à rente ou à champart, 452, 461, 466, 467, 564, 630, 1488, 1530, 1786, 1791; *terre* —, même sens, 511.
VILENER, injurier, outrager, 877, 1296, 1300, 1785.
VILENIE, situation vile et méprisable, 16, 29, 52; tort injurieux, 25, 26, 30, 344.
VOIE, voie; *toutes voies*, toutefois, 16, 53, 64, 96, 1562, 1575, 1575, 1657, etc.
VOIERIE, entretien des chemins; charge de cet entretien moyennant certains droits profitables et d'autres onéreux, 722, 723.
VOIR, adj., vrai; employé substantiv. dans les locutions: *il est voirs, c'est voirs,* etc., 76, 1617, 1657, 1811, etc. (Cf. H. Piatt, *Neuter in Old French*, p. 25-27. Strasbourg, 1898); *metre en* —, faire attester la véridicité de, 304, 915, 1592, 1601, 1794, 1803.
VOIRE, même, 120, 579.
VOISENT, 3e plur. subj. prés. de *aller*.
VOIST, 3e sing. subj. prés. de *aller*.
VOLENTIF, désireux, 1576.
VOUS, 1re sing. parf. déf. de *vouloir*.
VOUSISSE, VOUSISMES, 1res sing. et plur. imp. subj. de *vouloir*.
VOUSIST, 3e sing. imp. subj. de *vouloir*.
VOUT, 3e sing. parf. déf. de *vouloir*.

TABLE

DES

NOMS DE LIEUX ET DE PERSONNES

Les nombres en caractères gras renvoient aux paragraphes où se trouve une note relative au nom.

ARTOIS, province, 1780.
AUXERRE, ville, 1067.
BEAUMANOIR (Philippe de), Voy. PHILIPPE.
BEAURAINS, probablement commune de l'Oise, arrondissement de Compiègne, canton de Noyon, 1770.
BEAUVAIS, ville, 351 ; comté de —, 322 ; évêché de —, 91 ; officialité de —, 91, 387.
BEAUVAISIS, province, 1, 10, 137, 211, 373, 379, 452, 453, 454, 455, 457, 497, 544, 546, 722, 723, 724, 761, 793, 1452, 1641, 1669, 1780, 1829, 1883, 1898, 1904, 1982.
BOULOGNE, Boulogne-sur-Mer, ville, 1194, 1296.
BULLES, bourg, **471**, 517, 764.
CÉSAR (Julien), Jules César, 749.
CHAMPAGNE, province, 1212.
CATENOY, bourg, **751**.
CHASTENOY, Voy. CATENOY.
CLERMONT, Clermont-de-l'Oise ou Clermont-en-Beauvaisis, ville, 92, 297, 308, 453, 456, 489, 703, 723, 746, 751, 753, 780, 790, 792, 839, 843, 882, 915, 920, 1014, 1080, 1099, 1128, 1158, 1193, 1194, 1243, 1309, 1653, 1829, 1863, 1899, 1913 ; comté de —, 1, 3, 6, 24, 92, 295, 322, 354, 442, 471, 682, 703, 746, 773, 794, 973, 1323, 1641, 1723, 1724, 1760 ; comte de —, 1, 10, 36, 294, 322, 915, 973, 1471, 1546, 1641, 1666, 1701, 1775, 1913 ; baillis de —, 92, 140, 1098, 1604 ; châtellenie de —, 277, 766, 1387, 1691, 1881.
COMPIÈGNE, ville, 1807, 1812.
CONTY, bourg, **471**, 517, 564.
CREIL, ville, 442, 453, 690, 723, 746, 1056, 1254, 1309 ; châtellenie de —, 1323.
CRÉPY, Crépy-en-Valois, ville, **1829**.
DAMMARTIN, Dammartin-en-Goële, bourg, **1546**.
FLANDRE (comte de), 1779.
FRANCE, royaume de —, 6, 7, 445, 1104, 1212, 1431, 1512, 1517, 1702 ; roi de —, 1, 8, 52, 176, 294, 445, 546, 915, 986, 1467,

1701, 1702, 1722. Voy. ILE-DE-FRANCE.

ILE-DE-FRANCE, province, **454**, 546, 602, 1780.

GAND, ville, 1779.

GILOT DE LA HOUSSOIE, 1770. Voy. HOUSSOYE.

GOURNAY, Gournay-sur-Aronde, village, **723**, **882**.

GRÈVE, la place de Grève à Paris, 1067.

GUINES (comte de), 1977.

HAIES, hameau, **690**.

HEZ (forêt de), **916**, 973.

HOUSSOYE (LA), probablement commune de l'Oise, arrondissement de Beauvais, canton d'Auneuil, 1770.

LOMBARDIE, Italie. 886.

LOUIS, roi de France, Louis IX, 1 variante, 1701, 1722.

MILLY, village, **454**.

NEUVILLE-EN-HEZ (LA), bourg, **882**, 973, 1159, 1243, 1323.

NORMANDIE, province, 1100.

PARIS, 1128, 1233, 1780, 1067, 1845.

PHILIPPE, roi de France, Philippe II Auguste, 445, 1702.

PHILIPPE, roi de France, Philippe III le Hardi, 52, 176.

PHILIPPE DE BEAUMANOIR, 1097, explicit final.

PIERRE DE TIVERGNI, 689, 690. Voy. TIVERNY.

RAOUL, comte de Clermont, **973**.

REMY, village, introd. p. I, 723, 752, 882.

RENAUT DE BEAURIN, 1770. V. BEAURAINS.

ROBERT, comte de Clermont, fils de Louis IX, **1**, 294, 915.

ROME, 886.

SACY-LE-GRANT, bourg, **723**, **882**, 1323.

SAINT-GILLES, ville, **1296**.

SAINT-JACQUES-DE-COMPOSTELLE, anciennement Saint Jaque en Galice, ville, **1296**.

SAINT-JUST-EN-CHAUSSÉE, village, **1243**.

SENLIS, ville, 1233.

SOISSONS (Évêché de), 91.

TIVERNY, bourg, 689, 690.

VERMANDOIS, province, 1780.

VILE NUEVE EN HES (LA), Voy. NEUVILLE-EN-HEZ (LA).

VINCENNES, résidence royale ; bois de —, 1770.

TABLE ANALYTIQUE

Abbaye, V. Couvent.
Abrègement de fief, V. Fief.
Absence. — du mari, 1636.
Accident, V. Cas d'aventure.
Accusés. En quels cas ils se disculpent par leur serment, 219, 890-894, 901-904.
Acquêts, 378, 487-488, 504-505, 1309.
Acquisition. — faite par un officier de justice, 1037 ; par des gens de commune, 1530, 1531.
Actions, V. Demandes.
Adhésion. Preuve par —, 1154, 1169.
Adultère, 930, 933, 934, 1637.
Adultérin. Enfant —, 599.
Affranchis, 1440-1442, 1445-1447, V. Serfs.
Age, V. Majorité, Mineurs.
Aïeuls. Droits des — sur la succession de leur petit-fils, 496 ; place dans l'arbre généalogique, 606.
Aînesse, 464, 465, 466, 469, 472, 473, 476-478, 499, 601, 1478, 1479, 1482.
Ajournement, 123, 854, 855, 856, 901. V. Semonce.
Alibi ou *Espurge*, 493, 1804.
Alleu. Il n'en existe pas dans le comté, 688.
Ambiguité. Paroles ambiguës, 410.
Amendes. — dues au comte de Clermont, 301 ; — pour fiefs, 376 ; — diverses, 839-879, 884, 890, 891, 892, 895-896, 905, 906 ; — de nouvelle dessaisine, 965, 1077, 1078 ; — variables selon les cas, 823 ; — variables dans le comté, 882, 906 ; — pour gages contremandés, 1719.
Amesures, 890, 912.
Amortis (biens), 1463.
An et jour. Terme d'—, 551-554.
Appel. V. Jugement, Gages de bataille. Jugements, Défaute de droit, etc.
Aprises, 1224 ; différence entre — et enquêtes, 1238.

Aquêts, 493.
Arbitrage. Sentence approuvée du souverain, 1286 ; divers modes d'—, 1265 et suiv. ; peines prévues en —, 1298 et suiv.
Arbitres, 1261 et suiv.
Armes. Port d'—, 848, 1645, 1653, 1654, 1655 ; interdiction, 857.
Arrérages, 285-287.
Arrestation de malfaiteurs, 907, 908, 909, 910, 911, 950, 1534-1537, 1570-1571.
Arrière-fief. De faire —, 77, 497, 1483, 1484 et suiv.
Asile. Lieux d'—, 325-332, 741.
Assesseurs des baillis, 37, 38, 39, 40, 41.
Assises de bailli, 23, 24, 25, 26, 32 ; — d'hommes de fief, 23, 24, 36, 42, 43, 227.
Associations ou *compagnies*, 621 ; — par mariage, 622 ; — de commerce, 623, 624, 649, 650-655 ; — par cohabitation, 625, 626, 627, 645 ; — entre le beau-père ou la belle-mère et les enfants du premier ou du second lit, chez les gens de poosté, 628, 643, 645 ; — entre le père et les enfants orphelins de mère, 644, 645 ; — des gens de la même ville, V. Ville ; — résultant d'une indivision ou d'une cojouissance de biens, V. Parçonerie.
Assurement. Termine une guerre privée, 1681 ; ce que c'est et comment il se fait, 1690 et suiv. ; rupture d'—, 1647, 1648, 1726 ; demande d'—, 297, 299, 300 ; — entre clercs et laïques, 347 ; saisine pour —, 1537.
Attentats. Contre les personnes, V. Crimes, Meurtre, Homicide, Viol, Trahison, Coups et Blessures, Injures, etc. ; — contre les biens, V. Vol, Délits, Incendie, etc. ; — contre la religion et la morale, V. Hérésie, Sacrilège, Sodomie, etc.

Audience. Jours d'—, 96.

Auditeurs, 1236 et suiv.

Avarice. Est plus blâmable dans un bailli que dans toute autre personne, 17.

Aveugles. Garnisaires, 1605.

Aveux et désaveux, 1418 et suiv., 1459 et suiv. : — vilenages, cens, etc., 1443 et suiv.

Avisement. Jour d'—, 293, 1173.

Avocat. 174-189, 193-195 ; — appelé en témoignage, 1199, 1210.

Avoué. Constitution d'—, 1711-1713, 1721, 1832, 1841, 1849-1850, 1891.

Bail, 506 et suiv., 516-518, 566, 630-638, 640, 641 ; demande sur —, 203.

Bailli. Quelles qualités il doit avoir, 12-21, 30 ; ne peut recevoir de cadeaux, 29, 1036 ; son impartialité, 33 ; ne peut avouer garant, 1050 ; ses pouvoirs judiciaires, 23-26 ; comment il exercera la justice, 31, 32, 34, 35, 42, 46, 48, 49 ; n'assiste pas au délibéré, 43 ; ses fonctions administratives, 37, 28, 50, 51, 54, 55 ; doit rester dans le pays pendant 40 jours après la cessation de ses fonctions, 53 ; peut avoir des mandataires, 37, 41 ; comment et quels, 38, 39 ; représente le comte dans ses procès avec ses hommes de fief, 45 ; a un sceau authentique, 52 ; son sceau et les lettres de baillie, 52.

Bannis, 836, 859, 1035, 1161, 1536, 1695-1696, 1727-1733 ; — ne peuvent tester, 411.

Baronie. Celui qui tient en — est souverain dans sa —, 1043 ; celui qui tient en — ne lève pas de roncin de service, 800 ; sceau de baron, 1214, 1215, 1216 ; chaque baron en sa — a la garde des églises, 1465, 1466, 1469 ; le baron peut prendre les forteresses de ses sujets, 1662-1665 ; le baron ne peut contraindre un sujet à vendre, mais à échanger, 1666 ; le baron peut contraindre à cesser une guerre privée, 1669.

Barres, V. Exceptions.

Bâtardise. Juridiction ecclésiastique, 333, 587, 588.

Bâtards, 578, 579, 580, 581, 582, 584, 586, 587, 589, 590, 591, 596, 597, 599 ; — déboutés de témoignage, 1176 ; — ne peuvent rescourre héritage, 1377 ; bâtard n'est pas serf, 1435, 1456 ; lépreux, 1619 ; — en guerre privée, 1688, 1697 ; — en gages de bataille, 1806.

Bêtes. Prises en délit, 879, 1557, 1558, 1560-1563, 1569 ; — de fer, 1938 ; — mises en jugement, 1944 ; — confisquées, 1944, 1945 ; — perdues, 1966.

Blasphémateurs. Ordonnance de Louis IX contre eux, 51.

Blés. Considérés comme choses meubles, 457, 673, 674, 675 ; cas contraire en apparence, 677.

Blessure, 841.

Bois. Valeur des — dans le comté de Clermont, 774 ; — coupé est chose meuble, 673, 774 ; droit d'usage dans les —, 691.

Bornage. Fait par le bailli, 54 ; demande de —, 851 ; — enlèvement de bornes, 850.

Bougres, V. Hérésie.

Bourgeois. Fiefs tenus par des —, 1496 et suiv. ; les — n'ont pas droit de guerre privée, 1671, 1672.

Braconnage, 935.

Cadets, V. Puînés.

Cas d'aventure et de mésaventure. On doit y apporter des sentiments de miséricorde, 1939 ; responsabilité, exemples, 1940 et suiv.

Cautionnements, V. Pleige.

Cens. Non payé au terme, 703, 862, 893, 912 ; — cotier, V. Succès.

Champart, 789 ; amende, 852 ; contestations, 894, 985-896, 899-900, 912.

Champion. Constitution de —, 1711, 1712, 1721, 1832, 1841, 1849-1850, 1891 ; on coupe le poing au — vaincu, 212, 1721, 1891 ; — loué à temps, 1137.

Chapelles. Lieux d'asile, 325-332.

Chartes, V. Lettres.

Château. Siège de la seigneurie, ne peut être donné en douaire, 453, 454.

Chatel. Demande sur —, 198, 214, 280, 297, 379 ; demande de vue ou demande sur —, 277-279 ; pas d'aînesse en partage de —, 1482 ; constitution de champion, 1721.

Chemins ou *routes.* Différentes sortes de —, 718, 719, 720 ; propriété des —, 721, 722, 724 ; justice des — 721, 722, 723 ; entretien des —, 726, 731, 732, 733-734 ; bornage des —, 725 ; détérioration de —, 727, 729, 730 ; usages sur les —, 728 ; circulation, 735.

Chevalier. Garantit un écuyer, 880 ; ne garantit pas le —, 881, 1044.

Cimetières. Lieux d'asile, 325-332 ; — profanés, 1352.

Clerc plaidant en cour ecclésiastique, 316 ; — jugé par la cour ecclésiastique, 317 ; — possédant des droits de justice, 322 ; — tenant héritage, 345 ; — marchand,

340 ; crime commis par un —, 350-352, 353-356 ; — débouté de témoignage, 1174 ; — appelé comme pleige, 1321 ; — ne peut être serf, 1436, 1448 ; — ne peut appeler ou être appelé en gages de bataille, 1800-1801.

Clermont (comte de). Ne peut être juge et partie dans sa cause, 36 ; débat avec ses hommes de fief, 44, 45 ; ressort du —, 294-308, 322, 428, 669, 723, 1641 ; — ne peut contraindre son sujet à lui vendre un héritage, 1666.

Coalitions. Industrielles, 881 ; — politiques, 885, 886, 1044.

Cohéritiers. 656, 657, 658, 659, 660, 661, 662, 663.

Commandement de seigneur inobservé, 854, 855, 871 ; — de justice, 920, 921 ; — immoral, 1640.

Communes, V. Ville.

Compagnie, V. Association.

Compétence de juge, 214, 911 ; erreur sur la —, 1776.

Complice d'un voleur, 945, 947.

Compromis, 1261, 1263, 1269, 1279 ; peine ou sanction du —, 1285, 1291, 1292, 1298-1307.

Condamnés. Ne peuvent tester, 411.

Confiscation d'une terre pour laquelle on paye pas de redevance, 688. V. Alleu.

Conquêts, 365, 382, 383, 495, 496.

Conseiller appelé en témoignage, 1199.

Conseils. 194, 217, 218, 309, 310, 431.

Consignation. En la main du seigneur, 214.

Construction des maisons, 706, 707, 708, 709, 710 ; — avec des matériaux étrangers, 711, 712.

Contrainte. Dispense de tenir sa promesse, 220.

Contrats, V. Lettres, Louage.

Contre-acens, 1132, 1133.

Contremand, 64, 65, 110, 111, 113, 119, 121-123, 126, 130, 131, 135, 297, 431 ; différence entre le — et l'essoine, 108. V. Essoine.

Convention, 1066 ; celles qui doivent être tenues, 999, 1002, 1009, 1010, 1016-1017 ; celles qu'on n'est pas forcé de tenir, 1000, 1001, 1003, 1031, 1032, 1034, 1040, 1058 ; — retardée, 1060 ; — pour objets appartenant à un autre, 1061 ; — relative à plusieurs objets, 1062 ; — sous condition, 1063, 1064, 1067, 1068 ; sûretés des —, 1065 ; diverses sortes de —, 1004, 1021 ; — contraire à la loi, 1025 ; — immorale, 1026, 1027, 1028 ; — obtenues par violence, 1029 ; — faite à un tiers ou pour un tiers, 1038, 1039 ; demandes sur —, 201, 220, 259, 297, 1061 ; — jugées en cour laie, 342. V. Lettres.

Coups et blessures. Différents délits, 839, 840, 843, 878 ; amende, 839 ; prison, 842 ; dommages-intérêts, 841.

Cour ecclésiastique, 93, 196 ; différences avec la cour laie, 214 ; compétence de la —, 311-315, 317-321, 323, 326, 338, 1877-1879, 1925 ; cas qui ne sont pas de la compétence de la —, 339-347, 350-360, 428 ; procureur en —, 161 ; — peut revenir sur un jugement prononcé, 592, 594-595.

Cour laie. Différence avec la cour ecclésiastique, 211, 311 ; — peut juger sur demande de la cour ecclésiastique, 315 ; — juge les crimes commis par les croisés, et leurs demandes en héritage, 318 ; des veuves, 319 ; testaments, 320, 321 ; — tenue du roi, 322 ; — juge du sacrilège, 326 ; — doit aider la justice ecclésiastique, 337 ; compétence de la —, 339-347, 350-360, 428, 1877-1879 ; composition des tribunaux, 1792-1793, 1884-1886 ; procédure, 1851 et suiv., 1882 et suiv. ; diverses cours, 1876 ; incompatibilités, 1883, 1888, etc.

Cour le roi ou *Parlement*. Appel à la —, 44, 843 ; — peut arrêter les empiétements des cours ecclésiastiques, 322 ; appel à la — ne pouvait être interjeté qu'après épuisement successif des justices inférieures, 322.

Coutumes. Ce que c'est que —, 683, 717 ; elles sont délaissées, 7 ; — prévalent contre usage, 693 ; principales —, 695, 696, 697 ; — inobservées en cas de nécessité, 1510 et suiv. ; — du pays doivent être observées, 1780.

Couvents et abbayes, 55 ; lieux d'asile, 325-332.

Créances du comte de Clermont, 301. V. Dettes.

Créanciers. Doivent poursuivre le baillistre, 527 ; peuvent poursuivre le mineur, 529 ; plaintes, 1055, 1056-1057 ; privilèges et paiement des créanciers, 1593 et suiv., 1606 ; réclamations justes et réclamations faites à tort, 1607 et suiv.

Crimes. Différents —, 823, 836, 837 ; haute justice, 1642, 1643 ; action pour cas de —, 207, 297, 304, 341, 1046 ; imputation de —, 212 ; réponse, 215 ; — commis par des clercs, 350-352 ; — commis par un mineur, 560 ; serment de vérité, 619 ; manière de juger, 917, 918, 919, 922 ; conséquences pour la femme du criminel, 931 ; le criminel condamné ne peut témoigner, 1436 ; il perd tous ses biens, 1573.

Croisé. Jugé par la cour ecclésiastique, 318 ; crime commis par un croisé, action d'héritage entamée par un —, 318 ; — appelé comme pleige, 1322, 1348.

Croix. Edifiées sur les routes, 741.

Débiteurs. Comment les poursuivre, 1593 et suiv. : fraudes des —, 1596-1598 ; abandon de biens, 1598-1599 ; offre de gages, 1607 et suiv. ; répit, 1608.

Défaut, 64, 74, 78, 94, 114, 115, 121, 258, 901.

Défaut d'homme, 77, 78, 556, 566.

Défaute de droit. Ce que c'est, 1778 ; appel de —, 44, 295, 322, 1740 et suiv., 1761, 1774 et suiv., 1779, 1781 et suiv., 1894.

Défense, 196 ; réplication, 196 ; cas de légitime —, 887, 888, 889 ; terres en —, 1558, 1559, 1560.

Degrés de lignage, 603-610.

Délits ruraux et forestiers, 860, 879, 905, 906, 935.

Demandes. Différentes —, 197 ; manières de demander, 198-209, 213, 216-218, 220, 224, 225, 241 ; — où il y a opposition, 222 ; — à des héritiers, 223 ; serment, 226, 227 ; — personnelles, 214, 228, 229, 332, 338 ; — réelles, 228, 230, 232 ; — mêlées, 231, 232 ; — faites trop tard, 263, 271, 272, 273-275 ; causes qui rendent valables les — tardives, 265-270 ; libelle, 196.

Demandeur. Peut poursuivre les héritiers du défendeur, 225 ; doit jurer de dire la vérité, excepté en cas de crime, 226-227.

Dénonciation, 207, 208, 917-919 ; réponse, 215.

Dépôt ou Garde. Objets mis en dépôt ou en garde, 1105-1113.

Dés (Jeu de). Interdiction, 857.

Désaveu. Ce que c'est, 1418-1419 ; que doit faire le seigneur en cas de —, 1419 ; diverses manières de —, 1420, 1421, 1422, 1424 ; comment faire — quand on ne sait de qui relève le fief, 1423 ; en quelle cour le seigneur doit poursuivre le tenancier qui désavoue, 1419, 1425, 1430 ; poursuite contre le serf qui désavoue, 1431 ; comment le seigneur peut prouver son dommage, 1365, 1366, 1367 ; des biens que l'on ne peut désavouer, 1443, 1444, 1452 ; quelles gens ne peuvent avouer ni désavouer, 1460 ; — de garde et — d'héritage, 1462 ; — fait par un clerc, 1463 ; — par procureur, 1464.

Dessaisine (nouvelle). Définition, 955, 956, 958 ; plainte de —, 1542 ; action de —, 205, 206, 214, 297, 308, 954, 959-963, 964, 966, 970, 971, 978, 979-982, 987 ; amende, 965 ; cas où il n'y a pas —, 967, 968, 969.

Dessaisine (trouble). Action de —, 206.

Dessaisissement, 61.

Dettes. Demande pour —, 220, 697 ; à payer sur un testament, 368 ; contrainte par corps, 696 ; saisine pour —, 1538 et suiv. ; — contractées par des étrangers, 1907.

Dévétissement, 694.

Dîmes, 348, 349.

Dommages, 905, 906.

Dommages-intérêts, 1316, 1337-1339, 1340, 1350, 1351 et suiv.

Dons, 484 ; action pour —, 220 ; — aux églises, 314 ; — exagérés ou contraires à la coutume, 482, 1968 et suiv. ; — pour une cause immorale ou contraire à la religion, 1969.

Douaire, 429 et suiv., 602 ; action sur — 202, 297, 306 ; cens dû sur —, 863 ; nouvelle dessaisine de —, 971.

Duel judiciaire. Règles, 1714 et suiv., 1770-1771, 1829 et suiv., 1891. V. Gages de bataille.

Échange. Rachat pour — de fief, 765 ; — d'héritage, 1012, 1013, 1361.

Écuyer. Garanti par le chevalier, 880 ; ne garantit pas l'—, 881 ; — garantit ses hommes de fief ou ses hôtes, 1045.

Edifices. Prix d'—, 783.

Églises. Lieux d'asiles, 325-332 ; — légataires, 367 ; garde des —, 1465 et suiv. ; désaveu du garde, 1470, 1476 ; — privilégiées, 1467 ; — profanées, 1532 ; épée spirituelle, 1474 ; hommes qui se donnent aux —, 1438.

Empêchement de jouissance, 206.

Empoisonnement, 837.

Enquêtes et Aprises, 1224 et suiv., 1895-1896.

Épaves, 1563, 1619, 1625, 1644, 1966, 1967.

Épée spirituelle et épée temporelle, 1474, 1475.

Espurge, V. Alibi.

Essilleur de biens, 328, 331.

Essoine ou Excuse, 64, 65, 98 et suiv., 107, 109, 110, 112, 113, 117, 119-126, 128, 129, 134, 297 ; différence entre l'— et le contremant, 108 ; — de femme, 116.

Établi, V. Ville et Procureur.

Établissements royaux. Voy. Ordonnances.

Évadé. Celui qui s'évade est convaincu du crime pour lequel il était détenu, 836.

TABLE ANALYTIQUE.

Évêques. Juridiction des —, 322, 351 ; gardes des léproseries, 1620-1621.
Évidence. Preuve par —, 1155, 1169.
Exception ou *Barres*, 196, 225, 249, 250, 258-260, 261, 262, 282 ; — dilatoires, 236, 237, 239, 240, 248 ; gages sur — dilatoires, 1724-1725 ; — péremptoires, 236, 238, 240, 248, 281.
Excommunication, 314, 316, 323, 354.
Excommunié. Ne peut être avocat ni juge, 191 ; ne peut entrer dans une église, 50 ; ne peut porter témoignage, 1206.
Exécuteurs testamentaires, 391-399, 403, 409, 423, 424, 426, 427, 456.

Famine. Coutumes modifiées, 1511.
Femme. Criminelle, 931, 1813-1814, 1956 ; essoine de —, 116 ; — peut être avocat, 190 ; action par une —, 306 ; incapacité de la — mariée, 1061 ; — appelée en témoignage, 1175, 1197 ; testament par une —, 366 ; — en puissance de mari ou en religion ne peut être arbitre, 1287 ; ni être pleige, 1330, 1334-1336, ni faire de dettes, 1330, 1334 ; ni rescourre héritage sans son mari, 1378 ; ni appeler en gages, 1796 ; — qui tient en fief peut juger, 1288 ; don fait par une — mariée, 1974 ; ne peut être mise en prison que pour crime, 49 ; punition de méfait commis par une —, 930, 931, 932, 933, 934 ; dette contractée par une —, 90 ; privilèges en justice, 116, 168, 306 ; — peut refuser de payer les dettes de son mari, 440, 441-442 ; conséquence de son refus, 456 ; service dû par une — pour cause de fief, 821. V. Douaires, Veuves, etc.
Feuté, V. Vassalité.
Fief. Hérité, 464, 465, 468-473, 1478 ; — abrégé, 798, 799, 1446, 1477 et suiv. ; — affranchi, 1446 ; — tiercé, 498, 1478, 1480 ; produits des fiefs venant aux seigneurs, 761-768 ; amende, 861 ; — possédé par des non nobles, 1496 et suiv. V. Arrière-fief.
Flagrant délit. Arrestation en cas de —, 1557, 1561 et suiv.
Foi. Accusation contre la —, 312.
Foi mentie. Appel de —, 1772-1773.
Force ou *Violence.* Faite à une femme, 926, 929 ; définition, 956, 958 ; diverses manières de faire —, 1030, 1031, 1032, 1033 ; action pour —, 204, 214, 297, 307, 954, 964, 966, 983, 984, 985, 1044 ; plainte de —, 1542.
Force majeure ou *Nécessité*, 716, 1510 et suiv.

Fornication, 934.
Forteresse emportée en douaire, 439, 453, 454, 455 ; réquisitionnée et occupée par le suzerain, 1662, 1663, 1664, 1665, 1666.
Fous, V. Insensés.
Frais des procès, 251.
Franchise, V. Serfs, Francs (hommes), etc.
Francs (hommes), 1451-1453.
Fraude par des marchands, 946 ; — dans des contrats, 1099 ; — dans un procès, 1100 ; fraudes diverses, 1414 et suiv.

Gages pris pour dette, 873, 874, 875, V. Pleige.
Gages de bataille. Appels par —, 1709 et suiv., 1761, 1772, 1773, 121, 212, 340, 619, 1174 ; règlement, 1714 et suiv. ; contre son seigneur, 1734 et suiv. ; preuve par —, 1148, 1163, 1166 ; — terminent les guerres privées, 1682 ; moyens d'anéantir les —, 1794 et suiv. ; cas où il n'y a pas d'appel, 1818 et suiv. ; présentations en cas de —, 1828 et suiv., V. Duel judiciaire.
Garantie. Forme et caractère de cette obligation, 1009, 1010, 1011, 1046, 1047, 1048, 1049.
Garde d'enfant, 506, 509, 513, 516-518, 534, 564, 566, 629, 630-638, 640, 641 ; demande sur —, 203.
Garnisaires, 1074, 1602-1605.
Gibier. Vol de —, 935.
Grains. Mesure des —, 750.
Guerres. Générales, 1510 ; — privées, 1667, 1669, 1811 ; comment elles peuvent naître, 986, 1670 et suiv. ; gens de pooté et bourgeois n'entrent pas en guerre, 1671-1672 ; — excusent le meurtre, 887, à la condition que la guerre soit *aouverte*, 1673 ; ordonnance sur les — privées, 1653 ; — ne rompent pas les promesses faites, 1034 ; fin des —, 1676 et suiv. ; dons faits pour éviter une guerre, 1034, V. Quarantaine, Force, Paix, Assurement, etc.

Haro. Clameur de —, 1571, 1956.
Hérésie. Accusation d'—, 312 ; châtiment, 833.
Héritage ou *Immeuble.* Ce que c'est, 672, 678 ; ventes d'—, 1578 et suiv. ; action sur saisine d'—, 199, 276 ; action sur propriété d'—, 200, 213, 214, 987, 988 ; tenure d'—, 271 ; action pour cause d'—, 280 ; action sur rescousse d'—, 297 ; héritage tenu par un clerc, 345 ; — grevé de douaire, 432, 433, 435 ;

association résultant d'— indivis ou à fruits communs. V. Parçonerie ; propriété acquise par usage, 686, 687 ; abandon d'— tenue à cens ou à rentes, 694, 695 ; — acheté par un officier de justice, 1037.

Héritiers. Loyaux, 578, 581, 582, 586, 600 ; — paient les dettes au prorata, 223 ; — répondent à un procès entamé, 225 ; — ne répondent pas des crimes ou des méfaits de leur père ou de leur devancier, 242 ; — exhérédés, 383, 385, 387 ; — plaidant sur un testament, 388, 389, 390 ; — mineurs, 400-402 ; — d'un douaire, 444, 449, 450-451, 452 ; — directs, 474 ; — obligés à tenir une *mise,* 1289, 1290.

Homicide. Définition, 828 ; genres et châtiment, 207, 212, 824, 825, 830, 880.

Hommage. Procès pour —, 343 ; — dû par suite d'héritage, 483, 484, 485, 486-488, 491, 492, 498, 565 ; — partagé, 489, 490 ; — d'arrière-fief, 497 ; — dû pour don, 499 ; désaveu d'—, 1734-1737.

Hommes de fief. Justice exercée par les —, 23, 24, 25, 26, 36 ; débats avec le comte, 44, 45 ; ne peuvent être appelés que pour défendre leur seigneur, 67 ; requête au seigneur, 207 ; justice des —, 294, 295 ; — mineur, 562 ; amende supérieure à 60 livres, 1077.

Hommes de poosté. N'ont pas de procureur, 108 ; — traités comme nobles, 537, 867, 1507 ; testament d'—, 365 ; amendes supérieures à 60 sous, 914, 915, 916, 1077 ; — possédant en fief, 1496 et suiv.

Hôpitaux. Garde et administration, 1621, 1622, 1688.

Hôtes. Situation, 975 ; obligations, 975, 976, 977 ; conditions de départ, 972-973, 974.

Immeuble, V. Héritage.
Impartialité, 1245, 1246.
Incendie, 207, 831.
Infidèles. Appelés en témoignage, 1206.
Infidélité de la femme. Peut être punie par le mari, 932, 933, 934.
Injures Dites à un particulier ou à un noble, 844, 845, 932 ; — à un magistrat ou à un fonctionnaire, 847 ; — dites à l'audience, 846.
Insensés, 118, 220, 411, 1061, 1183, 1575, 1605, 1616, 1624, 1625.
Interdictions de jeu, de port d'armes, etc., 857.
Intermédiaires. Ceux qui s'entremettent sans mandat ni commission, 813.

Interrogatoire. L'accusé peut ne pas répondre, 1574.
Ivresse. Promesse, marché, contrat par homme ivre, 220, 221.

Jardins. Prix de —, 784 ; mesure des —, 753.
Jugée (chose). Respect de la —, 216, 241.
Jugements. Rendus tantôt par le bailli seul, tantôt par les hommes de fief, 23 ; procédure, 1882 et suiv. ; appel de —, 24, 296, 322, 1752 et suiv., 1888-1890, 1897 ; procès entre le comte et ses hommes, 44 ; exécution des jugements, 1874-1875 ; — immédiatement exécutoires, 246 ; plusieurs — dans un même procès, 1908 ; présence des parties, 1909-1910 ; — sans appel en cour laie, 592 ; forme des —, 1916.
Juges. Responsabilité des —, 1752-1755, 1757, 1758, 1913 ; délais et répits qu'ils peuvent prendre, 1851 et suiv. ; récusation de —, 1871 et suiv., 1880-1881, 1898 et suiv. ; doivent procéder avec grand soin, 1956, 1963.
Juifs. D'épouser une juive, 585 ; contrats de louage, 1137 ; — appelés en témoignage, 1206.
Justice. Haute et basse —, 1641 et suiv. ; délais, 1851 et suiv. ; récusation de juges, 1871 et suiv., 1880-1881 ; exécution des jugements, 1874 et suiv. ; droits de — appartenant à des prêtres ou à des religieux, 322 ; dans les villes de commune, 1532 ; justices entremêlées, 1653 ; perte du droit de —, 1657 et suiv. ; diverses cours, 1876.

Larcin, V. Vol.
Largesse. Il est deux sortes de —, 17.
Legs, 368, 370, 384, 385 ; — conditionnels, 422 ; — à une église, 367 ; — à un bâtard, 597.
Lépreux. Ne peut communiquer avec les gens sains, 1617 et suiv. ; condition civile, 1617, 1688 ; — appelé en témoignage, 1177 ; — ne peut appeler ni être appelé en gages de bataille, 1817.
Léproserie. Établissement de —, 1618, 1620 et suiv. ; conditions d'admission, 1618, 1619, 1622.
Lettres ou *Contrats,* 1023, 1055, 1056-1057, 1073 et suiv. ; formes de contrats, 1091-1093 ; — imputées de faux, 1099 ; preuves par —, 1147, 1166, 1201, 1202, 1203 ; — d'official, 1204.
Lettres de baillie. Leur délivrance réglée par une ordonnance de Philippe III, 52.

TABLE ANALYTIQUE.

Libelles, 196.
Lieux religieux, 324, 332.
Lieux saints, 324, 325, 413 ; garde des —, 323.
Lignage, V. Parenté.
Locataire. Jouit de sa location nonobstant vente, 1016, 1017.
Louage. Diverses manières de —, 1123, 1129, 1130, 1131, 1134, 1139 ; condition, 1124, 1125, 1126, 1127, 1128, 1132, 1133, 1140, 1141, 1144 ; — de maisons, 1142 ; — de biens ruraux, 1143 ; perte de la chose louée, 1135 ; contrats de — immoraux, 1136, 1137 ; contrats de — dommageables au seigneur, 1136 ; — au plus offrant, 1138.
Loyauté. Est la plus précieuse qualité, 21.

Mainburnie, V. Garde.
Mainmorte. Les églises tiennent en —, 1473.
Majorité, 522, 523 ; preuve de la —, 556 ; — d'enfant de poosté, 536.
Malfaiteurs, 47, 314, 354-356, 883.
Mandataires, 806, 807, 808, 809, 810, 811, 812.
Marchandise. Tromperie sur la qualité de la — vendue, 946.
Marchands. Protection des —, 718 ; clercs — 346 ; fraude, 946.
Marché. Avec un homme ivre, 221 ; — avec un mineur, 558 ; pour un mineur, 561 ; caractères, 1049.
Mariage. Divisions et mauvaise entente entre époux, 1626 et suiv. ; juridiction ecclésiastique, 313, 586, 588, 589, 593 ; dissolution de —, 583, 584, 598 ; empêchements dirimants, 585 ; fraudes, 1051, 1052-1053, 1054 ; — de mineurs, 1068, 1069 ; remariage, 1636.
Masculinité. Privilège de —, 465, 470, 475.
Masure taillable, 386.
Méfaits, V. Attentats, Crimes, Vol, Saisine, etc.
Mélange d'objets, 714.
Mêlées, V. Rixes.
Menaces, 1544.
Mère. Droits de la — sur la succession de ses enfants, 493, 494, 495 ; la — hérite de son enfant né viable, 618.
Mésaventure (cas de) 246.
Mesures et Poids. Variables, 746 ; usages en matière de —, 743-745, 760 ; fausses —, 747 ; — particulières, 748-749 ; — de grains, 750, 757 ; — de vins, 751 ; — de terres, 752, 753, 754, 755 ; contrôle des —, 756, 757, 758-759 ; poids, 760.

Meubles. Ce que c'est, 671, 673, 674, 675, 676, 677, 678, 679, 680, 775, 776, 777 ; pas d'ainesse en partage de meubles, 1482 ; demande de —, 198, 213, 214, 280, 297, 379 ; jour de vue en demande de —, 277-279 ; — appartiennent au mari, 930, 931 ; — laissés par testament, 365, 379, 382, 383 ; — aux veuves, 440, 441-442, 456-458 ; — — peuvent revenir aux ascendants, 493-496 ; aux collatéraux, 495 ; constitution de champion, 1721.
Meurtre. Définition, 825, 827 ; différents cas, 880, 887 ; punition, 824, 830, 887.
Mineurs, 118, 203, 411, 506 et suiv., 551 et suiv. ; — faisant hommage, 562 ; — se faisant passer pour majeur, 563 ; — ne peut signer de convention, 1061 ; louage de leurs biens, 1138 ; — ne peuvent témoigner, 1178, 1183 ; — ne peut être arbitre, 1270, 1273-1275 ; — ne peut appeler ni être appelé en gages de bataille, 1810.
Monnayeurs (faux). Plusieurs sortes de —, 835 ; châtiment des —, 834.
Moulin, 661, 663, 1141.
Muet. Ne peut faire une convention, 1061 ; — ne peut être arbitre, 1270, 1271.
Mur mitoyen, 706.

Négation, 239, 245, 247, 257, 870, 1076 ; — n'est pas preuve, 1191, 1193.
Neveux et nièces. Leur place dans l'arbre généalogique, 606-609 ; droits des — sur des successions, 496, 500.
Nobles. Comment venus, 1451-1453 ; aveux et désaveux, 1418 et suiv. ; — imputés de servage, 1435 ; testament de —, 365 ; — traités comme hommes de poosté pour leurs vilenages, 866 ; amendes de vilenage, 865 ; amendes de fief, 865 ; possessions de fiefs, 1496 et suiv.
Notoriété publique. Preuve par —, 1155, 1169.
Nouvelleté. V. Dessaisine.

Obligations naturelles. Découlent d'engagements antérieurs, 1018, 1019, 1020.
Oncles et tantes. Droits des — sur la succession de leur neveu, 463.
Ordonnance ou *Établissement*. Exécutoires dans tout le royaume, 7 ; — faite par le roi seul, 1512 ; — contre les blasphémateurs, 51 ; — relative aux lettres de baillie, 52 ; — sur la voirie, 718 ; — de nouvelle dessaisine, 954 ; — sur la possession des fiefs, 1496,

1530 ; — sur les guerres privées, 1653, 1701, 1702 ; — sur la procédure d'enquête et les gages de bataille, 1722-1723 ; — en cas de nécessité, 1510 et suiv.

Orphelins. Sont sous la garde du seigneur, 567.

Paiement. Fait par erreur, 252, 253.
Paix. Termine une guerre privée, 1677-1680, 212, 1286, 1658 ; — en cas de gages ne peut se faire qu'avec l'assentiment du seigneur, 1756, 1846, 1847, 1848 ; — peut empêcher les gages de batailles, 1806.
Parçonerie d'héritages, 656-663 ; — de justices, 664-669.
Parcours des bêtes, 719.
Parenté. Degrés de —, 603-610.
Parjure, 212, 1041, 1186, 1605.
Partage entre héritiers, 614, 615, 616, 619, 620 ; — entre consanguins, 272, 569 ; — entre mineurs, 568.
Pâturage. Droits de —, 689, 690.
Péage. Amende, 892 ; estimation de leur valeur, 791 ; ne sont pas dus par les clercs ni par les gentilshommes, 892.
Péchés, 338.
Pêcherie, 656, 661.
Peines corporelles. Différence avec les mises, 1306. V. Amendes, Crimes, etc.
Pèlerinages, 265, 1296-1297.
Pèlerins. Protection des —, 742 ; — hors des guerres privées, 1689 ; danger des mauvaises fréquentations, 1963.
Peur. Promesse ou don fait par —, 220, 1029, 1034, 105, 13042.
Plainte non justifiée, 872.
Pleige. 70, 301, 873, 874, 875, 1046, 1047, 1048, 1049, 1050, 1070, 1071, 1072, 1213, 1308 et suiv. ; saisie du —, 1323, 1325.
Poids. V. Mesures.
Poissons. Vol de —, 935.
Possession de bonne foi, 611, 612, 613, 617, 618, 619.
Poursuite des malfaiteurs, 910, 911, 950 ; — en dommages-intérêts, 951, 952.
Prés. Mesure des —, 753.
Présomption. Preuves par —, 1156, 1157, 1158-1159, 1160, 1161, 1162, 1187.
Pressoir, 661, 1141.
Prêt. Gage rendu, 1024 ; terme de remboursement, 1022, 1115 ; prêts gratuits, 1114-1121.
Preuves, 244, 245, 1145 et suiv., 1162, 1217 et suiv. ; — par négation, 1191-1193 ; — par *accident,* 1197.
Prévôt peut se faire remplacer, 37, 38, 39, 41 ; — injurié, 847 ; — ne peut recevoir de cadeaux, 1036 ; — ne peut avouer garant, 1050.
Prises légales, 1556 et suiv.
Prison. Bris de —, 836, 848, 849, 953, 1160, 1657.
Prisonnier, 220.
Prix d'héritage, 773, 774, 778, 779 ; — de rentes, 780, 781, 782, 790 ; — de tonlieu, travers, etc., 791.
Procédure. Juridiction, 1854, 1855, 1856 ; délais et rejets, 1851 et suiv.
Procès, 308, 309 ; inobservation des règles, 923, 924.
Procuration, 140, 141, 143-147, 149-153, 173.
Procureurs, 117, 134, 137-139, 142, 148, 150, 152, 156, 162-164, 166-168, 170 ; — pour les villes, 154, 155, 169, 171, 172 ; — en cour ecclésiastique, 161 ; peuvent établir des mandataires, 165, 173 ; — appelés en témoignage, 1199, 1210.
Profès, 1616.
Promesse. Demande pour —, 220 ; — de don, 404.
Propriété. Acquise par dix ans de jouissance paisible, 686 ; par trente ans, 687.
Protestations, 196.
Puissance temporelle et *puissance spirituelle,* V. Épée.

Quadruplications, 196.
Quarantaine le roi, 1702-1704.
Quint d'héritage, 362, 368, 369, 382, 383, 1417.

Rachat de fief, 491, 508, 514, 762, 763, 764, 765, 766 ; — après vente, 767, 768, 1578-1579 ; — d'héritage, 773, 774, 778, 779.
Raisons. Pour demander ou pour défendre, V. Exceptions.
Rapport de dot, 254, 255, 477-482, 620.
Rapt, 207, 925, 926 ; — accompagné de vol, 927, 928 ; — avec violence, 924, 929.
Recel d'un banni, 859 ; — d'un vol, 943, 944, 947 ; — d'un hôte, 972-973.
Reconnaissance dans un procès, 247.
Reconvention, 91, 357, 358-359, 360.
Recort. Preuve par —, 1150, 1151, 1152, 1153, 1164, 1169, 1208.
Recréances. Comment on les peut obtenir, 1582 et suiv. ; — faites à tort, 1658.
Récusation de juges, 1871 et suiv., 1880-1881.
Religieux. Ne peut rentrer dans la vie civile, 1616, 1625 ; — s'il quitte son couvent doit y être ramené par la justice

laïque, 55, 1616 ; — avocat, 193 ; — ne peut tester, 411 ; — appelé en témoignage, 1211 ; — choisi comme arbitre, 1270 ; religieuse ne peut être serve, 1448.

Renommée (bonne). Son influence dans les procès, 1815.

Renonciations de privilèges, 1103.

Rentes. Non payées au terme, 703, 912 ; — sur des villes de commune, 1527, 1527.

Réparations par voie testamentaire de dommages causés, 368 ; — des chemins. 726, 731-734.

Répartition d'impositions, 733-734.

Réplications, 196, 235, 243.

Représentation en cas d'héritage, 474.

Reprises matrimoniales, 670 et suiv.

Requête au seigneur, 210.

Resaisine. Doit être complète avant le plet, 73, 80-82 ; exceptions à cette règle, 76, 77, 78, 79.

Rescousse d'héritage, 555, 1356 et suiv., 1820 ; action en — d'héritage, 297 ; — par un homme saisi, arrêté ou prisonnier, 356, 876, 877, 878, 908, 909, 910, 953, 1324, 1325.

Réserve à faire par l'avocat, 180.

Ressort de juge, 214, 295.

Restitutions, 368, 404.

Retenue en cour laie, 248, 281.

Reventes, 1581.

Rixes, 344, 889, 1545 et suiv., 1946, 1947 ; — entre clercs et laïques, 347.

Roi. Est souverain par dessus tous seigneurs, 1043 : — peut seul faire des ordonnances, 1512, 1515 ; ordonnances exécutoires, 7, 1513, 1514 ; la justice laie est tenue du —, 322 ; — ne lève pas de roncin de service, 800 ; — peut anéantir les renonciations de privilèges, 1103 ; lettres royaux, 1213 ; sceau royal, 1214 ; le — a la garde générale des églises, 1465, 1466, 1469 ; églises privilégiées du —, 1467 ; assentiment du — nécessaire pour ériger une ville en commune, 1517 ; — peut contraindre à cesser une guerre privée, 1669.

Roncin de service, 525, 793-797, 800.

Route, V. Chemin.

Rubriques, 211.

Sacrilège, 326, 329.

Saisine, 612, 685, 686, 1372-1374, 1389, 1413 ; demande sur —, 199 ; on plaide saisi, 61 ; — de testament, 361, 362-364 ; — de vilenage donné, 766 ; bris de —, 853, 902, 903-904 ; défaut de —, 861 ; — en cas de crime, 1534-1536 ; — pour contraindre à faire trève ou sûreté, 1537 ; — pour dettes et autres causes, 1538 et suiv., 1593 et suiv., 1600, 1601.

Sceau authentique, 165, 1099 ; — royal, 1214 ; autres sceaux, 1215 ; négation de son —, 1076 ; — brisé, 1084.

Seigneur. Obligation du — à l'égard de ses sujets, 1438 et suiv.

Semonce ou *Ajournement*, 57-97 ; — à un gentilhomme, 58, 61 ; — à un homme de poosté, 97 ; manière dont elle est faite, 59, 60, 69 ; — sur partage, 62 ; — sur propriété, 63, 64 ; — en cas de guerre, 65, 66, 67, 68, 87 ; — pour douaire, 71 ; — pour dette, 83, 84 ; — ne peut être faite hors du fief ou de l'arrière-fief, 80-82 ; — en deux lieux différents le même jour, 72, 100 ; — pour violence, nouvelle dessaisine ou crime, 85 ; — en cour ecclésiastique, 91, 93, 96 ; — en dehors du comté, 92 ; absence du demandeur à l'audience, 86 ; comment et quand on doit se présenter pour répondre à une audience, 94, 95 ; à quels jours on semont, 96 ; — ne doit pas être faite pour un jour ouvrable, 97.

Séparation de deux époux, 582, 583, 584, 591, 592, 593, 594-595, 598.

Serf. Comment y a-t-il eu des serfs, 1438, 1451, 1452 ; plaids de servage, 1431, 1432-1437, 1449-1450 ; — en *hostise*, 1439 ; situation des serfs dans le comté, 1457 ; testament de —, 365 ; héritage de —, 1454 ; — appelé en témoignage, 1176, 1209 ; — ne peut être arbitre, 1270 ; — pleige, 1330 ; poursuivant sa franchise, 1440-1442 ; affranchissement de —, 1445-1447, 1455, 1456 ; — ne peut faire de sa fille une religieuse, de son fils un clerc, 1448 ; — ne peut appeler en gages de bataille, 1799.

Sergent. Serviteur ou mandataire, ne doit pas obéir à un ordre de mal faire, 701 ; — ne doit faire que ce pourquoi il est engagé, 802, 1005, 1006-1007, 1008 ; initiative du — 820 ; femmes, 821 ; responsabilité du seigneur, 803 ; action du seigneur contre son —, 804 ; comptes du —, 814, 815, 816, 817, 818, 819 ; répétition de gages ou d'avances, 822 ; serjent de justice, 909, 910 ; ne doit pas être entravé dans son office, 1564 et suiv. ; ne peut recevoir de cadeaux, 1036 ; — ne peut avouer garant, 1050 ; faux —, 1565 ; — peut appeler à l'aide, 1570. V. Intermédiaires, Mandataires, Services.

Sergenterie. Ne peut être partagée en héritage, 386.

Serment de vérité, 226, 227, 251 ; — pour rapport de biens, 619, 620, 913 ; — en cas d'amende, 891, 893, 894, 901, 902, 912.
Services personnels. Sont de trois sortes, 805, 806, 807, 808, 813. V. Intermédiaires, Mandataires : comptes, 814-819.
Services de fief, 124, 821.
Sodomie, 833.
Sœurs. Partages entre —, 463, 464, 470 ; l'ainée reçoit l'hommage des puinées, 464, 472-473 ; partages entre frères et —, 475. V. Ainesse, Succession, Hommage, etc.
Sorcellerie. Ce que c'est que —, 335 ; juridiction ecclésiastique, 334 ; croyance à la —, 336.
Sourd. Ne peut faire de conventions, 1061 ; — ne peut être arbitre, 1270, 1272 ; ni garnisaire, 1605.
Souverain. Le roi est — par-dessus tous, 1043 ; celui qui tient en baronie est —, 1043.
Succession. En ligne directe, 447, 462, 464, 465, 468-473, 474, 494, 495, 503, 764 ; — en ligne collatérale, 446, 450, 461, 463, 468-473, 495, 500, 501-502, 503 ; — de suicidés, 1952.
Suicides, 837, 1948, 1949, 1950-1951, 1952, 1953, 1954 et suiv.
Surcens ou *Cens cotier*, 704, 705.
Sûreté à fournir par le demandeur étranger, 219.

Tailles. Exemptions de — dans les villes de communes, 1529.
Talion (peine du), 841.
Témoignage. Débouter de —, 212 ; faux — 868, 869.
Témoings. Audition des —, 1222, 1224-1235, 1256-1260 ; faux —, 868, 869, 1207 ; preuve par —, 1144, 1179 et suiv. ; — débatus, 1173 et suiv., 1178-1179, 1180 et suiv., 1762 et suiv. ; — en cour ecclésiastique, 1221 ; — d'un testament, 405.
Terres. Mesures des —, 752.
Testaments, 361, 365, 368, 369, 371, 372, 373-374, 375-379, 380 et suiv. ; juridiction de la cour ecclésiastique, 320, 321, 428 ; modèle de —, 425, 426.
Tonlieu. Amende, etc., 892, 912.
Tonsure (privilège de), 350, 351, 352, 353, 354, 355, 356, 1436.
Trahison. Ce que c'est, 826 ; punition, etc., 207, 824, 827, 830.
Travers, 718, 891, 892, 912 ; serment, 891 ; amendes, 892, 897-898.
Trêve. Ce que c'est et comment elle se fait, 1690 et suiv. ; rupture de — 1647, 1648, 1705, 1726 ; demande de —, 299, 300 ; saisine pour —, 1537.
Tricherie. En marché, 221.
Triplications, 196.
Tromperie. V. Marchandise.
Trouble (nouveau). Définition, 957, 958 ; action de nouveau —, 297, 307, 954, 964, 966.
Trouvailles, 736-740.
Tuteurs d'enfants mineurs, 570 et suiv.

Usage. Ce que c'est, 684, 685, 686, 687, 717 ; — commun, 698, 706 ; quels usages ne sont pas à observer, 688, 689-690, 691, 692, 693 ; — ne donne pas propriété, 699 ; — concédé, 700, 702, 715.
Usuriers, 1921 et suiv.

Vassalité (serment de) ou *Feuté*. Prêté par les hommes de poosté tenant en fief, 1505, 1506.
Vassaux. Peuvent abandonner au seigneur ce qu'ils tiennent de lui, 694, 695, 1736 ; ne peuvent déprécier leurs biens, 1132 ; d'appeler son seigneur en duel, 1734 ; droits et devoirs des — à l'égard de leurs seigneurs, 1735, 1736, 1737, 1738, 1739 ; appel par le vassal de défaute de droit, 1740, 1781 et suiv. V. Désaveu, Hommage, Seigneur.
Vente d'héritage, 1014-1015, 1578 et suiv. ; — par un mineur, 558 ; — d'un bien de mineur, 559 ; droits de —, 767, 1578-1579 ; — annulée, 768, 769 ; tribunal compétent d'une —, 770, 771, 772 ; — de vilenage, 789 ; — non payée, 864 ; proclamation de —, 1387 ; — à terme, 1397, 1921 et suiv.
Veuves. Dettes contractées par une veuve, 90 ; juridiction de la cour ecclésiastique, 319, 442 ; — plaidant contre les exécuteurs testamentaires, 456 ; — appelée comme pleige, 1322.
Vignes. Meubles ou immeubles, 672, 673, 678, 679 ; valeur des — dans le Clermontois, 778 ; dommages faits aux —, 906 ; mesures des —, 753.
Vilenage. Ce que c'est, 467 ; — hérité, 466, 475, 499 ; pas de bail en —, 513, 631 ; douaire en —, 602 ; fruits des vilenages en garde, 511, 512, 630, 638 ; produits des vilenages venant aux seigneurs, 761 et suiv. ; — donné, 766 ; vente de —, 789.
Ville. — de commune, 157, 646, 647, 648, 1516 et suiv. ; administration, 1519 et suiv. ; — bateïces, 647 ; procureur de —, 154, 155, 169, 171, 172.

Vins. Mesure des —, 751.
Viol. Définition, 829 ; punition, 824, 830.
Viviers, 935, 1140.
Voirie, 718 et suiv. : — tenue en fief, 722 ; droit de —, 723.
Vol. Définition, 933, 939, 941, 942 ; cas divers, 207, 212, 326, 330, 711, 832, 935, 940, 945, 947, 1815, 1816 ; — avec rapt, 927, 928 ; preuves, 937 ; — domestique, 948 ; — apparent, 949.
Vue. Comment on fait —, 75 ; défaut ou contremand après jour de —, 74, 148, 149, 218 ; jour de —, 276, 283, 284, 288-293, 431.

TABLE DE CONCORDANCE DES PARAGRAPHES

DE L'ÉDITION BEUGNOT AVEC CEUX DE CETTE ÉDITION
POUR LE SECOND VOLUME.

Beugn.	Prés. édit.	Beugn.	Prés. édit.	Beugn.	Prés. édit.	Beugn.	Prés. édit.
		36	1038	4	1076		
Chap. xxxiv.		37	1039	5	1077	**Chap. xxxvii.**	
1	998	38	1040	6	1078	1	1114
2	999	39	1041	7	1079	2	1115
3	1000, 1001	40	1042	8	1080, 1081	3	1116
	1002	41	1043	9	1082	4	1117
4	1003	42	1044	10	1083	5	1118
5	1004	43	1045	11	1084	6	1119
6	1005	44	1046	12	1085	7	1120
7	1006, 1007	45	1047	13	1086, 1087	8	1121
8	1008	46	1048	14	1088		
9	1009	47	1049	15	1089	**Chap. xxxviii.**	
10	1010	48	1050	16	1090	1	1122
11	1011	49	1051, 1052	17	1091	2	1123, 1124
12	1012, 1013		1053	18	1092	3	1125
13	1014, 1015	50	1054	19	1093	4	1126
14	1016	51	1055	20	1094	5	1127
15	1017	52	1056, 1057	21	1095	6	1128
16	1018	53	1058	22	1096	7	1129
17	1019	54	1059	23	1097	8	1130
18	1020	55	1060	24	1098	9	1131
19	1021	56	1061	25	1099	10	1132
20	1022	57	1062	26	1100	11	1133
21	1023	58	1063, 1064	27	1101	12	1134
22	1024	59	1065	28	1102	13	1135
23	1025	60	1066	29	1103	14	1136
24	1026	61	1067	30	1104	15	1137
25	1027, 1028	62	1068			16	1138
26	1029	63	1069	**Chap. xxxvi.**		17	1139
27	1030	64	1070			18	1140
28	1031	65	1071	1	1105	19	1141
29	1032	66	1072	2	1106	20	1142
30	1033			3	1107	21	1143
31	1034	**Chap. xxxv.**		4	1108	22	1144
32	1035	1	1073	5	1109, 1110		
33, 34	1036	2	1074	6	1111, 1112	**Chap. xxxix.**	
35	1037	3	1075	7	1113	1	1145

Beugn.	Prés. édit.	Beugn.	Prés. édit.	Beugn.	Prés. édit.	Beugn.	Prés. édit.
2	1146	55	1198	27	1250	2	1299
3	1147	56	1199	28	1251	3	1300
4	1148	57	1200	29	1252	4	1301
5	1149	58	1201	30	1253	5	1302
6	1150, 1151	59	1202	31	1254	6	1303
7	1152	60	1203	32	1255	7	1304
8	1153	61	1204	33, 34	1256	8	1305
9	1154	62	1205	35	1257	9	1306
10	1155	63	1206	36	1258	10	1307
11	1156	64	1207	37	1259	Chap. XLIII.	
12	1157	65	1208	38	1260		
13	1158	66	1209	Chap. XLI.		1	1308
14	1159	67	1210			2	1309
15	1160	68	1211	1	1261	3	1310
16, 17	1161	69	1212	2	1262	4	1311
18	1162	70	1213	3	1263	5	1312
19	1163	71	1214	4	1264	6	1313
20	1164	72	1215	5	1265	7	1314, 1315
21	1165	73	1216	6	1266	8	1316
22	1166	74	1217	7	1267	9	1317
23	1167	75	1218	8	1268	10	1318
24	1168	76	1219, 1220	9	1269	11	1319
25	1169	77	1221	10	1270, 1271	12	1320
26	1170	78	1222	11	1272	13	1321
27	1171	79	1223	12	1273	14	1322
28	1172	Chap. XL.		13	1274	15	1323
29	1173			14	1275	16	1324
30	1174	1	1224	15	1276	17	1325
31	1175	2	1225	16	1277	18	1326
32	1176	3	1226	17	1278	19	1327
33	1177	4, 5	1227	18	1279	20	1328
34	1178	6	1228	19	1280	21	1329
35	1179	7	1229	20	1281	22	1330
36	1180	8	1230	21	1282	23	1331
37	1181	9	1231	22	1283	24	1332
38	1182	10	1232	23	1284	25	1333
39	1183	11	1233	24	1285	26	1334
40	1184	12	1234	25	1286	27	1335
41	1185	13	1235	26	1287	28	1336
42	1186	14	1236	27	1288	29	1337, 1338
43, 44	1187	15	1237	28	1289		1339
45	1188	16	1238	29	1290	30	1340
46	1189	17	1239	30	1291	31	1341, 1342
47	1190	18	1240	31	1292	32	1343
48	1191	19	1241	32	1293	33	1344
49	1192	20	1242, 1243	33	1294	34	1345
50	1193	21	1244	34	1295	35	1346
51	1194	22	1245	35	1296, 1297	36	1347
52	1195	23	1246	Chap. XLII.		37	1348
53	1196	24, 25	1247			38, 39	1349
54	1197	26	1248, 1249	1	1298	40	1350

TABLE DE CONCORDANCE.

Beugn.	Prés. édit.	Beugn.	Prés. édit.	Beugn.	Prés. édit.	Beugn.	Prés. édit.
41	1351	45	1406	38	1459	12	1508
42	1352	46	1407, 1408	39	1460	13	1509
43	1353	47	1409	40	1461	\multicolumn{2}{c}{Chap. xlix.}
44	1354	48	1410	41	1462		
45	1355	49	1411	42	1463	1	1510
\multicolumn{2}{c}{Chap. xliv.}	50	1412	43	1464	2	1511
		51	1413	\multicolumn{2}{c}{Chap. xlvi.}	3	1512
1	1356	52	1414			4	1513
2	1357, 1358	53	1415	1	1465	5	1514
3	1359, 1360	54	1416	2	1466	6	1515
4	1361	55	1417	3, 4	1467	\multicolumn{2}{c}{Chap. l.}
5	1362	\multicolumn{2}{c}{Chap. xlv.}	5	1468		
6	1363			6	1469	1	1516
7	1364	1	1418	7	1470	2	1517
8	1365, 1366	2	1419	8	1471	3	1518
9	1367	3	1420, 1421, 1422	9	1472	4	1519
10	1368			10	1473	5	1520
11	1369	4	1423	11	1474	6	1521
12	1370	5	1424	12	1475	7	1522
13	1371	6	1425	13	1476	8	1523
14	1372	7	1426	\multicolumn{2}{c}{Chap. xlvii.}	9	1524
15	1373	8	1427			10	1525
16	1374	9	1428	1	1477	11	1526
17	1375, 1376	10	1429	2	1478	12	1527
18	1377	11	1430	3	1479	13	1528
19	1378	12	1431	4	1480	14	1529
20	1379	13	1432	5	1481	15	1530
21	1380	14	1433	6	1482	16	1531
22	1381	15	1434	7	1483, 1484, 1485, 1486	17	1532
23	1382, 1383	16	1435			\multicolumn{2}{c}{Chap. li.}
24	1384	17	1436	8	1487		
25	1385	18	1437	9	1488, 1489	1	1533
26	1386	19	1438	10	1490	2	1534
27	1387	20	1439	11	1491	3	1535
28	1388	21	1440	12	1492	4	1536
29	1389	22	1441	13	1493	5	1537
30	1390	23	1442	14	1494	6	1538
31	1391	24	1443, 1444	15	1495	7	1539
32	1392	25	1445	\multicolumn{2}{c}{Chap. xlviii.}	8	1540, 1541
33	1393	26	1446			9	1542
34	1394	27	1447	1	1496	10	1543
35	1395	28	1448	2	1497	11	1544
36	1396	29	1449, 1450	3	1498	12	1545
37	1397	30	1451	4	1499	13	1546
38	1398	31	1452	5	1500	14	1547
39	1399	32	1453	6	1501	15	1548
40	1400	33	1454	7	1502	16	1549
41	1401	34	1455	8	1503	17	1550
42	1402, 1403	35	1456	9	1504, 1505	18	1551
43	1404	36	1457	10	1506	19	1552
44	1405	37	1458	11	1507	20	1553

Beugn.	Prés. édit.	Beugn.	Prés. édit.	Beugn.	Prés. édit.	Beugn.	Prés. édit.
21	1554	7	1600	2	1642	2	1691
22	1555	8	1601	3	1643	3	1692, 1693
Chap. LII.		9	1602	4	1644	4	1694
		10	1603	5	1645	5, 6	1695
1	1556	11	1604	6	1646	7	1696
2	1557	12	1605	7	1647	8	1697
3	1558	**Chap. LV.**		8	1648	9	1698
4	1559			9	1649	10	1699
5	1560	1	1606	10	1650	11	1700
6	1561	2	1607	11	1651	12	1701
7	1562	3	1608	12	1652	13	1702
8	1563	4	1609	13	1653	14	1703
9	1564	5	1610	14	1654	15	1704
10	1565	6	1611	15	1655	16	1705
11	1566	7	1612	16	1656	17	1706
12	1567	8	1613	17	1657	18	1707, 1708
13	1568	9	1614	18	1658	**Chap. LXI.**	
14	1569	10	1615	19	1659		
15	1570	**Chap. LVI.**		20	1660	1	1709
16	1571			21	1661	2	1710
17	1572	1	1616	22	1662	3, 4	1711
18	1573	2	1617	23	1663	5	1712
19	1574	3	1618	24	1664	6	1713
20	1575	4	1619	25	1665	7	1714
21	1576	5	1620	26	1666	8	1715
22	1577	6	1621	**Chap. LIX.**		9	1716
23	1578	7	1622			10	1717
24	1579	8	1623	1	1667	11	1718
25	1580	9	1624	2	1668	12	1719
26	1581	10	1625	3	1669	13	1720
Chap. LIII.		**Chap. LVII.**		4	1670	14	1721
				5	1671	15	1722
1	1582	1	1626	6	1672	16	1723
2	1583	2	1627	7	1673	17	1724
3	1584	3	1628	8	1674	18	1725
4	1585	4	1629	9	1675	19	1726
5	1586	5	1630	10	1676, 1677	20	1727
6	1587	6	1631	11	1678	21	1728
7	1588	7	1632	12	1679	22	1729
8	1589	8	1633	13, 14	1680	23	1730
9	1590	9	1634	15	1681	24	1731
10	1591	10	1635	16	1682	25	1732
11	1592	11	1636	17	1683	26	1733
Chap. LIV.		12	1637	18	1684	27	1734
		13	1638	19	1685	28	1735
1	1593	14	1639	20	1686	29	1736
2	1594	15	1640	21	1687	30	1737
3	1595	**Chap. LVIII.**		22	1688, 1689	31	1738
4	1596			**Chap. LX.**		32	1739
5	1597	1	1641	1	1690	33	1740
6	1598, 1599					34	1741

TABLE DE CONCORDANCE.

Beugn.	Prés. édit.	Beugn.	Prés. édit.	Beugn.	Prés. édit.	Beugn.	Prés. édit.
35, 36	1742					16	1898
37	1743	\multicolumn{2}{c}{CHAP. LXIII.}	\multicolumn{2}{c}{CHAP. LXV.}	17	1899
38	1744			1	1851	18	1900
39	1745		1794, 1795	2	1852	19	1901
40	1746, 1747		1796, 1797	3	1853	20	1902
41	1748	1	1798, 1799	4	1854	21	1903
42	1749, 1750		1800	5	1855	22	1904
43	1751		1800, 1801	6	1856	23	1905
44	1752		1802, 1803	7	1857	24	1906
45	1753	2	1804, 1805	8	1858, 1859	25	1907
46	1754		1806, 1807	9	1859	26	1908
47	1755	3	1808, 1809	10	1860	27	1909
48	1756	4	1810	11	1861	28	1910
49	1757	5	1811	12	1862	29	1911
50	1758	6	1812	13	1863	30	1912
51	1759	7	1813, 1814	14	1864	31	1913
52	1760	8	1815	15	1865	32	1914
53, 54	1761	9	1816	16	1866	33	1915
55	1762	10	1817	17	1867	34	1916
56	1763	11	1818	18	1868	35	1917, 1918
57	1764	12	1819	19	1869, 1870	36	1919
58	1765	13	1820			37	1920
59	1766	14	1821	\multicolumn{2}{c}{CHAP. LXVI.}		
60	1767	15	1822	1	1871	\multicolumn{2}{c}{CHAP. LXVIII.}
61	1768	16	1823	2	1872	1	1921
62	1769	17	1824	3	1873	2	1922
63	1770, 1771	18	1825	4	1874	3	1923
64	1772, 1773	19	1826	5	1875	4	1924
65	1774	20	1827	6	1876	5	1925
66, 67	1775			7	1877	6	1926
68	1776	\multicolumn{2}{c}{CHAP. LXIV.}	8	1878	7	1927
69	1777			9	1879	8	1928
70	1778	1	1828	10	1880	9	1929
71	1779	2	1829	11	1881	10	1930
72	1780	3	1830, 1831			11	1931
		4	1832, 1833	\multicolumn{2}{c}{CHAP. LXVII.}	12	1932
\multicolumn{2}{c}{CHAP. LXII.}		1834	1	1882	13	1933
		5	1835	2	1883	14	1934
1	1781	6	1836	3	1884	15	1935
2	1782	7	1837	4	1885	16	1936
3	1783, 1784	8	1838	5	1886	17	1937
4	1785	9	1839	6	1887	18	1938
5	1786	10	1840, 1841	7	1888		
6	1787	11	1842, 1843	8	1889	\multicolumn{2}{c}{CHAP. LXIX.}
7	1788	12	1844	9	1890	1	1939
8	1789	13	1845	10	1891	2	1940
9	1790	14	1846	11	1892, 1893	3	1941
10	1791	15	1847	12	1894	4	1942
11	1792	16	1848	13	1895	5	1943
12	1793	17	1849	14	1896	6	1944, 1945
		18	1850	15	1897	7	1946

Beugn.	Prés. édit.	Beugn.	Prés. édit.	Beugn.	Prés. édit.	Beugn.	Prés. édit.
8	1947	17	1957	\multicolumn{2}{c}{CHAP. LXX.}	8	1975
9	1948	18	1958			9	1976
10	1949	19	1959, 1960	1	1968	10	1977
11	1950, 1951	20	1961	2	1969	11	1978
12	1952	21	1962, 1963	3	1970	12	1979, 1980
13	1953	22	1964	4	1971	13	1981
14	1954	23	1965	5	1972	Conclusion	1982
15	1955	24	1966	6	1973		
16	1956	25	1967	7	1974		

TABLE DES MATIÈRES

DU TOME SECOND

Pages.

Ch. xxxiv.	Des convenances, et lesqueles font à tenir et lesqueles non ; et des marchiés et des fermes ; et des choses qui sont obligies sans convenances et comment paie se prueve sans tesmoins ; et quele chose est force ; et des fraudes ; de porter garantie et en quel cas l'en se puet aidier d'avoir garant.	1
Ch. xxxv.	De soi obligier par letres, et queus letres valent et queus non ; et comment l'on doit fere tenir, et comment l'en puet dire contre letres ou contre le seel.	42
Ch. xxxvi.	Des choses qui sont baillies en garde, comment l'en les doit garder et rendre a ceus qui en garde les baillierent, selonc ce que drois et coustume de terre le donne.	64
Ch. xxxvii.	Des choses prestees et comment cil qui les empruntent en pueent user.	70
Ch. xxxviii.	Des choses baillies par louier, et des fermes et des engagemens.	78
Ch. xxxix.	Des prueves et de fausser tesmoins, et des espurgemens et du peril qui est en menacier, et de dire contre tesmoins et quel cas pueent cheoir en prueve.	96
Ch. xl.	Des enquesteurs et des auditeurs, et d'examiner tesmoins, et des aprises et des enquestes, et de la disference qui est entre aprise et enqueste.	131
Ch. xli.	Des arbitres et du pouoir qu'il ont, et liquel arbitre valent et liquel non, et comment arbitrages faut, et de quel cas on puet se metre en arbitrage.	154
Ch. xlii.	Des peines qui sont pramises, en quel cas eles sont a paier et en quel non ; et de la disference qui est entre peine de cors et peine d'argent.	171
Ch. xliii.	Des plegeries, et comment et en quel maniere on les doit delivrer, et des damages qui sont a rendre en court laie.	176
Ch. xliv.	Des rescousses d'eritages et des eschanges, et que nule fraude ne soit souferte.	191

		Pages
Ch. XLV.	Des aveus et des desaveus, et des servitudes et des franchises, et du peril qui est en desavouer et comment on doit suir ceus qui se desaveuent.	217
Ch. XLVI.	De la garde des eglises, et comment on les doit garder de leur maufeteurs et fere justice de ceus qui les mesfont.	243
Ch. XLVII.	Comment li fief pueent alongier et raprochier leur seigneur selonc la coustume de Beauvoisins, et que li tenant se gardent de partir contre coustume.	249
Ch. XLVIII.	Comment li homme de poosté pueent tenir franc fief en foi et en homage, et comment il le doivent deservir.	256
Ch. XLIX.	Des establissemens et du tans ou quel coustume ne doit pas estre gardee pour cause de necessités qui avienent.	261
Ch. L.	Des gens de bonne vile et de leur drois et comment il doivent estre gardé et justicié.	266
Ch. LI.	Pour queus causes il loit as seigneurs a saisir et a tenir en leur mains, et comment il en doivent ouvrer au pourfit de leur sougiès et en gardant leur droit.	276
Ch. LII.	Des choses defendues et des prises qui sont fetes pour mesfès ou pour damages, et comment l'en en doit ouvrer, et des ventes..	289
Ch. LIII.	Des recreances, et en quel cas l'on doit fere recreance et en quel non, et comment recreance doit estre requise et comment elle doit estre fete dedens les cas es queus ele chiet.	303
Ch. LIV.	Comment l'en doit fere paier les creanciers et garder de damage et comment on doit prendre es mesons; et si parole de garde metre seur autrui..	308
Ch. LV.	Des reclameurs, et lesqueles sont fetes a droit et lesqueles non.	321
Ch. LVI.	De ceus qui ne doivent pas tenir eritages et des maladeries et des osteleries.	326
Ch. LVII.	Des mautalens qui muevent entre ceus qui sont en mariage, comment leur seigneur en doivent ouvrer et pour queus causes li uns se puet partir de l'autre.	331
Ch. LVIII.	De haute justice et de basse, et des cas qui apartienent a l'une et a l'autre et comment il est mestiers que chacuns euvre de sa justice.	340
Ch. LIX.	Des guerres, comment guerre se fet et comment guerre faut.	354
Ch. LX.	Des trives, et des asseuremens, et liquel pueent estre mis hors et du peril de brisier trives et asseuremens.	366
Ch. LXI.	Des apeaus, et comment on doit apeler et puet, et de fourmer son apel et des banis.	275
Ch. LXII.	Des apeaus de defautes de droit et de la maniere de sommer son seigneur..	404
Ch. LXIII.	Queles defenses pueent valoir a ceus qui sont apelé pour destourner la bataille et des cas ou gage ne doivent pas estre receu.	413

TABLE DES MATIÈRES DU TOME SECOND.

		Pages
Ch. LXIV.	Des presentacions, comment gage se doivent fere et des choses qui ensivent dusques a la fin de bataille..	427
Ch. LXV.	Des delais que coustume donne et des respis que li homme pueent prendre de jugier.	436
Ch. LXVI.	De refuser les juges et de fere tenir les jugemens..	445
Ch. LXVII.	Des jugemens et de la maniere de fere jugement et comment l'en doit jugier..	451
Ch. LXVIII.	D'usure et de termoiemens, et quele chose est usure, et comment on se puet defendre qu'on ne pait nules usures.	470
Ch. LXIX.	Des cas d'aventure qui avienent par mescheance, es queus cas pitiés et misericorde doivent passer a radeur de justice.	478
Ch. LXX.	Des dons qui par reson ne doivent pas estre tenu et de ceus qui font a tenir que l'en ne puet debatre.	493
La conclusion de cest livre..		500
GLOSSAIRE..		503
TABLE DES NOMS DE LIEUX ET DE PERSONNES.		529
TABLE ANALYTIQUE.		531
TABLE DE CONCORDANCE de l'édition Beugnot avec cette édition pour le second volume.		543

CHARTRES. — IMPRIMERIE DURAND, RUE FULBERT

LIBRAIRIE ALPHONSE PICARD ET FILS, ÉDITEURS
82, RUE BONAPARTE, 82

COLLECTION DE TEXTES

POUR SERVIR

A L'ÉTUDE ET A L'ENSEIGNEMENT DE L'HISTOIRE

La *Collection de textes pour servir à l'étude et à l'enseignement de l'histoire,* fondée en janvier 1886 par l'initiative d'un certain nombre de membres de l'Institut, de l'Université, de l'École des Chartes et de l'École des Hautes-Études, et placée sous le patronage de la Société historique, est publiée par les soins d'un comité composé de MM. Jalliffier, Kohler, Langlois, Lavisse, Lefranc, Lemonnier, Luchaire, Molinier, Morel-Fatio, Prou et Thomas.

Elle se compose d'éditions de sources historiques importantes, annales, chroniques, biographies, documents divers, ainsi que de recueils de textes propres à éclairer l'histoire d'une époque déterminée ou d'une grande institution.

Sans exclure aucune période ni aucun pays, l'histoire de France doit cependant y occuper la place principale. Chaque document ou recueil forme un volume, publié séparément, dont le prix, pour les souscripteurs à la collection, est établi à raison de 0 fr. 25 la feuille d'impression, sans que le prix des publications d'une année puisse dépasser la somme de 10 francs. La collection s'adressant entre autres personnes aux étudiants, il a paru que le montant de la souscription ne devait pas être plus élevé. Chaque volume est du reste vendu séparément.

Nous avons publié les ouvrages suivants :

GRÉGOIRE DE TOURS, *Histoire des Francs*, livres I-IV ; texte du manuscrit de Corbie, publié par H. OMONT ; livres VII-X ; texte du manuscrit de Bruxelles, publ. par G. COLLON (fasc. 2 et 16).
 Les deux fascicules réunis . . . . 12 fr. 50
 Pour les souscripteurs à la collection . . . . . . 9 fr. »

GERBERT, *Lettres* (983-997), publ. par Julien HAVET (fasc. 6). *Épuisé.*
 Pour les souscripteurs à la collection . . . . . . 5 fr. 50

RAOUL GLABER, *Les cinq livres de ses Histoires* (900-1044), publiés par Maurice PROU (fasc. 1) . . . . *Épuisé.*
 Pour les souscripteurs à la collection . . . . . . 3 fr. 50

Chronique de Nantes (570 environ-1049), publiée par René MERLET, archiviste du département d'Eure-et-Loir (fasc. 19) . . . . 5 fr. 50
 Pour les souscripteurs à la collection . . . . . . 3 fr. 75

ADHÉMAR DE CHABANNES, *Chronique*, publiée par Jules CHAVANON, archiviste du département de la Sarthe (fasc. 20) . . . 6 fr. 50
 Pour les souscripteurs à la collection . . . . . . 4 fr. 50

EUDES DE SAINT-MAUR, *Vie de Bouchard-le-Vénérable, comte de Vendôme, de Corbeil, de Melun et de Paris* (X^e et XIe siècles), publiée par Ch. BOUREL DE LA RONCIÈRE (fasc. 13) . . 2 fr. 25
 Pour les souscripteurs à la collection . . . . . . 1 fr. 50

Liber miraculorum sancte Fidis, publié d'après le manuscrit de la Bibliothèque de Schlestadt, avec une introduction et des notes par M. l'abbé A. BOUILLET (fasc. 21) . . . . 7 fr. 50
 Pour les souscripteurs à la collection . . . . . . 5 fr. 25

HARIULF, *Chronique de l'abbaye de Saint-Riquier* (Ve siècle-1104), publiée par Ferdinand LOT (fasc. 17) . . . . . . 10 fr. »
 Pour les souscripteurs à la collection . . . . . . 7 fr. »

SUGER. *Vie de Louis le Gros* suivie de l'*Histoire du roi Louis VII*, publiées par A. MOLINIER (fasc. 4) . . . . *Épuisé.*
 Pour les souscripteurs à la collection . . . . . . 4 fr. »

GALBERT DE BRUGES, *Histoire du meurtre de Charles le Bon, comte de Flandre* (1127-1128), suivie de poésies contemporaines, publiées par H. PIRENNE (fasc. 10) . . . . 6 fr. »
 Pour les souscripteurs à la collection . . . . . . 4 fr. 25

PIERRE DUBOIS, *De recuperatione Terre sancte*, traité de politique générale du commencement du XIVe siècle, publiée par Ch.-V. LANGLOIS (fasc. 9) . . . . 4 fr. »
 Pour les souscripteurs à la collection . . . . . . 2 fr. 75

Annales Gandenses (1296-1310), publiées par Frantz FUNCK-BRENTANO (fasc. 18) . . . . 4 fr. 25
 Pour les souscripteurs à la collection . . . . . . 3 fr. »

Chronique artésienne (1295-1304), nouv. éd. et *Chronique tournaisienne* (1296-1314), publiées pour la première fois d'après le ms. de Bruxelles, par Frantz FUNCK-BRENTANO (fasc. 25), avec carte. 4 fr. »
 Pour les souscripteurs à la collection . . . . . . 2 fr. 75

Textes relatifs aux institutions privées aux époques mérovingienne et carolingienne, publiés par M. Thévenin (fasc. 3). . . . Épuisé.
    Pour les souscripteurs à la collection . . . . . 4 fr. 50
Chartes des libertés anglaises (1100-1305), publiées par Ch. Bémont (fasc. 12), directeur adjoint à l'École des Hautes-Études. 4 fr. 50
    Pour les souscripteurs à la collection . . . . . 3 fr. 25
Textes relatifs à l'histoire du Parlement depuis les origines jusqu'en 1314, publiés par Ch.-V. Langlois (fasc. 5). . . . . 6 fr. 50
    Pour les souscripteurs à la collection. . . . . . 4 fr. 50
Documents relatifs à l'histoire de l'Industrie et du Commerce en France, publiés avec une introduction par G. Fagniez. Fasc. I : 1er siècle avant Jésus-Christ, jusqu'à la fin du XIIIe siècle (fasc. 22). . . . 9 fr. 50
    Pour les souscripteurs à la collection. . . . . 6 fr. 50
Les grands traités de la guerre de Cent Ans, publiés par E. Cosneau (fasc. 7). . . . . 4 fr. 50
    Pour les souscripteurs à la collection. . . . . . 3 fr. 25
Ordonnance Cabochienne (mai 1413), publiée par A. Coville, professeur à l'Université de Lyon (fasc. 8). . . . . . . 5 fr. »
    Pour les souscripteurs à la collection.. . . . . 3 fr. 50
Documents relatifs à l'administration financière en France de Charles VII à François Ier (1443-1523), publiés par G. Jacqueton (fasc. 11). . . . . 8 fr. 50
    Pour les souscripteurs à la collection.. . . . . 5 fr. 75
Les grands traités du règne de Louis XIV, fasc. I (1648-1659), publiés par H. Vast (fasc. 15). . . . . 4 fr. 50
    Pour les souscripteurs à la collection. . . . . 3 fr. 25
— Fasc. II (1668-1697) — (fasc. 23). . . . . . 5 fr. 60
    Pour les souscripteurs à la collection. . . . . . 4 fr. »
Documents relatifs aux rapports du clergé avec la royauté de 1682 à 1705, publiés par M. Mention (fasc. 14). . . . . 4 fr. 50
    Pour les souscripteurs à la collection. . . . . 3 fr. 25
PHILIPPE DE BEAUMANOIR, *Coutumes de Beauvaisis*, texte critique publié avec une introduction, un glossaire et une table analytique, par A. Salmon, ancien élève de l'École des Hautes-Études, t. 1 (fasc. 24). 512 p. . . . . 12 fr. »
    Pour les souscripteurs à la collection. . . . . 8 fr. »
Lois de Guillaume le Conquérant, en français et en latin, textes et étude critique publiés par John E. Matzke, professeur de langues romanes à « Leland Stanford Junior University » (Californie), avec une préface historique par Ch. Bémont (fasc. 26). . . . . 2 fr. 25
    Pour les souscripteurs à la collection . . . . . 1 fr. 50
GUILLAUME DE SAINT-PATHUS, confesseur de la reine Marguerite, *Vie de saint Louis*, publiée d'après les manuscrits par H.-François Delaborde (fasc. 27). . . . . 4 fr. 50
    Pour les souscripteurs à la collection.. . . . . 3 fr. 25
Les grands traités du règne de Louis XIV, publiés par Henri Vast, docteur ès lettres, t. III. *La Succession d'Espagne, Traités d'Utrecht, de Rastadt et de Bade (1713-1714)* (fasc. 28). . . . 5 fr. 25
    Pour les souscripteurs à la collection. . . . . 3 fr. 75
La vie de saint Didier, évêque de Cahors (630-655), publiée par M. René Poupardin, ancien élève de l'École des Chartes et de l'École des Hautes-Études (fasc. 29).. . . . . 2 fr. 25
    Pour les souscripteurs à la collection. . . . . 1 fr. 50

EXERCICE 1899

PHILIPPE DE BEAUMANOIR, *Coutumes de Beauvaisis*, texte critique publié avec une introduction, un glossaire et une table analytique, par A. SALMON, ancien élève de l'École des Hautes-Études, t. *II et dernier* (fasc. 30) (XLVIII et 551 p.). . . . . 14 fr. »
Pour les souscripteurs à la collection. . . . . . 9 fr. 50

Les publications suivantes sont sous presse :

PHILIPPE DE COMMYNES, *Mémoires*, publiés par M. B. DE MANDROT, archiviste-paléographe, t. I.

Documents relatifs à l'histoire de l'Industrie et du Commerce en France, tome II, XIVe et XVe siècles, par M. G. FAGNIEZ.

ROBERT DE SORBON, *De conscientia*, publié par M. Chambon, sous-bibliothécaire à la Bibliothèque de l'Université.

Statuts des hôpitaux et léproseries du moyen âge, recueil de textes publiés par M. Léon LEGRAND, archiviste aux Archives nationales.

Les publications suivantes sont en préparation :

Documents relatifs aux rapports du clergé avec la royauté de 1705 à 1789, publiés par M. Léon MENTION, docteur ès lettres.

Recueil de documents sur l'histoire et la géographie de l'Afrique chrétienne, publ. par M. l'abbé DUCHESNE, membre de l'Institut.

Vie de Louis le Pieux par l'ASTRONOME, publ. par MM. A. MOLINIER, professeur à l'École des Chartes, et A. VIDIER.

Monuments de l'histoire des abbayes de Saint-Philibert (Noirmoutier, Grandlieu, Tournus), publ. par M. A. GIRY, membre de l'Institut.

FLODOARD. *Annales*, publiées par M. COUDERC, bibliothécaire au Département des Manuscrits à la Bibliothèque nationale.

LÉTALD. *Le livre des miracles de saint Mesmin, abbé de Micy*, publié par M. M. POETE, bibliothécaire de la ville de Besançon.

Recueil d'Annales normandes, publié par M. J. TARDIF, archiviste-paléographe..

AIMOIN, *Vie d'Abbon, abbé de Saint-Benoît-sur-Loire*, et ANDRÉ DE FLEURY, *Vie de Gauzlin, abbé de Saint-Benoît-sur-Loire et archevêque de Bourges*, publiées par M. A. VIDIER, ancien élève de l'École des Chartes et de l'École des Hautes-Études.

HELGAUD, *Vie du roi Robert le Pieux*, publiée d'après le manuscrit original par M. F. SOEHNÉE, ancien membre de l'École française de Rome.

Extraits des chroniqueurs néerlandais relatifs à l'histoire de France, traduction française, publiée par M. Frantz FUNCK-BRENTANO, docteur ès lettres, bibliothécaire à la bibliothèque de l'Arsenal.

Michel du Bernis, *Chronique des comtes de Foix*, publiée par M. H. Courteault, archiviste aux Archives nationales.

Journal d'un bourgeois de Paris sous le règne de François Ier, publié par M. Caron, archiviste paléographe.

Marie Mancini, connétable Colonna, *Mémoires*, publiés par M. A. Morel-Fatio, professeur suppléant au Collège de France.

Spanheim, *Relation de la cour de France sous le règne de Louis XIV*, publiée d'après les mss. originaux par M. E. Bourgeois, maître de conférences à l'École normale supérieure.

Textes relatifs à l'histoire des institutions de la France depuis 1515 jusqu'en 1789, publiés par M. J. Roy, professeur à l'École des Chartes.

Textes relatifs à l'histoire des colonies françaises (XVIIe et XVIIIe siècles), publiés par M. Ch. Grandjean, secrétaire-rédacteur au Sénat.

Cette liste peut donner une idée du caractère de la collection : Grégoire de Tours, Gerbert, Raoul Glaber, Suger, Galbert de Bruges, ont inauguré les textes originaux dont nous nous proposons de donner des éditions nouvelles ; les recueils de textes, comprenant des diplômes, des chartes, des formules, des actes législatifs ou judiciaires, groupés de manière à éclairer l'histoire d'une époque ou d'une institution, mettront à la portée de tous une catégorie de documents depuis longtemps en faveur auprès des historiens, mais restée jusqu'ici assez difficilement accessible en dehors des bibliothèques aux étudiants et aux travailleurs.

Dans le choix des documents et des recueils que nous nous proposons de publier, nous nous préoccupons avant tout de créer des instruments de travail utiles et commodes, analogues à ceux qui existent depuis longtemps pour l'étude de l'antiquité. Nous ne recherchons ni les textes inédits ni les curiosités vaines, notre choix s'est porté et se portera de préférence sur les documents qui nous paraissent les plus utiles, les plus propres à fournir la matière d'explications dans les chaires d'enseignement supérieur, ou la base d'études nouvelles pour les étudiants.

La faveur avec laquelle nos éditions ont été accueillies nous a prouvé que notre tentative répondait à un véritable besoin. En province surtout, où les travailleurs sont moins favorisés qu'à Paris, nous avons recueilli des adhésions et des encouragements précieux. Beaucoup de nos souscripteurs sont entrés en relation avec nous pour nous presser de publier tels ou tels documents ou pour nous conseiller certaines améliorations. Nous avons ainsi décidé, à la demande de plusieurs d'entre eux, que nos éditions de chroniques seront accompagnées de courts sommaires en français, qui faciliteront la lecture du texte et y rendront les recherches plus aisées.

Nous ne saurions, en revanche, comme on nous l'a demandé de divers côtés, augmenter le nombre de nos publications, ni en développer beaucoup les notes grammaticales et historiques. Nous sommes liés, en effet, par les conventions acceptées par nos souscripteurs, et, d'autre part, nous proposant de créer des instruments d'études, nous ne devons pas, en multipliant les notes, prévenir tout effort pour l'intelligence des textes. Nous voulons avant tout donner des éditions correctes et maintenir à l'ensemble de l'œuvre l'unité de la méthode et un caractère rigoureusement scientifique. En parlant d'unité dans la méthode, nous ne voulons pas dire — et les volumes publiés jusqu'ici le montrent assez — que nous entendons imposer à nos collaborateurs un cadre et des procédés uniformes. Il nous a paru que chacune de nos publications, selon les textes qu'elle contient, devait au contraire avoir son individualité propre et que l'unité résulterait de l'application à tous nos recueils des méthodes scientifiques les meilleures et les mieux appropriées. Un index alphabétique de noms propres, nécessaire aux éditions des chroniques, nous paraît avantageusement remplacé par des tables de matières, méthodiques ou alphabétiques, dans des recueils de textes, comme ceux qu'ont publiés MM. Thévenin, Langlois et Cosneau. Les notes explicatives qui peuvent être très rares dans des textes relativement faciles comme ceux de Raoul Glaber et de Suger, ou souvent commentés et traduits comme celui de Grégoire de Tours, nous ont paru, au contraire, indispensables pour les lettres si souvent énigmatiques de Gerbert. Les biographies de Grégoire de Tours, de Raoul Glaber, de Suger, sont assez connues pour qu'il ait paru suffisant d'en rappeler seulement les faits principaux; celle de Gerbert, au contraire, demandait à être écrite avec détail, car elle a pour objet de justifier les dates attribuées à chacune de ses lettres.

Notre intention est de ne publier que des éditions critiques, dont les textes doivent reposer sur le classement des manuscrits ; nous avons cru cependant pouvoir déroger exceptionnellement à cette règle pour l'*Histoires des Francs* de Grégoire de Tours : la valeur, l'autorité et l'intérêt philologique des deux manuscrits employés nous ont paru une justification suffisante.

Nous n'avons plus besoin d'insister aujourd'hui sur l'utilité de cette Collection. Nos volumes ont servi à des explications et à des exercices dans les Facultés et dans les Écoles ; plusieurs d'entre eux ont été choisis pour les épreuves des concours d'agrégation. Réunis, ils formeront une bibliothèque qui convient non seulement aux professeurs, aux étudiants des Facultés, aux élèves de l'École normale, de l'École des Chartes et de l'École des Hautes-Études, mais aussi à tous ceux qui sont curieux d'étudier l'histoire à ses sources mêmes.

R. JALLIFFIER, professeur au lycée Condorcet ;
KOHLER (Ch.), conservateur adjoint à la Bibliothèque Sainte-Geneviève ;
Ch.-V. LANGLOIS, chargé de cours à la Faculté des lettres de Paris ;
E. LAVISSE, de l'Académie française, directeur d'études pour l'histoire à la Faculté des lettres de Paris ;
LEFRANC (Abel), secrétaire du Collège de France ;
H. LEMONNIER, professeur d'histoire à l'École des Beaux-Arts ;
A. LUCHAIRE, membre de l'Institut, professeur à la Faculté des lettres de Paris ;
A. MOLINIER, professeur à l'École des Chartes ;
MOREL-FATIO (Alf.), secrétaire de l'École des Chartes, directeur adjoint à l'École pratique des Hautes-Études, professeur suppléant au Collège de France ;
M. PROU, professeur à l'École des Chartes ;
A. THOMAS, chargé de cours à la Faculté des lettres de Paris.

Adresser les souscriptions à MM. Alphonse Picard et fils, éditeurs, rue Bonaparte, n° 82, à Paris.

CHARTRES. — IMPRIMERIE DURAND, RUE FULBERT.

COLLECTION DE TEXTES

POUR SERVIR A L'ÉTUDE ET A L'ENSEIGNEMENT DE L'HISTOIRE

VOLUMES PUBLIÉS :

GRÉGOIRE DE TOURS. Histoire des Francs, livres I-VI ; texte du manuscrits de Corbie, publié par H. Omont. Livres VII-X ; texte du manuscrit de Bruxelles, publié par G. Collon (fasc. 2 et 16).
Les deux fascicules réunis. . . . . 12 fr. 50
Pour les souscripteurs à la collection. . . . . 9 fr. »

La vie de saint Didier, évêque de Cahors (630-655), publiée par René Poupardin, ancien élève de l'École des Chartes et de l'École des Hautes Études (fasc. 29). . . . . . . 2 fr. 25
Pour les souscripteurs à la collection. . . . . 1 fr. 50

GERBERT. Lettres (983-997), publiées par J. Havet (fasc. 6).
Épuisé.
Pour les souscripteurs à la collection. . . . . 5 fr. 50

RAOUL GLABER. Les cinq livres de ses histoires (900-1044), publiés par Maurice Prou (fasc. 1). . . . . . . *Épuisé.*
Pour les souscripteurs à la collection. . . . . 3 fr. 50

La Chronique de Nantes (570 environ-1049), publiée par René Merlet, archiviste d'Eure-et-Loir. . . . . . . 5 fr. 50
Pour les souscripteurs à la collection. . . . . 3 fr. 75

ADHÉMAR DE CHABANNES. Chronique, publiée par Jules Chavanon, archiviste du département du Pas-de-Calais. . 6 fr. 50
Pour les souscripteurs à la collection. . . . . 4 fr. 50

EUDES DE SAINT-MAUR. Vie de Bouchard le vénérable, comte de Vendôme, de Corbeil, de Melun et de Paris (x° et xi° siècles), publiée par Ch. Bourel de la Roncière (fasc. 13). . . 2 fr. 25
Pour les souscripteurs à la collection. . . . . 1 fr. 50

HARIULF. Chronique de l'abbaye de Saint-Riquier, publiée par F. Lot, ancien élève de l'École des Chartes et de l'École pratique des Hautes Études (fasc. 17). . . . . . . 10 fr. »
Pour les souscripteurs à la collection. . . . . 7 fr. »

Liber miraculorum sancte Fidis, publié d'après le manuscrit de la Bibliothèque de Schlestadt, avec une introduction et des notes, par l'abbé Bouillet, 1 vol. in-8 (fasc. 21). . . . 7 fr. 50
Pour les souscripteurs à la collection. . . . . 5 fr. 25

SUGER. Vie de Louis le Gros, suivie de l'Histoire du roi Louis VII, publiée par A. Molinier (fasc. 4). *Épuisé.*
Pour les souscripteurs à la collection. . . . . 4 fr. 50

GALBERT DE BRUGES. Histoire du meurtre de Charles le Bon, comte de Flandre (1127-1128), suivie de poésies contemporaines, publiée par H. Pirenne (fasc. 10). . . . . . 6 fr. »
Pour les souscripteurs à la collection. . . . . 4 fr. 25

GUILLAUME DE SAINT-PATHUS, confesseur de la reine Marguerite. **Vie de saint Louis,** publiée d'après les mss. de H.-François Delaborde (fasc. 27) . . . . 4 fr. 50
Pour les souscripteurs à la collection. . . . . 3 fr. 25

PHILIPPE DE BEAUMANOIR. Coutumes de Beauvaisis, texte critique publié avec une introduction, un glossaire et une table analytique, par Am. Salmon, t. I (fasc. 14). . . . 12 fr. »
Pour les souscripteurs à la collection. . . . . 8 fr. »
Tome II et dernier (fasc. 30). . . . . . . 14 fr. »
Pour les souscripteurs à la collection. . . . . 9 fr. 50

PIERRE DUBOIS. De recuperatione Terre sancte, traité de politique générale du commencement du xive siècle, publié par Ch.-V. Langlois (fasc. 9). . . . . 4 fr. »
    Pour les souscripteurs à la collection. . . . . 2 fr. 75

Annales Gandenses, publiés par F. Funck-Brentano, bibliothécaire à la Bibliothèque de l'Arsenal (fasc. 18) . . . 4 fr. 25
    Pour les souscripteurs à la collection. . . . . 3 fr. »

Chronique artésienne (1295-1304), nouv. éd. et **Chronique tournaisienne** (1296-1314), publiée pour la première fois d'après le ms. de Bruxelles, par Frantz Funck-Brentano (fasc. 25), avec carte. . . . . 4 fr. »
    Pour les souscripteurs à la collection. . . . . 2 fr. 75

Textes relatifs aux institutions privées aux époques mérovingienne et carolingienne, publiés par M. Thévenin (fasc. 3).
                                                                                       Épuisé.
    Pour les souscripteurs à la collection. . . . . 4 fr. 50

Documents relatifs à l'histoire de l'industrie et du commerce en France, publiés avec une introduction, par Gustave Fagniez. Fasc. I: 1er siècle avant Jésus-Christ jusqu'à la fin du xiiie siècle (fasc. 22). . . . . 9 fr. 50
    Pour les souscripteurs à la collection. . . . . 6 fr. 50

Lois de Guillaume le Conquérant en français et en latin, textes et études critiques, publiés par John E. Matzke, professeur de langues romanes à « Leland Stanford Junior University » (Californie), avec une préface historique par Ch. Bémont. . 2 fr. 25
    Pour les souscripteurs à la collection. . . . . 1 fr. 50

Chartes des libertés anglaises (1100-1305), publiées par Ch. Bémont (fasc. 12). . . . . 4 fr. 50
    Pour les souscripteurs à la collection. . . . . 3 fr. 25

Textes relatifs à l'histoire du Parlement depuis les origines jusqu'en 1314, publiés par Ch.-V. Langlois (fasc. 5). 6 fr. 50
    Pour les souscripteurs à la collection. . . . . 4 fr. 50

Les grands traités de la guerre de Cent ans, publiés par E. Cosneau (fasc. 7). . . . . 4 fr. 50
    Pour les souscripteurs à la collection. . . . . 3 fr. 25

Ordonnance cabochienne (mai 1413), publiée par A. Coville (fasc. 8). . . . . 5 fr. »
    Pour les souscripteurs à la collection. . . . . 3 fr. 50

Documents relatifs à l'administration financière en France de Charles VII à François Ier (1449-1523). publiés par G. Jacqueton (fasc. 11). . . . . 8 fr. 50
    Pour les souscripteurs à la collection. . . . . 5 fr. 75

Les grands traités du règne de Louis XIV, publiés par H. Vast. Fascicule I (**1648-1659**) (fasc. 15). . . . . 4 fr. 50
    Pour les souscripteurs à la collection. . . . . 3 fr. 25
— Fascicule II (**1668-1697**) (fasc. 23). . . . . 5 fr. 60
    Pour les souscripteurs à la collection. . . . . 4 fr. »
— Fascicule III et dernier (**1713-1714**) et table générale (fasc. 28). . . . . 5 fr. 25
    Pour les souscripteurs à la collection. . . . . 3 fr. 75

Documents relatifs aux rapports du clergé avec la royauté de 1682 à 1705, publiés par L. Mention (fasc. 14). 4 fr. 50
    Pour les souscripteurs à la collection . . . . 3 fr. 25

www.ingramcontent.com/pod-product-compliance
Lightning Source LLC
Chambersburg PA
CBHW060414230426
43663CB00008B/1480